常山年鉴

THE YEARBOOK OF CHANGSHAN

2017

中　共　常　山　县　委
常　山　县　人　民　政　府　主办

常山县地方志编纂委员会　编

方志出版社
Publishing House of Local Records

图书在版编目（CIP）数据

常山年鉴．2017 常山县地方志编纂委员会编．—
北京：方志出版社，2018. 8
ISBN 978 - 7 - 5144 - 3186 - 5

Ⅰ．①常… Ⅱ．①常… Ⅲ．①常山县—2017—年鉴
Ⅳ．①Z525. 54

中国版本图书馆 CIP 数据核字（2018）第 180858 号

常山年鉴（2017）

编　　者：常山县地方志编纂委员会
责任编辑：齐　笑

出 版 人：冀祥德
出 版 者：方志出版社
地址　北京市朝阳区潘家园东里 9 号（国家方志馆 4 层）
邮编　100021
网址　http：//www. fzph. org
发　　行：方志出版社发行中心
电话（010）67110500
经　　销：各地新华书店
印　　刷：江西宜春资料印务有限公司

开　　本：889 × 1194　　1/16
印　　张：30. 5
字　　数：774 千字
版　　次：2018 年 8 月第 1 版　　2018 年 8 月第 1 次印刷
印　　数：001 ~ 800 册

ISBN　978 - 7 - 5144 - 3186 - 5　　定价：280. 00 元

常山县地方志编纂委员会

主　　任　周向军

副 主 任　王郁松　郑金仙

委　　员　姜雪峰　章大勇　陈　岗　王春国

刘新龙　郭永平　毕建国　徐平平

姜光明　黄廉科　郑忠东　李　军

徐　敏　汪启红　汪正满　李德生

洪永海　祝慧虹　徐良其

办公室主任　毕建国

办公室副主任　徐金堂

《常山年鉴》编辑部

主　　编　毕建国

副 主 编　饶贤福　徐金堂　林小明　徐　青

执行主编　徐金堂

编　　辑　姚义迁

英文翻译　王建军

编　　务　兰飞飞　吴晓莹　陈慧群

《常山年鉴（2017）》编辑说明

1.《常山年鉴》是中共常山县委、常山县人民政府主办，常山县地方志编纂委员会组织编纂的年度资料性文献。自2005年起，逐年编辑出版。

2.《常山年鉴（2017）》以马克思列宁主义、毛泽东思想、邓小平理论、“三个代表”重要思想、科学发展观、习近平新时代中国特色社会主义思想为指导，坚持辩证唯物主义和历史唯物主义立场、观点和方法，全面、真实地记载上一年度常山县行政区域自然、政治、经济、文化、社会等方面的情况和社会发展的历史进程，为社会各界人士和中外投资者了解、研究、建设常山，提供丰富翔实的地情资料；也为续修《常山县志》积累资料。

3.《常山年鉴（2017）》记载时限从2016年1月1日至12月31日，一般不作历史追溯。

4.《常山年鉴（2017）》按分类法编排，主体内容分为类目、分目（部分分目下设副分目或附“小资料”）、条目三个层次，分别用不同的字号和字体表示；条目为年鉴基本记述单位，其标题用黑体五号字加【】标示。卷首设目录、图照、特载、专记、大事记、县情概览；卷中设县委、县人大、县政府、县政协、民主党派·工商联、社会团体、法治、武装、工业、农业·林业·水利、贸易、通信、交通、城乡建设与管理、国土资源·环境保护、综合管理与监督、财政·税务、金融·保险、人力资源与社会保障、教育、科技·气象、文化·旅游、卫生·体育、社会生活、乡镇（街道）25个类目；卷末设组织机构及负责人名录、荣誉录、重要文件目录、国民经济若干统计资料、艺文、索引。

5.《常山年鉴（2017）》以县级机关各部门、各乡镇（街道）及有关驻常山的省部属单位为基本记述主体，以事物性质分类，设类目。类目设计和编排次序根据年鉴基本体例和行业归类特点设置，与具体部门单位行政级别无关。

6.《常山年鉴（2017）》所刊载的内容、照片和图表数据，均由全县各机关部门、企事业单位、乡镇（街道）和驻常山省部属单位提供；所用统计资料由县统计局提供。稿件由各单位指定人员撰写，单位初稿由年鉴编辑初审，再发回各撰稿单位修订、校对、审核后定稿；最后由常山年鉴编辑汇编总纂，经编委会审查、出版社审核而成，具有权威性。撰稿人和摄影者分别统一署名于条目和照片之后的（）内。因统计口径等原因，有关部门所用个别数据与统计资料中的数据不尽一致，引用时以县统计局《常山县国民经济与社会发展统计公报》为准，并参照《常山统计年鉴（2017）》。

7.《常山年鉴（2017）》采用中国法定计量单位，面积单位稍有例外：耕地、山林、园地等面积单位一般沿用“亩”字，有时也用“公顷”。

8.《常山年鉴（2017）》“荣誉录”，收录2016年1—12月公布，国家（含部门）、浙江省（含部门）、衢州市（含部门）以及中共常山县委、常山县人民政府命名、表彰、颁发的荣誉称号。

9.《常山年鉴（2017）》配有双重检索系统，书前刊有中文详细目录和英文要目，书后配有索引，索引采用主题分析法，按主题词首字汉语拼音字母顺序排列。

2016年2月14日，省政协主席乔传秀（右二）到常山调研城市建设及企业开工情况　　（黄红霞　摄）

2016年3月10日，省委常委、宣传部部长葛慧君（右二）到球川镇后弄村调研
（吴可嘉　摄）

2016年2月17日，省委常委、组织部部长廖国勋（中）到常山调研赏石小镇及城市建设情况 （黄红霞 摄）

2016年8月24日，省人大常委会副主任毛光烈（左一）到常山调研国际慢城等建设情况 （黄红霞 摄）

2016年6月14日，省人大常委会副主任袁荣祥（左三）到常山县重点项目建设现场调研

（吴可嘉　摄）

2016年4月19日，省人大常委会副主任冯明（中）率省人大监督组到常山开展“五水共治”工作专项监督

（黄红霞　摄）

2016年8月11日，副省长孙景淼（左三）到常山调研综合交通工作　　（黄红霞　摄）

2016年5月12日，省委副秘书长、省农办主任章文彪（前右三）到常山调研农业农村工作　　（黄红霞　摄）

2016年6月7日，省委统战部副部长、省工商联党组书记李剑飞（左四）到常山调研
（黄红霞　摄）

2016年8月26日，省科协党组书记、副主席郑金平（左一）到常山调研学校科普场馆活动室建设、社区科普工作和企业院士专家工作站工作　（黄红霞　摄）

2016年10月12日，省水利厅厅长陈龙（中）到常山调研水利工作　　（黄红霞　摄）

2016年3月21日，省旅游局局长王文娟（左四）到常山调研赏石小镇建设工作（余晓芬　摄）

2016年6月3日，省粮食局局长姚少平（左二）一行到常山调研粮食工作 （黄红霞 摄）

2016年6月29日，市委书记陈新（右二）到常山考察浙江锦禾农业科技有限公司农机整机项目

（黄红霞 摄）

2016年5月4日，县委书记王良春（中）调研重点项目建设　　　　（黄红霞　摄）

2016年9月27日，县委副书记、代县长周向军（左二）到县供电公司调研电网建设工作（舒素君　摄）

2016年3月25日，县人大常委会主任徐建华（右二）调研乡镇工作　　（黄红霞　摄）

2016年11月18日，县政协主席林红汉（前中）到220千伏柚香输变电工程现场视察电力工程建设
（金坚军　摄）

2016年1月4日，常山众卡运力供应链揭牌暨2016全国运维启动仪式举行

（黄红霞　摄）

2016年3月24日，常山县在全国农村淘宝首届颁奖盛典上被授予“最具活力县域”称号，县委副书记王郁松出席并接受颁奖　（刘蕊琪　摄）

2016年6月25日，全县创建国家卫生县城誓师大会举行，各单位全体机关干部、相关行业代表、志愿者代表等3000多人参加 （黄红霞 摄）

2016年6月30日，常山县庆祝中国共产党建党95周年活动 （县委组织部供图）

2016年6月30日，浙江锦禾农业科技有限公司农机整机项目举行开工仪式
（黄红霞　摄）

2016年10月26日，320国道改建工程、沿江公路（常山段）开工仪式暨全县重点项目现场推进会在紫港街道渣濑湾村梦之岛地块召开
（县委办供图）

2016年1月6日，参加浙江首届年货节暨常山胡柚食尚周启动仪式的省、市、县领导共同触摸启动感应球 （黄红霞 摄）

2016年1月6日，浙江省首届年货节上，阿里巴巴集团为农村淘宝上行示范县授匾 （黄红霞 摄）

（黄红霞 摄）

买副猴联过大年 （方钧良 摄）

村淘达人喜获奖 （方钧良 摄）

2016年1月6日至12日，浙江首届年货节暨常山胡柚食尚周启动仪式

2016年4月30日，衢州市第二届金花旅游节之2016常山柚花飘香文化旅游节在同弓乡太公山胡柚基地举行　　（黄红霞　摄）

2016年5月31日，全市农村文化礼堂建设工作现场会在常山召开　（黄红霞　摄）

2016年7月17日，2016衢州市亲水节开幕式暨常山新昌“水上家年华”活动在新昌乡黄塘村举行　　　　（黄红霞　摄）

2016年9月3日 公安部、省公安厅到衢州为常山县“4·06”专案组及受奖代表颁奖。公安部宣传局局长刘家伟宣读集体一等功记功命令并为专案组代表颁发立功受奖证书；省公安厅政治部副主任齐跃明宣读个人二等功记功命令，并为受奖民警颁发立功受奖证书 （吴可嘉 摄）

男子专业组冠亚季军牵手冲过终点 （刘琳玲 摄）

男子专业组冠亚季军颁奖庆贺 （刘琳玲 摄）

粉丝与男子专业组冠亚季军合影 （刘琳玲 摄）

男子公开组出发 （刘琳玲 摄）

男子公开组越野淘汰赛冠亚季军同庆祝 （陈蓉蓉 摄）

男子公开组越野淘汰赛冠军普金学炫车技 （陈蓉蓉 摄）

男子健身组山地越野赛前三甲 （方均良 摄）

共饮喜悦美酒 （陈蓉蓉 摄）

景德镇选手在常山的全家福 （方均良 摄）

女子专业组出发 （刘琳玲 摄）

我们是常山赛车手 （方均良 摄）

杨帆 摄

2016年11月5日至6日，2016中国山地自行车公开赛（浙江·常山站）暨衢州市第二届体育大会在常山城东新区山地自行车公园举行

采摘胡柚　（章晨洁　摄）

登高望柚园　（江琪　摄）

开秤仪式　（章晨洁　摄）

群众领取农产品质量安全资料　（江　琪　摄）

可爱的胡柚娃　（章晨洁　摄）

满筐的“福、禄、寿、喜”　（江　琪　摄）

2016年11月8日，2016中国·常山胡柚采摘节暨农产品质量安全科普直通车进柚园活动在同弓乡大宝山胡柚基地举行

“8+1对话”领导、专家合影

“8+1对话”场景

精彩演出

领导给油茶树培土

领导和嘉宾参观全国油茶交易中心

签约

授牌

2016年12月8日，首届全国油茶文化节暨全国油茶交易中心揭牌仪式以及大型电视节目《8+1对话，创建油茶三个中心，打造国家绿色油库》在常山举行 （李俊秋 摄）

常山县行政区划图

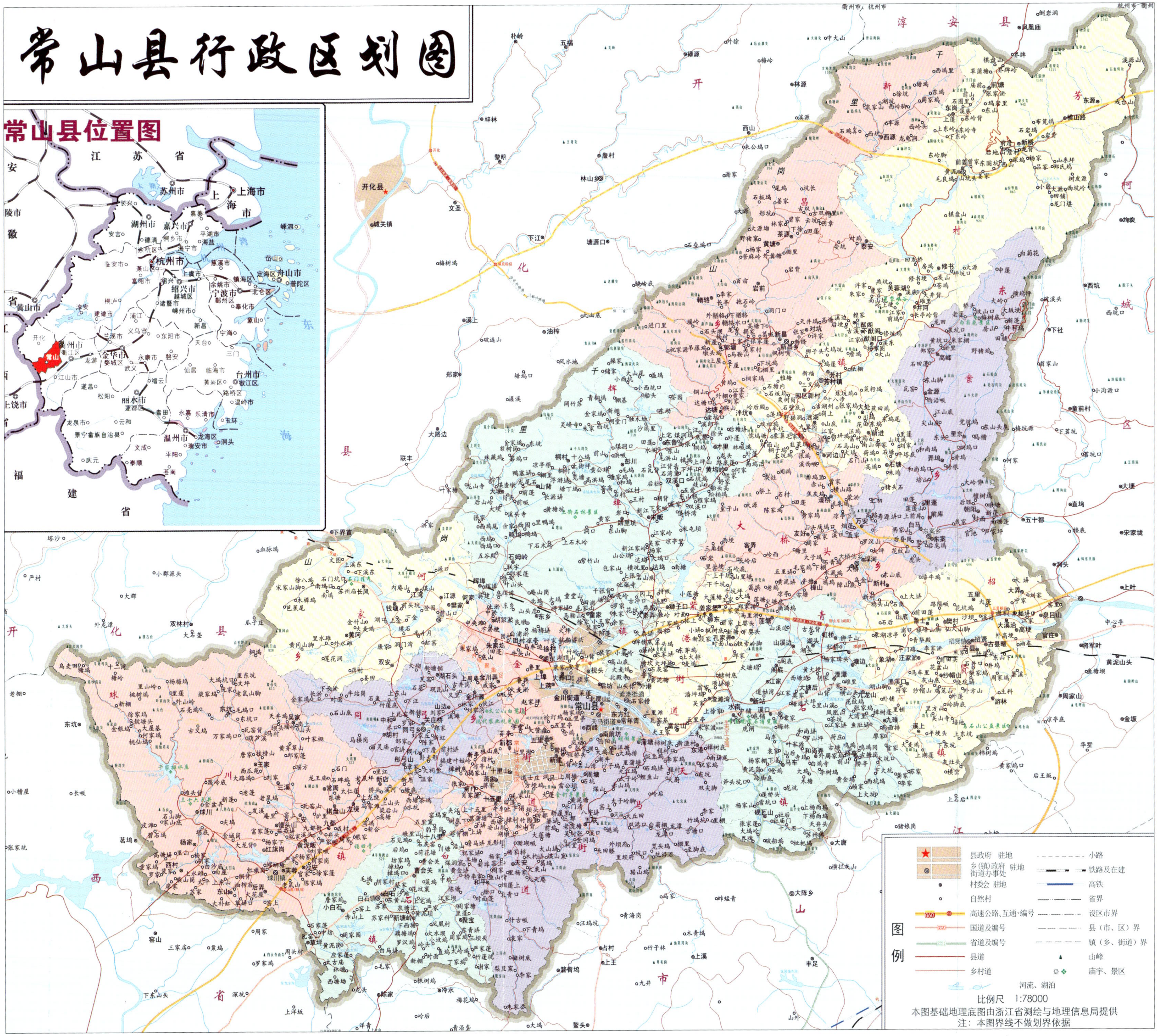

比例尺 1:78000

本图基础地理底图由浙江省测绘与地理信息局提供

注：本图界线不做划界依据

浙S [2014] 144号

中心城区图

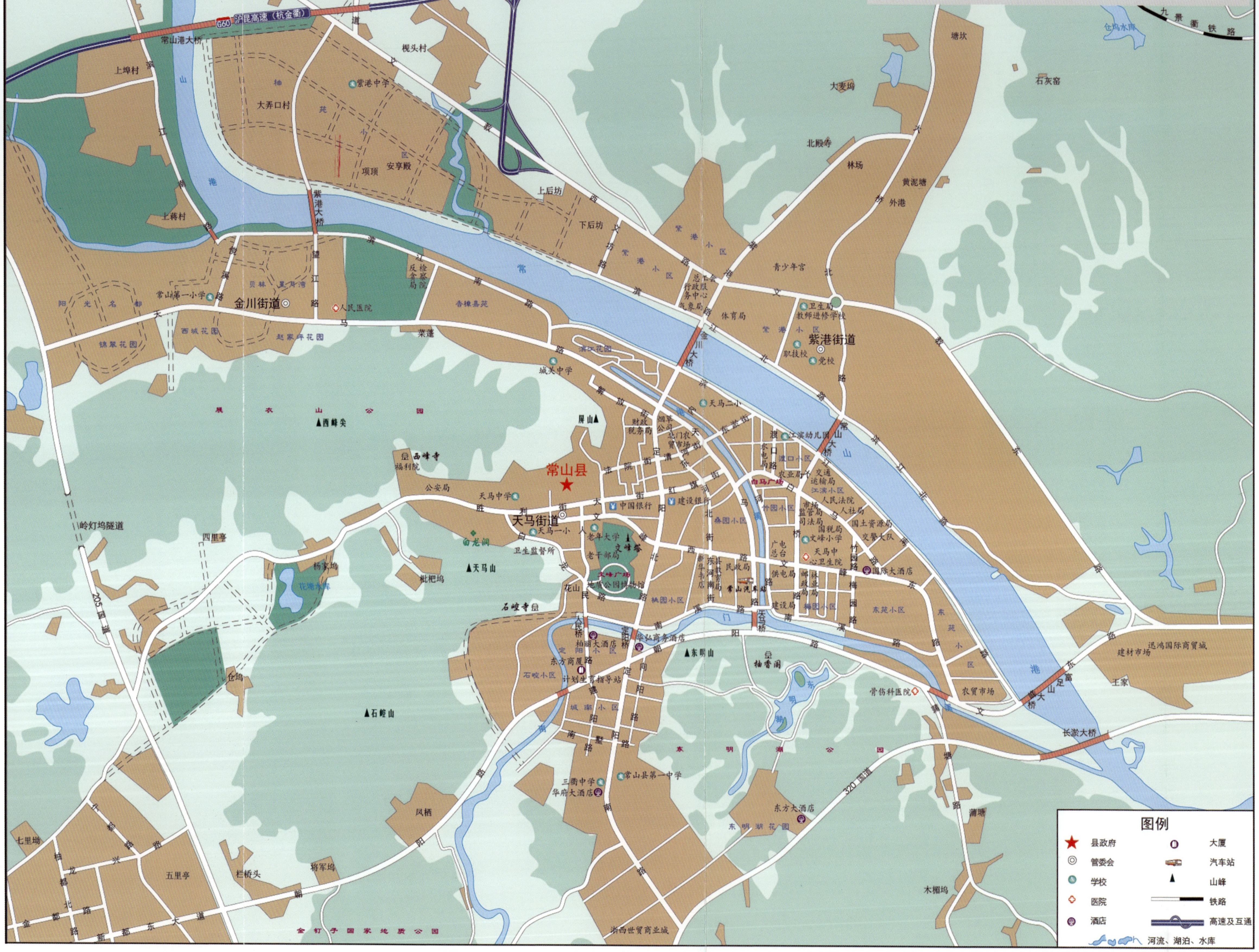

浙S[2014]144号

目　　录

特　载

专　记

大事记

县情概览

中国共产党常山县委员会

常山县人民代表大会

常山县人民政府

政协常山县委员会

民主党派·工商联

社会团体

法　治

武　　装

工业经济

农业·林业·水利

贸　易

通　信

交　通

城乡建设与管理

国土资源·环境保护

综合管理与监督

财政 · 税务

金融·保险

人力资源与社会保障

教　　育

科学技术·气象

文化·旅游

卫生·体育

社会生活

乡镇（街道）

组织机构及负责人名录

荣誉录

重要文件目录

国民经济若干统计资料

艺　文

索　引

封面：鸟瞰西大门（罗文富 摄）

Contents

Special Reports

Special Accounts

Memorabilia

Survey of Changshan County

Changshan County Committee of the Communist Party of China

Changshan County People' s Congress

Changshan County People' s Government

Chinese People' s Political Consultative Conference of Changshan County

Democratic Party and Association of Industry and Commerce

Non – government Organizations

Political and Legislative Affairs

Armed forces

Industry

Agriculture · Foresty · Water conservancy

Trade

Communication

Traffic

Urban and Rural Construction and Administration

Territorial resources · Environmental Protection and Meteorology

Integrated Management and Supervision

Government Finance and Taxation

Finance and Insurance

Manpower Resource and Social Security

Education

Sciences and Technology and Weather

Culture · Tourism

Hygiene and Physical Culture

Social Life

Villages and Towns

List of Organizations and Persons in charge

Honor Roll

Directory of Important Documents

Economic Statistics

Literature and Art

Index

特　　载

提振精气神　全力争上游
朝着高水平全面建成小康社会奋勇前行

——在中国共产党常山县第十三次代表大会上的报告

县委书记　叶美峰

（2016 年 12 月 30 日）

各位代表、同志们：

中国共产党常山县第十三次代表大会，是在全面实施“十三五”规划的关键时期，召开的一次承前启后、继往开来的重要会议。大会的主要任务是，回顾总结县第十二次党代会以来的主要成就和基本经验，研究确定今后五年奋斗目标和主要举措，部署 2017 年工作任务，动员全县各级党组织和广大党员干部群众，提振精气神，全力争上游，朝着高水平全面建成小康社会奋勇前行。

现在，我代表中国共产党常山县第十二届委员会向大会报告工作，请予审议。

砥砺奋进的五年

县第十二次党代会以来，全县上下认真贯彻中央和省、市委决策部署，主动适应和把握新常态，围绕打造“实力工业、休闲城市、美丽乡村”，坚持打基础、抓机遇、破难题、促转型、惠民生、强党建，经济保持较快增长，各项事业全面进步，争先进位态势明显。预计 2016 年实现地区生产总值 115 亿元、规模以上工业增加值 24.5 亿元、财政总收入 12.7 亿元、一般公共预算收入 9.4 亿元、城镇居民人均可支配收入 30650 元、农村居民人均可支配收入 16710 元，五年年均分别增长 7.7%、6%、8.3%、12.1%、9.9%、10.6%。

五年补短去弱，发展后劲全面增强。绿色产业集聚区框架拉开、已具雏形，华东农机产业园挂牌，新都园区、辉埠新区环境面貌和功能配套明显提升。国际慢城、城东新区、三衢湖省级旅游度假区“三位一体”推进，城市由内河时代跨向常山江时代。理顺现代农业园区管理体制，高标准建成现代农业综合区。项目建设提速提效，五年累计完成固定资产投资 521 亿元，年均增长 11.2%，独流入海、浙能热电联产、东方综合体、南洋精工等一大批项目快速推进、建成达效。实施县领导领衔领创领办机制，

“火车头”效应充分发挥。建立“资源整合、动态竞争”机制，美丽乡村建设竞相出彩。成立全省首个PPP管理中心和产业引导基金，撬动社会资本投入107亿元。

五年抢抓机遇，发展格局全新构筑。球川镇列入国家中心镇建设示范试点，赏石小镇成为全省首批特色小镇，辉埠经济强镇加快发展，形成“一城三镇”发展空间格局。九景衢铁路、048省道延伸线推进顺利，320国道“二改一”工程开工建设，综合交通加快发展。大力开展产业招商、点将驻点招商，引进亿元以上项目93个、总投资250.04亿元，大项目招引成效显著。瞄准国家全域旅游示范区，加快打造全景常山，构建“一核两带三圈”发展格局，三衢石林创成国家AAAA级景区，黄塘、徐村、长风、田蓬入选全省美丽乡村特色精品村，获评全省美丽乡村创建先进县。

五年攻坚破难，发展信心极大提振。以“河长制”为统领，深入开展“五水共治”，农村“双治”基本全覆盖，清塘美河、生猪整规、采砂整治持续深化，创成省“清三河”达标县。三改一拆强力推进，入围全省首批基本无违建县，“彭川现象”成为全省“拆治归”典型。“一路一镇”整治示范引领，国省道沿线和集镇整治连片推进、面貌一新，获评全省“两路两侧”“四边三化”工作优秀县。深入推进教育综合改革，建成新常山一中，创办“育才摇篮”，中高考取得重大突破。县级公立医院综合改革有序推进，协作办医、分级诊疗不断深化，精神康复医院建成投用，医疗服务水平大幅提升。计划生育工作攻坚见效，被评为全国计划生育优质服务先进县。国家卫生县城创建全民发动、成效显著。强化政企互动，开发区管委会“退城入园”，开展“百名局长帮百企”等活动，形成“部门围着园区转、园区围着企业转、平台围着项目转”的局面。

五年持续发力，产业转型迎来曙光。“蓝天三衢”列入全省首批传统块状行业“腾笼换鸟”试点，生态治理成效明显。深入推进整合重组，成立泰安矿业公司全面整合矿山资源，钛和、昊润等产业基金撬动效应释放，轴承、纺织等行业重组稳步推进，康京、万谷、富丽新材料等成功引进战略合作企业。加强龙头培育，锦禾农机、哲丰新材料项目一期基本建成，天子股份、爱丽莎、恒寿堂成功登陆“新三板”。安能物流、浙西世贸城等投入运营，赛得健康产业园、不老泉山庄、柚香谷等有序推进，阿里巴巴农村淘宝落户运营，现代服务业提速发展。“常山三宝”加快振兴，常山胡柚、山茶油在浙商所上市，精深加工规模不断扩大，衢枳壳纳入《浙江省中药炮制规范目录》，成功举办首届全国油茶文化节，油茶“四中心”落户常山，确立国内龙头地位，“常山猴头菇”通过国家农产品地理标志登记。农业“两区”建设扎实推进，获评全国粮食生产先进县、全国“一事一议”规范管理县。

五年倾力投入，民生福祉大幅提升。提标更新老城，完成老小区、入城口、定阳北路、夜景亮化等改造提升，建成城市绿道42.2千米，市场化保洁保绿覆盖面不断扩大。居民收入和保障水平稳步提升，新增就业岗位2.3万个，新建经济适用房、廉租房9万平方米，城乡低保应保尽保，新农合、新农保实现全覆盖，“4600元以下”贫困现象全面消除。大力弘扬贤商文化、好人文化、“非遗”文化，“常山喝彩歌谣”列入国家级“非遗”。大力发展文体事业，全国山地自行车公开赛、绿色中国行等大型活动精彩演绎，传统戏剧、现代排舞等群众性文化活动广泛开展，文化礼堂成为乡村文化地标。深化平安常山、法治常山建设，圆满完成护航G20安保任务，“4·6”专案组被公安部荣记集体一等功，社会治理、治安防控体系不断完善，食药、校园、企业、交通、网络等重点领域安全水平全面提升，被评为省“无邪教县”，夺得省级平安县“银鼎”。

五年凝心聚力，党的建设持续加强。深入开展党的群众路线教育实践活动、“三严三实”专题教育、“两学一做”学习教育，党员干部理想信念进一步坚定。坚持用大事难事锻炼干部，推行干部选拔任用“晒绩比选”，实施“容错免责”机制，干事创业激情有效激发。扎实推进“金钉子”党组织创建，加强“两新”组织党建，基层组织战斗力全面提升。认真落实党风廉政建设责任制，压实“两个责任”，严格执行中央“八项规定”，把握运用“四种形态”，驰而不息正风肃纪，共查办各类案件640件、党政纪处分647人。省委巡视反馈意见整改取得阶段性成效，群众对党风廉政建设的满意度持续提高。五年来，县委坚持统揽全局、协调各方，党政齐心协力，人大、政协充分履职，发挥优势上一线、上火线，最广泛统一战线巩固壮大，工青妇等群团作用充分发挥，人防、慈善、对台、侨务、工商联、残疾人、人民武装、民族宗教、档案党史、红十字会、关心下一代等工作都取得了新成绩。

各位代表、同志们，五年砥砺奋进，成绩来之不易，归功于省、市委的坚强领导，归功于历届县委打下的坚实基础，归功于全县各级党组织和广大党员干部群众的团结拼搏。在此，我谨代表中共常山县第十二届委员会，向所有关心和支持常山经济社会发展的同志们、朋友们和社会各界人士，表示衷心的感谢并致以崇高的敬意！

回首五年历程，我们深刻体会到：必须坚持目标引领，推动追赶跨越不停步。五年来，我们始终把常山置身全市、全省，对标提标，引领各个层级进一步抬高目标定位，激发全县上下奋力追赶、科学跨越的壮志豪情。在新的起点上，我们要进一步找准方位，以更大力度推进思想再解放，在更大范围选准标杆，学习先进，加快追赶跨越步伐。必须坚持改革创新，持续激发活力不松劲。五年来，我们始终坚持以改革的思维破除体制机制障碍，以创新的方法破解发展难题，拔钉除障，破冰起航，释放了发展的活力。在新的起点上，我们要进一步强化问题导向，持续深化改革创新，善于变中求新、变中求进、变中突破，不断增强发展动力。必须坚持执政为民，致力民生改善不懈怠。五年来，我们始终以群众呼声为导向，“真刀真枪”深化改革，“真金白银”加大投入，“真心实意”办好实事，提升了群众幸福指数，密切了党群干群关系。在新的起点上，我们要一如既往地践行宗旨，始终与群众面对面、肩并肩、心连心，造福常山百姓，赢得信任支持。必须坚持尽责担当，保持昂扬斗志不泄气。五年来，我们始终大力弘扬实干精神，面对复杂形势和繁重任务，勇于担当，克难攻坚，在团结干事中收获了同心、信心和民心。在新的起点上，我们要继续扛起责任的大旗，万众一心干事业、群策群力促发展，创造出经得起历史和群众检验的业绩。

成绩弥足珍贵，但我们更要清醒地认识到问题和不足，主要是：经济体量不大，发展总体滞后，历史欠账较多，区位、资源优势日趋弱化，在区域竞争中处在靠后的位置，同步全面小康任务艰巨；产业结构调整起步晚、难度大，产业层次较低，重大产业项目不多，产业转型任重道远；党员干部思想作风和担当精神有待提高，有的干部精神缺钙、态度冷漠，缺乏改革创新精神，心浮气躁，眼界能力水平低，工作缺特色少亮点，“庸懒散浮拖”在一定范围内比较突出，等等。对这些问题，我们必须保持清醒头脑，采取有力措施，认真加以解决。

朝着高水平全面建成小康社会奋勇前行

未来五年，是极为关键的五年。从国家

层面看，要实现“两个百年”目标中第一个百年目标。从全省看，要高水平全面建成小康社会。从常山看，要全面完成“十三五”发展目标任务，同时还将迎来建县1800年的历史节点。对今后的发展，我们要找准历史方位，保持清醒的认识和坚定的信心。

常山发展正进入机遇叠加的黄金阶段，面对机遇不容错失。国家“四个没有变”的发展大势，“一带一路”倡议和“长江经济带”“中国制造2025”“互联网+”行动计划等一系列国家战略的实施，将催生新的发展机遇。四省边际国家级生态文化旅游示范区、浙江自由贸易实验区、国家信息经济示范区，打造八大万亿产业，带来了更为广阔的发展空间。我县成功列入国家重点生态功能区，一批优质重大项目进入成长期和发力期，“一核两带三圈”全域旅游发展新格局日趋成熟等，为我们提供了有力支撑。只要我们把握大势、发挥优势，就能抢抓机遇、乘势而上。

常山发展正进入爬坡过坎的关键阶段，面对挑战不容退缩。新常态下，围绕速度换挡、结构调整、方式转变的特征和要求，区域竞争更加激烈，发展格局正发生新的变化。综观全省、放眼全市、审视周边，无论是总量、均量，还是速度、质量，我县基础仍不稳固、优势还未形成。今后一个时期，我们既面临供给侧结构性矛盾、政策要素趋紧的现实压力，又要应对新旧动能转换的重大考验。我们要保持定力，做好引领文章，在倒逼上强力度，在改革上多钻研，在服务上下功夫，打出一套产业、城市、农村转型发展的组合拳。

常山发展正进入争先进位的攻坚阶段，面对竞争不容迟疑。随着省委加大对26县发展实绩考核倾斜力度，区县之间都在奔跑较劲，争先进位更趋激烈，不快马加鞭、迎头赶上，就有可能马失前蹄、功亏一篑。我们必须找准在全市、四省九地市、26县和全省的方位，瞄准标杆，站高一步、想深一步、看远一步，三步并做一步走，争先进位、追赶跨越。

今后五年工作的指导思想是：高举中国特色社会主义伟大旗帜，深入贯彻落实习近平总书记系列重要讲话精神，紧紧围绕“四个全面”战略布局，积极践行五大发展理念，以中央和省、市委重大战略部署为统领，以深化供给侧结构性改革为主线，深入实施“四四二”战略体系，统筹推进经济、政治、文化、社会、生态文明建设，全面从严治党，从严管理干部，全面完成“十三五”目标任务，与全省同步高水平全面建成惠及全县人民的小康社会。

根据上述指导思想，今后一个时期我们要以“四四二”战略体系统领全县发展，即四大战略定位、四大战略目标、两大战略要求。

我们的战略定位：

——*绿色发展*。认真践行“两山”理论，把生态作为第一资源，进一步优化生产、生活、生态空间布局，形成以绿色增长为标志的发展模式、绿色产业为主体的产业结构、绿色宜居为底色的城乡环境、绿色低碳为代表的生活方式，走出经济发展与绿色生态高度融合、人与自然和谐共处的发展新路。

——*产业崛起*。把产业发展作为强县之基、富民之源，强化产业思维，注重产业研究，聚焦重点，深入谋划、精心策划、科学规划，推动产业转型发展、融合发展，发挥工业顶梁柱的重要作用，打造现代服务业新引擎，培育休闲旅游新动力，夯实现代农业基础地位，做大做强产业经济，提升县域经济实力。

——*开放创新*。坚持借力发展、开放带动，走出常山抢抓机遇，敞开胸怀筑巢引凤，善借区域发展之力、上级政策之力、外部经验之力、优质资本之力、优秀人才之力，形成开放包容、活力迸发的发展格局。坚持改革开路、创新驱动，以推进供给侧结构性改革为主线，积极推进新技术、新思想、新业态和新模式的探索实践，促进发展方式转变。

——民生优先。坚持“以人民为中心”的发展理念，始终把民富民安民享作为第一追求，问政于民、问计于民、问需于民、问效于民，加大民生投入，办好民生实事，构建优质高效的公共服务体系、均衡普惠的社会保障体系、精准完善的增收致富体系，不断补齐民生短板，缩小收入分配差距和城乡发展差距，让人民群众在共建共享中增强获得感、提升满意度。

我们的战略目标：

——美丽中国独具特质的国际慢城。慢城片区功能组团开发深入推进，慢游产品、慢食产业、慢行交通、慢购商品、慢趣娱乐、慢生活度假六大“慢游”体系逐步完善，休闲业态高端集聚，“五朵金花”靓丽绽放，“深呼吸、放下心、享轻松”休闲内涵全面彰显，“何处心安，慢城常山”品牌全面打响，成为国内知名慢生活体验地、休闲旅游目的地。

——华东地区朝气蓬勃的活力高地。综合交通体系不断完善，边际枢纽、区域集散功能全面凸显。产业结构不断优化，服务业增加值占比达到50%以上，新兴产业产值占规上工业总产值60%以上，全产业链式、基地型产业培育成型，产业吸附力全面增强。全社会创业创新氛围浓厚，客商创大业、企业再创业、干群创新业成为潮流。思想大解放、体制大变革、对外大合作，要素保障有力、服务精准到位的“六最”环境全面形成。

——江南水乡风物清嘉的文化名县。古镇古街、古村古渡等历史遗迹修复重建，先贤名人、民俗文化、民间技艺充分挖掘，历史文脉、传统文化有序传承，千年古县彰显古韵。熔古铸今，继往开来，以贤良贤商为核心的创业文化、以“常山榜样”为代表的道德文化、以良好家风乡风行风为基础的社会风尚全面弘扬，让善良成为新时期常山精神的精髓。群众文化日臻繁荣，打造“合唱之城、排舞之乡”。

——四省边际宜居宜业的幸福家园。国家重点生态功能区建设深入推进，天蓝、地绿、水清三大生态系统协同提升，森林覆盖率、出境水水质、空气质量好中更优，打造健康长寿的生命空间。群众至上成为发展追求，发展惠民力度更大，城乡居民收入增长不低于GDP增幅，居民增收、民生保障、社会事业三大体系不断完善。平安满意度全面提升，舒适的环境、便捷的出行、优质的服务成为群众的切身感受。

今后五年，全县主要发展指标预期是：地区生产总值、人均生产总值、城镇居民人均可支配收入、农村居民人均可支配收入年均分别增长7%、6.5%、8%、9%以上，固定资产投资、公共财政预算收入年均增长10%、8%以上，城市化率超过50%。

我们的战略要求：

——项目为王特色为要。把项目作为第一抓手，将优质资源向项目集聚，将骨干力量向项目集中，在项目谋划中吃透大政策，在项目招引中瞄准大企业，在项目建设中展示大场面，以项目扩张总量、促进转型、培植产业。在全面发展的基础上，高举特色大旗，坚持个性为魂，各个领域找准路径，创造常山经验、干出常山特色、发出常山声音，特色竞争、异军突起。

——担当有为力争上游。要以“站好岗放好哨”的意识守土尽责，以“首战用我、用我必胜”的志气勇挑重担，以“敢叫日月换新天”的豪情开创局面，以“今日事今日毕”的高效久久为功，以“功成不必在我、功成必定有我”的境界干事创业。要勇闯新天地，找准方位，对标看齐，各个领域和各项工作敢与大的拼、跟快的赛、向高处攀，力争各项工作走在全市前列，综合实力进入四省九地市第一梯队，跻身全省26县第一方阵，在全省实现争先进位。

“四四二”战略体系，战略定位是发展取向，战略目标是奋斗指向，战略要求是工作导向，三者有机统一，是对以往经验的继承和提升，是今后一个时期常山发展和各项工作的总纲。面向未来，我们要保持定力，全面落实和不断完善这一战略体系，使之成为推动常山追赶跨越的强大武器。

今后五年发展的主要路径和重点举措：

1. *产业转型要围绕优势再造，从破题升温走向全面升级。*牢牢把握产业转型的“黄金五年”，着力调高调轻、调强调绿，做到发展不减势、量增质更优。工业经济铸强顶立。坚持合力强工，“老三篇”“新三篇”协同推进，聚焦轴承、农机、新材料、生物医药，着力打造“四大基地”，培育“四大百亿”产业。实施“12550”行动计划，培育1家50亿元以上的“航空母舰型”企业、2家20亿元以上的“小巨人”企业、5家10亿元以上的“单打冠军”企业、50家1亿元以上的“金种子”企业。现代农业全面振兴。优化农业“三区两带”布局，打造现代农业产业带、产业群。实施“123”升级计划，大力推进现代农业园区扩容提质，深入实施循环农业、智慧农业两大工程，全面振兴“常山三宝”，实现现代农业提档升级、接二连三、增效出彩。服务业繁荣发展。围绕“三中心一高地”，加快发展商贸、科技、金融、物流仓储等现代服务业，打造区域物流、边际商贸、商务服务“三中心”。深化与阿里巴巴、腾讯等互联网巨头合作，加快信息技术与产业融合发展，培育电商龙头企业，发展智慧经济，创建全国电子商务百强县，打造四省边际“互联网+”高地。特色小镇深度培育。实施“258”发展计划，突出企业主体、资源整合、产业融合，大力推进赏石小镇、云耕小镇、赛得养生小镇、钙谷小镇等开发建设，加强新型特色小镇的谋划和培育，全面打造一批产业“特而强”、功能“聚而合”、形态“精而美”、制度“活而新”的特色小镇，成为转型发展的重大成果和县域经济的重大支撑。

2. *项目投资要围绕谋实投足，从扩大有效走向精准高效。*实施项目投资“151”计划，聚焦重点领域，主攻顶天立地的重特大项目，提升投资效率效应。产业类投资集聚集群。紧盯产业体系脉络，围绕大产业的生成扩大投资。紧扣产业龙头，加强关联性、配套性投资，打造产业集群。做好“无中生有”文章，引进大项目、生成大企业、催生新产业。加快存量盘活再造，通过联合重组、技术改造、上市扩股、对外合作等扩大优质投资。超前建设平台，强化要素储备，完善生活配套。基础设施投资抢抓机遇。大力实施交通发展“935”工程，全力争取、全力保障，加快推进九景衢铁路、048省道延伸线、320国道“二改一”、沿江公路等项目，谋划推进常山港航道、351国道、城际铁路等一批重大项目，构建现代综合交通体系。围绕国家重点生态功能区建设，聚焦“治水”“治气”，加大生态环保投入，推进独流入海、污水处理、防洪排涝、生态修复等项目投资增长。抢抓新型城市化发展机遇，加大城乡一体化建设投入，完善城乡路网、电网、信息网络、地下管网等基础设施。民生事业投资提升效益。加大教育、卫生、文化、体育等公共服务设施建设力度，全面实施民生事业基础设施建设“五大工程”。加大扶贫开发力度，统筹推进异地搬迁、产业扶贫、村庄环境提升，改善农村生产生活条件。

3. *全域旅游要围绕两大目标，从景点带动走向全景休闲。*大力推进“一核两带三圈”建设，创建国家全域旅游示范区，打造全景常山、全域旅游、全时旺季。塑造慢城品质品牌。把国际慢城作为全域旅游发展的核心、提高常山知名度和美誉度的载体、扩大有效投资的重大项目，大手笔建设，快节奏推进，一年成势、三年成型、五年成城。提升两带产业产品。一江两岸，要围绕综合性、高品质生态经济带的定位，彰显城市新貌、山水风光和历史人文，促进产业融合，成为通山达水、串联集聚、水岸互动的全景展示带和新型功能区。柚石金路，要加快“两景区两小镇”建设，推进沿线村景点化，培育饱满厚重、产业鲜活的柚石风景带。彰显三圈风景风情。十里长风，要做足“山水寺渔”文章，打响“十里长风、万寿问道”品牌。三清绿道，要形成以生态农业、古镇边贸、长生不老为特色的休闲圈。远山云水，要凸显“绿色、体验、岁月、世外”等主题，打造心灵家园。厚植旅游底色底蕴。铁腕治水、铁拳拆违、铁心治气，持续深化“五四三”工程，护美绿水青山。以“一加强三整治”为主要内容，大力开展小城镇环境综合整治，打造最美客厅。强化经营村庄理念，连片改造提升农村环境，打造风格鲜明的山水田园村、特色产业村，创成一大批A级景区村，让“盆景聚成万花园、乡村变成大景区”。大力推进球川古镇、芳村古街、招贤古渡和历史文化古村落建设，展现文化古韵。

4. 城市建设要围绕功能完善，从开发扩容走向能级提升。以城市建设“双十专”为主抓手，坚持紧凑建设、精明增长、品质提升，彰显城市干净美丽的面貌、安静雅逸的氛围、冲劲十足的气质。建设“现代之城”。聚焦城东新区主战场，坚持“三线推进”“三片联动”“三体共建”，实施绕城二十里江面、沿江绿道、环城路网统筹开发建设，推进滨江一期、富足山、后坊大弄口片区开发，建成运动休闲综合体、文化艺术综合体、枢纽集散综合体，加快商住休闲、商贸金融、总部经济等功能布局，展示现代城市形象。建设海绵城市，营造健康、绿色、宜居的城市水环境。建设“美丽之城”。“五山”共建，美化城市大轮廓；“四园”联动，构建城市森林大氧吧；绿化美化彩化同步，打造四季常绿、四季赏花大公园；治水活水亲水共推，建设灵动秀丽大水乡，体现园林城市山之美、水之韵。有序推进主干道、主街立面、重要节点和城区公厕、老小区、危旧房改造提升，推动城市有机更新、焕发新貌。建设“有序之城”。巩固国家卫生县城创建成果，完善“市场化+社区+物业”的保洁机制，打造最干净县城。优化城市管理和综合执法体制机制，深化“智慧城市”建设，提升“12345”公共服务平台功能，实现智慧管控、精细长效。优化业态和空间布局，加强专业市场配套，拓展地下空间，推进有序经营、有序出行，根治“脏乱差堵噪”等城市病。建设“活力之城”。繁荣城市经济，提升商贸业态，加快打造特色商业街区、商贸综合体等多层次商业圈，稳妥发展房地产，推进产城融合，增强城市对高端要素的集聚力。大力培育城市精神和城市文化，建设城市主题广场和主题公园，发展高端文化产业，让城市充满向上的活力。

5. 民生事业要围绕人民满意，从补齐短板走向惠民富民。把群众对美好生活的向往作为工作导向，让发展更有温度、群众更有获得感。打造“共建共享”并举的公共服务事业。围绕“健康常山”目标，大力发展医疗卫生事业，深化医药卫生体制改革，扶持社会办医，推进合作办医，加快医疗服务“双下沉”，完善分级诊疗制度，推动“病有所医”向“病有良医”升级；大力发展体育事业、健康产业；优化计生服务，提高生育质量，建立“健身防病治病”一体化全民健康体系。围绕“文峰书香、学归常山”，深化教育综合改革，完成教育布局调整，实施改薄工程、名校工程、引凤工程，创成省教育现代化县，坚决打赢教育翻身仗。推进文化惠民，加快建设大型文化设施和群众文体活动阵地，广泛开展合唱、排舞、戏曲等群众文化活动，用文化凝聚人心，让人民群众享受“精彩365、快乐每一天”的精神生活。构建“输血造血”并行的保障增收体系。围绕提升标准和完善制度，提高“五大保障”水平，建立普惠全民、城乡均等的社会保障体系。提高城乡居民最低生活保障标准，完善社会救助体系，加大特殊人群和困难群众帮扶力度，切实保障“底线民生”。实施居民收入倍增计划，推进产业、就业、创业、物业、合作、帮扶等“六大富民工程”，落实积极的就业创业政策，保持“零就业家庭”动态清零，确保已消除的“4600元以下”贫困现象不反弹。建立“法治德治”并重的社会治理格局。健全党委依法决策机制，加强法治政府建设，支持司法机关依法公正行使职权，打造阳光司法，深化“七五”普法，增强公民法治意识，建设“法治常山”。积极探索网格化管理、信息化融合、精细化服务的社会治理新模式，提高社会治理水平。深化社会治安防控体系建设，扎实开展平安创建系列活动，强化安全生产、食品药品等领域的日常监管，织牢织密公共安全保障网，打造更高水平的“平安常山”。全面弘扬社会主义核心价值观，大力推进诚信体系建设，提高全民道德自觉，提升社会道德水平。

6. *改革创新要围绕激活动力，从单线突破走向纵深突围。*牢固树立“改革者进、创新者强”的理念，聚焦发展关键环节，攻重点、破难点、抓试点。释放改革红利。深化商事登记制度、多规合一、行政审批制度改革，落实“四张清单一张网”，提高行政效率。深化资源要素市场化配置，完善亩产效益综合评价体系，强化税收调节、节能减排、价格杠杆等手段，增强资源要素调节功能，激发主体活力。通过资产收购、股权置换、战略合作等方式，推动国资公司做大规模、做强实力，提升营运水平。落实农村承包土地“三权分置”办法，建立“农合联”新型农业经营体系，推进农村产权制度改革，加快农村资产资源资本化和农业生产经营方式转变，拓宽壮大村集体经济和农民增收渠道。扩大对外开放。坚持向东是大海，主动对接长三角经济带、沿海发达城市，推动产业、技术、人才、资本等深度交流合作。大力推进招商引资“一号工程”，瞄准八大万亿产业和大企业大财团，着力引进龙头型、基地型项目。“走出去”找标杆，跟踪比较，学以致用。高密度、常态化跑部进省，以让人“无法拒绝”的激情和干劲积极争取。与大媒体、新媒体开展深度合作，强化营销宣传，发出常山声音。深化创新驱动。实施高新技术企业培育计划，鼓励企业加大研发投入，发挥龙头企业主导作用，培育更多的市级加强与国内外大院大所大学深度合作，推动产学研协同创新。加强农机、油茶、胡柚等科研院所建设，推进自主创新。加大政策扶持力度，推广新型孵化模式，推进创业、创新、创投、创客“四创联动”。完善产业基金政策，探索推广PPP、EPC等模式，创新多元化的投融资体系。深化“智汇常山”工程，完善引人、用人、留人机制，大力引进高层次人才和创业创新团队，构筑适度超前的人才体系。

全面从严治党管党

全面实现未来五年的宏伟蓝图，党的领导是根本保证，党员干部是关键因素。县委将严格履行全面从严治党主体责任，充分发挥党委总揽全局、协调各方的领导核心作用，积极推进人大、政府、政协依法履行职能，切实加强党对人民武装、统一战线和群团工作的领导，凝聚各方力量，为新一轮跨越发展提供坚强保证。

1. *加强思想政治建设，锤炼忠诚可靠的坚强党性。*突出思想建党，全力拧紧党员干部思想上的“总开关”。筑牢理想信念根基。坚持不懈用中国特色社会主义理论体系武装头脑，深入学习党章党规和习近平总书记系列重要讲话精神，切实做到真学真懂真信真用，筑牢信仰之基、把稳思想之舵，打造精神高地，让“心怀坦荡、心态良好、心地善良”成为常山干部的基本品格。强化纪律规矩意识。增强政治意识、大局意识、核心意识、看齐意识，严格执行《关于新形势下党内政治生活的若干准则》和《中国共产党党内监督条例》，推进党内政治生活常态化、制度化，切实做到政治上讲忠诚、组织上讲服从、行动上讲规矩。凝聚干事创业合力。坚决落实中央和省市委决策部署，不做选择、不打折扣、不搞变通，领导班子精诚团结，部门之间协调配合，党员干部合作共事，营造和衷共济的干事创业氛围。

2. *加强干部队伍建设，打造堪当重任的干事团队。*坚持从严管理干部，锻造“德才兼备，敢担当有作为”的常山铁军。坚持公道正派选干部。严格落实好干部标准，牢固树立“凭实绩论英雄”导向，坚持事业为上、公道正派，真正把优秀的干部准确识别出来、合理使用起来，做到组织放心、群众满意、干部服气。突出比学赶超练本领。以干部能力提升为核心，加大教育培训、实践锻炼、上挂下派力度，通过开展“担当有为力争上游”、干部“五比”等活动，着力提升正职领导的领导力、班子成员的责任力、中层干部的执行力和普通干部的履职力。高度重视经济型干部的培养，着力打造项目铁军、招商尖兵、服务精英。注重从严管理转风气。从推动常山发展的大局出发，以严的标准要求干部，以严的措施管理干部，旗帜鲜明鼓励干事，加大对“庸懒散浮拖”干部的调整力度，严惩为官不为，做到能者上、庸者让、劣者下。同时，态度鲜明保护干事，坚持宽严相济，落实容错免责机制，为担当者担当，为负责者负责。

3. *加强基层组织建设，构筑坚强有力的战斗堡垒。*坚持重心下移、力量下沉，高标准落实农村基层党建“浙江二十条”经验，推动基层组织全面进步、全面过硬。提升基层党组织功能。深化基层党建“金钉子”工程，坚持政治功能和服务功能“两手抓、两手硬”，推动党的路线、方针、政策落地生根，打造“闪闪发光、深深扎根、久久为功、永不褪色”的“金钉子”，全面提升基层组织战斗力。建强基层带头人队伍。以村级组织换届为契机，选优配强村级带头人，统筹推进“第一书记”、党组织书记后备人才队伍建设，建立村干部“小微权力清单”，打造“谋事创业有思路、村务管理有规矩、服务群众有感情、廉洁公道有口碑”的带头人队伍，形成巨大的“头雁”效应。形成基层党建新格局。合力大抓基层，按照“整乡推进、整县提升”的思路，深化“党建+”工作，全面推行基层党建“书记项目”制度，打造一批知名党建品牌。

4. *加强党风廉政建设，营造风清气正的政治生态。*深化反腐倡廉，坚决把纪律和规矩挺在前面，形成不敢腐、不能腐、不想腐的有效机制。铁肩担责。各级党组织要切实履行全面从严治党主体责任，党组织书记要承担起“第一责任人”职责，真正对党负责，对本地区本单位政治生态负责，对干部负责。各级纪检监察组织要深化“三转”，把握“四种形态”，全面履行监督责任。铁腕整风。巩固扩大群众路线、“三严三实”等教育成果，严格落实中央“八项规定”和省委“28条办法”“六个严禁”等作风建设规定，加大明察暗访、通报曝光、责任追究力度。深化县委巡察和农村基层作风巡查，形成震慑作用。铁拳惩腐。坚持纪严于法，以“零容忍”态度惩治腐败，做到有案必查、有贪必反、有腐必惩。加强制度建设，把权力关进制度的“笼子”，确保权力正确行使，真正实现干部清正、政府清廉、政治清明。

在新的起点上扬帆起航

2017年，是新一届县委开局之年，也是党的十九大召开之年，做好新一年工作，意义十分重大。要牢牢把握“稳中求进”主基调，以“招商引资年、项目推进年、能力提升年”为载体，全力以赴抓发展、惠民生、保稳定，争创特色，力争上游。重点是实施“八大行动”：

1. 工业转型“三三”行动。“老三篇”转型升级。围绕打造轴承“两大”基地，引导推动轴承企业战略重组、强强联合、升级产品，加快SKF集团轴承总部项目落地建设。提升纺织产业，瞄准高档色纺纱等细分产品，大力推进机器换人，加强自主设计和品牌经营，加快迈向时尚产业。全面提升钙产业，着力淘汰落后产能，推进兼并重组，引进全产业链项目。“新三篇”招大引强。编制农机产业招商目录，积极引进农机整机和关键零部件企业，推动集聚集群，高标准建设华东农机产业园。加快哲丰新材料、康盈磁业、巴菲尔等投产达效、扩大规模，培育建设新材料特色产业基地。加快生物医药产业发展，重点开发中药饮片、化妆品、精油等深加工产品，统一品牌、联合经营、提升效益。三平台联动提升。加快产业集聚区扩容提质，高标准完成一期绿化、亮化及景观建设，启动新一轮土地征用，保障大项目落地。推进新都园区、辉埠新区提档升级，实施工业污水处理、竹亭路改造、集中供热、048省道辉埠支线等基础配套项目，进一步优化功能、提升品位。探索“三区合一”，建立统一管理、统一招商、统一运行新机制，优化资源配置，推进联动发展。

2. 项目招商“三百”行动。项目百亿投资。紧盯上级政策、产业导向谋划项目，加大对接力度，争取更多项目进入国家和省级盘子。深化常山港航道开发、胡柚文化博览园等重大项目前期，大力推进重点项目建设，加快谋划项目转前期、前期项目转实施，确保固定资产投资增长10%以上。招商百万重奖。主攻重点区域，改进招商方式，全面深化以商招商、中介招商、商会招商，强化招商队伍专业化建设，完善奖励考核机制，重奖招商有功之人，形成人人关心招商、个个参与招商的浓厚氛围。落地百分保障。深化项目服务管理，健全县领导领办重点项目、协调推进、督查考核等机制，打通环节、简化流程，实施全程“保姆式”服务。完善土地征收、房屋征迁政策，建立重点项目专项破难工作机制，确保“零障碍”推进、“无耽搁”运行。

3. 国际慢城成势聚态行动。加快跟进基础设施。按照时间节点和进度要求，加快实施慢城路网、重要配套路网、入口等基础设施建设，确保渣濑湾、富足山环形路网尽早完工，山地自行车赛道提升工程竣工投入使用。高标提升环境景观。建成渣濑湾田园花谷、花海、景观桥，打造休闲观光精品。大力实施虹桥溪等水环境治理提升项目，实现溪清水畅、碧水绕城。扮靓慢城“五朵金花”，抓好建设指导，持续推进“赤膊墙”整治和庭院美化，提升环境面貌。高点开发休闲品类。建成国内一流的山地自行车公园，延伸开发定向越野、攀岩等休闲体育项目，培育赛事产业园，推动慢城进军亚运、拥抱世界。加快梦之岛、三衢湖绿岛仙居等开发，规划建设滨水休闲项目。推进三衢石林景区升级，创建“全球低碳生态景区”。同时，谋划开展系列主题营销活动，密切与国际慢城总部对接，确保申报成功。

4. 城市建设“双十专”行动。谋划实施

城市现代功能十大专项。突出现代和开放元素，精心谋划建设博物馆、文体中心、科技馆等重大项目，力争打造一批彰显特色、独具魅力的城市发展新亮点、新地标。谋划实施历史古迹修复十大专项。谋划建设天马山—石硿山文化休闲公园，适时启动里择祠历史文化商业街区建设，逐步恢复文昌阁、紫港浮桥、定阳书院等古迹，丰厚城市人文底蕴。完善城市管理体系。深化创“国卫”工作，加强交通治堵治乱，突出抓好停车位扩容、拥堵点整治、公共交通优化，引导市民有序文明出行。深化综合行政执法改革，建立健全高效统一的综合行政执法体系，加快智慧城市建设，提升城市管理和服务水平。

5. 特色小镇“3＋X”培育行动。赏石小镇：对照省考核标准，全力加快项目进度，建成中国观赏石博览园，争创国家AAAA级景区，办好第六个全国赏石日。云耕小镇：加快锦禾农机项目建成投产，大力实施智能卡车、SKF轴承、农机交易市场、农机风情乐园、农机文化展示馆五大项目，力争成功申报第三批省级特色小镇。赛得养生小镇：全面拉开“一镇一带两园”框架，加强集镇面貌建设，打造滨水休闲、健康养生旅游示范带，确保一期开园入住，完成农业示范园土地流转。坚持政府引导、市场主导，高标准谋划建设钙谷小镇、运动小镇、柚都小镇、油茶小镇。同时，加快推进球川镇国家中心镇示范试点建设，确保通过验收。

6. 互联网＋“十百千”行动。建设十大平台。顺应“互联网＋”发展大势，探索推进互联网与产业转型、政务管理、农村发展的深度融合，启动淘宝特色中国馆、智慧旅游、智慧治水、云上常山、电商众创园等五大创新平台建设，打造农村创业、就业、农业、扶贫、管理等五大示范性“智慧平台”。跨入电商百强。依托优质产业资源，引导青年群体、个体工商户、农村致富带头人等主体在淘宝、天猫等平台开设网店，推动规上工业企业、农业龙头企业等加快电商换市步伐，建成一批淘宝村镇，跻身全国电商百强县。实施千人计划。深入对接阿里巴巴“百城千校百万英才”项目，全力争取淘宝大学常山分校落户，实现以校育才、以商引才。大力开展“筑巢引凤”工程，制定完善创业创新扶持政策，积极引进领军型、创新型互联网＋人才，打造1000人以上的互联网＋“常山菁英”。同时，大力完善全县“互联网＋”工作体制机制，充分发挥“互联网＋”办公室作用，统筹开展各项重点工作。

7. 农业农村创特做强行动。常山“三宝”转型提质。加快常山胡柚全产业链提升，新增万亩流转规模化基地、千亩新品种基地、千亩药用示范基地，打造胡柚产业特色示范强镇、胡柚展示与服务中心两大平台，创建国家柑橘标准果园1个，培育衢枳壳产销主体5家以上，精深加工4万吨以上。加快建设油茶“四中心”，以芳村和新昌为核心辐射发展10万亩油茶基地，创建国家油茶公园。注册常山猴头菇国家证明商标，积极引进深加工企业，对外合作开发猴头菇休闲食品。美丽乡村示范创建。深入推进“美丽乡村示范县”创建，以农村“双治”为抓手，大力实施河湖库塘清污行动，全面推广垃圾源头分类“二分＋”模式，提标改造农村生活污水治理设施。全面推进小城镇环境综合整治，力争7个小城镇通过省级核查验收，打造3个示范城镇。深化“百村万户美丽庭院”创建，启动“两美”街巷建设，全面提升乡村环境。加大资源项目整合力度，打响一批特色精品村，培育一批创建示范村。农民增收持续突破。实施低收入农户精准帮扶，落实强农惠农各项措施，加快发展美丽经济，推进民宿、农家乐精品区块建设。加快“三位一体”改革，大力发展农合联，提升农业生产经营效益。

8. 社会事业“四创”行动。教育创品牌。全力做好常山一中搬迁工作，统筹撤并，重构师资，把好事办好、布局调优。深化教育综合改革，大力推进课改教改，全面加强合作办学、特色办学、校企联动，把好队伍管理关、激励关、培养关，凝心聚力，振兴教育。卫生创等级。以提升医疗质量为核心，加强与知名医院深度协作，推进县人民医院、中医院、妇保院等级医院创建，积极争取和建设省妇保院浙西妇产科中心，加快县公共卫生服务中心、第二医院建设。文体创特色。深入开展省级体育强县创建，积极承办2017年中国山地自行车公开赛总决赛。推进文化融城，繁荣城市文化，提升城市品牌知名度美誉度。社会创平安。围绕“治安最稳定”，大力推进“法治常山”“平安常山”建设，深化系统平安创建、基层基础建设，提升社会治理水平，全力“夺金鼎”。

各位代表、同志们，新常态催生新格局，新机遇孕育新出路，新目标引领新局面，让我们更加紧密地团结在以习近平同志为核心的党中央周围，在省、市委的坚强领导下，坚定信心、振奋精神，同心同德、锐意进取，努力在推动常山发展的伟大实践中建功立业，与全省同步高水平全面建成小康社会，让千年古县焕发蓬勃生机，让千里田畴展现美丽画卷！

常山县第十三次党代会报告名词解释

“四个全面”战略布局：全面建成小康社会、全面深化改革、全面依法治国、全面从严治党

五大发展理念：创新、协调、绿色、开放、共享

“两个百年”目标：在中国共产党成立100年时全面建成小康社会；在新中国成立100年时建成富强民主文明和谐的社会主义现代化国家

四个没有变：经济发展长期向好的基本面没有变；经济韧性好、潜力足、回旋空间大的基本特质没有变；经济持续增长的良好支撑基础和条件没有变；经济结构调整优化的前进态势没有变

三严三实：严以修身、严以用权、严以律己，谋事要实、创业要实、做人要实

一带一路：丝绸之路经济带和21世纪海上丝绸之路

长江经济带：中国新一轮改革开放转型实施新区域开放开发战略，覆盖上海、江苏、浙江等11个省市，人口和生产总值均超过全国的40%

中国制造2025：我国实施制造强国战略第一个十年的行动纲领，提出通过“三步走”实现制造强国的战略目标：第一步，到2025年迈入制造强国行列；第二步，到2035年中国制造业整体达到世界制造强国阵营中等水平；第三步，到新中国成立100年时，综合实力进入世界制造强国前列

四大百亿产业：轴承、农机、新材料、生物医药四个百亿元产业

四大基地：中国南方农业机械研制销售基地、国内圆锥滚子轴承生产基地、国内中大型轴承精锻基地、国家钙产业循环经济基地

老三篇：轴承、纺织、建材

新三篇：农机、新材料、生物医药

现代农业“三区两带”：“三区”即北部农业生态保护区、东部特色农业产业区、西南精品农业综合区；“两带”即胡柚文化景观带和田园秋韵景观带

油茶“四中心”：三个经济中心（全国油茶交易中心、山茶油价格指导中心、油茶集散中心）和一个文化中心

农合联“三位一体”：建好生产、供销、信用“三位一体”农民合作经济组织联合会

项目投资“151”计划：储备重点项目1000个以上，开工建设500个以上，形成投

资1000亿元以上

交通“935”工程：即谋划建设320国道常山段、351国道常山段、常山何家至辉埠公路、杭金衢高速公路常山段拓宽工程、常山县客运中心、杭新景高速公路常山段、杭新景高速公路新桥连接线（淳安至江山公路）、048省道延伸线常山溪口至宋畈公路、九景衢铁路常山段、常山县通景公路等9个实施类项目，常山港航道开发工程、常山县320国道至江西双明公路、衢州市沿江公路常山段3个开工类项目，常山宋畈至新桥公路、池黄衢铁路常山段、招贤至大桥至芳村公路、江山陈家至球川至开化青阳公路常山段、规划S223省道常山段等5个预备类项目

民生事业基础设施建设“五大工程”：基础教育提升工程、群众就医环境优化工程、公共数字文化工程、农村文化礼堂升级工程、省级体育现代化村创建工程

特色小镇“258”成长计划：2个省级特色小镇，5个市级特色小镇，8个后备培育特色小镇

全域旅游“两大目标”：成为衢州国家休闲区重要组团和四省边际生态文化旅游示范区核心区

一核两带三圈：“一核”即国际慢城，“两带”即一江两岸、柚石金路，“三圈”即三清绿道、十里长风、远山云水三大休闲圈

五朵金花：即国际慢城范围内的狮子口村、狮东村、孔家弄村、外港村和渣濑湾村

两景区两小镇：“两景区”即三衢石林景区和白菊花尖景区，“两小镇”即赏石小镇和赛得养生小镇

一加强三整治：小城镇环境综合整治的重点内容，即加强规划设计引领，整治环境卫生、整治城镇秩序、整治乡容镇貌

城市建设“五山”共建：塔山、展衣山、石硿山、虎山、北殿山

城市建设“四园”联动：东明湖公园、塔山公园、展衣山公园、石硿山公园

育才摇篮：常山育才中学、育才小学和育才幼儿园

民生“五大保障”：养老、生育、失业、医疗、工伤

干部“五比”：比谋划、比办法、比干劲、比业绩、比形象

“六最”环境：政策最优惠、办事最便捷、服务最优良、社会最诚信、治安最稳定、环境最宽松

纪检监察机关“三转”：转职能、转方式、转作风

监督执纪“四种形态”：党内关系要正常化，批评和自我批评要经常开展，让咬耳扯袖、红脸出汗成为常态；党纪轻处分和组织处理要成为大多数；对严重违纪的重处分、作出重大职务调整应当是少数；严重违纪涉嫌违法立案审查的只能是极少数

两学一做：学党章党规，学重要讲话，做合格党员

政府工作报告

——在常山县第十五届人民代表大会第五次会议上

县长 毛建国

（2016 年 1 月 30 日）

各位代表：

现在，我代表县人民政府向大会报告工作，请予审议，并请县政协委员和其他列席人员提出意见。

一、"十二五"规划执行情况和 2015 年政府主要工作

"十二五"时期是既有机遇又富挑战的五年。五年来，在县委的正确领导和县人大、县政协的大力支持监督下，全县上下紧紧围绕"实力工业、休闲城市、美丽乡村"三大战略，抓机遇、迎挑战、强改革、破难题，主动适应发展新常态，经济社会提速前行势头强劲，为全面建成小康社会打下坚实基础。"十二五"规划期间累计实现地区生产总值 500.3 亿元，年均增长 8.2%；完成财政总收入 50.7 亿元，年均增长 14.1%，其中地方财政收入 33.4 亿元，年均增长 14.1%；全社会固定资产投资 468.7 亿元，年均增长 13.2%；全社会消费品零售总额 220 亿元，年均增长 14%。城镇居民人均可支配收入由 16780 元增加到 28126 元，农村居民人均可支配收入由 8018 元增加到 15333 元，年均分别增长 10.2% 和 12%。

"十二五"规划期间，我们始终坚持绿色发展、效益为先的发展方向，狠抓产业转型升级，经济综合竞争力不断提升。

工业经济扩量提质。新增规模以上企业 80 家、产值超亿元企业 42 家、"新三板"挂牌企业 2 家。轴承、纺织、钙等传统产业结构不断优化，装备制造、食品加工等产业逐步壮大。开展"蓝天三衢"生态治理工程，列入全省首批传统块状行业"腾笼换鸟"试点。建立中国农机院收获机械零部件研发中心，荣获"中国华东农机产业园"称号。投入开发建设资金 12.1 亿元，园区建成面积由 16.5 平方千米扩大到 20 平方千米。省绿色产业集聚区常山片区拉开 3000 亩建设框架。生态农业做特做强。实施"常山三宝"振兴计划，"常山胡柚"被认定为中国驰名商标，建成全省最大的油茶苗圃基地，猴头菇工厂化栽培迈出新步伐。新增市级农业龙头企业 10 家、市级以上家庭农场 26 家、市级一村一品专业村 31 个。建成现代农业综合区 1 个，流转土地 5 万亩。年均粮食总产量达 7.6 万吨。现代服务业快步发展。观赏石博览园奇石交易市场区主体结顶，浙西世贸商城、金佰汇中央广场、东方大酒店等项目建成、运营。成功创建国家 AAAA 级景区 1 个、国家 AAA 级景区 2 个，三衢湖省级旅游度假区顺利获批。成为全国首批农村淘宝试点县，引进 3 家电商园。新增商业银行 6 家，金融机构期末存贷款余额为"十一五"末的 1.95 倍和 1.98 倍。三次产业比重由 2010 年的 8.3∶54∶37.7 调整为 2015 年的 7.1∶47.8∶45.1。

"十二五"规划期间，我们始终坚持

"大干项目、干大项目"不动摇，着力推进重大项目建设，发展后劲不断增强。

项目建设提速增效。九景衢铁路、杭新景高速公路、48省道延伸线、独流入海常山段、哲丰新材料等一批重点项目积极推进，205国道改造提升示范工程、浙能天然气热电联产等项目建成。全社会固定资产投资比"十一五"时期净增243.2亿元，共实施县级以上重点项目567个，其中列入省重点项目84个。招商引资精准发力。创新开展"点将招商""驻点招商"，深入实施"山海协作"和"浙商回归"工程。玉马机械、同景光伏、恒寿堂柚果等一批龙头企业建成投产，安能物流、光大金融城、新华环保、汇巨生物科技等一批好项目成功引进。五年来共引进市外资金117.47亿元、外资1958万美元。要素保障得到加强。低丘缓坡综合开发利用试点县通过验收，垦造耕地1.52万亩，建成高标准基本农田9.95万亩。向上争取工作成效明显，累计获得上级补助资金92.2亿元，争取建设用地指标1.69万亩。五年共为企业提供应急专项资金52.35亿元，兑付企业奖补资金3.37亿元。实施"智汇常山"工程，引进紧缺专业人才1300多人。

"十二五"规划期间，我们始终坚持践行"两山"发展理念，开展组拳整治，绿水青山得到有效保护。

"五水共治"成效显著。整治垃圾河46.6千米、黑臭河22.2千米，提前完成"清三河"任务，全面完成河道采砂整治和生猪养殖整规，加快发展洁水渔业，完成149个村农村生活污水治理设施建设，改造建设城区污水管网80千米，污水处理厂二期建成投用，出境水质基本保持在Ⅱ类以上标准。"三改一拆"强势推进。在全市率先启动违法建设专项整治，开展无违建三级联创，创建无违建达标村（社区）107个，累计拆除违法建筑247.2万平方米，改造旧住宅区、旧厂区、城中村436.2万平方米。生态建设深入推进。加强大气污染治理，完成各类造林4.3万亩，全县森林覆盖率达74%。PM2.5浓度2015年为45微克/立方米，比上年下降18.2%。完成节能减排任务。成功创建国家园林县城、省生态县、省森林城市。

"十二五"规划期间，我们始终坚持城乡一体、协同发展的要求，不断完善基础设施建设，城乡面貌明显改善。

休闲城市跨越发展。常山大桥、外港大道一期、紫港大桥建成通车，滨江一期"三通一平"加快推进，城东新区建设框架拉大，城市建设跨向"常山江时代"，建成区面积由"十一五"时期末的14平方千米扩大到19.93平方千米。改造旧住宅区16个，完成常辉公路、朱富线、东西入城口、定阳北路等重要路段改造提升，建成城市森林公园一期、民防应急指挥中心等一批城市公共设施。数字城管建成运行，新增城市绿地37万平方米，市场化保洁、保绿面积分别达到105万平方米和73万平方米。美丽乡村魅力绽放。四条美丽乡村风景线基本建成，新增市级美丽乡村示范乡镇6个，市级精品村25个。狠抓农村清洁工程，开展"四边三化"，实施"墙·院"整治，美化墙院200万平方米，农村环境明显改善。扎实推进小型农田水利重点县建设，完成病险水库除险加固27座、山塘综合整治86座，荣获水利"大禹杯"。建成农村公路联网线112千米。完成6个乡镇供水主管网建设，改善10.9万农民饮用水条件。

"十二五"规划期间，我们始终坚持把增进民生福祉作为根本目的，多层次推进民生事业跨越发展，群众获得感持续提升。

居民收入较快增长。不断健全职工工资正常增长保障机制，月最低工资由1060元增加到1530元，全社会职工月平均工资由1880元增加到2720元，城乡居民经营性收入和财产性收入保持较快增长。五年累计发放来料加工费19.8亿元。引导和鼓励农民下山脱贫，完成异地搬迁10316人，赵家坪安置区一、二期全面建成。社会事业加快发展。花大钱办教育，五年累计投入20.04亿元。开展省教育现代化县创建，大力度推进教育综合改革，实施常山一中迁建工程，创办育才中学、小学、幼儿园，新建县第一小学，改善提升一批薄弱学校。实施县级公立医院综合改革，县人民医院与浙大一院、省妇保院紧密协作成效明显，妇产科入选省第四批县级医学龙头学科。成功创建国家级计生优质服务先进县。“常山喝彩歌谣”入选国家级非物质文化遗产名录，建成文化礼堂67个。完成常山华数数字电视整体转换。国防动员、人民防空、外事侨务、对台事务、妇女儿童、咨询、民族、宗教、移民、气象、电大、档案、新闻宣传、科普等工作不断推进。社会保障全面加强。被征地农民基本生活保障与城镇职工养老保险实现并轨，城乡居民医疗保险并轨运行，新增各类参保人员8.45万人。新增城镇就业2.46万人，培训农村实用人才1.5万人次。建设经济适用房和廉租房6.6万平方米，发放住房公积金贷款6.18亿元。城乡低保提标扩面，实现应保尽保，4037名残疾人基本生活得到保障。新增民办养老服务机构3家。

“十二五”规划期间，我们始终坚持求真务实、改革创新的理念，积极推进改革和作风转变，发展动力得以增强。

改革创新推向纵深。“四单一网”建设取得初步成效，浙江政务服务网常山平台与全省同步上线运行。取消非行政许可审批事项，精简行政审批事项50%以上。大力推进国有企业、国有资产整合重组，基本完成城投公司和泰安矿产公司改革。整合行政办公用房资源，开发区管委会“退城入园”。完成新一轮乡镇行政区划调整和行政村规模调整。平安建设不断深化。规范信访工作秩序，一批信访积案有效化解。健全立体化社会治安防控体系，刑事案件发案率下降23.1%。扎实推进矿山、钙产业安全生产综合整治，全县安全生产形势平稳。食品药品监管、地质灾害防治等工作全面提升，社会大局保持稳定，有望实现平安县“十一连冠”。自身建设有效加强。健全科学民主决策制度，坚决贯彻落实县委各项决策部署，主动接受县人大、县政协和社会各界的监督。五年办理人大代表议案建议751件、政协提案679件。深入开展党的群众路线教育实践活动和“三严三实”专题教育，认真查摆“四风”问题，狠抓整改措施落实，“三公经费”较2010年下降51.7%。强化效能监察、执法监察和审计工作，严查各类违纪案件，反腐倡廉建设取得新成效。受理行政复议案件21件，依法行政不断强化。

刚刚过去的2015年是实施“十二五”规划的最后一年。我们主动应对经济下行压力，统筹推进各项工作，较好地完成年初确定的各项目标任务，实现“十二五”规划强势收官。全年地区生产总值增长7.8%；财政总收入和公共财政预算收入分别增长9.93%和12.34%；投资、消费、进出口分别增长14.1%、11.2%和18.1%，城乡居民可支配收入分别增长8.6%和10%。十个方面为民办实事工程顺利完成。一年来，我们突出抓好以下五个方面工作：

一是致力于推进工业转型。注重精准发力，在盘活存量、引进增量、推进创新中促进工业转型提升。大力实施“五个一批”工程，天子股份、爱丽莎环保科技实现“新三板”挂牌，康京电子、常纺公司、富丽新材料等成功引进战略合作企业，轴承、纺织等行业重组工作扎实推进，8家破产企业得到盘活。鼓励企业创新，环宇轴承省级院士专家工作站获批，捷姆轴承省级企业研究院建成，培育创新型企业22家，工业技改投资增长82.4%。基本完成“蓝天三衢”生态治理原计划任务，有序推进矿山整合，为发展腾出环境容量。设立全市首个政府性产业发展基金，建立钛和常山产业投资基金，并战略投资金雄公司。实施精准帮扶，深化“百名局长帮百企”活动，强化政企交流，解决了一批企业融资难、项目落地难等实际问题，成立企业风险防控帮扶小组，努力化解“两链”风险。着力提升平台能级，绿色产业集聚区“二纵六横”道路框架基本形成，工业园区循环化改造稳步推进，辉埠新区功能配套更加完善。

二是致力于提升城市功能。突出规划引领，强化科学管控，编制完成“一城三镇”概念规划、三衢湖省级旅游度假区总体规划、城区亮化及排涝专项规划等。城东新区变化明显，滨江路、滨江公园、城市综合体、金融中心一期等项目加快推进。老城提标改造步伐加快，完成石崆寺二期征迁，兰桂苑、渡口小区东片等旧住宅区改造基本完成，东明湖、城区沿溪沿江等14.1千米慢行绿道建成投用，新增机动车停车位1152个，新设公共自行车站点17个，投放自行车340辆。“三镇”建设扎实开展，赏石小镇跻身全省首批特色小镇，球川镇列入国家级中心镇建设示范试点，辉埠经济强镇产业改造不断深化，“三镇”逐步成为县域发展重要支撑。开展美丽集镇建设，全县集镇基本达到“洁净集镇”要求。

三是致力于经营美丽经济。提升发展乡村休闲旅游。加强农民建房规划管控，引导农民有序建房。整合涉农资金项目，着力打造四条美丽乡村风景线和精品节点，形成了田蓬、长风、徐村等一批各具特色的美丽乡村，涌现了黄塘、下猷阁等一批美丽经济样本。积极推进赛得健康产业园、常青泉养生养老基地建设。创建省级旅游强乡镇5个，培育三星级以上农家乐23家、民宿床位1242张，被评为省级美丽乡村创建先进县。全力振兴“常山三宝”。引入“拜肯模式”，推行常山胡柚生产全程社会化服务，胡柚小青果切片列入省中药炮制规范目录，新建胡柚优质精品基地4558亩，举办“绿色中国行·走进美丽常山”活动。开展山茶油品牌整合，建设油茶旅游观光精品园和“千亩茶花观光区”，承办全省木本油料产业发展现场会。常山猴头菇获国家农产品地理标志登记保护。新增无公害、绿色、有机农产品30个。

四是致力于打造生态屏障。坚持标本兼治，打好“五四三”、治气治堵等环境整治组合拳，生态环境持续优化。深入推进五水共治，退养生猪10.6万头，全面取缔河道采砂，完成农村污水处理设施建设任务，推广农村生活垃圾“2分+”分类模式，整治选矿厂、石料加工点，坚决斩断污染源，成功创建省级“清三河”达标县。强力开展“三改一拆”，坚持一拆到底，拆改用联动，突出重要区域和节点拆违，在全市率先启动“无违建县”创建迎检工作。以“一路一镇”集中整治为突破口，全面推进“四边三化”“两路两侧”整治，320国道和招贤、青石集镇旧貌换新颜，成为全市整治样板。统筹推进大气治理，实施排污权有偿使用和交易制度，淘汰黄标车943辆。

五是致力于回应民生所盼。坚持民生至上，千方百计扩大民生投入，民生事业财政支出增长30.6%。大力发展社会事业，通过国家义务教育发展基本均衡县验收，“常山育才”品牌逐步打响，职业教育和学前教育改革成效明显。启动分级诊疗试点工作，优化城区医疗资源配置，重设中医院，整合妇保院和计生指导站，完成精神康复医院主体工程。180个行政村应急广播全覆盖。举办县第五届全民体育运动会。切实加强社会保障，社保覆盖面不断扩大，被征地农民参保新增2710人。推进机关事业单位养老保险制度改革。完成10家敬老院改造，启动社会福利中心项目建设。新增公租房、廉租房保障家庭1221户。实施精准扶贫，全面消除家庭人均收入4600元以下贫困现象。平安建设不断深化，加大社会矛盾排查力度，推广社会稳定风险评估机制，完成省级“无邪教县”创建。严密防范、严厉打击各类违法犯罪活动。严格落实安全生产责任制，安全生产事故起数比上年下降4.5%。

各位代表，过去的五年是极不平凡的五年，历程令人难忘，成就来之不易，这是上级党委、政府和县委正确领导的结果，是全县人民同心同德、奋力拼搏的结果。在此，我谨代表县人民政府，向在各个领域辛勤劳动的全县人民，向全体人大代表、政协委员，向各民主党派、工商联、各人民团体和社会各界人士，向驻常部队和武警官兵，向所有外来投资者和建设者，向所有关心支持常山发展的朋友们表示崇高的敬意和衷心的感谢！“十二五”发展成就令人鼓舞，但“十二五”规划期间经济发展进入新常态，受大环境影响，我县部分经济指标未能完成，工作中存在不少短板。全县经济结构不优、效益不佳，企业经营困难问题依然存在，新老动力转换远未完成；能源资源和生态环境双重约束日益加剧，与加快发展之间矛盾倍增；财政减收因素不断增多，社会民生事业增支刚性加强，财政收支平衡压力加大；城市功能和品位有待提升，休闲城市建设任重道远；保障和改善民生的任务十分艰巨，影响社会稳定和谐的问题仍然较为突出；政府职能转变还不到位，一些工作人员综合素质、工作作风有待加强。对于这些问题，我们将采取更加有力措施，认真加以解决。

二、“十三五”时期奋斗目标和主要任务

各位代表，根据县委《关于制定常山县国民经济和社会发展第十三个五年规划的建议》，县政府认真研究并听取各方面意见，制定了《常山县国民经济和社会发展第十三个五年规划纲要（草案）》，提请大会审议通过后，将认真付诸实施。

“十三五”规划时期，是产业结构深度调整期、新旧动力加速转换期，也是我县实现追赶跨越的黄金期。省委、省政府优化区域布局，突出重点生态功能区保护建设、规划钱塘江生态经济带、发展生态经济和建设生态廊道、确立以交通等基础设施为重点的投资导向，孕育出源头屏障地区绿色发展新机遇。面对一系列重大机遇，我们只要抢先承接，主动对接，就能抓住机遇，跨越发展。

为此，“十三五”规划时期政府工作的指导思想是：高举中国特色社会主义伟大旗帜，以马列主义、毛泽东思想、邓小平理论、“三个代表”重要思想和科学发展观为指导，深入贯彻落实习近平总书记系列重要讲话精神，以“四个全面”战略布局为统领，坚持“创新、协调、绿色、开放、共享”发展理念，以“奋力追赶、科学跨越”为总要求，全面深化“实力工业、休闲城市、美丽乡村”战略，着力打基础、抓机遇、破难题，统筹推进经济、政治、文化、社会和生态建设，打造殷实经济、休闲城市、乡村公园，开启“两山”转化新模式，开创“三大战略”新局面，与全省同步高水平全面建成小康社会，书写“两美”常山新篇章。

战略目标是：全面深化“三大战略”，打造殷实经济、休闲城市、乡村公园，高水平全面建成小康社会。

——打造殷实经济。全面提升以实力工业为支撑、三次产业融合发展的县域经济综合实力。保持经济中高速增长，增速高于省市平均水平，到2020年实现生产总值、人均生产总值、城乡居民收入比2010年翻一番。三次产业结构更为合理、融合度全面提升，新产业新业态更具竞争力。工业迈向中高端，高水平建成主导产业大平台，制造水平、创新水平、信息化水平全面提升，企业竞争力明显增强。

——塑造休闲城市。全面进入“跨江时代”，城东新区成为重要休闲板块，金融、物流等现代服务业活力充分释放，教卫文体等软实力显著增强。休闲功能不断提升，“一区两园四线”全面建成，休闲经济蓬勃发展，立体化综合交通网基本建成，“观赏名山、休闲常山”深入推进，成为衢州国家休闲区重要组团、四省边际生态文化旅游示范区核心区。

——共建乡村公园。美丽乡村扩面提质、风格彰显，生态环境好中更优。“334”工程提速提效、示范引领，现代高效农业、乡村休闲旅游业、民宿经济等发展壮大。城乡一体化进程加快，城市化水平、公共服务共享水平明显提高。社会保障体系更加健全，低收入群众收入增速高于全省平均水平。基层改革、社会治理、法治建设水平显著提升。

围绕上述预期目标，“十三五”规划期间，我们要全力以赴，着重做好以下八个方面工作：

1. 高水平全面建成小康社会。持续优化生态环境，多举措促进低收入群体增收致富，加强公共设施供给，补齐城乡基础设施建设短板，加快提高公共服务质量和均等化水平，改善群众生活品质，让人民真正过上殷实、舒适的小康生活。“十三五”时期生产总值、人均生产总值、城乡居民收入年均增长分别为7%、6.5%、8%和9%以上，全面建成综合实力更强、城乡区域更协调、生态环境更优美、人民生活更幸福、治理体系更完善的高水平小康社会。

2. 快速度推进产业转型。构建工业产业新体系，加大整合整治力度，推进兼并重组、破产清算，大力培育“2＋1”工业主导产业，提升装备制造业，壮大新材料产业，振兴绿色食品产业，打造中国华东农机产业园、国家钙产业循环经济基地、四省边际绿色食品加工基地。把握融合发展大势，推进工业化和信息化、制造业和服务业等一二三次产业深度融合，推进互联网、金融等要素集聚渗透，兴起新业态新模式。加快赏石小镇建设，构建“1＋2＋3”特色小镇梯次，打造产业深度融合的综合型经济体。加强科技创新平台建设，加快技术改造，提高企业自主创新能力。重视“名家”培育，建立健全企业现代管理制度，彰显现代企业家风范。

3. 大力度建设休闲城乡。建设四省边际魅力独特的“国际慢城”。大力推进快速通道、黄金水道、空中航道、城际铁路、通景公路等建设，构筑立体丰满、通达便捷的综合交通体系。围绕“一区两园四线”核心架构，推进三衢湖省级旅游度假区建设，打造以中国观赏石博览园和胡柚文化博览园为核心的休闲精品区块。提升发展四条美丽乡村风景线，沿线建设一批示范村，提高县域乡村休闲旅游深度和广度，创建全国休闲农业与乡村旅游示范县、省级美丽乡村示范县。做特做优民宿经济，引导优质工商资本参与开发，强化行业服务管理，打造“寄托乡愁”的常山民宿品牌。创新营销方式，大力发展“智慧旅游”。

4. 出实招振兴“常山三宝”。加快发展生态高效农业，构建“3533”现代农业产业体系。全面振兴常山“三宝”，强化市场导向，坚持走规模化、标准化、功能化、品牌化发展之路，推进标准化基地建设，提高精深加工水平，加快品牌整合培育，打造特色明显、优质高效的“三宝”产业。调整现代农业布局，提升现代农业园区，大力推进粮食功能区建设。发展生态循环农业，以绿色有机农产品创建为重点，着力打造“国家级”“省级”字号特色农产品。培育壮大农业龙头企业，加快省际绿色农产品集散中心建设，积极发展农副产品物流园和交易市场，形成“多位一体”的现代农业发展格局。

5. 施铁腕筑牢生态屏障。强化生态意识，牢固树立环境就是民生、青山就是美丽、蓝天也是幸福的理念，把不损害生态环境作为发展的底线，确保“十三五”规划期间跻身国家生态功能区行列。强化生态治理，持续推进“五水共治”“四边三化”“三改一拆”组合拳，统筹实施治水治气治土治路，深入开展矿山和化工等污染企业的关停整治，完善项目决策咨询机制，从源头上坚决有效控制污染，全面提升生态环境核心指标水平，确保全县交接断面水质全面达标，空气质量好中更优，生态的屏障功能、调节功能、修复功能等全面增强。

6. 多层次弘扬贤商文化。把“贤良贤商、德业共树”为核心的贤商文化作为常山主打文化，围绕构建核心价值观，深挖贤商文化基因，提炼贤商文化内涵，讲好贤商故事，选树贤商典型，把贤商文化宣传融入城市营销、文艺创作、休闲旅游、基层文化、全民创业等各个领域，让贤商文化成为全县人民共同的价值追求、精神力量，成为常山企业家的信念。推进文化事业与城市建设、产业发展相融合，打造一批体现常山特色的文化项目，创作一批在省内甚至全国有影响力的文艺精品。加强公共文化设施建设，构筑特色鲜明、覆盖城乡、功能完备的公共文化服务体系。

7. 多举措增进民生福祉。加强社会公共服务。深化教育综合改革，着力破解校风教风、师资生源、体制机制等难题，让常山的孩子接受更高质量的教育，推动“学归常山”。巩固医改成果，推进社会办医，深化与高端医疗机构紧密协作，完善分级诊疗体系，加强学科和人才队伍建设，办好群众满意的医疗卫生事业。改革完善计划生育服务管理，促进人口均衡发展，积极应对人口老龄化。加快发展体育事业和体育产业，进一步加大公共体育设施建设和利用。强化社会保障。建立健全“三位一体”就业创业体系，扩大社会保障覆盖基本面，完善社会救助体系，推行多元养老模式，让弱势群体得到更多的关爱。创新社会治理。深化信访工作制度改革，建立多元化纠纷解决机制，构建全方位多层次的治安、安全防控、风险管控体系，建设更高水平的“平安常山”。

8. 全方位推进改革创新。加快政府管理体制改革，探索行政审批新机制，实现政府职能向创造良好发展环境、提供优质公共服务的根本转变。加快国资国企改革，加大国有资源、资产整合力度，探索国有企业资产证券化，完善国有资产监管体系。加快要素配置市场化改革，推进农村集体产权制度改革，实施企业亩均效益综合评价和排序，提高土地综合利用效益。推动投资主体多元化发展，加快产业基金投资运作，积极推广PPP模式。加快构建区域创新体系，加大科技创新支持力度，完善“大众创业、万众创新”机制，培育集聚创业创新人才队伍，把我县基本建成创新资源集聚、创新效率较高、核心竞争力较强的区域。

各位代表，未来五年的奋斗目标令人振奋，使命光荣，任务艰巨。我们要进一步增强机遇意识、忧患意识、责任意识，振奋精神，务实苦干，我相信，在县委的正确领导下，在全县人民的共同努力下，“十三五”规划的宏伟蓝图一定能够实现！

三、2016 年政府工作主要安排

2016 年是“十三五”规划的开局之年，做好 2016 年工作对“十三五”规划的顺利实施意义重大。结合“十三五”规划总体目标，综合考虑各方面因素，建议 2016 年全县经济社会发展的主要预期目标是：地区生产总值增长 7%，一般公共预算收入增长 7%，固定资产投资增长 10%，社会消费品零售总额增长9%，外贸进出口总额增长7%，城镇居民人均可支配收入增长8%，农村居民人均可支配收入增长9%。

围绕上述目标，在具体工作中，我们将着力抓好以下四个方面工作：

（一）注重整合融合，推进产业转型

坚定不移推进产业结构调整和转型提升，推进供给侧结构性改革，加快构建与县域功能相适应、与生态优势相协调的产业体系。

突出转型发展。以工业化理念发展现代农业。推进农业“两区”建设，稳定粮食生产。健全土地集中连片流转机制，新建生态高端常山胡柚基地2000亩，油茶良种推广林2000亩，新增猴头菇150万棒以上，促进“三宝”基地扩面、品质提升，支持企业研发新产品、开展深加工，推动常山“三宝”向高端市场延伸，提高附加值，做响品牌。以“五个一批”促进传统产业转型和新兴产业发展。推动企业上市发展，完成企业股改2家，挂牌签约3家，力争1家企业“新三板”挂牌。发挥产业基金的引导作用，加快金雄公司并购重组步伐。推进兼并重组，支持富丽新材料与围海控股战略合作，引进中国中药集团来常山投资。树立盘活存量就是招商引资的理念，盘活企业8家。鼓励企业在细分高端市场上占领阵地，支持天子股份、环宇轴承等企业技改和新产品推广应用，培育一批科技型、创新型企业。深入推进“蓝天三衢”生态治理工程和化工企业整治，积极处置“僵尸企业”，继续加快淘汰落后产能。发扬“店小二”精神，全力做好中肯齿轮、海特克液压等签约项目服务，确保哲丰新材料一期、汇巨生物科技等项目按期投产，形成新的投资量。以项目带动生产性服务业发展。着力加快安能物流、光大金融城等项目建设，全力推动快递物流、金融服务等产业发展。

注重融合发展。加快建设特色小镇，推进产城融合。着力推进赏石小镇建设，建成观赏石博览园第一功能区并投入运营，启动第二功能区、石林公园、柚香谷度假区等项目建设。推进江南钙谷、健康养生小镇等市级特色小镇建设，努力引进实力主体。谋划建设柚都小镇、运动休闲小镇和四省边际生态文化小镇。提升发展乡村休闲旅游，推进“农文旅”融合。整合乡村旅游资源、农业产业资源和乡土文化资源，大力发展以特色民宿、农事体验、养生养老、体育健康为重点的高品位乡村休闲旅游产品，形成项目、产业叠加效应。大力发展互联网为核心的信息经济，推进“两化”融合。加快电商园、农村电商等平台建设，培育引进电商主体，鼓励企业开展电商应用，推进“互联网+产业”全领域融合，创建淘宝村，扩大常山“三宝”、工业产品销售量，争创电子商务百强县。

精准服务引领。强化平台支撑。推进工业园区循环化改造，完善园区道路、管网等基础设施配套，加快园区向集聚区级跨越。强化绿色产业集聚区、辉埠新区规划设计和管控，完成绿色产业集聚区主入口和一期路网管网建设，打通辉埠新区断头路，完善供热、供气、供水、商业等配套功能，推动园区企业集中布局、空间集约利用、功能集成构建。帮扶企业减负。深化“百名局长帮百企”活动，落实各项惠企减负政策，清理各种不合理收费，严厉打击恶意逃废债，防范企业资金链风险，帮助企业降低成本，轻装上阵。激发主体活力。高度重视企业家队伍培养，构建多层面的企业家培训体系，激活培育一批思想观念新、创新劲头强、合作意识浓、发展胆识大的企业家。推动“大众创业、万众创新”，大力实施小微企业成长和市场主体升级工作，推进“个转企、小上规、规改股”，培育规模以上工业企业10家。

（二）坚持一体发展，塑造特色城乡

着眼城乡建设新常态，按照“城市景点化、郊区田园化、小镇特色化、乡村休闲化”思路，构建城乡一体发展新格局。

强化规划引领。以“一城三镇”空间发展战略为指导，开展“一江两岸”空间布局战略研究，高标准完成“国际慢城”规划设计，做好主城区传统业态布局研究，优化城市空间布局。因地制宜调整、编制镇村规划，科学规划建设集镇和中心村，塑造特色鲜明的美丽乡村。强化规划对城乡建设的调控、引领和约束，健全规划国土联席会议制度，城市禁建区范围内推行公寓、“房票”安置。加强公路、铁路、河道边农民私人建房管控，推动农民块状建房，推广浙派民居风格，推进城乡有序建设。

提升城市功能。抓住基础设施建设的政策窗口期，谋划并做好常山港航道、351国道、衢常快速通道等项目前期，争取尽快列入上级重点项目计划盘子。连片打造城东“国际慢城”，启动建设320国道青石段跨江改道、火车站站前广场、人行景观桥等项目，加快九景衢铁路、48省道延伸线、独流入海常山段、城市综合体、滨江公园、公安技术大楼、金融中心一期建设，建成外港大道、新常一中。实施滨江南路、南门溪和内河水系景观提升工程，推进文峰路特色化改造和路灯市场化运维，新建慢行绿道12.8千米，形成一批新景观。继续完善住房保障体系，推进危旧房改造，开工建设东淤一期。做好房地产“去库存”，促进房地产市场稳定发展。深化“数字城管”建设，大力整治占道经营、污水乱排等“城市病”，努力让群众享有绿色、洁净、有序的创业生活环境。

打造特色乡村。以创建省级美丽乡村示范县为目标，深入推进农业农村“334”工程，打造美丽乡村升级版。全面完成集镇环境整治，因地制宜加快集镇主街改造、休闲文化场所、污水处理系统等项目建设，完善集镇功能，提升集镇品位，打造“最美客厅”。大力开展“百村百景村口提升、百村千塘清淤治理、百村万户墙院美化、百村人文挖掘传承”行动，把庭院建成精致小品，把村庄建成特色景点，培育建成40个特色精品村（点）。坚持以点带面、连线成片，提升四条美丽乡村风景线，加快建设百里通景公路，连片开发重点区块，全力打造原生态乡村，更好地发挥美丽乡村的倍增效益。

深化环境治理。打好“五四三”整治组合拳，筑牢生态屏障。持续深化“五水共治”，切实落实“河长制”。强化环境执法，加快生态修复，强力推进工业、矿山等重点污染源治理，继续抓好农村生活污水、垃圾整治，严防生猪养殖、河道采砂、肥水养鱼反弹，巩固“清三河”成果。全面推进“四边三化”，以洁化彩化、干净整洁、品质塑造、立面改造为重点，深化路域环境综合整治，推行“路长制”，打造若干最美公路、示范公路。强力推进“三改一拆”，始终保持一拆到底的高压态势，强化拆改用结合、项目化推进，健全违法建筑防控治理体系，形成整齐有序、绿意盎然的村庄新气象。大力开展大气污染防治，加快石灰钙加工等重点行业、宋畈片区等重点区域整治提升，优化生态环境。

（三）突出惠民导向，持续改善民生

像抓经济指标一样抓民生工作，不断健全完善民生托底政策，加大多元资金投入，着力补齐民生事业短板。

加快发展社会事业。坚定不移以改革的思路、办法和机制兴办文教卫体事业，切实增强民生事业保障力。以教育现代化县创建为目标，深化教育综合改革，狠抓各学段尤其是高中段教育教学质量，推广育才办学成功经验，加快实施基础教育提升计划，推进义务教育薄弱学校改造，优化教育布局。推进妇保院、中医院住院大楼建设，建成精神康复医院。开展乡镇卫生院特色专科建设，提升基层医疗服务能力。深入推进分级诊疗，引导群众合理有序就医。依法组织实施“全面两孩”政策。实施文化融入工程，大力弘扬以“贤商”文化为代表的常山精神，丰富群众文化活动，加强文化遗产保护传承。承办衢州市第二届万人体育大会。办好第九届华东旅交会。继续做好咨询、民族、宗教、对台、侨务、外事、物价、档案、新闻、气象、科普、电大、广播电视、国防、人防、公积金等工作。

健全社会保障体系。落实更加积极的就业扶持政策，抓好困难群体就业帮扶和农民就业培训，新增城镇就业3000人，培训农村实用人才3000人。继续抓好结对帮扶、来料加工等扶贫增收举措，积极推进乡村旅游、电商、光伏等新兴产业扶贫路子，确保已消除的4600元以下贫困现象不回潮。完善以城乡低保、特困人员供养、医疗救助、临时救助为主的社会救助保障体系。建立城乡统一的大病保险制度，健全城乡居民医疗保险制度。强化社保基金监管，确保安全规范使用。加快推进养老服务业综合改革试点工作，建成县社会福利中心一期工程，新建居家养老服务照料中心45个。鼓励货币化拆迁安置，提高保障房货币化安置比例，努力解决低收入家庭住房困难。切实维护妇女、未成年人和残疾人合法权益，积极发展慈善和红十字事业。

切实保障公共安全。强化社会治理，完善社会矛盾大调解体系，解决群众合理信访诉求，加强网络舆论引导，预防和化解各领域矛盾纠纷。健全立体化社会治安防控体系，严厉打击各类违法犯罪活动。推进食品药品检验检测院建设，逐步建立食品药品智慧监管体系。做好安全生产工作，层层落实安全责任，防范公共安全事件和安全生产事件。全面抓好地质灾害隐患排查、治理，有效防范地质灾害风险。

各位代表，今年我们还要继续抓好十大为民办实事工程：①“碧水蓝天”工程。开展池塘清淤引水入村工程；淘汰、改造分散高污染燃料锅（窑）炉；完成球川镇环境空气自动监测站以及常山港朱家渡、芳村溪微型监测水站建设。②城市绿道建设工程。沿“一江两带”建设环城绿道12千米；完善城东新区自行车赛道建设。③农村惠民交通建设工程。提升农村公路25千米；实施常河线路面白改黑12.26千米，完善排水设施、标识标线、安保设施等。④公共卫生服务中心建设工程。年内完成工程量35%以上。⑤乡镇敬老院改造提升工程。改建芳村镇、白石镇敬老院，新增床位数68张。⑥残疾人集中托养服务中心建设工程。完成主体工程。⑦文峰路路网改造提升工程。改造文峰路人行道，实现机非分离。⑧“天网”工程。在全县范围内新增1471个视频监控。⑨美丽集镇建设工程。全面推进美丽集镇建设，主要实施洁净集镇、完善规划、改造主街、建设休闲文化空间、提升改造污水处理系统和拆改用结合项目等“六个一”项目。⑩食品药品“智慧监管”建设工程。对食品生产、餐饮企业安装电子监控，建设县食品药品“智慧监管”指挥中心。

（四）提升政府效能，建设满意政府

新常态、新任务、新挑战对政府工作提出了更高的要求，我们将切实加强政府自身建设，推进政府管理创新，增强政府公信力和执行力。

围绕项目抓落实。项目是所有工作的生命线和主抓手，没有项目，一切都无从谈起，一切都无从抓起，抓项目落实一天也不容耽误。健全项目决策咨询机制，完善招商考核办法，对项目布局、业主实力、环保节能等方面精准决策、精准招商，确保项目落地有效。健全项目推进机制，以敢于担当的精神，马上就办的态度，虎口夺食的气魄，勇、快、狠、准的措施，全力攻坚政策处理等难点问题，确保118个重点项目保质保量按时推进、按期完成，说到做到，不放空炮。健全督查问责机制，真督实查，敢于碰硬，对发现的问题列清单、建台账、严问责，限期整改，对账销号，确保干一件成一件，形成同向、同心、同力大干项目的良好氛围。

改革创新增活力。面对新常态，我们将进一步深化重要领域和关键环节改革，创新政府管理方式，调动和激发市场主体的内生动力和活力。深化财资营运管理体制改革。强化国资公司管理，继续推进国有资产整合搬盘，进一步拓宽国有公司经营业务范围，提升国有公司经营能力。加强政府负债管理，提高政府负债质量和效益。设立产业发展子基金，重点支持工业主导产业及绿色农业、特色小镇等领域。深化政府自身改革。探索投资项目网上审批，完善投资项目并联审批。建立“四张清单”动态调整机制，推进政务服务网向乡、村两级延伸应用。加快综合行政执法改革，逐步完成部分执法职权划转。推进不动产统一登记改革。深化资源要素市场化配置改革。完善企业综合效益评价机制，推行用能权、排污权交易制度，以要素配置市场化促进产业结构调整。

依法行政促规范。坚持用法治思维和方式履行政府职责。认真落实县人大及其常委会各项决议决定，自觉接受人大、政协和社会各界监督，主动听取民主党派、人民团体和各界人士的意见建议，认真办理人大代表议案、建议和政协提案。健全依法决策机制，深入贯彻落实“三重一大”决策制度，切实提高决策质量。进一步推进政务公开，加强对财政预决算、公共资源配置、公共服务、重大项目建设批准和实施等重点领域信息公开。全面规范行政执法行为，确保各项工作在法制轨道上有序运行。

廉洁自律优形象。把纪律和规矩挺在前面，把握运用监督执纪“四种形态”，深入学习“两项法规”，严格落实“一岗双责”，严肃查处各类违法违纪行为，切实做到干净干事。巩固和拓展“三严三实”专题教育成果，以严明的政治纪律和组织纪律确保中央、省市和县委的各项决策部署落到实处。深化公共资金管理，完善政府预算体系，切实做到预算一个“盘子”、收入一个“笼子”、支出一个“口子”。推动审计监督全覆盖，看好每笔投资，牢牢守住资金安全“底线”和防腐“红线”。

各位代表，新的目标激励人心、新的征程催人奋进。让我们紧密团结在以习近平同志为总书记的党中央周围，在中共常山县委的坚强领导下，紧紧依靠全县人民，抢抓机遇，锐意进取，开拓创新，为高水平全面建成小康社会而努力奋斗！

政府工作报告名词解释

1. 工业“五个一批”：是指衢州市委市政府提出的工业经济发展战略，即推进一批实力企业开展行业整合（重组），推动一批中小企业参与战略重组，推进一批企业破产盘活存量资产，引进培育一批创新型企业，推进一批企业上市。

2. 政府产业投资引导基金：是指由政府安排设立并按照市场化方式运作的政策性基金，宗旨是发挥财政资金的杠杆作用，引导金融资本和社会资本支持区域内实体经济发展，促进国内外优质资本、项目、技术、人才向区域内聚集，实现政府主导与市场化运作的有效结合，推进创业创新和产业升级。

3. 农业农村“334”工程：加快球川、青石、辉埠三镇建设，振兴胡柚、油茶、猴头菇常山“三宝”，建成三清绿道、十里长风、百年柚谷、艺石时空四条美丽乡村风景线。

4. “3533”现代农业产业体系：是指做大做强常山胡柚、油茶、食用菌三大特色支柱产业，巩固发展粮食、蔬菜瓜果、渔业、畜牧业、茶叶五个传统产业，培育壮大中药材、小水果、笋竹三个新兴产业，联动发展农产品加工业、物流业、休闲观光农业三个产业。

5. 拜肯模式：以上海拜肯生物科技公司为主导，与常山胡柚基地建立紧密合作关系，采用台湾生态栽培技术，开展产前、产中、产后全程社会化服务，并对常山胡柚基地生产、品牌建设和市场营销等进行整合和合作化运作，创建产品生态、无农药残留、品质优良的常山胡柚高端品牌产业发展模式。

6. 一区两园四线：“一区”是指三衢湖省级旅游度假区，“两园”是指中国观赏石博览园和胡柚文化博览园，“四线”是指三清绿道、十里长风、百年柚谷、艺石时空四条美丽乡村风景线。

7. 慢城：是指一种新的城市模式，强调人与自然的和谐发展，强调在悠闲的生活节奏中回归生活本质与体会生命的意义，是人们对幸福生活的一种追求。“慢城”的核心是融入当地文化，挖掘其特色，慢城理念可以推动旅游从观光型向休闲度假型深度旅游转变。

8. “1+2+3”特色小镇梯次：是指常山县特色小镇梯队培育模式。“1”是指已被列入全省首批37个特色小镇创建名单的青石赏石小镇，“2”是指已被列入市级特色小镇创建名单的辉埠江南钙谷小镇和招贤健康养生小镇，“3”是指列入培育对象的同弓柚都小镇、紫港运动休闲小镇和球川四省边际生态文化旅游小镇。

9. 贤商文化：起源于招贤镇，又代表着整个常山商人的主流精神特质，是常山人民共同的价值追求。其核心是“贤良贤商、德业共树”，基本内涵是“一船当先、从流弄潮、逆水撑篙、众人划桨、厚德载舟”。

专　　记

全域治水剿劣 确保一江清水出常山

——常山县“五水共治”工作综述

2014—2016年，常山县紧扣上级党委和政府的决策部署，围绕“清三河、两覆盖、两转型”工作重点，以治污水为突破口，全面推进“五水共治”各项工作。全县26条河道水质均达到Ⅲ类以上，乡镇交接断面合格率由2013年的87.0%提升到2016年的91.27%，提升4.27%，全年出境水Ⅰ、Ⅱ类水天数占比达92.5%，治水工作取得明显的成效。蓝天三衢生态治理工程、以水养水产业化治水、农村生活污水项目、垃圾分类“二分+”等做法获得王辉忠、毛光烈、熊建平、茅临生等省级领导的批示肯定。2015年成功创建省级“清三河”达标县，获得衢州市“五水共治”先进县荣誉；2016年举办全市“清千塘美百河”现场会，农村垃圾处理的浙江常山模式、“蓝天三衢”生态治理工程、河长制落实等工作获得中央媒体正面报道。

一、“五水共治”总体工作情况

（一）强化宣传，营造全民治水氛围。一是以全民行动倡导共治理念。用大规模、推进式的全民行动深植干群共治水的理念。我们开展“包村治水·万人治污·全民共治”大行动，“万人随手捡”、河道清理等活动，发动全县干部群众参与“五水共治”，有效提高了群众对“五水共治”的认知。二是以精准宣传吸引广泛关注。筑牢网上网下两大阵地，及时、准确发布“五水共治”工作情况，吸引全社会关注。网上发挥中央、省、市及本地主要新闻网站作用，宣传涉水活动、项目、先进典型。人民网、新华网、省政府网、浙江新闻网等10余家网站持续报道常山“全民治水”工作。同时开设“钱江好水源”微信公众号，定时发布、推广常山本地治水特色，凝聚广大中青年朋友参与治水。网下抓牢传统宣传途径不放松，在向各级简报及时报送先进做法，亮点工作；报刊、电视同步报道先进个人单位治水护水事迹。《常山县“以水养水”探索市场化治水新路径》获得副省长熊建平批示肯定；治水英雄张辉良的先进事迹宣传，浓厚了全民治水氛围；河道警长微电影《巡·景》获公安部微电影作品二等奖。三是以线路打造凝聚全民力量。注重治水成效，用事实说话。在强化对外宣传的同时，注重常山县内优美景点、特色民宿、风情小镇的培育。开展治水精品路线评选，14个乡镇（街道）及旅游局、农办等5个相关部门初步推荐精品点32个，县治水办实地查看、综合谋划后串点成线，推出沿常山港、金源溪、芳村溪的三条精品路线，促使“水景”形成规模，展示治水成果，激发治水动力。

*（二）治污先行，推进重点污染整治。*一是以“蓝天三衢”为重点，强势推进工业污染治理。2014—2016年，全县关停170个小矿山，189个小石灰窑，264个石灰钙棚，75个石灰石破碎厂和5条水泥机立窑。整合7家石灰石矿山企业，关停淘汰82孔石灰立窑和201条石灰钙生产线，完成18家轻钙企业环境整治。初步统计，腾出能耗空间37万吨标煤，削减二氧化硫1.5万吨、氮氧化物4500吨、粉尘1万吨、强碱性废水100万吨。深度开展重点污染行业整治，累计完成10条化工生产线、2家造纸厂的关停淘汰和127家农村工业企业的整治提升。查处涉水环保案件86起，处罚304.88万元，7人被移送公安机关追究刑事责任。二是以生猪整规为突破，全力攻坚农业面源污染。2014—2016年，全县累计关停禁养区、村中场和不达标养猪场804个，拆除猪舍面积21.04万平方米，削减生猪存栏9.7万头，生猪饲养量由2013年的32.75万头减少到2016年的10.5万头，削减67.98%，保留的55个规模养猪场均按照花园式牧场标准进行改造。其中龙绕溪沿线龙翔养殖场和狮子口水库天康养殖场的关停，对所在区域水环境质量的好转起到了根本性的作用。2016年10月，省环保厅、农业厅等部门委托第三方机构开展规范化检查，常山县得分99.34，居全市第一；开展水禽养殖整治工作，关停禁养区养殖场28家，退养麻鸭12万羽；全面实施温氏养鸭户污染整治，改造栏舍2.68万平方，饮水器具改造82套，关停整治不达标养户53个。三是以解决问题为导向，全面消除污染隐患。以问题为导向，开展污染隐患排查整治行动，分类治理，重点突破，开展河道采砂、塑料粒子加工、石材加工、生猪定点屠宰、碎石加工、餐饮厨余、洗车、废品收购、洁水养鱼等多个小微行业的专项整治，全面纵深推进小微行业环境治理，全县面上污染问题得到根本性改变。

*（三）项目带动，完善治水基础设施。*在治污水方面，全县298个农村生活污水治理村（按省统一口径，行政村撤并前数）中，有262个村完成项目建设，其中182个村完成项目验收，开展农村生活污水第三方运维管理，完成运维主体的招标工作。实施城镇生活污水治理项目，在全省率先采用PPP模式建设城市污水处理厂，完成天马污水处理厂一级A提标改造和二期扩建，污水处理能力由原来的2万吨/天增加到4万吨/天，完成6个建制镇的污水处理设施提标改造，全部委托第三方运维。加快推进工业园区内企业雨污分流管网改造，完成化工园区污水管网及污水预处理厂改造工程、新都工业园区2万吨/天污水提升泵站及周塘片区2号路污水压力管工程，工业污染治理基础设施建设水平有较大提升。在防洪水方面，重点推进独流入海常山港一期项目建设，三标赵家坪右岸堤龙绕溪左岸，四标青石护岸，五标常山港左岸长圩大桥至朱家渡大桥段，六标常山港右岸徐村大桥至傥溪桥4个标段进入扫尾阶段，七标、八标近期已有实质性推进，累计完成项目投资2.76亿元。完成14座水库整治，74个山塘整治除险加固工程。在排涝水方面，新建雨水管网33.05千米，提标改造管网20千米，完成雨污分流改造18.35千米，完成定阳小区、桃园小区、城南小区三座排涝泵站建设，基本消除城区赵家坪、后坊大弄口、定阳小区、桃园小区、

城南小区、蒲塘口等6处易涝点。在保供水方面，完成城市备用水厂后坊水厂供水改造工程，实施了新都园区第二供水通道工程，新建供水管网60.9千米，完成42.2千米供水管网改造。实施青石—招贤片、大桥—东案片农村饮用水工程和同弓乡、白石镇、新昌乡农村饮水安全提升工程，6.4万农村人口饮用水安全条件大为改善。在抓节水方面，结合城区公厕改造、公租房装修工程等项目建设，改造节水器具2065套，新建灌溉节水改造渠道168千米，改善灌溉面积5.77万亩，新增节水灌溉面积3.75万亩，发展高效节水面积0.67万亩。

（四）立足长效，夯实治水工作基础。一是落实河长制。以“河长制”为抓手，全县26条河道均由县级领导担任河长，实行“一河一策”管理。针对“清三河”集中整治后日渐显现的河道长效保洁难题，创新实施了“河道保姆”制，全县351千米河道实现保洁队伍全覆盖，河道保洁纳入乡村公约和村规民约，实现河道管理常态化，2015年成功创建省级“清三河”达标县。二是健全责任制。推行“三个一”责任保障机制，即“一个网格”，以14个乡（镇）、街道和经济开发区为网格单位，将县域范围划分为15个大网格，192个中网格，932个小网格（含村组、自然村或特定区块等），每个网格明确责任人员和职责，把日常监管任务和职责落实到具体单位和具体人员；“一块牌子”，以每10户一块的密度公布有奖监督举报牌，覆盖所有自然村、村民小组、居住点，张挂举报牌8416块，确保问题发现在县级，处理在县级；“一套规程”，制定下发《上级交办、媒体曝光、信访投诉问题办理规程》，明确问题受理、交办、整改、反馈、督查等标准规范，确保所有问题在规定时间内高质量办结。三是创新委托制。针对重点企业污染隐患相对较多，问题相对隐蔽，而乡镇部门专业人员缺乏，难以有效监管的问题，在辉埠镇工业园区创新实施了委托第三方专业机构监管模式，委托浙江飞源环境工程有限公司对列入重点的46家企业实施动态巡查监管，排查出环保隐患问题300余件次，均以整改意见书形式敦促企业整改，发现环保违法问题6件，移交县环保局立案查处，实现企业监管的专业化，新都工业园区也将借助专业中介机构的力量，对重点区域、重点企业开展排查监管，提升排查的效率和能力，保障治水成效。

二、特色亮点工作

常山县治水工作亮点频出，总的归纳为“四个一”，既创新一个治水载体（“包村治水·万人治污·全民共治”载体），围绕一条主线（围绕“控源头防反弹”主线），开发、应用一个系统（开发应用“五水共治巡查监管系统”），建立一套模式（生活垃圾“二分+”、以水养水、引水入村模式）。

1. 以更实的载体推进治水。2015年，常山县提出全民治水号召，创新载体，组织开展“包村治水·万人治污·全民共治”大行动载体，组建“五水共治”联合执法队、青年志愿队、巾帼建功队、项目攻坚队和包村小分队等5支队伍，持续不断开展河道保洁、“万人随手捡”活动。涌现出白石镇小白石村胡长军护河小组、博龙溪义务“护河老军”，巾帼护水员——郑红娅团队等30余个群众团体自发参与河道保洁，将政府“独唱”治水变成全民“合唱”治水。

2. 以更高的要求倒逼治水。围绕“控源头防反弹”主线，重点看农村生活污水和生活垃圾这类极易反弹的问题是否有反弹趋势。对此，常山一方面加快推进农村“双治”工程，从根源上解决农村生活垃圾和生活污水问题。另一方面加大监管巡查力度，县对乡镇（街道）实行一月一督查，乡镇（街道）对村（社区）开展一旬一督查；同时，县级媒体公布投诉举报电话，开通《每周聚焦》专栏，强化社会监督，确保整改到位的垃圾河、黑臭河零反弹。

3. 以更先进的技术精准治水。常山在省内率先开发应用“五水共治巡查监管系统”。按照每条河道5个必查点，每个行政村6个必查点的标准，在全县26条主要河道180个行政村设立1210个必查点，必查点覆盖河道的上、中、下游及自然村的边、角、沟，实现巡查无盲点。在落实“河长制”的基础上，要求各级河长根据职责分工，在规定周期内完成巡查任务（巡查周期的设定既有硬性规定，又给各级河长自己安排巡查时间的自由度，确保所有行政村月度巡查17次以上，河道月度巡查56次以上），通过高密度巡查及时发现、整改问题，认真填写巡查记录表。根据巡查中所发现问题的动态变化，及时调整必查点，修正巡查重点区域。系统投入运行以来，已调整必查点207个，增加阶段性巡查点121个，并增加问题多发区块的巡查密度，达到每周3次、每月12次以上。开发并全面推行掌上“治水通”APP，有效推进治水工作。

4. 以更适宜的模式助力治水。一是打造“简单分类、精细处理，人性管理”为核心内容的垃圾分类“二分+”新模式。按照减量化、资源化、无害化的思路，针对垃圾源头分类难，资源利用难，群众配合难的“三难”，创新垃圾二分（即可烂、不可烂），资源多用（堆肥、沼气、还田），群众参与（生态存折、兑换超市、妇女先行）的垃圾分类模式。在同弓乡建立三合一垃圾站，融垃圾中转站、堆肥站、沼气站为一体，既降低分类垃圾运输成本，拓宽有机垃圾资源化渠道，又使垃圾中转站渗滤液处理的问题得到有效解决。二是打造以水养水，市场化治水的新路径。在基层实践的基础上，总结出以“山水入股、市场运作、利益共享”为核心的市场化治水常山模式，即通过“五水共治”打造绿水青山，利用绿水青山吸引民营资本，由民营资本负责以市场化、公司化的模式开发利用现有生态资源并反哺治水养水，实现良性循环，形成了黄塘村、下猷阁村、田蓬村等示范点。三是打造引水入村，串塘入河的系统治水新思路。结合河湖库塘清淤工作，针对大部分小微水系被人为割裂，造成水体孤岛、功能萎缩、生态退化等问题，创新性提出依托长风灌区改造项目建设，统筹该片区的清淤疏浚、水系沟通、生态护岸、美化绿化、景观配套等，实施水库山塘清淤疏浚、河沟水系连通和池塘综合整治三大工程，将128座池塘连通，使相关水系畅通，提高局部水体的防洪排涝、引配水能力。

（县治水办供稿）

常山县教育综合改革奏响最强音

2014—2016年，为破解教育优质资源缺乏、教育教学质量不高、教育管理理念落后等突出问题，常山县在充分调研论证的基础上，大力实施教育综合改革，推行从管理模式到内涵提升，从学前教育到高中教育，从点上重点突破到面上整体提升的“全方位、广层次、链条式”改革，取得了显著成效。主要做法是：

一、加大投资，改善学校办学条件

加强财政资金保障。2014—2016年，常山县投入4400万元专项资金，用于教育综合改革，其中用于创办育才系列学校3050万元，用于常山一中综合改革1300万元，用于引进萧山管理团队费用50万元。2016年，启动实施总投资约3.9亿元的常山一中迁建项目，按省一级特色示范高中建设标准规划设计，用地规模228亩，是一所集宽敞、优美和多功能于一体的现代化校园，至年底基本完成建设任务。

提高教师待遇保障。提高乡镇教师岗位津贴及生活补助，完善奖励性绩效工资实施办法，落实一年一次教师免费体检政策。育才中学因2014年国家机关和事业单位工作人员工资制度和养老保险制度改革所产生的增资部分，由县政府全额承担，解决了学校发展的后顾之忧。

二、创新理念，狠抓教育教学工作

多级多方联动。2014年7月，常山县教育综合改革正式启动后，成立以县委书记、县长任组长的县教育综合改革工作领导小组。同时建立联席会议制度，切实加强对全县教育综合改革工作的领导、组织和协调。先后召开6次政府会议，讨论研究教育综合改革实施情况；通过领导小组多方努力，成功引进杭州育才集团到常山创办育才系列学校，极大地推动了常山县教育综合改革进程。

整合多方教育资源。常山县采取“公建民办公助”形式，引入衢州手牵手教育集团投入900多万元，兴办4所标准化中心幼儿园，稳步推进连锁办园模式；开展与周边知名院校（慈溪中学）的战略合作关系，建立常山创新人才培养基地（慈溪班）；推动20所义务教育段学校参与教学改革，累计接待外地32批次1500多人次到常山学习取经；通过团队托管等形式，常山一小、城关中学等帮扶学校的管理水平获得较大提升；同时，依托章献明市级专家工作站等平台，植入先进教育教学理念，培养常山本土管理团队后备力量。

三、优化机制，加强教师队伍建设

畅通教师进出渠道。2014年，常山一中引进外地骨干教师11人，分流转岗38人，通过优化重组激发了活力；每年给予育才中学3个自聘转公办的教师名额，同时对不认同育才理念的教师，由县教育局统一进行分流调配；完善教育系统岗位设置管理，将岗位设置与教师流动、职称评审相结合，对设置办法和后续管理进一步予以完善和规范。

优化教师管理机制。常山县在全市率先出台《常山县学前教育专项资金使用管理办法》，奖培并举提升教师队伍素质。改革教师招聘方式，组建招聘团队，采用“面谈+面试”方式现场签约39名优秀师范类毕业生。树立“实干+理念”的用人导向，先后设立100万元教师荣誉奖、200万元教育奖励资金和人均8000元的“教育教学质量奖”，激发广大教师的工作积极性。同时，借助教育对口支援和名牌高校平台，多渠道、广层次地开展培训活动，提升教师队伍素质。

四、丰富建设，打响育才办学品牌

营造尊师重教氛围。2014—2016年，常山县推进教育改革的消息多次在《浙江日报》《衢州日报》等省、市级主流媒体上密集报道，同时推出“学归常山，聚焦教育”主题报道，在《今日常山》分期推出12个专版，在常山广电推出每周一期《走近教育》专栏，报道教育改革进展情况。2016年，衢州市中考状元花落常山；全县高考第一批上线人数首次突破300大关，其中常山一中、紫港中学高考所取得的成绩受到副市长陈锦标的批示肯定。

打造特色教育品牌。做足做好高中特色教育文章，以常山一中“绿色”教育、紫港中学艺体教育、职业中专技能教育为代表的高中多样特色发展格局渐趋形成；大力实施“一校一品”战略，打造出常山一小、五里小学、招贤小学等一批独具个性的文化品牌学校；着力推广育才教学管理经验，先后3批次组织9个督查组赴8所重点推广学校，督查育才教学管理经验学习落实情况，督查通报做到“点名点姓点问题”，真抓落实不含糊。通过这一系列举措，为全县学生提供多元化的发展平台，真正实现素质教育的纵深推进。

（县教育局供稿）

最高标准最严作风
平安护航 G20 大会战

2016 年，县委政法委围绕省、市“平安护航 G20”大会战统一部署，以最高标准、最快速度、最严作风、最好效果，严格落实峰会维稳安保备战、临战、实战、决战四个阶段任务，并一鼓作气推进第三届世界互联网大会维稳安保工作，牢牢守住了“八个绝不发生”和“常山本地不出大事、常山人不去杭州惹事”的目标，各项数据符合 G20 峰会维稳安保工作优秀县标准，政法维稳工作在国际性重大活动维稳安保中得到了实战检验和提升。常山县公安局等 16 家先进集体、甘土木等 168 名先进个人分别受到省、市、县级表彰。

落实最强保障，指挥调度无缝隙。及时成立峰会维稳安保工作领导小组、指挥部，由县委书记担任组长，县委副书记担任指挥长，并由政法委书记牵头组建 9 人工作专班，实现维稳安保指令精准调度、灵敏高效。峰会期间，共梳理下达 39 项任务清单，下发指令通报性文件 20 次、通知文件 54 次，任务精准交办至各事权单位。先后 20 多次召开动员会、推进会、督办会、研判会，坚持从严从紧、整体防控，部署落实反恐防暴、公共安全、信访维稳三大工作，强化一级响应，做到严阵以待。将峰会维稳安保工作落实情况纳入全县“为官不为”专项整治和检察院法律监督、纪委纪律监督范围，把责任追究贯穿峰会维稳安保全过程，倒逼工作落实。加大对涉峰会维稳安保的财政资金保障力度，常山汽车站、白石省际卡点等一批硬件装备得到明显提升。

严管重点领域，行业监管全覆盖。开展反恐怖工作基础大排查，全县 14 家反恐重点目标单位、115 家旅馆、58 家农家乐、166 家民宿、143 家学校、23 家网吧、2 家电影院、14 家快递企业、42 家互联网金融企业、7 家加油站点、32 家手机卡售卖点、30 家旅游企业和场所、95 家宗教场所、656 家各类涉恐敏感物资销售店全部落实实名制等安全监管措施。在全市率先完成成品油市场突出问题专项整治，54 家非法加油站点关停整治到位；开展瓶装燃气专项整治行动，取缔 8 家“黑气”营销点，关停 55 家无证经营店，建成全市首个标准化燃气统一集中供应瓶库，2 万余只瓶装燃气全面粘贴二维码全程可追溯；加强落实寄递行业三个“百分百”措施，开展行业超范围经营专项整治，强化车站等场所“一键式”智能报警等安保措施，全面加强安全生产、食品药品、森林消防等领域监管，有力推进了行业监管“全覆盖、无盲区”。

严管重点人员，网格管理无死角。深化“网格化管理、组团式服务”工作，以网格为战区，整合各方资源力量，打造维稳安保最小工作单位，强化重点人员的服务管理。开展信访督查“百千万”行动，落实领导包案、挂牌督办等措施，成功化解一批信访积案。开展各类重点人员“大走访”活动，共排查 119 名信访重点人员、25 名涉法涉诉重点人、160 余名“全能神”等邪教人员、303 名社区矫正对象、105 名肇事肇祸精神病人及其家属、480 余名本地吸毒人员、300 余名涉众经济案件投资人，严格落实管控措施，县域内未发生重大涉稳案事件，实现峰会期间常山籍重点人员“零赴杭、零进京”的目标。突出卡点“滤网”作用，白石省际卡点和窑上高速卡点日均核查车辆 7000 余辆、人数 1.2 万余人，查获各类违法犯罪人员 169 人，卡点打处查缉战果位列全省前列。

严管高危风险，排查化解不漏项。强化情报信息收集研判，全面汇总分析 480 余项可能影响峰会安全和顺利的信息，落实基础性工作。由县峰会安保指挥部督查督办，对省平安办暗访、市指挥部暗访反馈的6个场所、涉及17个部门29个问题，一一明确责任单位，落实整改要求。同时，联合县督考办、县纪委开展14次暗访督查，下发通报16期，对发现涉及25个部门单位的52个具体问题进行整改，补齐短板漏洞。强化涉稳应急准备，严格落实24小时领导带班值班备勤制度。开展不稳定因素排查化解行动，妥善处置“7·11”“8·22”“8·24”“8·27”等多起非正常死亡事件，妥善解决一批重大矛盾纠纷、企业欠薪问题、涉众型经济纠纷、群体信访隐患等敏感案事件，有效避免了群体性事件发生。

严管社会治安，打击犯罪强声威。全面启动重大活动维稳安保分级响应机制，实施街面屯警、卡点屯警、小区巡警等工作措施，最大限度提高街面见警率，构筑城区“135”快速反应圈，仅车站周边报警量下降30%，案事件现场处置率达100%。开展“平安护航G20、全民携手大防控”行动，19名县领导带头参与，2720余名专兼职力量参与夜巡，形成社会治安挤压态势。成功侦办一起网络贩枪案件，打掉涉案团伙3个，采取刑事强制措施63人，缴获火药动力枪支8支、气体动力枪支120余支，缴获子弹（含铅弹）1500发，定时爆破装置1枚，枪支零配件53套，移交外地公安机关贩卖枪线索41条，彻底摧毁一个横跨五省、覆盖全国的网络贩枪团伙。县公安局被公安部荣记集体一等功。峰会期间，全县未发生一起严重暴力案事件，其中8月10日至9月10日，全县刑事案件发案数同比下降51.02%。

（丁远进）

2016 年常山县大事记

1 月

1 月 4 日 常山众卡运力供应链揭牌暨 2016 全国运维启动仪式举行。

1 月 6 日 浙江首届年货节暨常山胡柚食尚周启动仪式举行。阿里巴巴集团农村淘宝东南大区总经理樊伟俊宣布浙江首届年货节暨常山胡柚食尚周正式启动。

1 月 8 日 全县领导干部述职述廉大会召开，县党政主要领导作述职述德述法、述责述廉报告，其他党政班子成员作述责述廉报告。

同日 省计生协与中国人寿浙江省分公司共同倡导推出的全省“生育关怀·圆梦微心愿”活动启动仪式在常山举行。

同日 浙江省 2015 年度新农村建设带头人“金牛奖”（共 10 人）评选揭晓，新昌乡黄塘村党支部书记廖红俊入列。

1 月 11 日 县公路管理局于 2015 年年初启动的、总投资 710 多万元的农村公路修复工程（包括大白线、常河线、中球线等 4 条农村公路）全线竣工。

1 月 12 日 县纪委派驻第一纪检组进驻见面会召开。县人大机关、县委办、团县委、县档案局、县总工会、县妇联、县农办等第一纪检组的 7 个驻在部门领导班子成员参加。

1 月 13 日 由省工商局副局长马剑平等人组成的浙商回归工作督评组到常山开展 2015 年度浙商创业创新目标责任制考核工作。

同日 全县四条美丽乡村风景线互看互学现场推进会召开。

1 月 14 日 县委副书记王郁松率团县委、县商务局、供销联社等部门相关负责人到“中国淘宝村”的柯城区万田乡顺家路边村，实地走访佬鲜味农家店、大学生创业示范园“创梦空间”、炭精灵以及祝融电商等企业，参观、了解电子商务建设运营情况，学习电子商务工作。

同日 常山县 2015 年度“两新”组织党组织书记述职评议会召开，银田化纤、民盛纺织、威诗朗照明、金利达家俬、餐饮行业协会等 5 家“两新”组织的党组织书记参加。

1 月中旬 衢州市最大的农房改造安置区——常山赵家坪农房改造安置区建成并投入使用。

1 月 19 日 县人大常委会选举任命“一府两院”工作人员履职报告会召开。县委书记王良春讲话。县人大常委会主任徐建华作宪法宣誓动员讲话。会上，10 位县人大常委会任命人员报告履职情况。县人大常委会组成人员对 10 位被任命人员履职情况进行满意度测评。

1 月 21 日　全县安全生产暨春运工作会议和全县烟花爆竹禁限燃工作动员部署会分别召开。

1 月 22 日　2015 年乡镇（街道）党（工）委书记抓基层党建述职评议会召开。

同日　全县钙产业整治工作推进会召开。县委书记讲话，县委副书记、县长毛建国部署钙产业整治工作，王郁松等县四套班子领导参加。

同日　常山县正式通过省教育技术装备规范管理示范县评估。

1 月 24 日　全县公安工作会议召开。

1 月 27 日　中共常山县第十二届纪律检查委员会第六次全体（扩大）会议召开。县委书记王良春讲话；县委常委、纪委书记周群丽传达省、市纪委全会精神，并作全会工作报告。

同日　由县委宣传部、县文明办主办的“中商广场杯”2015 常山县年度榜样人物颁奖盛典举行。

同日　金华市委常委、义乌市委书记盛秋平率义乌市党政代表团到常山考察农村淘宝工作。

1 月 29 日　县委决定对天马街道天马村党支部、金川街道徐村村党支部、辉埠镇路里坑村党支部、何家乡长风村党支部、东案乡田蓬村党支部、东案乡弄坞村党支部、芳村镇下畝阁村党支部、新昌乡黄塘村党支部、球川镇后弄村党支部、同弓乡中和村党支部等 10 个行政村党组织进行表彰，授予“2015 年度‘金钉子’党组织”称号。

同日　县委、县政府确定王建军、王毓洪、甘泉、甘礼华、甘晓华、刘美鸿、江明其、何健飞、吴小锋、吴立群、张鸿土、李生强、邱娣兵、段月珍、祝建辉、胡永平、涂国红、徐小芳、徐东良、徐芝明、樊克生 21 人为常山县首届“乡贤才俊”，并予以表彰。

1 月 29 日至 31 日　中国人民政治协商会议第八届常山县委员会第五次会议开幕。此次会议应出席委员 191 人，实到 182 人。林红汉代表县政协常委会作工作报告，县政协副主席罗诚剑作提案工作报告。部分县政协委员进行大会发言。县委书记王良春在闭幕式上讲话，县委副书记、县长在毛建国开幕式上讲话。会议共收到以提案形式提出的意见建议 130 件，其中各民主党派、人民团体提案 7 件，委员个人提案 123 件。根据《政协常山县委员会提案工作条例》的规定，经提案委员会审定，符合立案条件的 122 件，经并案后初步审查立案 105 件（其中 6 件被确定为重点提案），另 8 件提案转为委员来信处理。

1 月 30 日至 2 月 1 日　常山县第十五届人民代表大会第五次会议举行。此次会议应出席代表 190 人，实到 180 人。开幕式由大会执行主席、主席团常务主席徐建华主持。大会执行主席王良春、林红汉、王郁松、吴利平、王文达、熊雨土、俞宝根、徐柯等以及主席团全体成员在开幕式主席台就座。大会听取了县长毛建国代表县政府所作的政府工作报告。大会以举手表决的方式，通过了关于常山县人民政府工作报告的决议、关于常山县国民经济和社会发展第十三个五年规划纲要的决议、关于常山县 2015 年国民经济和社会发展计划执行情况及 2016 年国民经济和社会发展计划的决议、关于常山县 2015 年财政预算执行情况和 2016 年财政预算的决议、关于常山县人民代表大会常务委员会工作报告的决议、关于常山县人民法院工作报告的决议、关于常山县人民检察院工作报告的决议，并报告了代表议案处理结果。县委书记王良春在闭幕式上讲话。会议共收到代表 10 人以上联名提出的议案 29 件，其中，2 件被列为正式议案，其他 27 件改作建议、批评和意见；会议期间还收到代表建议、批评和意见 71 件。根据地方组织法和代表法的有关规定及大会秘书长会议的报告，经大会主席团第四次会议研究，决定将符红锋等 10 位代表提出的《关于加强集镇建设的建议》，陈淑娟等 12 位代表提出的《关于加强我县社会保险工作的建议》列为正式议案。作为建议、批评和意见处理的 27 件中，属于工业交通方面的 4 件，属于农林水土方面的 8 件，属于城镇建设环境保护方面的 7 件，属于教育文化方面的 2 件，属于民生社保方面的 6 件。

是月 常山县金钉子奥陶纪科普园申报“十三五”国家地质公园保护利用设施建设项目成功通过省级评审。

是月 常山县怡海电子、江山虎水泥、卡罗莱纳纺织等 3 家企业被认定为衢州市信息化示范企业。至此，全县市级信息化示范企业达到 13 家。

2 月

2 月 4 日 县委、县政府隆重举行 2016 年常山县迎新春企业团拜会，王良春、毛建国、徐建华、林红汉、王郁松等县四套班子领导与 200 余名企业家代表欢聚一堂，喜迎新春佳节，畅谈“十二五”，展望“十三五”。

2 月 14 日 省政协主席乔传秀到常山调研。先到青石镇政府，看望基层干部。随后，到青石镇砚瓦山村、中国观赏石博览园、城东新区项目现场、金川街道徐村村、浙江天子股份有限公司等地，详细了解常山县赏石小镇、城市、美丽乡村建设及企业开工等情况。调研期间，乔传秀主持召开座谈会并作讲话，县委书记王良春作关于常山县相关工作情况的汇报。省政协秘书长陈荣高，市领导陈新、俞流传、李锋，县领导王良春、毛建国、徐建华、林红汉、王郁松等参加。

2 月 15 日 全县机关干部大会召开。县委书记王良春讲话；县委副书记、县长毛建国主持，徐建华、林红汉等县四套班子领导参加；县委副书记王郁松通报 2015 年度乡镇（街道）、部门考核情况、县级机关满意不满意单位评选结果，宣读2015 年度全县“招商能手、项目功臣、攻坚干将”表彰决定。

同日 2016 年省内人力资源余缺调剂系列招聘会暨常山县春季人力资源交流大会在文峰广场举行。此次人力资源招聘大会现场共吸引 2.6 万余人次进场求职，初步达成求职意向 3129 人。

2 月 16 日 全县农村工作会议召开。县委书记王良春讲话；县委副书记、县长毛建国主持，徐建华、林红汉等县四套班子领导参加；县委副书记王郁松宣读表彰文件，部署美丽乡村建设和美丽经济发展工作。

2 月 17 日 省委常委、组织部部长廖国勋到青石镇砚瓦山村、中国观赏石博览园，实地考察赏石小镇建设情况；到城东新区详细了解常山城市建设情况；到浙江哲丰新材料有限公司项目现场，听取项目介绍、察看建设情况。市领导杜世源、陈玲玲，县领导王良春、毛建国等参加。

2 月 18 日 经省委同意，省委第一巡视组向常山县反馈巡视情况。省委第一巡视组组长周益扬向县委书记王良春反馈巡视情况，省委巡视工作领导小组办公室负责人传达省委书记夏宝龙关于巡视工作讲话精神；周益扬代表巡视组向常山县领导班子进行反馈，省委巡视工作领导小组办公室负责人，市委常委、市纪委书记李伯来分别对落实巡视反馈意见的整改工作提出要求。县委书记王良春主持会议并做表态发言。

同日 由《人民日报》、新华社、《光明日报》《经济日报》、中央电视台、中央人民广播电台等单位组成的媒体团到青石镇砚瓦山花石市场、宇华景观园、中国观赏石博览园等地开展赏石小镇采风活动。

2月19日 慈溪市委副书记、市长施惠芳带领慈溪市党政考察团到常山中国观赏石博览园、正丽机电、产业集聚区（常山·慈溪山海协作产业园）、同弓乡彤弓山村、球川镇馒头山村“同景光伏”项目基地，实地察看赏石小镇创建、工业企业及平台建设、美丽乡村建设等情况。县领导毛建国、王郁松等参加。两地党政领导还举行了常山—慈溪山海协作交流会。

2月22日 县委统战工作暨全县组织、宣传工作会议召开。县委书记王良春讲话，毛建国、徐建华、林红汉等县四套班子领导参加，县委副书记王郁松主持。

2月23日 县十五届政府第九次全体（扩大）会议召开，回顾总结2015年政府工作，研究部署2016年重点工作。

2月24日 全县春耕备耕工作动员会暨技术培训会召开。

2月25日 省农办、省财政厅联合发文通报2015年度省山区经济发展项目绩效评价结果，全省31个县（市、区）参与绩效评价，常山县获得优秀等次。参考2014年综合评价结果运用，优秀等次将额外追加绩效考核资金。2015年常山县共安排省山区经济项目3个，专项资金1000万，实施民宿、有机农产品发展、十里柚香大街、乡村休闲旅游村垃圾治理、生态修复等项目。扶持发展民宿集中村8个，民宿经营户167户，民宿床位1476个，发展有机农产品基地14238亩，带动26户主体培育有机或有机转换农产品31个，在白马村、濛桥村、黄泥畈村等村建成一批景观节点，并配置垃圾治理设施。

2月27日 全县计划生育“大宣传、大整治”专项行动动员大会、胡柚柚园经营权流转工作会议召开。

3　月

3月1日 全县“清塘美河洁村”春季治水大会战行动现场推进会召开。

3月3日 常山县维持血吸虫病消除状态复核汇报会召开。国家卫生计生委疾控局血地处处长严俊率省、市卫计部门负责人等检查专家组到常山，听取县卫计部门对血吸虫病消除状态复核情况的汇报。

3月5日 《常山县油茶产业示范县建设项目实施方案》通过省、市级评审。该项目是省林业产业类重点项目，总投资2032万元，规划打造油茶示范基地，在芳村镇芳村村、下猷阁村等村实施油茶低产林改造1947亩，油茶更新529亩；林区道路硬化3.9千米，新建5.4千米；新建蓄水池4个。建设含油茶产品追溯体系、油茶品控实验室、特色加工油坊等油茶加工改造项目7个；建设下猷阁油茶发源地文化馆、油茶文化主题公园等油茶文化项目4个。

3 月 7 日 常山县召开纪念“三八”国际妇女节暨全县乡、村两级妇联组织格局标准化改革推进会。

3 月 8 日 常山县落实省委巡视组巡视反馈意见整改工作部署会召开。县委副书记、县长毛建国作重要讲话，县四套班子领导徐建华、林红汉等参加，县委副书记王郁松主持会议并就省委巡视组巡视反馈意见的整改落实工作进行具体的动员部署。

同日 县水务发展投资有限公司的技术人员在辉埠镇宋畈片开展智能水表试点工作，10 只直读远传水表完成安装，并开始试运行。

3 月 9 日 2016 年度全县国防教育委员会工作会议召开。

同日 省考核组到常山检查“两路两侧”（即公路、铁路沿线两侧）“四边三化”（即公路边、铁路边、河边、山边等开展洁化、绿化、美化行动）专项整治情况。

同日 常山县联合基金签约仪式暨产业基金合伙企业成立大会召开。会上，浙江联合中小企业股权投资基金管理有限公司、上海联曙创业投资中心、县产业投资引导基金有限公司三方代表签订基金合伙协议；县联合股权投资基金与浙江常山恒寿堂柚果有限公司、浙江柚都生物科技有限公司、浙江佳熙企业管理有限公司、衢州市科硕电子科技有限公司等四家投资企业分别签订拟投资协议。常山县联合股权投资基金总规模为 1 亿元，即常山县产业投资引导基金有限公司出资 3000 万元，上海联曙创业投资中心（有限合伙）出资 6900 万元，浙江联合中小企业股权投资基金管理有限公司出资 100 万元，主要投资新能源、医疗健康、新材料、物联网、现代农业等新兴或转型升级的行业，且拟在新三板挂牌或在其他资本市场上市的高成长优质企业股权。

3 月 10 日 省委常委、宣传部部长葛慧君到常山调研。

3 月 10 日 市委副书记、市长杜世源到常山紫港街道大弄口村，何家乡樊家村、江源村，检查常辉公路入口景观改造、社会资金参与“清塘美河”、淤泥后续资源化利用、长效机制建设等情况。

3 月 11 日 全县财政税收工作会议召开。

3 月 11 日至 12 日，由省人大常委会环资工委副主任谭庆华率队的省级“无违建县”创建、26 县发展实绩“三改一拆”考核验收组到常山开展考核验收。

3 月 12 日 常山县宁波商会成立大会暨招商引资推介会在宁波举行。县委副书记、县长毛建国授牌并讲话。宁波亿普瑞物流自动化分拣设备有限公司董事长方小苹当选第一届理事会会长，聘任衢州宁波商会会长段月珍为名誉会长。

同日 常山县芳村油茶小镇入选浙江省第一批森林特色小镇创建名单（全省 27 个），新昌乡黄塘村、芳村镇新桥坞石坑村被命名为第一批浙江森林人家（全省 35 个）。

3 月 13 日 意大利洞穴联盟成员、意大利国家高山洞穴救援队成员安德烈和广西洞穴探险家罗宏杰等一行 9 人的到芳村镇东岗村探考牛脚洞。

3 月 15 日 常山县首家“常山三宝”专营店在衢州市区斗潭夕阳红路 80—82 号亮相。

3 月 17 日 全县防范和处理邪教工作会议召开。

同日 全县爱国卫生暨血防工作会议召开。

3 月 18 日 “行政诉讼与依法行政”专题讲座举行。西北政法大学行政法学院副院长、教授姬亚平作专题讲座，毛建国等县四套班子领导参加。

同日 共青团常山县委员会二十届四次全体（扩大）会议召开。县委副书记王郁松讲话。

3月20日 常山“国际慢城”概念性规划汇报会召开。县委副书记、县长毛建国讲话，县政协主席林红汉等参加。

3月21日 市委书记陈新到常山朱富线拆改点、浙江雪村制冷设备有限公司、辉埠镇彭川村，实地考察“三改一拆”（即旧住宅区、旧厂区、城中村改造和拆除违法建筑）、村庄整治等情况。

同日 省旅游局局长王文娟一行到常山砚瓦山村青石花石市场、宇华景观园、中国观赏石博览园等地，实地察看并详细了解赏石特色小镇创建情况。

3月23日 省政协副主席孙文友率督导组到常山开展实地督查，指导开展省、市、县三级政协“五水共治”民主监督“万千行”活动。督导组到招贤镇高埂村，详细询问镇、村干部相关情况，实地考察、了解当地少数民族村发展现状；在招贤镇大溪沿村，肯定320国道暨“一路一镇”整治后发生的巨大变化；到青石镇砚瓦山村、中国观赏石博览园，考察赏石小镇建设情况；到天马污水处理厂实地察看污水处理工艺等相关情况；到城东新区项目现场、金川街道徐村村等地，现场督查指导城市建设、美丽乡村建设等工作开展情况。

同日 全县防范和处置非法集资工作会议召开。

3月24日 在杭州举行的2016阿里巴巴集团农村淘宝颁奖盛典上，常山县荣获阿里巴巴农村淘宝“2015年度全国最具活力县域”，全国仅5个县（市）获此殊荣。此外，常山县农村淘宝合伙人吴莲英、魏慧获得“百万英雄”奖项。

3月25日至28日 球川镇森力家庭农场的“森力”牌猴头菇在安之食淘宝店聚划算开卖。3天活动时间，订单数量达3600多份，鲜品销量3.6吨，销售额突破15万元。

3月26日 市委副书记、市长杜世源利用周末时间到常山城东新区绿核区块、八里塘水库、渣濑湾湿地、虹桥溪绿谷、湖中岛、麦坞水库等地实地踏勘“国际慢城”项目现场，调研“国际慢城”建设工作，详细了解工程概况、线路走向等情况，并与大家一道反复探讨方案。县领导王良春、毛建国、林红汉等参加。

3月29日 省财政厅副厅长沈磊率考核组一行到青石镇砚瓦山村青石花石市场、宇华景观园、中国观赏石博览园等地，实地察看并详细了解赏石小镇创建情况，对创建过程中存在的问题和困难，现场给予了指导性意见和建议，考核赏石小镇建设工作。

3月29日 常山县“国际慢城”项目协调会召开。县领导毛建国、林红汉、王郁松等参加。

3月30日 接中共衢州市委衢委干〔2016〕8号文件通知，市委决定：姜良米任中共常山县委委员、常委；免去夏建军的中共常山县委常委、委员职务。同日，接中共衢州市委衢委干〔2016〕9号文件通知，市委决定：邹柏涌任中共常山县委委员、常委（挂职）；免去马焕勇的中共常山县委常委、委员职务。

3月31日 市委、市政府在常山县召开全市“河湖库塘”清污（淤）泥暨“清千塘美百河”现场推进会，对2016年治水工作进行再部署、再落实。市委书记陈新讲话，市委副书记、市长杜世源主持会议，市领导居亚平、俞流传等出席，县领导毛建国、徐建华、林红汉、王郁松等参加。与会人员赴杭金衢高速常山出口、常辉线入口、龙绕溪金川段、何家乡江源村、金川街道徐村村，实地考察“三改一拆”“四边三化”“清塘美河”等情况。会上，表彰 2015 年度“五水共治”先进集体和先进个人，通报了2016 年第一次“五四三”工作综合督查情况，县委副书记、县长毛建国代表常山县作“五水共治”“四边三化”经验介绍。

3 月 31 日　全省建设平安浙江工作会议暨 G20 杭州峰会维稳安保工作动员大会以视频会议形式召开。常山县第十一次被命名为“平安县”。县委副书记、县长毛建国在主会场参加会议并代表常山县领奖。县领导徐建华、林红汉、王郁松等在常山分会场参加。

4　月

4 月 1 日　常山县与慈溪市教育合作签约仪式举行。

同日　常山县被列入浙江省第三批清洁能源示范县，可获得 1800 万元省可再生能源发展专项资金补助，主要用于风力发电、光伏发电、生物质能等清洁能源项目建设。

4 月 6 日　10 时 46 分，常山国际大酒店后门发生一起故意伤害案件，造成一名人员受伤，无生命危险。案发后，市、县两级公安机关联动，经缜密侦查抓获谢某某、徐某某等主要犯罪嫌疑人。随后，公安机关集中警力对在逃犯罪嫌疑人傅某（男，22 岁，常山县大桥头乡人）等开展缉捕工作；利用各类媒介发布悬赏通告，敦促涉案犯罪嫌疑人及其家属规劝傅某主动到公安机关投案，动员社会力量积极提供案件线索。在法律和政策的感召下，同日 22 时许，犯罪嫌疑人傅某向公安机关投案。同时，另有 7 名犯罪嫌疑人被抓获归案。

4 月 7 日　新昌乡茶香黄塘农家乐综合体、东案乡云绕高峰农家乐综合体、何家乡十里长风农家乐综合体入选衢州市首批农家乐综合体。

4 月 12 日　常山县被农业部列为全国农作物病虫专业化统防统治与绿色防控融合示范基地。

同日　国家新闻出版广电总局公布第二届 959 个“全国书香之家”名单，衢州市 3 个家庭入选，其中常山县曾令兵家庭入选。

4 月 14 日　市政协主席俞流传到常山调研常山胡柚产业转型发展工作。县领导毛建国、林红汉等参加调研。

4 月 15 日　常山县成功入选全省首批 14 个“基本无违建县”，也是全市首个获此殊荣的县（市、区）。

4 月 15 日　东案乡田蓬村、弄坞村相继召开全村妇女代表会议，选举产生全省首个村妇女联合会，各产生 8 名执委委员。田蓬村郑红娅，弄坞村王秀珍当选为村妇联主席。此次会议的召开标志着常山县“会改联”改革试点工作全面启动。

4 月 17 日　16 时 35 分，招贤五里小学学生参演的婺剧选段《巡按出访》在中央电视台戏曲频道 CCTV11《快乐戏园》栏目播出。

4 月 18 日　农机整机项目洽谈签约仪式举行。

4月19日 国土资源部原副部长、中国观赏石协会会长寿嘉华一行到常山考察赏石小镇建设工作。县委副书记、县长毛建国，县人大常委会主任徐建华参加。

同日 省人大常委会副主任冯明率省人大监督组到常山开展“五水共治”工作专项监督。市人大常委会主任居亚平，副主任俞顺虎；县委副书记、县长毛建国，县人大常委会主任徐建华等参加。

4月20日 全省矿山生态环境保护与治理现场会在常山召开。

4月22日 省人大常委会委员、内务司法委员会主任委员楼志浪，副主任委员陈燕萍一行到常山对贯彻实施残疾人保障法律法规情况进行执法检查。

4月26日 晚上，县委副书记王郁松看望接见全县40位各级劳模代表。当晚，以“五一颂歌·唱响常山”为主题的全县职工迎“五一”国际劳动节合唱大赛在县青少年活动中心举行，16支代表队参加比赛，县财政局、卫计局、教育局、供电公司、农村信用合作联社获得金奖。

同日 全市第二届体育大会气排球赛项目在常山体育馆举行。

4月29日 常山县青年企业家协会成立大会暨第一次会员大会召开。

同日 全县“两学一做”专题党课暨学习教育部署会召开。县委书记王良春讲专题党课，县委副书记、县长毛建国传达省委十三届九次全会精神，徐建华、林红汉等县四套班子领导参加，县委副书记王郁松主持会议并作工作部署。

4月30日 衢州市第二届金花旅游节之2016常山柚花飘香文化旅游节在同弓乡太公山胡柚基地举行。

是月 省“三改一拆”行动领导小组下发《关于2015年度全省“两路两侧”“四边三化”专项整治工作考核验收优秀县（市、区的通报）》，常山县获评2015年度浙江省“两路两侧”“四边三化”专项整治工作优秀县。

是月 全国伤害监测系统监测点及监测医疗机构在常山揭牌成立。常山县伤害监测工作始于2001年，分别在县人民医院、招贤镇中心卫生院和辉埠镇卫生院等哨点医院开展伤害门、急诊监测与预防控制工作，是全省最早开展伤害监测工作的地区之一。

是月 常山县城市棚户区综合改造建设工程和高标准农田建设项目成功入选2016年第二批国家专项建设基金名单，共获国家9000万元专项基金支持。其中，城市棚户区综合改造建设工程获4000万元，高标准农田建设项目获5000万元。

是月 在全省2015年度工业投资和“机器换人”技术改造工作考核中，常山县获省政府105万元财政专项资金和105亩新增建设用地计划指标的奖励，此奖为常山县首次获得。

5 月

5月3日 常山县钙产业整治工作推进会召开。

同日 县纪委第四巡查组进驻白石镇草坪村，对村两委落实中央“八项规定”和“六条禁令”进行为期半个月的“健康体检”，由此拉开县纪委对全县农村基层作风巡查、党风廉政建设督查的序幕。

5月4日 常山县15个项目成功入选衢州市百个“机器换人”示范项目。全县工业机器人应用量已达20台，其中玛丽莎工贸、亚瑞轴承、盛宇有色金属等多家企业在压铸、冲压等工序开展“机器换人”，已完成以工业机器人替代传统的人工操作。

5月5日 省政协赴常山县“送文化、送卫生”下乡活动见面会举行。省政协副主席、党组副书记陈加元讲话，市委书记陈新、县委书记王良春致辞，全国政协常委、省政协副主席姚克和市县领导李锋、王建华、徐建华、林红汉等参加，县委副书记、县长毛建国主持。

同日 县委副书记王郁松带队前往衢江区考察云十线（莲花大道）沿线景观化改造提升项目和320国道（衢江段）综合整治提升项目情况。衢江区委副书记朱素芳参加。

同日 全县老干部工作会议召开，贯彻落实中央《关于进一步加强和改进离退休干部工作的意见》。

5月8日 全县政法平安信访维稳暨护航G20峰会工作动员大会召开。

同日 全县“四边三化”工作部署推进会召开。

5月9日 常山县经济开发区与浙江锦禾农业科技有限公司入园签订项目入园协议书。签约仪式上，君禾集团董事局主席赵雪君致辞，县委书记王良春讲话，县人大常委会主任徐建华、县政协主席林红汉等参加。

同日 全县国家卫生县城创建动员大会召开。县委书记王良春讲话，县委副书记、县长毛建国主持，徐建华、林红汉等县四套班子领导参加，县委副书记王郁松部署创建国家卫生县城工作任务。

5月12日 省委副秘书长、省农办主任章文彪一行到辉埠镇彭川村考察“三改一拆”、村庄整治、乡贤回归等情况，到新昌乡黄塘村了解常山县农村改革工作。

同日 市人大常委会副主任范根才率市督查组到常山督查中央、省委关于加强县乡人大工作和建设文件精神贯彻落实情况。

5月13日 全县落实市委八项重点工作部署会召开。县委书记王良春部署工作，县委副书记、县长毛建国主持，王郁松等县党政班子领导参加。

5月11日至13日 省政府办公厅副巡视员王飞率省督查组到常山督查“五水共治”“四边三化”“三改一拆”工作开展情况。

5月17日晚 全县生猪养殖整规工作攻坚会召开。

5月18日晚 县四套班子领导会议召开，就进一步深化生猪养殖整规工作进行再部署。至年底，全县生猪饲养量缩减至10万头。

5月19日 常山—慈溪山海协作暨常山经济开发区与慈溪滨海开发区、常山芳村镇与慈溪龙山镇友好结对签约仪式举行。

5月20日 “国际慢城”专题讲座举行，浙江大学教授、国家注册城市规划师、中国专家协会理事、中组部主讲教授徐延安就城市发展趋势作专题解说。毛建国、林红汉、王郁松等县四套班子领导参加。

5月20日晚 2016年“中国观赏石博览园杯”浙江广厦与美国东部王者明星篮球对抗赛在常山县体育馆举行，美国东部王者明星队以97:85赢得比赛。

5月26日 常山县赏石小镇管委会与中国观赏石协会合作协议在京签订。县委书记王良春、县人大常委会主任徐建华、中国观赏石协会会长寿嘉华等参加。

5月27日 经政协第八届常山县委员会常务委员会第二十四次会议审议通过，决定：因到龄退休，胡震云同志不再担任常山县政协副主席。

5月28日 全县新提拔任用县管干部集体谈话会议召开。

5月30日 县第十五届人民代表大会常务委员会第三十五次会议决定任命：姜良米为常山县人民政府副县长；决定：接受夏建军因工作变动提出的辞去常山县人民政府副县长职务的请求，并报常山县第十六届人民代表大会第一次会议备案。

5月31日 全市农村文化礼堂建设工作现场会在常山召开。

是月 常山县正式向国际慢城联盟中国总部递交创建“国际慢城”的申请报告，并就“国际慢城”的系统建设、景观打造、模式运行、管理经验等方面进行了实地考察和座谈交流。

是月 常山县食品药品检测资源整合项目通过省食药监局、省财政厅考核，成为全市首个通过验收项目，获得600万元专项资金补助。

6 月

6月2日 全市绿色金融助推转型恳谈会在常山召开。

6月3日 常山县“国际慢城”整体规划和绿核区块详细规划评审会召开。县委书记王良春，县委副书记、县长毛建国讲话，县政协主席林红汉等参加。

6月3日 省粮食局局长姚少平一行到常山调研粮食工作。

6月7日 省委统战部副部长、省工商联党组书记李剑飞一行到常山调研。

6月11日 县委书记王良春带领各乡镇（街道）、相关部门负责人赴开化县马金镇学习考察集镇建设管理。

6月12日 全县基层妇联组织格局标准化改革暨“村妇代会”改建为“村妇联”现场会召开。

6月14日 省人大常委会副主任袁荣祥到常山县重点项目建设现场调研。县委书记王良春参加。

同日 接中共衢州市委组织部衢市组干〔2016〕27号文件通知，市委决定：陈显富任常山县人民政府县长助理，任期为六个月。

6月16日 省环保厅副厅长张培国率省百日环保执法专项行动督查组到常山开展督查。

6月20日 2016年衢州市中考成绩正式公布。常山育才中学初三（8）班的包晨雨同学以608.5的高分（裸分）荣获衢州市中考第一名，单科成绩为语文113分，数学115.5分，英语116.5分，科学156.5分，社会77分，体育30分。

6月21日 中国民主同盟常山县总支第二次盟员大会召开。民盟衢州市委会副主委朱益民、樊勇花到会祝贺。

6月22日 2016年高考成绩揭晓，常山县上第一批分数线人数取得历史性重大突破。常山一中高考文化课上第一批分数线人数114人（不含体艺生、农村专项、自主招生），突破100人关口，比上年增加17人，其中文科8人、理科106人。全县文科状元为常山一中考生吴民杰（646分），全县理科状元为常山一中考生郑丰（705分）。紫港中学美术、音乐专业第一批上线 77 人，体育专业第一批上线 52 人，总计 129 人，比上年增加 52 人，增长 68%。

同日 常山县平安护航 G20 誓师大会召开。

6 月 23 日 省水利厅厅长陈龙率队到常山调研水利工作。

同日 全县残疾人工作会议暨县残联第六届主席团第四次全体会议召开。

6 月 24 日 县人大常委会工作评议大会召开，评议县经信局、县民政局近三年工作。县人大常委会主任徐建华部署评议工作，县委副书记王郁松讲话。

同日 全县农民建房管控工作会议召开。

6 月 25 日 全县创建国家卫生县城誓师大会举行，各单位全体机关干部、相关行业代表、志愿者代表等 3000 多人参加。县委书记王良春讲话，徐建华、林红汉、王郁松等县四套班子领导参加。

6 月 28 日 市委副书记、政法委书记江汛波率队到常山督查 G20 峰会维稳安保工作。

6 月 29 日 市委书记陈新到常山考察浙江锦禾农业科技有限公司农机整机项目。市委常委、秘书长李锋，县委书记王良春等参加。

同日 中国农工民主党常山县支部第六次全体党员暨总支成立大会召开。

6 月 30 日 常山县庆祝中国共产党成立 95 周年大会隆重举行。县委书记王良春讲话，林红汉等县四套班子领导参加，县委副书记王郁松主持。会上，县领导、县级机关各单位党组织负责人、各行政村（社区）党组织负责人、副处级以上离退休老干部、各民主党派负责人、县工商联负责人等一同观看了“火红七月·党旗飘扬”文艺演出。县领导为 11 名受表彰的“金钉子书记”“金钉子党员”“金钉子党务工作者”以及先进基层党组织颁奖。

同日 浙江锦禾农业科技有限公司农机整机项目举行开工仪式。县委书记王良春讲话并宣布项目开工，县领导林红汉、王郁松等参加，并为项目开工培土奠基。

7 月

7 月 3 日 全县创“国卫”（即国家卫生城市）十二大专项整治行动推进会，县委书记王良春主持并讲话，林红汉、王郁松等县四套班子领导参加。十二大专项整治行动包括家禽、家畜及犬类专项整治；交通秩序（乱停乱放、僵尸车）专项整治；公共厕所（旱厕）专项整治；建筑工地（弃土）专项整治；占道经营（流动摊贩）专项整治；病媒生物专项整治；农贸市场专项整治；废品收购行业专项整治；城中村、城郊村、农民迁建小区专项整治；五小行业专项整治；牛皮癣（乱涂乱画、乱贴乱挂）专项整治；餐饮（污水、油烟、前店后灶、“三防”设施）、洗车专项整治等内容。

7 月 5 日 全县 G20 峰会维稳安保工作推进会召开。

7 月 6 日 省政协副主席、党组副书记王建满一行到常山城东新区滨江公园项目、浙江锦禾农机项目建设现场，考察城市建设、产业转型升级等重点项目建设工作；到青石镇砚瓦山村、中国观赏石博览园，详细了解赏石小镇建设情况。市政协主席俞流传，县领导王良春、徐建华、林红汉等参加。

7 月 7 日至 8 日 全国“三农”政策讲座暨宣传工作业务培训会在常山召开，国务院研究室农村司处长贺达水就“三农”政策作专题讲座，全国各地的农业、宣传等单位人员及中国农村杂志社相关人员参加培训。

7 月 10 日 县委理论学习中心组（扩大）学习会举行，学习习近平总书记在庆祝中国共产党成立 95 周年大会上的重要讲话精神。县委书记王良春主持会议并讲话，县领导徐建华、林红汉、王郁松等交流学习体会，县四套班子领导参加。

7月12日 接中共衢州市委衢委干〔2016〕40号文件通知，市委决定：黄霏任中共常山县委委员、常委，中共常山县纪律检查委员会委员、常委、书记；免去周群丽的中共常山县委常委、委员，中共常山县纪律检查委员会书记、常委、委员职务。接中共衢州市委组织部衢市组干〔2016〕33号文件通知，市委决定：胡姣良确定为副县（处）长级。

同日 恒盛汽车轴承有限公司与国融证券举行“新三板”挂牌签约仪式。

7月17日 2016衢州市亲水节开幕式暨常山新昌“水上家年华”活动在新昌乡黄塘村举行。市政协副主席王建华宣布开幕，县委书记王良春参加，县委副书记王郁松致辞。

7月18日 江苏的刘女士走进县公安局城关派出所，申请办理身份证。这是7月1日起县公安局正式推行异地办理身份证试点工作后，成功受理的第一例业务。

7月19日 县委第十二届十二次暨县十五届政府第十次全体（扩大）会议召开。县委书记王良春作题为《建设全景常山，发展全域旅游，为实现休闲城市“两大目标”而努力奋斗》的报告；徐建华、林红汉等县四套班子领导参加；县委副书记王郁松主持。

同日 常山县188人被浙江省2016年高考第一批本科院校录取，比上年增加71人，增长60.68%。

7月20日 接中共衢州市委衢委干〔2016〕31号文件通知，市委决定：张亮任中共常山县委委员、常委（挂职）。

7月20日至21日 “万少华”团队先进事迹巡回摄影展在县档案局展出。

7月21日 2016中国山地自行车公开赛浙江常山站项目签约仪式举行。

7月22日 全省第二次扩大有效投资重大项目集中开工仪式在全省11个地市同时以视频方式召开，衢州分会场设在常山县锦禾农机整机项目现场。陈新、杜世源、居亚平、俞流传等市四套班子领导，王良春、徐建华、林红汉、王郁松等县四套班子领导在衢州分会场出席。全省仪式结束后，衢州市举行三季度重点项目集中开工仪式。市委书记陈新宣布开工，杜世源致辞，各县（市、区）、衢州绿色产业集聚区、西区管委会报告本区域扩大有效投资、集中开工项目情况。此次衢州市参加省、市集中开工重点项目共153个，总投资429亿元，涉及产业发展、城市建设、文化旅游、民生事业等多个领域。其中，常山县21个项目参加全市三季度重点项目集中开工活动，总投资60.8亿元，年度计划投资12.4亿元。

同日 全县工业经济发展大会召开。会上，县委书记王良春从信念、路径、环境三个方面对全县工业经济发展情况及形势进行分析，并强调要坚定不移地发展实力工业，为休闲城市、美丽乡村、民生改善夯实经济基础。县领导徐建华、林红汉等参加。

7月24日 常山县第三届职业技能竞赛在常山职业中专举行。此次比赛设有数控车工、车工、焊工、电子商务师、养老护理员、景区讲解员、农家乐大厨7个工种，竞赛由理论知识和实践操作两部分组成，全县不同行业的120名人参与角逐。

7月26日 市五四三工作督查组到常山

督查“五水共治”“四边三化”“三改一拆”等工作。

7月29日 经2016年7月29日常山县第十五届人民代表大会常务委员会第36次会议通过，决定任命：张亮为常山县人民政府副县长；接受何喜萍因工作变动提出的辞去常山县人民政府副县长职务的请求，并报常山县第十六届人民代表大会第一次会议备案。

7月30日 国际慢城联盟总部秘书长皮埃尔·乔治·奥利韦蒂一行到常山考察国际慢城创建工作。市委副书记、市长杜世源讲话，县委书记王良春致辞，县领导林红汉、姜良米、顾建华、郑金仙等参加。皮埃尔·乔治·奥利韦蒂一行到青石镇砚瓦山村、中国观赏石博览园、中央公园、国际慢城核心区块（八里塘水库）、三衢湖等地，详细了解常山县国际慢城的整体规划、功能布局以及创建进展等情况，并对创建过程中存在的问题和困难，现场给予了指导性意见和建议。

同日 2016年常山夏季人才劳务交流大会在县职业中专举行，70余家企业“招兵买马”，提供1532个就业岗位。

7月31日 张亮、胡姣良任常山县人民政府党组成员。免去何喜萍、汪有土的常山县人民政府党组成员职务。

8 月

8月3日 全县创“国卫”攻坚工作部署会召开。

同日 省委副秘书长、省直机关工委书记施利民到常山调研基层党建和“两学一做”学习教育工作。

同日 全县农口G20峰会安保工作会议召开。

8月4日 全县成品油专项整治工作攻坚推进会召开。

8月5日 全县乡村休闲旅游联盟成立大会暨一届一次理事会召开。

8月7日 全县乡镇换届人事调整集体谈话会议召开。

8月11日 副省长孙景淼一行到常山调研综合交通工作。副市长汤飞帆，县委书记王良春参加。

8月10日至12日，省级考核组对常山县创建国家卫生县城工作进行考核。在12日举行的反馈会上，省考核组宣布：常山县创建国家卫生县城工作通过省级考核。县委书记王良春汇报常山县国家卫生县城创建工作情况并作表态发言。徐建华、林红汉等县四套班子领导参加。

8月12日 县纪委组织全县73名新提拔任用的县管领导干部在县老年大学开展任前廉政测试。

8月15日 全县创“国卫”工作会议召开。

8月22日 常山县不动产权证书首发仪式在县行政服务中心前厅广场举行。在江苏工作的常山人徐先生成为首个领到不动产权证书的市民。

8月23日 常山胡柚片以“衢枳壳”的名义列入2015年版《浙江省中药炮制规范》（简称“新炮规”）。

8月24日 全县深化“三位一体”（即生产、供销、信用）改革动员会召开。

8月24日至25日 省人大常委会副主任毛光烈一行到常山调研城市、国际慢城、工业项目、美丽乡村、赏石小镇建设情况，以及信访、平安维稳、民族村和宗教工作情况。市领导居亚平、童建中，县领导王良春、徐建华等参加。

8月25日 常山县政府与浙江建设投资集团战略合作签约仪式举行。浙江建设投资集团董事长、党委书记沈德法和县委书记王良春分别讲话，县领导徐建华、林红汉等参加。

8月26日 省科协党组书记、副主席郑金平，省科协党组成员、副主席陆锦一行到常山调研学校科普场馆活动室建设、社区科普工作和企业院士专家工作站工作。县委书记王良春，县委副书记王郁松参加。

是月 浙江玉马机械有限公司的 YM60 型联合收割机变速箱总成成功获 2016 年度“浙江制造精品”认定。

9 月

9 月 1 日 全县森林消防暨农村公共安全工作会议召开。

同日 从杭州、宁波、温州等地打工、做生意的50多位村民和60多位志愿者冒着大雨，拿着锄头、铁钳等工具，聚集在球川镇东坑村长达10多千米的东坑古道，共赴一年一度的“修路节”（农历八月初一）。“修路节”已传承300多年。

9 月 3 日 公安部、省公安厅到衢州为常山县“4·6”专案组及受奖代表颁奖。公安部宣传局局长刘家伟宣读集体一等功记功命令并为专案组代表颁发立功受奖证书。

同日 县实验小学教师余利君荣获市第四届“最美教育人’称号。

9 月 4 日 全县“五水共治”工作现场推进会召开。

9 月 5 日 县农民迁建小区等项目管理交接仪式举行。城投公司负责人与相关街道、社区负责人签订协议，对赵家坪花园、江北农民新村、凤栖小区、西阳山小区、莱蓬小区 5 个迁建小区及停车场、休闲广场等收储地块的管理工作进行整体移交。各地块所属街道和社区负责人就交接后的管理工作作表态发言。

9 月 7 日 常山县 2016 年夏秋季征兵工作定兵会议召开。

9 月 8 日 常山县首座国学馆暨县图书馆球川分馆建成。该馆位于球川镇中心小学内，面积300多平方米。

9 月 9 日 常山县庆祝第 32 个教师节座谈会举行。会上，县领导为 2016 年县名师、优秀班主任、教学质量标兵等代表，红烛奖及 2016 年政府教育奖励资金获奖学校代表等颁奖。

9 月 10 日 至下午 5 时 30 分，全县涉改确定移交封存公务用车 260 辆封停在原康京电子收储地块建起的停车场。

9 月 13 日 全县领导干部会议召开，宣布省委关于常山县人民政府主要领导人事调整的文件。省委决定：同意提名周向军为常山县人民政府县长候选人。18 日，接中共衢州市委衢委干〔2016〕45 号文件通知，市委决定：周向军任中共常山县委委员、常委、副书记；免去毛建国的中共常山县委副书记、常委、委员职务。

同日 省委副秘书长、省农办主任章文彪到常山调研农村生活污水治理工作。

9 月 14 日 2016 年衢州市全国科普日活动启动仪式在常山举行。

9 月 19 日 全县乡镇换届选举工作会议召开。

同日 13时，九景衢铁路浙江段工程何家隧道贯通。该隧道全长 3. 158 千米，用时两年多完工。

9 月 21 日 常山县第十五届人民代表大会常务委员会第三十七次会议决定：任命周向军为常山县人民政府副县长，代理常山县人民政府县长职务；接受毛建国因工作变动提出的辞去常山县人民政府县长职务的请求，并报常山县第十六届人民代表大会第一次会议备案。

9月22日至23日 《浙江省中药炮制规范》2015年版宣传贯彻会暨“衢枳壳”推介会在常山举行。王良春、徐建华、林红汉等县四套班子领导参加，县委副书记、代县长周向军讲话。会上，省、市5位专家分别从《浙江省中药炮制规范》2015年版、衢枳壳质量标准解读及研究、胡柚片临床研究等方面等作了演讲。

9月23日 全县农村土地承包经营权确权登记颁证工作推进会召开。

9月24日 县委理论学习中心组（扩大）学习会召开，邀请公安部国际维和局宣传处处长、中国维和警察首席新闻官杨乾坤作《新媒体背景下的舆情生态与媒体应对》专题讲座。

同日 常山县统一政务咨询投诉举报平台“12345”热线正式全面运行。

9月26日 国务院残疾人工作委员会召开第五次全国残疾人事业工作会议。常山县政府残工委获全国残疾人工作先进单位称号，是衢州市残联系统唯一获此殊荣的单位。

9月28日 中国政府网发布《国务院关于同意新增部分县（市、区、旗）纳入国家重点生态功能区的批复》，常山县名列其中，成为浙江省首批11个被纳入国家重点生态功能区的县（市）之一。

9月29日 全县创建国家卫生县城工作推进会召开。

10 月

10月8日 县委书记王良春到天马街道孔家坞看望102岁老人汪彩凤、到东明社区竹园小区看望100岁的吕汀潮老人、到金川街道胡家淤村看望102岁的许秋英老人；县委副书记、代县长周向军分别走访慰问沈惠琴、占金凤、徐宝兰3位百岁老人；县人大常委会主任徐建华到辉埠镇石姆岭村、招贤镇古县畈村和山底村、青石镇湖头村，分别看望慰问吴舍生莲、张水香、曾士狗、胡学奎4位百岁老人；县政协主席林红汉到球川镇东山村、后弄村，金川街道新都村，看望慰问刘莲娇、严香姣、雷金香3位百岁老人；县委副书记王郁松看望慰问汪菊仙、詹载阳2位百岁老人。

10月10日 省委统战部副部长、省民族宗教事务委员会主任冯志礼一行到常山调研民族宗教工作。

同日 位于城区白马路147号的台州银行常山小微企业支行举行开业仪式。常山小微企业支行是台州银行在衢州市所属县域内设立的首家支行。

10月12日 省水利厅厅长陈龙一行到常山调研水利工作。副市长朱建华，县委书记王良春等参加。

10月12日 慈溪市副市长胡建国带领慈溪市考察团到常山考察常山—慈溪山海协作相关工作情况。

同日 常山县阳光志愿者协会成立。

10月18日 G20杭州峰会常山县总结大会暨“平安常山”建设推进会召开。

10月19日 2016中国山地自行车公开赛（浙江·常山站）新闻发布会举行。浙江卫视、《浙江日报》《钱江晚报》《衢州日报》《衢州晚报》《单车志》、衢州发布、乐视体育、嗨单车等10多家媒体参加。

10月24日 常山县农民合作经济组织联合会（简称“农合联”）成立并举行第一届会员大会。

同日 全国第十八次社科普及工作经验交流会在湖南长沙举行。会议对140位“全国优秀社会科学普及专家”、148位“全国优秀社会科学普及工作者”、134部“优秀社会科学普及作品”和122个“全国社会科学普及基地”进行表彰。常山县王有军主编的《一本书读懂常山人文》被列入“优秀社会科学普及作品”名单。据悉，浙江省共有5本图书入选，《一本书读懂常山人文》是衢州市唯一一本入选国家级科普书籍的图书。

同日 浙江环宇轴承有限公司完成的“螺杆压缩机用高转速精密圆锥滚子轴承”项目，经中国机械工业科学技术奖评审委员会评审和中国机械工业科学技术奖管理委员会批准，荣获“2016年度中国机械工业科学进步奖三等奖”，受到中国机械工业联合会和中国机械工程学会的通报表彰（中机联科〔2016〕259号）。

10月26日 320国道改建工程、沿江公路（常山段）开工仪式暨全县重点项目现场推进会在紫港街道渣濑湾村梦之岛地块召开。

10月27日 省精品示范道路考评验收组到常山，对常山县省级精品示范道路进行核实验收。

10月28日 柚香谷项目开工仪式在青石镇砚瓦山村举行。

同日 常山县第三届残疾人运动会开幕式在县体育馆举行。

10月29日 文化部原副部长、国家图书馆名誉馆长周和平到常山调研文化产业和非物质文化遗产传承保护工作。

10月30日 团县委组织山地自行车赛志愿者们，对赛道维护、运动员报到、后勤保障、奖品发放、注意事项等赛事志愿服务工作内容进行集中培训，全力做好服务保障，确保赛事顺利举行。

10月31日 县委常委（扩大）会议召开，传达学习党的十八届六中全会、纪念红军长征胜利80周年大会以及省、市相关会议精神。县委书记王良春主持会议并讲话，县委副书记、代县长周向军传达有关会议精神，徐建华、林红汉、王郁松等县四套班子领导参加。

11月

11月1日 芳村中心卫生院院长罗时军被中国农村卫生协会授予“全国优秀基层卫生院院长”荣誉称号。

11月5日至6日 2016中国山地自行车公开赛（浙江·常山站）暨衢州市第二届体育大会在常山城东新区山地自行车公园举行。郭鑫伟、朱维分别荣获男、女公开组山地越野赛的冠军；云南省队包揽男子专业组冠亚季军；浙江队杭敏燕夺得女子专业组冠军；普金学夺得男子越野淘汰赛冠军。

11月7日 衢州市人口与计划生育评估组到常山评估人口与计划生育工作整改落实情况。县委副书记王郁松作汇报。

11月8日 2016中国·常山胡柚采摘节暨农产品质量安全科普直通车进柚园活动在同弓乡大宝山胡柚基地举行。

11月10日至11日 浙闽赣皖四省七县（市、区）人大常委会第二十九次联席会议在常山举行，安徽省休宁县、福建省浦城县、江西省玉山县及广丰区等七县（市、区）人大常委会有关负责人出席会议。

11月15日 安徽省广德县政协主席周凤月带领广德县党政考察团到常山考察农业综合改革和现代农业发展工作。

同日 接浙委干〔2016〕215号、衢委〔2016〕70号文件通知，省委决定：叶美峰任中共常山县委委员、常委、书记；免去王良春的中共常山县委书记、常委、委员职务。

11月16日 全县领导干部会议召开，宣布省委、市委关于常山县委主要领导人事变动的决定：省委、市委决定叶美峰任中共常山县委委员、常委、书记，免去王良春的中共常山县委书记、常委、委员职务。市委书记陈新作重要讲话。王良春主持会议并在会上话别，新任县委书记叶美峰，县委副书记、代县长周向军分别作表态发言。

11月22日 县委十二届十四次全体会议召开。会议表决通过《中共常山县委关于召开中国共产党常山县第十三次代表大会的决议（草案)》，决定于2016年12月召开中国共产党常山县第十三次代表大会。县委书记叶美峰主持会议并讲话，县委副书记、代县长周向军宣读决议（草案）。

同日 晚上，全县党的十八届六中全会精神宣讲报告会召开，传达学习党的十八届六中全会精神。省委宣讲团成员、省委宣传部常务副部长胡坚作题为《开创全面从严治党的新境界》的专题报告。县委书记叶美峰主持报告会，县四套班子领导等参加。

同日 在江苏省南京市举行的新闻发布会宣布，2017年中国山地自行车公开赛总决赛常山举办。

11月24日 全市基层党建整乡推进、整县提升“学先进、找短板、树标杆”观摩会在常山召开。县委书记叶美峰作汇报，县委副书记王郁松参加。

11月25日 中国林业产业联合会木本油料分会批准常山成立“全国木本油料展示交易平台油茶交易中心”。

同日 常山县第十五届人民代表大会常务委员会第三十九次会议决定：接受何健因工作变动提出的辞去常山县人民政府副县长职务的请求，并报常山县第十六届人民代表大会第一次会议备案。

11月26日 常山县与衢州学院共同举行“智汇常山”战略合作产学研对接活动，衢州学院的30多位专家、博士参与考察对接，助推常山产业转型升级和企业技术创新。

11月27日至28日 在江西省玉山县举办的第31届“三山”艺术节上，常山县节目舞龙《常山赵子龙》、歌伴舞《常山谣》和群舞《休闲常山活力慢城》等赢得阵阵喝彩。

11月28日 常山县民政局婚姻登记处新址（紫港路195号）正式对外办理婚姻登记业务。

11月26日至30日 中国书法家协会会员、衢州市书协副主席、常山县书协主席王阳君应邀赴新西兰讲学。其间，浙江省书法家协会、新西兰中国书法家协会在新西兰的工业和商贸中心城市奥克兰，主办了以“君自故乡来”为主题的王阳君书法展。此次中新文化活动，收到了中国驻奥克兰总领事馆、常山县人民政府发的贺词、贺信。

11月30日 23时58分，杭新景高速公路（衢州段）正式通车营运。杭新景高速公路（常山段）境内主线全长16.155千米，沿线经过芳村镇东源、横山路、新桥、前姜4个行政村，设计时速100千米/时，总投资16亿元。

同日 以省教育厅副巡视员、省督学方天禄为组长的省督查组到常山督查验收基础教育重点县工作。12月1日，常山县基础教育重点县督查验收反馈会召开，方天禄代表省督查组反馈督查验收情况；县委副书记、代县长周向军等参加。

是月 在中国城市环境卫生协会举办的2016光大杯系列“最美公厕”评选中，常山县星级公厕获得“最美公厕管理奖”殊荣。此次星级公厕是衢州市唯一一个被推荐参与评选活动的公厕，也是常山县首个获得国家级“最美公厕”荣誉称号的公厕。

12月

12月1日 省“五水共治”“四边三化”“三改一拆”工作督查组到常山督查“五四三”专项工作。

同日 常山斯帝油茶开发有限公司的斯帝油茶在第九届义乌国际森林产品博览会上获得金奖。

12月2日 《衢州文献集成》入藏常山县档案馆仪式举行。

同日 县人民法院举行首批入额法官宣誓仪式。25名入额法官身穿黑色法袍，面向国旗庄严宣誓。

12月5日 全县领导干部会议召开，传达学习省委十三届十次全会精神，研究部署全县重点工作。县委书记叶美峰主持并讲话，县委副书记、代县长周向军部署工作，徐建华、林红汉、王郁松等县四套班子领导参加。

12月6日 接中共衢州市委衢委干〔2016〕51号文件通知，市委决定：秦财华任中共常山县委委员、常委；免去苏新祥、甘土木、吴利平的中共常山县委常委、委员职务。

12月8日 首届全国油茶文化节暨全国油茶交易中心揭牌仪式在常山举行。省政协副主席黄旭明，中国林业产业联合会副秘书长、国家林业局林业产业工作领导小组办公室副主任石峰讲话。市委书记陈新，中国林业产业联合会木本油料分会会长杨超，浙江省林业厅厅长林云举，国家林业局退耕还林办公室副主任李青松等出席。县委书记叶美峰致辞，周向军、徐建华、林红汉、王郁松等县四套班子领导参加。仪式上，中国林业产业联合会木本油料分会和中国（浙江）大宗商品交易中心浙江舟山大宗商品交易所分别授予常山“全国油茶交易中心”“全国山茶油价格指导中心”，并举行浙江舟山大宗商品交易所山茶油价格信息发布仪式。县领导与中国林业产业联合会木本油料分会、中国大宗商品交易中心签订三方战略合作协议；政府、企业、产业协会等分别签约。领导和嘉宾为油茶树培土并观看文艺演出。仪式结束后，领导和嘉宾前往全国油茶交易中心参观。

同日 作为中国首届中国油茶文化节的一项重要内容，大型电视访谈节目“8+1对话：创建油茶三个中心，打造国家绿色油库”在浙江省常山县举行。由中国林业产业联合会木本油料分会会长杨超，国家林业局退耕还林办公室副主任李青松，浙江省林业厅副厅长杨幼平，中国常山县委书记叶美峰，湖南省林业厅油茶办主任蓝成云，中国粮油学会常务理事、油脂分会副会长、江南大学教授王兴国，中国林业产业联合会木本油料分会专家冯纪福，中国演员工作委员会副会长、中央军委政治工作部话剧团著名影视演员、周恩来总理扮演者刘劲等8位领导专家组成的嘉宾团队，与担任现场主持的中央电视台主持人刘栋栋就“创建油茶三个中心，打造国家绿色油库”进行了现场讨论人，并发表了《常山宣言》。

12月12日 常山县村淘以总订单数2349笔、总GMV（网站成交金额）55万元位居全省第一。其中，芳村镇前塘村以15.9万元的交易总额居全县第一。

12月15日 锦禾插秧机全国首发新闻发布会暨现场演示订货签约会举行。县委书记叶美峰致辞，徐建华、林红汉等县四套班子领导参加。中国水稻研究所、浙江农机管理局、黑龙江农垦建三江管理局等相关负责人参加。

同日 浙江省“千村示范、万村整治”工作协调小组办公室公布300个行政村入选为2016年度浙江省美丽乡村特色精品村，东案乡田蓬村、何家乡长风村、金川街道徐村村、新昌乡黄塘村 4 个村榜上有名。

12 月 16 日 常山县第十五届人民代表大会常务委员会第四十次会议决定：接受顾建华提出的辞去常山县人民政府副县长职务的请求，并报常山县第十六届人民代表大会第一次会议备案；接受郑慧胜提出的辞去常山县人民检察院检察长、检察委员会委员职务的请求，并报经市人民检察院检察长提请市人民代表大会常务委员会批准；任命柯耀根为常山县人民检察院副检察长、检察委员会委员、检察员；决定柯耀根代理常山县人民检察院检察长职务，并报市人民检察院和市人民代表大会常务委员会备案；任命郑建华为常山县选举委员会副主任。

12 月 16 日至 18 日 2016 常山县第五届房地产交易会举行。此次房交会以“休闲慢城·宜居常山”为主题，观赏石博园、东方广场、卧龙公馆等 10 家企业参展，参展地产涵盖常山县多个区域，类型丰富，包含住宅、商业用房等，住宅有多层、小高层、排屋、别墅；成交房产 67 套，面积 8151.62 平方米，金额 5898.44 万元，均价 7235.91 元/平方米；其中，住宅成交 64 套，面积 8010.62 平方米，金额 5705.34 万元。赛得健康养生小镇入住资格卡办理 2 人，另有咨询登记客户 420 组。

12 月 19 日 省人大常委会副主任王辉忠到常山调研人大工作。

12 月 21 日 县委十二届十五次全体会议召开。全会由县委常委会主持。县委书记叶美峰讲话。会议审议通过县委工作报告（草案）、县纪委工作报告（草案）；县第十三次党代会选举办法（草案）、县委第十三届一次全会选举办法（草案）、县第十三届纪律检查委员会第一次全会选举办法（草案）；县第十三次党代会各代表团召集人建议名单（草案），县第十三次党代会主席团成员和秘书长建议名单（草案），副秘书长建议名单（草案），大会主席团常务委员会建议名单（草案），大会主席团执行主席分组建议名单（草案），总监票人和监票人建议名单（草案），代表资格审查委员会主任、副主任、委员建议名单（草案），代表提案工作委员会主任、副主任、委员建议名单（草案），邀请和列席人员建议名单（草案）。

同日 全市分级诊疗推进工作现场会在常山召开。

12 月 22 日 县紫港中学入围浙江省二级普通高中特色示范学校名单。

12 月 24 日 富足山农村电子商务示范区开园暨中国淘宝村授牌仪式举行。

12 月 26 日 国网常山供电公司专业人员与厂家技术人员对位于天马街道滨江小区附近的电动汽车充电站的充电桩验收完毕，这标志着常山县首个电动汽车充电站正式运营。市民可刷充电卡或通过易充电 APP 支付费用。

12 月 29 日 浙赣两省四县（市）血防联防 2016 年度总结表彰会在常山召开。

12 月 30 日 中国共产党常山县第十三次代表大会开幕。大会的主要任务是，回顾总结县第十二次党代会以来的主要成就和基本经验，研究确定今后五年奋斗目标和主要举措，部署 2017 年工作任务，动员全县各级党组织和广大党员干部群众，提振精气神，全力争上游，朝着高水平全面建成小康社会奋勇前行。叶美峰代表中共常山县第十二届委员会作题为《提振精气神全力争上游朝着高水平全面建成小康社会奋勇前行》的报告。黄霏代表中共常山县第十二届纪律检查委员会作工作报告（书面印发）。大会会期 3 天。开幕大会应到代表 217 人，请假 4 人，实到 213 人。

是月 常山县获批省级 2017 年度扶持村级集体经济发展试点县。

县情概览

基本县情

常山位于浙江省西部，钱塘江源头，是全省的西大门。全县总面积1099平方千米，下辖3街道6镇5乡，180个行政村，人口34.36万人。主要有六个方面特点：

【一座慢城】 县域生态环境优良，森林覆盖率73.2%，常年空气质量保持在二级以上，出境水水质达到Ⅱ类水标准，是国家重点生态功能区、浙江省重要生态屏障，有“千里钱塘江、最美在常山”美誉。建设中的紫港国际慢城，位于县城郊区，坐拥31平方千米好山好水，城东新区、省级旅游度假区、慢城核心区、赏石小镇“四体合一”，慢生活、慢休闲、慢运动内涵丰富，“深呼吸、放下心、享轻松”主题鲜明，“何处心安、慢城常山”特质彰显，成为“全景常山、全域旅游、全时旺季”龙头核心。

【十方通衢】 区位独特，地处闽浙赣皖四省边际、北上南下大通道，史称“两浙首站”。境内交通体系完善，汇聚十大通道，杭金衢、黄衢南、杭新景三条高速贯穿全境，205、320、351三条国道和221省道纵横交错，沿江美丽公路快速便捷，九景衢铁路通车在即，常山港航道综合开发大幕即将拉开，黄金水道通江达海、前景广阔，县城距衢州机场、杭长高铁衢州站均半小时车程。

【百亿产业】 产业转型走出新路，轴承、纺织、建材“老三篇”在“腾笼换鸟”中凤凰涅槃，农机、新材料、生物医药“新三篇”在招大引强中快速崛起。轴承、农机、新材料、生物医药“四大百亿”产业、“四大基地”建设迈出坚实步伐。云耕小镇、钙谷小镇培育成型。三大工业平台基础设施完善、要素保障有力、产业集聚集群，“六最”（即审批最少、流程最优、体制最顺、效率最高、服务最好）环境全面营造，是投资兴业的活力高地。

【千载古县】 春秋时为越国姑篾之地，战国归楚，秦属大末县。东汉建安二十三年（公元218年）建县，始称定阳，迄今近1800年。境内古道古渡、古街古村不胜枚举，三十六天井记录百年故事，唐宋名刹香火犹盛，古塔古祠挺拔依然；尚书汪韶、贤相赵鼎施政有方，贤良王氏、清简樊莹名垂青史，铁面御史赵抃留迹赵公岩，理学大师朱熹赐名古镇球川，南宋诗人曾几《三衢道中》脍炙人口；民俗文化、民间技艺、特色美食等传承有序、享誉四方。熔古铸今，贤商文化发扬光大，“常山榜样”德润人心，“善良为本、良善为伍”成为社会风尚，是衢州“最美文化”发源地。

【万亩金柚】 绿水青山孕育“常山三宝”，

是中国常山胡柚之乡、油茶之乡、食用菌之乡。胡柚种植面积达10万亩，年产14万吨，酵素、果葡糖浆等精深加工快速发展，胡柚青果切片登录药典，“健康水果”常山胡柚驰名全国，张德江誉之“水果之王”。常山油茶历史悠久，油茶三大“国字号”经济中心（油茶交易中心、价格指导中心、集散中心）和一个文化中心落户常山，成为全国油茶产业龙头。“常山猴头菇”通过国家农产品地理标志登记。

【亿年奇石】 地质形成达4.6亿年之久，有中国第一枚“金钉子”剖面，地质遗迹极具科考旅游价值，是国家地质公园。国家AAAA级景区“三衢石林”奇石遍布、鬼斧神工。矿石资源丰富，石灰石、萤石矿储量和品质均居全省首位，青石、花石品质优良，有华东地区最大的青石花石专业市场，建成中国观赏石博览园，“赏石小镇”为全省首批特色小镇，是“中国观赏石之乡”。

（县外宣办）

地形地貌

【地形】 常山县境内地势南北高、中间低，由西向东倾斜。千里岗山脉自县境东北向县北延伸，怀玉山余脉绵亘于县西南。境内海拔1000米以上的山峰有40座，最高峰在东案乡白菊花尖海拔1390余米，最低点在招贤镇大溪沿村，海拔72米，最大高差1300多米。

【地貌】 全县地貌类型可划分出中山、低山、丘陵、侵蚀岗地、河谷平原等5种类型。中山主要分布于县东北部西岭脚—新桥一带，面积88.27平方千米，占全县总面积8.1%；低山分布于县域西北面的球川—何家—东鲁—新昌以西、芙蓉水库、芳村、金源以北地区和东南部的钳口一带，面积318.13平方千米，占全县总面积29%；剥蚀丘陵主要分布于中山与侵蚀岗地之间，面积409.4平方千米，占全县总面积37.2%；侵蚀堆积岗地主要分布于芳村南部和青石一带，面积216.6平方千米，占全县总面积19.7%；沿常山港两岸的河谷平原面积66.7平方千米，占全县总面积6%；全县山地丘陵面积约占总面积的3/4，属低山丘陵地貌类型。

河流面积约38平方千米。按地形和流向分为钱塘江水系和鄱阳湖水系。钱塘江水系最大支流为常山港，常山港历史上在明清时期称“金川”。鄱阳湖水系发源于玉山县紫坑岭和球川镇的蔑岭。球川溪因1984年千家排水库竣工大部分水量改往钱塘江水系。

（县国土局）

水　文

常山县内主要河流常山港为钱塘江的源头，上接开化县马金溪，下至衢州双港口，其中，在县域内的流程46.6千米，横贯东西，流域面积3176.1平方千米，最大年径流量可达43.74亿立方米，最大洪峰流量5800立方米/秒，易形成洪涝灾害。常山港在县内的支流有菱湖溪、芳村溪、龙绕溪、南门溪、马车溪、虹桥溪、里山溪、大坑溪、官塘溪等9条；县内的另一条主要溪流——球川溪流入江西，最终归入长江流域。县内水力资源十分丰富。

2016年常山港月平均水位一览

表1　（测站基面在85高程以上75.700米）　单位：米

1月	2月	3月	4月	5月	6月	7月	8月	9月	10月	11月	12月	年平均
2.28	2.23	2.02	2.65	2.68	2.84	2.12	1.54	1.68	1.96	1.88	1.58	2.12

说明：最高水位在6月3日，6.51米；最低水位在11月10日，为1.23米

（县水文站）

气候

2016年，常山县阶段性气象灾害发生频繁，遭受连阴雨、局地强对流、梅汛期暴雨、雾霾、雷电，县气象部门发布暴雨、雷电、高温、大雾、霾、寒潮预警信号58次。年平均气温较常年偏高，年降水量较常年偏多，年日照时数较常年略偏少。

【气温】 全年平均气温18.4℃，较常年偏高0.7℃（位居有资料以来第4高），比2015年高0.6℃。年极端最高气温39.7℃，出现在7月25日；年极端最低气温零下8.4℃，出现在1月25日。

【降水】 全年总雨量为2039.2毫米，比常年偏多278.8毫米，比2015年少569.2毫米；雨日为180.0天，比常年偏多19.9天，比2015年少1天。全年出现5次暴雨，分别为5月10日、6月3日、6月15日、6月29日、9月15日；最大日降水量出现在6月3日，为99.6毫米。

【日照】 全年总日照时数为1572.1小时，比常年偏少158.5小时，比2014年偏多202.0小时。

2016年常山县气象要素一览

表2

要素名称（单位）	1月	2月	3月	4月	5月	6月	7月	8月	9月	10月	11月	12月	合计（平均）
平均气温（℃）	5.7	8.1	12.5	18.1	22.0	25.4	29.5	29.8	24.8	21.4	13.6	9.7	18.4
降雨量（毫米）	118.5	67.0	99.1	336.9	363.5	464.6	47.8	35.3	164.2	175.1	128.4	38.8	2039.2
雨　日（天）	20	7	12	21	19	17	7	7	10	16	18	8	180.0
日　照（小时）	46.1	170.3	146.3	70.7	108.4	101.4	230.3	262.7	145.3	78.7	82.5	129.4	1572.1

2016年常山县气象初终日一览

表3

名　称	初　日	终　日	初终间日数	其　他
霜	2015.11.27	2016.02.17	83	全年平均气压为999.4百帕 全年平均相对湿度80% 全年平均风速2.3米/秒
雪	2016.01.21	2016.02.15	26	
结冰	2015.12.18	2016.02.11	85	

【重要气候事件及其影响】 1. 雾霾　2016年大雾日数较少，计34天，主要发生在春、秋两季。3月7日出现能见度小于2千米的霾，空气质量达中度到重度污染程度，县气象台发布霾黄色预警。

2. 连阴雨　2016年主要阴雨过程及影响有：

1月5日至8日、14日至17日，全县出现连阴雨天气。连阴雨天气导致草莓品质较差，油菜长势较弱。

1月27日至2月1日，全县出现连阴雨时段。持续阴雨天气对农作物生长带来一定影响，比如油菜、大小麦、蔬菜等田间农作物。2月下旬持续阴雨天气，也影响了春茶的生长和柑橘的贩销。

4月6日至9日、14日到17日、20日至26日，全县出现连阴雨，油菜籽粒增重、早稻播种和茶叶采摘受到明显影响。

9月28日至10月1日，全县出现连阴雨，气温偏低、光照不足对单季稻和连作晚稻发育比较不利。

10月18日至23日，全县出现连阴雨天气。多阴雨少日照导致连季晚稻发霉倒伏，也对常山胡柚、椪柑着色及大棚作物生长不利，影响其产量和品质。

11月7日至17日、20日至26日，全县出现连阴雨，主要影响晚稻收晒和柑橘采摘。

3. 台风　受台风"莫兰蒂"云系及高空槽共同影响，9月15日常山大部分地区出现暴雨。县气象台提前发布暴雨蓝色预警信号。受台风"鲶鱼"外围云溪影响，9月28日常山大部分地区出现中到大雨。

4. 暴雨　2016年，常山县暴雨日数共5天，较常年偏少0.7天。几次主要的暴雨天气过程如下：

受暖湿气流和冷空气共同影响，5月9日至10日，常山县大部分地区出现大到暴雨天气，平均面雨量53.1毫米，县气象站降水量为74.5毫米，最大降水量为和平村79.4毫米，其中有14个站点超过50毫米，6个站点超过70毫米。

受强降水云团影响，6月15日常山县普降暴雨，降雨量普遍在80～100毫米之间，有3个中尺度站超100毫米。

受梅雨带影响，6月28日至29日常山县普降暴雨，部分地区出现大暴雨。过程面雨量为99.4毫米，县城降水量为81.9毫米，有12个区域自动站降水量大于100毫米，最大的为天马街道和平村、降水量达131.1毫米。

5. 高温干旱　2016年全县高温日数（≥35℃）39天，较常年偏多3.5天。高温时间段主要出现7月下旬和8月中下旬。极端最高气温为39.7℃，发生在7月25日。

6. 雷电　2016年全县发生地闪6759次，与2015年相比，上升较为明显，全县地闪平均密度为6.15次/平方千米。7—8月为全年地闪最为集中时期，地闪总次数（5442次）占全年总地闪次数的80.52%；其中，7月份最多达2943次，占全年地闪次数的43.54%。从时段分布来看，主要集中在每天的12时至21时之间，该时段内地闪5543次，占地闪总数82.0%。高地闪区域为新昌乡、芳村镇、东案乡，雷闪次数均超过800次，其中新昌乡达1491次。

根据不完全雷灾调查统计，2016年全县发生雷电灾害15起，均为电器设备损坏；全年未发生雷击伤亡事故。比较历年所掌握的数据，2016年度强雷暴过程比较集中，造成的雷击损害事故比2015年有所减少。

7. 梅雨　2016年6月11日常山县入梅，正常于常年的6月10日；7月1日出梅，比常年的7月10日明显偏早；梅期22天，比常年偏少8天。2016年汛期期间，有两次明显的降水过程，分别出现在6月15日至16日、6月28日至29日。其他以阵雨或雷阵雨天气过程。县城梅雨量为338.8毫米，全县平均雨量为355.4毫米。全县各乡镇站点累积雨量均超过300毫米，3个乡镇累积雨量超过400毫米，最大出现在白菊花尖414.7毫米。

县气象局共发布暴雨蓝色预警信号4次、升级暴雨黄色预警信号2次和雷电黄色预警信号1次。常山县国土资源局和常山县气象局联合发布地质灾害气象风险预报（警）三级（黄色）5次。

8. 冷空气、寒潮　2016年常山县强空气过程主要有3次：

1月21日至23日前期，常山县出现明显雨雪天气，大部分地区出现大雪天气，部分出现暴雪。常山平原地区积雪3厘米～10厘米，山区最深达15厘米以上。23日后期至26日，受强寒潮影响，常山县以晴冷天气为主，25日早晨出现近几年的极端最低，大部分地区日最低温度在零下7℃～零下9℃之间，山区乡镇达零下9℃～零下12℃，其中有3个乡镇站点在零下10℃以下。县城最低气温为零下8.4℃

3月8日下午至10日，受北方强冷空气影响，常山县出现明显降水和降温天气，并伴有5～7级阵风和滚滚春雷。3月8日9时30分，常山县气象台发布寒潮蓝色预警信号，3月8日17时20分发布雷电黄色预警信号。

受强冷空气影响，常山县自11月22日开始气温持续下降，日平均气温的过程降温幅度在10℃以上，部分地区伴有5～7级阵风，11月25日早晨最低气温为4.3℃。

9. 低温冻害　1月下旬，常山县遭受强寒潮袭击，其强度之强、气温之低、冰雪覆盖范围之广历史罕见。1月25日早晨，全县大部地区最低气温达零下8℃～零下10℃。常山县气象自动站观测资料显示：零下6℃以下持续时间长达8个小时，致使柑橘、胡柚果树严重受冻，当年柑橘、胡柚产量大幅减产。1月21日至23日，全县出现中到大雪，部分暴雪，雨雪冰冻灾害综合强度为严重等级。

（何　超）

人　口

2016年年末，全县户籍人口总户数为112584户，比上年增加1087户，总人口（不含服现役人员）为343624人，平均每户3.05人。其中，男性177916人，女性165708人，分别占总人口的51.78%和48.22%，性别比为107.4（女＝100）。总人口比上年增加1586人，年增长0.46%，增幅较上年提高0.2个百分点。

全县办理出生登记4171人，比上年增加73人，出生率12.2‰，比上年提高0.2个千分点。死亡1973人，比上年减少9人；死亡率5.8‰，与上年持平；其中，男性死亡1155人，女性死亡818人。人口自然增长率6.4‰，比上年提高0.2个千分点。全县城镇人口90783人，乡村人口252841人，分别占总人口的26.45%和73.58%。18岁以下的为65885人，占总人口的19.17%；18岁至34岁的为69700人，占总人口的20.28%；35岁至59岁的为143690人，占总人口的41.82%；60岁以上的为64349人，占总人口的18.73%。

（以上均为公安年报口径）

（占慧臻）

国民经济和社会发展

2016年，全县上下全面贯彻落实县委、县政府决策部署，坚持稳中求进工作总基调，把握和引领经济发展新常态，推进供给侧结构性改革，打好转型升级组合拳，经济运行稳中求进，社会发展和谐稳定。

【综合】 2016年，全县实现生产总值1192309万元，按可比价格计算，比上年增长6.7%。其中，第一产业增加值82686万元，增长1.9%；第二产业增加值497742万元，增长2.2%；第三产业增加值611880万元，增长12.5%。三次产业增加值结构由上年的7.3：49.1：43.6调整为6.9：41.8：51.3，第三产业比重提高7.7个百分点，产业结构进一步优化。全县人均生产总值按户籍人口计算为34778元，折5236美元，比上年增长6.3%。

【农业】 2016年，全县创新推广“以产定租、以园定租”等流转新模式，完成柚园流转面积1.6万亩，建成新品种柑橘2766亩，新建生态高端胡柚基地3160亩。胡柚片以“衢枳壳”之名纳入《浙江省中药炮制规范目录》，全县销售胡柚干片4000吨左右。新增胡柚省级著名商标1个。启动常山胡柚申报“中国重要农业文化遗产”工作，“浙江胡柚栽培系统”列入2016年中国重要农业文化遗产普查目录。常山猴头菇登录淘宝“聚划算”平台，成功开发“云片猴头”（猴头菇软罐头）、猴头菇饼干及即食品等深加工产品，猴头菇产品知名度进一步提升。引进衢州长生湖风情园建设、浙西情缘健康农业产业园建设等项目26个，协议投资17.3亿元。新增市级农业龙头企业2家、省级示范性家庭农场7家、市级示范性家庭农场24家。新增全国休闲农业与乡村旅游四星级示范企业2家、省级休闲农业与乡村旅游示范点1个，新昌乡黄塘村被评为中国美丽休闲乡村“特色民俗村”。常山恒寿堂柚果股份有限公司在“新三板”挂牌上市。“头季稻＋再生稻”百亩示范方平均亩产达1045.8公斤，再创浙江农业之最。全县累计拥有无公害农产品28个、绿色食品15个、有机食品36个。

全县实现农林牧渔业总产值128931万元，比上年增长4.0%。农作物播种面积20777公顷，其中，粮食播种面积10897公顷，油料播种面积4030公顷，蔬菜种植面积3923公顷，果用瓜种植面积627公顷（粮食、油菜籽播种面积取粮食生产统计监测调查，其他经济作物取全面报表）。粮食作物总产量68735吨，下降1.5%；油料产量7277吨，下降3.0%；蔬菜产量96761吨，增长7.0%；果用瓜产量23676吨，增长28.4%。柑橘总产量137129吨，比上年下降8.2%，其中常山胡柚产量102590吨，下降7.0%；茶叶产量215吨，增长3.9%；蚕茧产量36吨，下降12.2%。肉类总产量12131吨，下降5.4%，其中猪肉7339吨，下降19.8%；蛋类产量3338吨，增长22.4%。生猪年末存栏3.7万头，下降29.2%，其中能繁殖的母猪0.37万头，下降30.2%；肥猪年内出栏10.3万头，下降19.3%；家禽年末存栏150.8万只，下降5.3%；家禽年内出栏374.8万只，增长16.7%。水产品总产量5912吨，增长5.4%。

【工业和建筑业】 2016年，全县实现工业总产值1429358万元，比上年增长6.4%，其中主营业务收入2000万元以上（即规模以上）工业企业106家，完成产值1025958万元，增长8.0%；规模以下工业完成产值403400万元，增长2.8%。全部工业完成增加值388242万元，按可比价格计算比上年增长2.1%。

主营业务收入超亿元工业企业达到23家，与去年持平，超5亿元的企业有2家，1亿～5亿元的有21家。亿元企业实现主营业务收入545174万元，占全部规模以上工业的

53.1%。规模以上工业轻重工业之比为31.2∶68.8，其中重工业完成产值705618万元，轻工业完成产值320341万元。规模以上工业完成销售产值929731万元，产销率90.6%；完成工业出口交货值61212万元，新产品产值221695万元。

在规模以上工业中，水泥产量467.3万吨，比上年增长2.5%，其中散装水泥239.9万吨，下降1.6%；水泥熟料429.2万吨，下降2.6%；纱3.5万吨，下降21.1%；轴承2889万套，增长3.7%；铜材2686吨，增长21.3%；精制食用植物油921吨，下降9.4%；服装24万件，下降36.6%；钢材5575吨，增长41.1%；半导体分立器件1312万只，增长6.9%；印制电路板41.7万平方米，增长10.2%；互感器1325台，增长13.6%。

全县规模以上工业企业实现利税62250万元，比上年增长26.8%，其中实现利润26166万元，增长2.9%。

全县建筑业实现总产值477523万元，比上年增长2.6%。建筑业实现增加值109500万元，增长2.7%。全县有资质建筑业企业30家，具有一级资质企业2家，二级资质企业9家，三级资质企业19家。

【固定资产投资和房地产业】 2016年，全县完成固定资产投资1271253万元，比上年增长8.1%。其中第一产业完成投资108295万元，下降3.8%；第二产业完成投资466667万元，下降8.1%；第三产业完成投资696291万元，增长25.4%。完成工业投资466667万元，下降8.1%，其中制造业完成投资409202万元，下降6.0%。分行业来看，皮革、毛皮、羽毛（绒）及其制品业、造纸及纸制品业、通用设备制造业和废弃资源综合利用业4个行业的投资增速超过50%。纺织业、纺织服装和服饰业、印刷业和记录媒介的复制业和文教体育用品制造业等17个行业呈下降态势。

全县完成基础设施投资432180万元，比上年增长9.4%。其中水利、环境和公共设施管理投资281317万元，增长5.6%；电力、燃气及水的生产供应业投资43970万元，下降19.5%；交通运输、仓储和邮政业投资87357万元，增长147.6%；教育设施投资14712万元，下降26.1%；卫生设施投资4000万元，下降41.8%；新增广播、电视、电影和音像业投资824万元。

全县完成房地产开发投资168514万元，比上年增长82.9%。房屋施工面积939609平方米，增长35.8%；销售面积251447平方米，增长83.1%，其中住宅销售218943平方米，增长88.1%。商品房实际销售额168686万元，增长78.5%，其中住宅137804万元，增长66.3%。

全县118个县重点项目累计完成投资95.3亿元，完成年度计划的100.3%，其中20个省重点项目完成投资31.1亿元，完成年度计划的131%，25个市重点项目完成投资39.7亿元，完成年度计划的106.8%。九景衢铁路、杭新景高速公路、048省道延伸线、哲丰新材料项目积极推进，钱塘江治理工程常山县常山港治理一期工程、常山寨回首休闲观光生态园林等项目建成。

【国内贸易】 2016年，全县实现社会消费品零售总额609241万元，比上年增长12.0%。其中限额以上批发零售业实现消费品零售额73390万元，增长23.9%。按销售单位所在地分，城镇71826万元，增长24.9%；乡村1564万元，下降10.3%。按消费形态分，餐饮收入6518万元，增长11.6%；商品零售66872万元，增长25.2%。按类值分，粮油食品、饮料烟酒类增长12.8%，日用品类下降21.9%，书报杂志类增长2.9%，家用电器和音像器材类增长13.1%，中西药品类增长28.8%，石油及制品类下降5.0%。

【对外经济】 2016年，全县自营进出口资质企业200家，新增自营出口企业15家，拥有出口实绩企业56家，出口实绩企业增加9家。实现外贸进出口总额19373万美元，比上年增长3.5%，其中出口19276万美元，增长3.6%。新批外商投资企业3家，实际利用外资600万美元。

【交通、邮电和旅游业】 2016年，全县完成交通运输和邮政业增加值40270万元，比上年增长3.4%。各种运输完成公路货物运输量1055万吨，公路客运量505万人次。年末，县境内有铁路1条（九景衢铁路常山段35千米在建）、国家高速公路3条、国道2条、省道1条、县道22条、乡道34条、村道364条，公路总里程达到1046.4千米，公路网密度为95.1千米/百平方千米。国家高速公路境内总里程89.0千米，其中杭金衢高速公路41.6千米、黄衢南高速公路31.1千米、杭新景高速公路16.2千米；一般国道总里程63.5千米，其中G205山深线23.5千米、G320沪瑞线40.0千米；省道S221江溪线8.6千米。国省道干线千米里程161.1千米，占公路总里程的15.40%。县道公路258.64千米，占公路总里程的24.72%；乡道公路168.2千米，占公路总里程的16.07%；村道公路458.4千米，占公路总里程的43.81%。

全县电信业务收入1.5亿元，比上年增长6.9%。年末，城乡固定电话用户3.0万户，下降17.4%；移动电话用户30.8万户，增长4.1%；国际互联网用户6.4万户，增长16.2%。

旅游业快速发展。完成《常山乡村休闲旅游精品线规划》编制，指导黄塘AAA级景区整改，推动徐村、桃花源AAA级景区工作，组织白菊花创AAAA级景区工作，申报创建国家全域旅游示范区，申报创建国际慢城，建造智慧旅游体验馆，制作全县乡村旅游智慧手绘版地图（一日游）等。全县接待国内游客637万人次，增长21.5%；接待境外游客0.7万人次，增长26.4%。国内旅游收入40亿元，增长25.0%；旅游外汇收入362万美元，增长36.9%。

【财政、金融、证券和保险】 2016年，全县完成金融业增加值69947万元，比上年增长1.2%。实现财政总收入127189万元，增长1.4%，其中公共财政预算收入94016万元，增长9.8%；上划中央“六税”收入33173万元，下降16.7%。全县税收收入65191万元，下降6%，占一般公共财政预算收入的69.3%，占比比上年回落11.7个百分点，财政收入结构有待进一步优化。全县公共财政预算支出351516万元，增长23.7%。其中民生支出271863万元，增长25.3%。

年末，全县金融机构本外币存款余额1866561万元，其中人民币存款余额1863006万元，比上年增长13.6%。在各项存款中，其中住户存款余额988081万元。年末金融机构本外币贷款余额1464814万元，其中人民币贷款余额1463149万元，增长2.1%。

全县保费收入4.1亿元，比上年增长48.7%；支付各类赔款0.8亿元，下降9.5%。

【教育和科学技术】 2016年，全县有完全小学以上学校40所，其中普通高中4所（含1所民办完中、1所民办高中）、职业高中1所、初中7所（含1所民办）、中心小学25所（含1所民办）、完全小学2所、特殊教育学校1所，另有教学点12个；有持证幼儿园105所。城区学校共29所，其中普通高中4所、职业高中1所、初中4所、小学5所、幼儿园16所。全县中小学、幼儿园有在校（园）学生41357人。其中高中段（含中职）学生6439人、初中段学生8595人、小学段（含培智学校）学生17222人、在园幼儿9101人。全县有在职在编教职工2242人，其中专任教师2120人；幼儿园、小学、初中、普高、职高专任教师学历合格率分别达到100%、100%、100%、98.8%、97.4%。其中高级职称273人，占12.9%；一级职称1035人，占48.8%；二级职称646人，占30.5%；三级职称37人，占1.8%；未定级教师129人，占6.1%。全县义务教育入学率100%，初中毕业生升入高中段比例98.4%，普职高招生比1∶0.9，“三残”儿童少年入学率95.9%，学前三年入园率97.0%。

2016年，中考高考全线突破，全市中考状元落户常山，2名学生进入全市前10；高考全县文理科第一批上线人数实现“超百”目标，达114人。办学条件显著改善，新常山一中、育才小学建成投用。推进常山一中与慈溪中学合作办学；与意大利方成功签订第二轮合作办学协议框架；深化与美国凯斯纽荷兰工业集团的合作办学；创办“锦禾农机”“中国观赏石品鉴”等企业冠名班。

2016年，全县争取上级科技经费678.6万元，到位经费500.2万元。申报省市科技特派员项目22项，其中省级特派员项目12项、团队特派员项目3项、法人特派员项目1项、市级科技特派员项目6项；组织申报市指导性科技计划项目38项，立项18项。全县申请专利638件，其中发明专利40件，实用新型专利257件，外观设计专利341件；授权专利395件，其中发明专利17件、实用新型专利185件、外观设计专利193件。指导落实浙江环宇轴承有限公司和常山县农业科学研究所申报省科技进步奖各1项；组织落实常山县双明轴承有限公司、常山皮尔轴承有限公司、常山县人民医院等4家单位申报市科技进步奖8项，其中工业类4项、医药卫生类4项。组织开展申报浙江省知识产产权示范县工作。发放创新券138.48万元，获省财政2016年市县科技产出绩效挂钩补助资金100万元。

【文化、卫生和体育】 2016年，全县大力宣传推广“贤商”文化，着力推广文化融入城市、旅游和新农村建设。持续开展“三唱三红”等系列文化活动，开展“越剧专场周周唱”50场、“激情广场月月唱”和“一乡一节”活动28场。开展送戏下乡200余场，送书下乡1.35万余册，送电影下乡3000余场，送展览讲座下乡9场、送讲座下乡17场，观众达100多万人次。为全县70家重点农家书屋补充了5000多册书籍和电脑、书桌、书柜等设备。组织到县外“文化走亲”10场。文艺作品荣获省级比赛金奖6个、银奖6个、铜奖4个；市级比赛金奖2个、银奖1个

年末，全县有广播电台1座，广播综合人口覆盖率99.8%。电视台1座，电视综合人口覆盖率99.8%。有文物保护单位57个，公共图书馆图书藏书量28.6万册。

全县有各级各类医疗机构276家，其中县人民医院、县中医院、县妇保院各1家、乡镇（中心）卫生院14家、民营医院3家（贞元医院、民康医院、第三医院）、其他医疗机构1家（省三监医院）、村卫生室（社区卫生服务站、卫生院分院）203家、有乡村医生178名（不包括在村卫生室执业的执业助理及以上人员），个体诊所36家（其中中医诊所9家）、厂矿医务室16家。各级医疗机构核定床位1009张。全县执业（助理）医师数704人，每千常住人口医生数2.9人；全县执业护士数547人，每千常住人口注册护士数2.3人。卫计系统有各类专业技术人员1061人，其中正高级28人，占2.64%；

副高级100人，占9.43%；中级323人，占30.44%；助理级338人，占31.86%；员级229人，占21.58%；见习期43人，占4.05%。全县公立医疗机构业务总收入为4.0亿元，增长9.9%；门诊人次116.5万人次，增长11.1%；住院人次32893人次，增长9.4%。

2016年，全县贯彻落实《全民健身条例》，推进体育健身设施建设，做好衢州市第二届体育大会，在衢州市第二届体育大会中，常山县获奖牌榜总数第三、团体总分第二的优异成绩。11月5—6日，中国山地自行车公开赛（浙江·常山站）在“国际慢城”自行车公园举办，来自全国的专业车手160余名和本地业余选手800余名参赛，吸引周边地区近百名摄影爱好者和中央电视台体育频道、央视网等国内40余家知名媒体的宣传报道，极大提升了常山的知名度和美誉度。2016年年底，常山县山地自行车赛道被评为“最佳赛道”；常山县被评为“优秀赛事组织奖单位”，并成功申请到2017年中国山地自行车总决赛承办地。

【社会保障】 2016年，全县职工基本养老保险和城乡居民社会养老保险参保人数212279人，当年增加5264人，完成任务138.5%。职工基本医疗保险和城乡居民基本医疗保险参保人数296268人，减少14906人。工伤保险参保人数共34982人，当年减少1755人。生育保险参保人数27908人，当年新增1176人。社保卡持有人员328850人，完成社保卡持卡人数26.1万人的任务。基本养老保险参保率为89.1%。

全县有10129户12745人纳入城乡最低生活保障，低保占比为3.75%。其中城镇低保683户941人，农村低保9446户11804人，年支出低保金4795万元。城镇低保每人每月612元，农村低保每人每月459元。全年救助困难群众1213户，救助金额188.6万元；医疗救助城乡困难居民2938人，支出救助资金1820.8万元；资助全县城乡低保、“五保”（即保吃、保穿、保住、保医、保葬）、重度残疾人13650人参加城乡居民医疗保险，资助金额314万元。

【资源、环境】 2016年，常山港流域地表水质100%符合水功能区要求，出境水质达标率100%，饮用水源地水质100%符合要求。常山县城区环境空气有效监测天数362天，优良天数为327天，空气优良率90.33%，优良天数比上年增加2.8%，已远高于《浙江省“十三五”环境保护规划》提出的到2020年85%的目标；PM2.5平均浓度为36微克每立方米，比上年下降20%，下降幅度位居全市第一，远高于市对县考核PM2.5下降率（7.15%）的要求，在全省58个县市区排名从2015年的第38位提升到第30位。

全县完成造林6648亩，其中荒山造林500亩、迹地更新2000亩、平原绿化800亩。实施片林8个，扩大彩色森林900亩，新植珍贵树23万株，赠送珍贵树种6.5万株，建设杜鹃花花海长廊36亩，建设彩色林带300亩。完成复绿19万平方米；完成通道绿化16.5千米，面积608亩。创建省市级森林村庄10个，成功申报省级森林人家2个，开展森林古道修复1条。全县重点生态公益林总面积60.96万亩，其中国家级公益林33.80万亩、省级公益林27.16万亩。开展全民义务植树造林60余万株，2.5万人次。全县森林覆盖率73.2%。

【城市建设】 至2016年年底，建成区面积17.7平方千米；供水总量1520万吨，售水量1180万吨；城市生活垃圾处理率达100%，县城平均污水处理率为91.1%。建成区绿地率33.4%，建成区绿地覆盖率

36.1%，人均公园绿地面积 15.9 平方米。（说明：2016 年市统一用住建口径数据）

（县统计局 占慧臻）

精神文明建设

【社会主义核心价值观宣传教育】 2016 年，县文明办深入开展“社会主义核心价值观”宣传教育，在网络、电视、LED 电子显示屏等平台刊播“核心价值观”公益广告，高密集、广覆盖、大容量地进行社会主义核心价值观基本内容宣传教育，累计刊播“社会主义核心价值观”“讲文明树新风”“胡柚娃系列”等公益广告作品 300 多件次。开展“践行社会主义核心价值观”活动，制作公益围墙 1.2 万米。开展“社会主义核心价值观进校园”主题实践活动，编印社会主义核心价值观卡通漫画《二十个好习惯》共 2 万册，免费赠送全县中小学生，实现社会主义核心价值中小学全面覆盖。

【“最美常山人”系列评选】 2016 年，县文明办围绕创建“国家卫生县城”等中心工作开展“最美创卫人”评选，共推荐评选出 63 名“最美创卫人”；同时，在法院、水利、档案等 12 个部门开展行业“最美”人物评选，并向市级相关单位推荐。组织年底榜样评选活动，通过宣传发动，单位和媒体推荐，共有 129 位候选人参评，经评审会初审、征求相关单位意见、开展投票活动，共评出 2016 年最美常山“年度榜样”人物及提名奖获得者 21 人，涌现出“爱心拐杖队”“陈春峰家庭”等先进典型。王雪园获“第五届最美衢州人”荣誉称号，吴兵、严华安获“第五届最美衢州人”提名奖。

【“常山好人”关爱机制不断完善】 2016 年，县文明办做好关爱帮扶道德模范工作，发挥好人关爱机制作用，完善“常山好人关爱基金”组织机构、资金管理方式等工作方案，奖励、资助道德榜样，形成“好人好报”的社会风尚。通过开展“万朵鲜花送雷锋”“五一”关怀活动、“公民道德宣传日活动”等系列关爱活动慰问县级以上榜样楷模 42 人。对樊爱娇、郑良杏等生活困难、患重大疾病的榜样人物分别给予 9000 元和 5000 元的帮扶补助。全年“常山好人关爱基金”支出关爱经费 3 万余元。

【创建“国家卫生县城”全民齐行动】 2016 年，县文明办组织驻城各单位与 8 个社区进行结对共建，划分成 113 个小网格开展创建“国家卫生县城”（简称“国卫”）活动。在电视、报纸、网站、微信平台等媒体上开设“创‘国卫’进行时”“曝光台”“镜头看变化”等栏目，宣传典型人物和先进经验，集中曝光突出问题，全程追踪问题整改动态，全面晾晒部门包干网格整治成效，倒逼部门真动、干部真干。编印 7 万份创“国卫”宣传品进居入户，墙体标语、电子屏、健康教育橱窗、主次干道两侧灯杆广告、广场大型宣传展板等形式的宣传做到无缝隙、广覆盖。组织开展“联创行动日”“每天奉献 2 小时”等主题实践活动，累计 8 万人次参与文明劝导、卫生保洁等活动。在各社区组织开展创“国卫”纳凉晚会、趣味活动、“西门记忆”创“国卫”主题摄影等，共吸引 4 万多人次参与，形成浓厚的创“国卫”氛围，让创“国卫”成为常山干部群众的自觉行动。

【多形式参与城区道路交通秩序整治攻坚战】 2016 年，县文明办以构造“安全、文明、规范、有序”的城市秩序为目标，参与城区道路交通秩序整治攻坚战。开展“礼让斑马线”活动，通过发布整治通告、发放倡议书、签订承诺书、开展专题宣讲形式，发放宣传资料2400余份、印制礼让车贴2万余枚，发送整治信息、温馨提示3万余条，营造浓厚的文明出行氛围。组织全县3000多名党员干部参加“一小时”志愿服务活动，在文峰路、定阳路等城区主要道路开展文明出行劝导活动。联合县妇联、团县委等相关单位，组织青年志愿者、巾帼志愿者等组成义务文明劝导员200余人，配合交警深入主干道做好车辆乱停乱放整治、劝导、规范停车等工作，积极传播文明交通正能量，纠正劝导乱停乱放车辆，先后文明劝导、纠正电动车乱停放7840余次。

【群众性创建活动深入开展】 2016年，县文明办开展新一级文明单位、文明村镇评选复评工作，提升文明创建水平，金华银行衢州常山小微企业专营支行等4家单位被评为县级文明单位，紫港街道等4个乡镇（街道）被评为县级文明乡镇（街道），球川镇东坑村等9个村被评为县级文明村（居），金川街道赵家坪社区为县级文明社区。对照《浙江省爱国主义教育基地管理使用办法（试行）》，组织专家开展第五批县级爱国主义教育基地评选和1~4批次县级爱国主义教育基地复评活动，新增“常山县烈士纪念碑”等10家县级爱国主义教育基地，保留原有6个场所“县级爱国主义教育基地”荣誉称号。

【志愿服务队伍迅速扩大】 2016年，县文明办结合常山实际，将志愿服务与学雷锋相结合，加强党员、团员志愿服务联动，发挥共青团员的先锋模范作用。制定下发《关于开展志愿者集中登记注册工作的通知》，集中精力、集中时间组织开展志愿者注册登记工作，新增4.5万余名志愿服务者。完善志愿服务组织帮扶机制，新增常山春泥公益志愿服务队等多支志愿服务队伍。指导全县30多支志愿者服务队伍，开展各类志愿服务2000余次。向上级推荐紫港社区参加“最佳志愿服务社区”评比，入围中宣部“四个100”优秀志愿社区候选名单。完成常山县志愿者指导中心的选址等工作。

【未成年人思想道德教育内容丰富】 2016年，县文明办成功组织申报东案小学、龙绕小学分别建立国家级公益彩票支持的乡村少年宫，为青少年课余活动提供了场所。成立“春泥志愿服务团队”，吸纳招募各类有特长和专业技能的志愿者30余名，组织开展“春泥圆梦行动”，带领阁底小学多名留守学生到县城影院观看3D动画电影。开展“我们的节日”主题活动，以清明节、端午节、七夕节、中秋节、重阳节为契机，开展“我们的节日”文明礼仪宣传教育活动，弘扬中华传统节日文化和节日文明礼仪。各乡镇（街道）积极参与“春泥计划”，天马街道开展“困难青少年走访结对活动”资助留守儿童；紫港街道组织开展“革命故事”演讲活动，从小培养学生认知历史、热爱国家；金川街道赵家坪社区举办为期5天的“小红帽”暑假班，讲革命故事、辅导学生学习、讲授创“国卫”小知识等，引导小朋友们积极向上、健康成长。

（县文明办）

乡镇（街道）和村居概况

2016年度，县域面积1099.07平方千米，全县辖3街道6镇5乡，180个行政村，12个社区（居委会），总人口34.36万人。

2016年常山县乡镇（街道）基本情况及行政村、社区名称

表4

乡镇（街道）名称、概况	行政村、社区（居委会）名称
天马街道办事处（区域面积75.50平方千米，辖12个行政村，6个社区，年末总人口4.92万人）	东方红　南前坊　西峰　北屏山　常年青　蒲塘　东港 周塘　天马　五联　天安　和平/屏山社区　金川社区 东明社区　定阳社区　文峰社区　渡口社区
紫港街道办事处（区域面积41.30平方千米，辖10个行政村，1个渔业大队，1个社区，1.54万人）	富足山　外港　后坊　枧头　大弄口　狮子口　狮东 姜家堡　孔家弄　渣濑湾/渔业大队　紫港社区
金川街道办事处（区域面积57.50平方千米，辖14个行政村，1个社区，年末总人口2.09万人）	常桥　新建　五里亭　十里山　新都　蒋家　十五里 胡家淤　朱家坞　湖东　徐村　上埠　上蒋　金川弄/ 赵家坪社区
辉埠镇（区域面积127.10平方千米，辖17个行政村，1个居委会，年末总人口3.50万人）	大埂　山背　鸭坞　石姆岭　辉埠　东乡　童家　久泰弄 宋畈　达坞　路里坑　彭川　双溪口　桐村　黄坞岭 才里　东鲁/辉埠居委会
招贤镇（区域面积69.80平方千米，辖18个行政村，年末总人口3.47万人）	官庄　高埂　大溪沿　游林　古县畈　古县　招贤　汪家淤 渔溪口　纱帽山　溪上　泉目山　大弄　五里　樊村　鲁士 山底　象湖
青石镇（区域面积78.70平方千米，辖18个行政村，1个渔业大队，年末总人口3.61万人）	山溪边　湖头　虹桥　阁底　塘边　山头　江家　新站 马车　水南　飞碓　澄塘　砚瓦山　和尚弄　溪口　大塘后 九龙山　桥亭/溪口渔业大队
芳村镇（区域面积148.70平方千米，辖20个行政村，1个社区居委会，常住人口2.88万人）	泮坑　园区新村　芳村　洁湖　河边山　上畎阁　下畎阁 畎阁口　大处　前进　石塘　芙蓉湖　修书　井河　东源 横山路　新桥　前姜　东岗　前塘　/水阁亭居委会
白石镇（区域面积46.20平方千米，辖7个行政村，1个社区居委会，常住人口0.95万人）	十八里　曹会关　白石　小白石　草坪　新塘岭 聚宝/白石街居委会
球川镇（区域面积129.50平方千米，辖20个行政村，1个社区居委会，年末总人口3.94万人）	后弄　芙蓉　红旗岗　东山　西村　杨家　球川　东坑 王家　三溪　吴家　上安　馒头山　沙安　黄泥畈　九都 棋盘山　常周　龙绕　新店/龙头街居委会
何家乡（区域面积56.90平方千米，辖8个行政村，年末总人口1.37万人）	何家　樊家　江源　江湾　钱塘　长风　黄冈　双安
东案乡（区域面积68.80平方千米，辖10个行政村，年末总人口1.58万人）	高峰　金源　呈东　弄坞　田蓬　前库　朝阳　东案　白马 万安
大桥头乡　（区域面积49.90平方千米，辖8个行政村，年末总人口1.52万人）	浮河　客弄　友好　新村　大桥　樟山　莲塘　濛桥
新昌乡（区域面积110.60平方千米，辖10个行政村，年末总人口1.74万人）	新昌　对坑　黄塘　岩前　輶辂　郭塘　达塘　茶源　泰安 西源
同弓乡（区域面积38.50平方千米，辖8个行政村，年末总人口1.15万人）	彤弓山　同心　关庄桥　山边　金川源　湖石头　中和 胡村

2016 年常山县乡镇街道人口基本情况

表 5

乡镇街道	年末总户数（户）	年末总人口（人）	其中		非农业人口（人）	农村户数（户）	农村人口（人）	其中	农村劳力（人）	其中
			男	女				男		男
天马街道	19206	49226	25309	23917	41046	5333	15206	7867	10480	5487
紫港街道	5501	15441	7728	7713	10246	4346	12991	6424	8404	4239
金川街道	7460	20872	10234	10638	17617	6537	19182	9284	12664	6473
白石镇	3493	10426	5377	5049	3609	3228	9482	4894	6222	3246
招贤镇	10823	34695	18109	16586	4318	9903	31241	16362	21763	11722
青石镇	10791	36081	18896	17185	1395	10380	32639	17178	21539	11731
球川镇	11675	39385	20492	18893	14371	10866	35247	18208	23786	12785
辉埠镇	10713	38037	18127	16910	6319	10176	32465	16942	21963	11897
芳村镇	9154	28818	15029	13789	—	7924	25784	13914	17962	9648
何家乡	4395	13726	7133	6593	—	3953	13240	6944	8612	4627
同弓乡	3706	11535	5957	5578	—	3325	10780	5535	6850	3530
大桥头乡	4934	15230	8060	7170	—	4934	15230	8060	9470	5162
新昌乡	5725	17367	9163	8204	—	5729	13146	6943	8572	4604
东案乡	5008	15785	8302	7483	—	4371	13980	7441	9336	5034
全县合计	112584	343624	177916	165708	106007	91005	280613	145996	187623	100185

中国共产党常山县委员会

综　　述

2016年，县委认真贯彻中央和省、市委决策部署，主动适应和把握新常态，围绕打造“实力工业、休闲城市、美丽乡村”，坚持打基础、抓机遇、破难题、促转型、惠民生、强党建，经济保持较快增长，各项事业全面进步，争先进位态势明显。

发展后劲全面增强。衢州绿色产业集聚区常山片区框架拉开、已具雏形，华东农机产业园挂牌，新都园区、辉埠新区环境面貌和功能配套明显提升。国际慢城、城东新区、三衢湖省级旅游度假区“三位一体”推进，城市由内河时代跨向常山江时代。理顺现代农业园区管理体制，高标准建成现代农业综合区。项目建设提速提效，五年累计完成固定资产投资521亿元，年均增长11.2%，独流入海、浙能热电联产、东方综合体、南洋精工等一大批项目快速推进、建成达效。实施县领导领衔领创领办机制，“火车头”效应充分发挥。建立“资源整合、动态竞争”机制，美丽乡村建设竞相出彩。成立全省首个PPP管理中心和产业引导基金，撬动社会资本投入107亿元。

发展格局全新构筑。球川镇列入国家中心镇建设示范试点，“赏石小镇”成为全省首批特色小镇，辉埠经济强镇加快发展，形成“一城三镇”发展空间格局。九景衢铁路、048省道延伸线推进顺利，320国道“二改一”工程（即二级公路改一级公路）开工建设，综合交通加快发展。大力开展产业招商、点将驻点招商，引进1亿元以上项目93个、总投资250.04亿元，大项目招商引资成效显著。瞄准国家全域旅游示范区，加快打造全景常山，构建“一核两带三圈”发展格局，三衢石林创成国家AAAA级景区，黄塘、徐村、长风、田蓬入选全省美丽乡村特色精品村，常山获评全省美丽乡村创建先进县。

发展信心极大提振。常山县以“河长制”为统领，深入开展“五水共治”，农村“双治”基本全覆盖，清塘美河、生猪整规、采砂整治持续深化，创成省“清三河”达标县。“三改一拆”强力推进，入围全省首批基本“无违建”县，“彭川现象”成为全省“拆治归”典型。“一路一镇”整治示范引领，国省道沿线和集镇整治连片推进、面貌一新，获评全省“两路两侧”“四边三化”工作优秀县。教育综合改革深入推进，建成新常山一中，创办“育才摇篮”，中考、高考取得重大突破。县级公立医院综合改革有序推进，协作办医、分级诊疗不断深化，精神康复医院建成使用，医疗服务水平大幅提升。全县计划生育工作攻坚见效，获评为全国计划生育优质服务先进县。“国家卫生县城”创建全民发动、成效显著。强化政企互动，县开发区管委会“退城入园”，开展“百名局长帮百企”等活动，形成“部门围着园区转、园区围着企业转、平台围着项目转”的局面。

产业转型迎来曙光。常山县“蓝天三衢”生态治理工程列入全省首批传统块状行业“腾笼换鸟”试点，生态治理成效明显。

深入推进整合重组，成立泰安矿业公司全面整合矿山资源，钛和、昊润等产业基金撬动效应释放，轴承、纺织等行业重组稳步推进，康京、万谷、富丽新材料等成功引进战略合作企业。加强龙头培育，锦禾农机、哲丰新材料项目一期基本建成，天子股份、爱丽莎、恒寿堂成功登陆“新三板”。安能物流、浙西世贸城等投入运营，赛得健康产业园、不老泉山庄、柚香谷等有序推进，阿里巴巴农村淘宝落户运营，现代服务业提速发展。“常山三宝”加快振兴，常山胡柚、常山山茶油在浙商所上市，精深加工规模不断扩大，常山胡柚片以“衢枳壳”名义纳入《浙江省中药炮制规范目录》，成功举办“首届全国油茶文化节”，全国油茶“四中心”落户常山，确立国内龙头地位，“常山猴头菇”通过国家农产品地理标志登记。常山县农业“两区”建设扎实推进，获评全国粮食生产先进县、全国“一事一议”规范管理县。

民生福祉大幅提升。提标更新老城，老小区、入城口、定阳北路、夜景亮化改造提升完成，42.2千米城市绿道建成，全县市场化保洁保绿覆盖面不断扩大。居民收入和保障水平稳步提升，全县新增就业岗位2.3万个，新建经济适用房、廉租房9万平方米，城乡低保应保尽保，新农合、新农保实现全覆盖，“4600元以下”贫困现象全面消除。大力弘扬贤商文化、好人文化、“非遗”文化，“常山喝彩歌谣”列入国家级“非遗”名录。大力发展文体事业，全国山地自行车公开赛等大型活动精彩演绎，传统戏剧、现代排舞等群众性文化活动广泛开展，文化礼堂成为乡村文化地标。深化“平安常山”“法治常山”建设，圆满完成护航G20安保任务，“4·6”专案组被公安部荣记集体一等功，社会治理、治安防控体系不断完善，食药、校园、企业、交通、网络领域安全水平全面提升，被评为省“无邪教县”，夺得省级平安县“银鼎”。

党的建设持续加强。县委在全县开展“两学一做”学习教育，党员干部理想信念进一步坚定。坚持用大事难事锻炼干部，推行干部选拔任用“晒绩比选”，实施“容错免责”机制，干事创业激情有效激发。扎实推进“金钉子”党组织创建，加强“两新”组织党建，基层组织战斗力全面提升。认真落实党风廉政建设责任制，压实“两个责任”，严格执行中央“八项规定”，把握运用“四种形态”，驰而不息正风肃纪，5年共查办各类案件640件、党政纪处分647人。省委巡视反馈意见整改取得阶段性成效，群众对党风廉政建设的满意度持续提高。

（郑　霞）

纪检监察工作

【概况】 2016年，县纪委以党章为总遵循，坚守责任担当，强化监督执纪问责，驰而不息查纠“四风”，以“廉节清风”和正风肃纪专项行动为载体，严查违规公款吃喝、违规发放津补贴等顶风违纪和隐形“四风”问题，开展落实中央八项规定精神“回头看”。全年开展各类专项督查行动50余次，28名党员干部因违反中央八项规定精神被追究责任。其中，给予问责处理16人次，给予党政纪处分12人次，点名道姓通报3起典型问题。受理信访举报428件次，处置反映问题线索233件，立案228件，结案231件，处分党员干部238人，给予纪律轻处分111人、纪律重处分127人，其中科级干部12人。发挥县反腐败协调小组作用，加强与组织、审计、司法机关在查办案件中的协作配合，全年接收移送问题线索112条。开展党政纪处分决定执行情况专项检查，整改问题54个，2名干部受到责任追究。建立“一案一整改”制度，全面梳理2013年以来自办的48件案件，下发“纪律审查建议书”19份，并由县处级分管联系领导带队到涉案单位召开专题民主生活会，剖析发案原因，制定整改清单。完善纪律审查核实性谈话的流程、管理、交接、纪律等要求，坚守执纪安全生命线。

把严明政治纪律和政治规矩作为首要任务。围绕“五四三”工程（即“五水共治”“四边三化”“三改一拆”）、G20峰会安保维稳、创“国卫”等中心工作，开展立项监督、跟踪问效，坚决纠正有令不行、有禁不止的行为。全年立项239个，开展监督检查1456次，发现并整改问题3212个；运用“四种形态”（即经常开展批评和自我批评、约谈函询、让“红红脸、出出汗”成为常态；党纪轻处分、组织处理为违纪处理的大多数；党纪重处分、重大职务调整的成为少数；严重违纪涉嫌违法立案审查的成为极少数）处置347人，其中给予党纪政纪处分19人。加大“为官不为”问题专项整治力度，对农村违章建房治理、“三无”果汁直排废水、废弃矿山污水渗漏等工作中“为官不为”的领导干部进行严肃问责，处理党员干部58人。建立创业创新容错免责机制，为86名党员干部澄清事实。围绕县、乡换届工作，严肃换届纪律，开展多轮换届风气巡回督查。把好干部选任的政治关，完成对235人次的党风廉政意见征求工作。

9月20日，市委常委、纪委书记李伯来（中）到常山调研（黄红霞　摄）

围绕党章党纪党规学习贯彻，加大纪律教育。抓好《中国共产党廉洁自律准则》《中国共产党党纪处分条例》《中国共产党问责条例》《关于新形势下党内政治生活的若干准则》以及《中国共产党党内监督条例》的学习宣传。开展干部轮训、周末选训、专题辅导等各类廉政法规学习80余场次，组织4批125名新提拔县管领导干部参加任前廉政法规知识测试。

开展“两学一做”学习教育和“对标看齐补短”队伍建设年活动，组织纪检干部外出培训70余人、顶岗培训16人，挂职锻炼4人。开展“忆革命先烈、强党性修养”现场党课活动、“百名纪检干部抄党章”等活动。将基层纪委换届工作纳入换届“大盘子”统一部署、统筹安排，选优配强纪检干部，提名考察乡镇（街道）纪（工）委书记、副书记人选20人，其中，乡镇（街道）纪（工）委书记提任乡镇（街道）人大主任岗位2人，转任县级机关部门副科级岗位2人。同时，从县级机关部门提拔30岁左右中层干部到乡镇（街道）任纪（工）委书记3人。牢记“信任不能代替监督”，健全内部监督机制，排查委局各室廉政风险点，严防“灯下黑”。

【县纪委召开十二届六次全会】 中共常山县第十二届纪律检查委员会第六次全体（扩大）会议于2016年1月27日召开。县委书记王良春讲话；县委常委、纪委书记周群丽传达省、市纪委全会精神，并作题为《保持政治定力推进从严治党　不断深化党风廉政建设和反腐败斗争》的工作报告。会议回顾总结全县2015年党风廉政建设和反腐败工作，研究部署2016年主要任务。

【督促主体责任落实】 2016年，县纪委协助县委出台“两个责任”实施意见，逐级签订党风廉政建设责任书，主动履行管党治党的政治责任；协助制定县委县政府领导党风廉政建设和反腐败工作的任务分解和党委（党组）主体责任、纪委（纪检组）监督责任清单，将39项具体任务细化分解落实到每一位县党政班子成员；分批听取全县67个部门和14个乡镇（街道）党委（党组）履行主体责任和主要负责人履行“第一责任人”职责情况报告，开展点评质询，提出整改要求；严格落实党风廉政建设责任制考核结果运用办法，以问责倒逼责任落实。2家单位因党风廉政建设责任制落实不力被“一票否决”，联系分管县领导被县委主要领导约谈；6名单位主要负责人因党风廉政建设责任制考核排名靠后被约谈。

【巡视巡察巡查工作】 2016年，县纪委协助县委推进巡视整改工作，针对省委巡视组反馈的4个方面、16个问题，制定69条整改措施，分解到47个责任单位，立行立改、全面整改，分类处置交办的35件问题线索、转交的279件信访件，转立案查处13件次，累计处理人数28人，涉案金额66.05万元。推进巡察工作，县委成立巡察工作领导小组，设立巡察办，组建巡察组，出台《中共常山县委巡察工作实施办法（试行）》，启动了对县体育局、白石镇两家单位的首轮巡察工作。推进农村基层作风巡查工作，对全县64个行政村开展首轮农村基层作风巡查，通过巡查，发现问题164个，累计处理26人次，其中党政纪处分5人。

【纪检监察体制改革】 2016年，县纪委认真贯彻落实中央、省委关于开展国家监察体制改革试点的重大决策部署，成立以县委主要领导为组长的试点工作小组，制定出台常山县深化监察体制改革试点实施方案，有序推进县检察院反贪等部门和人员的转隶工作。严格落实“两个为主”，即实行各级纪委书记、副书记的提名和考察以上级纪委会同组织部门为主，查办腐败案件以上级纪委领导为主，线索处置和案件查办在向同级党委报告的同时必须向上级纪委报告。建立乡镇、部门纪检机构工作协作片区和县纪委常委联系片区工作制度。严格落实县委关于加强县纪委派驻机构建设的实施意见，协调相关部门深化完善派驻机构管理的有关措施，理顺派驻干部的编制管理、后勤保障、工资待遇、干部考核等问题。制定《常山县纪检干部管理办法》，在全市率先推行纪检监察干部日志式管理和纪检监察干部年度工作单列考核。汇编印发乡镇（街道）纪（工）委、县纪委派驻纪检组履职手册，进一步规范工作流程。

（刘光军）

县委办公室工作

【概况】 2016年，县委办公室（以下简称“县委办”）紧扣县委中心工作和工作重点，履行“参谋助手、信息反馈、督促检查、综合协调”的职责，正确处理“内与外”“上与下”“大与小”“急与缓”关系，加强与市委办公室的业务联系，及时了解市委、市委办公室工作重点和动态，为县委工作决策提供超前服务。按照县委总体工作部署，协助县委领导做好与县几套班子、县级部门单位和乡镇间的协调工作，使各方面关系更加和谐，工作步调协调统一。将加强学习作为提高队伍整体素质和能力的重要手段，结合“两学一做”要求，重点组织学习《中国共产党章程》和习近平总书记系列重要讲话精神，开展以强化服务意识、转变工作作风、狠抓工作落实等方面的教育，开展“周末包村”“走亲连心”活动，在全体干部中倡导“为民、务实、清廉”的优良作风，弘扬埋头苦干、乐于奉献、勇于创新的敬业精神，实现工作紧扣中心、决策贴近实际、协调体现重点、服务面向社会，为县委当好参谋，为领导当好助手。完善日常工作制度，对各科室的职责任务、目标要求进行量化分解，责任到人，始终保持县委办有序运转。完善机关干部联系乡镇（街道）、部门制度，及时收集和汇总所联系单位工作情况和对县委的意见建议，进行梳理、总结，提供给县领导参阅。强化干部培养，主动给干部出难题、压担子，以老带新，促进年轻干部成长进步。

县委办紧扣“短、实、新”的文风要求，把改文风作为提升综合文字水平、提高办公室服务能力的一件大事。召开专题会议整顿文风，明确务实、精炼、高效的文字工作导向和人人动笔的工作要求。健全综合文稿写作机制，规范材料起草修改相关流程，吸收办公室其他干部共同参与重要文稿起草，定期不定期地召开文稿点评会，互相交流，共同提高。年内，全面完成党代会、全县机关干部大会、G20表彰大会等重要会议材料和省、市领导到常山调研汇报材料的起草工作，共撰写重要材料350余篇。强化服务意识，做好办文办会和接待工作。精简会议文件，严格控制数量，提高质量，做到及时、准确、高效、到位，努力实现行文办会的科学化、制度化、规范化。出台《关于严控会议、压减检查、简化考核活动的通知》，减轻基层负担，释放基层活力。全年组织筹办各类会议250余场，编发文件274个，高标准完成党代会各项会务服务工作。严格接待标准，完善规范接待程序，共接待省、市领导到常山调研考察240余次。

县委政研室紧扣全县中心工作和民生关切，有目的、有重点地深入开展调查研究。全年安排县级领导重点调研课题21项，发放调查问卷400份，编发《常山政研》11期，上报省、市重大政研信息4篇，被采用2篇，其中题为《不忘初心勇担当　敢破敢立闯新路》获市委副书记江汛波的批示肯定。同时，撰写的《人才是企业的摇钱树》《奔跑在追赶的路上》等理论文章，为县委领导把握形势、科学决策提供精准的参考。

县督查考核办公室坚持把促进县委重大决策部署的高效落实作为督查的立脚点与出发点，认真梳理督查事项，超前谋划督查计划，实行定期与不定期相结合，增强督查工作的计划性；坚持把督查工作挺在前面，以督查的高压姿态，确保阶段重点工作快速推进，提高督查工作权威性；坚持问题导向，狠抓问题整改落实，提升督查工作的实效性。全年开展各类督查178次，发督查通报92期，下发督查事项交办单50份，获县委县政府主要领导批示22次。同时，围绕“突出个性、精准考核”要求，完善考核应对机制，创新考核项目内容，增强过程监测力度，考核的指挥棒作用有效发挥。

县保密办坚持“机要无小事，有事是大事”原则，严格落实各项规章制度，执行24小时值班，做到全方位、全天候服务，确保密码通信畅通。加强保密工作，明确各单位分管领导和保密员，层层落实党政领导干部保密工作责任制。对照上级要求，加强密码通信安全建设，建成屏蔽机房。同时，加强视频会议保障工作，全年接收视频会议63场次，其中中央8场，省级55场。

2016年，县委办获省、市党委系统信息工作先进单位和先进个人，成功实现四连冠。

【信息首次被省委办上报至《中办专件》】 2016年，县委办紧扣县委中心工作，深入挖掘信息素材，及时上报各类信息810篇，被省《工作情况交流》《中办专件》《转报中办》等刊物采用88篇，其中上报的《常山县全力打造四省边际区域性“互联网+”创新高地加快县域经济转型》系衢州市2016年度唯一被省委办采用上报《中办专件》；被市《衢州信息（工作动态）》《专报》采用37篇；获省、市、县各级领导批示60条。注重发挥信息的参谋助手作用，全年编发《常山信息》普刊43期、增刊50期、业务通讯12期、《领导参阅》14期、《每日要情》87期。做好信访维稳类信息预判，确保在规定时间内准确及时上报。

【宣传报道实现历史性突破】 2016年，县委报道组围绕深化“三大战略”，高度关注“五四三”工作、锦禾项目落地、工业转型升级、美丽经济发展、“三宝”产业提升和常山铁军打造工作，精心组织采访和宣传报道工作。全年在市级以上党报党刊及新媒体上发稿247篇，其中纸媒发稿208篇，除转载外的新媒体发稿31篇。其中，《浙江日报》发稿60篇，包含8个头版，2个头版头条；《衢州日报》发稿148篇，头版头条15篇；在《浙江日报》《衢州日报》等主流媒体上发布专版10多个。介绍常山县“二分+”垃圾分类的内参先后登上了新华社内部参考和国内动态清样，实现历史性突破。县委报道组被评为浙报集团“最佳报道组”和衢报集团“优秀报道组”。

【重点突破改革项目和试点项目统筹推进】 2016年，常山县重点突破改革项目整体进展情况良好，基本达到预期进度安排，部分专项性改革富有常山特色、并走在了全市前列。县委办共梳理出各个领域重点突破项目24项，各个项目基本完成改革任务。省级以上试点项目全面开花，依照县委“跑部进省”要求，各部门主动对接，积极争取，全县取得省级以上试点项目8个，其中国家级试点项目2个。改革满意度工作全民参与，按照省市要求，县委办抓好改革满意度评估调查工作，县、乡、村三级在规定时间内全面完成市里布置的任务。

（郑　霞）

组织工作

【概况】 2016年，全县组织工作以党的十八大和十八届四中、五中、六中全会精神为指导，以全面从严治党为主线，抓实“两学一做”学习教育，抓好乡镇领导班子换届，规范选人用人，从严监督管理干部，全面全域抓实基层党建，培养集聚高层次人才，为县域经济社会发展提供坚强组织保障。至年底，全县有县管干部521人，其中部门342人、乡镇（街道）179人；女干部81人、党外干部24人、80后干部73人。有基层党（工）委37个、党组38个、党总支38个、党支部725个，党员19790人，其中行政村党员10619人。

【“两学一做”学习教育牵头抓】 2016年，县委组织部牵头组织开展“两学一做”学习教育。突出理论武装，分层分类开展“学训整心”集中轮训，创设“手抄党章100天”“我爱听党章”“党建好声音”大赛等活动，各级党组织普遍开展4次以上“金钉论谈”专题学习研讨，发动机关、农村、“两新”党组织书记交叉上党课，累计近千场。突出问题导向，分领域制定指导方案和责任清单，实行“两随机一公开”督查机制，整改问题265个。全面推进“亮身份佩党徽”“立家规正家风”“整庭院美家园”“护平安夺金鼎”“治慵懒转作风”五大专项行动，引领广大党员干部以实际行动投入到产业转型、项目建设、生猪整规、争创“国家卫生县城”、全域旅游工作中。

【共产党先进典型事例征集与宣传】 2016年，县委组织部选树宣传省“千名好支书”

“金钉子”书记、“金钉子”党务工作者、先进基层党组织以及百名“金钉子”党员。开展向社区好干部徐金妹学习的活动。征集“好支书、好班子、好党员”典型 72 个。开展“我与党旗合一影”活动。试点推广文峰社区“96345”党员志愿服务。大力宣传尚义家风、程氏祖训、余氏家规等正家风、严家教的本土案例。

【乡镇领导班子换届干部调配到位】 2016 年，县委组织部在充分领会上级政策要求的基础上，出台常山县乡镇换届干部调配的“原则意见”，成立乡镇换届工作领导小组，编印《乡镇党委换届和县党代表选举工作资料汇编》，组建乡镇党委和人大、政府换届工作督导组。开展县委全委会委员署名推荐乡镇党政正职工作。先后启动两轮乡镇换届调研，对乡镇领导班子运行状况、整体结构、优化方向等进行综合分析研判。换届配备到位乡镇正职 28 人，新进乡镇（街道）班子 58 人。

【换届选风选纪把关严】 2016 年，县委组织部出台“七个责任主体”责任清单 61 条和“五类对象”负面清单 56 条，全面开展换届纪律承诺，制发“九严禁”提醒卡 4800 余份，与县纪委联合成立 7 个换届风气巡回督查组，开展巡回督查。建立违反换届纪律问题快速查核转办制度。出台“两代表一委员”（即党代表、人大代表和政协委员）人选把关和资格联审办法，建立“两代表一委员”资格审查联席会议制度，20 名乡镇党代表初步人员因不符合代表资格条件被“拿下”。

【干部选拔任用各环节流程更加完善】 2016 年，县委组织部健全完善干部选拔任用各环节流程。落实省、市反馈问题整改，超配的 28 名领导职数消化 26 名，消化“裸官”1 名，撤销商务局、粮食局、物价局等单位党委（党组）设置，清理领导干部社团兼职 22 人次，清理近三年退休公务员企业兼（任）职 20 人。集中攻坚干部档案专项审核。严把责任关、审核关、认定关，抽调 10 名干部历时一年，完成干部档案初审 1886 卷、复审 1815 卷。规范干部借调选调，开展县级机关和事业单位借用抽调乡镇（街道）工作人员情况调查清理工作。坚持必要台阶、递进式培养，结合乡镇换届，新提名 40 名乡镇纪检、组织、团委、妇联干部，其中 95% 为 80 后、25% 为 90 后。

【干部监督管理从严】 2016 年，县委组织部坚持精准化监管干部，杜绝问题处理“一刀切”。对苗头问题及时提醒，出台《关于规范干部行为的若干意见》《机关事业单位及其工作人员问责办法》，落实部长谈心谈话制度，共享干部监督联席会议成员单位各类信息。对个人事项逐一函询，对新提任的 142 名县管领导干部个人有关事项全部核查一遍，按超 10% 比例随机抽取 53 份个人有关事项报告进行查核比对，向存在错报、漏报的 4 名领导干部发放函询通知书。对履职不力诫勉劝退，严查“为官不为”问题，先后对 4 名干部进行了诫勉谈话，1 名乡镇副职因改正效果不明显，被认定为不胜任现职而给予免职处理。对问题干部降职降级，调查核实信访件 67 起，2 名考察对象因信访举报查实被严肃拿下；1 名人大常委会某工委原主任因与外国人结婚，符合“裸官”规定，被调离岗位；及时向县纪委移送案件线索，2 名领导干部因履职不到位，被免去领导职务。

【干部能力提升行动力度大】 2016 年，县委组织部聚焦优化干部成长路径，加强理想信念教育和专业化能力建设。紧扣党性纪律、休闲城市、产业项目、人文健康、赏石文化五大专题，开设“周末选训”培训18期，累计参训6264人次。实施年轻干部导师帮带制，出台经济型干部培养使用意见，选派11名年轻干部到国家、省、市机关挂职锻炼，安排15名年轻干部到“四边三化”（即公路边、铁路边、河边、山边等开展洁化、绿化、美化行动）、G20维稳安保等蹲苗历练；抽调102名干部到轻钙整治、信访维稳等一线增长才干；综合遴选80名优秀干部纳入第二届年轻干部成长工程，运用外出考察、能力拓展、学员讲坛、读好书等手段，压担子、强历练。牵头评选30名第三届“项目功臣、攻坚干将、招商能手”。

【基层党建“整乡推进、整县提升”三年行动计划启动】 2016年，县委组织部建立2016—2018年滚动推进机制，分类明确达标类、示范类乡镇（村）建设要求，重点打造白石、东案整乡推进先行乡镇。深化农村“金钉子”党组织创建，重点抓好2016年23个申报村创建及2015年10个示范村复评，牵头12个部门联动开展季度督查。开展“三规范三提升”标准化建设，全年投入资金500余万元，新建及改造30余个村办公楼。建立基层党建质询机制，对3个乡镇的主要领导进行了约谈。深化“互学互比”机制，召开5次开观摩会、整改会，推动各乡镇实施“强村带弱村”计划，整转9个软弱落后村。配齐乡镇组织委员、组织员队伍，推动各乡镇落实组织干事人选，确保每个乡镇有不少于3人抓基层组织建设。统筹资源保障，整合各类涉农资金1200余万元投入“国际慢城”区域5个村的美丽乡村建设。实施发展壮大村集体经济三年行动计划。

【承办全市基层党建“整乡推进、整县提升”观摩会】 2016年11月24日，县委组织部承办了全市基层党建整乡推进、整县提升“学先进、找短板、树标杆”观摩会。市委常委、组织部部长陈玲玲率队现场观摩了天马街道文峰社区、万谷电子科技有限公司2个党建示范点，分组观摩了白石镇、东案乡基层党建工作，详细了解智慧党建、“党建+人才”“党建+经济”“党建+旅游”等常山县特色党建工作的开展情况。在此次常山县交流会上，市委副书记、政法委书记江汛波讲话，陈玲玲点评讲话，县委书记叶美峰作汇报，县委副书记王郁松参加，县委常委、组织部部长吴利平作表态发言。会上，与会人员共同收看了常山县“整乡推进、整县提升”找短板视频。

11月24日，全市整乡推进整县提升现场会走进白石镇十八里村 （县组织部供稿）

【“两新”组织“双覆盖”百日攻坚专项行动】 2016年，县委组织部完成对全县1000余家“两新”组织基本情况的调查建档，重点对50名以上员工的大中型企业进行党员数量及其组织关系情况的摸排，确保应建尽建。按照“党员组织关系排查”相关工作要求，结合“五双联动”流动党员管理办法，全县失联党员9人找回5人，剩余4人进行组织处置。因地制宜做好“两新”组织党组织的调整工作，共撤销党支部20个，新建立单独党支部2个，建立联合党支部1个，有效整合了党建力量。对党员不足3名或没有合适书记人选的支部，通过改组联建或下派干部担任第一书记，补齐书记空缺，共解决6个党组织无书记的问题。新领域党建工作不断推进，改组现代农业园区党总支为田园党支部，下设特色农业、粮食、胡柚等5个专业党小组。突出“党建+互联网”的服务模式，整合力量帮扶网商企业。

【党员管理规范到位】 2016年，县委组织部根据全省落实基层党建重点任务推进会精神，重点开展党员组织关系集中排查行动，共排查出生活困难党员866人，流动党员1174人。严格落实失联党员后续处置，脱党除名26人，纳入管理87人。指导42个党支部按期完成换届，稳妥完成党费收缴工作，全面完成违建违排农村党员的处置工作。

【人才工作格局进一步完善】 2016年，县委组织部印发《县委人才工作领导小组成员单位重点人才工作分工方案》，明确重点人才工作考核指标，落实人才工作进度月报和信息专报制度。总结评估人才发展“十二五”规划实施情况，编制《常山县人才发展“十三五”规划》。开展2016年紧缺专业人才导向目录编制的调研。强化人才工作宣传，组织协调中央、省、市主要新闻媒体和网络媒体，邀请《中国组织人事报》和中新社记者，宣传企业引才用才主体作用发挥和省“希望之光”教育团队典型事迹。

【优秀人才的培育和引进】 2016年，县委组织部坚持“高端引领”导向，引进海内外高端人才，万谷电子余龙云博士入选第十二批国家“千人计划”。注重挖掘本土人才潜力，评审认定教育类、卫生类和农业类本土专家工作站5家。围绕振兴常山胡柚、常山山茶油和常山猴头菇三大传统优势农业产业，以“人才+本土专家团”“人才+帮带导师团”和“人才+特色讲师团”为载体，培育百名首席农技师。全面实施“智汇常山”战略合作，利用本地高校资源，与衢州学院建立“1+4”的战略合作模式，在总的县校合作协议框架下，开展产学研双向合作，博士进企协同创新。重塑基础教育品牌，实现“学归常山”。

【人才发展环境更加优化】 2016年，县委组织部主动对接省、市“人才新政”，启动“智汇常山”人才政策修改完善工作，构建导向明确、务实管用、更具竞争力的人才新政。健全人才关爱体系，调整完善县级领导联系人才制度，每人定向联系1~3名重点人才，常态化开展走访慰问、听取意见、专家座谈等活动。开展第六届拔尖人才评选表彰、常山“三宝”农技师评选。

（江宇豪）

编制管理

【概况】 常山县机构编制委员会办公室（以下简称“县编办”）位于县城文峰东路40号（金华银行常山支行6楼），内设综合科（监督检查科）、行政机构编制科（行政管理体制改革科）、事业机构编制科3个职能科室；下设事业单位登记管理局（参公）和实名制管理办公室两个事业单位。

2016年，县编办围绕政府治理体系和治理能力现代化的目标，坚持问题导向、改革导向、法治导向，深化行政体制改革，创新机构编制管理，各项工作取得良好成效。依法开展事业单位绩效评估和事业单位法人登记试点工作，在教育和卫生领域开展法人登记工作，对原已登记的其他组织利用国有资产的事业单位进行清理规范，年内全县事业单位法人设立登记2家、变更登记43家。推进绩效评估试点工作，经过综合考量，选定常山县妇幼保健计划生育服务中心、常山县疾病预防控制中心为事业单位绩效评估试点单位，并与县卫计局联合下发《关于对常山县妇幼保健计划生育服务中心、常山县疾病预防控制中心开展绩效评估工作的通知》，在评估对象依据考核指标进行自评后进行实地考核评估并撰写评估报告向主管部门反馈评估结果。率先在全市开展各类事业单位统一登记管理试点，确定常山县育才中学为试点单位。经县政府研究同意，出台《常山县人民政府关于开展各类事业单位统一登记管理试点工作的实施办法》，出台完善《常山县民办事业单位非财政供养民办事业编制报备员额管理暂行办法》《常山县民办非企业单位法人转登为民办事业单位法人的操作办法》等配套文件。年内，县育才中学完成民办非企业单位法人转为民办事业单位法人的登记工作。配合审计部门开展机构编制政策执行情况审计，下发《关于在全县机关事业单位开展编制执行情况检查的通知》，持续开展控编减编专项督查；严格机构编制规范管理，推进全县机关事业单位控编减编工作。提升改造机构编制实名制系统的进出编等工作流程，强化机构编制实名制系统的建设，为严控机构编制和实有人员增长提供有效的技术手段；与组织、财政、人力社保等部门建立实名制管理联席会议制度，出台相关的职责分工和业务协作流程；共享机构编制实名制数据信息，做好领导干部配备情况、财政预算和机关事业工资及参保信息资源的共享利用，合力形成长效管理机制。

【权力清单和责任清单的调整和完善】 2016年，县编办加强事项比对规范，在已公布县级部门权力清单基础上，及时指导、督促县有关部门根据省、市、县三级行政权力目录库对本部门权力清单信息进行比对规范和修订完善，推进权责清单全覆盖。完成全县14个乡镇（街道）和功能区块（县经济技术开发区）政务服务网上站点建立及两单梳理审核工作；探索完善配套机制。通过上门走访、集中座谈等形式，强化对县级有关部门的两单工作监督指导。根据政府机构改革部门职责调整情况，及时对相关部门责任清单进行了调整和完善。

【“一主两配”行政执法体制改革】 2016年，县编办全面推进综合执法改革，研究制订综合行政执法实施方案，确定综合执法范围，推进综合行政执法局的正式运行；相应调整划转人员编制，充实加强综合执法力量向基层和一线倾斜，拟制综合执法局的“三定”（即定职能、定机构、定编制）方案，县政府办公室在协调部署第一批划转事项公告及职权划转到位后，协调综合执法局与相关部门建立协调配合机制等后续工作。统一政务咨询投诉举报平台建设，完成调查摸底、方案制定工作，起草县统一政务咨询投诉举报平台建设实施方案；就政务咨询投诉举报平台建设与相关部门开展对接，完成职责移交，正式运作。联合执法协调指挥机制建设，在省的征求意见下发后进行了相关调研，就工作重点方案，包括领导小组机构建立、领导小组办公室设置、督查考核机制的建立和完善，以及协助配合机制的建立、县乡联动执法工作机制建立事项。

【乡镇(街道)“四个平台”建设】 2016年，县编办就乡镇（街道）“四个平台”（即综合工作、市场监管、综合执法、便民服务四个工作平台）建设工作开展专项调研，就重点示范乡镇的选取进行走访，选择条件较为成熟的球川镇作为乡镇（街道）“四个平台”建设工作的试点镇，着重就试点的相关要求与球川镇领导进行对接、并付诸实施。起草县级“四个平台”建设实施方案，明确乡镇（街道）对部门的派出机构人员进行统筹管理的刚性要求，对乡镇（街道）各区域实行全科网格化管理，实现“多员合一、一员多用”的管理方式。球川镇作为试点镇在全县先期实践探索，出台了“四个平台”建设的工作方案，建立相关领导小组，同时强化对部门的派驻机构进行统筹管理，各项工作有序开展。

【“一县一品”重点改革项目探索推进】 2016年，县编办结合“三民”工程建设，开展村级便民服务体系打造工作。会同县委组织部和县行政服务中心联合下发《关于进一步推进（社区）便民服务工作的实施意见》，共梳理事项84项，囊括了农村群众90%以上的办理事项，为村民提供“菜单式”服务，初步形成一套可行性强事项涵盖面广的便民服务事项清单。至2016年年底，有28项事项推行到位。以“浙江政务服务网”为依托，将行政权力运行系统向基层村（社区）延伸，率先启用手机APP软件功能，利用移动终端改革审批新模式。全面公开乡镇（街道）、村级政府服务办事指南，全面推进以农信联社为第三方参与的村级便民服务中心升级。全县行政村（社区）188个便民服务中心已全部建成。累计接待办事群众2万余人次，受理和办理服务事项1万余件，办结率达99.7%。

（樊寒宜）

宣传工作

【概况】 2016年，全县宣传思想文化战线贯彻落实党的十八大和中共十八届三中、四中、五中、六中全会精神以及习近平总书记系列重要讲话精神，强化思想阵地、舆论阵地和文化阵地建设，唱响主旋律，凝聚正能量，鼓舞新士气，为促进常山科学发展提供有力的思想保证、精神动力、文化支撑和良好氛围。组织宣讲团到乡镇（街道）、县机关单位开展党的十八届五中、六中全会精神和习近平总书记系列讲话等重要精神宣讲80余场。11月，邀请省委宣传部原常务副部长胡坚到常山作题为《书写全面从严治党的时代画卷》的中共十八届六中全会精神宣讲报告；多次邀请市宣讲团成员到常山宣讲。

举办“百首歌曲唱常山”“美丽乡村·美好常山”乡村歌曲演唱大赛、第十一届“社区文化艺术节”“常山最美排舞展演”文化演出活动。举办“越剧专场周周唱”50场，指导乡镇（街道）举办“激情广场月月唱”和“一乡一节”活动28场。接待兄弟县文艺团队到常山“文化走亲”2场，派出常山文艺团队到县外“文化走亲”10场，参与观众约1.5万人次。组织“3+1”个节目到江西省玉山县参加第31届“三山”艺术节。送演出下乡180余场；送书下乡1.35万册；送电影下乡放映有效场次3000余场，观众达58万人次；送展览讲座下乡26场；大戏派送下乡演出活动42场，接待观众15万余人次。

加强社科理论知识普及宣传和科普基地建设。开设社科文化讲堂，依托20余名讲师，建立社科讲座题库，为党员群众提供“菜单式”宣讲，并将社科文化讲堂列入年度考核项目，全年宣讲80余次。以“坚定文化自信，共建两美常山”为主题，组织广场科普咨询展示、电影故事片《兰辉》展演、“常山谣”歌曲传唱等十项活动，发放各类科普书籍3000多册，开展讲座20余堂，参与人数2万多人次。2016年，县半典阁博览馆、县奇石馆、县武当太乙拳馆3家单位接待参观考察人员2.5万余人次；经审核验收，这3家单位成为衢州市社科普及示范基地，实现常山县市级社科普及示范基地“零”的突破。

加强基层文化设施建设。投入35万元采购资金，为全县70家重点农家书屋补充更新5457册书籍，配备61台电脑、9台空调、61张书桌、16张书柜、73张椅子。投入25万元，在县第一小学设立常山县宝葫芦儿童文学图书馆（金川街道农家书屋示范基地）。投入130万元，建设观赏石图书馆（县图书馆青石分馆），将其打造成为国内第一家最具权威的观赏石图书馆，已配置观赏石类图书5.6万余册，接收中国观赏石协会赠书1000册。投入85万元，建立球川镇国学图书馆（县图书馆球川分馆）。开展第六批乡镇（街道）综合文化站等级评估工作。

【党课宣讲参赛】 2016年，县委宣传部组织选送朗诵《守护这一片美丽》、小品《在那桃花盛开的地方》两个微宣讲节目参与市委宣传部组织的全市微宣讲大赛，其中《守护这一片美丽》获三等奖，《在那桃花盛开的地方》入选全省宣讲进礼堂现场报告会表演节目。围绕深入学习贯彻党的十八届五中全会精神、落实党章关于加强党员教育管理要求，积极参与全市以“十三五、话担当”为主题的微型党课比赛，推荐参赛选手朱珊以《三个+工作法　助推“十三五”项目建设》为题，立足自身工作和经历，声情并茂地讲述常山县紫港街道的党员干部在推进“十三五”项目中体现出来的责任和担当，引起观众强烈共鸣，最终获得二等奖；白石镇选手郑涛参赛项目《党员群众心连心　民情茶馆话民情》获优胜奖，并获得浙江省第七届微型党课大赛优胜奖。

【学习型党组织建设】 2016年，县委宣传部深化理论学习中心组的服务和管理，邀请浙江大学、公安部和省发改委等单位的教授和专家，进行《行政诉讼与依法行政》《新媒体背景下的舆情生态与媒体应对》《国际慢城建设》等专题辅导。组织开展党员学习读物学习征订工作，发放《习近平总书记系列重要讲话读本》《胡锦涛文选》以及《三读丛书》，引导广大党员干部深化对习近平总书记系列重要讲话以及对重大理论现实问题的认识。整理《中共十八大以来党中央治国理政大方略》《党的十八届五中全会精神解读》《全面从严治党是锻造坚强领导力量的必然要求》《全面把握“两学一做”的科学内涵和实践要求》《文化自信的来源和底气》热点理论学习资料，编发《理论沙龙》15期，保证党员干部学习有方向、有内容、有效果。推荐县财政局基层党校、县供电局基层党校、县何家乡党校、县球川镇党校参与全市先进基层党校评选。落实经费保障，专门拨付省示范性基层党校（芳村镇基层党校）补助经费8万元，用于强化基层党校基础设施和教学任务。

【文化礼堂建设】 2016年，县委宣传部牵头做好全县农村文化礼堂建设工作，投入资金139万元，建成文化礼堂29家，完成省、市年初下达建设任务的128%。打造“彭川乡贤馆”，展馆内容分为“敦睦天下四方兴”“寸草之心报春晖”“而今迈步从头越”3个篇章，系统记录彭川的历史渊源、人文典故等积淀，叙述新时期彭川儿女抱团创业的奋斗历程，展示了富裕之后的彭川人回馈家乡的点点滴滴，以及“我们的村晚”“全村送福”等丰富的文化礼堂活动，展望了乡贤们回乡创办的“川越”公司及彭川村的美好前景。设计、谋划、建设了“东坑古道文化馆”，挖掘古道诗词、古道战事、古道名俗等在东坑古道发生的故事。指导建设“砚瓦山村石文化展馆”，提升“后弄村红色文化展馆”。将“乡贤论坛”作为考核文化礼堂内容建设的一项标准，要求各文化礼堂在春节、中秋等特殊节日举行域外乡贤才俊论坛。

2016 年春节，乡贤段月珍为家乡球川镇捐款 10 万元修建文化广场；招贤镇 10 位乡贤为家乡建设认领改造“景观节点”，合计款项 405 万元。5 月，县委宣传部完成衢州市文化礼堂工作推进现场会在常山召开的会务服务工作。

【“贤商”文化挖掘】 2016 年，县委宣传部实施《2016 年度宣传文化系统弘扬贤商文化建设实施方案》，编辑出版故事集《招贤英雄会》。在微信上举办“我心目中的招贤英雄”评选活动，36 位招贤籍创业人士分别获得“领创英雄”“赶超英雄”“励志英雄”称号。完成“常山贤商”等 10 多首常山创业方面歌曲创作和音乐快板《贤商文化记心间》等文艺作品的创作。在市、县党报党刊上发表“贤商”故事文章 10 多篇。邀请全国知名作者，开展“贤商”小说创作工作，已形成《招贤柳》小说初稿。挖掘整理招贤古渡文化，据以申报招贤古渡为省级文保单位。按期完成招贤村和赛得健康产业园两个贤商文化示范基地创建工作。

1 月 14 日，常山“贤商”文化座谈会召开
（黄红霞　摄）

【助推文化企业转型升级】 2016 年，县委宣传部组织申报中国观赏石博览园（龙腾石博园）和浙江泓影文化传播有限公司为中央、浙江省财政文化产业发展重大项目专项资金项目；助推中国观赏石博览园成功申报浙江省文化企业示范基地；促成金逸影城收购项目，成为常山县第一家中外合资文化企业。申报青石赏石小镇为浙江省特色小镇文化建设示范点。开展“十佳文化企业”评选工作。组织 11 家文化企业参加第 11 届义乌文化产品交易会、第 9 届西部文化产业博览会与 2016 衢州市中国文化产业博览会。

【文物古迹修缮申报】 2016 年，县委宣传部组织开展省级文保单位“徐氏旧宅”维修二期工程的招投标；全面完成底角王氏宗祠修缮工程审计工作。与全县 24 处重点古建筑类文保单位签订“文物保护单位安全责任书”，完成全县 16 处重点文保单位的换成周边环境整治工作；完成对全县 19 处重点文保单位的虫害防治，防治面积达 9515 平方米。按照第七批省级文保单位申报信息采集标准，向省文物局提交文峰塔、德川行、泰安村古建筑群、球川村古民居群等 10 处 35 个子项申报对象的相关资料。

【“非遗”文化传承弘扬】 2016 年，县委宣传部开展第五批省、市、县三级非遗名录申报工作，申报衢州市级“非遗”保护名录共 8 类 16 个项目，申报省级“非遗”项目 4 类 7 项，申报工作名列全市第一。完成县武当太乙拳馆 2016 年度提升项目工程建设任务。完成“国遗”丛书《常山喝彩歌谣》文稿编著任务。开展“国遗”项目“常山喝彩歌谣”的系列保护、传承工作，编辑出版《为常山喝彩》书籍。组织参加浙江省“十三五”非物质文化遗产保护工作现场推进会，并作典型发言，介绍常山“非遗”工作经验。根据“常山喝彩歌谣”编排的情景剧《金婚》，被衢州市列入文艺精品扶持项目。全年新增县级非遗名录 16 项、市级 9 项。

【对外宣传谱新篇】 2016 年，县外宣办策划完成“浙江首届年货节暨常山胡柚食尚周”、《浙江省中药炮制规范》2015版宣贯暨“衢枳壳”推介会、“2016中国山地自行车公开赛（浙江·常山站）”“中国·常山胡柚采摘节暨农产品质量安全科普直通车进柚园”活动、“首届全国油茶文化节”一系列重大主场外宣活动的宣传报道工作。邀请到人民网、中新社、新华社、中央电视台体育频道和浙江卫视、《浙江日报》媒体记者500多人次到常山采访报道，播发新闻报道稿200多篇。其中，“衢枳壳”推介会、“2016中国山地自行车公开赛（浙江·常山站）”主题宣传活动得到县委、县政府主要领导的多次批示肯定。在市级主流新闻媒体播发报道840多篇，在浙江卫视播发新闻报道60多篇，《浙江日报》刊发60多篇，并在中央电视台新闻频道、中国之声等央视媒体发稿10多条，创历史最好成绩。其中，《“谷舞仁生”：物联网技术助力春耕备耕》于2月19日同时被中央电视台《新闻联播》与浙江卫视《新闻联播》录用播发。浙江卫视大型新闻行动《找短板　谋新篇》报道过程中，成功争取到将“五水共治”的选题定在常山。浙江卫视《浙江新闻联播》栏目时长4分多钟报道《常山彭村打造“零违建”样板村　拓展美丽乡村新空间》，《浙江日报》头版头条刊文《拆改之间见精神——常山县彭川村推进“三改一拆”纪事》，浙江卫视大型新闻评论节目《今日评说》栏目时长10分钟刊播专题节目《拆出风景拆出效益　彭川村为何成为样本?》，全方位、深入系统地解读了彭川村“零违建”的典型做法和成功经验，报道彭川村干部带头拆违，拆出了发展空间，拆出了经济社会效益。邀请中国作家协会全国委员会委员叶延滨、著名诗人吴重生等到常山采风，为常山撰写《致常山》《给三衢山》《大埂古村小记》等作品，分别在《人民日报》《光明日报》等重要党报上发表。邀请中国新闻社浙江分社到常山进行主题采风，对常山“三镇”“五水共治”等进行宣传报道，推出《探访浙江常山“赏石小镇”：披新衣迎产业“二次开花”》等全媒体报道6篇，形成强大外宣声势。组织开展2016年常山县城市形象宣传语征集、城市形象图片征集等活动，共征集宣传语600多条，图片422幅。最终，“何处心安、慢城常山”宣传语广为人知，并获广泛认同。

【网络宣传活动出成效】 2016年，县委宣传部组织开展S221江溪线参加浙江省2016年度省级精品示范道路评选微信投票活动的宣传发动和分析督促工作，从最初的第26名一路飙升至榜首并保持多日，最终以349166票位居第二，凝聚了人心，提振了士气。此项工作得到了县委、县政府主要领导的批示肯定。联合县新闻中心开展“首届微信大赛”和“诗画常山　春光这里最美——一起去赏常山最具‘春意’的美景”网络活动，宣传“两美常山”建设成效，吸引了5万余人次参与。

【网络舆情监管强化】 2016年，县委宣传部强化网络舆情监管，完成74期通衢问政平台舆情答复工作，妥善处置“新昌乡农用车事故”“辉埠镇火灾”“天马中学毕业证问题”“金川街道阻工”5起突发舆情事件。每天报送《手机舆情专报》。妥善做好“4·6”故意伤害案件等影响力较大的网络舆情监看和舆论引导工作。组织公安、文化新闻出版、经信等部门联合开展“清朗”行动（即网络空间治理行动），下发《关于开展全县互联网网站备案和安全监管工作的通知》，梳理县内开办的重点网站及微信公众号，进行登记备案和安全检查。全力做好G20杭州峰会等跟评工作。做好涉旅委、规划中心、交警大队等通衢问政平台舆情答复工作。做好G20实战阶段舆情监测工作，妥善处理包括

"白石镇7月份以来长期停水""招贤镇藕塘自然村自来水未通""常山长途客运车半途接客，接受不明物体托运"在内的7件涉常山的G20舆情，确保了峰会期间网络舆情的平稳。一名干部赴杭州参加G20峰会网络舆情监看、研判和信息报送工作，出色完成交办的各项工作任务，获得省委宣传部、省委网信办联名致信表扬和浙江省G20安保维稳工作先进个人荣誉。

【网评员队伍建设】 2016年，县委宣传部组织选取12个核心网评员，参加衢州市网络舆论引导培训班，积极参与舆情研讨和实战演练。从全县网评员中选取10名核心网评员，发挥"意见领袖"作用，更好地引导网上舆论。10月27日举办了常山县网络舆论引导培训班，全县各乡镇、街道，县级机关各单位150多名基层网评员参加培训，提高网评员舆论应对处置能力。

【加强地方人文研究】 2016年，县委宣传部组织整理出版《一本书读懂常山人文》书籍，收录县内外30余人93篇人文佳作，共约50万字，分名人轶事、名胜古迹、民间传说、民俗风情等四个篇章，系统解读辉煌厚重的人文历史。经省社科联推荐，该书被评为"全国优秀社科普及作品"，是衢州市社科系统首次获得该项荣誉。挖掘整理古道文化，联合县政协文史委，针对东坑古道、紫竹山古道等14条县域内保存较好的古（航）道，组织人员重走古道、现场采风，分析阐述其现实功能和人文价值，形成一本《常山古道》书籍。开展百村故事挖掘传承，选出首批70个行政村，挖掘整理传递正能量的民间传说故事180余个。强化应用对策课题研究，申报市社科联课题项目7项，推出了《横向生态补偿机制的探索》《创建全国文明城市对策研究》等研究课题。编发《常山社会科学》电子简报10期，推出《杨万里：舟滞招贤渡 酒酣消诗愁》《詹莱：超霞台上的名儒乡贤》等一批历史典故。

（吕 宁）

常山县新闻中心工作

【概况】 2016年，县新闻中心学习贯彻习近平总书记在党的新闻舆论工作座谈会上讲话的精神，紧贴中心，服务大局，注重采编方法手段的创新，增强新闻报道的吸引力和感染力。策划重大主题报道，打好主动仗、唱响主旋律、构建聚焦中心、推动发展的宣传舆论格局，为常山县"十三五"开局营造良好的新闻舆论生态环境。全年出版县委县政府工作简报《今日常山》252期。围绕县委县政府中心工作，制定新闻报道策划方案360余个，相继推出"回望'十二五'""走村串乡看美丽蝶变""全国山地自行车赛""首届全国油茶文化节"等大型系列报道10余个、专版30余个。完成"保持定力、干出气势，实现'十三五'发展良好开局""强势推进'三改一拆''四边三化'工作"等重点工作专版报道40余个。编辑、出版《常山通讯》6期，并推出《常山通讯》数字刊。微信公众号（常山新闻网、常山发布）全年推送稿件1700余篇。运用图片、视频等多种新媒体形式，完成"两会""全域旅游""创国卫""山地自行车赛""全国首届油茶文化节""党代会"等主题报道10余个；完成"抗击寒潮""中高考""人文常山""全景常山"等系列报道10余个。县新闻中心精心打造的《人文常山》一书由人民日报出版社出版，集纳2012—2015年《今日常山》报"人文常山"专版的优秀文章，弘扬常山地方历史文化。至年底，共有工作人员33人，其中非在编10人。

2016年，常山支站（常山新闻网）获评浙江在线新闻网站2015年度创新支站；常山新闻网专题作品《常山去哪儿玩》获浙江在线优秀专题最佳创新奖；常山县新闻中心被评为2015年浙江省卫生先进单位。县新闻中心推出的《常山好空气引来法国习武者》《太阳能电池板下种植水稻喜获成功》等15件作品获省、市级新闻奖，其中浙江省县市区域报好新闻奖8件，在全市7家县级媒体中排名第一；获衢州新闻奖7件，获奖总数在市7家县级媒体中排名第二。

【完成《今日常山》全面改版】 2016年，县新闻中心聘请《钱江晚报》版式专家，对《今日常山》报头、报眉、版式、字号和版面定位等方面作了整体的调整优化。报名“今日常山”四个字选用毛泽东书法字体；文章正文字号由六号增大为小五号。版式上，一、二版在庄重大气的基础上，更灵活富有变化；三版、四版在符合版面定位的同时，追求时尚、灵动、活泼。版面定位上，一版要闻，二版综合新闻，主要为县委县政府中心工作鼓与呼；三、四版做专题，三版侧重新闻性、地方性，四版侧重服务性、可读性，力求做活、做深、做美。

【开通官方头条号“常山新闻网”“常山发布”】 2016年，县新闻中心入驻“今日头条”，并开通了官方头条号“常山新闻网”“常山发布”，“今日头条”用户可在订阅平台搜索相关头条号，即可了解和关注常山新闻最新动态。

【成功实现图文视频直播】 2016年，县新闻中心积极推进媒体融合，通过微信公众号、网站等平台，图文直播中国山地自行车公开赛（浙江·常山站）、首届全国油茶文化节等活动，其中山地自行车赛事图文直播两天阅读量突破12万人次，实现新媒体阅读量的第一个“10万+”；首次采用最新视频技术手机直播县第十三次党代会，这也尚属全市首例。

【网站和数字报实现手机在线阅读】 2016年，县新闻中心推出常山新闻网网站手机版、《今日常山》数字报手机版，受众只需关注常山新闻网微信公众号或常山发布微信公众号，点击页面底部的“新闻网”和“数字报”菜单，就可实现相关内容的手机在线阅读。

【《常山报》历史纸质报纸数字化】 2016年，县新闻中心完成《常山报》2500版历史纸质报纸数字化制作，实现新中国成立后所有《常山报》在线阅读。《常山报》数字化后，1956年9月25日（创刊号）至1958年10月28日共176期约400版，及1999年12月10日（试刊号）至2003年12月31日共514期约2100版，这些历史纸质报纸都能在线阅读。

（李　闽）

统战工作

【概况】 2016年，县委统战部贯彻落实中央、省委、市委统战工作会议精神以及《中国共产党统一战线工作条例（试行）》，围绕全县重点和中心工作，凝聚人心、汇集力量，加强政治引领，推进合作共事，促进社会和谐，助推经济社会发展。着眼构建大统战工作格局，及时调整县委统战工作领导小组，由县委书记叶美峰亲自担任领导小组组长。制定《县委统一战线工作领导小组工作规则》《县委统一战线领导小组职责分工》《贯彻市统战工作〈实施办法〉和县委统战工作会议精神重点工作规划》等文件，从机制上保证各项重大决策部署的贯彻落实。召开县委统战工作会议，明确统战工作任务，落实责任，形成合力，推进工作落实。

县委统战部按照上级有关规定，加强与各民主党派衢州市委会和各民主党派常山基层组织的沟通协商，协助各党派做好思想引导、人事安排等关键环节工作，指导做好民盟常山总支和农工党常山支部的换届工作；协助各民主党派做好组织发展和成员教育管理，引导推荐优秀党外知识分子、党外非公经济人士加入民主党派组织。

2016 年，全县有民主党派总支（支部）4 个，分别为民革常山总支、民盟常山总支、民建常山支部、农工党常山总支。至年底，全县共有民主党派成员 92 人，其中，民革常山总支有党员 25 人，民盟常山总支有盟员 29 人，民建常山支部会员 10 人，农工党常山总支有党员 28 人。

发展异地商会。2016 年 3 月、6 月，相继组建常山宁波商会、常山温州商会。加上此前有建立的杭州、深圳、义乌、北京、上海 5 个异地商会，至此，常山已有 7 个异地商会，会员企业总数近 1000 家。开展常山苏州商会、常山中山商会组建筹备工作。

加强党外干部的安排使用。2016 年，全县配备政府工作部门领导班子党外正职干部 1 名，实现了政府工作部门党外正职零的突破；配备群团组织党外正职 1 名；乡镇（街道）党外副科实职干部增配 6 名；全县 14 个乡镇（街道）中，有 8 个乡镇（街道）领导班子配备了党外干部。

是年，县委统战部引导宗教界人士参与“五水共治”工作做法，受到省政协副主席孙文友的批示肯定；引进工商资本参与少数民族群众帮扶等工作，获时任市政协副主席、市委统战部部长余广宇的批示肯定。2016 年度全市统战工作综合考核，常山排名第三。

【举办民主党派暨统战团体骨干培训班】 2016 年 11 月 27 日，常山县民主党派暨统战团体骨干培训班开班。各民主党派、知联会、侨联、留联会、台联会及宗教团体骨干成员共 45 人参加培训。县委常委、统战部部长郑建华作开班动员。培训为期 5 天，在常山县社会主义学院开班后，全体学员统一赴宁波市社会主义学院参加培训。邀请宁波市委统战部、市委党校、农工党宁波市委会有关专家、教授分别讲授中央统一战线工作会议和《中国共产党统一战线工作条例（试行）》精神、中国特色政党制度、社情民意撰写知识。

【党外干部从政履职座谈会】 该座谈会于 2016 年 11 月 30 日召开，12 名党外干部代表参加座谈。各民主党派和县知联会、侨联、留联会、台联等统战团体骨干成员应邀列席，县委常委、统战部部长郑建华出席并讲话。与会代表交流工作体会，对党外干部的培训、交流等工作提出意见建议。会议肯定了党外干部在服务县域经济社会发展中发挥的作用，要求广大党外干部要珍惜身份，立足岗位，做出更大贡献。

【参与人大政协换届人事安排工作】 2016 年，县委统战部按照市、县两级人大、政协换届的总体安排和工作要求，广泛听取各界别、民主党派、工商联、无党派人士意见和建议，会同县政协党组、县委组织部等研究制定县政协委员人事安排工作方案，认真开展县人大代表、政协委员的联合审查和综合评价工作，圆满完成县九届 184 名政协委员的提名推荐、民主协商、联审考察等各项工作。

【服务非公有制经济健康发展】 2016 年，县委统战部搭建培训、法律、部门互动服务平台，拓展服务渠道。举办新春企业家团拜会、企业文化交流座谈会等活动，加强与非公有制企业的联系。组建常山宁波商会、常山温州商会，加强常山寓外企业间的信息互通。做好非公有制企业融资帮扶工作。根据常山县商会小微企业融资服务合作社2014年实施以来的实际情况，结合企业需求，牵头抓协调，同意常山联合村镇银行将商会小微企业融资服务合作社已积累的“风险池”基金1500万元，在该行的小微企业还贷需要周转资金时，用作风险补偿资金，并建立健全有关制度，确保资金安全，有效提高了合作社“资金池”的风险补偿资金使用效率，小微企业还贷资金周转困难的问题得到了较好解决。

【宗教事务规范化管理深入推进】 2016年，县委统战部严格落实宗教三级网络两级责任制，加强对宗教团体的指导，强化宗教活动场所安全工作，健全规章制度，与各宗教团体签订“宗教团体（场所）安全稳定责任书”，提升宗教事务管理水平。举办全县宗教团体班子成员培训班，深入学习全国宗教会议精神和《浙江省宗教事务条例》。开展民间信仰活动场所登记前期工作，规范民间信仰活动场所管理。引导宗教与社会主义社会相适应。将石崆寺历史文化研究与宗教旅游开发相结合，完成石崆寺历史文化资料集——《千年古刹　人间福地》整理工作。引导宗教界人士助推“五水共治”“三改一拆”等中心工作，宗教界人士助推“五水共治”工作做法得到省政协副主席孙文友的批示肯定。

【少数民族村经济发展获支持】 2016年，县委统战部开展少数民族村经济发展情况的调查摸底工作，结合实际，围绕基础设施建设、农业开发性生产和畲族文化挖掘传承等工作重点，做好项目谋划、实施和向上争取工作，争取到中央、省财政项目资金70万元。与落户招贤镇泉目山少数民族村的赛得健康小镇，签订《关于扶持少数民族村经济发展的协议》，浙江赛得健康集团在现代农业技术支持、产品收购、村庄环境治理、劳动力安置、村集体物业购置方面对招贤镇泉目山、高埂、官庄3个少数民族村发展予以支持，“变输血为造血”，实实在在助推少数民族村发展。

【联络联谊聚乡情亲情】 2016年，县委统战部依托侨团组织，加强与港澳、海外华侨华人社团和侨领联络联谊。坚持向港澳同胞、台湾同胞、海外侨胞及其眷属传达元旦、春节、端午等节日祝福和问候。组织赴港参加香港·衢州同乡联谊会青年委员会成立仪式，协助做好常山籍理事推荐等工作。热情接待日本、美国、德国等侨领、海外高层次人才回乡探亲、考察活动18批次、120余人。深入实施“归侨侨眷关爱工程”，完善困难侨眷和空巢老人信息库，走访慰问侨界重点人士和困难侨眷26户。海归博士吴小锋入选常山县首届“乡贤才俊”。

（袁前锋）

民族宗教工作

【概况】 常山县属少数民族散杂居地区，2016年有少数民族18个（蒙古族、回族、藏族、维吾尔族、苗族、壮族、布衣族、朝鲜族、满族、瑶族、侗族、土家族、水族、仡佬族、达翰尔族、黎族、彝族、畲族）；少数民族人口3074人（其中畲族2530人），占全县总人口的0.9%。有5个少数民族行政村，分别是招贤镇的高埂村、泉目山村、官庄村，何家乡的璞石村（已并入黄冈村）、球川镇的坞口村（已并入芙蓉村）。2016年，全县少数民族村农民人均可支配收入16062元，比上年增长7%。县民宗局围绕交通、水利、环境保护等基础设施提升建设，做好民族村项目的规划、申报和筛选工作，为民族村包装3个项目，即招贤镇泉目山民族村的道路建设项目、招贤镇官庄民族村渠道建设项目、浙江省光彩爱心基金会和招贤镇泉目山民族村结对帮扶“五水共治”之生活污水治理项目，争取省民宗委项目扶持资金70万元。与常山赛得健康养生小镇签订《关于扶持少数民族村经济发展的协议》，原则上三年内赛得健康集团将从三个少数民族村吸纳500名农民进赛得健康产业园工作；另外，赛得健康产业园允许泉目山、高埂、官庄三个少数民族村集体从赛得健康产业园购置少量房产的使用权，赛得健康集团每年给予一定的分红，变输血式帮扶为造血式帮扶。开展“访民情、送温暖”活动，走访慰问31户少数民族困难群众，发放慰问金24800元以及6200元的实物。在金川社区做好城市少数民族管理试点工作，帮助少数民族群众解决实际困难。为县内外45名符合条件的少数民族考生办理加分审核手续，维护少数民族群众的合法权益。

2016年，全县依法登记的宗教活动场所87处，民间信仰场所20处，依法登记的宗教团体有3个，即佛教协会、天主教爱国会、基督教三自爱国运动委员会（基督教协会）；通过宗教团体引领全县宗教教职人员、广大信教群众参与“清塘美河洁村”大行动，全年参与群众达3万多人次，募集捐款6万多元。继续抓好石崆寺建设，完成石崆寺历史文化探源课题。县民宗局召开石崆寺历史文化探源座谈会，邀请市社科联有关专家学者、宗教历史爱好者共同为挖掘华严寺的宗教文化资源，加快推进华严寺建设献计献策，《千年古刹　儒学圣地　英雄亲缘》已结稿。

【少数民族村来料加工】2016年，常山县少数民族村有大大小小来料加工联系点21个，其中高埂村2个、泉目山村4个、官庄村2个、璞石村2个、坞口村11个。全县少数民族村参与来料加工人数有1113人，发放加工费1430万元；其中，少数民族参与人数264人，发放加工费420万元，人均收入1.59万元。

【宗教活动场所安全工作】　2016年，县民宗局加强组织领导，印发《关于做好G20杭州峰会有关工作的通知》，并成立G20杭州峰会安保工作领导小组，对宗教活动场所开展巡查工作。每个场所设一名情报员，随时掌握教职人员和信教群众的思想动态，每月上报一次场所情况及人员外出情况；牢固树立“民族宗教无小事”的责任意识，联合乡镇深入走访宗教活动场所及民间信仰场所；开展消防安全检查，与各宗教活动场所签订消防安全管理目标责任书，场所全部配备消防器材。

【举办宗教团体骨干培训班】　5月23日，县民政局召开全县宗教场所和团体负责人培训会；7月27日至29日，组织基督教场所负责人参加衢州市基督教爱国主义教育培训；11月27日至12月1日，组织宗教团体骨干到宁波社会主义学院培训。

（张晓蕾）

侨务工作

【概况】　2016年年末，常山籍海外华侨华人有2453人，其中华侨2122人、华人331人，分布在世界39个国家和地区，主要集中在美国、日本、加拿大、新加坡、澳大利亚、英国等。归侨、侨眷、海外留学人员家属3224人，归国留学人员150多人，海外留学人员

60多人。政治上有地位、经济上有实力、学术上有造诣、社会上有影响的海外“四有”重点人士70多人。

县侨办通过“海外常山人QQ群”“常山侨之家”微信群、短信、电话、邮件等向海外侨胞、留学人员介绍常山经济社会发展情况，送上节日祝福和问候。宣传常山籍“四有人才”和海归高层次人才创业创新取得的成就和返乡创业人才先进事迹。完善“四有”人才信息库和百名归国留学人员档案，开展与“四有”重点人士的联络联谊。做好节日外宣，调查掌握美国、澳大利亚、意大利等6个国家的10余家中餐馆信息，发动海外中餐馆传播中华文化、讲好浙江和常山故事。对口接待日本东京电信聂耳先生、美国俄克拉何马州立大学胡京通博士、德国莱布尼兹催化研究所吴小锋博士、美国普度大学徐嘉明博士、美国波士顿大学叶晗博士等回乡探亲考察工作；接待加纳温州商会会长黄永涛一行到常山进行投资考察，初步达成投资常山环保企业的意向。免费为50名归侨侨眷订阅《浙江侨声报》《钱江侨音》等报刊。实施“归侨侨眷关爱工程”，完善困难侨眷和空巢老人信息库。走访慰问26户侨界重点人士和困难侨眷。金川社区侨界空巢老人服务中心为就近便捷的侨界空巢老人提供生活照料、医疗保健、精神慰藉、文化娱乐为主要内容的居家养老服务。组织侨界群众参与“迎接G20、人人讲文明——做常山好人”活动，开展交通文明劝导和垃圾不落地活动，引导市民提升文明出行素质。全面排查、及时捕捉侨界群众中有价值的信访信息，及时调处因户口迁移、拆迁补偿、违章拆建引起的信访案件，筑牢信访维稳防线。

【服务侨企创业创新】 2016年，县侨办走访宏图建筑、康乐轴承、哎呦生物科技等县内侨企，帮助企业查找短板，服务侨企创业创新。浙江南洋精工酒店用品制造有限公司是一家为G20杭州峰会酒店提供高档自助餐用具的优质侨企，县侨办鼓励企业主继续加大创新力度，研发系列高端产品。鼓励引导常山盛宇有色金属制品有限公司技改投资180万元，开发新产品。组织天子股份等企业参加“浙江省2017届高校毕业生就业招聘会侨商企业专场”活动。牵线《钱江侨音》记者深入天子股份和双明轴承采访，分别采写《天子股份：建立农产品加工产业链》和《双明轴承：做轴承锻造行业的世界领先者》，刊登在《钱江侨音》第327期。撰写《浙江天子股份谱写果业新诗篇》《常山侨企靠创新勇闯国际高端市场》《常山侨企强强联合促转型助发展》三则信息，发表在“浙江侨网”“浙江侨联网站”、衢州市政府门户网站上，为企业转型升级鼓劲加油。6家侨资侨属企业获县长特别奖；双明轴承被认定为国家高新技术企业，至此，全县有5家侨资侨属企业被认定为国家高新技术企业。

【常山县侨联工作经验在全省交流】 2016年8月4日，浙江省侨联工作经验交流会在杭州之江饭店召开，常山县侨联《用心当好五员，助推中心工作》经验在会上作交流。常山县侨务资源相对贫乏，如何发挥有限的侨务资源做好紧贴中心、服务大局的文章，常山县侨联的工作经验是：当好服务员，助推侨企转型升级；当好勤务员，助推侨务引智引才；当好组织员，助推侨眷“创国卫”；当好保障员，助推侨界民生改善；当好指导员，助推联系村变新貌。

【参加衢州市侨商会第三次会员大会】 2016年6月28日，衢州市侨商会第三次会员大会暨换届大会在衢州帝京大酒店召开，县侨办主任余金荣、浙江宏图建筑工程有限公司董事长袁文才、常山县双明轴承有限公司董事长徐小俊、常山县康乐轴承有限公司董事长郑舍有水、浙江天子股份有限公司董秘徐琦、常山哎呦生物科技有限公司董事长官文景等6人出席大会，袁文才当选市侨商会副会长，余金荣当选理事。

【组织侨眷创“国卫”】 2016年，县侨办组织机关侨眷开展“我为创‘国卫’奉献二小时”“奉献双休日，攻坚创‘国卫’”行动。组织动员基层侨联组织开展创“国卫”行动。金川社区组织侨眷“创卫啄木鸟巡查队”；屏山社区组织侨界群众开展“整治违章菜园和私养家禽”主题活动；紫港社区68岁的侨眷徐起善等人，组建创“国卫”小分队，承担社区难度大、任务重的楼道整治任务。

（余金荣）

小资料：

常山县首届“乡贤才俊”简介

（21人，按姓氏笔画排序）

王建军，男，天马街道文峰社区人，1965年出生，浙江省农业科学院作物与核技术利用研究所所长助理。主要从事水稻遗传育种与水稻分子生物学研究，主持和参加国家、部委与省科技项目等50多项，荣获2014年国家自然科学奖二等奖。

王毓洪，男，东案乡金源村人，1968年出生，浙江农林大学硕士研究生导师、研究员，宁波市农科院副院长。先后承担国家、省、市科技项目30多项（主持22项），推荐常山县成为国家西甜瓜产业技术体系示范县，为常山引进各类瓜菜优良品种30多个，为家乡引进工厂化育苗企业等。

甘　泉，男，天马街道和平村人，1975年出生，天津锐创环保科技（集团）有限公司董事长。2015年天津8.12爆炸事故中，现场水源氰化物平均超标40多倍，甘泉的锐创团队应天津抢险救援指挥部点名邀请，奔赴事故核心区，奋战106天，圆满完成了污水净化任务。

甘礼华，男，芳村镇河边山村人，1964年出生，同济大学化学系教授、博士生导师，中国化学会胶体与界面化学专业委员会委员。主要从事胶体与界面化学、纳米能源与环境材料研究，在国际学术刊物上发表SCI论文100多篇，获20多项中国发明专利授权，主持4项国家基金项目，获上海市优秀教学成果奖。

甘晓华，男，东案乡弄坞村人，1972年出生，杭州光大股权投资基金管理有限公司总经理。2015年，为常山引进“光大金融城”项目，致力于打造全国首个县级大型国际金融城，该项目将建基金运营中心、民间资本管理中心等7大平台，引进超过100家金融企业入驻，目前已有十几家签定框架协议。

刘美鸿，男，青石镇阁底村人，1971出生，现任深圳亿思达科技集团有限公司董事长兼总经理。中国3D产业联盟副会长。带领亿思达团队创造了全球第一台“眼镜电视”、中国第一台“眼镜影院”、全球首款“个人数字全息手机”，成为中国新型显示行业的领航者。

江明其，男，辉埠镇彭川村人，1973年出生，杭州铭雪制冷设备有限公司董事长。公司拥有国内领先设备，在国内电器行业内具有广泛的知名度，产品远销东南亚地区和其它国际市场；热心参与家乡公益活动和新农村建设，捐款30万元用于彭川村新农村建设。

何健飞，男，何家乡何家村人，1965年出生，武警公安部队边防总医院骨科主任。从事骨科工作24年，曾在上海长征医院、解放军89医院进修学习，擅长脊柱创伤疾病和骨科常见病的治疗，曾参加四川汶川地震抗震救灾，多次荣立三等功，在国内核心期刊发表论文20余篇。

吴小锋，男，紫港街道渣濑湾村人，1985年出生，浙江理工大学教授。浙江省特聘教授、钱江学者，省151人才工程第一层次人才。从事钯催化的羰基化反应及应用、锌催化的有机反应、杂环合成及反应机理等方面的研究工作，曾获Max - Bucher奖金和国家优秀自费留学生奖学金。

吴立群，男，天马街道文峰社区人，1962年出生，上海交通大学医学院附属瑞金医院心脏科副主任、主任医师。从事心血管内科临床工作近30年，专攻临床心脏起搏与电生理学，先后主持国家自然科学基金委、国家“十二五攻关”等资助的科研课题10余项。

张鸿土，男，招贤镇箬溪村人，1969年出生，浙江众乐企业管理有限公司董事长，衢州市青联副主席，杭州常山商会党支部书记。目前公司旗下拥有五家子公司。带领和帮助乡亲数百人走上致富之路，先后被授予“杭州市农村青年兴业带头人协会创业导师”、“衢州市优秀共产党员”等称号。

李生强，男，招贤镇溪上村人，1982年出生，北京中凯电气有限公司董事长，浙江华彩印业有限公司董事长，常山北京商会秘书长。中凯电气是全国制造高低压电气行业的新星，拥有先进的生产设备和技术开发管理体系；2015年响应“浙商回归”号召，创办了衢州华彩印业有限公司。

邱娣兵，男，招贤镇渔溪口村人，1977年出生，品融控股集团有限公司董事长，杭州常山商会会长，杭州市衢州商会新生代联合会主席。集团旗下拥有杭州迈道夫、赢天下等10多家子公司，迈道夫品牌连续三年荣获中国汽车美容养护十大品牌，正打造汽车后产业链服务O2O互联网平台。

段月珍，男，球川镇芙蓉村人，1971年出生，宁波欧雅道成汽配股份有限公司董事长，宁波市衢州商会会长。其公司在国内同行业中处于领先位置，是奔驰（中国）、普利司通等国际著名OEM厂商的供应商；连续多年为村里的老人发“压岁钱”，并向常山县教育局捐资成立高考学子奖学金。

祝建辉，男，天马街道天马村人，1982年出生，上海安能聚创供应链管理有限公司副总裁。先后三次获得红杉、美国华平等资本十几亿的投资；促成安能集团在常山建立“后方基地”，目前安能已经与县政府签约战略合作，2016年1月，安能集团众卡运力供应链项目正式运行。

胡永平，男，金川街道胡家淤村人，1973年出生，现任常山北京商会会长，北京三泰汽车内饰件有限公司董事长。公司主要从事汽车内饰产品的研发生产，为北京奔驰、现代、长城等知名汽车品牌提供配套，旗下共拥有4家工厂，年销售额达2亿元。

涂国红，男，招贤镇泉目山村人，1977年出生，浙江赛得健康产业投资管理集团有限公司董事长。2008年成立全国首家社区健康管理服务中心，得到卫生部表彰；2013年在家乡招贤启动“赛得健康产业园”项目，总投资9.566亿元，打造浙江省第一个健康养生特色小镇。

徐小芳，女，金川街道上埠村人，云南浙商集团董事长，云南省浙江商会常务副会长。集团旗下有：云南浙商投资开发有限公司、云南东盟商贸港国际招商发展有限公司、云南今日旺角餐饮服务有限公司、云南巨鹏能源集团有限公司。2014年，回家乡常山，投资超20亿元打造40万平方米“东方广场”滨江城市综合体项目。

徐东良，男，芳村镇井河村人，1969年出生，上海嘉来景观工程有限公司董事长，常山上海商会会长。2008年创立一家以园林景观施工、苗木培育、工程设计为主营的园林综合型企业，2014年荣获中国建造师联盟颁发的“年度杰出人物奖”。

徐芝明，男，青石镇大塘后村人，1979年出生，义乌市志明饰品有限公司董事长，常山义乌商会会长。其公司是集开发、生产、销售于一体的专业饰品企业，现已推出“风之语”等三大品牌；其创办的义乌市晋鹏网络有限公司，主要负责电子商务资源整合，仅在天猫就开了三家品牌店。

樊克生，男，何家乡樊家村人，1969年出生，杭州朗利环保工程有限公司总经理、环保水处理高级工程师、杭州市衢州商会副会长。曾为秦山核电、韩泰轮胎等上百家客户提供环保服务；创立了樊氏兄弟创业扶贫基金会，先后为樊氏家族人员提供创业基金、医疗基金、教育基金共计20余万元。

对台工作

【概况】 2016年，县台办做好涉台宣传教育，利用走访、慰问、接待台属台胞等各种渠道，宣传中央对台工作的方针政策，介绍当前两岸关系的发展动态。编发《对台工作简报》，不定期地编印工作动态、信息，供有关单位和领导学习参考。利用赴台行前教育、常山籍学生赴台等时机进行涉台知识教育，讲解台湾问题的由来和我国政府对台湾问题的政策，让赴台人员掌握相关涉台的法律规范。开展台属台胞节日走访慰问活动，有代表性地走访慰问15户台胞、台属、大陆新娘等，向他们送上慰问品，表达党和政府对他们的关心。1月19日，县台办利用学生假期，召开常山籍赴台学生座谈会。加强对台交流，4月21—28日，县台办派员参加衢州市台办组团赴台基层交流考察，拜会台湾旅台同乡会联谊总会、衢州旅台同乡会、南投县国姓乡公所、屏东孔氏后裔联谊会等，考察国姓乡大旗村、高雄市旗山区广福里等，与相关人员开展座谈交流。接待台湾来宾陪同考察四批次36人。

7月3日，市台办组织台湾逢甲大学陈中雅等7名大学生到青石镇中国石博园参观考察

（詹 伟 摄）

【台胞樊奕辰、樊奕颉回常山探亲】 2016年6月21日，中国国民党中常委江硕平办公室助理樊奕辰先生回常山探亲，县委常委、统战部部长郑建华，副县长郑金仙接见樊奕辰，县台办负责人拜访樊奕辰先生，并与他进行交流。12月8—12日，常山县第三代台胞樊奕辰、樊奕颉一行5人应邀到衢州、常山参

观访问。在常山期间，县委常委、统战部部长郑建华，县政府副县长郑金仙，辉埠镇主要领导分别陪同他们参观访问或接见他们。市台办领导、县领导还陪同他们参观孔庙、儒学馆、烂柯山、水亭门、三衢山、常山国际慢城、东明湖等地。

【接待台湾人士到常山考察交流】 2016 年 7 月 3 日，市台办组织台湾逢甲大学陈中雅等一行 7 名大学生到常山实习，参观考察青石镇中国石博园、新昌乡黄塘村民宿等。8 月 27 日，台湾南投县国姓乡民代主席罗智彬一行 23 人到常山新昌乡黄塘村开展基层交流，就新农村建设召开座谈会。市台办主任吾炳才、副主任陈逸静和县政府副县长郑金仙等参加交流活动。

8 月 27 日，中国台湾南投县国姓乡民代主席罗智彬（左四）一行 23 人到常山新昌乡黄塘村考察交流，市台办主任吾炳才（左三）陪同（詹 伟 摄）

【县台联会召开理事会议】 2016 年 10 月 9 日县台联会召开理事会议，全体理事参加会议。会议通报了常山对台工作有关情况。会议同意何红根因年龄原因辞去县台联会会长职务，同意冯建国因移居外地辞去县台联会副会长职务。根据工作需要，选举常山利华钙业有限公司总经理何晓铁为县台联会会长，增补常山世纪商贸有限公司总经理陈金红为台联会理事。

（詹 伟）

党校工作

【概况】 2016 年，中共常山县委党校（以下简称“县委党校”）举办县管领导干部“两学一做”专题研修班、第二届年轻干部成长工程培训班、初任公务员培训班等 21 个班次，受训学员 2937 人次。“两学一做”学习教育宣讲团送教服务 54 期，受教育服务人数 3685 人次，其中“社区党校讲坛”14 期 890 人次；配合做好“周末自主选训”活动后勤服务和活动主持等工作，共 18 期，受训 5040 人次；采用菜单式、研讨式、体验式等多元教学方式，把党的十八届五中、六中全会精神，习近平总书记系列讲话精神和有关重点、热点、难点问题纳入干部教育培训内容，开展送教下乡。县委党校教师被纳入衢州市委党校党的十八届六中全会精神理论宣讲组，为全县各有关部门、乡镇（街道）和学校宣讲党的十八届六中全会精神。县委党校坚持把党校工作放在全县发展大背景下谋划，把干部培训事业放在服务全县经济社会发展大局中思考，探索新形势下干部教育培训的新思路、新机制和新方法，形成计划制调训、联合培训模式、“送教上门”等较有特色的经验与做法。专题设置上，着力强化党性教育，贴近省情县情，着眼业务能力提升；学风建设上，建立理论素养试题库，严把入口管理；强化制度建设，注重过程管理；重视出口管理，检测学习成效。课堂氛围上，坚持弘扬主旋律、传播正能量，立足理论、解疑答惑。

2016 年，县委党校紧扣时政和发展主题，瞄准课题研究新方向，申报“新时期党内教育路径优化研究”“完善‘五水共治’机制建设”“基层党组织创建”“基层纪检派驻全覆盖”“美丽乡村建设成果转化”课题。县委党校有3项课题获浙江省党校系统中国特色社会主义理论体系研究中心第18批规划课题立项，3项第17批的规划课题结项；2篇论文分别入选全省党校系统理论研讨会和青年学者学术研讨会征文比赛；1篇论文获全省党校系统特色小镇征文比赛三等奖。申报立项衢州市党校系统市（县、市、区）情研究中心第九批市情研究中心课题8个，第八批结项7项，其中3项获优秀课题；申报2016年市社科联规划课题10项，其中1项列入重点课题、1项列入一般课题。县委党校教师在各类期刊发表论文或调研文章16篇；向省委党校、市委党校报送舆情信息30篇，各类回执、统计表等41件；向县委办公室报送党务信息48篇，《常山信息》简报采用5篇；向县委办、县委组织部、县纪委等部门报送各类登记表、回执表58件；向“两学一做”综合组报送信息13篇。

根据常山县城市总体规划和常山城东新区建设规划，县委决定对县委党校实施整体搬迁。县委党校抓住机遇，争取各方支持，选定赵家坪区块为党校新校区用地，规划用地面积60亩，总建筑面积26950平方米，资金概算1.49亿元（含土地价3300万元）。

是年，县委党校获“2015年度浙江省市县党校工作创新单位”“2015年度全市党校系统创新单位”“县委、县政府对部门工作目标考核二等奖”“2011—2015年全县法治宣传教育先进集体”。

【“两学一做”宣讲】 2016年，县委党校组建“两学一做”宣讲组，列出《学习遵守党章、争做合格党员》《全面从严治党，永葆政治本色》《“五大发展理念”之创新篇》等11个党课宣传主题，根据对口需要，深入到部门、乡镇（街道）、农村（社区）、企业基层党组织宣讲。全年开展宣讲54场次，培训基层党员达3600余人次。

【社区“党课讲坛”活动】 2016年，县委党校围绕“大抓基层组织年”活动，主动将党校阵地下移、阵线前移，在文峰、东明、紫港等社区建立“党课讲坛”，每月10日左右派教师前往社区，为社区党员上党课，把马克思主义中国化的最新理论成果传达给基层党员群众，宣扬正能量，增强基层凝聚力。在全县社区开设“党课讲坛”14期、参与党员890人次，受到基层党员好评。

【开展“周末自主选训”活动】 2016年，县委党校探索新的教育培训方法，运用菜单式选课，以“周末自主选训”为平台，推行干部自主选学，实现个性化、全员化培训，并实行学分制考核。通过开设“理论视野”“业务纵览”“人文讲坛”和“健康养生”版块，邀请省、市专家教授授课。全年举办18期，每期300多人，累计培训5000人次以上。

【全县国土资源干部创新管理研修班】 2016年，县委组织部、县国土资源局、县委党校联合举办全县国土资源干部创新管理研修班。培训分两期进行，第一期时间为7月25日至29日，第二期时间为9月5日至9日，共93人参加培训。培训内容涵盖马克思主义中国化最新成果、不动产登记及地籍管理、当前的土地管理政策与走向分析、国土整治与开发、地质灾害防治、矿产资源开发与监管。

【县管领导干部“两学一做”专题研修班】 县委组织部、县委党校联合举办2016年县管领导干部“两学一做”专题研修班，53名县管领导干部参加培训。培训分为三个阶段：第一阶段在县委党校学习，时间为11月11日至12日；第二阶段在复旦大学学习，时间为11月13日至17日；第三阶段为自主学习、撰写调研报告，时间至12月上旬。培训内容包括马克思主义中国化的最新成果、经济形势、党风廉政建设、党性修养、“互联网+”、法治建设。

【第八期初任公务员培训班】 2016年11月15日至30日，县委组织部、县人力资源和社会保障局和县行政学校联合举办第八期初任公务员培训班，55名新录用公务员参加培训。培训内容有：中国特色社会主义理论、公务员法、公务员修养、公共管理、依法行政、公文写作、经济发展形势。

【县民主党派暨统战团体骨干培训班】 2016年11月27日至12月1日，县委统战部、县社会主义学院联合举办常山县民主党派暨统战团体骨干培训班，县民主党派和党外知识分子联谊会、侨联、台联、留联会、天主教爱国会、基督教“三自”会、佛教协会的45名骨干参加培训。此次培训，旨在进一步加强民主党派自身建设，推进新形势下党外代表人士队伍建设，培训内容包括党的十八届六中全会精神、习近平总书记统一战线重要思想、《中国共产党统一战线工作条例（试行）》、中国特色政党制度、党外代表人士履职能力建设、宗教政策法规。

【全县团妇干部培训班】 县委组织部、县委党校、团县委、县妇联联合举办2016年全县团妇干部培训班，近2年新任以及3年内未参加过培训的部分乡镇（街道）、部门、学习团委书记以及各乡镇（街道）妇联主席、美丽庭院建设示范村妇代会主任、部分部门妇委会主任共67人参加培训。培训分为两个阶段：第一阶段在县委党校学习，时间为11月28日至11月29日；第二阶段赴外地学习，时间为11月30日至12月2日。主要内容有：马克思主义中国化的最新成果，党性修养，中央、省委党的群团工作会议精神，共青团、妇联工作理论、工作方法以及相关业务知识，学习先进地区在加强团妇工作建设方面的成果。

（蓝 琦）

机关党务工作

【概况】 2016年，县直机关工委批准建立3个机关党（总）支部，撤销1个党支部，指导7个直属党总支、49个直属党支部进行换届选举；按照“坚持标准、保证质量、改善结构、慎重发展”的方针，规范党员发展程序，发展新党员34人，办理预备党员转正32人。至年底，县直机关工委辖机关党组织154个，其中党委1个、党总支17个、直属党支部108个、党委建制机关党支部28个。

2016年，县直机关工委在全县开展机关“两学一做”学习教育，提高机关党员的思想认识；开展“国家卫生县城”创建、护航G20、礼让斑马线、“满意不满意单位评选”活动，有效发挥机关党员的先锋模范作用；举办机关党员干部培训班，开展排查党员组织关系、补缴党费、选举党代表等工作，大力加强机关党的组织建设。机关党的政治、思想、组织、作风、制度建设和反腐倡廉工作取得新的成效，为全面深化“三大战略”（即实力工业、休闲城市、美丽乡村）、加快追赶跨越提供强大动力和坚强保障。

【机关“两学一做”学习教育全面开展】 2016年，县直机关工委精心部署，设计多种载体，扎实开展机关“两学一做”学习教育。在机关党员中开展“百日手抄党章”活动，每位机关党员每天手抄150字左右党章，精心品悟，并撰写心得体会。在机关党组织中开展选树“两优一先”活动，通过县直机关工委和各直属支部的层层筛选，县直机关工委共选树“金钉子党员”13人、“金钉子党务工作者”1人和先进基层党组织1个。“七一”期间，举行庆祝建党95周年系列纪念活动，县直机关工委组织新老党员重温入党誓词，开展“我和党旗合个影”等活动，县直机关154个机关党组织先后召开专题组织生活会，促使广大党员进一步树立宗旨意识和增强学习党章、遵守党章、贯彻党章、维护党章的行动自觉和思想自觉。

【机关入党积极分子和党务干部培训】 2016年，县直机关工委切实加强入党积极分子和机关党务干部的培训工作。3月，组织91名入党积极分子参加为期5天培训班学习教育，从党员干部作风建设、党的基本知识等方面进行系统培训，并赴开化闽浙赣省委旧址现场教学，让入党积极分子接受爱国主义和革命传统教育。11月，举办为期两天的机关党务干部培训班，提高党务干部的政治素质和业务水平，增强党务干部责任担当和工作活力。

【县直机关党员教育管理】 2016年，县直机关工委新发展党员34人，预备党员转正32人，为党组织输入了一批德才兼备的新生力量。开展党员组织关系集中排查工作，排查出失联党员1人、困难党员1人，党员组织关系得到进一步理顺。严格执行有关政策和规定，全面完成党费调整和补缴工作。

【“国家卫生县城”创建当先锋】 2016年，县直机关工委开展挂联小区卫生整治工作，共拆除或清理槐荫弄1处花坛、10间储藏室、7间铁制储物间、1个水池、1个简易棚、1条沟渠、5处菜地、1个废弃院子、20多处卫生死角、6栋楼栋内杂物及包干区内牛皮癣等各种小广告，完成1处水渠路面平整。在县直机关开展“爱我美好家园，争当创卫先锋”活动，向每名机关党员发放“倡议书”，号召机关党员干部带头“奉献两小时”，在创“国家卫生县城”攻坚战中充分发挥机关党员的先锋模范作用。

【机关在职党员进社区志愿服务活动】 2016年，县直机关工委组织在职机关党员到居住地社区开展“一小时”志愿服务活动，参加以文明劝导、平安护航G20治安巡逻、卫生整治等为主要形式的志愿服务活动，开展“礼让斑马线”和创建“国家卫生县城”相关知识的宣传教育。深化“1+N”组团合约党建共建模式，探索打造“睦邻党建”平台，通过修建党建睦邻广场、规范便民服务中心、布置党建宣传展板、扩大党员挂联帮扶，有效发挥机关党组织的人才、资金、项目、信息优势，使机关党员真正融入社区，密切联系群众，发挥党员8小时外的带头作用，促进社区党建工作有保障、有阵地、有特色，打造机关区域化党建新品牌。

【县直机关党代表选举】 2016年，县直机关工委对下属51个选举单位采取党组织推荐、党员推荐相结合，自下而上、上下结合的推荐提名方法，进行反复酝酿，成功推选出出席中国共产党第十九次代表大会代表候选人31人，出席浙江省第十四次党代会代表候选人19人，出席衢州市第七次党代会代表候选人38人，出席常山县第十三次党代会代表55人。将一批具有较强履职意识、议事能力和联系党员群众能力、带头发挥先锋模范作用的党员推选出来，确保了所推选党代表候选人的素质，如期完成选举党代表的任务。

【机关“满意不满意单位”评选】 2016年，县直机关工委开展2016年度机关“满意不满意单位”评选及整改活动，评出满意单位13个、比较满意单位31个、基本满意单位43

个，征集书面意见58条。

（周　莹）

老干部工作

【概况】 截至2016年12月，常山有离休干部102人（含代管国税系统4人），平均年龄87.1周岁。按参加工作分：抗战时期参加工作的有10人（抗战前期1人，抗战后期9人），解放战争时期参加工作的有92人。按工作机构分：行政离休干部41人、事业离休干部20人、企业等统筹离休干部41人。按享受待遇分：县处级待遇34人，科级68人。按安置地分：易地安置县外的有5人（杭州2人、金华、嘉兴、诸暨各1人）。按年龄分：80～85岁的35人；86岁以上67人，其中90岁以上19人，最高龄99岁。

2016年，县委老干部局积极落实老干部政治待遇。争取领导重视，贯彻落实好中央《关于进一步加强和改进离退休干部工作的意见》（以下简称《意见》）精神，定期召开全县老干部工作会议统一思想认识，邀请领导参加重要活动，营造老干部工作氛围。4月17日召开县委常委会，专门听取老干部工作汇报，传达学习全省、全市老干部工作会议精神及常山贯彻意见汇报。5月5日，经县领导同意召开全县老干部工作会议，时任县委常委、组织部长吴利平出席并讲话，重点指出新形势下老干部工作要向组织凝聚、政治引导和作用发挥上转向。“七一”前举办纪念建党95周年、红军长征胜利80周年暨老年大学第24届毕业会演，市委老干部局局务会议成员、关工委副主任杨晓东，副县长方荣等领导莅临；县老干部工作领导小组成员单位、关心下一代工作委员会成员单位、老年大学校务委员会成员单位领导参加。10月21日，县委副书记、代县长周向军出席全县副县（处）级以上离退休干部读书会，为老干部作“整合文化、交通、旅游、产业优势推动常山发展再上新台阶”的工作通报。县委常委、常务副县长姜良米出席老干部座谈会，深入交流探讨常山“国际满城”建设情况。11月17日，新任县委书记叶美峰在上任第二天专程走访慰问老干部，询问他们的身体情况，听取他们对县委、县政府工作的意见建议。11月24日，正能量活动推进会暨全市老干部局长会议在常山召开，来自市委老干部局领导班子及处室负责人、各县（市、区）委老干部局局长参加。12月14日，新任县委常委、组织部长秦财华走访慰问老干部。12月19日，县委书记叶美峰主持召开老干部座谈会，就常山第十三次党代会报告向老干部征求意见建议；随后，县委常委、组织部长秦财华，组织部副部长朱建红向老干部通报近期常山领导干部人事调整情况。元旦、春节等重大节日期间，县四套班子走访慰问副处实职以上离退休干部。

2016年，县委老干部局继续落实老干部生活待遇，细化服务管理，不折不扣落实待遇政策，做好老干部医疗保健工作，加强走访联系。与人社局等单位协调，做好常山108位老干部医疗待遇提高审批工作。按照“五必访”要求，全年共走访生病住院老干部125人次，发放首次住院慰问金1.9万元；到外地看望老干部20人次，为7名老干部办理丧葬事宜。6月1日至3日，组织全县100余名老干部年度体检。将体检标准由原600元/人提高到1000元/人，体检项目从原25个增加到40个项目，并及时向老干部反馈体检结果，做好后续复查复检工作。8月14日至20日，组织72位老干部到江山健康休养，为他们安排医疗讲座、趣味活动、外出参观等各类活动，全程采用“人对人包干　点对点服务”的结对方式，为老干部“身养”“心养”营造更加安全舒适、贴心暖心的环境。坚持平时走访与节日慰问相结合，春节期间初步安排走访老领导、长期患病及生活困难离休干部、生活困难遗属共144人，计发放慰问金12.08万元（比上年度11.56万元有所增长）。开展“夏日送清凉”大走访活动，为118位离退休干部送上连心卡、宣传册以及夏令用品慰问袋。建立全局工作人员分组联系制度，要求定期走访、定期交流，及时掌握老干部思想动态，精准为老干部办实事、解难事。

【开展老干部正能量活动】 2016年，县委老干部局紧扣中心工作，组织开展增添正能量活动。组织老同志在“走看促”中献计出力，以“展示阳光心态、体验美好生活、畅谈发展变化”为主题，围绕县委、县政府工作中心，深化“走基层、看变化、促发展”活动。5月6日，组织副处以上退休干部参观考察常山赛得健康产业园和不老泉休闲养生养老度假村。6月23日，组织40多名老干部参观考察常一中迁建项目、国际慢城（滨江公园）项目。9月26日，再次组织老干部实地考察“国际慢城”项目推进情况，确保走出新意、看出信心、促出实效。开展“助力创国卫 增添正能量 银色人才在行动”主题活动。积极响应、贯彻落实县委县政府创国卫的决策部署，组织引领广大老同志在自觉自愿、量力而行的基础上当好创卫带头人、宣传员、督查者，增设健康教育栏、LED宣传屏等营造“铺天盖地、有声有色”的宣传之势。通过邀请离休干部代表在全县创国卫誓师大会上发言、举办“美在我身边”书画摄影诗词展等最大限度、最大范围凝聚老同志助力创国卫的蓬勃力量，对踊跃献计出力、热心参与文明宣传、推动社会经济发展的优秀老干部进行表彰鼓励，积极宣传先进事迹，向上推荐。全年共推选傅凤田、楼长发等2位老干部参加全省“寻找最美离退休干部党支部书记”评选；推荐张基阳、金启炎、栾宏水、陈水友等参与首届全市“最美老干部”评选，其中，栾宏水获市首届“最美老干部”荣誉称号，张基阳获提名奖。

【强化两个“阵地”建设】 2016年，县委老干部局加强阵地建设，巩固老年活动中心“满意家园”成果，大力推进老年教育发展，引导老干部老有所乐老有所为，不断扩大“银色人才”队伍。所有活动场所面向全社会老年人开放，全年共接待老年人参加活动达4万多人次，平均每天有100多人参加。5月4日，联合团县委开展“国旗下青春誓言升旗仪式”，邀请关工委爱国主义报告团姜法四同志讲述常山革命故事。加强对青少年的困难帮扶。5月17至20日，联合人社局举办全县第二十届老干部（工人）趣味运动会，共有2553名老干部报名参加，其中离休干部40名，退休干部506名，退休工人2007名。新组建台球、乒乓球、门球等三支老年兴趣小组，自发交纳会费，小组每月比赛有序开展。突出“政治建校、平安立校、质量兴校”导向，努力把老年大学建设成思想常新、理想永存的常青园，文化养身、学有所为的精神乐园。全年共开设舞蹈、歌咏、健身、太极拳等23个班级，在校学生1000余人次。进一步加强教学管理，坚持每学期16周32课时的教学时间，合理安排课程、做好教学保障；发挥学员“主人翁”精神，由班委牵头做好“班级记事”、考勤、活动组织等工作，教学秩序井然。授予叶建华等5位老师“优秀教师”、金启炎等43位学员“优秀学员”荣誉称号，鼓励先进，激发广大师生“老有所教、老有所学、老有所乐、老有所为”的热情。依托关工委阵地平台，充分发挥“五老”（即老党员、老专家、老教师、老战士、老模范）在“五四三”（即“五水共治”“四边三化”“三改一拆”）“创国卫”、普法教育、社会管理等中的积极作用。加强对青少年的思想教育。探索打造“小巷雷锋”品牌，建立“小巷雷锋”关心下一代工作者团队，得到上级肯定。4月13日，省关工委副主任薛克诚、关工委专职副主任徐全升一行来常山调研，薛克诚副主任对“小巷雷锋”表示高度赞赏说：这是全省独一无二的，充分说明你们这项工作做的实，在关心关爱下一代工作上做得到位。

（潘　辰）

关心下一代工作

【概况】 2016年，全县的关心下一代工作，围绕中心，服务大局，凝聚正能量，展现新作为，充分发挥“五老”的优势和作用，在青少年中广泛开展以社会主义核心价值体系为重点的学习、宣传、教育工作，坚持为青少年的健康成长办实事、做好事，取得明显效果。加强青少年思想道德教育，开展纪念新中国成立67周年、建党95周年和红军长征胜利80周年活动。6月29日下午，县关工委举办纪念建党95周年、红军长征胜利80周年文艺演出，以“永远跟党走，我们正年轻”为主题，自编自导自演《中国梦》《抗战老兵》《映山红》《铁道游击队》等16个歌颂党歌颂红军丰功伟绩的歌舞节目；各街道、部门关工委在“七一”“十一”等重要时间节点，结合讲党史、国史等，在广大青少年中深入开展“三爱”（即爱学习、爱劳动、爱祖国）教育活动，追思革命先烈的丰功伟绩，弘扬革命精神，进一步加强青少年思想道德建设，构建社会主义核心价值体系，激发广大师生的爱国热情，增强了祖国自豪感和认知美丑、明辨是非的能力。各学校关工委结合学校实际制定了切实可行的系列活动方案；在具体实施过程中学校各级领导和班主任高度重视，精心策划，充分调动广大青少年参与教育活动的主动性和积极性，营造了良好的氛围。继续开展帮困助学工作。8月份开展2016“福彩暖万家·助圆大学梦”——千名困难大学新生专项资助活动，资助对象为当年考上大学的贫困新生，资助名额13名，均通过自荐推荐、学校和教育局关工委审查盖章、上门调查、媒体公示等途径确认资助对象，一次性资助每人5000元资金。10月份开展“爱心圆梦　视力健康”——毛源昌“百校万人”公益大行动，为常山4所学校1200名中学生每人赠配了一副价值500元的眼镜。

【“小巷雷锋”志愿者团队】 在加强新时期青少年思想道德建设和努力构建和谐社会的工作实践中，关工委“小巷雷锋”志愿者，以传播文明、促进社会和谐为宗旨，以服务青少年、维护社会稳定为目标，充分发挥“五老”的经验优势、智慧优势、时空优势，积极开展以“传承雷锋精神，争当雷锋传人”为主题的社会志愿服务活动，推进关爱工作，树立关工委工作的品牌。“小巷雷锋”团队创建十年来，队伍不断壮大，“小巷雷锋”志愿者由最初的50人发展到现在1800余人。他们开设“四点半”学校，为孩子们提供安全健康的学习场所，解除部分双职工家长、留守儿童家庭后顾之忧；“小巷雷锋”们主动结对帮教失亲、失教、失管、失业青少年，为他们指引生活方向；“小巷雷锋”经常参与网吧和电子游戏经营场所的监管，定期探视关怀空巢、孤寡、残疾等特殊人群，长期坚持社区平安巡逻，积极参与创国卫和“护航G20”活动，涌现一大批先进单位和先进人物。家住孔家坞22号楼的李岱珠，常年为邻居87岁独居老人余金莲倒马桶，并细心照料她的生活起居，居民们称她为“小巷雷锋”大婶；屏山社区的丁金火、曾爱云夫妇，他们主动为邻居长辈们跑腿、办事、帮忙解决，遇上哪家水管破了或有急事，夫妻俩都是二话不说上去帮忙，他们的乐于助人得到居民们的一致称赞。“小巷雷锋”文艺骨干陈小红等，经常去慰问敬老院孤寡老人，送去精彩的文艺节目；关爱邻居“从头开始”的义务理发师李水林，每逢节假日都要给老人们义务理发。“小巷雷锋”用实际行动弘扬雷锋精神，践行社会主义核心价值，播散热心、爱心、孝心、真心，传播正能量，为振兴常山做出表率，为实现中国梦提供强大精神动力，赢得了社会各界的点赞。

【完善关工委组织建设】 2016 年，关工委组织网络进一步完善。各级党委、政府高度重视关心下一代工作，加强领导，摆上议事日程。特别在习近平总书记作出重要指示后，各级领导都加大了对关工委工作的支持力度，配强班子、充实队伍、建好组织，大力健全协调联系机制，努力形成各部门齐抓共管的工作格局。全县已建立了各级关工组织 265 个，涵盖 14 个乡镇（街道）、19 个机关系统、8 个社区、39 所学校、180 个行政村和 5 家企业，形成了在同级党委、政府领导下的以块为主、条块结合、横向到边、纵向到底的组织网络。为加强学习型关工委建设，县关工委认真做好《中国火炬》《大江南北》两刊征订工作的同时，为 500 名“五老”志愿者每人赠送了一份《衢州老龄——常青藤》杂志，为“五老”提供了一份宣扬老龄工作政策、弘扬中华孝道文化、传播养生保健、启迪老人晚年生活的学习资料，促进“五老”身心健康发挥正能量。

（王红平）

信访工作

【概况】 2016 年，常山县信访工作总体平稳有序，在市对县信访综合工作考核中从全市排名第六到第四。年初，县信访局及时与 14 个乡镇（街道）、89 个部门签订信访工作目标管理责任书，压实事权单位责任；重视初信初访工作，采取多形式培训提升信访干部业务水平，规范信访事项办理，举办 3 次全县信访干部短期集中培训班；业务科室不定期实施针对性“一对一”面授；每周召开“周五信访事项交办会”。全力以赴做好县级及以上“两会”、G20 杭州峰会、党的十八届六中全会、第三届世界互联网大会期间的劝返维稳工作，圆满完成信息预警、排查化解、稳控工作任务，实现“重点人员进京少，无非正常上访、无集体去京上访、无群体性事件、无安全劝返责任事件”的“一少四无”工作目标。做好县第十三次党代会和首届全国油茶文化节期间的信访维稳工作。开展“矛盾纠纷源头治理年活动”，5 月初启动“常山县矛盾纠纷调处百日会战行动”，做到矛盾早发现、思想早引导、问题早解决。坚持完善每月 21 日县领导接访和每月 10 日县领导下访约访活动，全年安排县级领导在信访局定期接待群众 12 次，安排 31 名县级领导参与接待，接待来访群众 457 批 751 人次，每位县领导分别到联系乡镇（街道）下访约访接待群众 12 次。开展多层面督查并通报，电话催办 376 件次，书面督办 32 件次，专件专督 8 件次。2016 年，基层群众到县上访 587 件 1065 人次，与上年相比，件次上升 26.0%，人次下降 17.2%；到市上访 30 件 155 人次，与上年相比，件次上升 36.4%，人次下降 39.7%；赴省上访 38 件 52 人次，与上年相比，件次下降 2.6%，人次下降 7.1%；进京上访 48 件 68 人次，与上年相比，件次上升 300%，人次上升 161.5%。进京非访 2 件 2 人次。来信 591 件，上升 44.9%。

是年，县信访局被省信访工作联席会议办公室、省信访局评为“G20 杭州峰会信访工作先进集体”，被县委、县政府评为“G20 杭州峰会维稳安保先进集体”。陈芳被省委、省政府评为“G20 杭州峰会维稳安保先进个人”；姜立新、曾晓燕被省信访工作联席会议办公室、省信访局评为“G20 杭州峰会信访工作先进个人”；徐德成被县委、县政府评为“常山县 G20 杭州峰会维稳安保先进个人”。

【领导带头督查化解信访积案】 2016 年，县委、县政府加大领导带头督查积案化解力度，成立由县委副书记担任组长的专项行动工作领导小组，明确省、市级信访积案由县处级以上领导包案督办，县级信访积案由各责任单位“一把手”包案督办，县委书记、副书记还分别主持召开省、市、县级挂牌信访积案化解攻坚推进会，听取进展情况汇报，并督促责任单位落实细化 60 件信访积案化解工作措施。2016 年，全县化解信访疑难积案 15 件，其余 45 件积案全部落实稳控措施；上访近 10 年、涉及 35 名乡镇工办人员的群体性上访等老大难问题也得到解决。

【县信访局机构人员变化】 2016 年 6 月，县编委批复同意县信访局下属事业单位“常山县信访联合接待中心”核增 2 名全额拨款事业编制；同年 9 月，县编委批复同意在“常山县信访联合接待中心”的基础上组建“常山县 12345 政府热线服务中心”，核增事业编制数 5 名。

【“12345”政府服务热线】 2016 年 9 月 24 日，由县信访局牵头完成整合的“12345”统一政务咨询投诉举报平台开通运行。至 12 月 31 日，该平台共受理市民来电 3173 个，受理率、处理率、满意率均居全市前列。同时，热线平台共受理“五四三”有奖举报问题 176 件。查实并兑付话费奖励 58 件，计 14625 元。

（曾晓燕）

档案工作

【概况】 2016 年，县档案局馆接待档案查阅利用者 3700 多人次，提供异地查档服务 70 例。接待县外兄弟单位到常山学习民生档案数字化建设 6 批 42 人次。启动“千村万屋档案”工程计划，构建历史文化村落档案数据库，为 60 个村级文化礼堂捐书 1500 册。强化乡镇档案工作，举办全县乡镇档案员和农村土地确权登记颁证培训班，参训人数 300 多人次。强化法治档案建设，县档案局机关两名干部通过执法证考试，取得执法资格。推进平安档案建设，投入 5 万元，采取修裱、加固、装盒保护、数字化加工等措施，馆藏历史档案得到有效保护。实施重要档案异地备份战略，4 月 22 日，常山县档案馆与慈溪市档案馆签订异地备份协议书，委托慈溪市档案局备份成果有：磁带 6 盒、U 盘 1 只，数据总量达 3.8TB；至 9 月底，常山县实现馆藏档案双备份机备份、双离线硬盘备份、市内离线备份、异地异质备份多种备份方式，档案保护工作得到加强。以 G20 峰会维稳为契机，投入 25 万元实施“三馆”（即县档案室、图书馆、文物库房综合楼）屋面维修工程。档案宣传工作取得历史性突破，党务信息完成任务数的 203%；县档案局有 33 篇宣传信息被国家级报刊网站采用，45 篇宣传信息被省级报刊网站采用，31 篇宣传信息被市、县级报刊采用，总得分排名衢州市各县（市、区）首位。同时，举办第四届“6·9 国际档案日”宣传活动，在档案馆举办各类图片展览，推进档案文化建设，档案的社会影响力及社会关注度明显提高。

是年，县档案局馆获评“全省档案工作先进集体”、《浙江档案》杂志社“2016 年度宣传工作先进单位”“衢州市档案宣传报道工作先进集体”、《浙江档案》杂志征订工作三等奖；饶贤福分别荣获《浙江档案》2016年度优秀通讯员、市档案宣传报道工作先进个人。

【乡镇（街道）档案基础明显夯实】 2016年，县档案局开展“乡镇、街道档案基础提升年”活动，通过开展执法检查，发现问题，及时反馈，督促整改，有效夯实乡镇档案基础。局领导带队深入14个乡镇（街道）检查指导工作30多次，对归档不及时、整理不规范、档案存放场所简陋的单位开展督促，限期整改；印发《关于开展全县乡镇（街道）档案工作执法检查的通知》《关于开展全县档案执法检查和档案年检工作的通知》文件，规范乡镇档案执法工作；举办乡镇（街道）档案员业务培训班；组织执法督察工作“回头看”；完成全县档案年检工作。14个乡镇（街道）均明确一名领导班子成员分管档案工作，并将档案工作列入镇、村干部年度工作目标考核内容；每个乡镇（街道）配有一名受过档案业务培训的专（兼）职档案员，70%以上具有大专以上学历，有3人取得档案初级职称；85%的乡镇（街道）有专用的综合档案室，并配备相应的档案设备和专具。2013年以前的乡镇文书档案全部移交进县档案馆，100%实行数字化管理，14个乡镇（街道）合计收集、整理档案5107卷（册）；45%的乡镇（街道）存量档案进行了数字化加工，有两个乡镇通过“示范数字档案室”测评，5个乡镇通过“规范数字档案室”测评。

【数字化档案馆（室）建设走在全省前列】 2016年，县档案局深化智慧档案建设，制定和实施全县数字档案室创建规划，在全省首先探索“1+3”（即县档案局档案专业人员+各单位基层专兼职档案员、省档案事务所驻常山档案服务队伍和档案中介服务机构）档案服务模式，并取得显著成效。完成数字档案室15家，其中规范数字档案室7家、示范数字档案室5家，创建比例全市领先，提前4年完成示范数字档案室测评任务；完成档案归档立卷9.2万卷，8.8万件，扫描470多万页，输入总条目11.3万条。常山县数字化档案馆和登记备份中心项目第二期建设全面完成；数字化加工涉及75个全宗4.76万卷档案，输入条目76.2万条，扫描信息474.5万页。4月上旬，全市数字档案室现场交流会在常山县召开，常山县档案局在会上作经验介绍。常山县数字化档案馆（室）建设成效得到省、市系统领导的充分肯定。

（郑严倩璇）

党史工作

【概况】 2016年，县委党史研究室完成《中共常山县委重要文件（1978.12—1984.04）》《中共常山县委重要文件（1984.05—1987.02）》两本文献的发行工作。全年在县档案馆一楼展厅展出常山地方党史知识展板30块，参观群众达3300多人次。会同县委组织部等相关单位联合下文，组织广大党员干部观看党史题材影片。会同县委党校在常山县第二届年轻干部成长工程培训班中开展常山地方党史知识的教育，免费提供80余套《中国共产党常山历史》第一卷、第二卷，作为此届80名优秀年轻干部为期三年双休日常态化培训班“读好书”模块的教材。协助杭州市委党史研究室、杭州电视台摄制组到常山拍摄纪念红军长征胜利80周年电视片——《长征路上第一缕红飘带》暨红军北上抗日先遣队战斗过的地方和标志性地点等素材。完成“第三届全国党史文化论坛”征文1篇，题为《习近平的外交思想与实践》，约6500字，并及时报送上级党史部门。完成《衢州中共党史人物

(1919.5.4—1949.5.6)》送审稿有关常山县人物资料的核对工作。完成2016年常山县党史大事记的采编工作。征集到“李政道在常山临中读书”的若干史料和“招贤镇高埂村箬溪发现浙赣会战国军105师指挥部驻地旧址”等相关资料。参与农村文化礼堂建设，向全县60家省级农村文化礼堂赠送《中国共产党常山历史》读本。

【球川红色纪念馆建成开放】 2016年，球川红色纪念馆占地约150平方米，2015年4月利用村里一位老党员家的旧土坯房进行装修布展，2016年1月正式对外开放，成为常山县激励后人的爱国主义教育基地和追寻革命遗迹、开展红色文化旅游的好场所。该馆采用图文介绍、实物展示等形式，真实展示球川镇及常山县革命战争时期的历史事件、代表人物、革命故事。2016年10月，《浙江日报》、浙江电视台等媒体结合纪念红军长征胜利80周年之际，先后对该馆作了重点报道。

【部门联手开展地方党史宣讲教育活动】 2016年4月1日，县纪委在常山革命烈士纪念碑前举行以“忆革命先烈，强党性修养”为主题的现场党课。县委党史研究室负责人应邀为全县100位纪检干部讲解题为《新民主主义革命时期常山地方党组织的创建与发展》的地方党史报告。同日，团县委、县关工委、县少工委联合举行“缅怀先烈 励志青春”革命烈士清明祭奠仪式，退休干部姜法四为300多位团员青年讲解中共西源区委带领红军游击队在常山西源一带活动的革命故事。

（郑严倩璇）

地方志工作

【概况】 2016年，县地方志编纂委员会办公室（以下简称“县方志办”）完成《常山年鉴（2015）》出版发行工作。1月上旬，县委办公室、县政府办公室联合发文部署《常山年鉴（2016）》的编纂工作（常委办〔2016〕1号）；2月下旬，县方志办及时组织全县125家《常山年鉴（2016）》承编单位的撰稿人分两批进行撰稿业务培训。全年编发《地方志工作简报》9期，及时刊发《常山年鉴》编纂工作动态；刊发“大事记”“荣誉录”，面向全县各乡镇、街道和县级机关征求意见。至年底，《常山年鉴（2016）》初稿总纂完成；各单位承编的文稿经一个月多的核对，多数单位的审定稿已报至县方志办。

根据市地方志办公室的统一部署，县方志办先后完成《衢州市志》（终审稿）、《衢州市志简本》《衢州年鉴2014》的审稿工作。开展《衢州方志提要》常山部分的编写工作，根据市地方志办公室的反馈意见，完成对常山旧志插图、《常山旧志集成》《东乡村志》等条文进行补充、调整和二次修改。为同弓乡编修《同弓乡志》提供业务指导。与县农村文化礼堂建设工作领导小组办公室联合开展读志用鉴活动，向全县60家省级农村文化礼堂赠送《常山年鉴》等一批地情史料。

是年，县方志办被衢州市地方志编纂委员会评为“衢州市地方志工作先进集体”。

【《常山年鉴（2015）》出版发行】 2016年10月，《常山年鉴（2015）》由方志出版社公开出版，精装16开本，72.4万字，印数800册，定价280元。全鉴由卷首、百科、卷尾三部分组成，百科按类目、分目、条目三个层次框架编排。卷首设彩页、特载、大事记、专记、县情概览，百科设中共常山县委员会、常山县人民代表大会、常山县人民政府、政协常山县委员会、民主党派·工商联、群众团体、法治、武装、工业、农业·林业·水利、贸易、通信、交通、城乡建设与管理、国土资源·环境保护、综合管理与监督、财政·税务、金融·保险、人力资源与社会保障、教育、科学技术·气象、文化·旅游、卫生·体育、社会生活、乡镇（街道），共设 25 个类目、181 个分目（副分目）、857 个条目、71 张数据表、75 张随文插图，卷尾设组织机构及负责人名录、荣誉录、重要文件目录、艺文、国民经济若干统计资料、索引等。《常山年鉴（2015）》记载时限从 2014 年 1 月 1 日至 12 月 31 日，以《地方志工作条例》为指导，采用现代规范书面语体文，行文力求简洁、准确、朴实、流畅。入鉴资料由县内各部门、乡镇和在常山的省部属单位提供，经《常山年鉴》编辑部编辑、统稿并发回各单位审核后定稿，所采用数据以县统计局提供为准，旨在全面、系统地记载常山县经济和社会发展的进程，为各级党政机关和社会各界人士了解、研究、建设常山，提供翔实的地情资料，也为将来续修地方志积累详尽的基础资料。

（郑严倩璇）

常山县人民代表大会

综 述

2016年，县人大常委会贯彻落实中共中央、省委《关于加强县乡人大工作和建设的若干意见》及省、市、县委人大工作会议精神，把党的领导贯穿于人大依法履职全过程，把握工作定位，服务发展大局，把县委的主张和决策转化为全县人民的意志和共同意愿；发挥地方国家权力机关作用，深化“两美”常山建设和推动常山民主法治建设；召开常委会会议9次，主任会议12次，听取和审议“一府两院”工作报告15个，依法行使好重大事项决定权，对县政府提请的《关于提请审议批准2016年地方政府债务限额议案》《2015年县本级财政决算报告》《2016年财政预算收支调整方案报告》等事项进行审议并依法作出决议决定18个，保障全县经济社会持续健康发展。坚持党管干部和依法任免统一，任免国家机关工作人员56人次；深化法律知识考试、任前见面、颁发任命书、宪法宣誓、履职报告制度，完善宪法宣誓操作程序与办法，17名新任“一府两院”国家工作人员进行宪法宣誓，91名受任人员书面提交年度履职报告，常委会专题会议听取其中10人述职并进行测评，增强选举和任命人员对宪法、法律和权力的敬畏之心，强化责任意识和履职意识，增强工作的责任感和使命感。组织代表视察15次。主任会议听取政府专项工作报告10个。完成对县经信局、民政局的工作评议。

助推经济发展。开展“十二五”规划完成情况“回头看”，深入调查研究，认真剖析问题，提出意见、建议，为“十三五”规划开好局、起好步奠定良好基础。县人大常委会听取和审议国民经济与社会发展计划执行情况、发展科技金融推动创新发展情况的报告。主任会议听取常山县国有企业改革发展情况、扶持中小微企业成长情况报告。组织代表视察重点项目建设情况、电子商务运行情况、中药材种植示范基地建设情况。对政府全口径预算决算进行审查和监督，23个县级部门和2个政府专项的细化预算草案提交人代会审查。听取和审议财政预算执行情况报告，依法审查批准2016年财政预算调整方案。审批县政府2015年财政决算报告，听取和审议2015年度预算执行和其他财政收支审计报告，促进审计发现的问题整改落实。主任会议听取关于常山县领导干部经济责任审计情况的报告，促使政府职能在阳光下运行。县人大常委会领导多次深入省级赏石小镇、常山胡柚大道等领衔项目、领创产业现场，主动跟踪服务、协调难题和督促落实，省特色小镇建设三年行动计划有序推进；常山猴头菇通过国家农产品地理标志登记。以推进民生保障体系建设为重点，持续关注人民群众关心的医疗卫生、教育文化、社会保障工作，听取和审议常山县城乡居民基本医疗保险工作情况报告，对常山一中迁建进行专题询问，主任会议听取常山县分级诊疗制度试点情况、殡葬改革情况、食品安全检验检测体系建设情况报告，组织代表视察常山县妇保院建设情况。上下联动开展扶贫工作专项监督，推动贫困群众生活水平提升。跟踪关注“三改一拆”“无违建”创建后续工作。推行县人民政府为民办实事项目代表“票拟”，跟踪督促政府落实十大民生实事项目，让全县人民共享改革发展成果。

推进城乡环境提升。县人大常委会听取和审议环境保护工作情况、农村生活污水处理设施运行情况报告；开展“五水共治”跟踪检查，交办意见建议50余条，推动城乡环境持续改善。组织代表视察常山县钙产业整治提升情况、“三镇”建设和集镇建设情况、百村千塘清淤治理情况、旱改水推进情况，促进人居环境改善，加快美丽常山建设。

推进依法治县进程。县人大常委会听取和审议常山县第七个五年普法规划，开展法治宣传教育，开展全民宪法学习活动，贯彻落实宪法宣誓制度，增强国家工作人员宪法观念，树立宪法权威。省、市、县上下联动，开展大气污染防治执法检查。开展深化司法监督工作“回头看”活动，促进整改问题落实到位，推进公正司法。助推“平安常山”建设，主任会议听取“天网”工程建设情况报告，组织代表视察基层法庭、派出所建设情况。做好政府规范性文件备案审查工作，对县经信局、民政局两个部门进行工作评议，推进法治政府建设。同时，对县财政局、县水利局评议整改工作进行年度回访，巩固和扩大评议整改的效果。做好涉法涉诉信访工作，加强对涉法涉诉信访事项的跟踪督办，全年受理人民群众来信32件，接待来访12人次，按时完成全国人大常委会交办信访件1件，省、市人大常委会交办信访件5件，有效化解社会矛盾，促进社会和谐稳定。

发挥代表主体作用。县人大常委会将县、乡两级人大代表换届选举作为重点工作之一，做好新修订的《中华人民共和国全国人民代表大会和地方各级人民代表大会选举法》和《浙江省县、乡两级人民代表大会代表选举实施细则》及相关法律法规的学习培训和宣传贯彻，听取和审议换届选举相关情况报告。研究县、乡人大代表换届选举工作中的新情况、新问题，正确处理坚持党的领导、充分发扬民主、严格依法办事三者关系，精心组织、周密安排，加强法律监督和工作指导，选出综合素质高、履职能力强、能真正代表群众意愿的县人大代表192人，乡镇人大代表572人。突出代表主体地位，做好代表培训、服务和保障工作，健全县人大常委会与代表的联络机制，坚持和完善代表履职“菜单式”服务，深化代表列席县人大常委会会议、参加县人大常委会活动、县人大常委会组成人员联系代表制度。发挥代表联络站作用，完善网上代表联络站建设，探索代表述职制度，促进代表接待选民、群众工作的规范化、长效化。加强代表履职服务平台的管理使用，为代表知情知政、依法履职提供服务和保障。听取和审议议案建议办理情况工作报告，深化政府领导领办重点建议、县人大常委会领导领衔督办、上门督办机制，督促“一府两院”改进代表建议办理工作，100件议案建议全部办结。

加强县人大常委会自身建设。专题学习党的十八届五中、六中全会，各级人民代表大会以及省、市、县委重要会议精神。坚持会前学法制度，学习《中华人民共和国未成年人保护法》等7部法律，提高县人大常委会组成人员和机关干部的政治素质和履职能力。深入贯彻落实中共中央、省委《关于进一步加强县乡人大工作和建设实施意见》的精神，全面总结提炼本届县人大及其常委会的经验做法，把握新形势下进一步加强和改进人大工作的指导思想、目标任务和基本要求，结合新时期人大工作特点，探索依法履职的新途径、新方法，使县人大工作更好地体现时代性、把握规律性、富于创造性。强化县人大常委会机关建设，践行“两学一做”，严格落实中央和省、市、县委关于作风建设的各项规定，完善工作机制，提升工作效能。加强对乡镇人大、街道人大工委的指导，坚持县人大常委会分片领导联系、季度例会、县乡联动等制度，推进基层人大建设。指导乡镇人大召开好人民代表会议和人大主席团会议，促进乡镇人大工作的规范化、制度化。注重宣传交流，常山县人大常委会工作机构在市以上报刊网站等主流媒体发表各类宣传稿件200余篇，被评为省、市人大信息工作先进单位。配合全国、省、市人大及其常委会在常山开展的执法检查、调研、视察等有关工作20次。主动接受上级人大常委会的工作指导和监督，加强同省、市人大和兄弟县（市、区）人大的联系与交流，组织参加全市人大常委会主任研讨会，承办浙闽赣皖四省七县（市、区）人大工作联席会，学习先进经验与做法，提高人大工作水平。

重要会议

【县第十五届人民代表大会第五次会议】 2016年1月29日至2月1日，常山县第十五届人民代表大会第五次会议在县城举行。会议听取并审议县政府工作报告、县人大常委会工作报告、县人民法院工作报告和县人民检察院工作报告，审查、批准常山县国民经济和社会发展第十三个五年规划纲要，审议常山县2015年国民经济和社会发展计划执行情况及2016年国民经济和社会发展计划、常山县2015年财政预算执行情况及2016年财政预算，通过相关决议。县委书记王良春在闭幕式上讲话。大会应出席代表190人，实到180人。会议期间，代表们围绕常山经济社会发展积极建言献策，共提出议案建议100件。

【县第十五届人大常委会会议】 2016年1月20日，县十五届人大常委会举行第三十二次会议，会议表决通过县人大常委会主任会议提交的有关人事免职事项；会议听取和审议县人民政府《关于常山城乡居民基本医疗保险工作情况的报告》；会议听取县十五届人大五次会议筹备工作情况的报告；会议讨论并通过《常山县第十五届人民代表大会第五次会议列席人员名单》；会议讨论通过县十五届人大五次会议预备会议日程和各代表团组成人员名单等事项；会议讨论提出县十五届人大五次会议有关事项的建议；会议讨论并通过县人大常委会2016年主要工作安排；县人大常委会主任徐建华就县十五届人大五次会议有关事项作重要讲话。

1月29日，县十五届人大常委会举行第三十三次会议，会议表决通过有关人事辞职事项。

3月23日，县十五届人大常委会举行第三十四次会议，会议表决通过县人大常委会主任会议、县人民政府、县人民法院提交的有关人事任免事项；会议听取和审议县人民政府《关于常山环境保护工作情况的报告》；会议听取《中华人民共和国大气污染防治法》法律辅导。

5月30日，县十五届人大常委会举行第三十五次会议，会议表决通过县人大常委会主任会议、县人民政府、县人民法院提交的有关人事任免事项；会议听取和审议县人民政府《关于常山县农村生活污水处理设施运行情况的报告》；会议听取《浙江省人口与计划生育条例》法规辅导。

7月29日，县十五届人大常委会举行第三十六次会议，会议表决通过县人大常委会主任会议、县人民法院提交的有关人事任免事项；会议听取和审议县公安局《关于要求许可对张三祥采取行政拘留措施的报告》；会议听取和审议县政府《关于常山2015年财政决算的报告》和《关于常山2016年1—6月财政预算执行情况的报告》以及《关于常山2015年财政预算执行和其他财政收支的审计工作报告》，做出《关于批准常山县2015年财政决算的决议》；会议听取和审议县政府《关于常山2016年地方政府债务限额及新增债务预算调整的报告》，做出《关于批准常山县2016年地方政府债务限额的决议》；会议听取和审议县人民政府《关于2016年上半年常山县国民经济和社会发展计划执行情况和下半年政府工作的报告》；会议审议县政府《关于常山创建国家卫生县城工作情况的报告》，听取县人大常委会《关于〈关于推进常山县国家卫生县城创建工作的决议（草案）〉的说明》，做出《关于推进常山县国家卫生县城创建工作的决议》；会议听取《中华人民共和国物权法》法律辅导。

9月21日，县十五届人大常委会举行第三十七次会议，会议表决通过《关于提请审议周向军代理县长职务的议案》，做出《关于周向军代理常山县人民政府县长职务的决定》；会议表决通过县人大常委会主任会议、县人民政府提交的其他有关人事任免事项；会议听取和审议县人民政府《关于县十五届人大五次会议议案建议办理情况的报告》；会议听取和审议县人民政府《关于在全县公民中开展法制宣传教育第七个五年规划的报告》，做出《关于在全县开展第七个五年法治宣传教育的决议》；会议听取《浙江省安全生产条例》法律辅导。

11月2日，县十五届人大常委会举行第三十八次会议，会议听取县人大常委会主任会议提交的《关于提请表决县、乡两级人民代表大会换届选举有关事项的议案》，做出《关于县、乡两级人民代表大会换届选举有关事项的决定》；会议听取县人大常委会主任会议提交的《关于提请设立常山县选举委员会的议案》，做出《关于设立常山县选举委员会的决定》；会议听取县人大常委会主任会议提交的《关于提请设立各乡镇选举委员会、街道选举办事处的议案》，做出《关于设立各乡镇选举委员会、街道选举办事处的决定》；会议听取县人大常委会主任会议提交的《关于调整常山县第十五届人民代表大会常务委员会代表资格审查委员会成员的议案》，做出《关于调整常山县第十五届人民代表大会常务委员会代表资格审查委员会成员的决定》。

11月25日，县十五届人大常委会举行第三十九次会议，会议表决通过县人民政府提交的有关人事免职事项；会议听取和审议县人民政府《关于常山发展科技金融、推动创新发展情况的报告》；会议听取和审议县人民政府《关于常山县2016年财政预算调整方案的报告》，做出《关于批准常山县2016年财政预算调整的决议》；会议听取《中华人民共和国未成年人保护法》学习辅导。

12月16日，县十五届人大常委会举行第四十次会议，会议表决通过县人民政府、县人民检察院提交的有关人事任免事项；会议表决通过《关于提议接受郑慧胜辞去职务的议案》，做出《关于接受郑慧胜请求辞去常山县人民检察院检察长等职务的决定》；会议表决通过《关于提请审议柯耀根代理常山县人民检察院检察长职务的议案》，做出《关于柯耀根代理常山县人民检察院检察长职务的决定》；会议表决通过县选举委员会有关人事议案；会议表决通过各乡镇选举委员会有关人事议案。

重要活动

【开展大气污染防治执法检查】 2016年，县人大常委会在2015年开展大气污染防治相关法律法规贯彻实施情况执法检查的基础上，开展大气污染防治执法检查。县政府以建设“两美”常山为目标，以贯彻落实《大气污染防治法》为抓手，重视大气污染防治工作，抓好重点区域、重点行业和重点企业的综合整治工作，提升县域大气环境质量，推动大气污染防治工作。

【对县经信局、民政局进行工作评议】 2016年，县人大常委会依法对县经信局、县民政局进行工作评议，广泛征集被评单位、人大代表、服务对象意见建议，调查收集、梳理反馈意见100余条；专题听取被评单位工作报告和评议组工作评议调查报告，并进行满意度测评。县经信局、县民政局做到边评边改，解决工业项目决策的咨询机制不完善、低保和医疗救助能力不够等问题，切实提升依法行政能力和水平。

【推行代表参与人大常委会活动“菜单式”服务】 2016年，县人大常委会继续推行代表参与常委会活动“菜单式”服务，由代表自行选择关注的议题，邀请基层县人大代表40人次列席常委会会议，76人次参加常委会视察、执法检查等活动，提高代表履职针对性。

【开展县乡两级人大代表换届选举工作】 2016年11月上旬，常山县全面启动县、乡两级人大代表换届选举工作。至12月28日，依法选举产生县第十六届人民代表大会代表192人，乡镇人大代表572人。整个换届选举工作进展顺利，并取得圆满成功，体现了县人大常委会及县乡（镇）选举委员会对“坚持党的领导，充分发扬民主，严格依法办事”原则的认真落实和全县各乡镇党委、街道党工委对选举工作的高度重视，部署周密、措施得当。在新当选的192名代表中，党政干部61人，占31.8%；工人农民89人，占46.4%；专业技术人员40人，占20.8%。其中妇女46人，占24%；非中共党员47人，占24.5%；连任代表59人，占30.7%。基本符合省委文件对代表构成比例的具体要求。

（张誉春）

小资料：十五届人大五次会议代表优秀议案

关于加强常山社会保险工作的议案

陈淑娟

社会保险是民生之基，民心所系，常山县社会保险工作从1993年起进行了一系列的探索与实践，现已初步形成以养老保险、医疗保险、工伤保险、失业保险、生育保险为主要内容的社会保障体系，对于推动改革、促进发展、维护社会的和谐与稳定，发挥了积极的作用。

一、常山县社会保险工作的现状

（一）社会保险管理机构职能变化情况。随着社会保障体系的不断完善，社保局职能不断扩大，职能范围由最初单一的企业职工养老保险办理工作发展到今天负责经办全县企业职工基本养老保险、职工基本医疗保险、工伤保险、生育保险、城乡居民基本养老保险、城乡居民基本医疗保险、机关事业单位养老保险以及失地农民基本生活保障等10多个险种参保、征缴、转移、待遇审核、发放等业务管理及基金预决算、财务核算管理等工作。

（二）社会保险管理机构建设情况。在职在编人员由最初的10人增加至33人，其中2人借调县人力社保局。现有办公大楼一幢，是1995年以县老年活动中心名义建成的，主楼为三层建筑，大门两侧临街两个附属用房，总建筑面积1464平方米，整个一楼是四个业务大厅和财务科，其中主楼一楼由于中间是承重墙分隔为东西两个业务大厅，东大厅经办待遇审核业务，西大厅经办参保征缴转移业务，面积约270平方米；二楼是人力社保局的计算机培训教室；三楼是社保局行政办公场所。办公楼大门北侧的附属用房，面积20多平方米，为社会保障卡管理服务中心，用于社保卡的制作、发放；办公楼大门南侧的附属用房，面积约30平方米，为城乡居民基本医疗管理中心。

（三）全县社会保险参保情况。参保对象由单纯的国有企业职工发展到全县所有人员，参保人数由最初的1万多人次发展到61万多人次。截至2015年底，全县各项社会保险参保人数612771人次，其中，城乡居民基本养老保险142018人、城乡居民基本医疗保险239320人、失地生活保障27986人、企业职工养老保险64660人、职工医疗保险71804人、工伤保险36737人、生育保险26732人。

二、存在的主要问题

（一）社保办公大楼场地较小。按照国家标准化管理委员会发布《社会保障服务中心设施设备要求》标准，县级服务中心建设规模应大于等于3500平方米，其中经办服务大厅比例为40%（即1400平方米），但常山县社保局四个业务大厅面积合计只有320平方米，建设规模与国家标准相差很大。各类服务窗口只能按至少有一个的标准设置，不能按需而设，远远满足不了服务需求。此外，业务大厅不在一处，无法一条龙服务，往往需要办事群众来回奔走，也让群众颇有怨言。

（二）社保人员配置严重不足。2015年在职职工52人，其中，在职在编人员33人（2人借调县人力社保局），编外人员12人，公益性岗位7人。随着社会保险经办业务扩大，参保人员由2009年底的109516人次发展到2015年底的612771人次；社保工作人员与参保人数之比为1：11784，远高于国际平均水平1：1000—2000水平。由于人员短缺，一线经办人员业务繁重，长期超负荷工作，但工资待遇不高，导致队伍不稳定和服务质量下降。

（三）乡镇（街道）基层劳动保障平台建设薄弱。部分乡镇没有专职劳动保障员，只有协理员，人员变动频繁，对社会保障政策不熟悉，不利于基层社会保障各项工作的正常开展。此外，基层平台工作人员管理体制不统一，造成工作开展不同步、不协调现象时常发生。

（四）社会保障扩面需进一步加强。部分企业为节省支出，未能按法律规定及时或为全部职工缴纳五大保险，损害了职工的合法权益。

（五）机构级别低不能适应管理新要求。当前的社会保险工作量大面广，有大量的工作需要与相关单位进行协调、沟通，由于县社保局是县人力资源和社会保障局下属行使社会保险事业管理的副科级事业单位，在与相关单位进行工作协调、沟通、配合中有一定难度。

（六）社保卡制作和发放中还存在诸多问题，导致群众意见较大。

三、工作建议

1. 尽早解决县社保局办公场所的问题。认真研究，通过在现县社保局原址或异地建造集就业、社会保险等社会保障办公大楼，或政府通过置换调剂办公场地等切实可行的办法，灵活解决县社保局办公场地问题，解决群众办事窗口少办事难、群众办事无处可站等实际困难。

2. 进一步加强队伍建设。一是加强培训，提高工作人员的业务水平和专业素质；二是适当增加县社保局人员编制和设立乡镇（街道）专职劳动保障员岗位；三是适当提高社保窗口工作人员各项福利待遇，可参照行政服务中心等服务岗位工作人员的福利待遇；四是加强职业道德教育，改善窗口工作人员服务态度，提高服务质量。

3. 推进社会保险费应缴尽缴。加大对企业的监督检查力度，敦促企业按照法律规定依法及时足额为职工缴纳各项保险，维护职工的合法权益。

4. 加强乡镇（街道）基层劳动保障平台建设，为群众提供便捷的经办服务。对基层劳动保障平台建设进行规范，统一各乡镇基层劳动保障所分管领导、配足在编工作人员及统一规范管理体制。

5. 逐步理顺工作机制，条件成熟时可将县社保局机构升格为正科级事业单位，属县人力资源和社会保障局管理，从机制的顺利运行上确保工作有序开展。

6. 加大社保政策的宣传力度，提高群众知晓率，提升广大职工维护自身合法权益的能力。

7. 加强社保卡的制作发放管理工作，真正将好事做好。

关于加强集镇建设的议案

符红锋

近年来，随着“美丽乡村”工作的持续推进，常山乡镇农村的面貌焕然一新。但与群众的期望还有一定的差距，特别是集镇建设较为滞后，“脏乱差”现象仍然存在，路面坑洼、交通安全隐患、粉尘噪音污染等影响着集镇的面貌与形象。为此，建议县政府加强集镇的建设，实现集镇环境大治理、功能大提升、面貌大改观，打造“镇容整洁、管理有序、生态宜居”的美丽集镇，具体如下：

一是完善集镇发展规划。根据各集镇不同特点，因地制宜制订并完善总规和各专项发展规划。

二是打造洁净集镇。添置洒水车消除粉尘污染，做好垃圾收集处理，改造提升垃圾中转站，规范集镇经营秩序，加强集镇保洁及绿化管护，打造干净整洁的集镇。

三是建设一条主街。通过景观提升、路面改造、杆线及强弱上改下、雨污水分流，规范店面招牌及经营行为，打造秩序井然、美观大气的主街。

四是建成一个休闲文化项目。根据各自特点，建设市民广场、中心公园、古街风景区、健身中心，建设各具特色的休闲场所。

五是提升污水处理能力。建设集镇污水处理站及污水管网延伸，实现雨污分流，提高污水处理率，保护环境卫生，提高人民群众生活质量。

六是完善基础设施建设项目。如集镇公交车站、购物中心等，方便群众生产生活。

常山县人民政府

综　述

2016年，全县生产总值113.6亿元，增长6.0%；财政总收入12.7亿元，增长1.4%，其中公共财政预算收入9.4亿元，增长9.8%；外贸进出口总额1.9亿美元，增长3.5%；农村居民人均可支配收入16713元，增长9.0%；城镇居民人均可支配收入30742元，增长9.3%。

全年工业增加值40.1亿元，增长1.5%。工业总产值143.1亿元，增长0.4%，其中规模以上工业总产值102.7亿元。新增规模以上工业企业6家，万元GDP能耗下降5.6%。引进总投资25亿元的锦禾科技农机项目，哲丰新材料一期基本建成，常林纸业技改项目即将投产，农机、新材料等产业发展势头强劲。深入推进企业“五个一批”（即打造一批龙头企业、形成一批龙头企业集群、建设一批生产基地、培育一批知名品牌、构建一批优势产业体系），培育平台型企业7家，引进、培育创新型企业19家，盘活“僵尸企业”6家，兼并重组企业16家，新增“新三板”签约企业3家、挂牌企业1家。完善项目决策咨询机制，健全府院联席会议制度，合力化解企业资金链、担保链风险。帮助企业降成本，兑现企业奖补资金4400万元，落实企业应急专项资金31.2亿元。新增国家高新技术企业5家，环宇轴承有限公司获中国机械工业科学技术三等奖。支持企业技术改造，工业技改投资增长15.8%，新产品产值增长13.9%。

第一产业增加值8.3亿元，增长1.7%。推进农业供给侧结构性改革，举办“首届全国油茶文化节”，被授予“全国油茶交易中心”“全国山茶油价格指导中心”两块“国字号”招牌。流转胡柚园1.6万亩，衢枳壳列入《浙江省中药炮制规范目录》。常山胡柚、油茶栽培系统列入全国农业文化遗产普查名录。完成农村屋顶光伏建设1190户，异地搬迁安置1526人，培训农村实用人才3581人次。实施“三位一体”改革，“农合联”组织体系实现全覆盖。

实现第三产业增加值54.4亿元，比上年增长11.5%，社会消费品零售总额60.9亿元，增长12.0%。列入全国首批“智慧县域”试点县，富足山村入选2016中国淘宝村、省电子商务示范村。围绕“一县一带”，推进连片开发，完成柚石金路带15个节点建设。赛得健康产业园一期建成，不老泉养生养老基地正式运营。建成省级美丽乡村特色精品村4个，新增农家乐特色村（点）5个、民宿床位1586张。黄塘村入选中国美丽休闲乡村，桃花源创成AAA级景区。

全年完成固定资产投资127.1亿元、增长8.1%，118个县重点项目实现投资95.3亿元，完成年度计划任务。杭新景高速建成通车，众卡运力链正式启运，钱塘江治理常山段、九景衢铁路、048省道延伸线等项目加快推进，320国道改建、沿江美丽公路常山段开工建设。351国道、浙西联廊等列入省级项目盘子，5个项目争取到国家专项建设基金4.5亿元，新增地方政府债券7亿元。成功争取到国家山水林田湖生态修复试点县、省清洁能源示范县。招商引资到位资金41.2亿元，其中浙商回归项目到位资金28.6亿元、亿元以上项目16个。盘活存量建设用地1482亩，新增建设用地指标1423亩。争取到上级财政转移支付资金32.4亿元。与省建投集团开展PPP战略合作。

启动中心城区战略研究，绘就国际慢城整体规划蓝图，完成绿核片区详规和综合交通、燃气等专项规划编制。滨江路、心舟公园基本建成，东方综合体、信用联社大楼、公安业务大楼拔地而起，火车站站房和站前广场开工建设，锦禾总部经济中心项目即将启动。倾力打造国际慢城，“三环三谷”陆续开工，“五朵金花”竞相开放。举全民之力创建国家卫生县城，完成大街和文峰路人行道、汽车站、城区公厕、一批老旧小区改造提升，新增城市绿道13.3千米。实施城市夜景亮化提升工程，强化城市治堵、废品收购、餐饮油烟等专项整治，加大保洁频率和垃圾清运力度，城区亮化、序化、洁化水平大幅提升，面貌焕然一新。吹响小城镇环境综合整治号角，完成整治规划、方案编制，全面启动综合整治。加快“美丽集镇”建设，招贤、青石、球川、芳村等集镇改造提升成效明显。

严格落实“河长制”，零容忍整治生猪养殖污染，打响“清塘美河洁村”大会战，农村“双治”基本实现全覆盖，地表水、饮用水源和出境水水质均100%达标。完成S221（江溪线）路域整治提升。整治“四边”区域乱搭乱建9.4万平方米、赤膊墙39.7万平方米。健全违法建筑防控治理体系，强化农民建房管控，彭川村“拆治归”模式成为全省典型。全面实施环保网格化监管，扎实开展百日环保执法专项行动，轻钙、砖瓦企业全面消除冒黑烟现象。成功纳入国家重点生态功能区。

完善就业和社保体系，新增就业4200人，“五大”保险累计新增参保1万人。养老服务体系建设扎实推进，社会福利中心主体工程完工。深化合作办学，创办常山一中“慈溪班”，中高考取得重大突破。新常山一中全面建成，常山育才小学建成使用。公共卫生服务中心开工建设，常山第三人民医院建成运营。开展计划生育“大宣传、大整治”行动，主要指标明显好转。推进公共文化服务标准化、均等化建设，改造提升乡镇（街道）综合文化站，常山县获“省农村文化礼堂先进县”。打响体育赛事品牌，成功举办“2016中国山地自行车公开赛”，常山获“2016中国山地自行车公开赛最佳赛道”和“2016中国山地自行车公开赛优秀赛事组织单位”。开展“矛盾纠纷源头治理年”活动，“12345”统一政务咨询投诉举报平台正式运行。实施户籍管理制度改革。创新交通治理。深化安全隐患大排查大整治，安全事故起数下降35.7%。“4·6”专案组被公安部荣记集体一等功。圆满完成G20峰会等重大节点维稳安保工作。

县政府常务会议

【县政府第46次常务会议】 4月5日召开。会议由县长毛建国主持。会议的主要议题是：研究《关于2016年度县属国有公司经营预算收支计划汇编情况的报告（送审稿）》《常山县乡镇部门创办国有企业管理办法（送审稿）》《关于我县申报国家专项建设基金项目工作情况汇报（送审稿）》《常山县城镇危旧住宅房屋治理改造规划（2015—2017年）（送审稿）》《2016年常山县财政专项资金细化预算和2016年常山县政府投资非重点项目资金安排计划（送审稿）》。

【县政府第47次常务会议】 4月28日召开。会议由县长毛建国主持。会议的主要议题是：研究《常山县政府投资项目代建制管理规定（送审稿）》《常山县政府投资项目工程变更管理办法（送审稿）》《关于要求进一步明确育才合作办学相关政策的汇报（送审稿）》《关于浙江常林纸业有限公司土地房屋实施整体收储相关情况汇报（送审稿）》《关于钙产业综合整治涉及国有建设用地的处置建议（送审稿）》《2016年常山县支持浙商创业创新工作暨招商引资考核办法（送审稿）》。

【县政府第48次常务会议】 6月27日召开。会议由县委常委、常务副县长姜良米主持。会议的主要议题是：研究《常山县"柚石金色带"创建工作三年实施方案（送审稿）》《关于建立耕地保护补偿机制的通知（送审稿）》《2016年常山县工业经济提质增效工程十大专项重点工作（送审稿）》《常山县"十三五"工业发展规划（送审稿）》《关于设立昊润产业股权投资基金的报告（送审稿）》《回购威诗朗照明有限公司部分电镀车间有关事宜（送审稿）》《关于加快推进残疾人全面小康进程的实施意见（送审稿）》《常山县全面建立困难残疾人生活补贴和重度残疾人护理补贴制度的实施办法（送审稿）》《县政府对十五届人大001号、002号议案的答复（送审稿）》。

【县政府第49次常务会议】 7月18日召开。会议由县委常委、常务副县长姜良米主持。会议的主要议题是：研究《关于常山县限制养犬暂行规定（送审稿）》。

【县政府第50次常务会议】 8月22日召开。会议由县委常委、常务副县长姜良米主持。会议的主要议题是：研究《常山县公务用车制度改革实施方案（送审稿）》《常山县"12345"政务咨询投诉举报平台建设（送审稿）》。

【县政府第51次常务会议】 10月21日召开。会议由县委副书记、代县长周向军主持。会议的主要议题是：研究《常山县城区道路交通秩序综合整治实施方案（送审稿）》《常山县三衢教育发展有限公司土地房产设施收购及处置方案（送审稿）》《关于哲丰新材料项目有关事项的汇报（送审稿）》《常山县淘汰石灰钢窑工作实施方案（送审稿）》《关于调整淘汰改造分散高污染燃料锅（窑）炉财政补助资金政策的通知（送审稿）》《关于鼓励企业兼并重组的补充意见（送审稿）》《常山县人民政府与社会资本合作办医项目实施方案（BOOT模式）（送审稿）》《关于综合行政执法局要求发放加班补贴等问题的处理意见（送审稿）》。

【县政府第52次常务会议】 11月21日召开。会议由县委副书记、代县长周向军主持。会议的主要议题是：研究《常山县户籍管理制度改革实施方案（送审稿）》《调整污水处理收费标准的通知（送审稿）》《邀请招标确定城区亮化提升工程EPC总承包单位工作方案（送审稿）》《常山县城东新区总部综合体项目地块出让建设特别规定及投资建设协议（送审稿）》《48省道延伸线常山溪口至宋畈公路工程L4标段建设情况汇报（送审稿）》《常山县小城镇环境综合整治实施方案（送审稿）》《常山县2016年财政预算调整方案的报告（送审稿）》。

【县政府第53次常务会议】 12月9日召开。会议由县委副书记、代县长周向军主持。会议的主要议题是：研究《常山县通景路、府前路、文教路道路PPP项目实施方案（送审稿）》。

【县政府第54次常务会议】 12月29日召开。会议由县委副书记、代县长周向军主持。会议的主要议题是：研究《常山县科技型中小微企业保证保险贷款管理办法试行（送审稿）》《常山县政府性资金结算平台业务受理暂行办法（送审稿）》《常山县县属国有投资公司资金集中受理统一调剂办法（送审稿）》《龙绕溪流域现阶段重点治理方案（送审稿）》《2017年春节期间“访民情、送温暖”活动实施方案（送审稿）》。

县政府办公室工作

【概况】 2016年，县政府办公室办理各级各类文电：国务院及其办公厅文件146件；省政府及其办公厅文件318件；市政府及办公室文件126件，县政府及办公室文件561件；各乡镇（街道）及县直各部门主送件633件。全年打印各类文电、领导讲话、汇报材料等100万余字，复印4万余张。做好保密和印鉴管理、资料订阅与管理。

【信息工作】 2016年，县政府办公室编发《政务参阅》11期、《常山政务增刊》47期、《要情快报》63期。被省政府办公厅采用信息10篇，被市政府办公室采用信息64篇，获省、市政府领导批示5条次。

【提案议案】 2016年，县政府办公室承办县十五届人大五次会议提交的议案建议13件，县政协八届五次会议提交的提案29件，办结率100%。

【综合工作】 2016年，县政府办公室撰写综合文字材料300余篇，组织起草全县性重要会议上的县政府领导讲话材料，完成向省、市领导到常山视察调研工作时的汇报材料，协助县政府领导把关修改在全局性工作会议上的讲话材料以及其他综合文字材料。

【政工人事】 2016年，县政府办公室健全党组理论学习中心组和全体干部职工的学习制度、计划与安排，坚持开展每周集体学习活动。协助党支部开展党务工作。办理全体干部职工调资补贴工作。搞好县政府办公室机关的党风廉政建设。组织职工参加经常性捐助和联系乡镇困难户。做好退休职工的慰问工作。

（张徐琳）

小资料：

2016年县政府10件
为民办实事项目完成情况

1. “碧水蓝天”工程。完成225座池塘清（污）淤，清理河道6条、山塘22座、水库9座，清淤108.57万立方米；淘汰、改造76个锅（窑）炉（锅炉69、窑炉7），完成年度计划任务；完成球川镇环境空气自动监测站以及芳村溪微型监测水站建设并投入运行。

2. 城市绿道建设工程。完成环南门溪绿道2.3千米、常山江南岸绿道6.38千米、滨江绿道1.94千米、徐村绿道2.7千米，共计建设绿道13.32千米；完成城东新区自行车赛道外环线5千米、内环线3千米建设，完成配套供电、通信设施建设。

3. 农村惠民交通建设工程。完成农村公路提升25千米；完成常河线路面改造12.26千米，排水设施、标识标线、安保设施等配套基本完成。

4. 公共卫生服务中心建设工程。项目于11月17日开工建设，完成年度计划任务。

5. 乡镇敬老院改造提升工程。芳村镇主体工程完成；白石镇主体工程完成。

6. 残疾人集中托养服务中心建设工程。建筑面积5887平方米的主体工程完成，可容纳床位160张。

7. 文峰路路网改造提升工程。完成国际大酒店至人民路人行道改造1.2万平方米，其中改造非机动车道2.2千米、人行道铺装6000平方米，实现机非分离。

8. “天网”工程。“天网”工程建设已完成，新增1471个视频监控。

9. 美丽集镇建设工程。全面完成美丽集镇“六个一”（即打造一个“洁净集镇”、梳理完善一个规划、综合改造一条主要街道、建成一个休闲文化空间、提升一个污水处理系统、实施一个拆改用结合项目）项目建设，实施集镇建设项目70个，其中47个须完成项目已全面完工，23个须开工项目均开工、已完工11个。

10. 食品药品“智慧监管”建设工程。县食品药品“智慧监管”指挥中心已建成，视频监控系统建成投用。

政府咨询工作

【概况】 2016年，常山县人民政府咨询委员会（以下简称“县咨询委”）深入贯彻“实力工业、休闲城市、美丽乡村”发展战略，按照年初制订的课题计划，围绕常山经济社会发展全局的重要问题，坚持“前瞻性、超脱性、可操作性”原则，立足调查研究，建言献策，完成5篇咨询报告，供县委、县政府领导决策参考。这5篇报告的题目是：《我县企业挂牌上市的瓶颈和对策》《加快盘活我县闲置国有房地产的探讨与建议》《金融支持地方经济发展的现状和建议》《我县淡水渔业转型发展的思考》《关于在新形势下我县企业对外寻求资本合作的几点建议》，其中《金融支持地方经济发展的现状和建议》课题报告获得县委副书记、代县长周向军的批示。

【开展教学质量“移位争先”专题咨询】 2016年9月21日，县委副书记、代县长周向军专题调研县咨询委工作，提出要进一步提高常山教学质量，希望有关部门积极参与。为此，县咨询委成立调研组，在查阅大量数据，与兄弟县（市、区）分析比较前提下，召开县教育局、县教研室、中小学校三个层面的座谈讨论，吸纳了许多好的建议与意见，形成《常山县教学质量“移位争先”的建议》，分送县领导及县教育局主要领导参阅。

【市县联动开展课题调研】 2016年，县咨询委配合市咨询委完成两个课题的调研，它们是《偏远农村地区集体经济股份化改造的实践与建议——以常山县为例》和《提升基层医疗卫生服务实力，完善分级诊疗模式》。

（杨　登）

机关事务管理

【概况】 2016年，县机关事务管理局按照“加强管理、优化服务、强化保障”的要求，创新机关事务管理模式，科学规范地开展机关后勤服务管理工作。强化后勤接待管理，完成县“两会”、县委全会、县政府全会等重要会议的会务工作任务；有序开展首届全国油茶文化节暨全国油茶交易中心揭牌仪式、2016年中国山地自行车公开赛暨衢州市第二届体育大会开幕式、2016年中国·常山胡柚采摘节暨农产品质量安全科普直通车进柚园活动、衢枳壳推介会等重要活动的后勤保障工作。强化公务用车管理，完成全县公务用车改革工作；以“准时接送、安全抵达、舒适满意”为目标，规范用车流程，精干调度，为县内各部门重大公务活动提供用车服务。规范办公用房管理，严格按照《党政机关办公用房建设标准》的政策要求配置办公用房，督促全县机关按标准规范使用办公用房，防止超标准使用办公用房现象的回潮。统筹安排部分单位办公用房使用，完成紫港街道、规划中心、防空办等10余家单位办公用房的调剂搬迁工作。助力“平安常山”建设，建立“微型消防站”，提升安保防控水平。做好机关大院信访劝访安全工作，为县委、县政府等机关单位提供安全有序的工作环境，全年无治安案件发生。是年，县机关事务管理局获县级“G20杭州峰会维稳安保先进集体”。

【全县公务用车改革完成】 2016年，县机关事务管理局做好全县公务用车改革相关工作，成立常山县公务用车集中保障管理中心，完成中心工作人员岗位调配和司勤人员调度安排工作；完成留用的103辆车转移登记、保险过户、ETC变更、车辆GPS安装，实现公务用车集中服务管理保障。9月，常山县公务用车管理平台上线运行，采用“不固定车辆、不固定驾驶员，平台智能调度”的用车模式，实现“用车申请—审批—派车—结算”流水线服务，将传统化用车流程向信息智能化模式转变，为全县公务出行提供“安全、高效、优质”用车保障服务。

（姚媛媛）

政协常山县委员会

综　述

2016年，政协常山县委员会围绕经济发展、保护开发常山古道、发展交通事业等重大问题，通过提交提案、大会发言、小组讨论及与县委、县政府领导面对面交流等形式进行整体协商。围绕全县经济社会发展各领域的突出问题，谋实招、献实策，为破解难题献计出力，召开主席会议12次。在全体会议、常委会议、主席会议协商的基础上，主动加强同政府职能部门的沟通联系，先后围绕重点项目建设、古道保护开发、农村生活污水处理、学生交通安全保障等热点、难点问题开展专委会对口协商活动8次，为有关部门完善政策、改进工作建言献策。成功承办省政协“送卫生、送文化”下乡活动，让全县人民得到高水平的医疗和文化服务。

重要会议

【县政协八届五次会议】 2016年1月28日至31日，政协第八届常山县委员会第五次会议在县城举行。191位县政协委员参加会议，在常山的省、市政协委员，历届离退休县政协副主席、秘书长，县人大常委会各工委主任，各乡镇（街道）、县级机关各单位的主要领导以及不是委员的乡镇政协工作联络员列席会议。会议听取和审议县政协主席林红汉作的县政协常委会工作报告、副主席罗诚剑作的县政协提案工作报告，同时听取县委书记王良春代表中共常山县委的重要讲话。与会人员列席了常山县第十五届人民代表大会第五次会议，听取并讨论县长毛建国作的《政府工作报告》，听取并讨论其他报告。会上，7位委员围绕工业转型升级、谋划“智慧交通”、加强园区文化阵地建设等事关经济社会发展的问题作口头发言，书面交流13位委员的发言。毛建国听取委员发言并作重要讲话。

【县政协常委会议】 2016年，县政协召开常委会议6次，分别为：

3月29日，县政协召开八届常委会第二十三次会议，会议听取了浙江理工大学经济管理学院副院长战明华教授所作关于供给侧结构性改革的专题讲座。随后，会议对今年的“五水共治”长效机制建设专项集体民主监督工作进行了动员部署。会议还根据县委的提名，以举手表决的方式，一致同意占文军同志任常山县政协农业农村和人口资源环境委员会副主任；一致同意免去罗诚剑同志的常山县辉埠镇政协工作联络员职务。

5月27日，县政协召开八届常委会第二十四次会议，县政协农资环委主任、交通事业发展课题调研组组长吴润荣代表课题调研组汇报《关于推进我县交通事业发展的调研报告》。县委书记王良春在听取常委们的发言后作重要讲话。会议根据县委的提议，以举手表决的形式，一致同意胡震云同志因到龄退休，不再担任常山县政协副主席；一致同意邓永平同志任常山县政协社会法制和民族宗教委员会主任；一致同意免去邵卫国同志的常山县政协社会法制和民族宗教委员会主任职务，免去戴勇明同志的常山县天马街道政协工作联络员职务，免去谢雨根同志的常山县紫港街道政协工作联络员职务。

7月14日，县政协召开八届常委会第二十五次会议，会议听取县委全会报告（征求意见稿）的基本框架和主要内容。随后，与会人员围绕王良春书记讲话精神和县委十二届十二次全会报告（征求意见稿）开展小组讨论，常委们还围绕“建设全景常山、发展全域旅游”先后进行主题发言。

11月3日，县政协召开八届常委会第二十六次会议，会议传达了党的十八届六中全会会议的主要精神。听取县政协课题组的《践行“两山”理论，深化“三大战略”，全力打造美丽经济常山新样本》的调研报告，12个调研小组围绕助推美丽经济和全域旅游发展等主题分别进行发言，与会人员还分组开展讨论。县委副书记、代县长周向军应邀出席会议并讲话，会议听取评议组对县政协八届五次会议提案办理工作评议意见的反馈；听取县委常委、副县长张亮代表县政府作的关于县政协八届五次会议以来提案办理情况的通报；县政协常委对提案承办部门的提案办理工作进行了测评。会议以举手表决的形式，一致同意邵卫国辞去政协第八届常山县委员会常务委员会委员；一致同意免去饶力勤的常山县政协提案委员会主任职务；一致同意江樟生任常山县政协提案委员会主任。

【县政协主席会议】 2016年，县政协召开主席会议12次，分别为：

2016年3月30日，召开县政协八届四十八次主席会议，专题协商全县房地产发展工作。会议还讨论了省政协“送卫生、送文化”下乡工作实施方案，确定《关于休闲旅游资源合理高效统筹使用的建议》《关于规划建设“汽车拆解循环经济小镇”的建议》《对我县“十三五”综合交通规划的几点建议》等3件提案被列为县政协八届五次会议重点提案。

2016年4月26日，召开县政协八届四十九次主席会议，专题协商常山县电商及物流产业发展情况。会议建议提高认识，加强园区平台建设，注重人才引进培养，要创新运营模式。

2016年5月19日，召开县政协八届五十次主席会议，审议提出关于胡震云、邓永平等职务任免的人事事项。

2016年6月29日，召开县政协八届五十一次主席会议，专题协商常山县企业研发投入工作。会议建议要高度重视、营造环境、做好规划、完善政策。会议还审议提出关于胡水林等职务任免的人事事项。

2016年7月25日，召开县政协八届五十二次主席会议，专题协商常山县教育综合改革工作。会议建议要肯定成绩，鼓舞士气；要突破短板，后来居上；要形成合力，一鼓作气。会议还研究确定《2016年度提案办理工作民主评议实施方案》。

2016年9月5日，召开县政协八届五十三次主席会议，讨论研究提案办理民主评议工作；传达学习政协委员换届有关文件精神；研究布置走访政协委员工作；审议提出关于邵卫国免职的人事事项。

2016年10月19日，召开县政协八届五十四次主席会议，专题协商三镇建设工作。会议建议要加快基础设施规划建设；要强化集镇管理；要突出特色发展；要推进资源集聚。会议还研究部署召开县政协九届一次会议有关工作；研究讨论提案办理民主评议意见；讨论提出召开县政协八届二十六次常委会有关事项；审议提出江樟生等职务任免的人事事项。

2016年11月30日，召开县政协八届五十五次主席会议，专题协商打造常山文化品牌工作。会议建议要挖掘协商文化，形成具有常山特色的文化体系，进一步加大宣传推广力度。会议还研究确定县政协八届五次会议优秀提案名单。

协商议政

【政协专题视察】 2016年，县政协组织专题视察4次，分别为：

1月6日下午，县政协组织部分政协委员开展县政协八届五次会议会前视察。委员们分两组视察彤弓山古村落保护开发、同景光伏发电项目、球川中心镇建设、常山县第三人民医院建设项目、浙江先导精密机械有限公司、赛得健康产业园、中国观赏石博览园、48省道特大桥工程、常山一中迁建项目、城东新区城市综合体项目等，并听取相关汇报。

3月31日上午，县政协组织委员视察常山县集镇建设推进情况。委员们视察了芳村镇、东案乡、球川镇、白石镇等乡镇的集镇建设情况。

7月20日下午，县政协组织政协委员视察常山部分重点企业建设运营情况。委员们视察了哲丰新材料项目工地、浙江锦禾农业科技有限公司等建设现场，听取有关项目情况汇报，详细了解项目进度、发展前景、周边配套设施建设等情况。

8月30日上午，县政协组织部分政协委员视察九景衢铁路常山段项目建设情况。委员们视察了九景衢铁路常山段客运站、长风水库特大桥等施工现场。

【政协对口协商】 2016年，开展专委会对口协商活动8次，分别为：

4月14日，县政协委员工作委员会牵头，专题协商常山县外出务工人员回归就业创业情况。

4月19日，县政协文史资料委员会牵头组织，专题协商常山县古道保护开发工作。

6月22日，县政协社会法制和民族宗教委员会牵头组织，专题协商常山宗教事务管理工作。

6月22日，县政协农业农村和人口资源环境委员会牵头组织协商常山县外出务工人员回归就业创业情况。

8月31日，县政协港澳台侨委员会牵头组织对口协商会议，专题协商白菊花尖景区开发建设工作。

9月9日，县政协经济科技委员会牵头组织对口协商会议，专题协商常山县重点项目建设情况。9月28日，县政协教育文化卫生体育委员会牵头组织对口协商会议，专题协商常山县学生交通安全保障工作。

10月28日，县政协提案委员会牵头组织对口协商会议，专题协商常山县食品药品检验检测能力建设工作。

2016年常山县政协八届五次会议优秀提案一览

表6

序号	提案号	提案人	案　　由
1	006	民革常山总支	谋划智慧交通　亮丽休闲城市
2	007	李伟	关于乡村休闲旅游资源合理高效统筹使用的建议
3	010	饶贤福	关于加强农村居民饮用水后续管护工作的建议
4	016	张国平	关于加强管控，确保城区人行道设施完善和通行顺畅的建议
5	037	范建新	关于启动我县工业旅游项目建设的建议
6	049	谢雨生	关于规划建设“汽车拆解循环经济小镇”的建议
7	073	王伟	关于对我县“十三五”综合交通规划的几点建议

（熊爱华　顾哲洁）

民主党派·工商联

综 述

【概况】 2016年，全县有四个民主党派基层组织和一个县工商联（商会）。

中国国民党革命委员会常山县总支委员会（简称“民革常山总支”）有党员24人，分两个支部，每个支部各12人，总支主委郑金仙。总支成员担任县级机关单位中层以上干部的有15人，占62.5%，其中县（处）级领导干部1人，科级领导干部3人；具有高级职称的6人，占26.1%。根据党员所在单位分，教育行业的4人，卫生行业的2人，企业界的3人，政府机关的9人，离退休党员7人。是年，民革常山总支被民革浙江省委会评为2012—2016年度先进集体，黄爱珍被民革浙江省委会评为2012—2016年度先进个人；曾令兵家庭被文化部评为“书香之家”，被全国妇联评为“最美家庭”。

中国民主同盟常山县总支委员会（以下简称“民盟常山县总支”）有盟员30人。其中，具有中高级以上专业技术职称的21人；市政协委员4人，县政协委员9人；市人大代表1人，县人大代表1人。新发展盟员1人。在县政协八届五次会议上，曾晓燕代表民盟常山总支作题为《依托互联网+加快我县乡村休闲旅游发展》的大会发言，引起关注。盟员们参与“三改一拆”“五水共治”创“国卫”等重点工作的民主监督。民盟常山县总支注重盟员培训，选送盟员参加上级举办的培训。按计划定期召开总支会、支部会、读书会、培训会，各项工作有序推进。组织全体盟员学习习近平总书记系列重要讲话和十八届五中、六中全会精神；开展中国共产党成立95周年、中华人民共和国成立67周年庆祝活动和中国民主同盟成立75周年系列纪念活动。制定完善民盟常山县总支制度，明确学习、总支委员会议事、参政议政信息调研、财务、谈心沟通等10余项制度，通过建章立制，对民盟组织工作进行规范化管理。邀请浙江理工大学民盟盟员、教授战明华在县政协八届常委会第二十三次会议上为全体县政协委员作题为《中国供给侧改革的逻辑，从历史到现实》的专题讲座。民盟常山县总支围绕县委县政府的中心工作，落实常山县“高校+”的发展要求，多次邀请浙江理工大学教授专家到常山指导美丽经济、美丽乡村、生态文明建设。组织盟员参加全县民主党派“同心惠民”社会服务，开展创“国卫”承诺，每月参与创“国卫”等，共同营造民盟齐心创“国卫”的良好氛围。是年，民盟常山县总支被民盟衢州市委会评为“2015—2016年度先进集体”。曾晓燕被浙江省信访联席会议办公室、省信访局评为“G20杭州峰会信访工作先进个人”，被民盟浙江省委会评为“2015—2016年度先进盟员”；叶水爱被评为衢州市第六届名师；

陈青寿被评为衢州市第二届名医；陈青寿、何晟、张昭亮被民盟衢州市委会评为“2015—2016 年度先进盟员”。

2016 年 6 月 29 日，中国农工民主党常山县总支成立大会召开，将农工民主党常山县支部委员会更名为农工民主党常山县总支部委员会（以下简称“农工党常山总支”），选举产生第一届总支部委员；同日，召开第一届总支部委员会第一次委员会议，选举汪卫东为主任委员（以下简称“主委”），何水清、林永祥、陈江为副主任委员，付美华、邹志英、蒋国平为委员。总支部委员会下设医卫、资源环境、综合 3 个支部，并分别召开支部会议，选举何水清为资源环境支部主委，蒋国平为副主委，宁永伟为支部委员；选举林永祥为综合支部主委，邹志英为副主委，袁慧群为支部委员；选举陈江为医卫支部主委，付美华为副主委，徐丽琳为支部委员。7 月 7 日，中共常山县委统战部部长郑建华与农工党常山总支新一届领导班子座谈。11 月，徐丽萍加入综合支部。截至年底，农工党常山总支有党员 29 人；办公地址位于县城柚香路。2016 年，农工党常山总支组织全体委员开展专题学习，学习“四讲四有”（即讲政治、有信念，讲规矩、有纪律，讲道德、有品行，讲奉献、有作为）及习近平“七一”重要讲话等。完善党内组织建设，参照行政化的管理方式，党内各项事务高效运行。履行参政党的参政议政职能，参与专题协商中共常山县第十三次代表大会工作报告（征求意见稿）和常山县十六届人民代表大会第一次会议政府工作报告。参加农工党衢州市委会组织“传承使命、不忘初心、弘扬传统、继续前行”主题教育活动。组织党员参观中共“一大”会址、“中国农工民主党第一次全国干部会议”上海旧址，凭吊邓演达烈士墓及学习中共党史知识，参加活动人员深受历史教育，坚定了拥护中国共产党领导下全面建成小康社会的信念。农工党常山总支组织全体党员，发挥各自专业特长优势服务社会。农工党常山总支联合县妇幼保健院工作人员助力创“国卫”。资源环境支部到同弓乡东山畈西甜瓜示范基地和球川镇三里江村开展送农技下乡活动；医卫支部部分党员代表农工党，参与中共常山县委组织部在县城街心公园举办的“同心筑和谐”联合社会服务活动，专家们现场开展免费测血压、健康咨询、中西医诊疗、发放健康知识宣传单活动，受到老百姓的一致好评。

中国民主建国会常山县支部委员会（以下简称“民建常山支部”）成立于 2015 年 12 月 29 日，中共常山县委常委、统战部部长郑建华参加成立大会。大会选举产生民建常山支部第一届委员会（支部委员共 4 人），章金平当选支部委员会主委。民建常山支部成为常山县第四个民主党派基层组织。至 2016 年年底，民建常山支部有会员 10 人，其中担任县政协委员的有 6 人，章金平、官文景、徐琦任县政协常委。

常山县工商业联合会（商会）（以下简称“县工商联（商会）”）辖招贤、芳村、球川、青石 4 个基层商会和杭州市、深圳市、义乌市、北京市、上海市、宁波市、温州市 7 个异地常山商会；业务指导常山县钙产品工业协会、常山县纺织服装行业协会、常山县轴承行业协会、常山县餐饮协会、常山县物流协会、常山县永康商会等组织。新发展会员 15 个，有团体和个人会员 527 个。县工商联（商会）坚持每季度召开一次主席（会长）工作例会，邀请县领导参加，听取企业意见建议；定期走访企业，对企业经济增长方式转变、融资情况、行业文化建设等重大课题进行调研，在商会协会承接政府职能转移、加大扶持小微企业力度方面提出意见和建议，形成 2 篇专题调研报告。其中，《全域旅游背景下打造常山特色餐饮文化的几点建议》被县委办“领导参阅”采用；《给予“四不”企业更多扶持》被“每日要情”采用。是年，县工商联（商会）被全国工商联评为“2015年全国‘五好’县级工商联”。（黄爱珍　曾晓燕　蒋国平　郑素芳　陈芝兰、余岳峰）

民主党派重要活动

【民革参政议政】 2016年，民革常山总支鼓励党员针对群众关心的热点、难点问题，搜集社情民意，撰写调研文章。完成的提案、议案有：《关于进一步加快非法盗采废弃矿山整治利用的建议》《关于加强常山县中小学心理健康教育的提案》《关于加快常山江航道开发建设的相关建议》《关于在城南建设室内游泳馆的建议》《关于赏石小镇建设及石产业税负鼓励政策的建议》《关于加强常山县农村公路安保设施的建议》《关于扶持衢枳壳产业健康发展、促进柑橘胡柚产业供给侧改革的建议》《关于解决村级计生联系员养老保险的建议》《推进医保支付方式改革的建议》《关于要求优先我县公共交通服务的建议》《关于要求打造我县国际体育赛事产业园的建议》。其中，《关于要求优先我县公共交通服务的建议》作为县政协八届五次会议大会发言材料，《关于要求打造我县国际体育赛事产业园的建议》作为县政协九届一次会议大会书面发言材料，获县委书记叶美峰批示：“打造国际体育赛事产业园，我县已有良好的基础和开端，前景良好，大有可为”。

【民革服务社会扶贫帮困】 2016年，民革常山总支按照“量力而行、注重实效”的原则，发动党员参与社区服务和扶贫帮困等慈善活动，参加创“国家卫生县城”和“四边三化”活动；符和根与10多位贫困学生结对帮扶，资助“希望工程”、孤寡老人关爱项目；孙衣云组织市级名师、县级名师和学科带头人开展送教下乡，帮扶培养农村教师；林木青、程旭峰利用休息时间与衢州市人民医院开展“送医下乡”“送医进社区”活动；黄荣杭多次走进社区、学校，帮助社区、学校将图书编排分类，指导他们建立规范的图书馆和阅览室；王顺利参加县青少年宫组织的指导少儿画画活动、“美丽乡村”美墙画画行动等；曾令兵多次参加县里组织的各项大型公益活动。（黄爱珍）

【民盟常山总支第二次盟员大会召开】 2016年6月21日，民盟常山县总支第二次全体盟员大会召开。民盟衢州市委会副主委朱益民、樊勇花到会祝贺。中共常山县委副书记王郁松，县委常委、统战部部长郑建华应邀出席会议。常山县各民主党派、县工商联、县知联会的负责人应邀列席大会。大会听取并审议由罗诚剑主委代表第一届总支委员会作的工作报告。选举产生由罗诚剑、黄莺、曾晓燕、郑俊民、陈青寿、叶水爱、何晟等7名委员组成的民盟常山县总支第二届委员会。在民盟常山县总支委员会二届一次会议上，罗诚剑当选为主委，黄莺、曾晓燕当选为副主委。

【民盟省委会副主委方剑乔到常山调研】 2016年5月6日，民盟浙江省委会副主委、浙江中医药大学校长方剑乔到常山开展基层中医发展情况调研。其间，方剑乔看望慰问了常山盟员，并参加座谈交流。民盟衢州市委会主委刘炳炎、副主委樊勇花，民盟常山县总支主委罗诚剑等参加座谈交流活动。

【与民盟浙江理工大学委员会结对】 2016年12月9日，民盟常山县总支与民盟浙江理工大学委员会友好组织结对仪式在常山县举行。仪式由民盟常山县总支主委、常山县政协副主席罗诚剑主持。民盟浙江理工大学委员会主委汪进前一行8人出席，中共常山县委统战部副部长刘国平、常山县部分盟员代表参加。此次结对拉开了民盟常山县总支为常山经济社会发展提供“高校+”服务的帷幕。

（曾晓燕）

【民建参政议政服务社会】 2016年，民建常山支部围绕县委、县政府中心工作和群众关心的热点难点问题，研究确立特色小镇建设、城中村改造、文峰路综合治理、现代休闲农业发展四个重点调研课题，提交《治理改造城中村，建设文明有序县城》《提标增质，培育常山特色小镇》《关于我县休闲农业发展的几点建议》等提案8篇。2016年，民建常山支部开展遂昌山体滑坡事件捐赠、送科普下乡、服务会员企业等活动。在创“国卫”活动中，结合自身联系经济界人士，发动有关会员企业家，开展“联创日”行动。借助与杭州市拱墅区山海协作工作平台，共同确定同弓乡胡村村为年度新农村帮扶项目联系点，实施的村仓储厂房及古树林公园项目进展顺利，投入帮扶资金15万元。

（郑素芳）

工商联重要活动

【工商联光彩公益事业】 2016年，县工商联（商会）发动行业协会、异地商会会员通过捐款捐物，参与集镇建设、创“国卫”、帮困扶贫等。如杭州商会招贤分会会员筹资40多万元，采购一批花岗石，支持招贤集镇建设；浙江启天建筑捐款10万元物资用于创“国卫”；北京、上海、义乌、温州、宁波异地分会，以及杭州商会球川分会、大天马分会、新昌分会、大桥头分会分别组织会员捐款，帮助当地患尿毒症、白血病少年儿童治疗疾病，累计捐款20多万元。

【两家异地常山商会组建】 2016年，县委、县政府高度重视基层商会和所属行业协会商会建设工作。县工商联（商会）把异地商会建设摆上重要工作日程，指导和推动基层商会和所属行业协会商会制度化、规范化发展。常山县宁波商会于3月中旬成立，方小苹担任会长；常山县温州商会于8月下旬成立，张宝英担任会长。至此，常山县共组建异地商会7家。

【工商联党建工作】 2016年，县工商联（商会）坚持把个人自学与集中学习结合起来，学习贯彻党的十八大精神，特别是党的十八届六中全会精神和省、市工商联关于换届纪律的文件精神。落实“三会一课”制度，定期组织党员集中学习，结合党组理论中心组学习会、党支部学习会、专题辅导报告等形式进行学习，每月不少于一次，共组织集中学习6次。“七一”前夕，杭州市常山商会党支部组织党员会员赴嘉兴南湖开展理想信念教育活动；县餐饮业协会党支部组织党员赴江西弋阳方志敏纪念馆，举行重温入党誓词、缅怀革命先烈活动。

（陈芝兰　余岳峰）

社会团体

常山县总工会

【概况】 截至2016年年底，全县有工会组织844个，其中单独建会802个、联合工会42个，工会会员59985人，其中农民工34356人。有产业工会2个，县级机关工会6个，乡（街道）工会11个，镇总工会3个，经济技术开发区总工会1个，区域性、行业性工会3个，覆盖小企业2937家；实行职代会厂务公开企业716家。

2016年，全县工运事业保持创新发展的良好势头。县总工会以劳动竞赛、包村联企、劳模引领为主抓手，发挥工人阶级主力军作用，引领广大职工为建设“两美”常山建功立业。围绕常山经济社会发展大局，团结动员各参赛单位和广大职工以“一流的工作、一流的服务、一流的业绩、一流的团队”为目标，在全省扩大有效投资集中开工重大项目、列入省重点培育的发展产业、重点工业项目、“五水共治”以及重大基础设施建设项目中开展以“六比六赛”为主要内容的立功竞赛活动。深入基层、深入一线、深入企业，发挥“驻企联络员”作用，掌握企业生产经营情况，有针对性地帮扶企业破解生产困境、服务企业转型升级。履行“包村”部门职责，参与联系村“五水共治”“四边三化”“三改一拆”、生猪整治工作。针对“城中村”环境“脏、乱、差”现象，多次组织工会干部到联系村参与环境卫生整治工作，助力创“国卫”；多次到何家乡石门溪开展卫生清理、巡查督查工作，保持河道卫生整洁。组建劳模创“国卫”先锋队，开展以“弘扬劳模精神，争当创卫先锋”为主题的创“国卫”活动；组织广大劳模进社区开展卫生大整治，举办卫生公益讲座，上街、入户（店）进行创“国卫”宣传，分发创“国卫”《倡议书》，发挥劳模的示范引领作用，提高广大群众创“国卫”意识和文明素养，促进创“国卫”工作深入开展；召开庆“五一”劳模座谈会，为推进实施“实力工业、休闲城市、美丽乡村”三大战略建言献策。

县总工会做好维权帮困工作。在全县167家企业中推行工资集体协商和集体合同签订工作，开展好和谐企业创建活动，营造和谐稳定的劳动关系。县职工法律援助中心开展职工法律援助工作，全年接待职工劳动争议案件73件，涉及职工528人次，金额752万余元，案件涉及工伤认定处理、职工欠薪、劳动合同执行、解除方面的问题；接待职工群体性事件3件，涉及职工58人，涉及金额48万元。做好医疗互助保障结报工作，执行并完善首问责任制等相关制度，做好职工医疗互助结报工作，全年医疗互助报销人数335人，报销金额合计332435.86元，其中最高单笔报销金额9270.5元。加强困难职工帮扶工作，健全完善困难职工档案管理和困难职工帮扶救助方案，细化审核帮扶条件，对困难职工实行“常态化”管理，“动态化”帮扶，为职工做好事、办实事、解难事，全年走访慰问城镇困难居民、企业困难职工、贫困劳模和各类贫困对象643户，发放慰问金、慰问物资合计70余万元，全面完成“爱心透析”人员的申报、建档和公示工作，共上报“爱心透析”困难职工20户。开展“工会与您同行”送杂志活动，参与农民工返乡春运工作，为农民工送出《半月选读》杂志2500份。

【全县基层工会组织状况普查工作完成】 2016年，县总工会开展基层工会普查活动，了解掌握基层工会实际状况，做实工会数据库。年内新建基层工会组织15家。截至年底，全县累计建有新经济组织工会621家，其中300家工会活动比较正常。554家单建工会建立了职代会制度，职代会和厂务公开制度实行率达100%，有191家基层工会作用发挥较好。开展“六有”基层工会（即有依法选举的工会主席、有独立健全的组织机构、有服务职工的活动载体、有健全完善的制度机制、有自主管理的工会经费、有会员满意的工作绩效）建设，开展会员评议“职工之家”活动，激发基层工会作用与活力。

【开展“冬送温暖”行动】 2016年，县总工会深入农村和企业，针对全县生活困难的一线职工、城镇困难居民、困难劳模等进行详细的调查摸底，及时建立困难职工档案，筹措送温暖资金，全年发放温暖资金71.72万元。其中，走访慰问市、县两级困难劳模10人，发放慰问金1.6万元；走访慰问贫困城镇居民420户、军转干部18户、贫困职工205户，发放慰问金、慰问物资合计70.12万元。

【举办与外来员工“同吃年夜饭”活动】 2016年1月27日晚，县总工会和浙江环宇轴承有限公司邀请100余名外来务工人员一起，在环宇轴承食堂开展“迎新春同吃年夜饭”活动。年夜饭以“简朴、励志、喜庆、亲民”为主基调，邀请坚守岗位的职工同吃年夜饭。席间，部分外来员工自导自演了节目，活动内容丰富多彩。浙江环宇轴承有限公司为到场的员工准备了丰厚的礼品，通过互动抽奖等形式送到参与活动的务工人员手中。

【县总工会十四届五次全委会议召开】 2016年3月11日，常山县总工会十四届五次全委（扩大）会议召开。会议总结2015年度工会工作，部署2016年工作要点，对2015年全县重点建设项目立功竞赛先进个人、2015年度优秀工会干部和2015年度优秀经审干部进行表彰。

【推进工资集体协商制度的落实】 2016年4月8日，县总工会针对协商当中存在的思想认识不到位，企业主担心协商会增加企业成本，职工害怕失去工作不敢与企业主协商，企业工会主席不愿“得罪”企业主，存在“不愿谈”“不敢谈”的现象，及工作开展不平衡，企业主没有把工资集体协商提上重要议程，重视程度不高，推动力度不大，存在为难情绪的问题，在浙江金利达（红泰）家俬有限公司和浙江雄狮工贸有限公司，分别召开工资集体协商推进现场会，推动工资集体协商制度的落实，提高工资集体协商的质量和实效，依法维护劳动关系双方合法权益。全县乡镇工会负责人、重点企业工会主席参加现场会。衢州市总工会副主席徐海平、法工部部长胡英应邀参加此次现场会，并对常山县集体协商的形式、内容和效果表示肯定。

【县教育工会授予首批教师“美丽办公室”】 2016年3月，县教育工会根据《常山县教师“美丽办公室”评比标准》，组织评审小组，从物品摆放、室内布置、安全卫生和劳动纪律四个方面对各基层学校推荐上报的25个教师办公室进行实地考核。经考核，授予实验小学一年级“彩虹办公室”、城东小学“启航办公室”等14个教师办公室为常山县首批教师“美丽办公室”，并进行挂牌和表彰。

【教育工会开展“书香三八”读书活动】 2016年，县教育工会在全县女教职工中开展第四届“书香三八——智慧女性·书香家庭”读书活动。主要内容有5项：“书香三八”女职工大讲堂、“智慧女性·书香家庭”征文、“书香家庭”——亲子共读活动、“幸福家庭”——寻找身边的幸福家庭感人故事和“写一封家书”活动。

【全县职工合唱大赛】 2016年4月26日晚，县总工会联合县文广新局、团县委举办“五一颂歌 唱响常山”职工合唱比赛。县委副书记王郁松，县人大副主任、总工会主席王文达，副县长郑金仙，县政协副主席陈国珠和40名劳模代表出席并观看比赛。全县16支基层工会队伍800多名职工参加合唱比赛。

4月26日，县市场监督管理局参加县“五一颂歌 唱响常山”职工大合唱 （李 翔 摄）

【庆“五一”象棋精英赛】 2016年4月23日至24日，县总工会联合县体育局举办庆“五一”象棋精英赛。比赛分机关组、财政组、老年组等8支队伍，共60多名选手参加。经过两天九轮的激烈角逐，张加卫获得男子组第一名，宁歆获得女子组第一名。

【劳模志愿服务“保平安·护航G20”科普活动】 2016年5月16日，县劳模志愿服务团开展技术服务月活动暨“保平安·护航G20”科普活动。在紫港社区，服务团为居民提供义诊、免费测量血压，向居民宣传反邪教反诈骗知识，宣传节约能源资源、保护生态环境的重要意义，共向居民发放各类健康养生、科普知识、法律法规资料160余份，为居民免费测量血压80余人次。

【县“劳模创卫先锋队”成立】 2016年6月24日，县总工会举行“弘扬劳模精神 争当创卫先锋”主题活动暨劳模创卫先锋队成立仪式，全县各级劳模代表，乡镇（街道）、部分机关事业单位工会干部，重点企业工会干部、职工代表共200余人参加。县总工会组建机关创“国卫”轮岗小分队，建立由200名以企业工会干部为主的“职工志愿者”队伍和由60名劳模组成的“劳模创卫先锋队”。县人大常委会副主任、县总工会主席王文达为县劳模“劳模创卫先锋队”授旗。“劳模创卫先锋队”队员分为创“国卫”宣读组、交通文明劝导组、环境整治组、健康义诊服务组，开展清除卫生、宣传宣讲、文明劝导等活动，走进700多商户、200多民居，发放创卫宣传书3000多份，清理垃圾60多吨，劝导、规范电动自行车、三轮车1089辆，文峰路沿线非机动车乱停乱放现象得到明显改善；健康义诊接待居民1000多人次。开展“奉献双休日，创卫再攻坚”活动，整治10余处卫生死角，清理20多处垃圾堆放点，清除运走60余吨垃圾，拆除违规搭建3处，处理水沟淤泥4处。常山科润化学有限公司为创“国卫”工作捐赠1200个垃圾桶，派出单位志愿者26人参与清除卫生活动；县总工会投资2万多元购买20辆自行车，制挂“绿色出行誓创国卫”标语宣传牌，投放到创“国卫”宣传工作中，并将其中10辆自行车赠与县创卫办，提倡绿色出行；投资5万元，置办矿泉水、毛巾、草帽等清凉物资，看望慰问奋战在创“国卫”一线的职工。

【全县基层工会干部培训班举办】 2016年6月15日至17日，县总工会举办“学习发挥工匠精神，助力企业转型升级”为主题的2016年度全县工会干部培训班。各乡镇（街道）工会主席，教育、住建、卫生等系统工委主任，部分企业工会主席共80余人参加培训。培训内容涉及“两学一做”系列党课讲座，常山经济形势分析，新常态下如何发挥工会干部作用等；组织参训人员到临安、桐庐等发达地区的企业进行参观考察，学习当地企业的职工素质培训经验介绍和企业基层工会建设等经验。

【推进疗休养基地建设】 2016年，县总工会抓好全县职工疗休养工作，邀请省、市工会领导到常山考察劳模疗休养基地，争取早日创建成功并挂牌，推进劳模疗休养基地建设。分一日游、二日游两种版本，制作并发放“浙江常山全域智慧旅游地图”，加强与外地总工会的对接联系。发挥全域智慧地图宣传作用，向全省各级工会宣传常山、推介常山，不断向外对接职工疗休养合作意向，吸引外地职工到常山开展疗休养。把好工会职工疗休养关，引导各基层工会到乡村和农家乐民宿合理开展春、秋游等工会活动。

（杨叶根）

共青团常山县委员会

【概况】 2016年，共青团常山县委（以下简称“团县委”）机关内设青少部和办公室，设有一个下属事业单位，即县青少年活动中心。至年底，全县共有团支部754个；团县委直属团（工）委65个，其中乡镇14个、机关部门和企业团组织37个、学校团组织14个；下属专职团干部65人，其中本科及本科以上学历52人、大专以上学历13人，团干部平均年龄26.2岁。全县8周岁～35周岁户籍青少年11.93万人，其中共青团员32657人、少先队员19204人。全县新发展共青团员2000人，新加入党组织的共青团员有86人。

2月26日，市委常委、常务副市长赵建林（前左二）率队到常山调研“清千塘美百河”工作

（黄红霞　摄）

2016年，团县委以“凝聚青年、服务大局、当好桥梁、从严治团”的四维工作格局为统揽，争创特色、力争上游，团的各项事业迈向新台阶。开展“清千塘美百河青年治水大会战”活动，引导全县各级团员青年投身治水清淤共建美丽乡村活动；开展“青春发力添万绿，三化行动当先锋”主题活动，带动社会各界自觉参与“五四三”等行动，切实增强环保意识，营造植绿护绿、保护生态、齐治污水的良好氛围。开展“‘创卫’团旗在飘扬”、青年志愿者“创卫2+2”系列活动，组织全县各层面青年深入大街小巷、城中村开展卫生整治、交通文明劝导、整治乱堆乱放行动。联合县委人才办，组织全县研究生俱乐部和“大学生村官”团委开展

“慢城漫游”青年人才交流联谊活动，30余名青年人才齐聚紫港街道孔家弄村，为打造国际慢城、建设美丽乡村献计献策。建立一支由1.2万余人组成的平安志愿者队伍，开展以平安巡防、法制宣传、权益维护为主要内容的平安志愿服务活动。依托“青年之声·常山”平台，整合县青年联合会、县青年企业家协会、县青年志愿者协会等团内外资源，成立起一支由行业带头人、心理咨询师、团干部等组成的专家团队。利用“青亲筹”爱心众筹平台发起募捐活动，为车祸男孩募集治疗基金2万元。全年争取各级各界助学资金175.4万元，资助贫困学生643人。发挥青少年校外活动阵地作用，组织开展艺术、体育、科技、文化、劳技五大类30多个项目培训，全年举办培训班次400多个，累计培训学员1万余人次。面向农村留守儿童、农民工子女等群体开展“流动少年宫”活动，走进农村、社区9次，服务弱势儿童约4500人，为农村青少年提供平等的校外活动资源。开展乡镇青少年宫创设工作，辉埠镇青少年宫年培训达1000余人次。

12月8日，团县委组织村淘合伙人走进芳村镇前塘村前山教学点为留守儿童送温暖

（刘蕊琪　摄）

是年，团县委被中共常山县委授予“常山县G20杭州峰会维稳安保先进集体”；县青少年活动中心获浙江省网络安全宣传周“青少年日”活动优秀组织奖、“童心·童梦”衢州市第五届少儿现场书画大赛优秀组织单位；饶群获“常山县G20杭州峰会维稳安保先进个人”，金童获2015年度“平安常山”先进个人，刘蕊琪获2015年度市级优秀团干部、常山县“最美创卫人”。

【青年网创新突破】 2016年1月，常山县成功举办浙江省首届年货节暨常山胡柚食尚周活动，全省15个地区的县级领导、省内外160余家电商企业，以及全省1300余名农村淘宝合伙人到常山参加活动。其间，常山胡柚线上销售31万公斤，销售额150余万元。4月，在首届阿里巴巴农村淘宝颁奖典礼上，常山县获村淘“最具活力县域”称号，湖头村、东鲁村合伙人获“百万英雄”称号。此外，常山县获“6·18”家装节村均GMV（即网站成交金额）全省第二、“双11”村均GMV全省第三、“双12”总GMV全省第一，全年总交易额达5000万元，交易订单33万余笔。11月，团县委实施“青创护航”工程，成立农村淘宝创业孵化中心暨青创空间，开办“青年创业大讲堂”，先后举办电子商务培训班15期，农村青年素质培训班13期，培训青年约3000人次，吸引青年返乡就业500余人。

【青年志愿服务模式创新】 2016年，团县委率先推动“志愿汇”APP使用，构建志愿者线上互联、线下互动的O2O服务体系，开启志愿服务智慧公益时代，成立“小胡柚”青年志愿服务队为代表的线上志愿服务组织18个，实名注册志愿者1.2万余名，累计参与志愿活动近2万人次。围绕重大节日开展形式多样的志愿服务活动，在春运伊始启动“暖冬行动”志愿服务活动，在“3·5”学雷锋日赴塔山公园开展“环境保护，从身边做起”环保志愿活动，在植树节开展“青春发力添万绿，三化行动当先锋”主题活动。

围绕县重大活动赛事开展志愿服务活动，为常山胡柚文化节、全国山地自行车公开赛（浙江常山站）、首届全国油茶文化节提供志愿服务。10月，在白石镇聚宝村、东案乡前库村、天蓬村、呈东村、金源村设立“红色驿站”，通过组织开展形式多样的特色志愿服务活动，为乡村骑行旅游、红色旅游提供旅游咨询、紧急救援等综合服务，推动全域旅游发展。

（刘蕊琪）

常山县妇女联合会

【概况】 2016年，常山县妇女联合会（以下简称“县妇联”）以“千名志愿创‘国卫’、千户庭院美山城、十万妇女助双治”活动为主要内容，开展基层妇联组织改革试点；以妇女群众的需求为基本出发点，开展日常维权关爱、“平安家庭”创建、来料加工发展引导等一系列活动，切实履行服务妇女、维护妇女儿童合法权益的基本职责。

引领妇女创业创富。县妇联坚持把发展来料加工业作为助农增收、妇女建功的重要抓手。2016年，全县有来料加工经纪人436人，集中加工点294个，其中企业57家，带动约4.5万名农民就业，发放来料加工费5.8亿元。落实2015年度“以奖代补”政策，对64位经纪人进行奖励，对1个行政村来修缮料加工厂房实施第三年度补助。组织经纪人、加工从业人员开办安全管理、互联网、企业管理、操作技术等培训班30余场，培训1500余人次。既利用义博会、推介会等传统商贸发展平台，又利用“县来料加工经纪人微信群”等新兴网上阵地与市场主动对接、互通有无，成功接洽项目100余个；发挥常山驻义乌来料加工联络处作用，全年接待洽谈1000余人次，引进订单180余个。鼓励来料加工经纪人及加工企业发展电子商务，有36位经纪人开设网店并取得良好的效益。与各经纪人、加工点签订安全生产责任书，百分之百落实主体责任；定期组织全县各级妇联联合安监、消防等部门开展安全大排查活动10余次，排查加工点3500余家次；尤其在护航G20峰会期间，对全县248个集中来料加工点进行每天一轮次的密集走访，发放粘贴安全须知1.2万余份。

妇女儿童关爱与维权工作。县妇联以“平安家庭”创建为主抓手，借《中华人民共和国反家暴法》开始施行之契机，开展“宣传进村”“学习进机关”“普法到身边”等主题宣传活动，共开办讲座30余场，粘贴海报600余张，发放宣传资料3000余份，编辑发送宣传短信3万余条，参与活动妇女人数达4000余人次。履行好反家暴委员会办公室工作职责，引导新人签订反家暴承诺书800余份。帮助受害妇女申请人身安全保护令案件3起，其中发出2份，为全市首张人身安全保护令。联合县法制办制定县政策法规性别平等咨询评估项目委托及意见反馈办法，已组织专题评估两项。推动将婚姻家庭纠纷人民调解工作纳入乡镇（街道）社会服务管理中心调解机制中，建立起县、乡、村三级维权网络。同时，县妇联做好日常妇联妇女信访接待办理工作，制定乡镇（街道）妇联信访交办制度，全年接待调处来信来访案件47件，调处率达100%。

至2016年年底，全县有基层妇女组织400多个，其中乡镇（街道）妇联14个，县级机关、事业单位妇委会33个，行政村妇代会180个，社区妇联组织8个，“两新”（即新经济、新社会）组织中的妇女组织227个。

是年，县妇联被市妇联评为“衢州市妇联系统基层组织建设工作先进集体”、被县委授予“常山县G20杭州峰会维稳安保先进集体”。

【县妇联十四届五次执委会议召开】 2016年2月26日，县妇联召开十四届五次执委（扩大）会议。县妇联执委，各乡镇（街道）妇联主席、副主席，县属各妇委会主任（妇女小组长），县妇联隶属单位负责人，在常山的省第十三次妇代会代表和市妇联第六届执委，部分巾帼文明岗岗长参加会议，县委副书记王郁松出席会议并讲话。县妇联主席李珍向执委（扩大）会议报告工作，回顾总结2015年全县妇女工作，研究部署2016年重点工作任务，并通报表彰全县2015年度获得市级以上妇联系统先进荣誉的集体、个人，以及县妇联各项工作先进集体和优秀妇联干部。

【全县乡、村两级妇联组织格局标准化改革推进会召开】 2016年3月7日，县妇联召开纪念“三八”国际妇女节暨全县乡、村两级妇联组织格局标准化改革推进会。市妇联主席汪晓敏，县委副书记王郁松，县委常委、组织部部长吴利平等领导参加，王郁松作讲话。全县乡、村两级妇联组织格局标准化改革领导小组全体成员，部门妇委会主任，部分巾帼文明岗岗长，各乡镇（街道）妇联主席、副主席，社区党支部书记、妇联主席，部分村党支部书记、妇代会主任，十佳“五型”（即学习型、创新型、发展型、开放型、服务型）妇代会主任以及百名优秀网格长代表等共计230余人参加会议。会议启动基层妇联组织建设指导员“三联三亮”结对和乡、村两级妇联组织格局标准化改革试点工作，并表彰了2015年度常山县“十佳‘五型’妇代会主任”“百名优秀网格长”。会上，东案乡妇联分管领导、招贤镇妇联主席、财政局妇建指导员对推进乡、村两级妇联组织格局标准化改革工作分别作表态发言。

6月12日，全县基层妇联组织格局标准化改革暨“村妇代会”改建为“村妇联”现场会召开

（黄红霞 摄）

【村级“会改联”先行试点开启】 2016年3月初，县妇联印发《常山县基层妇联组织格局标准化改革方案》，以“增三性去四化”（三性是指：政治性、先进性、群众性，四化是指：机关化、行政化、贵族化、娱乐化）为导向，以妇联组织、妇联工作对妇女群众的“两个全覆盖”为落脚点，以东案乡为整乡试点，其余13个乡镇（街道）各选取1个村作为试点，正式开启村级“会改联”先行试点工作。4月底，试点村全面完成“会改联”选举。“领导机构标准化”明确乡级妇联执委9~19名、村级妇联执委7~15名的组织成员规模；明确5名固定执委+N名特色执委的“5+N”执委设置办法；明确乡镇（街道）妇联主席“五有”（有坚定信仰、有知识水平、有干事激情、有责任担当、有群众基础）选任标准及村（社区）妇联主席“五型”（创业带动型、团队管理型、活动组织型、知识引领型和热心公益型）选任标准；明确请示批复、代表推荐、资格审查、报告批复的实际操作规程。“组织架构标准化”以打造“乡级社会化大妇联、村级服务型实体妇联”为理念构建新型末梢组织架构；同时，依托现代通讯联络工具，在乡、村两级妇联建立“工作群”和“群众群”两大层面的微信群，有效破解了

基层组织“覆盖不全”问题，使妇女群众能在网上找到妇联组织、参加妇联活动、得到妇联服务。“工作运行和管理标准化”以“六大工作制度、五大工作任务、妇女之家四大阵地”为主要内容，规范基层妇联组织运行机制。此外，县妇联安排63名基层妇联组织建设指导员开展“三联三亮”行动，对村级妇联组织进行“星级评定”。全县23个已完成“会改联”试点的村（社区）共计选举产生执委278人，成立妇女小组378个，组建吸纳5000余名妇女的各级微信群94个，开展垃圾分类、文艺会演、排舞大赛、关爱孤寡老人送服务、电商培训、孝道宣讲、家政月嫂培训活动100余场，参与妇女1万多人次。

【巾帼“玫瑰行动”助力创“国卫”】 2016年，县妇联将每月8号定为“玫瑰行动日”，组织妇女集中开展“五乱”（乱停乱放、乱丢垃圾、乱发小卡片、乱倒污水泔水、乱贴）劝导、交通秩序劝导、百名志愿者上街、秩序规范、卫生整治主题行动40余场，全县80余个妇女组织5000多人次参与志愿活动，共向全县广大妇女及家庭发放倡议书、宣传手册1万余份。同时，把创“国卫”宣传向农村妇女群众延伸，各乡镇（街道）妇联结合“五四三”重点工作开展活动30余场，发动农村妇女1000多人次参与。各机关妇委会主动融入包干区工作，清理各处违章搭建、卫生死角1000多处；各社区组建“玫瑰劝导队”8支，吸纳200余名队员常态化开展日常巡逻、文明劝导、卫生清理工作；来料加工协会、女企业家协会两大团体以及巾帼文明岗单位等巾帼志愿者主动参与卫生清理、文明劝导活动300余人次。县妇联机关全体干部连续奋战30余天清理包干小区卫生死角300余处，并捐赠垃圾大桶帮助改善基础设施，助力解决老小区“脏、乱、差”问题。

【开展“全景常山　柚美庭院”主题活动】 2016年，县妇联开展“全景常山　柚美庭院”主题活动，以培养“发现美”的眼睛、丰富“特色美”的内涵、浓厚“长效美”的氛围三个方面推动开展“千户示范庭院评比”工程，开设“美丽庭院日记”专栏对庭院创建进度开展进度实时播报，在各乡镇（街道）、村（社区）妇联组织及妇女群众中营造“立说立干、互看互学、比学赶超”的浓厚氛围。

【开展“垃圾分类　巾帼先行”主题活动】 2016年，县妇联发动广大妇女常态化、长效化参与生活垃圾分类减量工作，并顺利通过市级联合检查组的督查，超额完成126个实施村、72个达标村的创建任务，比目标要求高出10个百分点。共召开垃圾分类培训会70余场，培训1万多人次，发放围裙、宣传扇、倡议书等宣传品6万多份，粘贴宣传海报1000多份。响应“清塘美河洁村”春季治水大会战，乡乡组建“巾帼治水先锋队”，开展集中治水活动30余场，打扫垃圾死角500多处，参与妇女1800多人。在全县农村小学中开展“小手拉大手　助力‘二分+’”活动，编排制作垃圾分类宣传快板在文化礼堂、广播站反复播放，助力“五水共治”，开展“我行动·我参与”问答须知宣传、“五水共治我参与·美丽庭院我先创”主题活动10余场。

【关爱困境妇女儿童】 2016年，县妇联推进农村妇女“两癌”免费筛查工作，“两癌”筛查总数在国家任务数3304人次的前提下增加到9252人次，筛查出乳腺、宫颈B超异常者74例，其中癌前病变4例，有1例诊断为宫颈浸润癌，实现公共卫生服务均等化。同时，做好全国“贫困母亲两癌救助”项目申报，共上报2015—2016年度“两癌”患者21人。积极向上对接，承办“女性健康万里行”“亲情家书”“同享一片蓝天”夏令营等公益活动8场，借助“三八”“六一”、端午节以及年终走访，开展“困境儿童博爱基金”“暖秋关爱”“母亲邮包”“贫困妇代会主任走访”活动10余场，慰问困境妇女儿童、妇女干部400多人次，共计送去温暖关爱总价18余万元。

（巫正霞　裴丹丹）

常山县科学技术协会

【概况】 2016年，常山县科学技术协会（以下简称“县科协”）下属自然科学、社会科学和交叉学科学会（协会、研究会）30个，企业科协5个，乡镇（街道）科协14个。

召开全县全民科学素质工作会议和全民科学素质工作领导小组成员单位联络员会议，贯彻落实省、市全民科学素质工作会议精神，明确2016年工作任务，落实责任分解。5月16—22日，开展主题为“创新引领　共享发展”科技（科普）周活动，在紫港街道紫港社区举行常山县2016年全国科技（科普）活动周启动仪式暨科教进社区仪式，开展科普大蓬车进校园暨为留守儿童捐赠科普图书活动和医疗科普义诊活动，举办农村实用技术科技培训活动和“浙西纺织论坛”，在电视、广播、网站开设科普周专题报道。加强科普设施建设，协助紫港社区建设社区科普综合馆，在东明湖公园和赵家坪社区广场新建长达19米的防腐木科普宣传长廊2处，配备社区科普e站6个。开展农民技术职称评定和县级科普示范基地评选命名工作，共评出初级农民技术职称54人、中级农民技术职称13人、高级农民技术职称12人。开展各项科普示范创建工作，命名同景光伏等4个县级科普示范基地，其中3个科普示范基地获优秀表彰。助力胡柚科普，在胡柚盛花期，县科协协助柚农做好各类病虫害（特别是胡柚黑点病）的防治工作。做好联系村工作，为联系村争取村综合楼建设、塘库清淤、机耕路建设、实用技术科技培训的项目资金共50多万元。联合县科技局和辉埠镇政府，邀请省科技特派员、浙江大学教授刘志强在辉埠镇桐村村举办“羊肚菌和竹鼠特色养殖现代农业生产技术培训班”，帮助低收入农户和农村富余劳动力及返乡农民开展创业培训，有50位农民参加了培训。

县科协协助县老科技工作者协会开展为“十三五”发展建言献策征文评选活动；邀请市老科协名誉会长姜宁馨到常山就发展全域旅游给有关部门乡镇、街道分管理领导和干部作讲座。做好向上争取项目资金工作，共争取2016年度省财政资金8.8万元。

县科协把创“国卫”融入科普活动中，向全县各级科协组织及广大科技工作者发出倡议书，结合开展科普活动，开展“四个一”活动，即印发一批创“国卫”科普知识资料，展出一批创“国卫”科普知识画廊，推送一批创“国卫”科普知识短信，发出一封创“国卫”倡议书。利用全国科技（科普）活动周（日）等载体，加强对创“国卫”工作的科普宣传力度。利用城区各街道、社区的科普长廊（宣传橱窗）进行统一规划，制作150块创“国卫”科普宣传展板，开展健康素养知识科普宣传；利用电子显示屏开展创“国卫”标语滚动宣传，渲染创“国卫”气氛。

县科协加强与院士等高端人才的对接联系，推动企业科技创新。推进院士专家工作站工作，引导院士专家与企业开展紧密的产学研合作，使科研成果在工作站平台上得以转化，促进企业的创新发展，协助企业对接各类重大专项，服务常山经济社会发展重大技术需求。优化人才环境，做好“十三五”农村实用人才发展规划编制工作，促进人才培养再上台阶。每两年评选一次“企业科协技术创新能手奖”，经提名评审，评出第二届（2015—2016 年）常山县“企业科协创新能手奖”20 人，并于 10 月 11 日召开表彰会，进行通报表彰和颁发荣誉证书，对获奖人员给予一定的资金奖励。

加大对科技工作者的宣传力度，联合新闻中心和县人才办对有关科技工作者、农村实用人才进行电视报纸专题宣传报道。在常山电视台和《今日常山》有关栏目中宣传报道科技工作者为常山实现全面建成小康社会奋斗目标、加快实施创新驱动发展战略所作出的突出贡献和先进事迹。利用省、市科协网站和政府网站以及微信等投稿宣传常山县科技、科普工作和科技工作者先进事迹。加强信息报送工作，上报省、市科协信息近 80 篇，上报县委、县政府和县政协调研文章 6 篇。在元旦、春节期间走访慰问一批科技工作者和科协退休老干部。

是年，县科协被市科协、市教育局、市科技局联合评为“2016 年衢州市‘全国科普日’活动先进集体”；何家乡、天马街道、紫港街道被市科协评为“市级科普示范单位”；渡口社区、赵家坪社区被省科协评为“省级科普示范社区”；县第一小学被市科协、市教育局、市科技局评为“衢州市科普教育特色学校暨知识产权教育试点学校”。县科协选送的 2 篇论文获第十八届衢州市自然科学论文评选三等奖。

【省科协领导到常山调研】 2016 年 8 月 26 日，省科协党组书记、副主席郑金平，省科协党组成员、副主席陆锦一行到常山调研，县委书记王良春、县委副书记王郁松陪同参加。郑金平一行分别到常山县第一小学、紫港街道紫港社区调研科普工作；到浙江环宇轴承有限公司（国家高新技术企业）调研院士专家工作站工作，为推动企业科技创新提供指导；还到城东新区、滨江公园，考察了解常山县“国际慢城”建设情况。

【全国科普日活动有声有色】 2016 年 9 月 14 日，“2016 年衢州市全国科普日活动启动仪式”在常山天地金佰汇购物广场举行。启动仪式由市科协、市教育局、市科技局联合举办，常山县科协承办，旨在动员全社会共同参与创新创造创业，形成大众创业、万众创新的生动局面，促进“十三五”全民科学素质跨越提升，为实现全面建成小康社会和创新驱动发展战略奠定坚实的群众基础和人才基础，以创业创新力促经济转型升级。启动仪式围绕“创新放飞梦想，科技引领未来”主题，开展了系列科普宣传活动。县老科协文艺队、文峰社区、金川社区科普宣传队表演了 9 个科普类节目，并穿插科普知识有奖抢答。此外，还开展专家咨询义诊、科普知识资料发放、科普图版展示等广场科普系列活动。

（汪予雷）

常山县文学艺术界联合会

【概况】 2016 年，常山县文学艺术界联合会（以下简称“县文联”）编制 2 名，其中主席 1 人、秘书长 1 人，至年底，实际在岗 1 人（2 月退休 1 人）。县文联下辖 9 个协会，即作家协会、美术家协会、书法家协会、摄影协会、音乐家协会、舞蹈家协会、诗词与楹联学会、民间艺术家协会、观赏石行业协会，有会员 595 人，其中国家级会员 12 人、省级会员 77 人、市级会员 156 人。全年主编发行《三衢山》内部刊物 4 期，每季度一期，共刊发信息动态、小说、散文、诗歌、摄影书画作品、报告文学100多篇，计30多万字。年内主要活动有：《少年树上的叶子》研讨会、王阳君书法新西兰展、“国际慢城之夜”音乐酒会、全国山地自行车公开赛摄影比赛。

【《少年树上的叶子》研讨会】 2016年7月26日，县文联组织省内专家学者，对天马二小老师徐雪清的儿童文学作品《少年树上的叶子》开展研讨交流。浙江文学院副院长黄咏梅，省作协会员涂国文、周华诚，市作协主席许彤等20余人参与研讨。

【全国山地自行车公开赛摄影比赛】 2016年11月上旬，结合国际慢城建设，配合全国山地自行车公开赛，县文联举办主题摄影比赛，邀请福建莆城、江西玉山、丽水遂昌以及衢州各县（市、区）摄影协会100余人参与，共收到投稿1500多幅，最终评选出59个奖项。摄影作品充分展示了慢城常山的活力与激情。

【春节“全村福”公益拍摄活动】 2016年春节期间，县文联摄影协会以全村福为纽带，以影像点燃乡愁，组织会员走进紫港街道姜家堡村、球川镇黄泥畈村、新昌乡黄塘村等7个行政村拍摄“全村福”，拍摄人数达1万多人次。该项公益活动已持续4年，拍摄“全村福”累计超过5万多人次。

【参与平遥国际摄影大展】 2016年9月19日，以“全域旅游、全景常山”为主题，县文联摄影协会筛选出20余名作者100余幅摄影作品，参加第16届平遥国际摄影大展，宣传常山人文特色，传播推介国际慢城的魅力。

9月19—25日，常山县摄影协会20余名作者100余幅摄影作品参加第16届平遥国际摄影大展（杨　靖　摄）

【君自故乡来——王阳君书法新西兰展】 2016年11月26日至30日，“君自故乡来——王阳君书法展”在新西兰奥克兰举行。展览由浙江省书法家协会、新西兰中国书法家协会主办。新西兰中国书法家协会、美术家协会、摄影学会的相关人士及奥克兰大学孔子学院院长出席书法展开幕式。中国驻奥克兰总领馆文化领事张和清、新西兰华人国会议员杨健、常山县人民政府为此次展览发来贺信。此次展览共展出作品42幅，中国书协理事、浙江省书协副主席兼秘书长赵雁君，中央美院特聘讲师提俊丰为展览题词。

【组织参加文博会】 2016年4月，县文联组织县民间文艺家协会参加义乌衢州文艺博览会，展出常山奇石、蛋雕、棕编、贡面、连环画及非物质文化遗产。戴松林的棕编、戴理平的蛋雕等现场表演，获得与会者的一致好评。

【“国际慢城之夜”音乐酒会】 2016年6月，围绕常山打造国际慢城目标，县音乐协会举办“国际慢城之夜”音乐酒会。酒会上，音乐协会会员表演了器乐、独唱、戏曲等10余个精彩节目，实现了良好的音乐互动交流。县委常委、宣传部部长苏新祥，县文联主席姚肖忆，县文广新局局长毕建国等出席音乐酒会。

【诗词采风活动】 2016 年 3 月和 10 月，贴近全县中心工作，县文联先后组织诗词学会会员赴赏石小镇、东坑古道开展采风活动，创作相关诗词作品 50 诗篇，编入《定阳诗韵》刊物。

（王有军）

常山县残疾人联合会

【概况】 2016 年，常山县残疾人联合会（以下简称“县残联”）围绕残疾人小康进程建设目标，在政策引领、托底补短、提升服务、氛围营造方面下功夫，残疾人小康实现程度民生指标列入对乡镇（街道）党政领导班子和领导干部实绩考核评价体系，依法维护残疾人合法权益纳入“平安常山”考核评价内容，县残疾人托养中心建设纳入县政府十大为民办实事工程。牵头抓好县政府残工委成员单位 2016 年度重点工作及目标任务分解和落实，顺利完成市残联“十大专项行动”任务。3 月 15 日，县残联《精准施策　部门联动　扎实推进残疾人扶贫开发与救助工作》在全省残疾人工作会议上作发言交流。12 月 19 日，副省长熊建平在县残联报送的《织网搭台　放活力——常山县加快残疾人全面小康步伐》信息上批示：“常山县就保障网络、构筑承载平台、实施就业创业从而全面加快残疾人全面奔小康建设步伐，值得肯定。”9 月，县政府残工委被国务院残工委授予“十二五”规划期间“全国残疾人工作先进单位”称号。

紧扣第二十六次全国助残日“关爱孤残儿童，让爱洒满人间”活动主题，播出“关注孤独症儿童”公益广告。县委、县政府领导到县康复中心看望慰问康复儿童、到县培智学校看望慰问在校师生，举行“福彩牵手 · 关爱残疾孩子专项资助”仪式，为 25 名孤残儿童每人发放 1000 元资助金，为培智学校残疾学生送上慰问品 48 份。县残联组织参加“2014—2015 年衢州市残疾人事业‘好新闻’和‘爱心记者’”评选活动，获“好新闻”评选活动组织奖，并收获“好新闻”电视类一等奖 1 个、其他类二、三等奖 7 个，县广电总台记者李振华被评为“爱心记者”；组织残障人书画作品参加“中国梦 · 劳动美 · 祖国颂”职工书画展。招贤镇溪上村被评为“市级残疾人文化艺术基地”。加强残疾人康复宣传，开展“爱耳日”“爱眼日”“国际聋人节”及“世界精神卫生日”活动。开展以“关注儿童听力健康”为主题的第十七次全国“爱耳日”宣传教育活动，为 150 多人免费健康咨询、免费听力检测等系列服务。在县城大街开展“人人为我，我为人人”残健共融双向服务活动，吸引 300 多名市民前来咨询和接受服务。

【省人大常委会内务司法委员会到常山开展执法检查】 2016 年 4 月 22 日，省人大常委会内务司法委员会主任委员楼志浪、副主任委员陈燕萍率检查组对常山县贯彻实施残疾人保障法律法规情况进行执法检查，深入白石镇芳仙来料加工基地了解残疾人就业、生活等情况；参观县残疾人集中托养服务中心建设基地，并召开座谈会，听取常山县贯彻实施残疾人保障法律法规情况、残疾人事业发展存在的主要问题及建议以及“十三五”规划期间工作思路和重点等相关汇报。检查组对常山县贯彻落实残疾人保障法律法规情况给予充分肯定，认为常山在残疾人事业组织领导体系、社会保障体系、公共服务体系和工作支撑体系建设方面做了大量卓有成效的工作。市人大常委会党组副书记、副主任占跃平，市残联理事长周盛源，县人大常委会副主任徐柯，副县长何健等陪同检查。

【常山县残疾人政策体系不断健全】 2016年，按照与全省基本同步高水平建成全面小康社会的奋斗目标，县残联制定《常山县残疾人事业发展“十三五”规划》，并报经县政府批准。该《规划》着重解决事关常山县残疾人事业发展的重大问题，是指导全县“十三五”期间甚至更长时期残疾人事业发展的行动纲领。出台全面小康实施意见和“两项补贴”政策，在国务院和省、市政府关于加快推进残疾人小康进程的意见和实施意见、关于全面建立困难残疾人生活补贴和重度残疾人护理补贴制度的意见和实施意见的基础上，结合常山县实际，开展研究讨论、多方征求意见，提出初步实施意见和实施办法，并呈送给县政府第48次常务会议讨论通过。6月30日，在全市率先出台《常山县人民政府关于加快推进残疾人全面小康进程的实施意见》和《常山县人民政府关于全面建立困难残疾人生活补贴和重度残疾人护理补贴制度的实施办法》，树立残疾人保障服务政策新标杆。

【残疾人“两项补贴”在全县实施】 2016年，《常山县人民政府关于全面建立困难残疾人生活补贴和重度残疾人护理补贴制度的实施办法》（以下简称“两项补贴”）文件出台后，县残联起草、并会同县民政局、县财政局共同出台《关于印发〈常山县困难残疾人生活补贴实施办法〉和〈常山县重度残疾人护理补贴实施办法〉的通知》，明确补贴对象，落实补贴标准，细化发放流程，健全动态跟踪反馈机制；先后3次召开乡镇（街道）残联理事长、专职委员“两项补贴”工作推进会，对“两项补贴”目标人群进行逐个细化梳理，就实际推进和操作中暴露出的问题及时研究分析、提出具体落实措施，使符合条件的残疾人全部能够享受到政策的覆盖。7月，各乡镇（街道）完成“两项补贴”公示；8月，完成残疾人“两项补贴”审核、审定。全年符合条件的残疾人享受重度残疾人护理补贴的有3894人，享受困难残疾人生活补助的有6850人。

【基层残疾人工作队伍建设加强】 2016年，县残联落实乡镇（街道）专职委员公积金待遇。根据球川镇残疾人人数多、地域面积广、情况较为复杂的现状，为该镇新配备1名残疾人专职委员。推荐3名乡镇（街道）和3名村（社区）专职委员参加全市“最美残疾人专职委员”评选活动，东案乡残疾人专职委员王红、金川街道上蒋村残疾人专职委员夏金俭被评为全市“最美残疾人专职委员”。围绕“入户率、熟悉率、满意率”，加强专职委员队伍培训和考核，对23名因年龄偏大或工作不得力的村级专职委员进行调整，落实新进人员的生活待遇。

【残疾人共享小康基础更加坚实】 2016年，符合城乡最低生活保障条件的残疾人家庭应保尽保，全县有4232名残疾人享受基本生活保障政策，符合条件的贫困残疾人单独施保率达99.6%以上。县残联为361名贫困残疾人提供免费康复服务，实施残疾儿童接受抢救性康复51例。其中，实施内障患者复明手术212例，验配助听器100例，助视器适配10例，膝关节置换5例，假肢安装10例；为26名0~6周岁儿童实施教育、康复训练及转介服务，其中脑瘫儿童18人、智残儿童8人，实施聋儿语训5人、孤独症儿童康复训练2人、普及型辅助器具配置9人、儿童助听器验配3人、儿童人工耳蜗手术2人、肢体矫治手术1人，转介服务4人。对29户残疾人家庭和两家敬老院实施残疾人无障碍设施改造，为37户残疾人发放机动轮椅车燃油补贴。设置“家庭病床”160张，将残疾人纳入基层责任医师签约服务范围，建立“一对一”康复服务机制。开办0～6周岁智障、脑瘫儿童长期康复训练培训班，全年康复中心有52名智障、脑瘫儿童得到康复训练，并为26名智障、脑瘫儿童提供上门服务。与县培智学校签订教育资源合作协议，对在县康复中心康复的学前儿童开展早期教育，填补常山县残疾儿童学前教育“空白”。筹建培康幼儿园获审批同意。修改《常山县残疾人用品用具管理有关规定》，使管理更加规范。为残疾人免费配发各种辅助器具215件。强化“残疾人证”办证管理，共办理新“残疾人证”933本。完成3个县级康复示范站建设。

【实施残疾人扶贫保障工程】 2016年，县残联协调县民政局、县农办等部门对低收入残疾人家庭建档立卡，结合“部门‘包村’共建”机制，建立党员干部与贫困残疾人结对帮扶制度，巩固消除人均收入低于4600元残疾人家庭的扶贫成果。出台走访慰问残疾人政策，确定日常慰问和临时救助标准及程序，春节期间共走访慰问贫困残疾人家庭178户，送上慰问品和慰问金13.22万元。为8名经济困难残疾儿童学前教育、52名残疾学生或残疾人家庭子女提供上学补助8.48万元，为9名全日制高校注册就读的残疾人免除学费、住宿费9.62万元。开展贫困残疾人危旧房实地调查，完成30户困难残疾人危旧房改造，其中市级8户。对接“光伏扶贫”扶助贫困试点工作，5名实施对象已建成并网发电。推进重度残疾人大病医疗保险自缴部分财政全额保障。赠送彩金辅具51件，为34位爱心助残对象发放特殊救助资金36.92万元。深入实施残疾人扶贫基地、残疾人就业基地、残疾人来料加工基地“三基”工程，推进扶贫基地建设规范建设，树立来料加工基地典型和品牌，推广第三方发放工资方式，辐射带动220户残疾人家庭，促进残疾人家庭增收致富。推进重度精神残疾人服用基本抗精神病药物费用全额保障工作，全年提供免费服药183人次、20余万元，使精神残疾人及时得到救治救助。

【推进残疾人创业就业】 2016年，县残联举办全县残疾人电子商务培训班，有116名残疾人参训；输送7名残疾人参加初级盲人按摩、网站设计与制作等培训；完成3名就业指导员培训。开展“就业援助月”行动，在“常山县2016年春季人力资源交流大会”上，18家残疾人招聘企业共提供残疾人就业岗位180余个，达成初步就业意向77人。组织3家用人单位和28名残疾人到市会展中心参加全市残疾人就业援助招聘会，7人上岗就业。全年输送21名残疾人到外地福利企业就业，按比例安置残疾人就业407人，其中新增就业12人。为21户残疾人个体工商户和17家盲人按摩机构发放个人社会养老保险补助金8.37万元。奖励8家福利企业和1家工疗机构超比例安置残疾职工4.1万元。为36户残疾人实施贷款贴息补助38.5万元，为45户低收入残疾人创业提供补助18.6万元。推进残疾人扶贫基地规范化建设，树立和宣传扶贫基地典型，严把基地建设标准关，有效吸纳残疾人就业，有1个残疾人扶贫基地和1个残疾人就业基地被评为“市级残疾人创业基地”；补助10户残疾人扶贫基地22.4万元。推荐帮帮电子商务园、芳仙饰品厂、星都笔业参加2016年“创新浙江”助残帮扶创业创新大赛。残疾人就业保障金征收向民办商业银行、人力资源中介机构、省管县属单位扩展延伸，全年依法足额征收残疾人就业保障金548.4万元。

【残疾人项目设施不断完善】 2016年，县残疾人集中托养服务中心建设列入2016年常山县十大为民办实事工程，按照二级托养服务机构标准建设，总建设用地10亩，建筑面积5887平方米，床位160张。7月中旬开工建设，年底完成主体工程建设。推进残疾人“中途之家”建设，调查全县脊髓损伤人员，确定“中途之家”依托县康复中心而建。“中途之家”使用面积1500平方米，康复训练器材、辅助器具、图书阅览、文化活动器材齐全，建立学习生活体验区、职业重建区，为残疾人的护理康复提供优质训练场所。同时，天马街道文峰社区创建市级残疾人居家照料（庇护）中心，并纳入助残养老服务试点，吸纳残疾人20余人；招贤镇五里养老院建成县级残疾人居家照料（庇护）中心。

【县残联第六届主席团第四次全体会议召开】 2016年6月23日，常山县残疾人工作会议暨县残联第六届主席团第四次全体会议在华府大酒店召开。副县长何健出席会议并讲话，县残联理事长李军代表执行理事会报告工作。因人事变动，会议免去县政府办公室原副主任杨力军、县组织部原副部长傅昌华、县教育局原局长姜光明等人的第六届主席团副主席、委员职务，免去林小明同志的第六届主席团委员职务，补选郑忠于、洪永海、黄国华为县残联第六届主席团副主席，增补朱圣梁为县残联第六届主席团委员、执行理事会副理事长。

【常山县第三届残疾人运动会举行】 2016年10月28—29日，“东方广场杯”常山县第三届残疾人运动会在县体育馆举行。衢州市残联副理事长王文彪致贺词，副县长方荣致开幕词并宣布运动会开幕。全县14个乡镇（街道）和县培智学校总计15个代表团的123位残疾人运动员参加乒乓球、羽毛球、飞镖、中国象棋、田径等项目的比赛，决出86个奖项，青石镇、金川街道、大桥头乡依次获团体总分第一、第二、第三名。

【配合市检查组开展残疾事业项目执纪检查】 2016年，县残联配合市纪委、市残联开展“残疾人证”办理、扶贫基地建设等项目的执纪检查。3月21日，市纪委、市残联到常山县招贤镇溪上村开展“残疾人证”执纪检查。县残联和招贤镇组织相关人员到溪上村文化礼堂，做好现场秩序维护，配合市鉴定专家对残疾人进行复检。经复检，共有15人调整残疾等级。县残联对存在的问题进行说明和整改，强化办证管理工作。扶贫基地执纪检查中未发现相关问题。

【智慧残联四大平台建设】 2016年，《县政府残工委关于印发常山县残疾人基本服务状况和需求信息数据动态更新工作实施方案的通知》下发，县残联及时召开培训会，通过集中授课、网络视频、现场答疑、现场试填试录方式，培训效果获得提高。同时，把动态更新工作列入对各乡镇（街道）残联的年终考核，建立动态更新工作残联机关干部职工挂联机制。9月10日，全县完成登记对象10997人，入户率为98.45%，按时间节点圆满完成动态更新入户调查和录入任务。同时，建立智慧残联“四大平台”，即“12385”残疾人服务热线平台、“集团彩云”组织网络、短信群发平台和残联视频工作会议平台。强化县残联网站建设和综合业务信息系统管理，加大政务信息公开，做好残疾人事业统计、持证残疾人实名制登记及残疾人状况和小康实现程度监测工作。

【残疾人信访维权】 2016年，县残联建立以县法律援助中心、各乡镇（街道）司法所、法律援助工作站为主体的残疾人法律援助服务网络，与三衢律师事务所签订“常年法律顾问合同书”。在G20峰会、“两项补贴”落实、“残疾人证”执纪检查结果回复等重要时段，及时做好残疾人思想疏导和来访接待，抓好重点对象的稳控，均未出现重大信访事件，没有残疾人到市、去省、进京上访，接待残疾人来访75人次，办理残疾人来信1件，回复“12345”热线4件、残联网站信访1件，做到事事有回应、件件有回复。建立经常性法律援助救助机制，受理援助11人次，确保应援尽援。会同县财政、民政等部门对企业就业安置的残疾人进行检查，保证残疾人合法权益。

【协助挂联小区创建国家卫生县城】 2016年5月启动创“国卫”后，县残联及时研究制订《常山县残疾人联合会创建国家卫生县城工作实施方案》，成立创建“国家卫生县城”工作领导小组。在挂联的江滨小区广泛宣传、大造声势，一些居民主动投入创“国卫”的宣传队伍中，主动反对不文明、不卫生行为，自觉清理或搬移泡沫箱20多个，主动在绿化带内摘除菜苗200多株。7月5日，县残联联合县交通运输局围绕15项创“国卫”整治责任，结合前期排查的影响市容市貌环境的“不良因子”，强力推进小区内库棚违建拆除、乱堆放整齐、绿化带种菜和陈年垃圾清理等工作。做好3位违建库棚当事人思想工作；对小区内乱堆放的6处石桌、石凳统一摆放，影响环境的统一移除，保证小区美观、整洁。强力拆除1户房屋违建搭棚，强拆违建库棚10处。7月8—10日连续3天，重点整治楼道、楼顶杂物堆放，对包干区6块绿化坪杂草进行清理，对小区内牛皮癣统一刷白。创“国卫”省级检查前夕，县残联组织全体干部职工对小区内“污染源”再次排查梳理，用高压水枪对小区进行冲洗，对未清理到位的蜘蛛网、阳台垃圾、地面油污及新生的楼道杂物、牛皮癣、建筑垃圾再次进行清理、清运，对于窨井盖、排水沟盖缺失的，及时与市政等相关单位联系补齐，杜绝出现“死角”。集中整治后进入常态化保洁阶段，坚持每周“我为创卫贡献2小时”、15日集中整治等活动，各科室分别抽出1～2名干部，由单位领导带队落实，使大家“钉”在责任区、服务责任区，确保小区环境面貌清洁如新。

（王　诚）

常山县红十字会

【概况】 2016年，常山县红十字会弘扬“人道、博爱、奉献”的红十字精神，着力抓好组织建设、救灾救助、生命关爱、救护培训以及人体器官捐献工作。实施“留守儿童基地项目”“六一”儿童学习用品项目、民泰银行等企业非定向现金捐赠项目。争取到省红十字会下拨的救护用品、衣物等物资项目（海关捐赠，价值29.8万元），并及时进行发放；争取到省红十字会心脑血管疾病救助药品，价值50万元，用于救助家庭贫困的心脑血管疾病患者。常山县继续被省十字会列入“母婴平安”项目衢州市唯一实施地，全年争取到项目救助金27.3万元，救助外来贫困孕产妇118人。开展救护培训“五进”（进机关、农村、社区、学校、企业）活动，完成应急救护员取证培训1560人次，普及救护知识8200多人次。巩固学校红十字组织，实现学校建会率100%。选送21名优秀教师参加市教育系统应急救护师资培训班；联合县教育局启动中小学救护知识普及工作，全县21所中小学组织“安全课上学急救”活动，对广大学生进行应急救护意识和自救互救能力的培养。全县眼角膜捐献和遗体无偿捐献各新增1例。举办第13个“世界献血日”（6 月 14 日）活动，会同县献血办对全县 152 名累计献血达 1000 毫升的无偿献血者进行表彰。加大造血干细胞捐献宣传力度，成功动员 21 名献血者加入浙江省造血干细胞捐献者资料库，0 人反悔，高分辨 2 人。

【红十字博爱救助】 2016 年元旦春节期间，市、县红十字会开展博爱送万家活动，筹款物价值 4.2 万多元，为全县 70 户困难家庭、3 户遗体器官捐献者家庭送去慰问款物和新春祝福，其中市红十字会慰问 60 户，款物价值 1.8 万元。县红十字会与上海市杨浦区红十字会合作，争取到“留守儿童基地项目”落户芳村镇河边山村，项目救助款总计 63 万元，分三期拨付，其中第一期项目款 20 万元已拨付到位；与宁波海曙区红十字会合作，争取到价值 11 万元的“六一”儿童学习用品项目，用于资助球川中心小学、龙绕中心小学孩子庆祝“六一”儿童节活动，救助物资包括衣物、学习用品、体育用品等。此外，县红十字会与县妇联联合为 10 名贫困儿童申请衢州市留守儿童博爱救助基金，每名贫困儿童各获得 1000 元救助。

（徐雨燕）

法　治

政法委及综治

【概况】 2016年，县委政法委围绕“守好西大门、护航G20、平安创建夺金鼎”目标，巩固和深化平安建设成果，推进社会治理精细化，防控风险、服务发展，破解难题、补齐短板，维护全县社会和谐稳定。

抓好思想政治教育，开展全县政法系统巡视反馈问题意见整改落实工作，教育引导政法干警坚定法治信仰、强化法治定力，切实提升依法履职和拒腐防变的能力；开展“三严三实”“两学一做”学习教育，推动党内教育从“关键少数”向广大党员拓展，从集中性教育向经常性教育延伸，切实增强专题教育的针对性和实效性，政法干警的党性观念和宗旨意识进一步加强。重视政法委机关班子自身建设，充实配强政法委机关领导班子，增设1名专职副书记，加强纪检派驻机构建设，完善“一把手”七不直接分管和“三重一大”（即重大事项决策、重要干部任免、重要项目安排、大额资金的使用）事项集体决策等工作机制；深入落实中央“八项规定”和省、市、县有关作风建设的相关规定，开展常态化正风肃纪检查，有效防止“四风”问题的反弹，全县政法系统没有发生严重违纪违法案事件。强化执法司法监督，结合常山县涉法涉诉信访案件的实际情况，从县政法各部门抽取12件涉法涉诉信访案件进行评查，进一步规范执法行为，促进司法公正；创新完善司法救助机制，全年提供司法救助12起、金额60万元，有效解决法院执行难的问题，促进社会和谐稳定。

严格落实峰会维稳安保备战、临战、实战、决战四个阶段任务，并一鼓作气推进第三届世界互联网大会维稳安保工作，牢牢守住了“八个绝不发生”和“常山本地不出大事、常山人不去杭州惹事”的目标，各项数据符合G20峰会维稳安保工作优秀县标准，政法维稳工作在国际性重大活动维稳安保中得到了实战检验、提升。常山县公安局等16家先进集体、甘土木等168名先进个人分别受到省、市、县级表彰。

坚持平安维稳主动融入全县中心大局，全力护航“五四三”工程、钙产业整治、生猪整规、“大干项目”、创建国家卫生县城等中心工作，为项目建设、企业发展、新农村建设、城市环境综合治理营造良好的社会环境、法治环境。充分发挥综治工作优势，切实加强领导包案、挂牌督办、社会风险隐患滚动排查化解、领导干部下访约访等措施，依法推进进京非访、闹访缠访以及逢死必闹、逢事必闹的综合治理，全年进京非访控制在低水平。坚持源头治理，今年将常山县赏石小镇等10个项目纳入市级评估项目，将公车改革、城镇危旧住宅房屋治理改造等50个项目纳入县级评估项目，最大限度地防止因决策不当引发新的社会矛盾。深入推进社会治安重点地区专项整治，有效解决了球川镇辖区群众反映强烈的突出问题。开展了危爆物品、寄递物流清理整顿行动，狠抓行业规范管理，最大限度消除反恐领域安全隐患。继续加强严重精神障碍患者肇事肇祸行为预防处置工作，依托第三人民医院的建成，加大肇事肇祸精神病人监管收治力度，全县确诊严重精神障碍患者943人，病人稳定率89.61%，接报警数同比下降42.85%。投入资金100万元，运用奖励、补助和承包的方法，支持和引导居民开展城区义务巡防，创新完善了城区治安防控体系。牢牢把握反邪教斗争的政治性、社会性、长期性，坚持不懈地抓宣传教育、抓教育挽救、抓防控打击、抓无邪教创建，统筹做好其他各项工作，反邪教领域保持高压态势。其中，成功举办一期“全能神”人员法制教育学习班，并侦办一起“全能神”案件。

是年，常山县在全省首批成功实现省级平安县“十二连冠”、夺得“平安金鼎”。县委政法委先后获得“2014—2015年度全省社会治安综合治理先进集体”“全省‘百日维稳攻坚大会战’先进集体”“全市G20杭州峰会维稳安保先进集体”“2015年度全市政法宣传工作先进单位”荣誉；县综治办获评“2015年度全市平安建设暨综治维稳工作先进集体”；县委维稳办获评“全县G20杭州峰会维稳安保先进集体”；县委政法委机关党支部获评市、县先进基层党组织。县委政法委机关有12人分别受到相关省、市、县级先进表彰。

【平安护航G20大会战】 2016年，县委政法委及时成立峰会维稳安保工作领导小组、指挥部，由县委书记担任组长，县委副书记担任指挥长，并由政法委书记牵头组建9人工作专班，实现维稳安保指令精准调度、灵敏高效。峰会期间，共梳理下达39项任务清单，下发指令通报性文件20次、通知文件54次，任务精准交办至各事权单位。先后20多次召开动员会、推进会、督办会、研判会，坚持从严从紧、整体防控，部署落实反恐防暴、公共安全、信访维稳三大工作，强化一级响应，做到严阵以待。将峰会维稳安保工作落实情况纳入全县“为官不为”专项整治和检察院法律监督、纪委纪律监督范围，把责任追究贯穿峰会维稳安保全过程，倒逼工作落实。加大对涉峰会维稳安保的财政资金保障力度，常山汽车站、白石省际卡点等一批硬件装备得到明显提升。开展反恐怖工作基础大排查，全县14家反恐重点目标单位、115家旅馆、58家农家乐、166家民宿、143家学校、23家网吧、2家电影院、14家快递企业、42家互联网金融企业、7家加油站点、32家手机卡售卖点、30家旅游企业和场所、95家宗教场所、656家各类涉恐敏感物资销售店全部落实实名制等安全监管措施。在全市率先完成成品油市场突出问题专项整治，54家非法加油站点关停整治到位；开展瓶装燃气专项整治行动，取缔8家“黑气”营销点，关停55家无证经营店，建成全市首个标准化燃气统一集中供应瓶库，2万余只瓶装燃气全面粘贴二维码全程可追溯；加强落实寄递行业三个“百分百”措施，开展行业超范围经营专项整治，强化车站等场所“一键式”智能报警等安保措施，全面加强安全生产、食品药品、森林消防等领域监管，有力推进了行业监管“全覆盖、无盲区”。深化“网格化管理、组团式服务”工作，以网格为战区，整合各方资源力量，打造维稳安保最小工作单位，强化重点人员的服务管理。开展信访督查“百千万”行动，落实领导包案、挂牌督办等措施，成功化解一批信访积案。开展不稳定因素排查化解行动，妥善处置了“7·11”“8·22”“8·24”“8·27”等多起非正常死亡事件，妥善解决一批重大矛盾纠纷、企业欠薪问题、涉众型经济纠纷、群体信访隐患等敏感案事件，有效避免了群体性事件发生。全面启动重大活动维稳安保分级响应机制，实施街面屯警、卡点屯警、小区巡警等工作措施，最大限度提高街面见警率，构筑城区“135”快速反应圈。峰会期间，全县未发生一起严重暴力案事件，其中8月10日至9月10日，全县刑事案件发案数同比下降51.02%。

【健全完善平安创建三大体系】 2016年，常山县着眼于构建领导保障体系、完善督查考评体系、夯实宣传发动体系，平安考核位列全省第13名，成功实现省级平安县“十二连冠”、夺得平安金鼎，进入全省平安建设第一方阵。发挥平安建设领导小组牵头抓总作用，层层签订平安综治维稳责任书，运用好考核指挥棒，加大平安考核权重，完善平安考核条款，增设乡镇街道加扣分事项，激发各级领导干部的责任意识、进取精神。建立“月评季考”常态考核机制，县平安办全年累计开展暗访检查8次，重点对省市暗访检查问题开展“回头看”，将年终平安考核引入常态化。组织平安综治“双月宣传”活动，细化平安办成员单位平安宣传职责，组建1.2万名平安志愿者队伍，推进平安宣传进社区、进乡村、进学校、进机关、进企业、进单位、进家庭，营造共建共享平安和谐的浓厚氛围。全年累计投入16万元，播出《平安常山》电视专栏12期，开展各类文化活动、文艺巡演32场，印制发动平安宣传物品15万份，发送各类平安短信20余万条。

8月19日，市委副书记、政法委书记江汛波（中）至常山调研平安常山建设 （黄红霞 摄）

【夯实平安创建基层基础】 2016年，县综治办探索矛盾纠纷多元化解机制建设，完善人民调解、行政调解、司法调解衔接配合、相互融合的机制，构建大调解工作体系，推广建立专业性、行业性调解组织，丰富完善警调衔接、村级联调等经验做法，初步形成了化解社会矛盾的合力。深化平安乡镇、平安村、平安社区等基层平安创建活动，提高平安家庭、平安校园、平安加油站等系统平安创建活动的水平和覆盖范围，推动平安建设向全社会覆盖。深化社会治安立体防控体系建设，推进第四期社会治安视频监控项目建设，社会治安动态管控水平进一步提升。按照“力量整合进一步到位、规章制度进一步完善、硬件设施进一步提升”的目标，规范县、乡镇（街道）两级社会治理综合指挥平台和乡镇（街道）社会服务管理中心以及村（社区）、规模企业综治工作站建设，推进综治视联网、政法网、平安建设信息网建设，深化“网格化管理、组团式服务”工作，平安综治工作触角延伸到了最基层。开展基层“两网融合”，推广“平安通”手机和平安浙江APP，实行社会治理信息采集“以奖代补”政策，发挥网格员的工作积极性，丰富平安浙江信息系统“大数据仓库”，累计采集信息40余万条，流转交办事件9444件、办结9431件，事件办理成功率99.86%。其中，成功承办全市“三网两平台一体系”建设现场会，青石镇在会上作典型发言。

（丁远进）

法治政府建设

【概况】 2016年，县政府法制机构全面推行行政规范性文件“三统一”工作，县政府、各乡镇（街道）、各部门对涉及广大公民权利、义务、社会公共利益以及技术规范的行政规范性文件，实行公开征求意见和专家论证制度。同时，推进规范性文件合法性审查制度化、规范化建设，加强合法性审查力度。全年以县政府制发行政规范性文件23件。做好省市规章、规范性文件草案征求意见的反馈工作，反馈意见、建议12次。组织清理、废止已不适应的行政规范性文件。乡镇（街道）、部门出台的行政规范性文件均向县政府报送备案，县政府出台的行政规范性文件，均按规定及时报送县人大常委会和市政府备案。及时组织清理、修改、废止已不适应的行政规范性文件。

【行政复议和行政应诉】 2016年，县政府法制机构贯彻落实《中华人民共和国行政复议法》和国务院《行政复议法实施条例》，加强行政复议工作。依法受理行政复议申请，保障行政相对人的救济权，受理行政复议申请7件；其中，移送1件，确认违法1件，依法撤销1件，维持2件，经调解当事人主动撤诉1件，受理后发现已经起诉决定驳回1件。在行政复议工作中，坚持依法受理行政复议申请，没有出现应受理而不受理的情况；健全完善行政复议工作机制和制度，认真执行听证制度，严格依法审理行政复议案件；坚持采取协调和调解等途径解决行政争议，做到案结事了，切实维护行政相对人合法权益。常山县人民政府被诉行政案件1件，衢州市中级人民法院依法维持了原具体行政行为，常务副县长姜良米出庭应诉，县政府所属乡镇（街道）、有关部门被诉25件，未出现一件行政机关负责人应出庭而未出庭的案件。严格履行行政诉讼应诉相关职责，督促行政机关负责人依法出庭应诉并按规定提供证据，依法履行人民法院生效裁判。

【行政执法监督指导】 2016年，县政府法制机构发挥行政执法例会的平台作用，对行政强制措施、行政强制执行、房屋征收补偿、违法建筑处理、环保整治工作进行指导。加强重大行政行为备案审查工作。贯彻落实浙江省行政强制常用执法文书参考样式和重大行政强制案件备案制度。加强行政执法案卷评查工作，对行政执法单位的行政许可、一般程序行政处罚和行政强制案卷进行评查。按照《关于进一步落实行政执法责任制工作的通知》要求，探索深化行政执法责任制的工作机制，完善和落实相应的配套制度，调整行政执法责任制的相关内容，进一步修订和完善行政执法责任制的实施方案，行政执法责任制实施情况良好。全面完成行政处罚决定网上公开工作任务，全年公开行政复议决定书4份。加强司法建议处理和反馈工作，司法建议、检察建议的反馈率和整改率达100%。

【行政争议的预防和化解】 2016年，县政府法制机构完善行政调解工作机制，发挥10个专业委员会的设置，加强行政调解规范化建设。完善行政争议预防化解机制，全面实施《政府与法院共同预防化解行政争议工作机制》，召开府院联席会议，加强行政复议、行政诉讼、行政执法的良性互动，形成行政和司法预防化解行政争议的合力。完善行政执法与刑事司法互动机制，加强行政执法与刑事司法信息共享平台建设，行政执法与刑事司法互动机制全面形成。完善执法投诉举报处理机制，健全、完善行政执法投诉举报制度，及时处理公民、法人和其他组织投诉举报案件，依法保护行政相对人合法权益，维护社会稳定。

【依法行政的培训、调研和考核工作】 2016年，县政府法制机构贯彻落实新修订的《中华人民共和国行政诉讼法》，做好新《行政诉讼法》应对工作。进一步完善行政机关领导干部和工作人员学法制度，提高其依法行政的意识和能力。抓好对行政执法人员的法律知识培训工作，对新申领行政执法证人员进行综合法律知识培训，对行政执法人员进行依法行政和法律知识培训。开展依法行政调研工作，全年报送法制信息120余条，其中，被市法制办采用25条，被省法制办网站、微信公众号采用32条。法治政府建设的评议考核工作继续纳入县委、县政府对乡镇（街道）、部门年度目标责任制考核。完善依法行政考核内容和评分细则，出台《2016年度乡镇（街道）部门法治政府建设工作考核内容和评分细则》，对行政执法部门采取分类考核的办法，加大对乡镇、部门年度法治政府建设工作的考核力度。

【法治服务工作】 2016年，县政府法制机构参与县领导信访接待，解答信访中的法律问题，及时依法处理县领导批转的信访件。提前介入县重点工作和中心工作，对涉法事务提出法律分析意见书，为领导决策做好参谋。参与各类纠纷的解决，起草法律文书、开展法制宣传、提出意见建议，确保正确、依法解决纠纷。县政府法制机构在规范性文件管理、重大行政决策合法性审查、依法行政工作的组织和协调、行政管理权限下放、行政审批制度改革、行政执法监督、涉法信访、法制宣传、法制服务、涉法事务的处理以及行政争议的预防和化解方面都发挥了较好的作用，特别是在“三改一拆”“五水共治”“大气污染防治”“食品药品安全监管”“安全生产监管”的顺利推进过程中提供了优质的法制服务。

（吴业勤）

公　安

【概况】 2016年，常山县公安局内设机构27个，下辖城关、外港、城郊、招贤、新都、球川、芳村、大桥8个派出所。行政编制318名，在编在职人员321人，其中实有在编在职民警312人，无执法权干部2人，职工7人。辅警347人，其中工勤人员47人。

全县公安机关围绕“四个满意”（即人民群众满意、党委政府满意、上级机关满意、全体民警满意）“三个确保”“两个不发生”（即确保全县不发生影响恶劣的重大恶性案事件；确保守牢浙江西大门，打赢重大敏感节日、活动安保维稳攻坚战；确保“五个忠诚”落地生根，综合绩效走在全市前列，单项工作有影响、有声音、有地位。不发生严重影响警队声誉的案事件，不发生因有违警察形象的出格之事导致民警掉队）工作导向，贯彻落实省委常委、省公安厅厅长徐加爱“1234567”工作要点，主动融入“四项建设”“五型警务”（即基础信息化建设、警务实战化建设、执法规范化建设、队伍正规化建设。智慧型警务、精确型警务、集约型警务、阳光型警务、活力型警务。发展大局中，圆满完成G20杭州峰会、中国·常山山地自行车赛、首届全国油茶文化节等45批次维稳安保任务，确保国际慢城、九景衢铁路、048省道延伸等118个重点项目无障碍施工，保障“五四三”（即五水共治、四边三化、三改一拆）工程、“蓝天三衢”生态治理、“一路一镇”（即320国道沿线和招贤集镇）环境综合整治等中心工作顺利进行；为常山县连续12年问鼎省级“平安县”作出应有的贡献。

2016年，常山公安工作共11次受到公安部副部长孟庆丰、陈智敏以及省公安厅刘力伟、徐加爱两任厅长的批示肯定；浙江省公安机关的6项公安业务工作在常山召开经验会、现场会，常山县公安局多次在上级会议上作典型发言；在全县机关部门满意度测评、全县绩效考核中均名列第一，连续两年群众满意度全市第一。

同年，全县公安系统涌现出一大批工作扎实、成绩突出的先进集体和个人，分别受到各级党委、政府和上级公安机关的表彰。常山县公安局首次被公安部荣记集体一等功，获省、市、县三级G20杭州峰会安保工作先进集体，县公安局获全省公安机关队伍正规化建设优秀单位，新都派出所获全省队伍正规化建设示范点，毛献明被公安部授予一等功；城关派出所获全国执法示范基层所队。

常山县禁毒办被评为“2014年全国禁种铲毒工作优秀组织单位”、被授予集体二等功，有3人被授予个人二等功；全县公安系统获集体三等功3个，获个人三等功19人，获省“最美”、市“阳光”、县“双十佳”典型60人，受到嘉奖的集体13个，获嘉奖的个人61人。

是年，常山县公安局立刑事案件1445起，破案861起，抓获逃犯174名，抓获各类犯罪嫌疑人500人。其中，刑事拘留272人，取保候审364人，依法逮捕193人，移送起诉560人。

【“百警助百企”活动深入推进】 2016年，常山县公安局以护航全县中心工作、服务企业发展为核心工程，在全县各重点企业、重点项目及中、小型企业推进“百警助百企”活动，以打造“亲企”“安企”“惠企”三张名片为重点，突出在健全机制、规范行为、拓展成果、打造品牌上下功夫，为全县经济发展创造良好环境。全年走访重点企业36家，处置不稳定因素19起，化解各类矛盾纠纷65起，稳控涉企重点人员22人，发送各类查询、防范预警等宣传信息1.5万份（条），召开警企安全座谈会36场次，上门办理居住证67人次，提供外来务工人员信息查询比对220次。

【“四个满意”开拓打侵财工作】 2016年，常山县公安局以“四个满意”为指引，在侦破群众关心、社会关切的民生类、侵财类案件中，与阿里巴巴、腾讯等公司主动对接，建立常态化合作模式与机制，通过共同开辟的数据查询绿色通道，在公安部发起全国性集群战役中，破获公安部督办的“1·6”网络诈骗案，抓获冒充“淘宝客服”诈骗的犯罪嫌疑人92人。此案涉及全国33个省（市、自治区）2000余名受害人，涉案金额3000余万元。是年，全县刑事发案连续三年下降10%以上，常山县连续12年获省级“平安县”称号。

【电动自行车登记管理多措并举】 2016年，常山县人民政府以《衢州市市区电动自行车管理规定》颁布为契机，将电动车防盗备案登记项目纳入年度十件为民办实事项目之一，拨款700万元作为建设专项资金，用于全县电动自行车登记管理暨防盗智能网建设。年内，常山县公安局完成电动自行车登记4.5万辆，发布电动车专项整治宣传资料1.67万份，通过电视滚动播放整治公告2.3万次，发送提醒短信18万多条，查处电动车乱停、乱闯红灯等违法行为11460起，教育警告四轮（三轮）电动车非法载客345人、查处124辆，文明劝导26780人次。

【“一站式”事故处理服务平台建成】 2016年，常山县公安局联合检察、法院、司法、保险部门，依托交警大队建成道路交通事故处理中心，提供行政调解、司法调解、人民调解与法律援助、价格定损、保险理赔“一站式”服务平台，与交通巡回法庭形成有机衔接，实现调解处理与审判处理有序移送，方便群众处理交通事故，对信访源头起到有效的“减压阀”作用。年内，常山县公安局共登记涉案财物1856件，登记率达100%，依法实时及时处置1716件，处理率92.5%，全部做到账账相符、账实相符；受理案件5890起，结案率97%，实现交通事故受理处理“零”投诉。

【“4·6”网络贩枪案破获】 2016年4月6日，常山国际大酒店附近发生一起涉枪故意伤害案。常山县公安局成立专案组开展侦查。案发10小时后，公安民警将主要犯罪嫌疑人傅飞等人捉拿归案，收缴涉案枪支1把、子弹4发。7月28日，在公安部刑侦局、省公安厅刑侦总队统一指挥下，常山公安专案组行程5万多千米、涉及全国10个省（市、区），破获网络贩枪案，共逮捕、刑拘犯罪嫌疑人63人，缴获火药动力枪支8支、气体动力枪支120支，缴获子弹（含铅弹）1500发、定时爆破装置1枚、枪支零配件53套，移交外地公安机关线索41条，摧毁涉及湖南、天津、山西等地的贩枪团伙。常山县公安局被公安部荣记集体一等功。

【城区道路交通秩序整治攻坚战】 2016年10—12月，常山县公安局为实现全县交通安全、文明、规范、有序的格局，组织全县34家整治城区道路交通秩序成员单位召开工作协调会，确保城区道路交通秩序整治行动方案本土化。同时，借助电视台、报纸、微信等媒体，开展城区道路交通秩序整治行动宣传，发放宣传资料2400余份、违停处罚通告1600份，发送整治信息、温馨提示3.29万余条。其间，共投入警力726人次，排查交通基础设施63处，查处违章停车2645起、电动车非法改装267起，规范电动车停放4567起，教育引导文明行车5789起，实现了车辆有序停放，交通秩序大为改善，不文明交通行为明显减少。

【监所安防安全工作得到加强】 2016年，常山县公安局争取到40万元资金用于驻看守所卫生所的功能房改造、设备购置等；实行在押人员入所体检“5+X”制度，在血压、血常规、心电图、胸片和B超的基础上，增加艾滋病检测；落实医生24小时巡诊制度。全年累计开展常态化安全检查160余次，安全大检查23次，及时发现和消除各类安全隐患211个。实现监所连续28年安全无事故目标。G20峰会安保工作期间，常山县公安局坚持“前方战线”和“后方阵地”两手抓，投入300多万元用于视频监控系统改造升级，实现监区视频监控全覆盖和联动智能报警；投入100多万元用于监区监墙“白昼化”改造、物流门安全改造等，提升监区的安防水平。同时，为监室安装蒸发式冷风机，稳定在拘人员情绪，确保监所安全。多次与法院、检察、司法等部门主动对接研究，通过提前解除拘留措施送强制戒毒、法院司法拘留暂缓执行、向其他监管场所分流送拘等措施，解决监所在押量大与警力少、设施滞后等矛盾。其间，拘留所在拘人员暴增至历史最高值，县公安局监所工作始终安全有序。

【开展“平安护航G20，全民携手大防控”行动】 2016年，常山县公安局为提升社会防控立体化，挤压违法犯罪活动空间，夯实峰会安保基础，借助网格化管理，组织各乡镇（街道）、县级机关单位联合开展“平安护航G20，全民携手大防控”行动。8月15日—9月5日，共整合社会力量2300余人，全县19名县领导、110个部门、19个大网格188名网格长、450名公安机关专业巡防力量、130名民兵预备役、2000余名“平安巡防”兼职力量，每天24小时督导检查、24小时巡逻防范、24小时重点值守，实现打通峰会安保工作的“最后一公里”。

【“全民禁毒”维稳安保】 2016年，为实现毒品问题综合治理、系统治理、源头治理和依法治理的有效统一，营造和谐稳定峰会安保环境，常山县公安局在G20峰会维稳安保期间开展禁毒行动，联合安监、环保等部门落实各项举措，提升禁毒社会化水平，并与各易制毒化学品使用企业签订“四书一本”（即履行主体责任告知书、承诺书、重点问题提醒通知书、责令整改通知书、行业物品实名登记本），下发责令整改通知书14份，从源头上堵住易制毒化学品流失。其间，对辖区内62家易制毒企业加强监督及走访，实现走访、告知100%，与常山籍寓杭吸毒人员全部实现100%见面谈话、签订责任书，劝返63.48%。

【G20峰会安保期间外管措施扎实】 2016年，常山县公安局为营造安定有序的涉外治安峰会环境，针对相关工作中遇到的新情况，结合“清雷”、基础信息采集等专项行动，做细外籍人员排查工作，拓宽情报信息搜集的广度和深度，强化服务与管控职能，提升对外籍人员管理的水平和能力。深入有涉外人员出入的企业、酒店开展宣传，对40余名酒店从业人员进行集中业务培训，提高其的外管意识。在G20峰会安保期间，排查重点村居30余个、企业50余家、教育培训机构3家，实时管控各类外籍人员150余人次，比对申请人身份信息100余次，并建立管控档案和措施，其间未发生外管人员失控情况。常山县公安局因清理打击“三非”专项行动成绩突出而受到市公安局的通报表扬。

【公安检查站安保作用有效发挥】 2016年，根据常山地处浙赣交界的实际，常山县公安局发挥公安检查站“滤网”和“屏障”作用，完成上海世博会安保、亚信峰会安保、第三届世界互联网大会等重大活动的安保工作，协助抓获公安部督办“5·2”特大涉枪贩毒案、“5·30”生产销售伪劣产品案等重大涉案嫌疑人68人。依托高清电子警察、高清智能卡口、数字警务室等科技装备提升，即时抓拍处罚各类交通违法行为2.3万余起。同时，制定完善人员、物品管理登记制度，加大对安检通道人员身份识别和物品安全检查力度。根据G20峰会环浙入杭公安检查站改造安保维稳总要求，常山县公安局投入288万元，按期保质保量完成白石公安检查站检查车道改造及配套设施建设，有效保障了G20杭州峰会安保维稳工作的顺利开展。

【严打毒品犯罪活动取得新成效】 2016年，常山县公安局创建省外毒品流入浙江省堵源截流、网络涉毒违法犯罪等打防机制，加大禁毒打击力度，在公安部开展的“百城禁毒会战”“旋风扫毒行动”“春雷”等专项行动中，严打毒品犯罪活动取得新成效。常山县公安局推行的驾驶员“验证必检”机制获得上级公安部门的充分肯定。年内，依托白石和高速窑上两个省际卡点，协助外地警方抓获涉毒人员12名，查获毒品6千克，破获非法种植毒品原植物（罂粟）案件7起，铲除罂粟7500余株。常山县禁毒办获记集体二等功2个、集体三等功3个，获记个人三等功3个，14名个人被省、市禁毒委评为先进工作者；常山县禁毒办被评为“2014年全国禁种铲毒工作优秀组织单位”，连续两年被省禁毒委评为二级禁毒办。

【建立道路交通事故预防“四化”工作模式】 2016年，常山县公安局树立“事故可防可控”工作理念，建立道路交通事故预防“四化”（即立体化、常态化、实时化、专职化）工作模式，严格落实“源头实管、动态监管、实时严管、齐抓共管”措施，加大“重点人员、重点车辆、重点时段、重点隐患”的管控力度，扎紧道路交通事故预防篱笆，有力维护全县道路交通安全。全年上报一般程序事故69起、死亡26人、受伤72人，直接经济损失178910元，事故数、死亡人数、财产损失数分别下降13.75%、10.35%、13.82%。开展交通安全巡回宣讲等宣传活动96次，受教育群众4700余人次，先后完成宣传报道122篇，其中国家级1篇、省级19篇、市级45篇、县级57篇。

【“浙江常山公安”微信公众号运行】 2016年，常山县公安局开展“互联网+”宣传新模式，打造“浙江常山公安”微信公众号，组建起一支精通业务知识、网络语言的民警及辅警共同参与维护的专业微信管理员队伍，分析、汇总微粉互动情况，全天在线解答咨询，提高本地网民的关注度。11月，在开展“活力警营·和谐天马”暨常山方言大赛的活动现场中，通过扫描微信公众号现场抽签的方式，2小时微粉增加800余人。全年推出防骗微信120余条，其中精品微信15条，全县通信网络诈骗警情比上年下降20.6%。至年底，“浙江常山公安”微信公众号粉丝达16.3万人。

【严打非法采矿行为】 2016年，常山县公安局践行“绿水青山就是金山银山”理念，主动有为，严打各类偷挖盗采矿产资源的违法行为，维护矿产资源正常开发秩序，确保常山经济发展持续稳定。其间，侦破公安省厅挂牌督办的“徐某某等人非法采矿案”，抓获犯罪嫌疑人17名；打掉非法采矿团伙4个，破获团伙性案件4起，追缴赃款100余万元。

【欠薪专项维稳工作】 2016年，针对各类上访讨薪事件频发问题，常山县公安局主动加强与住建、信访、开发区等相关职能部门以及乡镇（街道）的协调沟通，开展企业运营情况专项排查13次，提前稳控不安定因素，打击无理“非访”的行为，做好欠薪专项维稳工作。全年办理拒不支付劳动报酬案件4起，追究刑事责任2人，为农民工追回薪资60余万元，协助主管部门解决欠薪纠纷50余起，妥善处置因劳资纠纷引发的群体性赴县政府闹访事件15起，依法处置训诫24人。处置工作获得县委、县政府主要领导的高度肯定。

【“三位一体”执法办案场所升级完成】 2016年，常山县公安局投入1000多万元，对派出所、监管中心、交警大队“三位一体”执法办案场所进行升级改造，形成从城关派出所“一枝独秀”到全局“百花齐放”的良好氛围。全县公安执法管理不断规范完善，形成符合欠发达地区实际、具有常山公安自身特色的法治品牌。常山县公安局连续3年获评全省执法优秀单位，城关派出所获全国执法示范基层所队（全省仅7个），150多个兄弟单位到常山考察学习。

【“百警包村·双联双提”活动】 2016年，常山县公安局开展“百警包村·双联双提”活动，推动警力下沉、警务前移，由190名中层领导和民警进村担任“包村干部”，通过到县各单位、乡镇（街道）、行政村，与群众面对面交流，征求各类意见建议256条，落实整改责任清单，主动化解矛盾纠纷300余起。开展企业运营情况专项排查13次，掌握恶意欠薪线索6条。同时，与人力社保、住建、信访等部门对接，协同督促企业主及时兑付工资，做好欠薪专项维稳工作。

（王宏军　鄢晓刚）

·消　　防·

【概况】 2016年，中国人民武装警察部队常山县消防大队（以下简称“县消防大队”）为一级普通消防站，共配备行政车辆2辆、执勤车辆6辆、战勤保障车2辆；实有在职人员43人。县消防大队以提升火灾防控和灭火救援能力为重点，推动政府各部门落实工作责任，全面推进消防安全“网格化”建设，提升火灾防控水平；推行重点单位消防安全“户籍化”管理实行动态监督机制，建立全县132家消防安全重点单位三项备案报告制度和“四个能力”（即检查消除火灾隐患能力、扑救初期火灾的能力、组织疏散逃生能力、自我宣传教育能力）建设自查制度，并及时上报三项备案情况。通过媒体等宣传方式向社会公告火灾隐患举报投诉电话“96119”及受理范围、奖励办法，落实专门运作机制，对群众举报的火灾隐患，做到及时核查处理、及时反馈答复、及时按标准奖励，最大限度地发动群众查找、举报身边火灾隐患。联合宣传、教育、文化等部门，深入农村、社区、学校和机关企事业单位，多形式、多渠道开展消防宣传教育活动。加大县消防站、消防宣传教育培训基地开放力度，组织社会各界人士参观、体验；制作群众喜闻乐见的消防宣传手册、挂图，在商场市场、娱乐场所等人员密集场所开展消防提示宣传，在社区、街道、公众聚集场所和消防安全重点单位广泛张贴消防安全宣传标语、图画；主动联系各企业、单位、学校开展疏散逃生和灭火演练，提升群众逃生自救能力。每月在广播电台播出《消防在线》节目，在常山信息港开设消防专栏，正常运营“常山消防”微信公众平台，在户外大型LED屏和电影院影片播放前加播消防公益宣传片。健全宣传服务队、培训服务队、隐患排查队、抢险救援队志愿者队伍，做好消防志愿者开展志愿服务所必须具备的消防安全知识和技能培训工作。开展劳动密集型企业、涉老涉幼场所、易燃易爆及化学危险品场所等一系列重点行业企业单位的专项整治行动，排查出一大批存在突出火灾隐患的单位，责令限期完成整改；通过制订整改方案、日常跟踪督导、重点帮扶指导等形式，完成督促整改工作。推进农村志愿消防队伍建设，为全县常住人口3000人以上的行政村配备三轮摩托车、手台泵、水枪水带等消防设施器材，提升农村地区火灾自防自救能力。县消防大队对2405家单位进行了检查，发现火灾隐患2993处，整改隐患2993处，下发责令改正通知书1174份，下发处罚决定书96份，责令“三停”（即停产停业、停止使用、停止施工）14家，罚款25.17万元；办理消防设计备案项目55个，抽查项目28个；验收备案项目54个，抽查项目26个。县消防中队接警156起，出动消防车辆272车次，出动消防官兵1591人次，抢救被困人员43人，疏散人员0人，抢救财产价值486.3万元。

【“5·7”科润化工甲醇火灾救援】 2016年5月7日下午14点15分左右，县消防大队接到报警称：位于常山生态工业园区凯隆路的浙江常山科润化学有限公司南侧租赁的厂房内外销的稀甲醇在装车时发生起火燃烧。接到报警后，县消防大队立即出动5辆消防车20余名官兵迅速赶往现场实施处置。消防官兵到达事故现场后，经现场勘查，发现厂内装车的稀甲醇已剧烈燃烧，不时伴有爆炸，并引燃了附近未装车的稀甲醇、包装物及存放稀甲醇的厂房。指挥员立即下达作战命令：将现场消防官兵分为三组，第一组出两支水枪，对起火的装车稀甲醇发动全力进攻；第二组对已着火未装车的稀甲醇和厂房建筑进行扑救，并防止火势进一步向周边蔓延；第三组对周围的建筑及化学物品进行转移及保护，同时做好现场的警戒及安全监视。15时许，火势得到有效控制；16时许，明火被扑灭。此次事故导致10吨未装车的稀甲醇及包装物烧毁，邻近存放的稀甲醇厂房烧损，过火面积约1000平方米，事故未造成人员伤亡。消防战士对起火物品及厂房进行察看，同时确定安全后将现场移交相关部门，撤离现场。

（徐　屹）

检　察

【概况】 2016年，县人民检察院把G20杭州峰会作为重中之重工作，强化打防控。对敏感信访案件进行风险评估、制定预案，对重点人员和不稳定因素进行排查，逐案落实责任，化解矛盾。发出检察建议4份，对相关责任单位负责人约谈警示，督促履行监管职责。落实高检院18条意见和省院21条意见精神，制定常山县检察院服务保障非公有制企业健康发展的20条意见，并分解责任，健全机制，狠抓落实。联合县工商联等部门开展“诚信发展、检察伴我行”和以服务非公有制企业为主题的“检察开放日”活动，县检察院领导带队走访13家非公有制企业，听取意见和建议，做到企业有需求、检察有回应。注重保护市场主体的合法权益，加大对破坏企业生产经营、危害经济转型升级和创新发展等犯罪活动的打击力度，全年批准逮捕诈骗、生产销售伪劣产品等案件14件33人，起诉18件75人，依法审慎办理涉企案件17件；对6件10人落实宽缓刑事司法政策，提出缓刑处理建议，保障企业政策经营。

履行审查逮捕、审查起诉职能。2016年，县人民检察院受理提请逮捕的案件为141件197人，其中，经审查，批准逮捕的为107件143人；受理移送审查起诉案件387件582人，其中，经审查，依法向县人民法院提起公诉的为403件549人。依法从重从快打击严重影响人民群众生命财产安全的犯罪，加大对寻衅滋事、聚众斗殴等破坏社会管理秩序犯罪、严重暴力犯罪、毒品犯罪的打击力度，批准逮捕上述犯罪嫌疑人55人，提起公诉203人。开展赌博、侵财案件专项整治活动，批准逮捕上述犯罪嫌疑人57人，提起公诉123人。开展打击电信诈骗、P2P平台（即网络借贷平台）非法集资、危害电商发展的“涉网三领域”的涉众性犯罪活动，批准逮捕上述案件7人，起诉4人。对谢某某故意伤害致人死亡案、“4·6”枪案、“5·5”非法经营案等重特大刑事案件提前介入，协助、引导侦查机关收集和固定证据，及时批捕起诉，增强打击合力。注重释法说理，强化沟通交流，开展轻微刑事案件和解13件，依法起诉3件拒不支付劳动报酬犯罪案件。贯彻宽严相济刑事司法政策，决定不批准逮捕44人、不起诉65人。围绕治理体系和治理能力现代化，全面落实检察环节综合治理措施，针对突出问题提出治理建议10余件。全面落实捕诉监防一体化专业办案模式，封存未成年人犯罪记录，对确有悔改表现的两名未成年人作附条件不起诉，对1名未成年人作相对不起诉；同时，联合县司法局建立“青少年观护基地”，强化对涉罪未成年人的法治教育和心理疏导。

查办和预防职务犯罪营造廉洁高效的政务环境。2016年，县人民检察院重点查办惠农扶贫领域职务犯罪，立案侦查贪污贿赂案件8件9人，渎职案件1件1人；关注群众关注的热点问题，查处县油茶研究所王某等贪污林木专项资金的案件；查办村两委干部职务犯罪3件4人；查办国家机关工作人员滥用职权案件1件1人。联合县农办印发《常山县加强预防和查办扶贫领域职务犯罪专项工作实施方案》，建立专项预防机制、案件移送与协作配合机制，规范涉农资金、扶贫资金的管理使用。着眼于“盯领域、盯项目、盯案件”，推进侦防一体化机制建设。

深入发案单位做好同步预防，召开职务犯罪预防剖析会，帮助堵漏洞、建机制。主动介入常山港治理等工程做好专项预防，开展预防约谈，做好预防教育。深入部门、乡镇（街道）加强系统预防，与县纪委、县法院联合组织45人参加庭审旁听，以常山县粮食收储公司职务犯罪案件剖析为主题，制作《以案为鉴　深入预防》预防微课件，在有关单位开展巡回宣讲。开展各类预防教育专项活动12场次，受教育党员干部1000多人次。做好预防基础工作，撰写预防调查报告和预防典型案例，有8篇预防文章和案例被省检察院采用收录，县委书记王良春对县检察院关于扶贫领域的职务犯罪预防报告作出批示。注重社会诚信体系建设，提供行贿档案查询服务，受理并开展相关查询205件。推进信访工作法治化，妥善处理控告、申诉案件70件。

维护司法公正。2016年，县人民检察院加强对侦查机关立案、侦查活动的监督，对3件3人构罪案件监督公安机关立案侦查。加强侦查监督，对44名事实不清、证据不足和1名无罪人员作出不予逮捕决定；对1名不构罪人员作出绝对不起诉处理；追诉1人，该犯被判处有期徒刑；向侦查机关发出纠正违法通知书3份。加强审判监督，提起刑事抗诉4件，其中1件1人已作出改判。

是年，县检察院预防报告荣获全省检察机关2014至2015年度“十佳惩治和预防职务犯罪年度报告”，被县委、县政府授予常山县G20杭州峰会维稳安保先进集体，民事行政检察科被市委政法委授予全市政法系统十佳执法为民基层政法单位，控告申诉科被衢州市人民检察院授予“集体三等功”；郑慧胜被省委政法委评为2014—2015年度全省社会治安综合治理先进个人，王志红被省委、省政府评为浙江省G20杭州峰会工作先进个人，王志红、郑勤被省人民检察院评为全省检察机关平安护航G20峰会先进个人，王伟被县委、县政府评为常山县G20杭州峰会维稳安保先进个人。县人民检察院刑事侦查监督工作在全省检察长工作交流会上作经验介绍。

【开展民事行政检察监督】　2016年，县人民检察院办理行政执法监督案件8件。其中，针对交警部门的拖车费和保管费违法收取问题、县城天马美食城部分经营户油烟直排问题、医药公司销售劣药问题、“三无”柑橘囊胞加工点问题，分别向有关部门提出纠正或查处的检察建议，相关部门对违法行为及时予以纠正。受理不服民事裁判申请检察监督3件，经过初步审查，3件案件虽然不符合受理条件，但县人民检察院从查阅此类案件入手寻找线索，为今后全面开展民事案件法律监督积累宝贵经验。

【加强刑罚执行检察监督】　2016年，县人民检察院加强对看守所的依法文明开展监管工作进行监督管理；开展社区矫正检察工作，督促刑罚执行机关对5名依法应当收监执行刑罚的对象及时收监，开展羁押必要性审查工作，建议办案机关对8名犯罪嫌疑人改变强制措施，其中7件被采纳。推进财产刑执行工作，监督罪犯履行财产刑义务41人。围绕换届选举工作，对剥夺政治权利刑罚执行对象和财产刑执行情况开展专项检察，及时向县委组织部门反馈被剥夺政治权利等人员26人次。

【为生态文明建设提供检察服务】　2016年，县人民检察院围绕“五水共治”“蓝天三衢”生态治理工程等事关民生的重大决策部署，主动为项目征迁、违法建筑拆除工作提供现场法律服务。建立检察机关服务“美丽乡村”建设工作机制，推行“环保检察”，加强与有关部门的协作配合，确立案情通报机制，依法批准逮捕非法采矿、污染环境以及盗伐滥伐林木、失火案件2件2人，起诉10件22人，鼓励犯罪嫌疑人通过赔偿损失、再造生态等方式对破坏的生态资源环境尽最大努力修复，争取宽大处理。开展危害食品药品安全、破坏环境资源两个专项立案监督，批捕非法采矿犯罪案件2件2人，起诉非法采矿、非法占用农用地等犯罪8件20人，监督侦查机关立案非法采矿案件1件1人。督促职能部门强化环境执法，办理环保领域行政执法检察监督案件4件，并就进一步规范环保执法行为提出监督建议。

【深化检察改革】 2016年，县人民检察院贯彻落实中央、省委和上级检察院关于司法体制改革的部署，征求人大、政协及全院干警意见，出台《检察体制改革工作实施方案》《现任检察官入额实施办法》等改革文件。实行以公开公推的方式对员额检察官进行评选，确定14名员额检察官，初步完成全院人员分类改革和首批员额检察官遴选任务。

【规范司法行为】 2016年，县人民检察院结合“查短板、补短板”专项行动，开展规范司法行为“回头看”活动、“保障律师会见权和文明办案”两个专项整改活动，对2015年以来的撤案、不捕、不诉的职务犯罪案件开展专项评查，采取“开门纳谏”和内部自查相结合的方式，全面征集意见，针对查找出的问题，狠抓整改落实。对案件质量实行季度通报制度，完善案件质量评查机制；规范涉案财物管理，建立赃证物出入库流程，随案移送物品有336件，全年出库物品272件；将不许可律师会见的决定的审批权的等级，由之前规定的“副检察长”提高到“检察长”审批，律师会见权得到更有效的保障；完成刑事检察办案区的改造，办案规范化程度进一步提高。深化“一站式”检察服务，灵活运用服务窗口、官方网站、微信公众号等平台适时通报检察工作情况，发布案件程序性信息1038条，公开各类法律文书315份、重要案件信息7条，接待律师阅卷、咨询等服务102件次。

【检察队伍建设措施实】 2016年，县人民检察院结合“两学一做”系列教育活动，落实“百日抄党章写感悟”和撰写心得感悟活动，检察长给全院干警上党课，以“常检讲坛”为平台，邀请专家或业务骨干开展业务讲解，组织学习“全国优秀检察官”王盛的先进事迹，促进典型示范和思想引导。落实党风廉政建设“两个责任”，党组书记与班子成员、班子成员与科室负责人分别签订党风廉政建设责任书；抓好纪律作风建设，开展以严禁酒后驾车为重点的专项教育整顿活动，规范干警请销假管理制度，对各科室特别是窗口部门在对待当事人和来访群众态度、服务效率与水平进行常态化督查。优化队伍结构，选优配齐纪检组长、政治处主任，配备反渎局长和两名检委会专职委员；开展中层干部公开选拔活动，5名中层副职转正，3名普通干警提拔为中层副职；加大年轻干警的培养力度，把35岁以下的年轻干警主要安排在刑检、自侦等一线岗位，落实业务骨干传帮带工作，通过给任务，压担子，派出培训等方式，加大培养力度，提高年轻干警的业务能力和水平，全年派出35人次参加省、市检察院和其他部门组织的各类业务培训、业务竞赛，有效提高全院检察干警的实战能力。

（杨腾飞）

小资料：

交通肇事逃逸　司法侦审追责

【案情】 2015年9月18日晚，常山县被告人郑某驾驶浙 H898XX 号小型轿车从衢州市区家中前往常山县农村信用合作联社天马分社开会。当日 18 时 20 分许，被告人郑某驾车途经沪瑞线 464KM + 600M 常山县招贤镇渔溪口村路段时，与骑电动自行车的被害人郑某祥在快车道内发生碰撞，致被害人郑某祥以及电动自行车倒地。肇事后，被告人郑某明知发生交通事故，未停车查看，而驾车逃离现场，行至常山县汽车站时下车查看，发现车身右侧损坏较为严重时仍然将车开至天马分社停于路边。之后，被害人郑某祥被途经现场的浙 HV59XX 号轻型普通货车碾压后死亡。事故发生后，被告人郑某被常山县公安局交通警察大队查获并两次电话传唤其交警大队接受调查，被告人在接到第二次电话传唤后便打电话 110 报警谎称其汽车停在常山县农村信用合作联社天马分社路边时被刮擦造成损失。另查明，被告人郑某与被害人亲属对民事赔偿部分达成和解协议，被害人亲属对被告人郑某表示谅解。经常山县公安局法医鉴定，被害人郑某祥系与钝性物暴力撞击造成颅脑严重损伤致脑功能急性衰竭死亡。

该案由常山县公安局侦查终结，于 2016 年 3 月 1 日以被告人郑某涉嫌交通肇事罪向县检察院移送审查起诉。县检察院受理后，依法讯问被告人，严格审查全部案卷材料，认定书证、证人、被告人供述和辩解、鉴定意见、勘验、检查笔录、视听资料等全部准确无误，犯罪事实清楚。期间退回侦查机关补充侦查一次，延长审查起诉期限一次。经依法审查审理后认为：被告人郑某驾驶机动车违反交通运输管理法律、法规的行车规定，发生交通事故后未停车查看，救助伤员，而是驾车逃离现场，致使被害人因伤无法离开现场而被其他车辆碾压致死，其行为已经构成交通肇事罪。根据《中华人民共和国刑事诉讼法》第一百七十二条之规定，县检察院于 2016 年 6 月 16 日向常山县人民法院提起公诉。同年 9 月 12 日，县人民法院一审以交通肇事罪判处被告人郑某有期徒刑七年三个月。

一审宣判后，被告人郑某以其驾车驶离事故现场时未看到撞伤他人，并非为逃避法律追究而驾车逃跑，不能认定为逃逸以及交警部门出具道路交通事故认定书和被害人的死亡原因鉴定意见均存在瑕疵等为由，提出上诉。衢州市中级人民法院经审理认为，通过运用生活常识对肇事车辆的车况和案发现场路况等客观因素的分析，结合被告人的事后反应等进行综合判断，应当认定其属于交通肇事后逃逸；侦查机关依据法定程序委托具有鉴定资质的鉴定机构出具的被害人死亡原因鉴定意见，与在案的其他客观证据相吻合，应当作为定案依据。原判认定事实正确，定罪、量刑均符合法律规定。相关上诉意见依据不足，不予采纳。故裁定驳回上诉，维持原判。

【评析】 1. 在判断是否具有肇事后逃逸的主观故意时，不能仅依据被告人的辩解，应当结合实际情况进行分析认定。

此案等被告人郑某辩解其驾车行驶的过程中并未看见撞到他人，当时汽车发生了一些震动，其认为是碰上石头等障碍物，因而没有停车查看，后驾车驶离现场的行为不是为逃避法律追究而驾车逃跑，不能认定为逃逸。经调查，被告人郑某的视力正常并取得机动车驾驶证，所驾小型轿车经过鉴定包括车灯在内各项功能均符合技术标准，肇事路段较为平坦，在该行车条件下，被告人应当能够看见同向驾驶电动自行车的被害人郑某祥，且从被告人所驾小型轿车与被害人所骑电动车发生碰撞的撞击痕迹上来看，碰撞较为强烈，被告人在发生碰撞后未停车查看，而是驾车驶离现场，且在接到交警电话传唤后还报警谎称所驾车辆的撞击痕迹系停在常山信用联社天马分社路边被刮，试图掩盖真相，被告人的以上行为足以反映其在交通肇事后妄图逃避法律处罚驾车逃跑的主观故意。

2. 认定被告人具有“因逃逸致人死亡”情节，仅需证明其逃逸行为与被害人死亡结果之间具有直接因果关系，被害人得到及时救治仍有可能死亡不能作为排除该情节适用的理由。

侦查机关为查明被害人郑某祥损伤形成及死亡原因，先是委托衢州天恒司法鉴定所进行鉴定，鉴定意见为被害人郑某祥系交通事故钝性外力致脾脏挫伤破裂致失血性休克，在生命垂危状态下再次被车辆碾压而死亡，在被告人申请重新鉴定后又委托浙江迪安司法鉴定中心进行鉴定，鉴定意见为被害人郑某祥系因道路交通事故造成重型颅脑损伤、脾脏破裂大失血休克致循环、呼吸衰竭而死亡，第一次事故撞击造成郑某祥脾脏破裂大失血休克，损伤程度为重伤二（II）级，且处于无自救能力的状态。根据以上两份基本一致的鉴定意见，县检察院认为，被害人郑某祥被郑某撞伤导致失去自救能力无法离开现场是其被其他车辆碾压死亡直接原因的结论，即郑某的逃逸行为与被害人郑某祥死亡结果之间具有直接因果关系。

有观点认为，认定被告人具有交通事故后逃逸致人死亡情节，还需要证明如果被告人不逃逸，而是停车救治被害人就不会死亡，如果存在即便及时救治被害人仍会死亡的可能性，则排除该情节的适用。县检察院认为，从立法本意和法律效果方面来理解，应当是只要证明被告人逃逸行为与被害人死亡结果之间具有直接因果关系即可，被害人得到及时救治仍有可能死亡不能排除该情节的适用。主要理由为：一是在发生交通事故后，肇事者应当及时履行保护现场和救治伤员的法律义务，未尽义务导致他人死亡，则应当承担较重的刑事责任，以“因逃逸致人死亡”情节来量刑符合罪刑相适应原则；二是该类案件在司法实践中有相当一部分因为证据方面的原因，仅能证明被害人被撞击后并未死亡，至于伤情是否致命往往因为被其他车辆碾压等原因难以进行鉴定，在该情况下均排除该情节的适用不利于对生命权的保护。

（杨腾飞）

法　　院

【概况】 2016年，常山县人民法院（以下简称“县法院”）树立司法为民根本宗旨，部署推进“大立案、大服务、大调解”三大机制建设。对依法应当受理的案件做到有案必立、有诉必理，全年当场登记立案率达99.8%，审查刑事立案315件。探索实践繁简分流，10月1日起在诉讼服务中心成立速裁组，选派两组4名办案人员，对民间借贷、离婚纠纷、买卖合同等简单民商事案件运用简易程序、小额诉讼程序等进行简审、快判，全年速裁案件240余件；全年接受当事人咨询1.1万余人次，转接材料1200余件，接待来信来访400余人次，提供档案查询3000余人次。做好诉前释法、诉前调解等工作，在立案阶段及时解决一批小额或争议不大的民、商事纠纷，有效避免矛盾的激化和反复。利用窗口“第一时间接待当事人，第一时间了解案情的优势”，引导当事人选择诉前调解方式解决纠纷，把化解纠纷人民调解“第一道防线”与法院审判“最后一道防线”有机结合。全年受理案件8573件（含旧存），比上年上升18.3%；办结7971件，上升21.1%，一线法官人均结案310件，居全市法院第二、全省法院第四十，当前存案工作量、结案均衡度等质效指标在全省、全市法院排名靠前。

县法院坚持“调解优先、调判结合”，全年受理各类民商事案件3950件，上升10.24%；审结3541件，上升16.9%；解决诉讼标的金额16.53亿元，调撤率59.09%。探索实践家事审判改革，着力修复家庭伦理关系，妥善审理婚姻家庭、继承、赡养、扶养、抚育案件495件；针对家庭暴力颁发人身安全保护令3份，依法保护未成年人、妇女、老年人的合法权益。加大司法救助力度，为当事人缓、减、免交诉讼费13.46万元，为4名被害人、困难当事人发放救助金12000元。推进矛盾纠纷多元化解机制建设，将调解贯穿于诉前、立案、审理、执行、信访的每一个环节，真正做到案结事了人和，全年引解案件173件。

县法院主动适应衢州市行政诉讼案件跨行政区划集中管辖改革，转变工作思路，主动配合、积极协调，帮助市中院、柯城法院和本地政府联系对接行政案件22件。坚持依法履行司法审查职能，既保护行政相对人的合法权益，又支持行政机关依法行政，办结行政非诉案件281件，上升81.29%。加强司法与行政良性互动，围绕“僵尸企业”处置、基本解决执行难等主题，有针对性召开府院联席会议，共同提升公正司法、依法行政水平。注重协调化解，为县重点项目、重点工程的行政决策提供多项法律意见，发出司法建议6份，反馈率和采纳率均为50%，促进社会管理完善和创新。

县法院结合立案、审判、执行等办案情况，适时向经信、招商等企业主管和服务部门了解涉案企业信息，通报涉诉纠纷，及时预警，掌握主动；建立法院与企业平台的联动协调机制，主动加强与企业所在园区、乡镇的沟通联系，掌握企业具体生产经营情况，协调做好企业涉诉纠纷和维稳信访等工作；建立法院与县处置办的会商帮扶机制，由处置办与法院牵头，探索多层次、多领域的定期会商机制，对重点关注的涉险、濒危企业逐一分析研判，做到一企一案一策，增强帮扶工作的针对性、实效性。

县法院把做好G20峰会维稳安保工作作为压倒一切的政治任务，多次召开党组会、中层干部会和全院干警大会，学习传达上级法院及县委护航G20峰会的相关文件精神和会议精神，对县法院护航G20峰会工作的各个阶段均进行了专门动员和部署，做到逢会必提。成立涉诉信访工作领导小组和重大峰会维稳安保工作领导小组，由院长挂帅，下设立安全保卫、矛盾排查、信访劝返、舆情处置四个专项工作小组，组建护航G20峰会工作专班，按照“严之又严，细之又细，实之又实”的要求，细化方案，分解任务，层层落实责任，层层传导压力，层层守关尽责，把各项管理制度、防范措施落到实处。G20峰会期间，县法院无一名涉诉信访当事人进京赴杭，被省高院评为“G20杭州峰会维稳安保工作先进集体”。

【宽严相济惩治各类犯罪】 2016年，县法院受理刑事案件340件，比上年上升19.30%；审结315件，上升26.51%。判处罪犯297人，其中判处五年以上有期徒刑的16人，判处缓刑、管制和单处罚金等非监禁刑151人，做到当宽则宽，该严则严，罚当其罪。依法严惩抢劫、聚众斗殴等暴力犯罪，惩处毒品犯罪，重点打击盗窃、诈骗等多发性侵财犯罪，提高群众社会安全感，审结抢劫、聚众斗殴案件5件28人，审结毒品犯罪案件24件25人，审结盗窃案件58件74人。依法惩处破坏环境资源犯罪，审结非法采矿等涉“五水共治”案件4件19人。

【破产审判和资产处置效率提高】 2016年，县法院将破产审判作为商事审判的工作重点，坚持“市场导向、司法主导、简易审理、执破衔接”的思路，探索破产案件简易审、执破衔接、把破产拍卖与招商引资相结合等方式，提高破产审判和资产处置的效率。加强人员经费保障，由分管副院长担任审判长，审委会专委组成破产审判合议庭，专门从事破产审判工作；发挥县财政支持设立的60万元破产工作周转垫付资金作用，用于无产可破企业的管理人费用、公告、审计，以及其他公益费用支出。全年审理破产案件18件，其中重整2件、公司强制清算2件、其余为破产清算，破产案件涉及纺织、碳酸钙、轴承、文体用品生产多个行业。

【推进基本解决执行难工作】 2016年，县法院根据上级法院关于“用两到三年时间基本解决执行难问题”部署要求，制订用一年半时间基本解决执行难问题的工作计划，第一时间向县委、人大常委会、政府、政协等领导报送《基本解决执行难问题的实施方案》，得到县委书记王良春的批示肯定。举行以“基本解决执行难，提升司法服务水平”为主题的新闻发布会，争取群众理解支持。全年受理执行案件3358件，上升33.52%；执结3122件，上升46.71%；查封房产372处，控制被执行人车辆32辆；通过门户网站、LED显示屏、微博、微信等平台曝光“老赖”93人；限制高消费176人，限制出境2人，罚款2人，追究刑事责任1人。

【推进司法公开】 2016年，县法院全面推进审判流程、裁判文书和执行信息三大公开平台建设，以公开促公正，以透明保廉明。加强信息化建设，完成机房和11个高清数字法庭建设、监控改造、带宽升级。加强法制宣传，通过法院门户网站、官方微博、微信发布信息562条。让社会公众零距离感受和接触法院，举行“公众开放日”活动4次、新闻发布会2次。运用好淘宝网常山法院司法网拍平台，建立健全不间断拍卖机制，提高网拍效率。网拍率达100%，成交金额9130万余元，为当事人节省佣金456万余元。

（詹　勐）

司法行政

【概况】 2016年，全县司法行政系统发挥司法行政法律服务、法律保障和法制宣传职能作用，引导法律服务机构主动为“四边三化”“三改一拆”“五水共治”、轻钙产业整治和生猪养殖业减量提质等中心工作提供优质法律服务；人民调解工作、社区矫正工作、法律援助工作、法制宣传和“七五”普法工作扎实推进，成效明显。

探索矛盾纠纷多元化解决机制，人民调解工作领域不断拓展。建立婚姻家庭、物业、医疗等14个行业性纠纷调解委员会。全年受理医疗纠纷13件，调解成功13件，其中，涉死亡案件5件，索赔270万元，调解达成支付赔偿112.16万元；受理交通事故纠纷210件，调解成功178件，赔付金额871万元；受理劳动纠纷211件，调解成功187件，赔付金额621万元。成立县级人民调解委员会，对跨领域、跨区域疑难、复杂矛盾纠纷进行专业、快速、有效的调解，提高人民调解工作的公信力及调解成功率。全县各级调解组织受理民间纠纷6197件，调解成功6078件，调解成功率98%，排查纠纷1197次，矛盾预防1120次。

推进社区矫正机构队伍规范化、社区矫正工作程式化、信息化，规范社区矫正执法办案、日常监管等工作。开展“外出请假人员清理”“高危人员排查”和“在逃、脱管人员清理”等专项行动。通过逐步清理，请假外出人数从原来每个月的70余人降至20余人。G20峰会期间，所有请假外出人员全部被劝回常山；G20峰会结束后，长期请假外出人员较峰会前下降了72%。开展寻衅滋事、聚众斗殴两类高危对象排查行动，及时掌握排查出的14名涉高危对象的生活、工作、社交情况，并逐一进行面对面的训诫教育，严格落实监管措施。联合公安机关对涉嫌吸毒的41名社区服刑人员进行突击尿检，对存在吸毒违法行为的人员，均依法予以收监执行。对两名撤销缓刑后在逃人员和6名脱管人员分别按规定采取抓捕、收监等措施。加强“两个八小时”制度的落实，730余人次在社区矫正劳动基地接受教育、参加社区服务；全县累计组织集中教育3500多人次，组织社区服务3300多人次。安排专人进行每日两次的信息化核查，核查处置异常情况3700多条，警告处罚53人次，占年度警告总数的74.5%。

开展“延时、上门、周末”特色公证服务。推进公证工作信息化建设，先后引进“全国公民身份信息查询系统”“浙江省婚姻登记信息查询系统”，为公证工作提供全互联、全共享的服务，杜绝“假人”“假证”现象的出现。为全县“三改一拆”“四边三化”、廉租房摇号、东淤一期、滨江一期土地征收等中心工作办理现场公证90余次。全年办理各类公证842件，其中经济类5件，民事类837件，涉港、澳、台公证13件。

印发《常山县2016年普法依法治理工作要点》，开展“法律六进”、服务“五四三”（即五水共治、四边三化、三改一拆）重点工作、“护航G20、普法在行动”“校园平安法治宣传”系列专题宣传活动49场次，张贴标语600条，悬挂横幅60条，发放宣传手册和宣传挂图一万份，发放宣传伞3000把，宣传扇、宣传纸杯等宣传品1500多份，累计发送普法短信15万条。举办现场法律咨询活动，发放宣传资料，悬挂宣传横幅，发送普法短信和普法微信，在户外LED屏播放普法公益广告，针对各类学法重点对象开展特色法治宣传教育活动。全年在《今日常山》刊登“以案论法”栏目16期。辉埠镇彭川村建设法治文化长廊，采用法律条文、普法漫画、普法三字经、法律问答等图文并茂的形式设计建成。全县已建成法治文化长廊3个、法治主体公园1个、法治文化主题广场1个、社会主义法治文化示范基地2个。

12月4日，常山县司法局开展宪法日法律咨询活动　（李恋红　摄）

是年，常山县司法局被市委办、市政府办评为2011—2015年全市法治宣传先进单位，被市司法局评为2015年度司法行政工作综合考评良好单位、2015年度推进基地建设落实“二个八小时”制度项目奖和全市司法系统G20杭州峰会维稳安保先进集体。白石司法所、紫港司法所成功创建省级三星级规范化司法所，同时完成对青石司法所五星级的复评验收工作。宁跃法被市委宣传部、市司法局、市法治办授予衢州市“最美普法人”，被市委办、市府办评为2011—2015年全市法治宣传教育先进个人；胡国芳被市司法局和市人民调解协会评为2015年度市人民调解“优秀通讯员”；刘晓敏、刘晓梦被市司法局评为全市司法行政系统G20杭州峰会维稳安保先进个人。

【公共法律服务体系建设】 2016年，县司法局对照省司法厅星级评定标准，整合县司法行政法律服务中心的服务资源，对各项职能进行提档升级；同时，推进乡镇街道、村（社区）公共法律服务站、点规范化建设，基本形成了县、乡、村三级公共法律服务体系，推动法律服务资源全面向基层延伸，为基层群众提供优质高效便捷的法律服务。加强部门间协作，建立健全由县人力资源和社会保障局、县林业局、县法院、县公安局、县人武部、县总工会、县妇联、县残联、县消防大队协作的法律援助工作站，形成以县司法行政法律服务中心为主体，横向到边、纵向到底的公共法律服务网络，全面实现“半小时服务圈”的目标。推进常山县公共法律服务网建设，将各项法律服务资源整合到线上平台，打造集 PC 端网站、手机端网站、微信公众号于一体的移动式服务，实现法律服务群众“零距离”。

【建立“警调对接”人民调解工作室】 2016 年，县司法局探索诉调衔接、警调衔接，构建人民调解、行政调解、司法调解相互衔接配合的大调解工作体系，先后建立城关、招贤、芳村、青石 4 个“警调对接”人民调解工作室，全县调解体系进一步完善，调解效能明显提升，警民关系更加融洽。加大人民调解工作规范化建设力度，严格落实人民调解工作各项制度和要求，开展定期督查，不断提高调解工作的质量和水平。全年调解疑难纠纷 174 起。

【法律援助窗口服务接待零投诉】 2016 年，县司法局贯彻“应援尽援”的原则，提升窗口的接待质量，把微笑服务贯穿到法律援助的全过程。组织听庭 30 人次，电话回访受援人 60 人，走访法院、检察院和劳动仲裁部门了解掌握承办人员的办案质量，全面落实质量监督，以促进服务质量再上新台阶。2016 年，共接待来电来访群众 2324 人次，其中来电 637 人次，来访 1687 人次，办理法律援助案件 1082 件，其中刑事 143 件，民事 939 件，避免和挽回经济损失 2415 万元。开通“148”法律援助热线 24 小时值班制度，落实首问责任制，连续十年接待零投诉。

【开通农民工讨薪绿色通道】 2016 年，县司法局成立农民工讨薪工作领导小组，开通农民工讨薪绿色通道。对提出讨薪要求的农民工一律不审查经济条件，实行窗口当时受理、领导当时审批、案件当时指派、律师当时介入的“四当时”工作制度。妥善化解处理浙江嘉腾工贸有限公司、衢州九天建设有限公司、司比轴承有限公司等 36 家企业群体性欠薪案 585 件，涉案总人数 585 人次，为农民工讨回工资及劳动纠纷款项 1107 万元，没有一起出现集体上访等群体性事件。

【“七五”普法工作全面启动】 2016 年，县司法局提早谋划，统筹推进常山县“七五”普法规划编制工作。8 月，县普法教育依法治理领导小组召开全体成员（扩大）会议，讨论、审议通过了常山县“七五”普法规划（送审稿）。9 月，县委、县政府转发《常山县普法教育依法治理领导小组关于在全县公民中开展法治宣传教育的第七个五年规划（2016—2020 年）》的通知（常委〔2016〕22 号），全面启动“七五”普法工作。

【指导“民主法治村（社区）”创建工作】 2016 年，县司法局按照“四民主、三公开”（即民主选举、民主决策、民主管理、民主监督，党务公开、村务公开、财务公开）的要求，整合纪检、组织、民政资源，做好“民主法治村（社区）”创建的指导工作。做到创建工作与“法律进乡村、社区”有机结合，以培训指导为载体，提高村两委成员的法律素质和依法办事能力，协助村两委规范完善村民自治的各项民主制度和村规民约，保证村组织健全和正常运转，切实提高创建工作的实效。是年，同弓乡同心村被授予衢州市级“民主法治村”称号，天马街道东明社区被授予省级“民主法治社区”称号。至此，全县已创建省级民主法治村（社区）9

个、市级民主法治村（社区）50 个。

【建立普法依法治理考评机制】 2016 年，县司法局根据“七五”普法规划的新要求，制定《常山县 2016 年度依法治理考核评分细则》（常普治办〔2016〕8 号），将普法依法治理工作纳入县委、县政府对乡镇（街道）、部门年度工作目标综合考核中。

【七大专项司法行动平安护航 G20】 2016 年，县司法局出台《常山县司法局平安护航 G20 杭州峰会工作方案》，成立工作领导小组，细化制定社区矫正、人民调解、法治宣传 3 个子方案。将 14 个乡镇（街道）划分成 6 个片区，实行分管领导和科室挂联制度，在系统内层层动员，严密防控。打出“法治宣传、纠纷化解、社区矫正、安置帮教、法律服务”五套“组合拳”，开展“护航G20·普法在行动”、化解矛盾纠纷专项攻坚、法律服务行业执业整顿、监管形势分析研判、社区服刑人员外出管理清理整治、社区矫正“两个八小时”落实情况督查、信息化核查七大专项行动。按照“精准发力、补齐短板”的原则，围绕重点、难点、薄弱点、敏感点，查漏补缺，排查化解矛盾纠纷，做好特殊人群稳控，确保各项保障、各项措施落实到位，圆满完成了护航 G20 维稳安保各阶段的各项任务。

（王　瑛）

浙江省第三监狱

【概况】 2016 年，浙江省第三监狱（以下简称“省三监”）建立网络学院、“书记微信群”，利用内网、内刊、党员之家等学习交流平台，开展“走在前列当先锋”活动，开展“红旗党支部”和“党员先锋岗”评选，重点抓好党员承诺践诺工作，推进党员“亮身份、亮职责、亮承诺”活动。以党支部为单位全面开展廉情效能自查工作，年初与 16 个党支部签订党风廉政建设目标责任书。推动副调研员下派，制定《浙江省第三监狱副调研员工作职责》，统一将全监副调研员下派到基层单位，担任基层支部的专职副书记。以“守好西大门　护航 G20”为主题，组织全监 386 名民警全部参加开展岗位大练兵活动。举行安保誓师大会，打赢平安护航 G20 大会战，同时将 12 项 G20 战时管理规定固化为日常管理要求。

省三监安防工作水平稳步提升。落实整改省局检查反馈问题 22 项，按期完成了围墙达标整治工程，完成监狱信息化技术提升项目 60 个，物防、技防水平得到有力提升。完成了教育专网一期、OA 二期、无纸化办公会议系统等建设部署。全年开展防逃实战演练、会见场所防暴恐实战演练等多种类多形式的演习 4 次。

省三监狱政管理水平稳步提升。坚持每季确定一个活动主题，开展“三评三亮”“迎峰会、守监规、强养成、促规范”等活动。在管教工作制度立、改、废基础上，制定下发《关于进一步强化服刑人员会见管理工作的通知》和《关于进一步强化服刑人员离监就诊管理的通知》，修订《浙江省第三监狱事务犯管理办法》，建立危险服刑人员信息共享制度，配发《G20 安保工作手册》，推动“十项核心监管制度”落实。建立管教部门与指挥中心周联席会议，坚持管教业务部门每周至少 1 次督查，每月至少 2 次夜查，指挥中心每天查处 3 个以上问题。

省三监生活卫生规范水平稳步提升。“三化三清”服刑人员物品清理机制得到有效巩固。出台《服刑人员夜间物品摆放管理标准》，落实了监舍“无水化”管理。严格执行周食谱、伙食实物量标准、月伙食费收支情况“三公开”制度，全年服刑人员每月人均伙食费249.4元。全年邀请社会医院专家进监会诊12次，利用远程会诊平台解决临床问题，开展远程会诊26人次。

省三监行政保障水平稳步提升。完成总投资为585万元建筑面积2586平方米的40套备勤用房建设。完成总投资519.9万元占地面积为49.6亩的职工室外运动场建设。投资225万元完成污水处理站提升改造工程，改造及新增总池容达2880立方米，实现污水处理后达到一级A标准。监狱成立公务用车制度改革领导小组，制定《浙江省第三监狱公务用车制度改革实施方案》，9月10日监狱车改全部到位。先后投入120余万元扩建餐厅，优化用餐环境。开展办公室“6S”（即整理、整顿、清扫、清洁、修养、安全）管理工作，出台《关于开展办公室6S管理工作的通知》。

【监狱教育有新特色】 2016年，省三监“三证”教育深入推进，组织345人参加认证考试，合格率93.24%。坚持每月一次个别谈话教育考核，每季一次基本功考核，并及时公示考核量化结果。年初排摸出顽危犯35人，转化30人，转化率85.7%。先后举办6场大型亲情帮教活动。持续推进“百警助百囚圆百梦”活动，共电话家访100余人次，联系地方相关部门20余次，争取北京太阳村慈善公益基金为44个罪犯家庭的70名子女发放困难补助35000元。坚持开展心理健康文化节、心理运动会，坚持每周一节视频健康教育课，每月一堂面授课，每季一次主题活动。全年先后邀请余知行、何寒平等社会知名心理专家到省三监开展心理辅导。监区文化丰富多彩，实施开封盘鼓、威风锣鼓、安塞腰鼓、舞龙舞狮队传统项目技艺提升工程；在“一假日一主题”的假日文化活动基础上，全面推进“你我动起来，快乐星期天”活动。

（赵　南）

武　　装

人民武装

【概况】 2016年，县人武部党委坚持以习近平系列重要讲话为“魂”和“纲”，坚决贯彻军委国防动员部署和省军区、市军分区的各项决策指示，确立起“统领、整顿、备战、改革、法治”工作指导，着眼“抓重点、破难点、创亮点”工作思路，以整风整改、能力具备、创新驱动为基线，紧贴实际，精心筹划，狠抓落实，圆满完成年度任务，单位各项建设整体推进、稳步发展。

举旗筑魂维护核心，把学习习近平系列重要讲话精神作为首要政治任务。强化理论武装，坚持常态化学习不断线，雷打不动坚持周一夜学制度，从理论源头和脉络上求得对习近平重要讲话的高度认同，从心灵深处和思想根子上坚定政治信念。坚持把强有力的思想政治工作贯穿改革全过程，抓好改革强军主题教育和干部专题教育活动，开展“适应新体制、履行新职能、完成新使命”大讨论，引导大家树立起“改革听组织的，行动看我的”，坚定起改革强军信念，凝聚干部职工拥护支持投身改革的意志力量。抓好民兵党组织建设，多途径开展民兵思想政治教育，确保党对后备力量的绝对领导。紧贴实际抓好“两学一做”学习教育，突出“学”和“做”，围绕“四讲四有”目标，强化定力抓好理论学习，真正让组织功能硬起来，组织生活严起来，党员队伍活起来。

履行使命练兵备战，贯彻落实省军区、分区两级党委1号文件和有关会议精神，时间精力资源向打仗聚焦。夯实战备基础，深刻领会改革调整期间战备工作“高于平时、严于平时、强于平时”要求，抓好作战方案修订完善，细化战备“三室三库”建设，常态落实日常战备制度。采取定期训练和临机拉动方式，有效提高民兵战备值班分队快速反应和应急处突能力。巩固深化军地情报信息互通成果，组织召开由军地相关单位组成的军地情报信息互通协作领导小组会议，确保军地双方准确掌握辖区内突发事件的情报信息，快准稳妥处置突发事件。立起备战标准狠抓民兵训练，突出抓好专武干部、民兵应急队伍、专业保障分队和民兵技术骨干训练，提高后备力量遂行任务能力。先后组织民兵连长集训、专武干部集训以及铁路护路分队、重要目标安全警戒分队、县属应急连5支民兵队伍共410人次训练任务，组织应急连十千米拉练训练。抓好民兵战斗精神培育，深入开展“争当有血性民兵”考核竞赛活动，突出防抗恶劣气候灾害行动的演练，宣传县属民兵水上应急分队典型事迹，激发后备力量践行强军目标的热情。

围绕“四队兼备”建设目标提高国防动员质效。巩固民兵调整改革成果，围绕“编、装、建、用、管、保”6个方面，着眼“四队兼备”建设目标，盘活地方各行业系统资源，对情报信息、气象水文、网络防护等6支55人新型民兵分队进行调整优化，落实交通运输、工程抢修、通信保障等军兵种对口保障分队15支1257人，共组建3类29支1778人的基干民兵分队。退伍军人比例和专业对口率分别达65%和80%以上。发挥民兵组织的应急作用，全年出动民兵800多人次，在全县范围内扑灭山火10余起，遂行应急抢险任务能力经受了考验。

军民融合，拓展深化“依法教育”创建成果，探索“互联网+”开展国防教育方法路子，发展国防教育新模式，国防教育活动持续活跃。

向部队输送合格兵员。按照全年抓宣传、前期抓摸底、中期抓应征、后期抓定兵的思路，从春节开始，有计划分五个波次开展征兵宣传工作，严密组织征兵体格检查和政治审查工作，严肃廉洁征集兵员纪律。全年征集新兵154人（含女兵2人、直招士官2人），其中大专以上文化程度97人，大学生比例达62.58%，比上年提高7.2个百分点。

推进整风执纪检查，革除积弊、正风肃纪、正本清源、凝魂聚气，巩固前两年整风整改成果，结合“两学一做”学习教育，坚持方向引领、问题导向、遵循法规、纠建并举工作指导，单位作风建设得到进一步纯正。县人武部在开展“两学一做”学习教育中，突出“学”和“做”，围绕“四讲四有”目标，强化定力抓好理论学习，坚持党委领导带头上党课，普通党员主动上台谈体会，做到学习有笔记、观点有摘录、体会有文章，每周组织一次集中学习，每天不少于半小时手抄党章。开设板报“点赞习语”交流专栏。重温入党誓词，贴合实际进行承诺践诺行动，组织干部职工深入驻地群众家庭，开展“访贫问苦”，每名干部、每个党小组均与一至两个家庭困难学生和贫困户结成对子，引导大家培塑“坚定”“看齐”“听令”（担当、守规、表率、奉献、尽责、勤奋、尚德）等十种优秀品质。

紧盯作风建设中存在的问题，专题召开问题分析会和工作推进会，采取自我整改与群众帮助相结合，抓好问题清理清查。严格党内政治生活，依靠党组织管好队伍、管好党员，真正把组织功能硬起来。全面开展“五个领域”集中整治，搞好财务大清查活动，严格落实组织制度，坚持集体领导，规范权力运行秩序。定期召开民主生活会、党小组会，认真开展党性分析活动，把领导干部置于党组织教育、管理、监督之下。落实党委和纪委两个责任，自觉接受群众监督，营造抓风气人人有责、正风气人人担责、好风气人人受益的内部环境。

严格管理托牢底线，以省军区、市军分区关于安全管理的指示精神为指导，抓紧“人、车、枪、弹、密”等重点内容。严格安全隐患排查，落实每周一次安全检查，每月一次形势分析，每季一次隐患排查等制度，突出作战值班、仓库值勤、车辆审批管控、涉密载体“三个定制”、家庭上国际互联网、保密办公的排查整治。紧抓“四反”（即反渗透、反心战、反策反、反窃密）保密工作，以兄弟单位发生失泄密案件为反面教材，搞好举案释法、析案明理，有效克服麻痹思想，消除侥幸心理。按条令和规章制度规范一日生活和工作秩序，突出加强“八个以外”的管理，使各项安全管理制度落实在末端，单位安全发展基础更加稳固。

严把财务管理关，规范后勤财务管理秩序，严格落实党委理财、集体议财、联签会审、购物审报和实物检验等财经制度，有效防止超预算花钱、无预算办事、超标准开支等问题。清理清查公务接待不规范、发票报销手续不全、本应个人支付账目等经费，并清退收回违规发放福利补助及应由个人支付款，确保每一分经费都能花在刀刃上，使后勤工作规范化建设再上新台阶。

是年，县人武部被衢州军分区表彰为先进团单位，县属民兵应急连被省军区表彰为民兵应急连标兵单位，县人武部部长宋明亮被衢州军分区表彰为优秀团主官。

【省军区领导到常山指导工作】 2016年1月

26日，省军区参谋长周志斌带工作组到常山检查指导工作；11月30日，省军区副政委单秀华一行到常山检查指导工作，对常山县人武部各项基础性、经常性工作取得的成效给予高度评价。

【参战G20峰会安保工作】 G20杭州峰会期间，县人武部组织全县30名网评员全程实施网络监控，跟踪舆论动态，抓好峰会期间安保备勤应急处置演练，聚力提升战备水平和非战争军事行动能力。备勤期间，编组120名民兵配合公安执行主城区巡逻防控、省际接壤卡点查缉的任务，检查军地车辆1万余台次，圆满完成了安保任务。

【第二次获省级双拥模范县称号】 2016年，县人武部深刻理解“大国防”指示要求，激发全社会关心支持国防建设的巨大激情和潜能，强化“军中人”的归属感，提升军人军属的“光荣指数”，营造浓厚双拥氛围。组织开展春节、“八一”期间军人家庭“大走访”活动，立体式刊发“常山儿女建功军营光荣榜”，组织书画家开展“送书法进军营”活动。结合“扶贫日”活动，分批走访慰问退役军人困难家庭、贫困学生家庭。号召带领民兵预备役人员投身“五水共治”保护母亲河绿色行动，主动退让违法建筑用地。作为为数不多无驻军县（区），常山县第二次被省政府授予“双拥模范县”称号。

2月5日，县委书记王良春走访慰问部队官兵

（黄红霞　摄）

【探索国防教育新路子】 2016年，县人武部探索“互联网+”开展国防教育新路子，依托国防教育专网、国防教育公众微信和当地报刊电视、广告大屏，广泛开展国防教育活动。抓好国防教育进入党政机关理论学习、党校干部培训课堂、中小学生课堂班，推开“军人荣誉墙”进村（居）文化礼堂、中学校园“国旗下讲话”教育新模式，打造军民共建国防文化示范社区。聘请4名参战老兵深入中小学校，开展“听英雄故事，树国防观念”活动。举办国防教育培训班2期，300余名中青年干部接受了国防教育。

（陈思佳）

人民武警

【概况】 2016年，武警常山县中队坚持以G20峰会安保任务为牵引，深入贯彻总队、支队党委指示精神，牢牢把握“先进更全面，标兵更标准”的总体要求，喊响“努力打基础、力争创总标”的口号，坚持稳字当头、稳扎稳打、稳中求强和从零开始，更新观念，苦干实干、走在前列的工作思路，围绕“两全”建队目标，开拓进取、勇于创新，圆满完成了以执勤和“处突”为中心的各项任务。

紧抓思想政治建设不放松。常山县中队把思想政治建设摆在首位，注重抓教育、管思想、铸军魂，牢牢把握部队建设的正确方向。改革强军教育中，在“1+3+1”（即一个大课，三个小课，一个串讲）的基础上，用好“人民武警”等优秀微信公众号，助力开展好教育，邀请县民政局双拥科、新都供电所等一些当过兵的领导到中队与官兵谈部队变化，用真人、真事、真感受，提升官兵参与教育的热情。开展经常性思想教育，组织月课教育、形势任务教育，结合发生在时事和官兵身边的事开展随机教育，注重为人处事的常识教育，讲教养、讲规矩，开展“做人、做事、交朋友”大讨论、日荐一言等活动。开展安全预防工作，注重学习总队预防自杀措施，开展“珍爱生命、遵守法纪、遏制问题、确保安全”专项整治活动，分析梳理可能有安全隐患的自我查摆材料，邀请卫生队长到中队进行心理咨询和问题排查。发挥骨干作用，建好群防群治预防工作体系，实行零报告制度。在涉及官兵敏感问题事务上，严格落实“四公开”（即实施标准、条件、金额、结果）要求，推荐三等功1人、士官5人、优秀义务兵2人、嘉奖3人、技术兵1人。

紧抓执勤训练工作不放松。常山县中队党支部注重每月议训，在破解基础不扎实、教头不过硬、氛围不够浓的问题上下功夫。围绕“八落实”要求，抓实基础体能训练，邀请湖南台跑酷明星“超人”傅杨到中队教学，组织“军事创破纪录”，训练补差，激发基础体能热情。制定《教练员资格考评细则》，邀请大队领导到中队教学，提高教练员教学水平。确立“训练有为、训练有位”的指导思想，把训练成绩与评功评奖、入党、学技术相挂钩，形成重训抓训的浓厚氛围。注重主官抓重点难点课目教学，落实周会操、月考核制度，部队训练水平相对有提升。在执勤工作中，常山县中队不等靠，在支队范围内，率先完成“三化”（即指挥控制集成化、视频监督高清化、勤务管控智能化）改建工程，率先配齐犬防设施。抓好执勤制度落实，针对常见病、多发病问题，结合“三化”系统，推行执勤曝光制度。深化“三共八联”（即思想共建、队伍共管、安全共保、队伍联建、勤务联管、矛盾联调、隐患联治、演练联机、考评联组、情况联处、平安联创）工作，加强队所沟通，坚持每月隐患联合排查整治，抓好监门哨上勤矛盾问题联调。搞好配合活动，组织县中队“10·16”警示日教育，搞好“抓规范、打基础、治隐患、保安全”执勤安全教育整顿，结合“百日安全大竞赛”等活动抓隐患治理，在思想、设施、技能等方面提升执勤质量。常山县中队注重应急力量建设，经常组织应急班拉动演练，小组配合训练，提升备战水平。“4·6”处置行动中，常山县中队准备充分，主动请战，行动迅速，受县领导好评。坚持“围绕打仗需要练能力”，落实上级要求，抓好G20峰会安保战前训练，圆满处置“8·10”“8·30”等检查抓捕任务。

紧抓后勤保障能力不放松。常山县中队把后勤建设置于保稳定、保战斗力的高度，抓紧抓实。针对总队《八个方面安全基本工作规范》交叉检查，反映出的军械员业务不精、驾驶员培训不经常等问题，支部深刻反思，严格制定专业兵训练计划，定期组织专业兵训练。巩固“伙食精细管理年”活动成果，加大伙食管理力度，全面落实早餐“1126”（即1个鸡蛋、1瓶牛奶、2个主食、6个小菜）、午晚餐“6211”（即6个菜、2个主食、1个汤、1种水果）标准，确保官兵对伙食满意。落实军人委员会经济民主组月查账、支部委员会审议大项开支要求，严把经费预算、审核、执行关，确保财务管理规范、安全。实施财务大清查，及时认真落实要求，对中队财务进行全面清查，抓好逐项整改。

是年，常山县中队获武警浙江省总队集体二等功，被评为“标兵中队”；中队党支部被评为先进党组织。1名党员被评选为优秀共产党员，2名战士获个人三等功。

【“3·16”园区火灾救援】 2016年3月16日中午，位于县中队门口的瑞利生物科技有限公司发生大火，常山县中队得知情况后，迅速集合官兵携带救火器材对火势进行控制，并成功将火扑灭，确保了该公司的人员财产安全。

【参与处置“4·6”常山持枪伤人案】 2016年4月16日，在接到常山县出现一起持枪杀人的情况后，常山县中队主动请战，配合县公安局参与该案件的前期处置，有效发挥武警部队的重要作用，受到地方党政领导和武警部队上级党委的肯定和赞扬。

【“三化”改造工程完成】 2016年，常山县中队依据武警部队信息化建设“十二五”规划和总体技术方案，按照“需求牵引、瞄准前沿、确保可行、利于发展”的思路，进行系统优化集成、信息融合共享、功能升级拓展、应用范围延伸，建成与部队任务需求相适应的智能化勤务管控体系，在县政府和市武警支队的支持下，6月全面完成“三化”（指挥控制集成化、视频监控高清化、勤务管控智能化）改造工程，为高标准实现“两个确保”（即确保中心任务圆满完成，确保部队自身安全稳定）提供了有力的信息支撑。

（周　帅）

人民防空

【概况】 2016年，县民防应急指挥中心项目建设竣工，并于4月下旬完成搬迁工作；同时，设备安装通过竣工验收。县人防办做好人防结建工程的建设和管理工作，组织、开展人防依法行政专项检查活动；人防教育基地、人口疏散基地建设工作顺利推进。在节假日期间开展人防宣传教育活动。完成社区、学校人口疏散演练及医疗救护专业队集训；配合市人防办完成“浙江金盾－16”演习任务，参加衢州市人防军事周活动。规范开展人防指挥系统的日常维护，日常应急救援指挥通信畅通保障有力。全年审批易地建设项目6个，在建项目8个，竣工项目3个。

【人防工程专项检查】 2016年5月底至6月，县人防办结合省、市“三清三查三确保”专项整治，按计划分阶段对常山县竣工并投入使用的12处人防工程进行全面检查。经检查，有7处人防工程质量安全可靠，安全使用情况良好，不存在违规用于人员居住及违规存储易燃易爆物品等现象；其余5处人防工程均存在不同程度的风管老化、设备生锈、油漆脱落等现象，其中远洋新天地商住楼建设工程内发现有流浪人员居住。对清查中发现的问题，立即督促业主整改，排除安全隐患。

【人防教育基地建设】 2016年，县人防办加强与教育部门沟通，商定在常山县第一小学建设人防教育基地，并确定人防教育基地的规模、类型，购置了设备，制作宣传教育展板等，成功建成常山县第一小学人防教育基地建设。在职业中专、紫港中学、城关中学、育才中学、新昌乡中心小学开设人防课程，免费为学校提供人防教材2650册，并对担任人防教育的教师进行培训。

【学校和社区人口疏散演练】 2016年“5·12”全国防灾减灾日和“9·18”期间，县人防办精心组织定阳社区500多名居民和县第一小学1260余名师生进行人口疏散演练，从区别防灾警报类型、疏散准备、楼道逃生、集结隐蔽方面进行实战体验，并发放相关宣传资料。

5 月 12 日，天马街道定阳社区人口疏散演练

（周　蕾　摄）

【人防医疗救护专业训练】 2016 年，县人防办根据国家人防办的要求，结合年度训练计划，联合县人民医院开展为期两个月的人防医疗救护专业队集训。7 月 4 日，召开动员会，根据训练对象担负的任务和工作实际，设置相应的训练内容，严格按照方案施训，突出新知识、新理论、新装备、新技能训练。9 月 2 日，组织人防医疗救护专业队成员进行实战演练考核，并邀请市人防办领导及兄弟县（市、区）人防办领导观摩指导。此次实战训练有效提升危机来临时，人防医疗救护队员的应急处置能力、团结协作能力和整体作战能力，达到了预期目的。

（周　蕾）

工业经济

经济和信息化

【概况】 2016年，县委、县政府按照“创新、协调、绿色、开放、共享”五大发展理念，着力做好“去产能、去库存、去杠杆、降成本、补短板”五大任务，围绕打造“实力工业、休闲城市、美丽乡村”总体要求，推进“五个一批”“十大专项”等重点工作，坚持稳增长、调结构、促转型并重。全县117家规模以上工业企业实现总产值102.7亿元，比上年下降0.1%；实现增加值23.4亿元，增长1.0%；完成工业投资46.7亿元，下降8.1%，其中技术改造投资27.8亿元，增长15.8%。实现利税总额4.9亿元，增长18.6%，其中利润总额2.5亿元，增长42.3%。围绕主导产业优势不明显和龙头企业的短板，立足现有产业基础，加强重点领域和特色优势产业培育；围绕“老三篇”“新三篇”协调推进，加快轴承、农机、新材料、生物医药等产业培育，开展“12550”企业培育计划，坚持扶优扶强，促进资源要素向优势企业适度集中，提高产业集中度。投资20亿元的锦禾农机整机项目5月落地常山，成为常山县农机产业园的“龙头”，将带动配套的农机关键零部件企业项目向常山县集聚。轴承行业SKF项目落地，哲丰新材料及配套的相关重大项目建设加快，天子股份、爱丽莎、恒寿堂上市后产值、效益均有大幅提高。这些项目和企业均为常山县培育优势主导企业奠定坚实的发展基础。

制定实施《常山县工业经济提质增效十大专项重点工作》，全县完成锦禾农机、富丽新材料、康盈磁业等7家平台型企业培育。摸排整理出22家“僵尸”特困企业，其中18家企业进入法院受理程序，7家拍卖盘活。推进有关企业加快新三板上市的申请，鼓励核心竞争力企业加快股份制改造，推进上市进程；对已上市企业，跟进企业定向募集资金、定向增资扩股工作，促进向战略新兴板转板，完成新增签约企业3家，新增“新三板”挂牌上市企业1家；推进本地企业或外地企业以合并、收购、出租资产成立新公司等方式与本地企业形成合作，16家企业完成兼并重组。以“2+1”主导产业为重点，引进、培育和推进有核心竞争力的工业项目和企业，引进创新型企业10家，培育创新型企业9家。

推进工业化和信息化融合。通过改造提升现有生产装备及技术，优化发展结构，加快转变发展方式，引导企业加大“两化”融合投资力度。梳理并上报常山县“两化”深度融合项目15个；常山县被列为“全省农村信息化示范区”，推荐上报省信息经济重大建设项目。推进“智慧城市”建设。推进“光网智慧小区”建设，全县建设无线局域网（WIFI）免费AP260个，覆盖公共场所80%以上。学习发达地区“智慧城市”建设经验，围绕政务、民生、发展开展常山县

"智慧城市"建设。推进信息技术服务平台建设。保证企业服务平台网的内容更新和技术维护，处理一起网站反射型 XSS 漏洞；推进"企情在线"APP 建设。强化信息安全管理。做好工控系统领域信息安全监管，完成关键信息基础设施调查，开展手机实名制检查、督促整改；牵头做好县信息动员办公室工作，完成国防动员潜力数据调查工作，为国防动员提供基础数据及动员保障；组织 3 次全县网络信息安全演练。

是年，常山县被列入省级生态工业试点县、浙江省农村信息化示范区创建单位等荣誉称号。

【行业整治取得阶段性成效】 从 2013 年开始，"蓝天三衢"生态治理工程持续深化，通过全面整合矿山资源、矿山企业，加快淘汰落后产能和低小散企业以及开展行业整治。已淘汰全部落后石灰窑、石灰钙加工企业，全部小型塑料粒子加工企业；化工行业、造纸行业、轻钙行业、萤石行业已完成集中整治，行业整治提升成效明显，腾出了用地、用能、排污空间。2016 年，开展全县工业企业的综合效益排序，制定完善招商引资政策，用能、排污权交易政策，正在完善土地使用税、差别化用电、用水以及兼并重组相关政策措施，以促进新一轮招商引资和行业整治、"扶优压劣"措施的推进。启动锅（窑）炉淘汰、改造工作，出台《常山县淘汰改造分散高污染燃料锅燃料锅（窑）炉实施方案(2015—2017 年)》；出台《常山县淘汰改造分散高污染燃料锅燃料锅（窑）炉实施方案(2015—2017 年)》。截至年底，全县已淘汰、改造锅（窑）炉 128 台，超额完成市下达的目标任务。启动塑料粒子加工企业集中整治工作，通过排查，联合执法，对 18 家非法加工塑料粒子企业进行整顿。同时，研究起草《常山县钙产业提升发展三年行动方案》，倒逼企业淘汰落后转型升级。

【"低小散"块状行业省级试点工作深入推进】 2016 年，"蓝天三衢"生态治理工程持续深化。截至年底，全县累计完成关停石灰立（钢）窑 89 孔，石灰钙生产线 201 条，整治轻钙企业 18 家，关停烧结砖企业 4 家、水泥砖企业 12 家。据测算，全县削减二氧化硫排放 14212.8 吨，削减氮氧化物排放 2958 吨，削减粉尘排放 9235 吨，减少污水排放 1.1 万吨，腾出 37.2 万吨能耗空间，腾空利用土地 300 亩，开发闲置土地 2000 亩。全年 18 家墙材企业生产墙材 2.75 亿块标砖，其中 10 家新墙材企业生产 2.19 亿块标砖，新墙材占 80.53%。

【工业企业单位要素改革步伐加快】 2016 年，县政府出台《常山县人民政府办公室关于印发常山县开展工业企业单位要素综合经济效益排序加快转型发展的实施意见（试行）的通知》（常政办发〔2015〕106 号），完成 2015 年工业企业综合效益排序工作，参与排序的规模以上企业 105 家，其中列入 A 类的企业有 31 家，列入 B 类的企业有 64 家，列入 C 类的企业有 10 家；参与排序的规模以下企业 302 家，其中列入 B 类的企业有 211 家，列入 C 类的企业有 47 家，列入 D 类的企业有 44 家。加强对项目准入、规划布局、推进时序、要素保障等方面的整体研究，起草制定《常山县工业投资项目决策咨询及履约验收办法》（常政办发〔2016〕20 号），加强源头管理，严把项目准入关。全年提交预审项目 53 个，预审通过项目 43 个，同意开展前期项目 4 个，否决项目 6 个。

【企业科技创新步伐加快】 2016 年，全县企业创新驱动意识进一步增强，科技创新逐渐成为常山县工业经济发展的新引擎。23 家企业与衢州学院开展战略合作。巴菲尔化学“无氰碱铜电镀液”在南京造币厂、深圳华为、天津盛凯达公司等多家企业建成示范线。康京电子以自主研发技术引进合作方组建新公司后，又与中科院下属上市公司对接资本合作，其创新成果产业化进程有望进一步加快。全县工业企业加大新产品开发力度，当年认定省级工业新产品15项，科升电力和环宇轴承研制的新产品列入省级优秀工业新产品。“机器换人”成为企业技改提升的热点。全县实施重点工业技改项目112个，其中，“机器换人”技改项目90个，完成投资24亿元，占全年技改投资的86.3%；列入省重点技改项目7个，尤其是轴承、纺织、金属加工等传统的劳动密集型行业，机器人应用步伐加快。至年底，全县新增工业机器人购置51台。深入推进“零土地”技改审批方式改革，加大对“零土地”技改的补助力度，全年累计备案“零土地”技改项目59个，计划总投资31.7亿元。

【企业服务平台更加健全】 2016年，县经济和信息化局通过网站、微信、QQ群以及常山县中小企业服务平台，及时向企业传递有关惠企政策信息；采取走出去、请进来的方式，联合县委统战部举办常山县新生代企业家暨骨干企业负责人培训班，赴嘉兴、杭州等地进行培训考察，全年组织参加省、市级培训16场次，培训企业各类人员200余人次。建立健全中小企业服务监测平台，重点对164家企业运行情况进行动态监测，了解掌握各项指标、行业动态、企业发展、生产要素等情况。牵头做好“百名局长帮百企”工作，梳理各类问题100余项，解决68项。县经济和信息化局机关干部定期走访企业，实地调查、了解企业具体情况，重点研判企业运行趋势，帮助企业解决发展过程中的困难和问题，重点做好政、银、企对接和融资担保机构的监管服务工作，全力破解企业资金链问题；结合企业实际情况分类进行帮扶，提振企业发展信心，推进企业健康发展。

【规模以上企业效益稳步向好】 2016年，常山规模以上工业企业利润逐步好转，由1—3月增亏508万元、1—6月同比下降8.4%，到三季度利润开始回升、1—9月同比增长34%，全年增长42.3%，企业效益向好态势逐步稳固。全县规模以上企业中亏损企业50家，亏损额8263万元，比上年下降15.6%。轴承、农机、新材料、生物医药“四大行业”累计实现利润8237万元，增长15.7%。皮尔轴承、捷姆轴承、双明轴承等企业利润大幅提升，带动行业利润快速增长，轴承产业利润比上年增长157.8%。南方水泥、江山虎水泥效益好转，水泥建材行业利润增长86.8%。纺织行业继续亏损，转亏2210万元。

【重点企业支撑有力】 2016年，常山面对经济下行压力，一批重点企业保持高成长性，在工业稳增长中起到了支撑作用。产值亿元以上的企业生产总体保持平稳。34家产值亿元以上企业累计完成产值67.7亿元，占规模以上企业总产值的65.9%，增长4.1%，快于规模以上工业产值的增速。全年新增规模以上企业6家，累计实现产值3.8亿元，拉动规模以上工业产值增长3.7个百分点。一批坚持转型发展、注重细分市场开拓的企业逆势增长，引领工业经济提质增效，如爱丽莎、南洋精工、康京电子（康盈磁业）、金雄公司、富丽新材料等。

（祝倩云　鲁雪远）

2016 年常山县规模以上工业企业生产经营情况汇总

表 7（此表数据为直报数据）

行业	产值（万元）		销售收入（万元）		利润总额（万元）		利税总额（万元）	
	累计	比上年增长（%）	累计	比上年增长（%）	累计	比上年增长（%）	累计	比上年增长（%）
装备制造	178274.6	-2.8	145032	-4.2	3465	299.2	7327	41.3
新材料	224908.4	-6.6	171519	-6.4	4307	-18.5	7567	-16.2
生物医药和绿色食品	70389.9	34.3	65698	46.1	5446	22.0	7253	33.3
纺织	121727.9	-22.7	83104	-41.5	-1613	转亏 2210	-326	转亏 2808
水泥建材	167590.1	0.1	151273	-6.1	11454	86.8	20057	47.4
金属加工	113740.4	12.5	95554	0.9	327	转盈 1118	1746	1611.8
其他	165323.6	16.5	152702	7.1	2039	34.6	5484	-1.8
合计	1027175.5	-0.1	864877	-6.0	25425	42.3	49108	18.6

经济技术开发区

【概况】 2016 年，县经济开发区管委会（以下简称“开发区”）按照“工业平台从园区级向产业集聚区级跨越”的工作要求，以“四个转型”（园区转型、产业转型、企业转型和服务转型）为抓手，深入推进实力工业转型增效。园区熟地保有量 2000 亩，完成衢州绿色产业集聚区常山片区（以下简称“集聚区”）核心干道纬五路建设，省级循环化改造示范点园区项目稳步推进。集聚区一期开发建设获批 1500 亩土地指标，以纬五路及主入口工程为代表的一批重大工程快速推进，“两纵六横”道路框架全面拉开，经一路及纬五路等道路绿化、亮化工程快速推进，一期 2 平方千米开发建设全面到位，大项目承载能力显著增强。依托产业集聚区一期开发基础，总面积 3 平方千米的常山云耕小镇项目正在申报创建常山县首个产业类省级特色小镇，年内已完成概念性规划和实施方案。完成工业园区西北部道路亮化工程；完成竹亭路、污水处理厂等一批千万级配套项目前期工作；园中村、安置区“四边三化”改造全面完成，新都大道等园区主干道路经营秩序得到有效管控，园区对外形象进一步提升。

开发区全年为 31 家企业办理各类审批事项 2000 件，代办 22 个项目预审资料，以锦禾农机整机项目为试点，开展重点招商项目“驻点”服务和在建项目“企业成长册”服务；与县供电部门建立“招商项目用电协同服务机制”，全面加强招商服务，保障入园项目落地生根。全年新引进或接纳项目 15 个，计划总投资 29 亿元，其中 20 亿元项目 1 个、1 亿元以上项目 4 个。启动并完成园区 10 万平方米闲置厂房清查登记及招商发布工作，通过盘活存量，共引进宏远箱包、科德琴业等 13 个新项目，计划总投资 9.8 亿元，盘活闲置土地 140 亩。总投资 20 亿元的锦禾农机整机项目落户集聚区，爱丽莎等龙头企业兼并重组有序推进，衢州市三季度重点项目开工仪式在常山经济开发区举行。

园区企业实现工业总产值 60 亿元，上缴税收 1.3 亿元，新增规模以上企业 2 家，与上年基本持平。57 个在建项目累计完成固定资产投资 22.3 亿元，其中，浙江锦禾农业科技有限公司项目完成投资 5 亿元，厂房全面完工，正在设备调试；常林纸业、欧益服饰、胤康食品等一批亿元企业基本完成土建施工。两家上市企业（天子股份、爱丽莎）实现工业产值9.0亿元，比上年增长29.8%；销售收入7.6亿元，增长28.5%。经纬药业等7家国家高新技术企业实现工业总产值10.1亿元，增长13.9%。园区企业转型稳步推进，新增技改项目24个，计划总投资18.25亿元；13个循环化改造项目快速推进；玉马机械、康盈磁业等一批企业启动上市程序；新增国家高新技术企业4家（玉马机械、爱丽莎壁纸、德迅达电子、科润化学）；引导天道中药、锦禾农业科技等一批企业完成兼并重组，一批“僵尸企业”基本完成破产重组。

5月9日，浙江锦禾农业科技有限公司入园签约仪式举行 （黄红霞 摄）

【项目服务管理精准精细化】 2016年，开发区全面深化项目服务管理机制，园区环境得到较大提升。建立干部联系服务企业制度，企业运行全面帮扶，处置并化解各类矛盾纠纷77起。利用园区电子显示屏等宣传方式，主动为企业发布招工信息，组织企业参与高校招聘，帮助浙江锦禾农业科技有限公司完成240名优秀职工招聘；主动对接常山职业中专，为先导公司定向培育紧缺人才。建立“五水共治”三级网格化巡排查机制，每天安排两名干部对化工园区进行常态化巡查，投入100万元改造提升化工园区的排污管道等一批基础配套设施，改善园区水环境。全年开展安全生产检查450次，发现并整改一般隐患70个，引入安全生产社会化服务机制，新增10家企业购买安全生产社会化服务，启动化工园区安全评估，在G20峰会期间，配合完成绿也金属等13家企业停产、限产工作，圆满完成护航G20工作任务，园区安全生产形势平稳。

【开发区党建工作不断加强】 2016年，开发区按照“大抓基层组织年”活动要求，认真履行党建主体责任和党组织主要负责人“第一责任”，取得明显的工作成效。以党群服务中心为开发区党建宣传教育主阵地，举办“两新”组织系列培训20次，培训3300人次；完成万谷电子党建示范点创建。对园区内15个公交车站进行改造升级，转化为开发区党建的对外宣传窗口，形成党建宣传网络。针对开发区党支部党员过多、检查督促力量薄弱的实际情况，按规定程序予以拆分，建立1个党总支和2个党支部，党员干部日常监督教育显著加强。评选表彰优秀党组织10个、先进党务工作者10人、先进共产党员10人。坚持民主集中制原则，规范重大事项管理，严格落实“三重一大”工作程序；规范议事程序，坚持执行“一把手坚持末位表态”的议事规则；强化民主监督，及时公开政策、人事和工程项目等事项，主动接受社会监督，依托全监控的信访接待室、“12345”政务服务热线等平台，畅通企业职工诉求渠道。加强纪律刚性，按规定程序给予1名干部党纪处分。开展“两学一做”活动，发挥党员的引领示范作用。按照人手一册的要求，为全体党员干部发放《党章》《条例》等学习教材；同时，将每月15日定为党员活动日，集中开展形式多样、内容丰富的主题活动。

【欠薪管控机制建立】 2016年，开发区创新建立《租赁企业欠薪保证金制度》和《欠薪垫付制度》，打破园区欠薪处置困难局面。通过执行两项制度，提前介入14家企业的欠薪纠纷，全年完成8家企业420人欠薪垫付，累计垫付资金100万元。

（王　伟）

招商引资

【概况】 2016年，常山县招商局（常山县人民政府经济技术协作办公室）制定和完善《2016年常山县支持浙商创业创新工作暨招商引资考核办法》，推进招商引资工作。按照常山“十三五”发展规划重新确定的装备制造等主导产业发展方向，深入推行县四套班子领导领衔产业机制，明确具体联系部门领导，开展常态化的信息捕捉和项目谈判等工作。对于确立的重点招商项目，县政府与相关职能部门签订“责任状”，实施“点将招商”。创新机制实行点线招商，县委、县政府将原先8个驻点招商组优化调整为8个产业招商组，完善产业招商管理办法和考核办法，提高产业招商实效性。同时，加快成立商会借力招商，在宁波、温州、苏州等地成立常山县异地商会（累计8个异地商会），集聚优秀乡贤，拓宽招商平台，在谈乡贤回常投资项目20余个。是年，全县引进市外资金41.2亿元，完成市下达考核目标的105.51%。其中，浙商回归项目到位资金28.6亿元，完成市考核目标的115.5%；资本回归到位资金3.05亿元，完成市考核目标的108.93%；引进综合性总部经济项目1个，100%完成考核目标；引进10亿元以上项目1个，即浙江锦禾农业科技有限公司农业机械装备制造项目，协议总投资25亿元，固定资产投资20亿元；引进签约5亿元以上项目3个，即浙江杭开控股集团有限公司万户家庭屋顶太阳能80兆瓦光伏发电项目、国家电力投资集团公司“常山县金屋顶光伏富民工程”项目、浙江京源文化发展有限公司常山县文化艺术博物馆项目，协议投资额18.30亿元，完成市考核目标的150%；引进1亿元以上项目16个，完成市考核目标的114.28%；引进上市公司4家，完成市考核目标的100%。山海协作承接省内发达地区产业转移项目，到位资金22.60亿元，完成市考核目标任务的141.30%；劳动力培训转移1000人，完成市考核目标的111.11%；群众增收、社会事业新农村建设合作项目到位资金230万元，完成市考核目标的153.30%；参加重大经贸活动（西洽会、兰洽会）4次，完成市考核目标的133.30%；产品扩销金额1亿元，100%完成考核目标。全年新增数据138条，其中浙商库38条、名人库100条，此项工作受到市政府的表扬。

常山—慈溪山海协作产业园基础设施建设有序推进。常山、慈溪除产业园合作外，其他领域协作不断拓展，按照《关于进一步深化山海协作工程的实施意见》（浙政办发〔2015〕132号）要求，常山、慈溪全方位开展协作。慈溪、常山两地的教育、卫生、文化、旅游、档案部门开展实质性合作，签订合作协议10余份。其中，常山一中从下半年高一班开始，创建2个慈溪中学创新班，专门由慈溪中学知名老师任教指导。据不完全统计，全年双方各部门相互交流20余次。常山球川镇与慈溪周巷镇、常山芳村镇与慈溪龙山镇成功结对，龙山镇出资50万元，为芳村镇提供项目资金支持，促进双方资源共享、优势共促。

常山县委、县政府对常山县三次产业发展方向进行了新定位、新调整，明确了“高、新、精”发展之路，全力推动工业经济转型升级。着重培育发展“2+1”主导产业，即以农机为主的装备制造业、新材料产业+绿色食品精加工业；全力打造“341”

产业，即休闲旅游、健康服务、电子商务三大新兴服务业，现代物流、现代商贸、现代金融、现代房地产四大基础服务业和文化新兴产业；加快发展以“常山三宝”为重点的现代效益规模农业。招商部门精准对接，会同相关部门开展重大招商项目谋划活动，做实做细招商项目前期工作，筛选确定了一批重点招商引资项目，重新建立三次产业招商引资项目库。

【招引龙头项目继续引进】 2016年5月，常山县成功引进总投资20亿元的浙江锦禾农机项目，该项目主要生产高端插秧机、收割机和山地拖拉机，项目一期主体工程基本完工，即将开始设备安装；全部达产后产值可达50亿元，将成为常山装备制造业的龙头企业。另外，世界500强企业瑞典SKF集团初步决定将上海通用轴承产能整体转移至常山，前期洽谈非常顺利；该项目投产后年产值约20亿元，并将带动产业链内轴承产值增加30亿元左右，成为常山县轴承产业的龙头带动企业。

【重点招商项目大推进】 2016年，常山县招商局建立重点项目推进会商机制，每月与发改、经信、统计等部门联动，分组深入乡镇(街道)、经济开发区、辉埠新区走访，最后集中会商项目推进情况、存在问题。县督考办每季度开展“大干项目、干大项目”工作督评，推进重大招商项目出形象、出进度。同时，强化项目精准服务，个性服务、一对一服务。浙江哲丰项目中特种纸项目于年底进行试生产；巨泰城市综合体项目完成工程进度的80%；同景光伏项目已全部并网发电；石博览园项目一期全部结顶；浙江锦禾农机项目于6月30日开工，项目从签约到正式开工仅仅用50天时间，打造了常山招商项目建设的“锦禾速度”。

（王　明）

主要工业产业

·装备制造业·

【概况】 2016年，全县29家规模以上装备制造企业实现产值17.8亿元，比上年下降2.8%；实现利润3465万元，增长299.2%。其中，轴承行业产值继续负增长，下降6.4%。行业内市场疲软未有明显改善，企业间产品品质、内部管理等方面存在差异，两极分化更加明显，既有产值增长20%以上的企业，也有不少停产、半停产状态的企业。捷姆轴承、皮尔轴承保持一贯的增长态势，双明轴承、三品轴承、赛赛轴承通过技术改造、管理创新，风险抵御能力增强，逐步走出困境，发展势头向好。而一些企业由于原材料价格不稳定，企业做库存动力不足，为降低成本转向代加工，导致企业订单不足、产值下降。全县全力对接SKF项目落地建设，轴承产业迎来一个新的重大发展机遇。农机产业只有玉马机械1家规模以上企业，2016年累计实现产值9514.2万元，增长2.2%。锦禾农机整机项目5月份落户常山，以轴承为主的装备制造业有了真正的龙头，县内已有多家轴承企业与“锦禾农机”开展项目对接。

【企业选介】 浙江锦禾农业科技有限公司成立于2016年5月，位于绿色产业集聚区常山片区，总投资20亿元，用地面积500多亩。项目由邢台第一拖拉机制造有限公司投资，以数字化车间、智能化工厂为目标进行项目设计和建设，同步建设产学研“三位一体”的创新平台，主要生产高光效不等距水稻插秧机、多系列大马力山地拖拉机、动力换挡系统等高端农机整机。该公司具有从研发到制造的完整农机产业链，将有力促进常山县装备制造业实现高端发展、高标准建成中国华东农机产业园，并对关联配套项目引进、形成产业链优势具有较强的带动效应。

6月29日，市委书记陈新（中）到常山考察浙江锦禾农业科技有限公司农机整机项目 （黄红霞 摄）

· 新材料产业 ·

【概况】 2016年，全县24家规模以上新材料企业实现产值21.0亿元，比上年下降6.6%；实现利润4307万元，下降18.5%。由于常林纸业的技改搬迁项目还未投产，纸质新材料产值下降14.5%；受行业整治影响，环保新材料、粉体新材料产值分别下降20.6%、3.6%；电子新材料下降4.0%。在行业总体下降的情况下，部分有核心竞争力的企业发展潜力和发展优势逐步显现，实现逆势增长，如康京电子（康盈磁业）加快对外合作，推进钕铁硼项目产业化，已成为行业内增长最快、引领行业发展的企业；爱丽莎借力资本市场，进入发展快车道；富丽新材料围绕产业链延伸，对外寻求战略合作实现重大突破。

【企业选介】 浙江富丽新材料有限公司成立于2004年，位于常山工业园区，是一家专业从事合成树脂的改性加工和着色的高新技术企业，企业生产的ABS、PP、聚脂等改性产品，技术水平均属国内领先。企业以自身优势产品，引进国海控股集团实施产业链延伸整合重组，提升产品价值，扩大发展空间；同时，稳步向时尚健康、3D打印及耗材等高端行业发展。2016年，该公司实现产值10085万元，比上年增长23.9%。

· 生物医药和绿色食品产业 ·

【概况】 2016年，全县4家规模以上生物医药和绿色食品企业实现产值7.0亿元，比上年增长34.3%；实现利润5446万元，增长22.0%。天子股份公司的果葡糖浆、柚子茶等产品市场开拓成效显著，上市后，产值和效益增长很快。

【企业选介】 浙江经纬药业有限公司位于常山工业园区，主要生产复方猴头胶囊、复方猴头颗粒等产品，是一家生产中西药制剂及原料药精制的专业制药企业。该公司生产的复方猴头胶囊是国家新药，国家保护独家生产，连续几年被浙江省药品监督管理局评为高质量产品，省农博会金奖，衢州市名牌产品。2009年，该公司与浙江中医药大学中药饮片有限公司合作；2011年1月，该公司成为浙江中医药大学中药饮片有限公司全资公司，是浙江省高新技术企业、浙江省高新技术企业通用药物研发中心、衢州市首批科技型中小企业。2016年，该公司实现产值3145.9万元，比上年增长0.6%。

· 纺织业 ·

【概况】 2016年，受原材料价格波动、用工成本持续上升、市场疲软等因素影响，常山县纺织企业产值、利润等经济指标持续回落。全县17家规模以上企业实现产值12.2亿元，比上年下降22.7%；实现利润-1613万元，转亏2210万元。从现状看，短期内需求端前景不乐观，产品溢价能力不足，企业转型升级势在必行，急需加强产品创新，提供高品质、高附加值产品，如为适应个性化定制需求的各类点彩、段彩等时尚类纺织品，促进常山县纺织行业向时尚产业转型。

【企业选介】 浙江省常山纺织有限责任公司成立于1998年，位于辉埠新区，前身为原常山县棉纺织厂，2002年依法收购衢州市纺织有限责任公司，2008年12月从县城整体搬迁至辉埠新区，厂区占地面积172.3亩，拥有10万纱锭、1.5万线锭的生产规模，“伏虎”牌色纺纱获得“中国驰名商标”“浙江名牌产品”称号。该公司生产流水线关键工序采用国际同行业先进技术装备，产品远销香港、欧盟、美国等国家和地区。2016年，该公司实现产值21526.4万元，比上年下降11.2%。

·建材产业·

【概况】 2016年，全县6家规模以上建材企业累计实现产值16.8亿元，比上年增长0.1%，扭转了前三季度连续负增长的态势；实现利润11454万元，增长86.8%。

【企业选介】 浙江常山虎跃水泥有限责任公司位于辉埠新区，1998年认购原县二轻水泥厂重组而建，企业靠人才、靠技术，促进企业发展。2016年，该公司实现产值16334.8万元，比上年下降3.2%。

（祝倩云　鲁雪远）

·电力工业·

【概况】国网浙江常山县供电公司(简称“国网常山县供电公司”)，是国网浙江省电力公司直供直管的县级供电企业，下设10个职能部门、19个基层班组（供电所）以及3家集体企业。至2016年年底，国网常山县供电公司在编职工234人，资产总额5.52亿元。常山电网拥有220千伏变电所2座，变电容量63万千伏安；110千伏变电所8座，变电容量60.3万千伏安，其中用户变2座，变电容量7万千伏安；35千伏变电所8座，主变容量11.7万千伏安，其中用户变2座，变电容量2.88万千伏安；10千伏配变2520台，容量74.22万千伏安，其中专变用户1289台，容量38.11万千伏安。拥有110千伏线路16条，长度171.28千米，其中用户2条，长度10.36千米；35千伏线路16条，长度212.86千米，其中用户3条，长度9.6千米；10千伏线路130条，长度1342.93千米，其中用户10条，28.04千米。

为重点项目建设提供优质用电服务。国网常山县供电公司针对118个县重点建设项目、21家用电容量2000千伏安以上大用户企业、11家县领导联系的重点工业项目企业，建立公司领导主动服务县重点项目机制，明确一名领导、一名中层干部、一位客户经理服务一个重点项目（企业）。主动服务美丽乡村集镇建设，完成芳村、球川、青石、溪口等“上改下”（即高低压线路入地）工程，累计改造高低压线路16.6千米，敷设电缆7.6千米。

确保中心工作和重大活动的供电用电安全。国网常山县供电公司主动作为，先后完成G20峰会保电、创“国家卫生县城”“蓝天三衢”“五四三”工程、抗击寒潮等急难险重任务；完成春节系列文化活动、公务员考试、高中考、中国山地自行车公开赛、中国常山胡柚采摘节等重大活动保供电12次，累计出动人员160余人次、车辆50余台次、应急发电车12台次。

配合推进“光伏扶贫”工作，就居民光伏工作现状及计划目标与各乡镇进行多次对接。国网常山县供电公司累计受理低压分布式光伏用户申请430余户，合计容量超2100

千瓦，已并网分布式光伏用户116户，合计容量517千瓦。

是年，国网常山县供电公司获评常山县年度综合考核一等奖、2015年度县信访工作目标考核优秀单位，通过省级文明单位复评，并成为省公司2016年度同规模县供电企业综合管理标杆单位。

【电网规划与电网建设】 2016年，国网常山县供电公司高效有序完成220千伏柚香变、九景衢铁路招贤220千伏牵引站工程属地配合工作；完成110千伏常山变整体迁建工程项目可行性研究报告的编制；110千伏球川变工程纳入衢州供电公司“十三五”项目库；哲丰热电110千伏送出工程12月底竣工投产。配电网方面：全县实施新一轮农村电网改造升级工程；完成电网投资1.15亿元；变电容量开工4万千伏安；完成35千伏招贤变改造；新建及改造农村配变127台，提升户均容量约0.5千伏安/户，缩短低压供电半径约50米/台区；新建及改造绝缘化线路100千米。

【优质服务与行风建设】 2016年，国网常山县供电公司实施用电报装快速响应，用电报装工程平均时限缩短40%，客户回访满意率100%。推广电力微信、“掌上电力”手机APP、“95598”智能互动网站等电子服务平台，使居民实时享受电量电费、自助充值缴费等各类智能查询服务，电子服务平台注册用户3万多户。创建“精品台区”，牛角村1号变台区获评浙江省电力公司“百佳精品台区”。

2016年全社会用电量、售电量指标完成情况

表8 电量单位：千瓦时

全社会用电量	供电公司售电量	线损率	工业用电量	农业用电量	居民生活用电量
12.34亿	8.21亿	2.8%	9.34亿	1.32亿	1.68亿

（陈运鹏）

农业·林业·水利

综　述

2016年，全县实现实现农业产值12.9亿元，比上年增长4.0%；农业增加值8.3亿元，增长1.7%；农民人均可支配收入达16713元，增长9.0%。山乡环境更加优美，“五四三”（即五水共治、四边三化、三改一拆）工程不断深化，“清塘美河”走在前列并在常山召开全市现场会，生猪整规在全市率先完成任务；“四边三化”掀起新高潮，国道、省道沿线和集镇整治连片推进、面貌一新；“三改一拆”强力推进，“彭川现象”成为全省“拆治归”典型，农村环境在持续整治、改造、提升中不断优化。美丽乡村建设你追我赶，四条美丽乡村风景线串点成线，“一县一带”建设彰显新貌；国际慢城“五朵金花”加快绽放，全县首届农民运动会精彩举办；创成26个美丽乡村精品示范村，东案乡获评省级美丽乡村精品示范乡镇，“黄塘故事”“徐村风情”“田蓬速度”等特色村品牌进一步打响；成功推出郭塘“认股机制”、田蓬“一花五叶”等一批改革新模式，发展动力和活力有效激发。“常山三宝”振兴迈开步伐，成功举办“全国首届油茶文化节”，全国油茶交易、集散、价格指导三大中心和一个文化中心落户常山，木本油料特色区域示范市（县）评选，常山排名全国第一。常山胡柚转型取得重大进展；羊肚菌在常山试种成功。镇域经济加速发展，球川镇“国家级中心镇示范试点”全面推进，“赏石小镇”克服困难、加速建设，“云耕小镇”“赛得养生小镇”等特色小镇建设梯队跟进。基层基础不断夯实，“金钉子”基层组织创建进一步深化，涌现出一批优秀村级组织带头人，“闪闪发光、深深扎根、久久为功、永不褪色”的农村党建品牌全面打响，全市“整乡推进、整县提升”工作现场会在常山召开。全县保持了现代农业加快发展、农民持续普遍增收、农村社会和谐稳定的好势头。

抓产业转型，全力振兴“常山三宝”。抓住柚园受冻这一契机，在全市率先开展胡柚园地流转，出台政策，通过“八个一批”，加快产业结构调整，各项指标走在全市前列。成功举办“2016中国常山胡柚采摘节”。浙江常山恒寿堂柚果股份在“新三板”挂牌。启动注册“常山猴头菇”地理标志证明商标。开展木本油料造林，共培育油茶良种苗木150万株，培育油茶有机食品基地4个，推广新品种和改造老品种1万余亩。

抓环境提升，持续开展专项治理。深化生猪整规工作，保留场精简至55户。开展“美丽牧场”创建，55家保留养殖场线上监控已全部完成。基本完成中小规模场的生态牧场建设，花园式美丽牧场创建完成率达100%。开展整顿规范生猪定点屠宰专项整治行动，有效规范生猪定点屠宰管理秩序，全省生猪屠宰监管扫雷行动交叉检查总结座谈会安排到常山观摩。高标准开展农村“双治”（即农村生活污水和垃圾治理），基本完成170个村农村生活污水治理设施建设，受益农户5万户。全面建成农村垃圾集中收集处理机制，农村生活垃圾“户集、村收、乡镇中转、县处理”机制实现全覆盖。探索建立农村垃圾“2分+”模式，创建垃圾分类达标村126个。大力度推进农田水利基础设施建设，推进常山县常山港治理一期工程扫尾，加快推进常山县常山港治理二期工程前期工作；完成河塘清淤108万立方米，整治河道7千米。强库工程、小农水重点县项目顺利推进。

抓美丽经济，打造美丽乡村升级版。“点线面”建设美丽乡村，点上，开展全县26个美丽乡村精品示范村建设，“国际慢城”5个村美丽乡村建设成效显著；线上，全面启动“柚石金色带”建设，编制完成《常山县美丽乡村“柚石金色带”三年实施方案》，融入“赏石小镇”“国际慢城”、胡柚文化、山水文化、油茶文化、古街文化、三衢石林七大特色板块；面上，推进村庄环境提升为主要内容的“四百行动”（即百村村景、百村千塘、百村万户、百村故事），把庭院建成精致小品、把村庄（集镇）建成特色景点，全县完成农户庭院整治1000余户，整治“赤膊墙”200户6万余平方米。坚持农旅结合、以旅富农的发展模式，做亮乡村休闲旅游，推动美丽乡村向美丽经济转变，全县新增民宿床位数1583张，新增农家乐特色村（点）5处，三星级及以上农家乐20家，全年接待游客326.5万人次，经营收入1.7亿元，比上年增长35%。黄塘村成为衢州市唯一入选“2016年中国美丽休闲乡村”的村。

抓农民增收，提高农民收入。精准识别扶贫对象，做好原“4600元以下”低收入农户动态管理工作。落实“一户一策一干部”机制，全面巩固消除4600成果，80%以上低收入农户人均可支配收入超过8000元。抓好短平快项目促增收，全年累计完成搬迁658户3246人；发放来料加工费4.6亿元，来料加工从业人员年人均加工费达1.3万元；完成农民培训3141人，围绕“常山三宝”开展扶贫创业致富带头人培训的模式在全省作典型发言。开发新增长点促增收，利用“衢枳壳”（胡柚片）列入2015年版《浙江省中药炮制规范》的契机，引导柚农加大疏果力度，发展“衢枳壳”产业。全县胡柚片销售约4000吨，平均收购价格在24～30元每公斤，仅此一项全县可增收1.2亿元。

抓改革创新，激活农村发展活力。深入推进农村土地承包经营权确权登记颁证工作，多次召开全县推进会，工作经费由5元1亩提高到8元1亩。全年目标任务完成88.03%，排全市第二。推进“三位一体”改革，成立由县委书记任组长的领导小组，召开全县动员会和推进会，县乡两级均成立农合联。创新实施中央财政支持农民专业合作社试点项目，引进安吉两山联合社与县内的常发公司等若干家企业，组建常山农林合作社联合社，注册资本2000万元。创建银行授信体系，建立与担保公司合作机制。以纯农林产业社员为重点扶持对象，解决农业产业贷款难、融资难问题。

农业开发和农村工作

【概况】 2016年，是“十三五”规划的开局之年，是常山农业和农村工作实现“奋力赶超、科学跨越”的攻坚之年。一年来，县农办积极贯彻落实市委、市政府制定的“一县一带”战略发展布局和县委、县政府绘就的“全景常山”发展蓝图，以创建“美丽乡村示范县”为标杆，深化美丽乡村建设，田蓬、长风、徐村、黄塘被评为全省美丽乡村特色精品村；东案乡被评为全省美丽乡村示范乡镇，美丽乡村建设成效初显。

【美丽乡村建设】 全县26个美丽乡村精品示范村创建任务基本完成，黄泥畈、濛桥、官庄等一批“百村百景”村口形象提升工程建成成景。4条美丽乡村风景线内容不断丰富，完成庭院整治120余户，新增景观节点10余处。东案乡、同弓乡创建成功“两美”示范乡镇。制定下发《常山县“柚石金色带”创建工作三年实施方案》，整合3000万元资金，全面推进“柚石金色带”建设。沿线15个示范节点中，建成美丽乡村精品村7个（砚瓦山、国际慢城、濛桥、田蓬、弄坞、郭塘、彭川），特色产业基地1个（赏石小镇），乡村旅游特色村2个（白菊花尖、路里坑），改革示范村2个（下猷阁、黄塘），历史文化村落芳村、大处按照既定计划完成年度项目建设。开展“百村万户美丽庭院”创建，进一步夯实美丽乡村建设基础。郭塘、黄塘、弄坞等一批先行村“示范区块”已形成。开展以“两路两侧”为重点的赤膊墙整治专项行动，整治“赤膊墙”310户9万余平方米，其中高速沿线赤膊墙完成率100%。

【农村生活垃圾治理】 2016年，全县建成农村垃圾集中收集处理机制，农村生活垃圾“户集、村收、乡镇中转、县处理”机制实现全覆盖。新增垃圾电力堆肥处理站8个、阳光房处理站7个，建成达标村126个，其中示范村72个。以农村生活垃圾分类“二分+”模式为基础，不断探索和深化垃圾处理模式，根据垃圾处理区域的不同情况创新出以电力垃圾堆肥站处置为主的“新昌模式”，以制沼消纳为主的“大桥头模式”，以垃圾综合处理为主的“同弓模式”。

【农家乐乡村休闲旅游】 2016年，县农办坚持农旅结合、以旅富农的发展模式，围绕“扩面、提质、带动”，创建市级农家乐集聚村2个，分别是黄塘村和濛桥村；创建市级农家乐特色点3个，分别是寨回首生态园、三衢山庄、泉泉休闲园；全年接待游客301.05万人次，比上年增长25%，经营收入15563.2万元，增长25%，新增民宿床位1583张，床位达到3202张。积极开展宣传，编印手绘地图4万张，在上海、杭州等地发放。牵头制作《农家乐安全管理手册》，制定农家乐民宿防汛预案，经常性开展农家乐安全检查。突出民宿入住实名登记，制作农家乐民宿入住须知宣传牌200张，分别张贴到民宿和农村小旅馆，开展民宿实名登记暗访及督查30多次。

【扶贫开发】 2016年，全县扶贫总投资约2亿元，其中特别扶持项目总投资约1.5亿元，占3年总投资的19%，扶贫项目总投资约5000万元。在2015年完成“年内基本消除家庭人均年收入4600元以下的贫困现象”的基础上巩固“消除4600”成果，确保贫困现象不反弹、脱贫农户不返贫，加强了绝对贫困现象的动态管理。在异地搬迁、产业扶贫、金融扶贫、教育扶贫、社会扶贫基础上，创新开展健康扶贫工作。全县低收入农户人均可支配收入达9847元，增幅19.54%，家庭人均纯收入8000元以上的低收入农户（低保农户除外）比重达到80%。

【农民素质提升工程】 2016年，县农办积极开展增收技能培训，围绕“常山三宝”农业产业发展方向开展扶贫创业致富带头人培训。全年完成农村实用人才培训3141人。围绕创业创新，抓好浙江省扶贫创业致富带头人培训在常山试点工作，已在5个乡镇启动试点工作。结合农村劳动力意愿和当地企业用工需求，大力培训一批电商、家政、电焊工、特色烤饼制作等创业就业快的项目培训，助推农民增收致富，有效促进了产业发展和农民创业就业增收。

【农村生活污水治理】 2016 年，112 个污水治理任务村按时序全部建成相关设施，并通过省检查组检查，检查组对污水治理设施建设的质量和进度均给予高度评价。全县完成污水治理村 292 个，建成污水终端 510 个，受益农户 5 万户。落实“五位一体”运维管体系，建好污水运维长效管理机制。成立第三方运维招标工作小组，以服务外包的形式，确定第三方运维主体，验收移交工作正逐步开展。开展“百村千塘”整治工作，清理村塘 310 个，380 个污水终端建成景观。

【异地搬迁】 2016 年，全年完成异地搬迁 1500 余人，重点建设县城赵家坪、芳村镇、球川镇等 8 个安置小区（点），占地面积 365 亩，总投资 6991 万元，其中芳村镇农民异地搬迁安置小区规划红线面积 220 亩，可安置农户 805 户（其中排屋 301 户，公寓 504 户）。

（胡梦晴　李季兵）

·农业综合开发·

【概况】 2016 年，常山县农业综合开发办公室（以下简称“县农发办”）以项目建设为中心，以农业发展为目标，结合“慢城常山”建设和现代农业产业发展，不断强化项目管理和机制创新，推进常山县高标准农田建设、促进农业特色产业发展。严格执行《浙江省农业综合开发资金和项目管理实施办法》，强化项目管理与财务管理的有机结合，确保项目和财务管理操作的规范性和可控性。完善项目资金筹集制度，保证县配套资金的筹集和及时入账。加强土地治理项目资金支付的管理，工程进度款和竣工决算严格按施工合同要求支付，并须提供经监理、乡镇和县农发办工作人员签字盖章的各阶段在建工程明细表和进度表；科技推广费实行县级报账制，并要求项目单位对科技推广资金的使用范围做出详细说明，以保证报账凭证的真实性、合法性、有效性和完整性。规范产业化项目资金报账程序，产业化补助项目报账、贷款贴息项目报账须由县农发办和县财政局根据项目实施计划、建设进度及报账原始凭证进行审核，批准后才能拨付资金，保证资金使用的规范性和安全性。国家和省批复县农发办 2016 年度计划总投资 5687.22 万元，县农发办全年实施国家农业综合开发土地治理项目 2 个、国家农业综合开发产业化经营财政补助项目 5 个、国家农业综合开发产业化经营贷款贴息项目 2 个。项目区基础设施建设，完成扩建、加固小型蓄排水工程 11 座，新修和维修拦河坝 10 座，新修和维修排灌站 9 座，开挖疏浚渠道 5.32 千米，衬砌渠道 55.33 千米，溪流护岸 4.59 千米，配套渠系建筑物 978 座，微灌 610 亩，改良土壤 0.01 万亩，新建和扩建干道 16.4 千米，新建支路 8.16 千米，新建机耕路 3.03 千米。通过本年度以及上年结转项目的实施，新增和改善灌溉面积 2.28 万亩，新增和改善除涝面积 1.14 万亩，新增节水灌溉面积 0.58 万亩，年节约水量 77.1 万立方米，增加机耕面积 0.5 万亩，控制水土流失面积 0.15 万亩，新增粮食生产能力 114.1 万公斤、油料 6.46 万公斤、其他农作物 37.16 万公斤，项目区直接受益农民年纯收入增加约 361.56 万元。

【国家和省批准的开发任务】 2016 年，国家和省批复县农发办 2016 年度计划总投资 5687.22 万元，其中，中央和省财政资金 4213 万元，县财政资金 801.22 万元，自筹资金 673 万元。实施国家农业综合开发土地治理项目 2 个，其中，常山县天马畈小流域农业生态工程项目总投资 1527 万元，土地治理开发任务0.7万亩；常山县长风灌区节水配套改造项目（一期）总投资2816.22万元。实施国家农业综合开发产业化经营财政补助项目5个，分别是常山县年产500吨胡柚纯露、精油及提取液加工建设项目，总投资471万元；常山县300亩胡柚标准化基地建设项目，总投资206万元；常山县65亩珍品水果种植基地建设项目，总投资159万元；常山县200亩中药材种植基地建设项目，总投资163万元；常山县500亩蓝莓种植示范基地项目，总投资300万元。国家农业综合开发产业化经营贷款贴息项目2个，分别是常山县原油收购流动资金贷款贴息项目，贴息34万元；常山县原料油收购流动资金贷款贴息项目，贴息11万元。

【国家农业综合开发项目建设情况】 2016年，县农发办实施上年结转的2014—2015年农业综合开发土地治理项目10个，即彭川畈、洁湖畈、阁底畈、芙蓉湖畈、许源头畈、大畈、东乡杨梅弄畈、东山畈、埂田畈、江源畈子项目工程，共计投入资金3384.9万元。完成2016年农业综合开发天马畈项目可研编制会审、工程测绘、工程设计、实施方案和计划报表编制工作。实施2016年农业综合开发天马畈项目，共投入资金682.06万元。完成常山县年产500吨胡柚纯露、精油及提取液加工建设项目、常山县300亩胡柚标准化基地建设项目、常山县原油收购流动资金贷款贴息项目和常山县原料油收购流动资金贷款贴息项目的建设任务，共投入资金722万元，其中县财政补助365万元。

【农业综合开发项目编报】 2016年，县农发办完成2016年度农业综合开发土地治理项目天马畈项目的可行性研究报告编纂，并通过省农发办会审；同时完成项目的工程测绘和设计工作，天马畈项目计划总投资1527万元，其中省以上财政资金1272万元，县配套资金255万元。常山县长风灌区节水配套改造项目（一期）属于农业综合开发部门项目，由县水利局负责完成可研编制会审、工程测绘、工程设计、实施方案和计划报表编制工作。项目计划总投资2816.22万元，其中省以上财政资金2333万元，县配套资金483.22万元。完成衢州市展宏生物科技有限公司年产500吨胡柚纯露、精油及提取液加工建设项目、常山县俊俊果业专业合作社300亩胡柚标准化基地建设项目、常山县丹依果业专业合作社65亩珍品水果种植基地建设项目、浙江善能农业开发有限公司200亩中药材种植基地建设项目和常山轩山农业开发有限公司500亩蓝莓种植示范基地项目实施方案与计划报表的编制工作，并通过省农发办评审。常山县年产500吨胡柚纯露、精油及提取液加工建设项目预计投资471万元其中，中央财政资金110万元，省财政资金88万元，县财政配套资金22万元，企业自筹251万元；常山县300亩胡柚标准化基地建设项目预计投资206万元，其中，中央财政资金50万元，省财政资金40万元，县财政配套资金10万元，企业自筹106万元；常山县65亩珍品水果种植基地建设项目预计投资159万元，其中，中央财政资金39万元，省财政资金31万元，县财政配套资金8万元，企业自筹81万元；常山县200亩中药材种植基地建设项目预计投资163万元，其中，中央财政资金39万元，省财政资金31万元，县财政配套资金8万元，企业自筹85万元；常山县500亩蓝莓种植示范基地项目预计投资300万元，其中，中央财政资金70万元，省财政资金65万元，县财政配套资金15万元，企业自筹150万元。

【农业综合开发项目管理】 2016年，县农发办按照《浙江省农业综合开发资金和项目管理实施办法》要求，做到程序明确、操作规范。项目实施前做好各项准备工作：按照招投标办法向社会公开（或邀请）招标具备相应资质的工程咨询公司、工程监理公司及工程施工单位，做好项目公示工作。抓好项目实施阶段的工程管理工作，严格执行项目计划，以省办批复文件和项目实施方案为准绳，紧扣农业综合开发流程，不随意变更建设地点、内容、规模和标准；做好工程的技术交底工作，将施工图纸、测量数据等有关工程技术资料与施工单位进行交底，并做好施工单位在工程质量、安全施工、文明施工等方面的教育工作；严抓工程监督管理，监督施工单位严格按有关工程施工规范及图纸要求施工，并不定期、不定时的进行工程质量现场抽验，确保工程质量和进度；同时，监督工程监理单位按规范实施工程监督，做好工程资料的收集和整理；做好隐蔽工程的验收工作，明确规定隐蔽工程须由县农发办技术人员和监理（监督）人员等到现场验收合格后方可进行下道工序施工，保证工程量的真实性和准确性；加强设计变更、工程增加等管理，规范上报程序，完善相关细则，从源头上杜绝乱建私加的行为。坚持项目工作例会制度。每月初定期召开包括项目施工单位和监理单位在内的项目工作例会，对上一月的项目建设工作进行总结，针对存在的问题，提出相应的整改意见，由监理单位负责督促施工单位尽快进行整改落实。

（郭　锋）

农　业

【概况】 2016 年，全县粮食播种面积 16.35 万亩，粮食总产量 6.87 万吨。全县生猪养殖场 55 户，生猪存栏 3.89 万头，折合饲养量 10.5 万头，畜牧业产值达 2.1 亿元，占农业总产值的 28.3%。常山胡柚面积 10.3 万亩，产量 7.5 万吨，产值约 6 亿元。2016 年全县销售胡柚干片 4000 吨，平均收购价格每公斤 24～30 元（比 2015 年增幅 100% 以上），促进农民增收 1.2 亿元，加上流通等环节，预计总增收 1.5 亿元以上。全县食用菌栽培总量 1.03 亿袋（瓶），产鲜菇 4.33 万吨，总产值 3.11 亿元。

2016 年，县农业局认真贯彻落实各级农业农村工作会议精神，以“农业增效、农民增收”为目标，以推进农业供给侧结构性改革为主线，以“盆景”变“风景”为导向，大力推进农业转型升级，各项工作取得明显成效，实现了“十三五”规划良好开局。生猪定点屠宰、种子种苗检疫监管、农资监管与服务信息化、粮油生产等工作先后在全省会议上作典型发言，成功举办 2016 中国·常山胡柚采摘节暨农产品质量安全科普直通车进柚园活动，全省生猪定点屠宰现场会在常山召开；土地确权登记颁证工作除江山试点市外位列全市第一，生猪整规工作及胡柚产业转型升级工作位列全市第二；县农业局被评为 2016 年度全省农业工作先进单位、浙江农民信箱工作考核优秀单位、浙江农业博览会优秀组织单位、全省农业综合执法示范窗口。

·粮油生产·

【概况】 2016 年，全县粮食播种面积 16.35 万亩；粮食总产量 6.87 万吨。水稻播种面积 10.03 万亩、单产 519.73 公斤，总产量 5.21 万吨。其中，早稻面积 3.05 万亩，平均单产 505 公斤，总产量 1.54 万吨；单季稻面积 5.64 万亩，平均单产 542 公斤，总产量 3.06 万吨；连作晚稻面积 1.34 万亩，平均单产 460 公斤，总产量 0.62 万吨。大小麦面积 0.27 万亩，单产 175 公斤，总产量 0.05 万吨，种植玉米 2.12 万亩，单产 320 公斤，总产量0.68万吨。大豆2.25万亩，单产150公斤，总产量0.34万吨。番薯0.97万亩，单产474公斤，总产量0.46万吨。夏收油菜5.62万亩，总产量0.68万吨。

【新品种推广和高产示范片创建】 2016年，从省内外农业科研单位引进高产、优质水稻良种4个，其中，早稻品种准两优608和单季稻品种甬优12、甬优15、春优84作为主推品种广泛种植，水稻良种覆盖率97%。实施高产创建早稻万亩片1个，面积10238亩，涉及1个乡镇3860户农户。省级千亩水稻高产创建示范片6个，总计6710亩，涉及6个乡镇，带动辐射周边面积5万亩，示范片内采用精确定量栽培、测土配方施肥和病虫害综合防治技术，采用“早稻+再生稻”模式推广，平均亩产再生季达250公斤，增加粮食产量2500吨，每亩增加纯收入500元以上。

【11个粮食生产功能区建设】 2016年，全县建设粮食生产功能区11个，面积7265亩。建设区域主要分布于天马街道、金川街道、辉埠、何家、芳村、球川、白石、同弓8个乡镇（街道）的11个田畈。其中，天马街道陈塘畈830亩，金川街道夹江畈235亩，辉埠镇张家畈600亩、才里畈850亩，何家乡煤山畈800亩，芳村镇牛角口畈210亩，球川镇梧桐畈650亩、三溪畈1500亩、碧石坞畈450亩，白石镇白马弄周家源畈490亩，同弓乡胡村畈650亩。

【实施水稻产业提升项目】 2016年，全县建成5个水稻育秧、烘干中心。其中，育秧、烘干用房3681平方米，育秧温室2880平方米；购育秧硬盘2万只、热风炉3台，建晒场2721平方米。实施田间基础设施建设项目7个，分别位于金川街道大麦淤畈、青年畈，紫港街道湖田畈，辉埠镇东乡畈、东山根畈，同弓乡柴家畈，球川镇三里江畈。培训300人次。开展水稻生产新技术试验4个。

·蔬菜瓜果·

【概况】 2016年，全县蔬菜瓜果产业保持稳定快速发展，面积、产量、产值均呈现上涨态势。全县蔬菜瓜果播种面积7.50万亩。其中，蔬菜59555亩、比上年增加3875亩，总产量9.53万吨、比上年增加0.63万吨，总产值18408万元、比上年增加1636万元；西甜瓜面积15485亩、比上年增加1235亩，总产量7.22万吨、增加0.63万吨，总产值17626万元、比上年增加1716万元。谷舞仁生蔬菜生产示范基地、新地西瓜集约化育苗等新型农业生产基地建设项目完成验收；天马五联茭白生产示范基地建成，效益较好。新地西瓜集约化育苗基地项目完成西甜瓜育苗50万株，西兰花育苗2000万株，该项目建成后年可培育瓜果蔬菜苗1亿株。球川镇上安畈瓜菜生产示范基地、天马五联蔬菜基地等设施蔬菜生产基地探索蔬菜高效种植模式，“辣椒—莴笋”“水稻—松花菜”种植模式可有效提高全县的蔬菜产量和质量。山地蔬菜栽培面积2.47万亩，生产商品菜3.78万吨，产值9661万元。山地扁豆、四季豆、黄瓜、茄子、番茄、辣椒、冬瓜、包心菜以良好的产地生态环境、适当的上市季节受到消费者的普遍欢迎。大棚西瓜全年播种面积1.49万亩，比上年增加1200亩；总产量7.14万吨，增加0.63万吨；总产值17201万元，增加1682万元。

·经济特产·

【概况】 常山水果主要以常山胡柚为主，梨、李、桃、杨梅、葡萄、枇杷、柿子、猕猴桃等小水果面积、产量均不大。2016年年底，全县小水果总面积 8500 亩，总产量 7580 吨，总产值 5265 万元。为优化水果品种结构，2016 年春季，在球川镇九都村引进与示范种植“新西兰猕猴桃”面积 120 亩。

全县茶园面积 10950 亩，2016 年生产各类茶叶 255 吨，总产值 1540 万元，其中名优茶产量 105 吨、产值 1040 万元。为丰富常山茶类品种结构，提高茶产业综合效益，在辉埠镇东鲁村高梦农场茶叶基地引进油茶两用茶树品种进行试种，面积 10 亩。

·常山胡柚·

【概况】 2016 年，常山胡柚产业稳步发展。全县各级党政领导贯彻落实《“常山三宝”产业振兴发展计划》和《常山胡柚（柑橘）产业转型发展实施意见》，大力实施常山胡柚全程社会化服务和浙江省特别扶持常山胡柚项目计划，全县常山胡柚面积 10.3 万亩，产量 7.5 万吨，优质果率达 90 %。11 月 8 日，县委、县政府在同弓乡大宝山胡柚基地举行“2016 年中国·常山胡柚采摘节暨农产品质量安全科普直通车进柚园活动”。

【浙江首届年货节暨常山胡柚食尚周】 2016 年 1 月 6—8 日，由阿里巴巴集团主办，中共常山县委、常山县人民政府承办的“浙江首届年货节暨常山胡柚食尚周”在常山举行，全国各地近 200 家参展商携名特优产品参加展示销售，全省电商以及 1000 多名农村淘宝合伙人齐聚于常山体育馆参加活动。此次年货节主打农产品 O2O 模式，线下展示、线上销售，通过阿里巴巴线上平台拉动参展农产品销售。年货节不仅是一场年货的盛宴，更是浙江电商发展和农产品上行的一次创新。对常山而言，则是在“互联网 +”时代，推动以“常山三宝”（胡柚、山茶油、猴头菇）为核心的农特产品走向全国的一块跳板。

【“衢枳壳”正式列入 2015 年版《浙江省中药炮制规范》】 2016 年 8 月 30 日，常山胡柚片以“衢枳壳”名义列入 2015 年版《浙江省中药炮制规范》。这标志着常山胡柚片有了正式合法的药用身份，按照当前年产量估算，预计可实现农户增收近 2 亿元。常山胡柚片成功纳入《浙江省中药炮制规范》，实现了常山胡柚药食同源、一果两用，为常山胡柚带来新的历史发展机遇，也为全县广大农民增收拓宽新渠道。

【常山胡柚生产全程社会化服务试点】 2016 年，常山县农业部门根据《浙江省财政厅关于拨付 2014 年开展农业生产全程社会化服务试点补助资金的通知》和《常山县农业局、常山县财政局关于下达常山胡柚生产全程社会化服务试点项目实施计划的通知》《常山县财政局、常山县农业局关于下达常山胡柚生产全程社会化服务试点项目补助资金的通知》，按照项目实施方案，应用标准化技术，开展常山胡柚病虫害统防统治、增施有机肥、常山胡柚商品上市交易合作服务、培育新型服务主体（购置加工厂房）和高端生态栽培管理技术全程服务。安装太阳能杀虫灯 112 盏，诱虫黄板（配套小竹竿）5000 张，地膜（反光膜）3.04 吨，打孔机 35 台；实施统防统治 38 家，服务面积 6977 亩；供应有机肥（菜饼）1146 吨。开展常山胡柚商品上市交易合作服务，上市交割服务胡柚 800 吨；开展高端生态栽培管理技术全程服务 3036 亩；培育新型服务主体 2 个。

【浙江省特别扶持常山胡柚项目计划】 2016 年，常山县农业部门根据《常山县人民政府关于印发“常山三宝”振兴发展计划的通知》（常政发〔2014〕56 号）和《常山县人民政府办公室关于印发常山胡柚（柑橘）产业转型发展实施意见的通知》（常政办发〔2016〕106号）等文件精神，结合各乡镇、街道实际，组织“浙江省特别扶持常山胡柚项目计划”的实施工作，实现常山胡柚流转面积7599亩，新发展常山胡柚面积2202亩，建设精品常山胡柚基地3个。

·常山食用菌·

【概况】 2016年，常山县食用菌以周年化、园区化为特色，以秀珍菇、猴头菇、黑木耳为主导品种，主推猴头菇层架式大棚栽培及黑木耳“稻—耳”轮作模式。全县食用菌栽培总量1.03亿袋（瓶），产鲜菇4.33万吨，总产值3.11亿元。

【猴头菇搭上电商快车】 2016年3月25—28日，常山森力家庭农场与“安之食”（淘宝店）合作，将猴头菇在“聚划算”开卖，吸引全国各地订单3600多份，销售额15万多元。

【猴头菇微视频拍摄】 2016年5月4日，县农业局、县广电总台联合推介“浙里农味”，邀请猴头菇烹饪名厨现场烹饪，并拍摄制作成微视频，指导猴头菇消费，为猴头菇进入寻常百姓家提供视频宣传服务。

【猴头菇软罐头开发成功】 2016年5月，常山县天乐食用菌研究所与森力家庭农场合作，成功开发出猴头菇软罐头——“云片猴头”，并推向市场。

【猴头菇推介会举行】 2016年5月25—28日，常山县食用菌办与森力家庭农场联袂在宁波浙海大酒店举行猴头菇产品推介会，带着厨师在四星级酒店现场烹调培训、现场品尝推介猴头菇的饮食文化，融培训、品尝、推介为一体，将猴头菇产品与饮食业者直接面对面，推介效果很好。

【举办食用菌技术培训】 2016年10月13—15日，常山县农业局与县农办、县食用菌协会联合举办“常山县食用菌栽培与烹调技术培训班”，并组织学员赴庆元考察学习。各乡镇（街道）食用菌辅导员、食用菌业主代表及餐饮业厨师代表约60人参加。

·畜牧业·

【概况】 2016年，全县生猪养殖场55户，生猪存栏3.89万头，折合饲养量10.5万头；牛存栏2428头，出栏760头；羊存栏1.05万头，出栏0.85万头；家禽存栏187.3万羽，出栏339.13万羽，其中利用当地胡柚园地优势，发展柚园养鸡，年出栏优质土鸡34万羽；兔存栏1.2万只，出栏0.89万只，肉类总产量7320吨；禽蛋产量3865吨，畜牧业产值2.1亿元，占农业总产值28.3%。

【生猪养殖场关停】 2016年，全县关停生猪养殖场804个，退养存栏生猪9.7万头，折合饲养量24.25万头，拆除养殖建筑面积21.04万平方米。保留场精简至55户，全县生猪存栏量控制在3.89万头，折合饲养量10.5万头。推进水禽养殖污染专项整治，关停退养沿溪54余户水禽养殖户，退养17万余羽，拆除面积2万多平方米。

【畜禽养殖污染治理】 2016年，常山县全域建立生态消纳模式，推行“猪—沼—作物”模式，沼气入室照明、做饭，沼液、沼渣入地作肥料，实现“小循环”式生态消纳。全县55户生猪养殖场共建成雨污分离设施管道4万米，预处理池、沼气池、储液池总计8.2万立方米，铺设沼液管道25万米，沼液排放墩1万个，与400余户农户签订土地流转协议或沼液排放接受协议，整合1.1万亩消纳土地资源，年均处理沼液14万吨。推行畜禽养殖线上智慧化管理，55家生猪养殖场线上监管设备安装全部完成，并接入衢州市智慧环保平台。同时，加强线下网格化巡查与线上监管数据衔接，落实巡查记录、台账管理、情况报告、问题处置工作，实现畜禽污染治理“线下+线上”监管双向发力。

【美丽生态牧场创建】 2016年7月，县生猪养殖业转型提升领导小组办公室印发《常山县美丽生态牧场创建标准》，从场貌特色、治理标准、场区美化等9个方面提出具体要求。至年底，全县保留的生猪养殖场全部完成琉璃瓦更换、门窗铝合金安装、扩建消毒通道、电动移动门的安装；在主道路及沿线种植银杏、香樟、桂花、紫薇、红叶石楠等植物，植物覆盖率达20%以上；倒逼77户小型生猪规模场退出养殖行业；建成伟盛牧业、十里山庄、大公养殖场、正东养殖场4个省级美丽生态牧场。

【生猪屠宰管理】 2016年，全县14个乡镇（街道）屠宰点全部关停，屠宰设施全部拆除或上缴。县屠宰企业日均宰杀生猪由60头稳定上升到220头以上。7月1日开始，肉品市场进入定点屠宰、统一配送新秩序，肉产品的检疫检验率达100%。常山县成功举办省级生猪屠宰管理现场会。

【病死动物无害化处理】 2016年，全县开启养殖环节生猪保险联动模式，累计处理1.6万多头病死猪；严格执行生猪屠宰检疫无害化处理规定，检疫后不可食用的生猪产品及病死猪经过驻场检疫人员拍照记录，依法进行无害化处理，累计无害化处理不可食用生猪产品8.5吨，病死猪28头。定期组织开展无害化处理专项执法行动，共查处乱弃病死动物案件2个，罚款2000元。

【动物卫生监督执法】 2016年，启动实施动物产地、屠宰检疫电子出证，申报注册官方兽医电子检疫出证账号21个。建成15个产地检疫申报点和1个监督分所。严把屠宰检疫入场检查、待宰巡查、宰后检疫、消毒及无害化处理监管“四道关”。强化动物流通监管职责，常山县省际动物检查站查验出入境（县境）运载动物及产品车辆15325辆，动物产品1844辆，动物副产品81辆。查验生猪140.87万头、牛7.10万头、羊0.003万头、家禽30.57万羽、动物产品1.56万吨、动物副产品0.12万吨。劝退违规车辆14辆，立案查处6起案件，合计罚款5500元。加大违禁药品检测力度，生猪检疫养殖、运输、屠宰“三环节”抽检盐酸克伦特罗5053份、莱克多巴胺5039份、沙丁胺醇3705份，结果均为阴性，合格率100%。县农业局与衢州市出入境检疫局对接，抽检猪肉、猪肝、禽肉等畜产品80份，抽检合格率100%。

【重大动物疫病防控】 2016年，全县使用禽流感疫苗157.08万毫升，免疫家禽145.94万羽次，应免密度达100%。使用牲畜口蹄疫疫苗33.84万毫升，免疫牛、羊1.73万头次，免疫生猪22.51万头次，应免密度均达100%。使用猪瘟疫苗65.52万头份，免疫生猪16.4万头次，应免密度达100%。使用猪高致病性蓝耳病疫苗10.80万头份，免疫生猪6.92万头次，应免密度达100%。使用鸡新城疫疫苗71万羽份，免疫鸡新城疫65.73万羽次，应免密度达100%。采集各类畜禽血清5781份次，其中，牛羊O型口蹄疫抗体531份次，羊亚I型口蹄疫抗体530份次，小反刍兽疫40份次，布病776份次；猪O型口蹄疫抗体845份次，A型口蹄疫抗体100份次，猪瘟抗体423份次，猪蓝耳病抗体

216份；禽流感H5抗体1235份次，H7N9血清学监测765份次，新城疫抗体320份，抗体监测合格率都达省、市要求。血吸虫病508份，布病、奶牛结核病检测结果均为阴性，全年未发生一起重大动物疫情。

·农业产业化·

【概况】 2016年，全县农业产业化组织655个，其中国家级农业龙头企业1家（浙江天子股份有限公司）、省级骨干农业龙头企业3家、市级农业龙头企业36家、县级农业龙头企业188家；新增全国休闲农业与乡村旅游四星级示范企业2个（浙江常山黄塘旅游景区开发有限公司、常山寨回首农业开发有限公司），省级休闲农业与乡村旅游示范点1个（常山县常青泉旅游开发有限公司），市级休闲观光农业示范点2个（常山县凰岗茶叶有限公司、常山荷塘好摄农业发展有限公司）。全县有全国休闲农业与乡村旅游四星级示范企业5家、省级休闲农业与乡村旅游示范点2家、市级休闲观光农业示范点6家。黄塘村被农业部授予“中国美丽休闲乡村”特色民俗村称号，是衢州市唯一一个获此殊荣的美丽乡村。

【名特优新农产品展示展销】 2016年11月5—8日，中国国际农产品交易会在贵州省昆明国际会展中心举行，常山县森力家庭农场、绿圣生物科技有限公司、雪海果业专业合作社3家农业企业参展。11月24—29日，浙江农业博览会在浙江新农都会展中心（萧山）和浙江农业展览馆（杭州和平会展中心）举行，常山县参展企业24家，展示展销“常山三宝”——常山胡柚、山茶油、猴头菇等系列产品，贡面、禽蛋产品等100余种；有6家农业企业农产品获奖，其中“森力”牌灵芝切片、“晟泰”牌山茶油、“阿冬”牌胡柚果脯3个农产品获省农博会优质农产品金奖，其余3个农产品获优质奖。县农业局连续四年摘得农博会“组织工作先进单位”。

·农业项目·

【概况】 2016年，县农业局落实2016年度现代农业发展专项资金项目9个，项目累计总投资556万元；累计向上争取到位资金1.09亿元，其中政策性资金112.79万元、非政策性资金9810.25万元；决策农业项目25个；谋划重大农业项目12个；推进县重点建设项目3个。全年共计投入农业项目资金1.58亿元。完成《“十三五”农业发展规划》评审工作，完成《常山县现代农业发展专项资金项目管理办法》《常山县财政农业专项资金项目库管理办法》《常山县现代农业发展专项资金管理办法》《常山县财政农业专项资金项目验收暂行办法》4个项目管理文件的修订、完善工作。

【省级现代农业发展专项资金建设项目】 2016年，县农业局完成2016年度省级现代农业发展专项资金的储备32个。经专家初审论证、县农业局办公会议讨论，并协商县财政局同意，“常山县新优特蔬果苗培育园建设”等7个项目列为常山县2016年省级现代农业发展专项资金建设项目，项目累计总投资556万元，其中省级补助资金250万元。

【农业项目决策咨询】 2016年，县农业局组织召开农业项目决策咨询会议，完成对衢州长生湖风情园建设、南溪生态农业观光园建设、常山特色油茶基地建设等25个农业项目的决策咨询工作，决策项目总投资16.33亿元。

【农业重大项目谋划和建设工作】 2016年，县农业局谋划重大项目12个，项目计划总投资34.75亿元，其中，10亿元以上项目2个，5亿~10亿元项目1个，1亿~5亿元项目3个，1亿元以下项目6个。实施县重点建设项目3个、重大前期项目2个，共完成投资1.58亿元，2016年重点建设项目计划全面完成。

【“十三五”规划编制工作】 2016年，县农业局完成《常山县“十三五”现代农业发展规划》（审定稿）编制、审定工作，通过强化领导、落实保障、创新机制、项目服务等一系列措施，贯彻落实“十三五”现代农业发展规划，配合县发改局等部门完成“十三五”现代农业发展规划相关材料的报送工作。

·现代农业园区·

【概况】 2016年，县现代农业园区管理委员会以推进现代农业发展为核心，以招商引资为抓手，推进项目建设、园区招商和基础设施建设。全县历年累计建成现代农业园区产业区块6.8万亩，有59个粮食生产功能区、4个主导产业示范区、18个特色农业精品园通过省级认定，科学、高效、生态的现代农业生产布局基本形成。

【综合区建设初见成效】 2016年，县现代农业园区核心区的和禾农业发展有限公司优质水果组合栽培基地、绿藤葡萄精品化栽培基地、天慈农业科技园、美青葡萄精品化栽培基地、沃田农业有限公司红心火龙果种植基地、常嵊香榧种苗基地基本建成，总面积1000多亩，已形成以美人指提子、优质新品种葡萄为主栽品种，以红心火龙果、红心猕猴桃、香榧、哈密瓜、爱媛38号蜜橘为组合品种的现代农业产业园。园区内全部采用大棚避雨、肥水滴灌、促成栽培等现代农业生产技术，采摘游初具规模。核心区逐渐成为一个集休闲、观光、采摘的旅游新景点，休闲观光农业对周边农户起到很好的示范引导作用。

【现代农业园区招商】 2016年，县现代农业园区管委会坚持借力发展，突出“节会”招商和“政策”招商，奔赴杭州、义乌、金华等地宣介常山县的相关政策、环境，重点引进技术含量和附加值高的大项目、好项目。年内引进青林家庭农场美人指葡萄基地、浙江每日会庄园有限公司等项目20余个。

·农业执法·

【概况】 2016年，县农业行政执法大队全面推进农业综合执法规范化建设，完善执法体系为基础，增强执法能力，提高执法水平，提升服务质量，严格落实监管主体责任，全面保障农业生产和农产品质量安全。坚持规范农业生产事故调查处理程序，做好群众举报、投诉与来信来访的受理工作。维护农业生产安全和农民群众合法利益，妥善处理农民有关种子、农药质量等投诉19起。开展护航G20安全生产隐患大排查，与135家农资经营户签订《农业安全生产告知承诺书》，告知需注意生产经营安全；对排查出存在安全隐患的3家农资经营店，全部下达整改通知书并整改完毕。开展高风险农药实名制销售，出动执法人员60人次，检查大小农资店138家，签订《禁限用农药生产经营告知书》138家。建立购销台账“一月双查制”，针对不做台账登记的违法行为召开整改约谈会2次，责令10家经营单位进行整改，立案查处农资经营店4家。开展高毒农药、硝基类化肥入库造册封存大检查，对店内氧乐果等高毒农药和硝基类化肥清点数量、拍摄照片、现场封存并签字确认；告知各经营户暂时不得销售此类高毒农药及硝基类化肥，签订《禁止生产高毒农药及硝基类化肥告知书》

100余份，拍摄照片300余张。

【探索农资信息化系统的追溯功能】 2016年，县农业行政执法大队完成常山县第二批7家农资监管信息化单位建设。通过现场帮扶、远程协助、微信宣传等方式多管齐下，农资信息化系统使用率从10%以下提高到全省排名前三。争取资金支持，新建第二批农资信息化单位7家。以第二批新建单位为对象，试点“产品贴码”销售模式，探索农资信息化系统的追溯功能，此项工作举措受到省农业行政执法总队领导的充分肯定。

【开展“绿剑”集中执法行动】 2016年，县农业行政执法大队开展“绿剑”春季、夏季、秋季集中执法行动，出动执法人员429人次，发送各类信息9万余条次，检查各类农资生产、经营企业150余家，发放《国家禁限用药品名录》及《农业部推介高效低毒药品名录》等宣传资料400余份。开展两节期间农产品质量安全专项检查，出动执法人员20余人次，检查各类草莓、蔬菜生产基地40余家，开展限用农药的宣传，做好高毒、禁用农药的退市宣传，未发现有不按规定使用禁限用农药、高毒农药和其他非法添加物的行为。开展养殖场用药大检查，出动执法人员15人次，检查各类大小养殖场、兽药经营店19家，未发现各类违禁兽药，养殖场用药进一步规范。全年查处案件21起，处罚金额60173元，案件数量及罚没款金额比往年有大幅度的提升。开展“春耕备耕”及农资打假宣传活动，发放各种宣传资料2000多份，张贴标语横幅5条，接待咨询群众1000多人次。

【农业投入品和农产品质量抽检】 2016年，县农业行政执法大队加强农业投入品及农产品质量安全监管工作，组织执法人员对常山的各大农资批发经营企业、养殖场、生产厂家进行质量监督抽检，抽检种子15个批次、肥料12个批次、农药16个批次、兽药10个批次、饲料10个批次。从结果上来看，除1起肥料复检合格、1起兽药不合格移送以外，其他1起种子质量、5起肥料、1起饲料、1起农药、1起兽药产品不合格，均已做立案处理。

·农产品质量安全监管·

【概况】 2016年，县政府建立省级农产品质量安全放心县创建联席会议制度。按照创建要求，明确任务指标，层层落实责任，各项工作成效明显。县农产品质量安全监督管理中心围绕省级农产品质量安全放心县创建，开展日常监管和监督抽检，推行标准化生产，推进农产品质量安全追溯体系建设，着力构建信用体系、社会共治等长效监管机制，确保农产品质量安全监管水平稳步提升，维持农产品质量安全稳定向好态势。完成中央投资150万元、地方配套150万元的农产品质量安全检测中心项目的建设工作，项目经验收合格后，已向常山县检验检测研究院移交。

【农产品质量安全巡查抽检】 2016年，县农产品质量安全监督管理中心开展农产品质量安全专项整治行动，监督巡查农产品生产基地368家次，省、市、县三级定量检测抽检农产品606批次，总体合格率99.5%，未发生重大农产品质量安全突发事件。

【农业标准化生产】 2016年，全县农作物种植标准化实施面积22.04万亩，农作物种植标准化生产程度61.5%；畜禽养殖标准化实施规模113.53万头（羽），畜禽标准化生产程度70.15%，农业标准化生产程度64.96%。

【农产品质量安全体系建设】 2016年，县农业局深化建设农产品质量安全追溯平台和农产品公共追溯查询平台，110家规范化以上农业生产主体纳入主体信息库管理。引导建设主体开展农产品质量安全追溯和快速检测工作。建立并有效运行农产品质量安全“黑名单”制度。建立完善农产品质量安全信用体系，开展农产品质量安全信用等级评定。

·土 肥·

【概况】 2016年，常山县土肥工作以营建“肥沃、安全、健康”土壤环境为目标，以提高耕地综合生产能力、促进粮食增产和农民增收为根本，以耕地质量建设与管理、标准农田质量提升、农业“两区”土壤污染防治、测土配方施肥、化肥减量、商品有机肥推广应用、“五水共治”为抓手，按照省、市土肥工作统一部署，狠抓各项工作措施落实。截至年底，全县在建标准农田质量提升项目3.989万亩，其中，市下达在建“补划”标准农田质量提升项目19个，实施质量提升面积1.49万亩；省下达在建标准农田质量提升项目5个，提升面积2.499万亩。通过项目评审，达到一等田质量标准农田项目1个，面积5191亩。全县建立农业“两区”土壤污染防治监测点14个，其中常规监测点10个、综合监测点4个；全年实施测土配方施肥面积42万亩。推广使用商品有机肥2.19万吨。全县新发展商品有机肥生产企业1家。全县减少化肥使用量307吨，氮肥用量比上年下降2.3%。实施垦造耕地培肥项目79个，面积5053亩。参与12个垦造耕地项目前期踏勘工作，面积1782亩。全县设施农业用地审批项目18个，面积54612平方米。

·植保植检·

【概况】 2016年，县农业局植保植检站重视农作物病虫害预测预报、农业植物检疫防疫、农田统一灭鼠、病虫害统防统治与绿色防控工作，坚持定点监测与面上普查相结合，准确掌握病虫发生情况及发展趋势，全县未出现重大病虫大面积暴发成灾、重大植物疫情大面积扩散蔓延的现象。发布《农作物病虫情报》9期，指导农户科学防控病虫害，避免滥用、乱用农药。全县主要农作物病虫草鼠害发生面积199.23万亩次，防治面积257.09万亩次。以产地检疫和调运检疫为重点，以检疫执法为抓手，推进农业植物检疫防疫工作。在抓好8个疫情监测点定点监测的同时，加强春秋两季重大农业植物疫情集中防控行动，将柑橘黄龙病（柑橘木虱）、黄瓜绿斑驳花叶病毒病、梨树疫病、甘薯茎腐病等植物疫情阻截于县门之外，未新增植物疫情。将已在常山县发生的加拿大一枝黄花、柑橘溃疡病控制在可防可控的范围之内。

【统防统治与绿色防控融合推进示范县建设】 2016年，常山县被确定为11个省级统防统治与绿色防控融合示范县之一，组织实施农作物病虫害统防统治实施病虫害统防统治11.61万亩，其中水稻病虫统防统治7.4万亩，覆盖率72.7%；组织实施绿色防控7.27万亩，其中核心示范区面积1.18万亩。农药减量技术应用面积23.61万亩，农药减量比例13.59%，超额完成目标任务。强化政策推动，建立“县有千亩核心示范片、乡镇有百亩核心示范区”的绿色防控示范格局，形成农药减量增效“政策激励+示范推广”模式，并由省业厅作为标杆模式向全省推介，此经验做法在2016年省农业厅简报《生态循环农业专题信息》第4期上刊登。

【绿色防控技术及产品推广】 2016年，县农业局植保植检站在金川街道新建村建立百亩省级控药技术试验基地，集成应用太阳能杀虫灯、飞蛾诱捕器、田埂种花留草、科学用药等绿色防控技术及产品，提升病虫害专业化防控水平；通过 2014—2016 年试验、示范，形成以绿色防控技术为主的水稻病虫害综合解决方案，示范基地化学农药使用次数比农户常规用药区减少 2 次、农药制剂用量减少 90.52%（折纯用量减少 75.36%）。

【农药废弃包装物回收处置工作全面推进】 2016 年，县农业局按照市场运作、政府扶持、属地管理的原则，建立以“市场主体回收、专业机构处置、公共财政扶持”为主要模式的农药废弃包装物回收和集中处置体系，全面推进农药废弃包装物回收处置工作。依托农药经销商和种植大户设立回收点 78 个，有偿回收农药废弃包装物 28.48 吨，回收率 80.20%；由专业环保单位无害化处置 28.32 吨。通过宣传培训、政策引导，农药使用主体环保意识不断提高，农民随意丢弃农药废弃包装物的行为得到有效遏制，生态环境污染大为减少。

【春季农田统一灭鼠行动】 2016 年 4 月 25 日，县农业局召开春季农田统一灭鼠培训会，下发灭鼠行动通知，做好鼠药发放、毒饵配制及投放工作。印发《灭鼠毒饵配制及使用须知》等资料 6.5 万多份，发放溴敌隆母液 420 瓶，指导配制毒饵（大米）21.21 吨，灭鼠农田面积 16.5 万多亩。全县农田鼠密度维持在 1% 以下，鼠害得到有效控制。

·农村经济管理·

【概况】 2016 年，县农业局开展农村土地承包经营权确权登记颁证工作；印发《关于做好 2016 年村集体经济组织财务审计工作的通知》，开展 2016 年村级财务“三年一轮审”审计和省农业厅布置的农村财务清理专项行动任务。按照高起点规划、高标准建设、景观式打造的思路，整合相关涉农项目，结合常山“三宝”发展规划，对家庭农场给予政策支持，拓展农业生产、生活功能。

【年度土地确权赋权颁证工作任务提前完成】 2016 年，县农业局落实农村土地承包经营权确权登记颁证新要求，提前 45 天完成年度土地确权赋权颁证工作任务。截至年底，全县开展土地确权乡镇（街道）14 个，行政村 150 个；完成户籍信息登记调查 80214 户，完成率 100%；完成图解实测 145125 亩，完成率 88.03%；完成审核公示行政村 84 个，完成率 46.67%；同弓乡全面完成土地确权登记颁证试点任务。常山县土地确权登记颁证工作获得朱建华副市长的批示肯定。

【村级公益事业“一事一议”项目】 2016 年，县农业局向省争取到村级公益事业建设“一事一议”财政奖补项目 19 个，获补助资金 1900 万元，获农村产权制度改革项目资金 1500 万元。项目资金主要用于常山县 19 个污水未整治村的整理工作和 11 个村的资产资源利用方面的改革试点项目，鼓励村级集体利用自身的资源、资产发展壮大村级经济收益，消除“集体经济薄弱村”的帽子。

【减轻农民负担工作】 2016 年，县农民负担监督管理领导小组办公室印发《关于开展 2016 年涉农乱收费乱摊派专项整治工作的通知》《关于常山县农民负担案例线索调查整改的报告》，部署、检查和纠正涉农负担工作。根据省农监办对常山县球川镇坞口等 3 自然村的村级电费收缴高的情况反馈，及时到 3 个自然村现场调查，并将调查情况反馈给县供电局进行核实查对，并以公文形式对县供电局提前整改的情况向省农监办答复。

【家庭农场培育】 2016年，常山县通过政策扶持引导、农业项目建设、农产品质量监管、产品产销对接等措施，推进家庭农场稳定发展。截至年底，全县新增工商注册登记家庭农场176家，累计860家，其中种植类538家、养殖类28家、种养结合类294家，注册资金8.1801亿元，经营面积7.5万亩。全年培育发展省级示范性家庭农场7家、市级示范性家庭农场24家、县级规范化家庭农场15家、县级示范性家庭农场17家。全县省级示范性家庭农场21家、市级示范性家庭农场50家、县级规范化家庭农场90家、县级示范性家庭农场59家。

·农村能源·

【概况】 截至2016年年底，全县农村清洁能源利用率62%，秸秆综合利用率93.13%。沼液推广应用16.5万吨，2016年新增农村能源综合示范工程2个、秸秆综合利用工程1个。已建成各类沼气池2352处（户），总容积6.36万立方米，年产沼气208.50万立方米，折合标煤1000吨，其中，户用沼气池1977处，总容积1.9万立方米；中小型沼气工程89处，总容积1.70万立方米；农村生活污水净化沼气池286处，总容积2.7596万立方米。全县建成农村沼气后续服务网点9个，覆盖沼气用户1977户；沼气集中供气项目可供气户数1120户；沼气年发电量8.8万千瓦时。2016年全县新增太阳能热水器2800平方米。

常山县2016年新建西村村沼气集中供气点1处，新增沼气集中供气户数160户。全县共有沼气集中供气试点10家，可供周边1120户农户用气。在沼气集中供气点基础上配套畜禽排泄物资源化利用，全县累计沼液推广应用16.5万吨，2016年，全县新增农村能源综合示范工程2个，新建畜禽排泄物处理池2700立方米、厌氧池180立方米、沼液墩310个，铺设管网系统7800米；推广“大公模式”，以大公养殖场的“猪—沼—果（菜）”生态循环模式为典范，完善新昌、大桥、白石等地农村能源综合利用示范工程，深化“猪—沼—作物”有机循环模式；新建秸秆综合利用工程1处，发送秸秆禁烧宣传短信2条5万多人次，全县秸秆综合利用率93.13%。

·农业机械化·

【概况】 2016年，全县农机总动力12.56万千瓦，比上年减少4.86%。全年机耕面积23.91万亩，机播面积2.58万亩，机收面积12.31万亩。水稻耕种收综合机械化率75.1%，其中机耕面积9.61万亩，机耕率95.79%；机播面积2.58万亩，机播率25.7%；机收面积9.72万亩，机收率96.9%。新建粮食烘干中心4个，新增烘干机13台；全县累计有烘干中心37个，烘干机86台，烘干能力856吨/批，实际烘干粮食2.90万吨。新建水稻育秧中心1个，新增育秧能力1000亩；共有育秧中心17个，育秧能力4.25万亩/年，实际育秧2.58万亩。全县发生农机事故4起（甲方），死2人，伤4人，直接经济损失0.63万元，农机安全状况好转。全县14个乡镇（街道）签订管理责任书，严格执行“谁经办，谁签字，谁负责”的岗位工作责任制。引进安信农业保险公司，推进农机安全保险，有41台农机（其中拖拉机17台、收割机12台、插秧机12台）首次参加了保险，保费1.215万元，保额730万元。

【农机化发展】 2016年，全县落实农机惠农政策资金230.4万元，其中农机购置补贴资金201.1万元、设施大棚补贴资金16.9万元、农业机械报废补偿（更新）资金12.3万元。全年发展先进适用机具233台套，其中轮式拖拉机19台、联合收割机13台、粮食烘干机13台、水稻插秧机10台、育秧机械设备2套、耕地机械143台、增氧机12台、粉碎还田机2台、茶叶机械13台、碾米机3台、喷雾器3台、简易保鲜冷库1套334立方米。常山谷舞仁生农业发展公司和常山县绿藤水果专业合作社2家主体的建设项目通过验收，建成大棚面积14105平方米，其中连栋大棚3776平方米、单体大棚10329平方米。累计建成设施农业大棚821.07万平方米，其中连栋温室22.69万平方米（含璃温室3166平方米）、钢架大棚145.17万平方米、简易大棚653.21万平方米。

【农机安全教育培训】 2016年，县农业部门召开农机驾驶操作人员参加的专题农机安全会议1次；举行农机事故处置演练，宣讲农机安全知识。通过LED显示屏开展教育宣传，全年滚动播发安全管理信息23条；通过农民信箱发送短信7.7万条；推广《农村信息报》230份、《现代农机》杂志59份；举办农机从业人员教育培训班4期137人次。组织农机管理人员开展农机作业现场宣传37次，悬挂标语15条，张贴宣传画58张，刊出黑板报10期，发放宣传资料5200份；建立农机安全微信群宣讲农机安全知识。举办农机安全知识教育培训1次，有124名农机管理服务对象参加。

【农机安全管理】 2016年，县农业部门开展农机打非治违、安全生产隐患排查治理、安全生产月、G20峰会期间农机安全等活动。组织47次执法检查、168人次隐患排查和进村入户宣传，对14个乡镇（街道）的85个主体、355台机具进行检查，纠正违章56起，排查治理安全隐患120个，提出农机安全生产建议38个。排查上道路行驶拖拉机374台，新登记外省籍拖拉机信息136台。与交警联合开展检查，检查上道路拖拉机45台，纠正违章12起。校对变型拖拉机电子档案745份，核对纸质档案722份，查出非变型拖拉机档案6份，注销档案134份，录入全国变型拖拉机信息管理系统档案605份，对其中遗失的23份纸质档案进行补建。开展农机权力清单、责任清单梳理，全年办理拖拉机注册登记19台、联合收割机注册登记13台、驾驶证换证197本、其他牌证业务38个。免费检验农业机械271台，其中上道路拖拉机36台、农田作业拖拉机120台、收割机83台、插秧机32台。

（黄敏媛）

林　业

【概况】 2016年，全县林业工作贯彻落实省委、省政府“五年绿化平原水乡十年建成森林浙江”的精神，树立“绿水青山就是金山银山”理念，以“凝心聚力、创业创新”为主线，按照“做活油茶产业、发展美丽经济、筑牢生态屏障、锻造林业铁军”工作思路，探索“两山”生态富民新路子，助推林业提速发展。做活油茶产业，促进一、二、三产业融合，打造全国油茶产业发展新高地。成功举办首届全国油茶文化节、全国性油茶“8+1”对话活动，发布国内山茶油高端品牌及附件延伸产品、加工机械研发等油茶全产业链发展成果；建设山茶油价格指导中心、山茶油检测中心和山茶油展示展销平台。实施绿化工程，森林常山建设不断拓展延伸。完成春季绿化造林6648万亩，其中荒山造林500亩、迹地更新2000亩、平原绿化800亩、油茶新品种造林2780亩。义务植树60余万株，参加人员2.5万人次。新种香榧300亩，良种改造500亩，育苗30亩。新建林下种植三叶青、竹荪、食用笋、山稻邓氏饭店5个，面积1500余亩。

美化、彩化、珍贵化同步推进。实施片林8个，彩色森林900亩，新植珍贵树种23万株，赠送树苗6.5万株，建设杜鹃花海长廊36亩，彩色森林带300亩。创森工程取得新成果。完成复绿19万平方米，通道绿化16.5千米，面积608亩。创建省市级森林村庄10个，成功申报省级森林人家2个，开展森林古道修复1条。生态公益林建设稳步推进，全县重点生态公益林扩面至60.96万亩。聚焦四项改革，推进林业机制创新，加快兴林富民步伐。推进林地林权流转，全年流转林地97起，面积3561亩，金额330万元；变更林权登记7起，面积1120亩。推进林权抵押贷款，全县森林资源资产评估7起，发放林权抵押贷款1997万元，林权抵押贷款余额11085万元。推进森林资源保险，全县政策性林木保险75.93万亩，林木综合保险面积占商品林面积15%以上，按森林面积亩均林权抵押贷款发生额高于全市平均数。推进林业股份制企业创建，筹备现代国有林场创建工作，成立1家林业担保公司，建立2家股份合作社。重视森林消防工作，组建17支专业化森林消防队伍，在G20峰会期间，县、乡、村统一联动，严防死守，确保不发生较大的森林火灾。

是年，常山县成功举办首届全国油茶文化节；田美家庭林场获评省级示范性家庭林场。

【油茶产业转型】 2016年，县林业局做活油茶产业，促进一、二、三产业融合，打造全国油茶产业发展新高地。全面实施“一区两园四中心”（即省级油茶产业集聚区，国家油茶公园、常山油茶产业园，全国油茶交易中心、价格指导中心、集散中心、文化中心）总体规划，实施油茶新品种造林2780亩、幼林抚育6000亩、低产改造1.2万亩，培育油茶良种苗木150万株。推进常山油茶振兴，开创产业发展新天地，着力建设国家级油茶产业中心，使常山油茶产业从低端粗放经营向高端集约经营转变。成功举办首届全国油茶文化节。第一次开展以油茶命名的大型活动、全国性油茶“8+1”对话活动，举办国内山茶油高端品牌及附件延伸产品、加工机械研发等油茶全产业链发展成果发布会。建设山茶油价格指导中心、山茶油检测中心，搭建山茶油展示展销平台。

【首届全国油茶文化节】 2016年12月7日至8日，首届全国油茶文化节暨全国油茶交易中心揭牌仪式在常山举行。省政协副主席黄旭明，中国林业产业联合会副秘书长、国家林业局林业产业工作领导小组办公室副主任石峰讲话。市委书记陈新，中国林业产业联合会木本油料分会会长杨超，浙江省林业厅厅长林云举，国家林业局退耕还林办公室副主任李青松等出席。县委书记叶美峰致辞，县四套班子领导周向军、徐建华、林红汉、王郁松参加。仪式上，中国林业产业联合会木本油料分会和中国（浙江）大宗商品交易中心浙江舟山大宗商品交易所分别授予常山“全国油茶交易中心”“全国山茶油价格指导中心”，并举行浙江舟山大宗商品交易所山茶油价格信息发布仪式。常山县领导与中国林业产业联合会木本油料分会、中国大宗商品交易中心签订三方战略合作协议；政府、企业、产业协会等分别签约。领导和嘉宾为油茶树培土并观看文艺演出。仪式结束后，领导和嘉宾前往全国油茶交易中心参观。

（黄　波）

水　利

【概况】 2016年，县水利局以项目建设为引领，坚持建管并重，立足项目支撑，全力对接、倾力服务，践行新时期治水新理念，推进水利建设改革发展，提升依法治水能力。

续建常山港治理一期工程，新建钱塘江干流常山港防洪堤3.3千米。全县完成225座池塘清（污）淤（其中亮点提升整治池塘33座），河道清理整治6条，农村河道整治20千米，实施山塘综合整治22座、水库清淤9座，清淤总量108.57万立方米；完成水库除险加固5座，实施灌区改造1处、高效节水6处，改善灌溉面积0.55万亩，新增高效节水灌溉面积0.32万亩。改善和提升0.92万农村人口饮水安全条件。完成桥坑小流域水土流失综合治理2.72平方千米。累计完成水利投资2.5亿元。

强化防汛工作。全年开展防汛专项检查3次，排查水利工程590处，针对检查中发现的问题下达限期整改通知书，汛前组织“回头看”。健全防汛体系，乡镇（街道），大中型水库、电站建立防汛工作领导小组及防汛值班制度；全县305座水库塘坝全部落实安全责任制、管理责任人；修编完善6个相关预案，建成小流域监测预警系统，建立51处遍及全县小流域、重要水库的水雨情监测体系。发放防汛避灾明白卡1万张、防汛宣传手册5万册。落实防汛物资储备，成立抢险队伍，组织防汛抢险演练，完善避灾场所建设，组织基层防汛巡查员、预警员培训800多人次。

抓好抗旱服务。针对7月出梅后的旱情，及时召开三大灌区协调会议，制定用水计划，成立6个抗旱服务技术指导组，投入抗旱人力1.5万人次，投入抗旱资金262万元，渠道清淤95千米，修复渠道15千米，投入运行机埠和小型提水设备109台套。

开展新颁布的《浙江省水土保持条例》宣传及《中华人民共和国水土保持法》的专项执法检查活动。开展水土保持监督活动，全年审批水土保持登记表13份，监测水土保持项目4个，验收水土保持项目3个，监督检查水土保持记录若干份，水土保持补偿费征收57.8万元。完成常山县天马坡面径流场监测数据采集分析上报及日常管理维护工作。

【水资源保护与节水型社会建设】 2016年，县水利局强化水资源论证、规范取水许可、推行节约用水、加强水资源保护、推进监督考核，提升水资源管理水平。加大水资源费征缴力度，入国库水资源费398万元；严格取水许可制度，全年办理取水事项3件，全县累计有取水户许可证37本；加强实时监控系统的运行管理，取水许可5万立方米以上用水户全部安装实时监控系统。指导节水型社会建设，全县创建节水型公共机构29个，创建节水型企业2家，创建节水型灌区1个。

【水利工程管理标准化项目建设】 2016年，县水利局采用标准化手段，破题“重建轻管”共性难题，全力补齐“水利工程管理”短板。投资2000多万元，实施水利工程管理标准化建设项目31个，其中堤防7段、水库14座、山塘4座、农村水电站4座、水文测站1个、河道水闸1个，完成项目验收18个。

【渔业转型升级】 2016年，县水利局推进稻鱼共生、轮作基地建设，纵深发展设施渔业和洁水渔业。全年水产品产量5962吨，渔业经济总产值达1亿元。完成养殖池生态化改造652亩，推广稻鱼共生轮作1316亩，禁限养区划定与整治2606亩，增殖放流各类优质鱼苗1300万尾。完成基层渔技推广体系建设，渔业安全生产，渔船检验检测，水产品追溯点建设，初级水产品质量安全检测等工作。

【深化水环境整治】 2016年，县水利局深化“河长制”管理，全县“一港四溪”和21条小流域全部建立健全三级“河长制”管理体系，落实“一河一策”，配备“河长制”APP。采砂整治不放松，加大巡查打击力度，立案查处9起水事违法案件，共处罚金18万多元。规范渔业行业秩序，对113个洁水渔业示范点进行规范提升，开展渔业执法专项行动，查处3起电鱼、毒鱼、炸鱼的案件，共处罚没款2.4万元，收缴电捕工具90余套，渔业资源得到有效保护。

（刘冬杰）

·中型水库管理·

【概况】 2016年，县中型水库管理局完成千家排水库防汛道路土方清理、千红灌区干渠三里江段侵占渠道建筑物拆除、芙蓉水库库区前姜村侵占水域清障；完成千家排水库护林房、狮子口水库管理站、西塘弄库湾管理房改造及狮子口水库发电取水口挡墙修复；完成常山县第一批政府财务综合报告试点工作。发展“洁水渔业”，服务“五水共治”。做好水库标准化管理创建，红旗岗水库、金川弄水库通过市、县考核验收，芙蓉水库标准化管理创建完成管理单位自验。

是年，县中型水库管理局被评为县级治安安全先进单位，狮子口水库获浙江省水文局2015年度大中型水库水文资料质量优秀奖；王海松被评为衢州市治安保卫重点单位G20峰会安保工作先进个人。

【缙云好溪水利枢纽工程指挥部到常山考察】 2016年1月26日，缙云县委常委、副县长郭京率缙云好溪水利枢纽工程建设指挥部人员到常山考察芙蓉水库移民安置工作。考察组一行在常山县政府副县长何健陪同下，先后到球川镇红旗岗、金川街道新都新村移民安置区（点）实地参观，观看芙蓉水库工程建设专题汇报片，听取芙蓉水库建设工程、移民安置情况的介绍，针对好溪水利枢纽工程移民政策处理遇到的问题进行交流探讨。县水利局、县中型水库管理局主要领导陪同考察，县水利局负责人作移民安置情况介绍、解释。

1月26日，缙云县溪水利枢纽工程指挥部考察芙蓉水库移民安置工作

【省水利厅厅长陈龙到常山调研中型水库标准化管理】 2016年10月12日，省水利厅厅长陈龙在衢州市政府副市长朱建华、市水利局局长王盛洪、总工程师邵建良陪同下到常山调研中型水库标准化管理工作。县委书记王良春，县委常委、常务副县长姜良米等陪同调研，县水利局、县中型水库管理局负责人作情况介绍。陈龙一行深入芙蓉水库，检查防汛物资仓库、芙蓉水电站运行情况，了解水库工程、人员配备、运行管理等情况，听取水库标准化建设与管理等相关情况介绍，对常山中型水库标准化建设与管理提出“强管理、定措施、明目标、抓落实”工作要求。

【红旗岗水库大坝通过一类坝安全鉴定】 2016年10月18日，市水利局主持在县中型水库管理局召开红旗岗水库大坝安全鉴定成果审查会议，市水利局、县水利局、县中型水库管理局、浙江九州治水科技股份有限公司相关负责人参加会议。会议讨论成立红旗岗水库大坝安全鉴定成果审查专家组，由衢州市农村水利管理站站长、高级工程师方建伟担任组长。会议期间，专家组到红旗岗水库工程现场查看，审议安全鉴定单位“浙江九州治水科技股份有限公司”项目组提交的《常山县球川镇红旗岗水库大坝安全综合评价报告》，一致同意红旗岗水库大坝为“一类”安全大坝。

【红旗岗水库和金川弄水库标准化管理通过验收】 2016年11月25日，市水利局对红旗岗水库标准化管理进行验收。验收组通过实地查看水库大坝、溢洪道、启闭机设施、标识标牌安放等基础设施运行情况，听取水库标准化创建工作汇报，查验台账资料，了解水库规章制度落实状况后，对照《浙江省小型水库标准化管理验收标准》逐项进行打分，红旗岗水库以总分87.3分通过验收。同月30日，县水利局对金川弄水库标准化管理进行验收，在实地查看水库大坝、溢洪道、启闭机设施、标识标牌安放、查验台账资料，听取水库标准化管理创建工作汇报后，验收组依据《浙江省小型水库标准化管理验收标准》逐项进行打分，金川弄水库以87.1分通过验收。

11月25日，市水利局对红旗岗水库标准化管理进行考核验收

【水库“拆违清障”专项行动】 2016年12月5—12日，县中型水库管理局开展“拆违清障”专项行动。责令狮子口村广场及道路硬化工程施工单位停止违章作业；完成狮子口水库绿化草坪堆放水泥及砂石料清理；责令并督促狮子口水库水产养殖户自行拆除狮子口水库用于临时屯鱼的16只总面积480平方米网箱设施；强制清理芳村镇前姜村农户侵占芙蓉水库水域长期存放1000多立方米砂石料、芳新公路改造倾倒水库的近100立方米沥清路料；强制拆除千红灌区干渠三里江段被“荣晓家庭农场”侵占渠道搭建的高4米、长30米包坎及围墙；责令千家排水厂二期项目（取水口改造）管理房建设停止施工并按程序报批；责令狮子口村路灯施工单位停止狮子口水库副坝左右坝肩挖坑作业，12月12日完成恢复原样。

【狮子口水库甲鱼池塘围墙改造工程完工】 2016年，为配合常山“国际慢城”暨狮子口村美丽乡村建设，根据《国际慢城狮子口村季村段景观建设会议纪要》，县中型水库管理局于10月9—10日完成狮子口水库甲鱼池塘旧围墙拆除，11月1日完成工程招标，11月28日完成围墙改建施工，12月30日业主、建设、施工、监理单位组织对工程进行完工验收。狮子口水库甲鱼池塘围墙改造工程预算20.65万元；工程委托常山县泽盛工程造价咨询有限公司代理招标，卓越市政园林建设集团有限公司、常山安欣建设有限公司、常山顺成建设有限公司应邀参与竞标，常山顺成建设有限公司以164170元中标。

12月30日，县中型水库管理局组织狮子口甲鱼池塘围墙改建工程完工验收

（商星星　王海松）

河道采砂管理

【概况】 常山县河道采砂管理办公室（以下简称“县采砂办”）成立于2013年，机构规格相当于正科级，核定编制数7名，设主任1名，副主任2名，内设综合科、督查科，核定科（股）级职数2名，机构类别定为公益一类。2016年，县采砂办严格执行全县河道禁止采砂的规定，对非法偷盗采现象发现一起打击一起、处置一起，始终保持对非法采砂者的威慑态势。利用与县水利局合署办公的优势，加强河道巡查、突击检查和宣传造势，对非法采砂活动形成高压威慑；将禁止河道采砂规定落实到位，遏制非法采砂现象的反弹。

【陆域碎石场专项整治】 2016年，县采砂办强力推进陆域碎石加工场专项整治。全面贯彻落实《常山县陆域碎石加工场专项整治工作方案》，对全县30家加工场点进行分类处置。2016年直接关停19家无证无照非法经营没有存料或不接受限期处置的加工点；规定限期处置加工场缴纳20万元限期处置保证金，并签订限期处置协议，共有11家加工场，进入限期处置。

（黄丽丽）

贸　　易

国内商贸

【概况】 2016年，全县累计实现社会消费品零售总额609241万元，比上年增长12%。浙西世贸商城等一批重大商贸项目建成运行，城东新区东方广场综合体、中商广场商贸综合体、常山（中国）观赏石博览园等亿元以上项目有序推进。常山县电子商务发展稳中求进，特色分明，呈现出蓬勃发展的态势。全年实现网络零售额为81628万元，增长107%，网店数量增长迅速，天猫商城、淘宝网、京东网等网购平台成为主流，主要经营农特产品、服装服饰、母婴用品、办公用品等几大类。规模以上企业电商运用数达到105家，比上年增加34家；新增电子商务运营专业市场1家，为衢州讯鸿国际商城。全县水泥总产量467.22万吨，比上年增长2.37%；散装水泥实际供应量249.71万吨，比上年增加3.29个百分点；散装率53.45，比上年略有增长。

【“电商换市”持续推进】 2016年，常山县在全国范围内率先发布《农村电商建设规范与评定标准》《农村淘宝4+1工作指南》。在首届农村淘宝颁奖典礼上，常山县获“最具活力县域”称号，常山县湖头村合伙人、东鲁村合伙人获“百万英雄”称号。2016年度“双12”，常山县村淘以总订单数2349笔、总GMV（网站成交金额）55万元位居浙江省第一；紫港街道富足山村获“中国淘宝村”“浙江省电子商务示范村”“浙江省电子商务专业村”三项荣誉，浙江佳熙电商园获“浙江省电子商务创业创新基地”，新昌乡郭塘村获“2016年度浙江省电子商务专业村”，青石镇龙腾石产业园区获“浙江省省级众创空间”；县电商公共服务中心考核获“2016年度优秀中心”，为全省6个优秀县级中心之一。是年，全县新增农村电子商务服务网点105个，其中阿里巴巴21个、信用联社31个、邮政23个、家家送30个。至此，全县有273个农村电子商务服务网点，覆盖130个行政村。通过整合各乡镇（街道）、部门和培训基地等资源，开展各类电商知识普及培训2.5万多人次。

【商贸市场安全平稳】 2016年，县商务和粮食局在全县范围开展成品油行业专项整治，指导和协助乡镇街道开展非法销售汽柴油点实地摸排，掌握情况；协同有关乡镇、消防大队在规定时间内对查处的非法加油点实行消防车注水、加油罐封口等关停工作，全县共取缔非法销售汽柴油点54家。结合创建“国家卫生县城”开展废品回收整治工作，协同有关街道和部门，针对城郊16家废品收购点制定专项整治方案，成立10人工作小组，分区域推进整治工作，其中城区8家废品收购点全部搬离，城郊8家废品收购点全部整治到位。

【县商务局机构改革完成】 2016年4月，根据《中共衢州市委办公室、衢州市人民政府办公室关于印发〈常山县人民政府职能转变和机构改革方案〉的通知》（衢委办发〔2015〕25号）和《中共常山县委、常山县人民政府关于印发〈常山县人民政府职能转变和机构改革方案〉的通知》（常委〔2015〕21号）等文件精神，县商务局更名为县商务和粮食局，仍与县经济和信息化局合署办公。县商务和粮食局是主管全县国内外贸易、外商投资、对外经济合作和粮食流通工作的行政机构。

（樊鑫磊）

对外贸易

【概况】 2016年，据海关统计，常山县外贸进出口总值19373.13万美元，比上年增长3.54%，其中出口19275.72万美元，增长3.58%。县商务和粮食局组织县内外向型企业参加培训50余家次，宣传贯彻国家最新外贸政策；通过鼓励企业到境外展会组展、自行参展，引导企业开拓东盟、南美、中东、非洲、东欧市场，扩大对新兴市场的出口份额，加强与新兴市场的经贸交流活动，组织20余家次企业赴欧洲、中东等地参加轴承、灯具展会，并成功签订700万美元意向订单。鼓励有条件的工业企业申办自营进出口经营权，引导代理出口企业直接与国外终端客户打交道，实现自营出口。至年底，全县自营进出口资质企业200家，其中，2016年新增自营出口企业15家，拥有出口实绩企业56家，出口实绩企业增长9家。

【跨境电商优势发挥】 2016年，全县鼓励环宇轴承、豆豆文体、威诗朗照明等外向型企业企业，与环球资源网站、阿里巴巴国际站等电子商务平台签约合作，借此类平台了解国际市场动态和客户需求，结交海外客户，宣传企业产品，获取海外贸易机会。县商务和粮食局组织外贸企业参加“衢州市跨境电子商务培训班”，赴义乌企业实地培训跨境电商操作，到嵊州云电商信息科技产业园学习海外仓建设实务。

2016年常山县自营出口业务统计

表9

企业名称	出口额（美元）	主要出口产品	主要出口国或地区
合计	—	—	—
海诚化工	26920474	硝体	印度
聚科化工	11070	化学品	印度
欧鹏进出口	8923	轴承等	中东
威科进出口有限公司	65239	柴油发电机组以及配件，工业洗衣机，制冷机组	马尔代夫
长航贸易	1642420	日用品	欧美　中东
常山沃瑞贸易有限公司	41750983	日用品	欧洲　东南亚
常山县立凯进出口现有公司	239062	手套	欧洲
浙江世嘉控股有限公司	1156181	棉纱	南美
常山源华贸易有限公司	30626255	日用品	南美　欧洲

续表 9

企业名称	出口额（美元）	主要出口产品	主要出口国或地区
常山欧呢特贸易有限公司	132955	棉纱	南美　欧洲
四通轴承	4192528	轴承	阿联酋　土耳其　保加利亚　白俄罗斯　南非
捷姆轴承	10394025	轴承	印度　巴西　意大利　法国　西班牙
环宇轴承	2557434	轴承	迪拜　俄罗斯　乌克兰　新加坡　南非　孟加拉
鑫茂轴承	86951	轴承	中东
常山楷瑞轴承有限公司	63683	轴承	中东
常山纺织	3555509	棉纱线	孟加拉国　印度尼西亚
云泰纺织	556451	色纺纱	中国香港地区
隽美纺织服饰	1727324	服装	北欧　中东　加拿大
浙江卡罗莱纳纺织有限公司	1542650	纱线	中国香港
衢州格劳威服装有限公司	1542650	专用服装	东南亚　美洲
常发粮油	23048	茶粕、山茶油	泰国　日本
天子果业	3182990	蜜橘	东南亚　加拿大
常山斯帝油茶开发有限公司	29355	油茶	东南亚
开拓休闲	4868700	户外用品	欧美
新鑫户外	486864	户外用品	欧美
豆豆文体	679794	无纺布制品	美国
敖克密管件	2134308	铜管件	美国　东南亚　欧洲
万谷电子	160800	温度计、制冷器	美国　日本　韩国　欧洲
百晔塑胶	89544	PVC 软管、PVC 透明粒	美国　中东
迈峰宠物	2864437	狗咬胶	欧美
南洋精工	5335408	餐厨用具	美国　德国
硅峰电子	635511	抛光片	美洲　东南亚
玛莉莎工贸	7745066	铝锅	沙特　埃及　伊朗　阿联酋　印尼
创建厨具	4093749	咖啡壶	欧美
威诗朗照明	597301	路灯灯杆	中东　非洲　东南亚
威诗朗智慧能源	823764	路灯灯杆	中东　非洲　东南亚
爱丽莎装饰	1885090	墙纸	非洲　印度
雄狮工贸	188331	保温杯	巴西　西班牙
科润化学	1980201	化学品	印度
永合化工	24558	化学品	东南亚
特美舒鞋业	5173629	鞋子	美国

续表 9

企 业 名 称	出口额（美元）	主要出口产品	主要出口国或地区
瑞宝亚克力	567832	亚克力板材	印度 加拿大 新加坡 伊朗 伊拉克
施翔工贸	1249477	五金	欧洲 美洲
雪村制冷	24950	制冷器	东南亚
法曼工业皮带	1926	皮具	美洲
泰士特贸易	143350	日用品	美洲
正邦电子	4503	电器插座	美国
宏远鞋业	175162	鞋子	美洲
高盛医疗用品	140239	医疗用棉	东南亚
皮尔轴承	14746444	轴承	美国 德国 巴西
盈特轴承	27283	轴承	阿联酋 日本
常信精细	2491369	MOCA	日本 美国 巴西 秘鲁 韩国
时庆化工	1976017	MOCA	日本 美国 巴西 秘鲁 韩国
百花服饰	667675	环保袋	日本

2016 年常山县出口产品分类

表 10

类 别	出口额（万美元）	占全县出口总额（%）
全年出口总额	19276	100.00
轴承类	3204	16.62
服装纺织类	831	4.3
金属加工	2075	10.76
化工类	3339	17.32
家具工艺品	604	3.13

（廖震伦）

供销合作

【概况】 2016 年，全县供销系统实现销售总额 11.36 亿元，比上年增长 18.4%；农产品市场交易额 2.24 亿元，增长 18.2%；实现利润总额 44.21 万元，增长 12.11%；农副产品购进总额 7.28 亿元，增长 40.1%；电子商务销售总额 8080 万元，占全县供销社销售总额的 7.11%。全资、控股企业利润总额 40.36 万元，增长 15.23%；全资、控股企业净资产收益率为 1.85%。基层社营业收入 9 万元，利润总额 1.1 万元。县重点项目佳熙创投“亿家网”电子商务平台项目到位资金 3300 万元，至此总投资 6300 万元已全部到位；谋划项目 5 个，其中入库项目 4 个（10 亿元以上项目 1 个、1 亿～5 亿元项目 3 个）。

县供销联社有基层供销社4家，参股公司1家，代管公司1家，全资公司1家。

【县农民合作经济组织联合会成立】 2016年10月，常山县农民合作经济组织联合会成立。该联合会是由常山县供销合作社联合社、常山县信用合作社联合社、常山县胡柚产销行业协会、常山县农产品经纪人协会、常山两山农林合作社联合社5家单位组织发起，会员自愿参加，从事农产品生产、供销、信用服务活动，经依法登记，具有社团法人资格的联合性、地方性、非营利性的社会团体组织，具体负责农业生产经营活动的组织和实施。该联合会已有会员137人，设理事长1人、副理事长11人、理事49人，法人代表为吴秀方。

【全县农合联组织建设】 2016年7月，全县乡镇（街道）农合联组建工作全面启动，先后组建14个乡镇（街道）农合联，实现乡镇（街道）农合联全覆盖。10月，召开县级农合联成立大会暨理事会、监事会一届一次会议，选举产生第一届理事会、监事会及其领导班子成员和出席衢州市农合联的会员代表，县供销联社领导班子被聘为执委会领导班子，县农合联执委会开始正式运行。

【农产品电商经营服务平台建设】 2016年，县供销联社与东海云商对接区域联盟合作事宜，商讨农产品电商暨东海云商常山运营中心及网点建设工作，达成区域联盟战略合作及系统合作协定；完成谷舞农产品线上配送中心项目暨上海西郊国际农产品展销中心衢州馆和中华农业电商博览园衢州馆建设；开设农合联庄稼医院、农产品展销中心各1家，引进义乌客商参与以庄稼医院为基础的现代农业服务体系建设，两大服务中心率先在新昌乡农合联落地。

【特色农产品推介】 2016年，县供销联社指导农产品购销平台构建工作，衢州市“沐春”农特产公司在衢州市区开办常山首家“常山三宝”专营店。在“衢州市十佳特色农产品”公众评选活动中，常山县供销联社以现场摆摊、微信转发等形式开展宣传投票活动，“常山三宝”获“衢州市十佳特色农产品”称号，“常山素面”获“衢州市十佳特色农产品”提名奖。

【中药材连片种植基地建设】 2016年，县供销联社以连片种植基地建设为重点，推进产业发展。据统计，全县新引种白芨、覆盆子、芍药等中药材品种5个，新建白芨、黄精、覆盆子、三叶青4个新品中药材基地，其中球川棋盘山、新桥乌石坑、芳村修书3个种植基地连片面积达200亩以上，新增面积约1000亩，全县总面积约1.1万亩（不含“衢枳壳”），产值近1亿元。指导推进“衢枳壳”加工点建设2个，年加工烘干总量超600吨。

【供销社权属集体资产处置】 2016年，县供销联社向县政府提交《关于申请社有集体资产处置的报告》，成立清理处置小组，对坐落在全县各乡镇48处供销社权属集体资产进行全面清查盘点，对房屋结构较好、产权清晰的房屋资产由县供销联社进行维护修缮，拆除白石原生产资料门市部危房63.4平方米、招贤老供销社危房349.8平方米。

（黄雪风）

粮食购销

【概况】 2016年，全县粮食工作按照“抓粮食项目建设，促粮食结构调整，抓工作作风转变，促履职能力提高”的工作思路，围绕“创新、提升、加速、稳定、促进”五个重点，全面实现“粮食安全、粮农增收、粮企发展”三大目标。加强库存粮油质量管理和检查，加强粮食收购企业资格证办理和年检管理，粮食市场监督检查和监测预警工作运行正常；严格执行地方储备粮管理条例，县级储备管理实现规模、仓储、费用“三落实”，完成当年储备轮换和储备调拨任务。做好社会粮油统计基础工作，完成全县社会粮油购销平衡调查；争取省级粮食早稻订单，订单奖励资金助粮农增收480万元。全面开展城镇粮油供应网点经销、库存情况调查，粮食质量监测工作规范有序；定期和不定期开展质量、品质检测工作，为粮食安全体系建设提供科学数据和监管保障。开展创建省级星级粮库活动，常山县中心粮库继续保持“★★★”水平，“一符四无”粮仓维持为100%，科学保粮率达90%，全年实现仓储安全无事故。开展“双拥”活动，提升军供服务水平。全力做好应急管理、抗灾防灾工作，做到“人员、物资、预案、措施”四到位，确保国家粮食和财产的安全。

【县级储备粮新增计划落实到位】 2016年，全县县级粮食储备规模为8600吨，根据浙政办函〔2015〕18号文件的规定，全县需新增粮食储备7700吨，总量为1.63万吨。分两年实施，2016年新增储备粮7700吨全部落实到位。

【中心粮库项目建设工作】 2016年，县商务和粮食局与县发改局联合申报了“常山县中心粮库扩建改造”项目，该项目计划由县国有粮食收储公司自筹1150万元建设资金，拆除常山县中心粮库内报废的宿舍楼和部分车间、仓库，改建成4幢标准化粮仓，仓容量为1.3万吨（按小麦仓容）。项目实施后，可有效解决全县新增7700吨地方储备规模与既有仓容量紧张的矛盾。7月，常山县中心粮库扩建改造项目实施完成。

【种粮大户融资改革】 2016年，全县采取早稻“预订单”形式，为种粮大户提供订单质押贷款。发放大户粮食订单质押贷款56户，发放贷款1066万元，比上年增加30.1%。县粮食收储公司发放粮食预购定金23户，发放金额96万元。

【危仓老库改造项目启动】 2016年，为提升科学保粮条件，全县危仓老库维修改造项目启动，计划用两年时间，总投入544.54万元，对全县6个库点38个仓库以及附属设施进行维修改造。该项目2015年争取到中央财政补助资金121万元、省财政补助资金56万元。截至2016年年底，已完成对县中心粮库、狮子口、同弓、龙绕、钳口粮站的屋面大修、仓底地上笼通风系统的改造工作。

2016年常山县粮食收储企业购销、费用及利润

表11

项目		数量（吨）	项目	金额（万元）
收购总量		26608	各项补贴收入	990
其中	早稻订单	11408	费用支出	1036
	晚稻收购	4000	利润	129
	订单外早稻	11200	—	—

（詹　汉）

烟草专卖

【概况】 2016年，常山县烟草专卖局（分公司）实现卷烟销售量9672.77箱，实现销售额4.4亿元，比上年增长3.5%；上缴国税2048.99万元、地税454.56万元，实现税利1.17亿元。查处各类涉烟违法案件84起，卷烟299件，案值311万元；查处5万元以上真烟案件17起。未发生被外省市查获5万元（20件）以上真烟外流案件。

是年，县烟草专卖局（分公司）获得全省烟草系统分层分类对标D组第三名、全市烟草系统年度综合考核第二名；县烟草专卖局（分公司）办公室获“衢州市烟草系统安全保卫工作先进集体”，县烟草专卖局（分公司）机关党支部获“衢州市烟草系统优秀先进基层党组织”，城西所、芳村所获“衢州市烟草系统品牌培育、市场保卫攻坚战工作竞赛活动先进基层部门”；获“浙江省烟草系统优秀共产党员”“全省第四届烟草制品购销职业技能竞赛”二等奖各1人；获“衢州市烟草系统品牌培育、市场保卫攻坚战工作竞赛活动先进个人”5人；获“衢州市烟草系统优秀共产党员”“衢州市烟草系统优秀党务工作者”各1人。

【服务烟草专卖终端客户】 2016年，县烟草专卖局（分公司）帮助客户开展卷烟陈列、明码标价、库存采集工作，优化店面环境和结账方式，提高客户盈利水平。推进现代终端建设，现代终端客户比例达14%。开展“阳光助学”活动，资助2016年考上全日制大学本科以上的14名零售客户子女。

【烟草专卖阳光执法体系建设全面推进】 2016年，县烟草专卖局（分公司）加强与公安、市场监管、运管等部门之间的协作，开展违法经营、非法运输卷烟专项整治行动，维护卷烟市场秩序，市场净化率达99%以上。开展行政许可工作，全年受理各类行政许可申请596份。利用“3·15”消费者权益保护日、“浙江法治宣传月”“5·15”打击和防范经济犯罪宣传日、“12·4”宪法宣传日活动，宣传烟草专卖法律法规，提供投诉处理、真假烟鉴别等服务，全面推进专卖阳光执法体系建设。

（吴　菁）

通　信

邮　政

【概况】 2016 年，中国邮政集团公司浙江省常山县分公司（以下简称“邮政常山分公司”）注重金融业务、寄递业务和农村电商业务发展，为广大城乡居民提供储蓄、汇兑、便民取款缴费等基础金融服务和代理保险服务，并提供工资、社保、养老金、来料加工费各类补贴代发服务；承担着普遍服务的义务，从常山出口的信件和物品递送世界各地，特快专递通达 200 多个国家和地区。全年完成邮政业务收入 1829 万元，比上年增长 10.58%，完成年度计划的 100.46%。至年末，全县有邮政局所 8 处，邮政储蓄网点 10 处，空白乡镇邮政局所 6 处，信筒信箱 38 个，用户信报箱 1584 只，从业人员 129 人；固定资产净值 1008.75 万元，邮政生产用房 2732 平方米，非生产用房 12319 平方米，邮政生产用计算机 107 台，邮政邮运汽车 3 辆，邮运路线 2 条，其中乡邮 20 条、总长 1495 千米。

是年，邮政常山分公司的刘林松被中共常山县委、常山县人民政府授予“常山县 G20 杭州峰会维稳安保先进个人”称号。

【邮政储蓄】 2016 年，邮政常山分公司通过“周年庆”“生日会”“客户答谢会”活动策反他行资金，同时叠加“送健康”活动，为广大老客户免费量血压，拉近邮政与客户距离。为广大城乡居民提供储蓄、汇兑、便民取款和缴费类基础金融服务和代理保险服务，并提供工资、社保、养老金、各类补贴代发服务，构建起“延伸城乡金融服务最后一公里”的普惠金融平台，服务广大农村市场。至年末，邮政常山分公司储蓄余额达 7.30 亿元，时点净增 1.61 亿元，增加 1.1 亿元；实现代理保险系统内保费 7901 万元。

【微营销业务促销】 2016 年，邮政常山分公司通过微店粉丝营销和朋友圈“微营销”，逐步打开市场销路。联合常山柚团微平台，开展旅游护照营销工作，通过转发微信获取抽奖机会免费赠送旅游护照，吸引粉丝关注，让有意向客户在微信平台上直接下单定购，为驴友和自驾游的市民提供方便。

【主题营销集邮业务】 2016 年，邮政常山分公司集邮业务以主题营销为切入点，围绕“收入”“利润”两大指标，营造集邮文化礼品氛围，成功营销 G20 主题产品实现业务收入 51 万元；营销浙江三宝科技公司形象化年册 600 本，业务收入达 14.4 万元。通过微信营销销售猴年纪念邮折明信片册 800 册，实现业务收入 2.88 万元。

【报刊业务营销渠道创新】 2016 年，邮政常山分公司推进政务图书销售工作，以“两学一做”学习教育为契机，对接政府部门，率先面向县乡两级党政机关开展政务图书营销工作，实现流转额58.15万元，销售《习近平重要讲话读本》14143本、《之江新语》7927本。联合县总工会开展“温暖回家路”期刊赠阅活动；开展《春耕夏耘》校园报刊营销活动，在招贤、二都桥、同弓小学举办全民阅读巡讲活动，全面完成校园报刊征订任务。

【邮政电商业务形成特色品牌】 2016年，邮政常山分公司开展“帮扶走访”活动，建立农村电商邮掌柜队伍，开展邮政金融、车险政策、商超活动联合营销，探索“金融+电商+车险”模式，以会员积分、优惠购为抓手，突出邮掌柜、邮乐网平台的运用，全年完成农产品进城项目，常山胡柚形成特色品牌，完成线上销售1100箱（3300公斤），线下销售1.5万箱（4.5万公斤），实现业务收入22万元。

【市第十次集邮学术研讨会在常山召开】 2016年，衢州市第十次集邮学术研讨会在邮政常山分公司召开，有13篇集邮学术论文在会上交流。此次集邮学术研讨会的主题是“新长征·中国梦”。论文作者围绕中国工农红军长征胜利80周年，撰写弘扬长征精神、记录长征故事、长征邮票分析、红军在衢足迹的学术文章，让与会人员受到了一次红色教育。研讨会还举办《怎样写好集邮论文》的学术讲座，交流集邮论文的写作方法，受到与会人员的欢迎。

【生肖邮票《丙申年》首发】 2016年1月，邮政常山分公司生肖邮票《丙申年》首发，亮相浙江首届年货节暨常山胡柚食尚周，获顾客抢购。据悉，该邮票一套两枚，图案内容分别为“灵猴献瑞”“福寿双至”，全套邮票面值2.4元。这套邮票是我国第四轮生肖邮票的开篇之作，也是首轮猴票设计者黄永玉时隔36年再执笔之作。

【《创建国家卫生县城》市民读本印制】 2016年，邮政常山分公司以创建“国家卫生县城”为载体，设计编辑《创建国家卫生县城》市民读本，共印制市民读本6万册，为全县开展“国家卫生县城”创建工作提供有效的教育宣传服务，受到政府部门和广大市民的赞许。

【报刊亭“扫黄打非”专项整治检查】 2016年，邮政常山分公司对全县报刊亭开展“打黄扫非”专项整治检查，检查报刊亭是否存在出售无刊号、一号多刊、刊号为假的出版物和涉及政治性的“秘闻”“揭秘”“传记”“传奇”“内情”非法出版物，促使报刊亭规范经营，合法运行。

【E邮柜检查工作】 2016年，邮政常山分公司安保、视察、E邮柜管理人员联合对E邮柜设备安装的牢固性、电源线路的走向及附属设备雨棚展开全面检查。通过检查，安保人员及时发现存在安全隐患的站点，E邮柜管理人员对设备进行日常性维护及安全巡查工作，确保E邮柜安全运行，为周边市民提供更加便利服务。

【邮拍机入驻2016年中国山地自行车公开赛】 2016年11月，中国山地自行车公开赛（浙江常山站）举行，邮政常山分公司邮拍机入驻赛场，设立明信片体验区，以现场拍照、现场打印的方式，吸引一大批骑友驻足体验，共同记录下比赛的每个精彩瞬间，将美丽常山邮寄到世界各地。

【市委宣传部领导慰问廖田华】 2016年，衢州市宣传部副部长郑小龙等一行人专程到邮政常山分公司芳村支局，开展“最美衢州人”慰问活动。对投递员廖田华全心全意扎根乡间邮路为人民服务的感人事迹表达感谢和敬意，并送上新春祝福，在工作及生活上给予殷切关怀，鼓励投递员继续做好服务工作，发扬浙江邮政最美品德。

【参加市第二届体育大会象棋比赛获佳绩】 2016年，衢州市第二届体育大会象棋比赛在常山县第一小学举行，全市共100名选手参加。经过为期两天七轮的积分编排比赛，邮政常山分公司张加卫等3名员工组成的代表队获行业组团体第四名成绩。

2016年常山邮政分公司业务收入情况

表12

收入名称		金　额（万元）	比上年增长（%）
邮政业务总收入		1829	10.58
其中	函件收入	75	-14.15
	快递包裹	78	40.19
	报刊收入	218	24.34
	储蓄收入	1041	8.31
	集邮收入	105	-2.46
	分销业务	38	47.89
	信息业务	50	3.66
	机要通信	0	-19.44
	其他收入	224	16.29

（周露婷）

电信·移动·联通

【概况】 2016年，中国电信股份有限公司常山分公司（以下简称“电信常山分公司”）完成66个新增基站建设工作，覆盖范围及覆盖质量明显改善，电信4GLTE网络质量在城区、农村集镇、高速公路、旅游风景区优于其他运营商。全面开展通信网络光纤改造，完成DSLAM设备、FTTN设备退网，实现全县全光纤接入。优化常山数据汇聚核心网网络结构，主干链路扩容16条，确保各乡镇一级网络带宽供给，GPON/OLT设备上联链路同步改造成双10GE聚合链路，消除了带宽瓶颈，让逢年过节紧急扩容带宽成为历史。全县电信服务网点从2014年的75家扩大到2016年底的113家，增长50.7%。截至2016年年底，中国电信天翼移动通信、有线宽带、高清IPTV用户数共11万余户。在县境内建成覆盖面广、技术先进的有线、无线通信网，能满足全县各部门、企业、市民等不同层次用户的通信需求。

是年，电信常山分公司获省级支局“最美一家人”、市“治安安全先进单位”等荣誉称号。

2016年，中国移动通信集团浙江有限公司常山分公司（以下简称“中国移动常山分公司”）在职员工76人，固定资产超过2.63亿元；4G基站站点覆盖达301个，实现城区、乡镇（街道）、行政村、主要交通干线、景区和AAA级以上农家乐全覆盖。家庭宽带户籍覆盖率为99%。开展互联网主动优化，云链路带宽从300M扩容至600M；配合县政府完成G20峰会、首届全国油茶文化节展会等大型活动通信保障20余次。运营收入比上年增长12.7%；用户日通份额占比达87.1%。

是年，移动常山分公司荣获“全国安康杯竞赛优胜班组”称号。

2016年，中国联合网络通信有限公司常山县分公司（以下简称“联通常山分公司”）围绕“聚焦、创新、合作”发展战略，顺应“互联网+”发展大潮，聚焦4G规模发展、集团攻坚、存量经营、渠道布局、队伍建设工作，加强企业党建和廉政建设，优化管理，实现城市有线光宽带100%改造和移动网络行政村100%覆盖。优化网络体验感知，通过铁塔公司基站共享，常山联通无线网络覆盖快速提升，移动基站累计232个，新建室分15套，新建光缆300千米，新建管道18千米，实现县城、乡镇、工业园区LIE连续覆盖，党政机关、商务楼宇、医院等高流量区域深度覆盖。通过流程优化，宽带装移机及时率达99%，客户感知持续提升。年末，常山联通有员工22人，拥有市级专业技术骨干1人、省级内训师1人、市级销售服务精英1人。

是年，联通常山分公司获常山县“治安先进单位”“常山县数字城管先进单位”。

【电信助推“智慧城市”建设】 2016年，电信常山分公司完成“12345”市长热线项目，根据市民群众反映的疑难问题，强化协调办理，想方设法解决一大批企业、市民生产生活中所需、所求、所急的困难和问题，为广大市民提供了极大的便利。无线城市“i－changshan”网络优化，提升市民感知，确保无线网络安全。服务“五水共治”工作，加强监控项目实施，实时监控污水排放，控制环境污染；开展政务云、医疗云和教育云等工作，切实推进智慧城市建设。通过无线城市、政务云、教育云、翼支付，为提升全县信息化水平、加快“智慧常山”“平安常山”建设做出应有的贡献，有力助推常山县“智慧城市”建设。

【移动服务和业务转型】 2016年，移动常山分公司组织“送信息服务下乡”活动100余场，普及防电信诈骗知识。开展年度自有人员主题技能提升活动，对外呼、社会渠道等触点的业务服务综合能力实行季度评估，考核结果与各触点激励挂钩。对不知情定制、4G业务、互联网业务等热点问题重点监测，定期召开服务质量联席会议，全触点满意感知率达99%。加快信息推广，开发大数据应用分析、移动政务110系统、千里眼平台等应用，助力智慧城市管理。全年与政府、集团合作开展6个项目，投入资金1293万元，以大数据分析为基础，为城市规划、旅游开发、人口统计等提供科学决策依据。

【联通推进全县河长制信息管理平台建设】 2016年，联通常山分公司、县环保局、县治水办贯彻落实全市“河长制管理信息系统项目”建设推进工作交流会精神，推进全县河长制信息管理平台建设工作。截至年底，联通常山分公司为全县各级河长配备河长制管理信息系统平台手机终端146台，配合衢州市建立起“一张网络、一套系统、三级管理”的管理模式，大大提高了河长巡河工作效率。

【常山天马街道辖区内一通信诈骗集团被侦破】 2016年4月8日，联通常山分公司在联通衢州市公司、衢州市公安局和衢州市无线电管理局的协助下，通过利用扫频仪、GPRS定位和频率、频点监测定位，逐一排查，成功锁定常山县天马街道辖区内一通信诈骗集团的精确位置。在公安机关、市无线电管理局、联通衢州市公司的密切配合下，成功破获这一通信诈骗集团，查获犯罪分子的诈骗终端笔记本电脑10部、设备23套、手机电话卡近400张，严厉打击了网络通信犯罪行为。

【电话用户真实身份信息登记工作全面完成】 2016年7月，根据国家工信部《关于进一步落实电话用户真实身份信息登记规定的公告》的要求，联通常山分公司全面开展电话用户真实身份信息登记工作。公司党员干部带头，一线员工顶烈日、战高温，早6点、晚10点，进社区、下乡村，加班加点，挨家挨户为用户办理实名登记工作。截至年底，联通常山分公司100%完成用户信息实名登记工作。

（张　芹　章国芳　樊雄飞）

交　通

综　述

2016年，常山县交通运输局完成项目建设投资5.56亿元，年内5个重点项目（杭新景高速公路常山段建设工程、048省道延伸线常山溪口至宋畈公路工程、淳安至江山公路常山新桥至横山路段工程、常河线阁底至泉目山段路面大中修工程、常山县农村公路提升改造工程）如期完成计划。7个重大前期项目（320国道衢州航埠至常山草坪段改建工程、衢州绿色产业集聚区常山何家至辉埠公路工程、常山县客运中心建设工程、351国道常山段建设工作、杭金衢高速公路常山段拓宽工程、钱塘江航道常山段开发工程、衢州市西区至常山县快速通道（沿江公路常山段工程）进展顺利。杭新景高速公路常山段建设工程于年底建成通车。048省道延伸线常山溪口至宋畈公路工程完成投资1亿元，累计投资3.9亿元，总体进度达到56%，至年底，L1标段、L2标段主体已完成，L3标段完成路基40%工程量。淳安至江山公路之常山新桥至横山路段完成投资2000万元，累计完成5000万元，8月完工，11月21日组织交工验收会议。

6月15日，320国道常山段改建工作推进会召开

（黄红霞　摄）

公路养护重点确保畅通，管理机制升级。制定《养护工程管理办法（试行）》。2016年，县公路养护部门累计清扫路面4.15万千米，清理常新线、常河线、320国道等山体塌方9893立方米，清除路肩堆积物753立方米，清除路肩白色污染1494千米，整理路肩5.13万平方米，清理边沟153千米，修剪绿化707千米，机械除草18.74万平方米，化学除草529千米，桥梁检查668次，公路巡查1852次，修补路面坑洞7118平方米，铲高路肩7664平方米，行道树刷白198千米，行道树灭牙5430株，刷新里程碑、百米桩、警示桩719根，油漆桥护栏6200米。养护工程按照年度计划实施到位。3月31日，衢州市公路管理局（以下简称“市公路局)”衢市公路〔2016〕36号文件公布，G320沪瑞线常山官庄至朱家渡段2015年公路养护中修工程质量等级为合格、S221（048省道）江溪线常山段2015年公路养护大中修工程质量等级为优秀。至5月20日，县公路局完成上红线绿化提升工程，造价为142万元；至5月25日，完成2015年6座桥梁桥面径流系统增设计划，工程造价为223万元；至5月26日，完成320国道大塘后至朱家渡段绿化提升及东入口景观节点工程，造价为172万元；至8月25日，完成老常辉公路1.53千米路面改造提升工程，投资461万元；

至10月22日，完成农村公路常新线路面大中修工程，造价为418.1万元；至11月2日，完成县道危病桥梁修复工程（常山县X516朱富线学堂山桥）造价为84万元；完成计划内4座桥梁改造外，提前启动东案乡前库桥和芳村镇老桥改造，共投资515万元。11月28日，市公路局“衢市公路〔2016〕36号”文件公布，2014年常山县国省道水毁修复工程质量等级为合格。

至2016年年底，由县公路局、县农管中心分别负责，重点实施的全县农村公路安保计划的钢质护栏及挡墙修复工程超额完成，造价907.7万元；由常山县公路局实施的衢州市绿色产业集聚区纬五路与205国道交叉口工程全面完成，造价554.98万元。完成村道联网公路11.6千米，完成投资921.6万元；完成30个港湾式停靠站。金川街道乡级农村公路管理站规范化创建通过省委托市公路局的验收，完成投资15万元。

县交通运输局会同县人社局对县域内在建交通建设项目的农民工工资支付情况进行专项检查，确保农民工按时足额领到工资；严格按照《常山县政府投资项目工程变更管理办法》实施工程建设管理；对100万元以上的交通建设项目涉及的施工单位和个人在工程建设中是否存在的挂靠借用资质、违规出借资质问题进行排查，建设市场环境良好；协同市质监站开展常山县交通建设项目执法大检查，质量监督全覆盖，确保工程建设安全零事故。

立足平安交通建设，强化运输管理。层层签订安全综合目标管理责任书、平安综治责任书，印发县交通运输行业《安全生产和应急管理工作要点》《安全生产监督检查计划》《岁末年初安全生产大检查工作方案》《开展“安全生产月”宣教活动实施方案》，落实安全生产责任；突出道路运输（危险品运输）企业、客运站场、乡镇渡口渡船、工程建设施工等方面和事故多发点段、临水临崖高落差危险路段的检查重点，彻底排查安全隐患；运用监控平台监督司机行驶过程中安全行为，车内设立举报电话，使群众与乘客参与到安全运输管理过程，有效落实安全措施；全年发放安全宣传资料3870份，制作宣传标语54条，张挂横幅8条，职工安全培训458人次；加强节庆假日等重点时段的监管，全县投放营运车辆268辆/5758客位参与春运，完成公路客运量68.3万人次和周转量1761万人千米；投入资金200万元、人力955人次，撒融雪剂116吨、工业盐76吨、防滑料61吨，用于应对恶劣天气，确保安全畅通。通过“畅途网”实现网上订票、自助机购票、邮政网点代售等方式，增加客票代售点，提供上门售票、团体预售往返票和“送车上门”等方便群众出行优质服务；组织执法人员设摊点开展“安全生产月”咨询日活动，现场解答咨询500多人次，出动宣传车巡回流动宣传50台时。

至2016年年底，全县有交通运输行政执法持证人员80人，其中，运政执法34人、路政执法44人、水运执法2人。严格培训管理，优化审批服务，采取内部监督与外部监督相结合的监督机制，实行年度评议考核落实责任，提升交通依法行政能力；结合护航G20杭州峰会安保工作，规范文明执法，推进交通运输法治建设，开展各类整治行动。2016年，全县办结交通行政处罚案件1301起；交通窗口办理许可服务事项2990余件，其中办理许可证件166件（含路政审批许可12件），发放车辆运输证1659件、从业资格证代发证175件、从业资格证继续教育270件，审验运输车辆720件，按期办结率100%，满意率100%；交通运输局窗口在县行政服务中心服务质量等级考评中有9个月被评为“模范红旗窗口”。在G20峰会期间，运政执法查扣非法营运小轿车12辆、普通货车2辆、非法从事危险品运输车辆2辆，劝导8家客车饭店进行整改；路政执法受理“110”“12328”及群众举报电话143

起，送达“责令停止（纠正）违法行为通知书”21份，签发“关于要求恢复公路设施通知”3份、“责任限期清理整改通知书”175份，制止违章建筑23起，受理办结行政许可审批11件，查处各类违章案件213件，其中破案213件。清除路面路肩等洒落物、堆积物、塌方5395立方米，清理积雪2000多立方米，拆除违章建筑5处500多平方米，检查桥梁和清理桥下空间30余处，拆除桥下空间违章建筑1处150平方米，割除非公路宣传横幅253条，整治沿线反弹的移动广告牌187块，割除固定广告牌53块，剔除遮挡标志树枝170余处，清理规范乱堆景观石头187处，取缔公路边出售黄沙点8处，纠正制止违章车辆400多辆。320国道超限检测站检测车辆38024辆，处罚违章车辆1262辆，卸载2906.99吨。

交通运输系统深入开展“两学一做”学习教育，组织“百日抄党章写感悟”、社区安全巡逻、创国卫宣传和交通安全志愿劝导活动，组织学习《中国共产党廉洁自律准则》《中国共产党纪律处分条例》，提高党性修养，强化为民服务和勤政廉政意识。完成人大代表建议和政协委员提案办理24份，满意度达100%。

是年，县交通运输局被省交通运输厅评为G20杭州峰会交通运输服务保障工作先进集体，获评衢州市交通运输系统2015年度工作目标综合考评优秀奖、全市交通运输系统2015年度“平安交通”建设安全生产目标管理优秀单位、2011—2015年全市法治宣传教育先进集体，被县政府授予2015年度集体三等功、2016年全县春运工作先进集体。县交通运输局党委被县委授予“先进基层党组织”称号。

公　路

【概况】 至2016年年底，全县境内有3条国家高速公路、2条国道、1条省道、22条县道、34条乡道、364条村道，公路通车总里程1046.36千米，公路密度95.21千米/百平方千米，其中高速公路89.00千米（G60沪昆高速公路即杭金衢高速公路41.63千米、G3京台高速公路即黄衢南高速公路31.13千米、G60N杭长高速公路即杭新景高速公路16.24千米），一般国道63.45千米(205国道山深线23.49千米、320国道沪瑞线39.96千米),省道221江溪线8.63千米，县道258.64千米，乡道168.24千米，村道458.40千米。国省道干线公路里程161.08千米，占公路总里程的15.39%；县道占公路总里程的24.72%；乡道占公路总里程的16.08%；村道占公路总里程的43.81%，公路通行政村率100%。全县公路桥梁总长26610.09延米/363座，其中互通式立交桥1636.34延米/9座，每百千米拥有桥梁34.69座；按跨径分，特大桥1263.18延米/1座，大桥15797.38延米/56座，中桥4693.2延米/84座，小桥4856.33延米/222座。全县公路隧道总长30352.4延米/34道，其中长隧道19793延米/9道、中隧道7133.4延米/10道、短隧道3426延米/15道。全县从事道路旅客运输经营业户数11户，其中班车客运10户，包车客运1户；公路旅客营运车辆拥有量273辆（包括出租车54辆216座），合计4823座位，其中大型客车53辆2461座、中型客车170辆3690座；全年完成旅客运输量505万人次，客运周转量22079万人/千米。拥有6个四级货运站车，货运站平均日换算货物吞吐量2.18万吨，全年完成货物运输量1055万吨，货运周转量123007万吨千米。全县道路客运线路29条日发班次1151个，其中跨省线路1条日发班次12个，跨市线路11条日发班次39个，跨县线路2条日发班次138个，县境内线路15条日发班次962个；全县等级客运站4个，其中二级站1个、四级站1个、五级站2个；农村客运班线通行政村率94.4%；客运出租汽车经营户1户，经营车辆54辆。全县机动车驾驶培训机构6个，其中二级驾培机构1个、三级驾培机构5个；全县教练车144辆，教练员167人，全年培训驾驶员5499人次，教学场地（含租赁场地）9万平方米；全县各类机动车维修企业户43个，其中一类机动车维修企业2个、二类机动车维修企业9个、三类机动车维修业户32个，全年维修各类车辆36024辆次；全县汽车综合性能检测站1个，全年检测车辆3491辆次。道路运输从业人员合计3866人，其中道路旅客运输从业293人、道路货物运输从业2890人、站（场）经营从业248人、机动车维修从业209人、机动车驾驶员培训从业215人、其他从业11人。

【杭新景高速公路常山段建设工程】 2016年，该项目完成投资4亿元，累计完成投资16亿元，常山县境内互通区与停车区合设一处，隧道7个；路的两头分别与柯城、开化交界连通；县境内穿行5个完整隧道，隧道计长6.6千米，设大桥8处、中桥2处，大、中桥梁合计总长2.61千米，12月1日正式建成通车。

3月17日，省交通运输厅党组副书记、副厅长陈利幸（前右一）到常山调研杭新景（黄红霞　摄）

【常河线阁底至泉目山段路面大中修工程】 该工程列入2016年县政府为民办实事重大项目，是农村惠民交通建设工程，由县公路局实施该段路“白改黑”12.26千米，完善排水设施、标识标线、安保设施等，8月10日开工，至年底基本建成，完成投资1600万元。

【农村公路提升工程超额完成】 该工程列入2016年县政府为民办实事重大项目，是农村惠民交通建设工程，由县农管中心组织实施，改造农村公路拓宽、等级提升，增设错车道、弯道处治等内容，提升25千米，之后根据上级计划调整为28.9千米，总投资1650万元，至年底，实际改造37千米，完成投资1900万元。

【320国道衢州航埠至常山草坪段改建工程设计完成】 该项目原名称为320国道常山段“二改一”示范工程，市公路局《创建美丽公路“四个一千”工程实施方案》（衢市公路〔2015〕204号）确定该项目在设计、建设环节开展示范项目创建，主线全长33.3千米，其中柯城区境内3.8千米、常山境内29.5千米，同步建设球川连接线约4千米，常山境内总投资约11.5亿元。2016年6月14日，常山县成立320国道常山段改建工作领导小组，由县交通运输局牵头，县政府组织召开项目推进会，先后完成规划选址、用地预审、水土保持、社会稳定风险评估等工作。10月12日，省发改委批复该工程可行性研究报告，通航影响评估报告完成编制并送审查，初步设计文本已送省发改委审查，施工图设计同步开展。

【衢州绿色产业集聚区常山何家至辉埠公路工程项目报审】 该项目起点位于常山县何家乡红旗村南面，与县道钳何线相接，经湖石头村后跨越常山港，下穿九景衢铁路，经辉埠镇、鸭坞村畈头自然村、山背村前蓬自然村，终点位于大埂村菱湖自然村附近，路线长约12.7千米。按《公路工程技术标准》（JTG B01－2014）中的集散一级公路标准设计，设计速度80千米/小时，路基宽25.5米，总投资约5.5亿元，计划工期2017—

2019 年。11 月 2 日，省公路局在常山进行现场踏勘，并进行工可审查。

【常山县客运中心建设工程项目研究】 该项目拟用地 75 亩，建筑面积 1.3 万平方米，总投资 1.2 亿元，计划工期 2017—2019 年，2016 年年底进行选址研究。

【351 国道常山段项目前期工作】 该项目是 351 国道龙游横山至开化华埠段公路工程，在常山县范围内的线位为东案乡官池——大桥头乡马初—辉埠镇宋畈—辉埠镇西（岭下），横穿常山北部乡镇，按一级公路标准建设，全长 27.64 千米，总投资约 22 亿元，计划工期 2017—2020 年。至 2016 年年底，该项目的线位基本确定，开展项目选址工作、社会稳定风险评估等工作，配合市交通运输局开展项目前期工作。

【杭金衢高速公路常山段拓宽工程项目报批】 该项目为 G60 沪昆高速公路金华互通至浙赣界段（衢州段）改扩建工程，在原线路路边拓宽，由原双向 4 车道拓宽为双向 8 车道，全长约 42 千米，总投资约 25 亿元，计划工期 2019 年完成。至 2016 年年底，常山县交通运输局主要是配合市交通运输局前期工作，包括申报港湾式停靠站、环评材料收集等，完成工可报批。

【国际慢城通景公路工程放样完成】 该项目采用 PPP 模式建设，拟建城东新区至狮子口水库长 6.4 千米的四级通景公路，路面宽 6 米，建设狮子湖环路及出口支线 10.6 千米，为慢行道，路面宽 3.5 米，投资概算 11583 万元，其中建安费金额 6592 万元，计划工期 18 个月。10 月 17 日，常山县成立项目建设工作领导小组；至年底，项目受理函、工可、初步设计、施工图设计批复已完成，通景公路完成放样，土地丈量完成 80%，PPP 方案编制工作已完成。

【衢州至开化沿江公路常山段工程线位研究】 该项目前期工作由市交通运输局统一负责，拟沿常山江建设衢州—常山—开化沿江景观道路，全长 47 千米，四级公路，其中衢州至常山 20 千米，常山至开化 27 千米；同步建设沿江绿道，计划工期 2017—2019 年，投资估算 10.9 亿元。至年底，该工程已开展线位研究。根据市政府有关会议精神，该项目与 320 国道常山段改建项目共线段（渣濑湾段）先行开工建设。上蒋至胡家淤段（常文线）约 6 千米车行道的路面改造在设计中。

【交通运输护航 G20 杭州峰会】 2016 年 5 月 22 日，县交通运输局制定《平安交通护航 G20 实施方案》，将交通运输相关工作任务进行再细化、再分解，落实到每个单位，落实到每位分管领导。开展安全生产综合整治大行动，出动安全检查人员 300 人次，全覆盖排查出一般安全隐患 55 处，完成 100% 整改。常辉线开展涉矿车辆道路运输综合整治行动，查处超限车辆 9 辆，查处改装、无证等车辆 5 辆。增加人力物力投入，县道路运输管理所每天确保有 2 人以上在客运中心值班，县客运站（县客运中心）新增专职保安 3 人，在旅客高峰期间有 10 名管理人员在一线开展行包安全检查，维护秩序。县客运中心投入 10 多万元完善站场监控设备的更新与维护，更换及新增高清摄像头 22 只，更新 24 路高清数字监控录像机 1 台，添置硬盘 6 块容量达 18T（能保存监控录像 90 天）、监控电脑 1 台、监控电视机 1 台，配备监控人员 1 人，配置橡皮棍、钢叉、手持式安检仪、行包检测安检仪、防爆探测仪等安保设备器材。完成旅客身份核查系统的安装，实行乘客实名制购票、乘车。从 8 月 1 日至 9 月 10

日，建立峰会24小时维稳安保值班备勤制度；建立应急处置保障机制，确保应急人员、设备、物资随时可投入安保行动。8月12日，在客运中心组织30多人举行反恐防恐应急演练；8月15日，组织公路部门在宋芳线K9+500处进行公路塌方清理演练。在G20峰会期间，交通系统客运企业杭州方向每天13趟班车，从8月2日实战阶段开始陆续停开，至决战阶段只有6趟班车运行。

【机动车驾驶员培训改革】 根据市运管局印发的《关于深化机动车驾驶员培训改革实施方案》，全市各机动车驾驶员培训机构年底前须达到《机动车驾驶员培训机构资格条件》（GB/T30340－2013）及《机动车驾驶员培训教练场技术要求》（GB/T30341－2013）两项国家标准的要求。2016年9月，常山交通运输部门完成机动车驾驶培训监管服务平台建设。至12月，全县6家机动车驾驶员培训机构实行"先培后付、计时收费、学员评价"培训模式，学员可以自主选择教练员、预约学习时间，预约的学时学习结束后再支付学时款，实行这种一对一教学的新型培训模式，改变过去以教练员为中心，学员难以选择和了解培训时间、教练员选择、学习进度等情况，《教学大纲》规定的基本学时更能得到保障。

【交通运输系统创"国卫"】 自县委、县政府部署全县创建"国家卫生县城"工作以来，县交通运输局根据部门职责及时展开调研，梳理事项清单，安排专项资金，制订《常山县交通系统创"国卫"实施方案》，重点工作内容包括：提升改造城区国省道硬化、绿化补植、排水设施，汽车客运站（场）及客车、公交、出租车的创"国卫"承办督办工作，道路运输服务行业（包括汽车修理厂、驾驶员培训学校、城区机动车修理点）的创"国卫"督导工作，各单位全面彻底完成市容环境包干任务，完善创建工作台账资料归档。5月15日召开全县交通运输系统创建工作动员会，一方面根据县创建国家卫生县城工作委员会的统一部署开展创建行动；另一方面组织实施相关交通运输系统创"国卫"环境优化项目。6月下旬开始，实施县汽车站建筑外立面改造、县汽车站内部改造、县运输公司建筑及公厕改造、县汽车站零星改造、县汽车站创"国卫"宣传广告和标语标志等制作、县汽车站热熔标线制作、县汽车站长途班车场内厕所改建，7个项目优化投资150万元；实施320国道蒲塘桥下整治及绿化、虎山隧道交叉口硬化、景点绿化、马家排互通桥下绿化、常新线外港排水设施改造提升5个国省道优化项目，总投资89.3万元。县交通系统各项创"国卫"工作均顺利通过8月、11月的两次省级专家组明访督查和考核。

【助力中国山地自行车常山站赛事】 2016年，县交通运输局全力服务中国山地自行车常山站赛事，确保停车场至主会场的道路畅通、路况良好。利用048省道延伸线改建路段，组织施工单位进行加铺碎石，反复碾压压实，满足通行需求。投入资金，负责高速公路常山出口、常山东出口至主会场入口沿线的交通指示标志安装，11月初完成18块指示牌的安装。11月3日至6日赛事期间，有关工程局部停工，并安排落实2辆公交车辆，作为停车场至主会场摆渡车辆提供使用；县交通运输系统派出人员40人、志愿者5人，由1名局班子成员带队，全力以赴配合做好安保工作。

水路·铁路

【概况】 2016年，常山县水路交通坚持做好水上交通运输行业管理和渡口安全管理工作，在春运、汛期、农忙庙会、重要节假日等重点时段突出现场的指导、监管和巡查，结合“安全隐患大排查大治整”“安全生产月”“护航G20杭州峰会”等重大活动，开展各项水上交通运输行业的专项活动。年内完成2艘渡船更新和1处渡埠改建，总投资53.6万元。制定《常山县水上交通安全护航G20杭州峰会实施方案》《常山县水上交通安全隐患大排查大整治行动方案》，完善安全措施，强化责任意识，检查不留死角。全年实施检查管理77天次、巡查204人次、检查船舶110艘次，3处渡口因缺持证渡工而被长期禁止开航，1艘渡船注销，水路交通运输市场得到有效规范管理，行业形势稳定。全年水路交通运输市场管理规范有序，渡口运输连续保持33年安全无事故。至年底，全县有渡口7个，渡船6艘，持证渡工3人。2016年，县铁路工作办公室（简称“县铁办”）增设综合科、工程科2个职能科室，同时增加科（股）级职数2名（常编复〔2016〕20号）。县铁办全力服务九景衢铁路常山段建设，全年完成约2700亩土地征收及红线内房屋拆迁工作；在沿线6个乡镇（街道）设安置区7个，各安置区及配套基础设施建设全面完成；九景衢铁路常山段进入工程收尾阶段，桥梁工程、隧道工程及路基工程全部完工，境内全线铺轨工程于年底基本结束；位于天马街道麦坞村和渣濑湾村交界处的火车站站房主体工程全部结束，进入内外装修阶段。是年，县铁办被省政府办公厅授予“全省重点建设立功竞赛先进集体”称号。

【钱塘江航道常山段开发工程项目前期】 该工程计划在52千米的常山江航道上，修建6个水电梯级、6处船闸及相关设施，疏浚部分河道，达到全线通航500吨级国家四级航道标准。同时，建设招贤、澄塘、辉埠等作业区，总投资估算约56.75亿元，计划工期2018—2021年。至2016年年底，该工程处于预工可阶段，县交通运输局主要配合市航运开发公司开展前期准备工作。

【九景衢铁路浙江公司收并衢常公司】 为理顺九景衢铁路与衢常铁路的股权关系，2016年9月30日衢常公司增资工作完成，按照股东各方提出的奋斗目标，12月29日九景衢铁路浙江公司与衢常公司的重组合并工作完成，九景衢铁路浙江公司作为承继公司收并衢常公司。12月30日完成工商变更登记，修改了经营范围，并取得新营业执照。

（朱月亮　徐敏超）

城乡建设与管理

综　述

2016年，常山县城乡规划建设管理工作围绕县委、县政府提出的“实力工业、休闲城市、美丽乡村”三大战略，坚持以规划引领城市发展，倾力打造“国际慢城”，明晰各区块功能定位。围绕城市发展，强化中心城市规划研究；围绕县委“三大战略”，突出“休闲城市”塑造，加快专项规划编制，并实施完成项目《常山县“国际慢城”整体规划》规划编制，启动《常山县中心城区海绵城市专项规划》《常山县中心城区地下管线综合规划》《常山县城乡供水一体化专项规划》《常山县区域综合交通规划研究》等。树立服务项目理念，探索规划管控机制创新；创新审批管理机制，完善规划决策机制，加强房地产市场的规划引导，以精品化管理方式强化城市节点建设，以精细化管理方式强化住宅小区建设。持续推进城东新区滨江路、滨江公园、总部经济等项目建设，新区新姿逐步展现，城市发展新格局初具雏形。加强农村规划管理，指导美丽乡村及美丽宜居示范村建设，指导村庄规划编制转型，突出村庄设计；加强农房建设规划管控，引导村庄集聚建设。加强集镇建设，打造美丽乡村“最美客厅”，以高标准规划，引领集镇建设，加强体制建设，建长效机制，加强督查指导，抓整改、出成效，谋划一批项目，建设集镇样板。以“洁净集镇”为基本要求，进行小城镇环境综合整治行动，集镇建设取得长足发展。完善基础地理信息，加快智慧城市建设，完成数字城市地理空间框架建设，开展城市地下管线普查。2016年，全县审批建设项目选址意见书1125件；建设用地规划许可191件，建设用地面积合计69.74万平方米；建设工程规划许可305件，建筑面积合计55.06万平方米；规划核实71件，核实面积总计31.16万平方米。

围绕提升城市形象功能大抓项目建设，开工建设第八期保障性用房工程，完成总工程量70%；完成第七期保障房配套用房工程主体竣工验收；完成第七期保障房小配套施工；开工赵家坪公租房二期装修并完成竣工验收。完成住房保障“十三五”规划编制；完成城市绿道网建设工程（两个标段，总投资约700万元，环南门溪部分和环滨江南路部分），建设绿道约8千米，项目于11月底基本结束；完成文峰路人行道改造工程（此工程为2016年县政府为民办实事之一），主要对文峰路塔山至国大两侧的人行道板改造成花岗岩，对道路段面符合要求的，新增非机动车道；总投资约650万元，11月底通过竣工验收。完成对社区、居民反映强烈的下水弄小区、沙洲片、老人民医院弄及局部背街小巷进行改造提升，总投资约850万元，2014—2016年老小区改造工程基本完工，同时对定阳北路3幢、法院街1幢和老人民医院弄4幢房子的外立面进行改造。首次承接国际标准的自行车赛道建设任务。完成常山县滨江南路提升工程，沿江的清水性和趣味性得到较好体现。城区绿地养护一体化管理方案通过县政府审批。完成城乡生活垃圾填埋场一期工程雨污分流项目建设，总投资180万元；完成填埋场渗滤液提标改造项目工程量的90%，总投资1250万元；完成2座旱厕（环卫宿舍公厕及孔家坞公厕）及大桥底公厕进行拆建改造，至此，环卫直管公厕旱厕全面消除；完成城区3座垃圾中转站内部环境提升工作，新修建环卫工人休息室1个；基本完成星月湾区域垃圾中转站建设工程，总投资约200万元。城市防汛抗洪抢险机制正常运转，有效保障城市防汛安全。

围绕创“国卫”12大项整治工作总要求，对城区占道经营、牛皮癣广告、户外广告、乱搭建、乱堆放等影响城市环境的“脏乱差”现象实施有效整治。“数字城管”运行高效推进。整治“四边三化”各类突出问题，并取得良好效果。以省级精品示范道路创建工作为契机，开展“重拳出击、铁纪治路”专项整治行动。加强城区公共自行车监督管理，推进“三改一拆”违法建设工作，做好钙产业整治工作，加快综合行政执法改革步伐。

规划编制

【概况】 2016年，县城乡规划中心实施并完成《常山县“国际慢城”整体规划》项目编制工作。启动《常山县中心城区海绵城市专项规划》《常山县中心城区地下管线综合规划》《常山县城乡供水一体化专项规划》《常山县区域综合交通规划研究》编制工作。

【常山县“国际慢城”整体规划】 常山县“国际慢城”南临常山港，北部以三衢湖为核心，总用地面积约33.15平方千米，包括“常山县三衢湖省级旅游度假区”范围和城东新区“梦之岛”区块及周边自然延续区块。规划利用四省通衢的区位优势及产业优势，将山水林田有机融合，保护乡土文化，发展休闲产业，打造城乡共融的慢城、多方共赢的“国际慢城”。

一、规划功能定位。城乡共融的慢城：与城市零距离；多方共赢的慢城：富民强县兴商；错位共享的慢城：山水城田园村；区域共享的慢城：游名山慢常山。

二、规划目标。挖掘常山县山水资源优势，利用便捷的区域交通条件，依托城市配套设施，将规划区域打造成衢州“国家休闲区”和“生态文化旅游区”的核心区；将省级旅游度假区与“休闲慢城”有机融合，通过生态保护、设施配套和项目引入等多种举措，带动城东新区乃至常山县的发展，并最终发展为“衢州国家休闲区的核心区”“生态文化旅游区的核心区”。

三、空间布局。以山水林田为生态基底，分为“慢城（南）、慢乡（中）、慢旅（北）”三大片区；以风景道和自行车慢道为脉络，串联12个招商引资项目，5个美丽乡村村庄居民点提升项目（狮子口村、狮东村、外港村、孔家弄村、渣濑湾村），3个生态景观项目（富足山运动公园、现代农业示范园、三衢湖滨水山地探险公园）。

四、空间发展格局。规划区空间发展格局可以概括为“三片两路、一谷一湾两园、五村多点”。其中，“三片”：G60高速公路和九景衢铁路将规划区分割成相对独立的3个片区，南部富足山“慢城”片区：以绿核为核心，以慢城小镇、梦之岛兼顾城市新区功能和旅游休闲服务功能；中部麦坞“慢乡”片区：以田园风光为特色，临山傍水布置度假养老项目；北部三衢湖“慢旅”片区：以商务会议休闲度假第二居所为主要功能，发展庄园经济。“两路”：是指规划区内部串起三片连通各休闲旅游项目的慢城风景道和自行车慢道。“一谷一湾两园”：是指渣濑湾花谷和虹桥溪桃花湾，以及富足山绿核山地运动公园和三衢湖山地探险公园。“五村多点”：包括渣濑湾村、狮子口村、狮东村、外港村、孔家弄村等5个特色村庄以及渣濑湾湿地度假岛等12个重点招商引资项目和3个生态景观项目。

五、道路交通系统规划。根据外部交通系统结构及场地内部交通网络结构，规划设计7个主要出入口，分别为渣濑湾村出入口、048省道出入口、城东新区出入口（公安局）、慢城小镇出入口、永丰创意基地出入口、狮子口村出入口、松香门出入口。慢城小镇范围内路网分为主干道、次干道、支路。主干道双向两车道，路宽12米主要承担慢城小镇对外交通联系。次干道为各教育园区与商业街区内部联系道路，路宽4～6米局部设置错车带。支路为小镇内居住用地内部路网与花谷环路衔接。

六、特色植物景观营造。三衢湖樱花大道：在三衢湖环湖风景道沿线大规模种植樱花，种植形式摒弃城市行道树行列式单一模式，形成道路边缘散植、沟谷农田山坡片植、休息观景节点群植、开发建设用地内间植等多种种植形式。慢城秋景大道：贯穿麦坞片区直达渣濑湾花谷的秋景大道，选用无患子、枫香、榉树、乌桕等秋色树种。富足山绿核百花谷：保留现状海棠，成片成群补植香花槐、山桃、山杏；在裸露坡地（道路施工破坏扰动）种植凌霄、藤本月季、野菊等植物。观赏和水土保持生态恢复功能兼顾。

规划管理

【**概况**】 2016年，县城乡规划中心贯彻落实《中华人民共和国城乡规划法》，按照“以人为本、依法行政、齐抓共管、标本兼治”城乡规划管理方针，实施“阳光规划”审批工作。全年办理建设项目选址意见书231份，用地面积14.4万平方米；办理建设用地规划许可证109份，用地面积43.9万平方米；办理建设工程规划许可证220份，建筑面积44.1万平方米；办理乡村建设规划许可证150份，建筑面积4.1万平方米。

【**土地规划设计制定**】 2016年，县城乡规划中心完成6宗土地的规划设计条件制定，金川街道夹江水库1号地块、县后坊水厂二期地块、县城东新区文创园一期A地块、县东淤片区一期地块、县城东新区总部经济综合体地块、县城南单元02－01－25－01地块。

【**建设用地规划许可**】 2016年，县城乡规划中心完成县西城花园二期、紫荆花园住宅高层1～6号及会所、东方广场城市综合体A地块、新都物流中心二期、翡翠园二期、第三人民医院房地产项目的方案审查和工程规划许可。

【**城市交通规划管理**】 2016年，县城乡规划中心根据《常山县治理城市交通拥堵工作任务书》的要求，完成年初确定的城市治堵工作新增停车位的目标。新增停车位968个，其中，地下停车位793个，地上停车位175个；原康京电子厂地块新增公共停车位174个。县中商广场、县鸿鼎·翡翠园一期、县第六期经济适用房、县运检工区城郊供电所及县城东新区富足山安置房工程5个建设项目加快推进，总地下空间面积为36368.46平方米。对县人防办大楼门前道路跟天马路交叉口进行道路渠化改造，增加转弯车道等，避免该路段发生交通安全事故。打通城东新区滨江路、经三路、经四路等断头路，为城东新区开发建设提供良好公共基础设施。严格执行2013年12月1日起施行的《浙江省城市建筑工程停车场（库）设置规则和配建标准》，对商业、办公、居住等不同类型项目均高标准配建停车位；鼓励小区按人车分流设计，车辆停放向地下空间发展。加快自行车服务点的建设，全县投入使用自行车服务点17个点，设置公共自行车360辆。

【违反建筑整治规划管理】 2016年，县城乡规划中心根据县委、县政府部署开展违法建筑整治行动，参与巡查，对已经发生的违法建筑提出规划处理建议。配合相关部门查处违法建设项目80件，区分违法性质，提出规划意见，对违法建设起到一定的遏制作用。参与整治、拆违工作，掌握违法建设发展动态，及时形成书面材料，提出相关建议措施向上级领导汇报，并按《常山县违法建筑分类处理指导意见》（常政办发〔2014〕70号）相关规定处罚，补办审批手续工作。

村镇建设

【概况】 2016年，全县各乡镇（不含3个街道办事处）审批公建及工业项目选址38项，用地许可14项，工程许可23项，竣工规划核实7项；完成19个地块规划设计条件的制定；农村私人建房许可（乡村建设规划许可、工程许可）889户，选址（用地）924户。

【招贤镇规划建设】 2016年，官庄村、高埂村的村庄规划文本初稿修编完成；招贤镇集镇总规初稿完成编制。招贤镇重点完成官庄村、高埂村美丽乡村培育村建设，打造美丽庭院建设示范村；强化洁净集镇“六个一”（即打造一个“洁净集镇”、梳理完善一具规划、综合改造一条主要街道、建成一个休闲文化空间、提升一个污水处理系统、实施一个拆改用结合项目）项目建设，重点对主街道路进行“白改黑”（即水泥路面改为沥青路面）、外立面整治、店招广告牌整治、污水处理站提升改造、东西入口节点景观改造、商户门前花岗岩铺设、强弱电“上改下”改造，合计投入资金1600多万元。

【芳村镇规划建设】 2016年，芳村镇实施完成农民集聚安置区B地块33号公寓楼建设，建筑占地面积580.77平方米，建筑总面积3383.15平方米，总投资额660万元，安置异地搬迁户20户，安置人口110人。投资105万元联鑫路路面白改黑、排水、绿化、路灯安装建设工程。投资55万元污水处理站提升，增加应急集水池建设，集镇污水经集中收集处理后达到一级A标准排放。芳村镇古街改造工程，全长375米，投资65万元，采用青石板铺装路面及管线上改下等工程建设；芳村集镇主街停车位划定180个，并安装监控以规范集镇车辆乱停放现象。

【辉埠镇规划建设】 2016年，《辉埠镇镇区控制性详细规划》修编及报批工作完成；完成《辉埠镇彭川村美丽乡村村庄规划》修编；启动邱家篷坡地村镇项目。辉埠集镇光辉路、灰山底路、龙辉路污水管网及路面“白改黑”工程开工建设。辉埠集镇污水管网提升改造工程开工；辉埠集镇公园休闲文化空间工程开始实施；集镇广告牌遮雨棚项目实施完成。

【青石镇规划建设】 2016年，《青石镇总体规划》评审工作、《青石镇小城镇环境综合整治规划》编制工作完成；《青石镇镇区控制性详细规划》编制工作启动。集镇建设规范有序化，青石镇柚香路改造、强电“上改下”、沿街外立面整治等各项配套设施项目完成实施。青石镇十里柚香街整治项目的有序进行，中国观赏石博览园项目一期一功能区建设任务和二期征地任务基本完成。农村生活污水治理工程全面推进，全镇18个行政村生活污水管网铺设基本完成。马车村美丽乡村村庄修编顺利推进。

【球川镇规划建设】 2016年，《球川镇控制性规划》修编和《球川中心镇示范镇空间布局规划》评审工作完成，年底启动《球川镇小城镇环境综合整治规划》编制工作。完成危房改造9户，完成下山脱贫安置区1号楼建设和螺蛳塘安置区土方工程。完成后弄村、龙绕村村庄规划，黄泥畈村农房改造示范村通过省专家组验收。

【白石镇规划建设】 2016年，《白石镇城镇总体规划》修编、《白石镇镇区控制性详细规划》编制完成；新建污水主管1600米，集镇污水管网建设基本完善；集镇商住用地出让约3亩，正在建设中。完成曹会关村、聚宝村、新塘岭村、草坪村农村生活污水治理工程，改善农村生活环境；完善聚宝村、曹会关村农民饮用水工程，改善农民饮用水安全问题。

【农村危房改造救助】 2016年，全县140户农村困难群众获得农村危房改造项目的资金救助，其中新建住房8户、改建住房17户、修缮房屋112户、置换住房3户，发放救助资金105万元。

【美丽宜居示范村工程建设】 2016年，县城乡规划中心按照省美丽宜居示范村工程建设要求，结合验收标准，指导球川镇黄泥畈村示范村工程项目建设按时完成，并于12月顺利通过省级核查。东案乡金源村、弄坞村，何家乡长风村省级美丽宜居示范村工程建设项目有序推进。

（邱　琦）

城市建设

【概况】 2016年，县住房和城乡规划建设局（以下简称“县住建局”）围绕提升城市形象功能大抓项目建设，开工建设第八期保障性用房工程，完成总工程量70%；完成第七期保障房配套用房工程主体竣工验收；完成第七期保障房小配套施工；开工赵家坪公租房二期装修并完成竣工验收。完成住房保障“十三五”规划编制；完成城市绿道网建设工程（两个标段，总投资约700万元，环南门溪部分和环滨江南路部分），建设绿道约8千米，项目于11月底基本结束；完成文峰路人行道改造工程（此工程为2016年县政府为民办实事之一），主要对文峰路塔山至国大两侧的人行道板改造成花岗岩，对道路段面符合要求的，新增非机动车道；总投资约650万元，11月底通过竣工验收。完成对社区、居民反映强烈的下水弄小区、沙洲片、老人民医院弄及局部背街小巷进行改造提升，总投资约850万元，2014—2016年老小区改造工程基本完工，同时对定阳北路3幢、法院街1幢和老人民医院弄4幢房子的外立面进行改造。首次承接国际标准的自行车赛道建设任务。完成常山县滨江南路提升工程，沿江的清水性和趣味性得到较好体现。城区绿地养护一体化管理方案通过县政府审批。完成城乡生活垃圾填埋场一期工程雨污分流项目建设，总投资180万元；完成填埋场渗滤液提标改造项目工程量的90%，总投资1250万元；完成2座旱厕（环卫宿舍公厕及孔家坞公厕）及大桥底公厕进行拆建改造，至此，环卫直管公厕旱厕全面消除；完成城区3座垃圾中转站内部环境提升工作，新修建环卫工人休息室1个；基本完成星月湾区域垃圾中转站建设工程，总投资约200万元。城市防汛抗洪抢险机制正常运转，有效保障城市防汛安全。

全县新开工建筑工程 78 个，比上年下降 25%，其中房建 52 个、市政 26 个；建筑面积 48. 7 万平方米，下降 30. 6%；竣工项目 58 个，合格率 100%，备案工程 58 个。全县有建筑施工企业 48 家，其中具有一级总承包 2 家、二级总承包 7 家、三级总承包 27 家、专业承包企业 5 家、劳务企业 7 家；园林绿化企业 16 家；中介机构 4 家。全县建筑从业人员约 2. 03 万人，建筑企业有职称的专业技术人员约 3100 人，其中高级职称 45 人、中级职称 520 人。注册人员 460 人，其中一级建造师 42 人、二级建造师 418 人。全县施工企业签订合同额 52. 71 亿元，比上年下降 15%；完成建筑业总产值 47. 35 亿元，下降 10%；省外产值 17. 5217 亿元，下降 23%。全县建筑业上缴税金 1. 64 亿元，下降 14%。

全县房地产市场明显回暖，完成投资额 168514 万元，比上年增长 82. 9%。商品房新开工面积 38. 74 万平方米。办理商品房预售合同备案 3407 件，销售面积 31. 17 万平方米，比上年上升 88. 20%。销售总金额为 204074 万元，上升 61. 25%。其中，商品住宅销售 2077 套，上升 142. 36%；销售面积 25. 82 万平方米，上升 112. 15%；销售金额 127734 万元，上升 92. 71%。

全县新建污水管网 29. 6 千米，完成南门溪河道综合整治、柳泽塘等低洼片区改造 2 处，铺设雨水管网 6. 2 千米，提标改造排水排污管网 7. 6 千米，新建、改造供水管网 18. 8 千米、5. 4 千米，清淤排水管网 100 千米，增加应急排水设备 500 立方米每小时，雨污分流改造 4. 1 千米，完成屋顶雨水收集系统建设 85 处，改造节水器具、一户一表 500 套、1158 户。

县住建局行政许可科接收行政审批件 517 余件，办结率为 99%；局行政审批窗口未接到群众投诉。

【城市天然气利用工程新进展】 2016 年，全县完成 LNG 气化站改造 1 座，中压管道敷设 5. 1 千米。至年底，累计开发居民用户 5892 户、工业用户 10 户、公建用户 5 户。南门溪 LNG 临时瓶组站向紫荆花园小区和柏丽大酒店供气，久泰弄门站向辉埠园区内福瑞森工贸、百利盛金属等工业企业供气。全年完成气量销售 362 万立方米（管道气 360 万立方米，LNG2 万立方米）。

【城区国有土地上房屋征收工作完成】 县住建局在 2015 年完成 58 户国有土地上房屋被征收人补偿协议签订的基础上，于 2016 年 5 月完成剩余 4 户房屋征收补偿协议的签订，至此，县东淤片一期项目国有土地上房屋征收工作全面完成；7 月初，完成县中医院建设项目房屋征收补偿协议的签订工作，该项目涉及国有土地上房屋 1 幢，面积 165 平方米。

【阳光信访推行】 2016 年，县住建局接到各类来信来访事项交办、浙江省政务服务网、“12345”统一政务咨询投诉举报平台等各类信访事项 123 件，其中经核实退单的 8 件，按时予以办结的 115 件，答复满意率达 95%。

市政园林与环境卫生

【概况】 2016 年，县住建局做好定阳桥、天马桥、蒲塘桥、富足山大桥、金川大桥、金川大桥引桥、东淤桥、白马桥、文峰桥、人民桥、山背岭底桥、紫港大桥的日常管理与维护，完成天马桥维修加固工程，该工程由常山县顺成建筑有限公司承建，衢州市交通设计有限公司设计。完成对文峰桥、金川大桥、白马桥、蒲塘桥的零星修复工作。

加强市政道路养护管理，确保市政公用基础设施完好。完成清理窨井淤泥 5300 只次，疏通下水管道3120米，人行道修复3500平方米，修复破损路面约5000平方米，维修更换窨井盖板和雨水篦子3600余个（套），完成道路挖掘行政审批39项。

投入近20万元进行公园给排水改造和道路维护维修，结合“创国卫”工作，对塔山公园、东明湖公园的4处公厕进行全面整治。10月，对东明湖兰园景观墙进行修缮，增加诗画，丰富入口及园内绿化景观，增添园区文化内涵。12月，投入40余万元对文峰广场喷泉进行改造提升，包括叠水长廊改造、广场旱喷维修、音乐喷泉音箱系统检修和设备更换、假山瀑布水泵更换、灯光设备提升改造。全年修剪绿地草坪约1.5万平方米，修剪花坛、灌木约1.5万平方米，乔木1000多株；补植灌木3000多株、乔木50株、草皮约1500平方米。投入5万元、组织养护工10余人，对东明湖公园内的森林防火带及道路两侧的杂木进行清理，清理面积达5000平方米。在汛期来临之前，公园广场管理处对虎山弄水库进行全面排查，对存在安全隐患的地段、园区进行全面“体检”，以确保安全度过汛期。全年对公园、广场、道路绿化、施工工地进行安全考核和检查计50余次。

【内河整治疏浚】 2016年，县住建局加强内河漂浮物杂草清理工作，安排专门人员进行全时段打捞，打捞漂浮物30余吨；对内河局部进行清淤，对每个排入内河的出水口标注了坐标；按养护标准对水生植物及时进行修剪。启动内河引水工程前期建设。

【城市绿道网建设】 2016年，常山县城市绿道网建设项目总投资约700万元，主要完成总长度约8千米的环南门溪和环滨江南路沿线的改造，实现与2014—2015年建成的绿道网连接，城区绿道功能进一步完善。10月，县政府主要领导在全省城镇绿道网建设工作会议上作典型发言（全省仅4个，衢州地区仅常山县1个）。

【城市公共绿地管理对外招标】 2016年，县住建局管理的城市公共绿地约有106万平方米。经县政府同意，年底，城市园林绿化养护管理分三个标段启动对外一次性程序方案招标，第一标段由杭州萧山园林集团有限公司中标，第二标段由江山艺景园林公司中标，第三标段由常山县园林绿化工程公司中标。

【数字城管和民情热线接处】 2016年，县住建局数字城管单位专门安排三名职工接件，两支维修队伍，办理数字城管事项，全年接事项4061项，办结3725项，办结率由70%多提升到91.73%。对难以处理的案件，及时与数字城管对接，说明理由，请求挂账处理或延后处置。完善社会服务承诺制，设立民情热线，接受市民电话咨询、投诉有关市政、园林管理、养护等方面的问题。全年接受县“12345便民服务热线”和网络舆情抄告单13起，处置满意率达100%。成立市政园林应急维修小分队，做到随叫、随到、随修和高效服务。晚间突击抢修道路“窨井盖”损坏事件15起。

【环境卫生管理】 2016年，常山县城区主干道可机械化清扫的道路面积已全部实施机械化清扫，机扫率100%，次干道机械化清扫率从54%提升至58.4%，总机械化清扫率从60%提升至61%。城区道路清扫保洁面积135万平方米，主次干道清扫保洁率达100%，清运处理城乡生活垃圾5.91万吨，其中城区生活垃圾2.36万吨、农村生活垃圾3.55万吨，城市生活垃圾无害化处理率100%，清运处理粪便1300吨。卫生有偿服务收费约130万元。加强环卫基础设施建设，完成城乡生活垃圾填埋场一期工程雨污分流项目建设、城区14座公厕改造及3座垃圾中转站内部环境提升工作，基本完成星月湾垃圾中转站建设工程。重视环卫设施设备的维护及更换，采购垃圾运输车1辆，四轮八桶车1辆，洗扫车1辆，移动公厕4个，垃圾桶2260只（环卫处500只、三个街道1760只），分类不锈钢果壳箱300只、内胆600只，总投资190多万元；城区主干道累计更换果壳箱110只，更换果壳箱内胆106只、垃圾桶盖40个，新增垃圾桶94只。完善市场化考核制度，建立“日检查、月考核、季评价、年汇总”考核管理机制，加大精细化监管力度。完成创“国卫”环境整治及应急保障任务，出动人员225人次，清理垃圾90余吨，冲洗外围道路面积10.4万平方米。联合温州利华保洁公司举办浙江省第二十个“环卫工人节”，为100多名环卫工人庆祝节日。

是年11月，在中国城市环境卫生协会举办的2016光大杯系列“最美公厕”评选中，常山县星级公厕获得“最美公厕管理奖”殊荣。

建筑业与房地产业

【概况】 2016年，全县有建筑施工企业48家，其中具有一级总承包2家、二级总承包7家、三级总承包27家、专业承包企业5家、劳务企业7家；园林绿化企业16家；中介机构4家。全县建筑从业人员约2.03万人，建筑企业有职称的专业技术人员约3100人，其中高级职称45人、中级职称520人。注册人员460人，其中一级建造师42人、二级建造师418人。全县施工企业签订合同额52.7073亿元，比2015年下降15%；完成建筑业总产值47.3474亿元，下降10%；省外产值17.5217亿元，下降23%。全县建筑业上缴税金1.6408亿元，下降14%。县住建局结合工程质量治理年行动，多次开展工程质量大检查活动，建立“两书一牌”工程项目信息档案，召开总监专题会议，开展质量通病专项整治活动，规范行业管理，加大建设工程质量检测管理力度，完善见证取样送检制度，加强建设工程日常监督、检查，强化工程建设强制性标准执行情况的监督检查。受理房屋质量投诉20起，比上年下降20%；其中，浙江省信访局转办件1起，衢州市“12345”政府服务热线转办件4起，县信访局转办件2起，主管局转办件2起，站投诉件11起，均在规定时间内办结，办结率达100%。全县新开工建筑工程58个，比上年下降26%，其中房建47个、市政11个；建筑面积51.36万平方米，上升5%；竣工项目48个，合格率100%，备案工程92个。试验室完成常规试验项目7248组次，其中混凝土抗压3432组、砂浆525组、钢材力学449组、钢筋称重449组、焊接762组、砖283组、水泥119组、稳定层无侧限50组、混凝土抗渗126组、钢管扣件12组、配合比57组，蒸压加气砌块30组，砂分析13组、石分析5组、岩石抗压8组，砼抗折10组。室外现场检测共完成176次，其中现场检测75次，实体检测34次，市政67次。新增试验项目完成93组次，其中门窗三性17组、电线32组、管材管件27组、防水卷材17组。对在建工程开展质量大检查活动：4月政府投资额100万元以上建设工程建筑市场行为专项大检查；5月桩基专项检查；6月全县住宅工程和公建项目大检查；勘察设计专项检查；年度幕墙工程专项大检查。共发现质量问题170起，发出整改通知单23份，全年没有发生重大工程质量事故。

县住建局委托浙江有色测绘院对常山县城区范围内危旧房屋进行每季度一次的沉降观测，每年一次的倾斜观测，并强化城南小区的沉降、倾斜观测频次。5月，县质监站技术人员组织各社区工作人员及楼长共60余人，进行老旧房屋结构安全巡查要点的培训。7月，县质监站配合浙江省建科院对全县城区范围内危险程度较大的60幢房屋，分批次、分频率进行裂缝观察、沉降观测、倾斜观测。通过检测公司反馈和观测报告审查，及时了解危旧房屋安全状况；同月，县住建局成功引进上海筑邦测控科技股份有限公司、杭州鲁尔物联科技有限公司，开展常山县危旧房屋安全监测预警系统试点工作，这是衢州市首个正式启动的试点工程。11 月，经省建设厅认可，县质监站联合浙江省建科院、上海筑邦测控科技有限公司全面启动动态监测预警系统。截至年底，共完成 10 幢房屋的设备安装。

是年，常山县供电局营销生产综合用房被评为衢州市建设工程衢江杯奖（优质工程）；常山育才小学建设工程 1 号、2 号楼，常辉大厦工程，常山县水库移民创业园工业精品基地工程 3 个项目被评为衢州市建筑安全文明施工标准化工地。

2016 年，县房地产管理处落实动态巡查监管责任制，建立健全长效机制，督促各房开企业在办理预售许可证时严格执行一次性公开全部准售房源及明码标价制度。完成每月的房产分析内参数据上报工作，将每月房地产信息制成简单的报表供领导参阅。至年底，全县房地产开发企业有 16 家：常山安厦房地产有限公司、浙江谷茂房地产有限公司、浙江贝林房地产有限公司、浙江恒润房地产有限公司、衢州天地房地产开发有限公司、浙江常山万通房地产有限公司、常山嘉禾置业有限公司、常山成坤房地产有限公司、常山县经纬置业有限责任公司、常山嘉建房地产开发有限公司、浙江常山精密房地产有限公司、常山坤达实业有限公司、衢州鸿鼎置业有限公司、衢州冠科置业有限公司、浙江巨泰房地产开发有限公司、常山龙腾石博园管理有限公司。完成 8 家房开企业房地产资质延续受理申报工作。全县房地产开发完成投资额 168514 万元，比上年增长 82.9%；商品房新开工面积 38.74 万平方米；办理商品房预售合同备案 3407 件，销售面积 31.17 万平方米，上升 88.20%；销售均价有所下降，商品房交易均价 6548 元/平方米，下降 14.32%。其中，住宅销售 2077 套，销售面积 25.82 万平方米，增加 112.15%；住宅均价 6517 元/平方米，下降 9.16%；商业销售 412 套数，销售面积 21605 平方米，下降 24.07%；商业均价 12521 元/平方米，上升 0.21%。

全县办理房产登记 14656 件，建筑面积 328.45 万平方米。其中，初始登记 3041 件，建筑面积 68.73 万平方米；转移登记 2678 件，建筑面积 30.78 万平方米；变更登记 102 件，建筑面积 27.31 万平方米；他项权利登记 5252 件，建筑面积 168.96 万平方米；办理预告登记（含商品房抵押预告登记）3511 件，建筑面积 32.13 万平方米。

规范直管公房管理。对直管公房检查 17 人次，维修公房 251 户，对存在重大安全隐患的 6 幢共 17 户公房进行整改加固。办理租赁许可 100 件/宗，对 507 户住房保障申请户资料审核、汇总，其中通过审核 455 户。对全县 956 户公共租赁房及 109 户非住宅营业房进行日常的安全管理、修缮管理、租赁管理。

完成住房保障“十三五”规划编制。全县保障性安居工程新开工 142 套，开工率 110.3%；基本建成 121 套，建成率 218.5%；竣工 384 套，竣工率 120.2%；交付入住 562 套，入住率 274%。全年累计发放租赁补贴 135.75 万元(671 户)。开工建设第八期保障性用房工程，完成总工程量 70%；完成第七期保障房配套用房工程主体竣工验收；完成第七期保障房小配套施工。开工赵家坪公租房二期装修并完成竣工验收。借助电视媒介平台开展公租房实物配租摇号实况录播，促进住房保障阳光工程建设；启动年度公租房申请受理及实物配租工作，发挥保障房的使用效益。

【城区 300 多万平方米面积的物业管理】 2016 年，全县从事物业管理的企业有 18 家（衢州可安物业管理有限公司、江山市贝林物业管理有限公司、常山县物业管理有限公司、常山县贝林物业管理有限公司、常山县三衢物业管理有限公司、浙江博美物业服务有限公司、常山县茵春物业管理有限公司、浙江亲邻物业管理有限公司、衢州长友物业管理有限公司、常山县电力实业有限公司、常山县睿泰物业管理有限公司、温州绿博物业服务有限公司、衢州市光标物业管理有限公司、金华铭德物业管理有限公司、云南会融物业管理有限公司、浙江天茂物业管理有限公司、常山县鸿福物业管理有限公司、衢州市中原物业管理有限公司）。其中，本地企业10家，外地企业8家；一级资质企业3家，二级资质企业1家，三级资质企业13家，暂定级资质企业1家。全县从事物业管理服务的单位除18家物业管理企业外，另有8个社区承担约120万平方米的老旧住宅小区卫生保洁。18家物业管理企业管理的面积184万平方米，其中20万平方米以上住宅小区1个、10万平方米以上住宅小区2个，其余均为1万平方米以上、10万平方米以下的住宅小区。敞开式住宅小区物业服务费6元~12元/月/户，封闭式住宅小区物业服务费0.4元~1.2元/平方米/月。全县物业管理服务收入782万元，平均收费率为65%，43%左右的物业管理企业经营亏损，从业人员362人。归集物业专项维修资金609.88万元，拨付使用物业专项维修资金39.4万元，归集物业保修金10万元。

城乡供水

【概况】 2016年，全县完成制水总量1394.36万吨，出厂水水质综合合格率达100%；售水总量1137.62万吨；管网漏水率9.8%，产销差256.74万吨；水费回收率99%。完成工业销售产值1740万元，安装产值1343万元，利润总额43万元，代收污水处理费662万元。完成污水处理量1248万吨，COD削减量3278.2吨，氨氮削减量196.2吨；出水综合合格率达100%，污水处理负荷率为85.3%，城市污水处理率为91.36%；处置污泥4030吨，处置率达100%。完成一户一表改装及新装1158户。

县水务公司以智慧水务为核心，加强管网巡查探漏、违章用水查处，降低漏水率。同时，加大管网应急抢修力度，安排管网巡查706次，完成各类修理1003次，为用水户上门服务修理432次，查处违章用水7次，报修抢修及时率达100%。安排人员及时处理市民用水热点难点问题，完成市“12345”政府服务热线、省政府互动平台信件办理12件，提案议案办理2件，答复及时率100%，群众满意率达99%。

1月，常山出现雨雪冰冻灾害天气，县水务公司成立应急预对领导小组，综合调配人员保供水。在连续8昼夜的奋战中，先后出动抢修车辆300多台次，参战人员一千多人次，加班加点抢修4500多工时，没有发生一次区域大面积停水。

加强G20峰会和节假日期间的安全生产工作。县水务公司配合主管局对水管堵头进行排查，在全县实名登记经营户143家，巡查301家。县水务公司被市公安局评为衢州市治安安全先进单位。

围绕“水润万家，清泉惠民”主题，通过微信、常山柚团、电视、电台报纸进行企业文化的宣传。县水务公司在城市节水周期间，编辑发布的《亲，世界那么大，先到常山来看水吧》宣传专辑，单篇点击率超过2800人次；全年发表各类信息报道95篇，其中《水务公司试点互联网+》在《衢州日报》头版刊登。

【第二水厂（应急备用）及配套管网一期建设工程】 该项目总投资约1.5亿元，总规模为8万吨/日，分二期实施，一期供水规模为4万吨/日。厂址位于衢州产业集聚区常山片区（何家乡），项目建设内容主要包括取水口、净水厂、加压泵站以及配套管网等。至2016年年底，该项目完成水文地质勘探、水资源论证、县给排水专项规划调整、项目受理等工作。

【后坊水厂附属生产管理用房建设工程】 该项目主要是解决县水务公司生产和管理用房不足的问题。工程总投资约2500万元，建设地点位于后坊水厂东侧补缺地块，项目总用地面积1998平方米，建设主楼5层、副楼4层。该项目已完成国有土地出让规划设计条件（常规条字〔2016〕003A号）、后坊水厂二期土地规划调整以及规划建筑方案的设计及项目受理等工作。

【智慧水务建设】 2016年，常山县智慧水务平台已建成远传水表在线监控、管网压力监测、GIS地下管网信息系统，并通过微信平台实现网上缴费。经前期调研，采用远传水表替换原IC卡水表，并在阳光明都、白龙小区进行试点改造。制定《2016—2020年老小区水表改造实施方案》，并逐步改造到位。

【供水管网新建和改造】 2016年，同弓乡、青石招贤、大桥东案片农村饮用水工程、新都辉埠园区、赏石小镇、新都园区枫松路管道改造及沙洲片老旧小区改造等一批供水工程相继完成；全年承接DN110以上供水工程46个，新增DN110以上管网20.26千米。

【“护水小卫士”评选】 2016年，县水务公司在“世界水日”（3月22日）、“中国水周”（3月22—28日）期间，与县住建局、县水利局、县教育局、县文联部门开展“护水小卫士”评选活动。活动中，小选手们围绕“城市用水人人有责”这一主题，以诗歌、绘画、书法等形式，展现青少年积极护水的责任意识。通过“常山水务”公众号进行评选，最终评出20名“护水小卫士”。

造价管理

【概况】 2016年，全县有招标代理机构9家，即衢州联腾工程咨询有限公司、常山县泽盛工程造价咨询有限公司、浙江中正工程项目管理有限公司常山分公司、衢州公信建设工程管理服务有限公司常山分公司、造价禾城工程管理有限公司常山分公司、杭州市建设工程管理有限公司常山分公司、浙江九越工程监理咨询有限公司、衢州港盛投资咨询有限公司常山分公司、衢州市宇正建设投资咨询有限公司常山分公司。其中，县内企业2家、县外企业7家；甲级资质企业2家、乙级资质企业6家、暂定级资质企业1家。县造价所受理备案349件。其中，招标控制价备案213件、比上年减少21件，招标控制价6.09亿元、减少3.42亿元；受理施工合同备案71件、减少35件，施工合同造价约11.212亿元、减少1.163亿元；受理监理合同备案65件、减少15件，监理费用约1547万元、增加361万元。县造价所从厂家、供应商、施工方等多源头采集信息，全年整理和上报建筑材料市场价格信息12期。帮助、指导建筑业企业做好“营改增”工作，及时组织招标代理企业、建筑业企业、建设单位参加相关单位组织的业务培训，为建筑企业围绕“营改增”编制招标控制价和投标报价提供政策政策服务。

配合推进常山一中迁建项目（省重点建设项目）。县造价所将招标控制价网上备案办理时间由3个工作日压缩到当天完成，书面备案、公示备案等做好即到即办；派专门工作人员到现场负责开标评标相关监管工作，及时协助处理开标评标过程中出现的问题；在“营改增”过渡期间，规范招标控制价编制和招标文件内容，补充合同条款，大力协助业主和招标代理机构完成常山一中土石方、土建、风景园林和市政、弱电等26个工程的招投标工作。

【施工合同履约检查】 2016年，县造价所参与施工合同履约检查评价和设计变更协调工作，规范各方行为。5月，开展常山县自2015年以来参与政府投资工程建设项目招标代理行为监督检查工作，共自查315个项目，随机抽查14个项目，涉及所有招标代理机构，有效防止招标代理过程中违法违规行为的发生。

安全监督

【概况】 2016年，全县组织各种安全大检查15次，工程累积检查次数260余次，其中重大危险源挂牌项目8个50余次，巡查记录200多份，下发《建设工程安全隐患限期整改通知书》130份，暂停或局部停工的10份，提出整改意见580条，消除安全隐患650余处。新开工项目51个，其中，房建项目29个、建筑面积45.2万平方米，市政装修项目22个。对危险性较大的分部、分项工程全面进行动态监管（方案的编制、专家的论证以及在工程建设过程的监控）。据统计，危险性较大的分部、分项工程有10个，其中高支模项目7个，深基坑项目3个。共备案起重机械308台，其中，塔吊9台、物料提升机51台、人货两用梯10台、施工吊篮238台；在使用的80台（塔吊18台、物料提升机34台、人货两用梯6台、施工吊篮228台）。

【推广标准化工地建设】 2016年，县住建局对常山育才小学、中商广场项目、县公安局综合技术用房、东方广场C－1地块工程进行标准化验收。围绕创建国家卫生县城行动方案，对城区项目开展全面摸底排查，共检查12个项目，签发整改通知书10份，停工通知书1份。

（严　盛）

住房公积金管理

【概况】 2016年，衢州公积金管理中心常山分中心（以下简称“县公积金分中心”）归集住房公积金3.18亿元，比2015年增长42.6%，职工住房公积金余额6.46亿元；办理职工个人住房贷款568户，发放贷款2.41亿元，增长28.2%，支持购房面积51120平方米。年末职工个人住房贷款余额7.3亿元，增长28.2%；住房公积金增值收益2713万元，增长243.5%。新增36个单位1929名职工建立住房公积金制度。审核办理188个单位2959名职工的住房补贴，提取住房补贴492万元。审核确认121套房改房上市交易。

开展惠民政策宣传，做大住房公积金总量。县公积金分中心在常山电视台、街心广场LED大屏幕上开展以“职工的权利、单位的职责、安居的保障”为主题的住房公积金惠民政策宣传；在《今日常山》报上刊登《住房公积金管理情况公告》等宣传资料；在实施新政及业务发展的节点上开展宣传。还利用宣传窗以及公积金网站宣传；向有关企业单位寄送宣传画册、宣传资料，督促企业单位办理缴存手续；组织工作人员到2016年常山县房交会现场接受咨询，发放宣传资料，扩大住房公积金制度影响力。开设综合户，新增城镇个体工商户及自由职业人员（以下简称“个职人员”）缴存，全年有193名个职人员正常缴存公积金。新增非公有制企业及单位编外人员953人缴存公积金。至年末，全县缴存单位675家，正常缴存职工13859人；累计归集住房公积金20.08亿元，归集余额6.46亿元。

是年，县公积金分中心被衢州公积金管理中心评为2016年度信息报送和新闻报道工作先进集体一等奖，获2016年全县信访工作目标管理考核优秀部门奖。

1月10日，全市公积金数据库标准化数据现场会暨中心主任会议在常山召开　　（黄海彤　摄）

【公积金缴存范围扩至个职人员】 2016年，县公积金分中心扩大住房公积金覆盖面，实行个职人员缴存公积金。县公积金分中心开设综合户，方便个职人员缴存公积金。个职人员正常缴存公积金6个月以上，购房时就可以申请办理公积金贷款。此举调动个职人员缴存公积金积极性，至年底，共有193名个职人员正常缴存公积金。

【异地公积金贷款扩大至全国】 2016年，县公积金分中心对县外就业的职工办理异地公积金贷款的范围，从省内扩大到全国。在常山购买商品房，持就业地公积金管理部门出具的公积金缴存证明，即可申请办理异地住房公积金贷款。至年底，全县共办理异地公积金贷款76笔，贷款金额2690万元。一大批在外地工作的常山人，选择回乡置业，在县城安家落户。

【在全市率先推出住房公积金转商业贴息贷款】 2016年，常山东方广场住宅楼开盘后，职工购房集中，近一半的购房职工需要公积金贷款，需新增贷款资金约1.5亿元。而银行授信已超过额度，难以再增加融资；同时，银行借款只有一年期限，县公积金分中心将面临到期还款的巨大风险。在这种情况下，经县政府批准，6月在全市率先推出住房公积金转商业贴息贷款。至年底，共办理“公转商”贴息贷款296笔1.17亿元。

6月2日，建行衢州分行和常山县住房资金管理中心公“公转商”签约仪式在建行常山支行举行

（施唐荣　摄）

【新一代住房公积金业务系统上线运行】 2016年，县公积金分中心抓好新一代住房公积金业务系统的前期工作，制订工作方案，开展政策宣传，购置电脑、查询机、排队机等设备，抓好操作实施。8月，新系统正式运行，实现了住房公积金提取、贷款业务的系统升级和模式调整，为广大缴存职工带来了更多便利。查询个人公积金缴存及贷款信息可凭身份证在县公积金分中心办事大厅触摸屏查询机上直接查询及打印。职工不需要再提供经单位盖章的“住房公积金支取申请书”，可直接现场申办；提取时只需提供银行卡就能实现资金实时到账。同步做好数据库建设，及时补充历史数据。

（黄海彤）

城市综合管理

【概况】 2016年，常山县综合行政执法局

（以下简称“县综合执法局”）开展创建国家卫生县城工作、严格管控城市弃土外运、助力小城镇环境综合整治工作、加强城区公共自行车监督管理、推进“三改一拆”违法建设工作、做好钙产业整治工作、加快综合行政改革步伐。全年共立案查处各类违法案件146件，一般程序131件，实现“零错案”，无一起行政复议案件、诉讼败诉案件，未发生暴力抗法事件。受理各类投诉412起。面向社会公开招考公务员10人。

创建“国家卫生县城”工作开展以来，县综合执法局迅速反应，全局动员，细致谋划，精心实施，按照十二大专项整治总体要求，围绕“抓住重点，突破难点，打造亮点，全面推进，争先创优”的工作原则，坚持“软件要实，硬件要硬，亮点要亮”，倒排计划，递增力度，对城区占道经营、牛皮癣广告、户外广告、乱搭建、乱堆放等影响城市环境的“脏乱差”现象实施有效整治。年内先后开展占道经营专项整治、户外广告专项整治、牛皮癣广告专项整治、空调室外机专项整治、人行道违停专项整治、家禽家畜专项整治等，出动执法人员5000余人次，促使城区整体环境卫生发生质的变化，极大提升城区形象，助力创建国家卫生县城工作顺利通过省级考核，并切实巩固取得成果。根据“先摸底，再整治”的方式，排查出城区共有18处废旧报刊亭。拆除后，统一设计一批全新的报刊亭，集中安装。坚持“疏堵结合”的原则，在东河南街入口处设置2间棚亭，在人民医院西侧门口设置1处精品水果亭，在城区各主要节点设置夜市临时疏导点，规范红旗街大埠头弄堂临时摊点，疏导安置烧烤摊等管理难点。通过建设规范的疏导点，优化城市管理基础，不仅缓解城区流动摊贩占道经营问题，同时方便往来群众生活。

【小城镇环境综合整治】 2016年，县综合执法局作为“道乱占”专项治理组牵头单位，研究制定常山县小城镇环境综合整治“道乱占”治理专项行动方案及“百日攻坚”行动方案，安排骨干力量深入全县11个乡镇，调查摸底“七乱”（即道乱占、车乱停、摊乱摆、房乱建、线乱拉、牌乱挂、垃圾乱倒）现象。经过连续3天的集中排查，共排查出集镇建成区“道乱占”整改点135处，同时派出8人工作小组配合招贤集镇道乱占专项整治行动，维护集镇市容市貌。以服务民生为出发点，不断创新方式方法，实现集镇管理“标准化、精细化、法治化”的工作目标。

【公共自行车监督管理】 2016年，县综合执法局按照“低碳便民、智能管理”的原则，将全县34个公共自行车的点位680辆公共自行车全部列入数字城管管护对象。利用数字城管平台，统一监管，针对车辆破损、配件缺失、座椅滑动等问题迅速解决。同时，全面完善设置自行车点位的广告，提升城市形象。公共自行车全年租用量400248人次，最高日租用量达到1206人次。

【车站临时摊点改造】 2016年，县综合执法局对县汽车站周边的临时摊点进行提升改造，从源头上治理汽车站周边市容市貌脏、乱、差问题。在汽车站周边设置多个疏导点，以早餐车的形式进行经营，统一大小样式，在餐车内张贴文明城市宣传标语，同时设置防尘板、垃圾夹等卫生设备。通过公开竞标方式确定经营业主，装置完毕的7台餐车，全面投入使用。既提升车站附近市容市貌，又方便往来群众购买食品。

【城区餐厨垃圾（泔水）收集与处置】 随着常山县生猪整规后，餐厨垃圾（泔水）处理成为重大难题，不仅影响“五水共治”工作，而且对市容市貌造成严重污染。结合常山实际，在创“国卫”期间，将餐厨垃圾（泔水）的收运和处理外包给浙江利东道路保洁有限公司，由外包公司建立餐厨垃圾（泔水）收运和处理系统。2016年8月28日正式开始运行，成为衢州市首个集中收集餐厨垃圾的县（市）。截至2016年12月，已与城区446家餐饮企业签订收运协议并发放餐厨垃圾专用桶，每天收运餐厨垃圾（泔水）两次，密闭运输，做到日产日清。截至2016年12月31日，共清运餐厨垃圾（泔水）约2815吨。

【城区犬类管理】 2016年，县综合执法局拟定《常山县限制养犬暂行规定》并提交县政府第49次常务会议审议通过，同时制定《常山县犬类管理重点限养区犬只登记挂牌须知》、《关于加强城区犬类管理工作的通告》《普通犬只登记服务流程》等宣传资料，利用电视、报刊、微信进行广泛宣传。之后，在城区范围内全面启动养犬登记工作，开展养犬登记挂牌“服务进社区”活动，免费为市民办理养犬证。执法人员每天在城区开展巡逻，对无主犬、违规犬进行收容处置，成为衢州县（市）区首个开展犬类管理工作县。自2016年9月18日犬类管理工作正式开展以来，截至2016年12月31号，共登记犬只668只，收容犬只180只，其中有主认领71只，爱心领养13只，无害化处理42只，收容饲养54只，敦促违规养犬市民填写规范养犬承诺书528份。

（周歆怡）

城东新区（城投公司）

【概况】 2016年，县城东新区管委会（城投公司）实施投资类建设项目18个，年度计划总投资3.52亿元。其中，重点续建项目9个，计划投资2.33亿元；重点新建项目3个，计划投资0.88亿元；非重点续建项目3个，计划投资0.09亿元；重点新建项目3个，计划投资0.22亿元。截至年底，完成工程总投资约3.65亿元，融资到位2.32亿元。安排重大前期项目6个（含产业类招商项目2个）。全年征收、流转土地1478亩。城中村改造项目石崆寺二期全面完成；东淤片一期签订征收协议80户。外港大道朱富线以北段完成一条村道建设，大部分路基填筑。滨江一期区块内征收工作基本完成，东区块土石方一期、二期均已竣工验收，三期进场施工；西区块土石方基本完成，修整扫尾；夺煤路东段基本完成，西段完成外港—朱富线200米的路基；经三、经四路完成竣工验收。赵家坪A12地块农房改造安置区工程一期530套房屋，已完成507户安置房交付；二期470套房屋，已完成281户安置房交付；三期330套房屋，已全部移交县住建局进行装修，作为公租房使用。紫港中学北侧两幢安置房（共68套，停车位65个）工程已结顶。12月，滨江公园改名为心舟公园，公园一期及滨江路均进入收尾阶段，经初步验收后整改修整。

【常山县国际慢城建设工程】 常山县国际慢城位于县城东部，紧靠城市中心区，规划范围33平方千米，基地内含有丰富的山体林地和水系资源，山体以低丘缓坡为主，其中国有林场所属林地约8000亩。水系资源丰富，植被丰富，生态良好基地最南侧为常山江，岸线达7千米；基地北端为狮子口水库，库容1500万立方米。此外，规划范围内还有八里塘水库、山坞水库、仓坞水库、麦坞水库、大塘弄水库和虹桥溪。慢城整体概念规划及绿核区块修建性详细规划，由国际知名设计单位——北京土人城市规划设计有限公司设计，余孔坚博士主创设计。该规划于2016年6月3日通过评审。根据规划，常山国际慢城将结合自身区位优势，有机融合山水林田，保护乡土文化，挖掘传统民俗生活方式，构建“城乡共融的慢城/与城市零距离；多方共赢的慢城/富民强县兴商；错位共享的慢城/山水城田园村；区域共享的慢城/游名山慢常山”。至2016年年底，已完成涉及项目的土地收储、土地及林地审批；完成自行车赛道建设、沿路草花种植；富足山风景路、中央公园次入口、公安公园主入口等子项目进场施工。

【常山县火车站站前广场建设工程】 该工程位于城东新区狮子口片区，东、西至规划路，南邻规划站前大道，北抵在建的九景衢铁路(火车站站房)。工程规划用地13.95平方千米，其中居住用地2.60平方千米，公共设施用地1.80平方千米，道路与交通设施用地1.64平方千米，绿地与广场用地2.67平方千米，水域和其他用地4.05平方千米。主要建设内容包括站前北广场、停车场、匝道、商业建筑、绿化景观及其相关配套设施。该工程于2016年12月进场施工，自来水供水管道完成总工程量60%，部分基础施工完成。

【6个重大前期项目稳步推进】 2016年，府前路建设工程、朱富线城市化道路改造建设工程列为PPP项目，组织对施工图进行优化。滨江公园东段延伸、滨江东路建设工程两个项目完成施工图设计。常山县文博园一期建设工程已完成土地出让。浙西电商项目进行土地招拍挂。

（黄婷婷）

国土资源·环境保护

国 土 资 源

【概况】 2016年，全县耕地实有面积29.2912万亩，永久基本农田实有面积23.9005万亩，标准农田实有面积14.6200万亩。县国土资源局（以下简称“县国土局”）科学制定2016年度供地计划，完成供地42宗、面积1276亩，其中，工业用地完成供地12宗、面积725亩；经营性用地完成供地12宗、面积72.8亩；划拨供地完成17宗、面积476.86亩。2012－2016年，全县总供地率92.95%，居全省第一位。严格落实“净地”出让制度，杜绝向淘汰类项目供地，严控限制类项目供地；同时，严格执行土地控制指标，使土地利用率得到提高。完善城镇低效用地再开发政策，加快推进存量建设用地盘活和拆后土地利用，全县完成城镇低效用地再开发236.49亩，完成市国土资源局下达任务数的168.9%；累计盘活存量建设用地1447亩，完成市国土资源局下达任务数362%。全面完成永久基本农田及示范区划定工作；建立耕地保护共同责任机制，市县乡逐级签订耕地保护目标管理责任书，并将耕地保护责任纳入年度工作目标；建立耕地保护补偿机制。白石镇不老泉旅游休闲养老养生基地项目和同弓乡中和村坡地村镇项目被列为2016年全省“坡地村镇”建设用地实施项目，球川镇西村村和金川街道十五里村被列入全省“旱改水”耕地质量提升示范项目。承办全省矿山生态治理和保护现场会，常山矿山治理的先进经验被印发至全省交流学习。县国土局荣获2016年度浙江省土地利用规划一等奖、省优秀测绘与地理信息工程金奖；在全市2016年度国土工作目标考核中，常山县国土局荣获一等奖。

【落实耕地保护责任制度】 2016年，常山县永久基本农田及示范区划定工作全面完成，划定永久基本农田23.9万亩。县国土局完成垦造耕地项目56个，总面积3914亩，新增耕地3522亩。完成农整项目立项8个，总规模737亩；新立项垦造水田及旱改水项目19个，规划新增水田面积704亩，旱改水面积110亩。建设占用耕地耕作层剥离再利用90亩，完成全年目标任务。完成2015年度土地卫片执法检查工作，年度违法占用耕地比例降为1.52%，处置到期临时用地9宗、违法用地29宗，违法案件查处率达100%。

【矿政管理统筹兼顾】 2016年，县国土局创新矿山开发理念，坚持“在保护中开发，在开发中保护”的总要求。常山废弃矿山治理经验得到时任副省长黄旭明的高度肯定，并在全省推广。2013—2016年，结合开展“四边三化”“五水共治”行动，县国土局对全县500余个废弃矿井及20余个废弃矿山进行治理，对“四边”内10余个在册矿山进行生态修复。2016年，县国土资源局联合县“四边三化”领导小组办公室向各乡镇（街道）及国土所（分局）

下达全县废弃矿山（矿井）生态环境治理任务，其中废弃矿井治理任务数110个，深化“四边三化”废弃矿山生态治理提升项目3个，“两路两侧”废弃矿山生态治理项目19个。严格实施矿产资源规划和采矿权总量控制制度，优化矿山布局。注销采矿权3家，矿山数从49家减少到41家。规范规费收缴，征收采矿权出让金1125.62万元，滞纳金169.26万元，资源补偿费40.32万元，合计1335.20万元。推进绿色矿山建设，全县75%矿山实现矿山粉尘达标运行，县中兴矿业有限公司辉埠镇灰山石灰岩矿成功创建省级绿色矿山。严厉打击非法盗采，2016年组织矿产巡查105次，查扣违法盗采设备（挖机、铲车）6台，查处和制止何家乡哈威农业、大桥头乡莲塘村、白石镇苏家科村、东案乡高峰村、辉埠镇东乡村、何家乡江源村等的多起涉嫌盗采矿产行为。

【违法建筑整治】 2016年，县国土局强势开展沿线沿路沿江等重点区域和重点类型农民建房集中整治，完成2015年度土地卫片执法检查工作，年度违法占用耕地比例降为1.52%。完成拆除、整改违建农房293幢，退出违建土地49049.79平方米，其中未批在建9户941平方米，未批已建成56户5884.83平方米，已批在建1户18平方米，其他227户42205.96平方米。探索建立以人口集聚为导向的农民建房管理体系，引导农民建房集中块状布局，形成一批示范村、示范项目，探索符合常山县实际的农民建房管理办法。

【连片开发用地】 2016年，县国土局围绕国际慢城及美丽乡村建设精准发力，注重从零星分散开发向集中集聚开发转变，坚持在县域总体规划、土地利用总体规划、新农村建设规划、三衢湖旅游度假区规划等规划的管控下，挖掘最佳资源，连片谋划三衢湖片区、同弓家庭农场休闲观光片区、招贤健康养生小镇片区、球川四省边际生态文化旅游片区“四片万亩”造田造景工程。四个区片的垦造耕地后备资源达7671亩、旱改水资源5988亩、高标准基本农田建设后备资源6695亩，农村土地综合整治2000亩，计划总投资12.96亿元。

【土地确权登记颁证】 2016年，县国土局办理土地登记发证4128宗。其中，国有土地使用权初始登记65宗，变更登记3058宗；集体土地使用权初始登记809宗，变更登记196宗。8月22日正式实施不动产统一登记，至年底共发放不动产登记证明2880本，不动产登记证书1526本，办理注销业务1152本，查封147份，解封147份，出具查档证明5163份。

【地质灾害防治】 2016年，县国土局全面完成《“十三五”地质灾害防治与地质环境保护规划》编制。开展地质灾害隐患大排查，核查地质灾害隐患点52处、不稳定斜坡29处，及时落实防范措施；完成新昌乡对坞村50户149人地质灾害避让搬迁任务；青石镇周家坞地质灾害避让搬迁安置点被列入首批省级搬迁示范安置区拟建名单。

【土地矛盾纠纷排查化解】 2016年，县国土局严格落实领导信访接待日制度、风险评估制度、信息反馈信访答复制度等，开展土地权属矛盾纠纷大调解，维护群众权益和社会稳定。全年受理群众信访90件，办结89件，办结率达99%。

（严婷蕾）

·矿产资源整治·

【概况】 2016年，矿山管理办公室（以下简称“县矿管办”）以整合矿山、淘汰石灰立窑、改善交通运输环境、加快产业转型升级、提升企业发展环境等为主要内容开展“蓝天三衢”生态治理工程，参与钙产业综合整治转型提升工作，推进矿产资源整治提升工作。协同国土、环保、安监等部门和辉埠镇开展联合巡查16次，突击检查3次，拆除关停石灰企业附属破碎生产线5条，督促祥和矿业石灰石破碎线整治，防止关停生产线恢复生产，巩固石灰石破碎整治阶段性成果。推进大柴坞矿山重组前的相关工作；协同相关单位完成南方水泥第二期、中兴矿业第二期出让工作，有序推进矿石生产供应，保障下游企业有序供矿。完成废弃矿山复绿400余亩，新增耕地面积300亩。开展赵公岩、草坪坑、路里坑等废弃矿山生态修复工程，路里坑生态治理工程已完工，赵公岩项目已完成70%。

【规范矿山矿石加工】 2016年，县矿管办协调常山县泰安矿产经营有限公司、辉埠镇实施优矿优用、定向定量政策，规范矿石供应秩序。从常山南方水泥有限公司有序调出50万吨优质矿石、从常山县中兴矿业有限公司有序调出20万吨优质矿石，用于下游企业生产，满足市场需求。加强源头治理，定期巡查石灰石矿山，督促各矿山建立监控、矿石称重、污染治理设施，并投入运行，规范石灰石开采加工秩序。

【打击非法经营石灰石矿产行为】 2016年，县矿管办协同县国土资源局、县公安局、县环保局、县安监局、县交通运输局、县农业局开展联合巡查、突击检查执法行动，严厉打击矿区私挖滥采、非法经营行为；结合交通整治严查石灰石矿违法外运行为，出动60余人次，有效遏制石灰石矿区盗采行为。

【牵头实施常辉线道路运输综合整治行动】 2016年，县矿管办协调交通、交警、辉部镇等单位实行科技管理，推进建立常辉线道路运输长效监管机制，合力助推轻钙整治提升工作。全年出动810余人次，处罚310余辆次，罚款17余万元。经过整治，常山县泰安矿产经营有限公司、常山南方水泥有限公司、常山江山虎水泥有限公司、常山县中兴矿业有限公司等涉矿运输企业运输源头管控水平得到明显提升，道路涉矿产品运输车辆超载超限和“跑冒滴漏”现象大大减少，常辉线路面通行及沿线交通环境状况明显改善。

【助推钙产业综合整治转型提升】 2016年，县矿管办完成钢窑、石灰钙线淘汰工作。根据全县钙产业整治方案，县矿管办经过详细调查，制定石灰钙线一厂一方案，落实责任，集中单位全力完成4家企业、5条石灰钙线、1座钢窑的关停淘汰任务。同时，积极处理钙产业整治中产生的信访，化解矛盾纠纷，引导群众理性表达诉求，做好立窑整治过程中上访对象心理疏导工作。全年接待上访对象12批次、30人次，协同辉埠镇处理钙产业整治相关信访纠纷。监督各轻钙企业建立规范车辆清洗点，16家轻钙企业车辆清洗点整改工作基本落实到位，相关的设施及长效管理制度已建立。组织骨干人员，参与专家会诊、监督巡查、联合验收，督促轻钙企业完成环境整治验收工作，全年完成16家轻钙企业的整治验收，其中包干企业常山县骏飞碳酸钙有限公司保质保量地完成整治工作。

（陈国俊）

环境保护

【概况】 2016年，县环保局深入推进公安环保联动执法工作，严格执行环境违法案件的移交、移送、移办制度，共移交公安环境违法案件3起。同时，拓展与法院、检察院、供电等部门的协作，对4起不按期缴纳罚款的企业依法申请法院强制执行，对5家违法排污企业实行断电处理，执法刚性得到进一步保障。创新化工园区执法监管模式，引导化工园区内企业履行主体责任，创新“双查”制度，化工园区内4家企业环保联保自查巡查，实现高效监管。全面开展龙绕溪水环境整治，加快建设龙绕溪全流域云平台建设，在重点支流、农村生活污水治理设施、规模畜禽养殖场等建设在线监测监控设施，并全部纳入云平台，通过大数据分析，为龙绕溪整治提供数据支撑。蓝天三衢生态治理工程列入2016年淘汰任务的43家、59条石灰钙生产线全部关停到位；配合青石镇对该镇8家石材加工企业进行全面整治，倒逼石材加工行业转型升级，整治中关闭石材加工企业6家，搬迁入园企业2家。通过乡镇、部门联动等综合措施，全县14家塑料粒子加工点全部关停到位，彻底消除了塑料粒子加工行业污染隐患。组织各乡镇、街道和相关部门专门召开环境监管网格化工作推进会，明确各网格责任单位的职责，确保网格化监管制度真正落地并发挥实效。常山的环境监管网格化工作得到省环保厅领导的批示肯定。

县环保局指导县二都桥中心小学、县辉埠镇中心小学、县龙绕中心小学成功创建省级绿色学校。组织参与全市环保先锋人物评选工作，常山有2名环保人士入选“最美衢州人·第三届衢州十大环保先锋人物”。全年接收环境信访投诉333起，处理率100%，办结率100%。辖区内无因环境污染而造成群体性上访事件的发生。

2016年，常山港流域地表水质100%符合水功能区要求，饮用水源地水质100%符合要求，出境水100%达到Ⅱ类水标准，比考核目标要求的Ⅲ类高出一个等级，常山县在全省考核中获得优秀。常山县城区环境空气有效监测天数为362天，优良天数为327天，空气优良率为90.3%，比2015年增加2.8%，远高于浙江省“十三五”环境保护规划提出的到2020年空气优良率85%的目标；PM2.5平均浓度为36微克/立方米，比2015年（45微克每立方米）下降20%，下降幅度位居全市第一，远高于市对县考核PM2.5下降率（7.15%）的要求，在全省58个县级城市中的排名比2014年前移了10位。

【G20峰会环境保障和城区餐饮综合整治】 2016年，县环保局制定《常山县G20峰会环境质量保障方案》，分解落实各项保障措施，明确相关部门职责。配合省环科院、浙江大学等技术支撑单位完成常山G20峰会工业源排放管控清单的调查统计，梳理完成G20峰会期间常山停限产企业清单，停限产企业共91家，其中停产21家、限产70家，做到管控范围精准到位。结合G20峰会及“国家卫生县城”创建的有关要求，牵头对城区范围内餐饮经营单位和机关、企事业单位的420多家食堂开展集中整治，有效减少了城区油烟污染。

【生猪整规】 2016年，县环保局集中力量开展生猪养殖整治专项行动，重点抓住全县25家规模以上生猪养殖场，采取分类处置，督促包括存栏量1.2万头的龙翔养殖等3家养殖场实施关停退养，对已办理环评审批但未通过“三同时”（即同时设计，同时施工、同时投入生产和使用）验收的6家养殖场实施处罚。

5月21日，副市长朱建华（右二）到常山检查生猪整规工作 （黄红霞 摄）

【大气污染防治】 2016年，全县黄标车淘汰任务数为3辆，实际淘汰黄标车25辆，受理黄标车淘汰补贴申请车辆500辆，发放政府补贴420万元。县环保局完成14家企业VOC治理、3家再生铝企业和9家砖瓦行业废气提标改造等工作任务。

【智慧环保】 2016年，县环保局建成芳村溪水质自动监测站和球川镇空气自动站；同时，督促凯康金属等10家危废重点企业安装在线监控设施，科润化学、长盛化工和恒寿堂3家重点排污企业安装在线监测设施。

【委托第三方对企业污染状况进行核查评估】 2016年，县环保局委托省环科院专家对化工园区企业从污染设施是否配套有效、排污管道是否规范等方面开展全面核查，查找每家企业存在的问题，有针对性地提出整改方案，全面调查分析常山化工和时庆化工地块的土壤污染状况。委托第三方专业机构对县开发区园区总体进行评估，结合园区规划环评编制工作，为此后园区项目落地打好基础。委托第三方专业技术公司对全县92家重点排放企业四项主要污染物指标进行总量核定，明确各重点企业的总量底数，并以此为基础，办理企业排污许可证67份。

【百日环保执法行动】 2016年，县环保局以“百日环保执法行动”为主线，开展“亮剑”执法行动、“督查+执法”行动、环境安全隐患排查整治等环保专项行动，加大对环境违法行为的查处力度。全年立案查处86起，处罚金额155万元，比上年案件数增加49起，行政处罚金额增加59万元，案件数和罚款金额位居全市前列。

【落实污染源日常环境监管随机抽查制度】 2016年，县环保局制定《常山县污染源日常环境监管随机抽查制度实施方案》，将辖区内企业分为三大类，其中确定重点排污单位16家、特殊监管单位11家、一般排污单位66家。11月15日，对南方水泥、长盛化工等生产企业开展第一次“双随机”抽查。

2016年常山港控制断面水质主要监测项目情况统计

表13 单位：毫克/升

项目	高锰酸盐指数				氨氮			
断面	溪东	枧头	富足山	招贤	溪东	枧头	富足山	招贤
测值范围	0.8~2.2	0.9~2.8	1.0~3.0	0.9~1.6	0.052~0.174	0.025~0.369	0.032~0.304	0.056~0.339
年平均	1.2	1.4	1.4	1.3	0.100	0.19	0.129	0.138
年均水质情况	Ⅱ类	Ⅱ类	Ⅱ类	Ⅱ类	Ⅱ类	Ⅱ类	Ⅱ类	Ⅱ类
水功能区要求	Ⅲ类	Ⅱ类	Ⅲ类	Ⅲ类	Ⅲ类	Ⅱ类	Ⅲ类	Ⅲ类

2016年常山县城区环境空气质量统计

表14 单位：毫克/立方米

项目	测值范围	平均	项目	测值范围	平均
二氧化硫	0.015~0.035	0.011	一氧化碳	0.5~1.1	0.8
二氧化氮	0.020~0.052	0.031	细颗粒物	0.026~0.080	0.036
可吸入颗粒物	0.051~0.124	0.06	臭氧	0.043~0.091	0.064

（蓝朱妍）

综合管理与监督

发展和改革

【概况】 2016年，县发展和改革局致力扩大有效投资拉动经济增长，加快重点项目推进。全年安排重点建设项目118个，当年计划投资94.96亿元，实际完成投资95.28亿元，完成年度计划的100.34%。其中，20个省重点项目完成投资31.12亿元，完成年度计划的131%，超时序进度31个百分点。至年底，8个省集中开工项目和75个市集中开工项目全部按计划开工建设。全县新增6个省重点项目、6个省2016年扩大有效投资“411”重大项目、1个省循环经济“991”行动计划年度重点支持项目；争取到中央预算内投资、省补资金等各类资金8215万元。其中，天子8万吨/年橙（柚）皮渣综合利用示范项目，列入资源节约循环利用重点工程2016年中央预算内投资计划，获得440万元补助，为全市最高；争取到国家专项建设基金项目5个，累计金额4.45亿元，在县市区中排名第三。“三产”比重首次超过“二产”，全县实现服务业增加值54.4亿元，服务业增加值占全县GDP比重为47.9%。

国家重点生态功能区试点工作进展顺利，6月国家发改委批复，将常山县列入国家重点生态功能区试点。深化体制机制改革，“赏石小镇”“江南钙谷小镇”“云耕小镇”等一批特色小镇有序发展，全年完成固定资产投资近10亿元。精简审批事项，简化审批流程，对23个部门的177项审批事项进行流程再优化，取消56项不合理的审批前置条件，减少155个审批环节，削减124项申报材料；探索政府定价物业服务价格管理新方式，建立“规则+市场”的政府定价物业服务价格管理模式；全面实行阶梯水价政策，调整城镇污水收费标准，运用价格杠杆倒逼淘汰落后产能，提高资源配置效率，为产业转型升级腾出新的发展空间。

成立全省首家PPP项目管理中心，获得浙江省“政府和社会资本合作示范县”称号，建立基础设施类PPP项目库，入库26个，总投资额145亿元。整合要素资源，推进转型升级。推进“蓝天三衢”生态治理工程，整合7家石灰石矿山企业，关停89孔石灰立窑、201条钙加工生产线，整治18家轻钙企业；谋划建设农机产业园，吸引玉马机械、锦禾农机整机等一批项目进驻，全面推动常山建成中国南方农业机械的研发、制造、销售中心。

是年，县发展和改革局被县政府荣记集体三等功一次。

【县物价局成建制并入】 2016年4月22日，根据《中共常山县委 常山县人民政府关于印发〈常山县人民政府职能转变和机构改革方案〉的通知》（常委〔2015〕21号）精神，常山县物价局原有职能和工作人员成建制并入常山县发展和改革局，设立常山县发展和改革局（县统计局与其合署办公），挂常山县物价局牌子。

【县服务业办公室与县发改局整合运行】 2016年11月16日，根据县机构编制委员会常编复〔2016〕27号文件精神，县服务业办公室与县发改局整合运行。整合运行后，服务业办公室保留正科级机构级别，其人员编制、领导职数保持不变，内设综合科（与发改局办公室合署）、服务业规划科、服务业发展科、市场开发科（经营管理市场开发有限公司）。

【机关单位公车改革全面完成】 2016年，县发改局根据中央、省、市关于公务用车制度改革的统一部署，全面完成机关单位公务用车改革。此次公车改革范围为：全县各级党委、人大、政府、政协、审判、检察机关，各民主党派和工商联，参照公务员法管理的人民团体、群众团体、事业单位。全县在编在岗的厅局级及以下机关公务员、参公人员和机关行政编制工勤人员全部参加此次车改。全县涉改公务用车总计371辆，参改人员1759人。

【服务业比重首超工业】 2016年，全县实现服务业增加值54.4亿元，比上年增长11.5%；服务业增加值占全县GDP比重为47.9%，历史上首次超过工业增加值，成为县域经济新的增长点。全县服务业累计完成固定资产投资69.6亿元，增长25.4%。服务业办公室通过决策咨询服务业新项目10个，牵头实施县重点服务业项目18个，完成投资18.4亿元。

【常山县绿色发展成绩突出】 2016年，常山工业园区列入第三批省循环化改造示范试点园区名单，获1100万元补助资金，为衢州市唯一入选园区。6月，常山县被列入国家重点生态功能区和入围省清洁能源示范县，争取到可再生能源发展专项补助资金1800万元。

【城镇污水收费标准调整】 2016年，常山县城镇污水处理费分类由现行的居民生活、非经营性、经营性和特种行业4类调整为居民生活污水、工业污水和非工业污水3类。居民生活用水污水处理费由每吨0.50元调整为每吨0.85元；工业用水污水处理费由每吨1.00元调整为每吨1.20元，工业用水中的化工、造纸、制药、屠宰等重污染企业用水污水处理费由每吨1.40元调整为1.75元；非工业用水污水处理费由每吨1.00元调整为每吨1.20元，非工业用水中的特种行业用水污水处理费由每吨1.40元调整为每吨1.75元。

【金屋顶光伏富民工程启动】 2016年，县发改局引入国家电力投资集团公司、上海航天机电汽车股份有限公司、浙江杭开控股集团有限公司、晶科电力有限公司4家公司启动金屋顶光伏富民工程。金屋顶光伏富民工程计划总投资额18.8亿元，总装机容量约219兆瓦，项目建成后能实现年均发电20300万千瓦时。2016年，全县完成农户屋顶安装1978户，其他屋顶安装38960平方米。

（郑书明）

行政审批服务

【概况】 常山县行政服务中心成立于2002年7月，系县政府直属正科级参公事业单位，内设办公室、督查科、业务科。根据常编〔2016〕8号《关于调整部分单位机构编制事项的通知》，常山县行政服务中心更名为“常山县行政服务中心管理办公室”（以下简称“县行政服务中心”），有常驻部门20个，窗口工作人员90余人；设有开发区、社保、电力、车管所4个分中心。2016年，县行政服务中心办理各类事项10万多件，即办率76.5%，承诺件提前办结率92.4%，按期办结率100%，群众满意度测评达100%，

【村级便民服务中心功能提升】 2016年，县行政服务中心继续推进第三方参与的政企社共建模式，整合县农信联社丰收小站、村邮站、淘宝站等进驻村级便民服务中心，增强服务功能，争取经费重点示范村统一标准制作路口指引牌、办公场地标识标牌、室内背景、值班表、服务事项清单牌，推行村务员制度，调研梳理出群众日常办得最多、最迫切需要的如医疗救助、参保登记、老年证办理等28项便民审批代办事项；社保查询、网上挂号、水电费收缴等21项公共服务事项，并将这49项以展板形式公示于每个村服务大厅，让群众知情选择，参与监督。至年底，全县完成示范型便民服务中心创建85个，占总数的45.2%；标准型便民服务中心77个，占总数的41%；普通型便民服务中心26个，占总数的13.8%。

【县行政服务中心便民化建设】 2016年，县行政服务中心对接国地税、国土资源局等部门，配合拟订不动产登记中心、国地税联合办税大厅整体进驻中心的方案以及相关装修设计方案，对大厅场地和窗口布局进行调整和装修改造。腾出二楼办公区全部用于不动产登记中心，并于8月22日投入使用；腾出一楼大厅用于国地税联合办税中心，并于12月26日投入使用。同时，配合县市场监管局在市场监管窗口建成排队叫号系统，并于8月投入使用；对其他部分场地进行改造设置排队等候区。

【探索地名证明网上办理】 2016年，县行政服务中心为解决群众跑腿麻烦，主动与有关软件公司，与县民政、市场监管、烟草专卖等部门联合探索开展地名证明网上办理工作。依托浙江政务网在全市率先开发地名核准模块，群众可通过政务网外网上传相关资料，县地名办工作人员对资料进行核准、确认，并网上开具证明，群众可收到办结短信，窗口工作人员下载打印，使群众跑腿变成信息跑路。

【推进十项便民服务】 2016年，县行政服务中心牵头完成房屋权属证明、港澳通行证再次签注、行驶证补换、驾驶证补换、会计从业资格证书申办、结婚登记预约、交通违法罚没款收缴、个人社保信息查询、公积金账户信息查询十项便民服务事项网上申请、在线服务、快递送达工作，大大提升了网上便民服务水平。

（谢黎丽）

公共资源市场化配置监督管理

【概况】 2016年，常山县公共资源市场化配置监督管理办公室（简称“县监管办”）、县公共资源交易中心开展进场公共资源交易活动1142次，交易金额7.9亿元。其中，建设工程项目招投标活动345次，预算造价89153.7万元，中标价74565.6万元，降低造价14588.1万元，资金节约16.4%；举行政府采购698标次，预算价4368.3万元，中标价4025.4万元，节约资金342.9万元，资金节约7.8%；国有土地拍卖42宗，起拍价268.0万元，成交价436.9万元，增加168.9万元，增长63.0%；国有资产拍租57宗，起拍价262.5万元，成交价268.8万元，增加6.3万元，增长2.4%。

【工程建设首个电子招标项目试运行】 2016年，县监管办协同县公共资源交易中心、软件公司对现有电子招标软、硬件设施进行优化。12月2日，县监管办召集代理机构、施工企业、相关部门等100多人参加工程建设项目电子招投标业务培训。12月15日，首个电子招标项目试运行，标志着常山工程建设项目招标的电子化改革取得了阶段性成功。

【招投标规定的清理整合】 2016年，县监管办成立招投标规定清理工作小组，收集常山县所有以招投标为主要内容或者含有招投标内容的各类文件、规定、办法、纪要、抄告单，提出初步清理意见；10月9日，县政府办召集相关部门开会集中讨论，决定保留3件、整合33件、废止12件。县监管办抽调业务骨干，以不能与法律法规相抵触、符合常山经济社会实际、结合常山建筑市场现状、环环相扣成体系便于各方主体执行等为原则，最后将常山县所有招投标有关规定整合为3个文件。

【法定限额以下项目招投标办法的优化】 2016年，县监管办为加快项目推进，提高工作效率，针对创建国家卫生县城、“五水共治”“四边三化”“三改一拆”和乡镇集镇建设“六个一”工程等工期紧、任务重、施工条件复杂的法定限额以下项目进行招标办法创新、简化，起草并由县政府印发《常山县创建国家卫生县城、“五水共治”“四边三化”“三改一拆”和乡镇集镇建设“六个一”工程招标办法》，践行招投标服务经济社会发展的宗旨。

（唐必明）

审计工作

【概况】 2016年，县审计局以权力运行为切入点，将党政领导干部的重大经济事项决策权、经济管理权、经济政策执行权、自然资源资产管理情况及个人廉政情况作为主要监督内容，完成对10名领导干部的经济责任审计，对57名领导干部的离任经济责任事项交接，查处管理不规范金额1385万元，移送案件线索5起，提出审计建议30余条，推动被审计单位出台各类管理制度10余项。首次向人大主任会议汇报了“十二五”规划期间常山县领导干部经济责任审计的工作情况，得到与会领导的一致好评。完成审计项目123个，查处管理不规范金额4.25亿元，移送案件线索5起，核减政府投资额3333.76万元。推动行业系统政策、法规“废改立”12项，推动县级层面、被审计事项的行业主管部门和被审单位体制、机制创新优化9项，推动解决“老大难”或历史遗留问题15项。常山县审计局实施“三公经费”审计调查项目获2016年度全省表彰审计项目，常山县计生局领导干部经济责任审计项目和“三公经费”审计调查项目获2016年度全市优秀审计项目。

【政策执行和重大决策的落实情况审计】 2016年，县审计局坚持把政策措施的执行情况和重大决策的落实情况作为审计监督的重要内容，关注政策执行成效，发现问题，分析原因，提出审计建议。重点开展公务支出公款消费、“五水共治”政策措施落实等审计项目，提出审计建议，促进政策落实，提高资金运行绩效。其中，“三公经费”审计调查项目获2016年度全省表彰项目、全市优秀审计项目。

【服务中心工作成效好】 2016年，县审计局服务G20峰会、创“国家卫生城市”等中心工作，克服包干区域大、老城基层设施差等困难，安排大量人力和资金，共清运垃圾400余车，拆除违章搭建10处，清除广告牌40余块，平整违规种菜2处，清理牛皮癣广告150余处，确保无一例督查通报情况发生。做好部门联系村、联系企业工作，为企业、农户解决实际问题6件，为联系村直接解决资金6万元，协助有关村向上争取项目及资金889万元。

（方剑芸）

统计工作

【概况】 2016年，县统计局按照市第三次全国农业普查领导小组办公室的部署，第一时间机构组建到位、经费落实到位、人员组织到位、责任分解到位、分级培训到位，利用集镇墟日、文化礼堂、送电影下乡、喇叭车巡回的形式及时开展农业普查宣传活动。常山县入户登记进度走在全市前列。固定资产投资联网直报工作稳妥应对，既对项目分类分析，分类处理，保证在库项目的质量，又做好辅导，做实项目质量；在项目备案源头开始介入，让项目备案能够跟着项目入库的要求走；在行政服务中心专门放置《固定资产投资如入库须知》资料，方便项目备案业主取阅；重大项目备案后，第一时间取得联系，做好统计项目入库的全程跟踪、辅导。年内，5000万元投资以上固定资产投资项目实现61.2亿元，占全部投资项目的比重为55.5%，结构比较合理。选派业务骨干充实到常山赏石特色小镇管委会，针对赏石小镇2016年下半年的固定资产投资趋缓的趋势，及时开展监测，向县委、县政府提出帮助项目业主融资的建议，特色小镇统计监测成效初显。

【《统计专报》发挥参谋作用】 2016年，县统计局为加强与县委县政府主要领导的沟通、汇报，专门开办《统计专报》刊物，向县委、县政府及相关单位汇报重要统计情况，发挥参谋作用。全年完成《固定资产投资统计制度改革情况汇报》《关于我县城镇化率如何测算的说明》《常山县农民工购房呈"三大趋势"亟待关注》等14篇专项报告。其中，《全县固定资产投资"4+2"结构分析》《全县重点项目"双低"亟需引起重视》等5篇文章获县委书记王良春批示；《三季度常山县与周边县市区主要经济指标对比情况》《2016年市对县综合考核主要经济社会指标"二出一进"》2篇文章获县长周向军批示；另有多篇文章获其他县领导批示。县领导多次表扬，《统计专报》办得好、写得好、送得及时。

【"五大"联席会议规范运转】 2016年，县统计局GDP核算、固定资产投资、工业经济、服务业和基本名录库联席会议每月一次碰头，每季一次分析，全年召开"五大"联席会议18次。坚持解决问题为方向，重点解决名录库工作向重点乡镇和开发区延伸问题。在全市提出固定资产投资要争先晋位的要求后，连续召开联席会议，以联席会议纪要的方式向县委、县政府报告统计的工作建议，收到较好成效。

【基层统计规范专项整治】 2016年，县统计局根据省、市统计局的部署，全面开展"数字造假，以数谋私"专项整治，规范基层统计。对全行业和名录库布置全面自查自纠工作。对多年来的统计做法、统计文件全面开展清理，并提请县政府清理违反统计法的做法。对多年来把统计作为一项工作的责任单位的做法予以纠正。规范统计信息对外提供，坚决制止向相关单位提供涉及企业个体、为评先争优提供统计证明的做法。加强基层统计规范化建设。开展优秀企业统计员和农村辅助调查员的"双十佳"评选，推行统计报表的"同工种"竞赛，营造比学赶超氛围。加强乡镇统计员的业务培训，开展乡镇统计员重大业务工作的"互看互学"。开展统计法制"四进"活动，加强统计普法宣传。

（占慧臻）

市场监督管理

【概况】 2016年，常山县市场监督管理局创造性开展创“国家卫生县城”工作，试行城区食品小作坊、小餐饮“整改提”工程，受到市政府领导批示肯定，并在全市范围推广。围绕打造“办事最快捷，服务最优良”的营商环境，“五证合一”“先照后证”“双随机、一公开”等商事制度改革持续推进，商标权质押、股权质押、动产抵押登记等助企融资机制作用明显。围绕常山胡柚产业转型升级，助推“衢枳壳”纳入新版《浙江省中药炮制规范》，给常山胡柚产业注入新动力。推进市场提升发展，红旗岗农贸市场成功创建“省级放心农贸市场”，成为柚香城农贸市场、大东门农贸市场之后第三家省级放心农贸市场。同时，城区3家农贸市场快速检测体系和产品质量追溯体系建成率达100%；红旗岗、芳村农贸市场分别完成三星级、二星级农贸市场创建。

1月6日，县市场监管局在体教园区“阿里年货节”现场设置“市场监管举报投诉窗口”并向消费者提供咨询服务 （谢志龙 摄）

县市场监管局深入实施“小微企业三年成长计划”。全县新增各类市场主体2684户，其中新设立有限公司519户，比上年增长125.52%、注册资本总额233902.33万元，增长167.03%。组织小微企业专场培训19次，参训人数723人，为3760户次小微企业减免税费402.35万元。在省股权交易中心挂牌数量达34家。继续推进“个转企”，全年完成“个转企”38户，其中转型成公司制企业30户；累计完成500户，其中公司制企业211户。培育网络市场主体，全年新登记电子商务企业39家、个体户19家。

县市场监管局紧扣“三强一制造”实施质量强县，制定《常山县“浙江制造”品牌培育方案》，推进企业质量标准体系建设。以政府质量奖、浙江名牌、省市著名商标、知名商号评选为载体，发布《常山县“十二五”商标品牌发展报告》，制定《常山县品牌梯级培育计划（2016版）》，全力推进商标品牌培育工作。全年新增省著名商标2件、省知名商号1件、浙江名牌3件；新增市著名商标1件、衢州名牌5件。开展“重品牌、促发展”主题系列活动，举办“品牌故事”征集活动，将10件优秀作品在常山电视台等媒体上广泛宣传。

县市场监督管理局加强药品药械日常监管，对取证的31家药店进行GSP跟踪检查。开展药品批发、连锁、零售企业的飞行检查，规范各类药品经营行为。加强业务指导，指导浙江博士达药业有限公司、浙江柚都生物科技有限公司等企业做好GMP认证前期工作。开展药械保化专项整治。开展“平安药品”“平安器械”和“平安保化”等专项检查，共检查药品、医疗器械生产企业4家、药品经营企业68家、医疗机构230家。完成药品监督性抽验100批次、评价性抽验50批次；完成药品不良反应监测243例、医疗器械不良事件监测45例；完成保健品、化妆品抽样任务40批次。

县市场监督管理局完善食品安全责任网，在“用网”“强网”“管网”上下功夫。全县14个乡镇（街道）食安办和各成员单位深化基层责任网络建设，全面推进基层食安办规范化建设，50%乡镇（街道）按计划完成食安办规范化建设。完善落实网格化管理各项制度，对全县180个行政村（社区）212名食品安全协管员等累计开展各类培训30余次，参训人员近6000人次。按照“G20”杭州峰会保障最高要求，开展食品安全“三大一严”（即大抽检、大排查、大整治、严打击）、“三小一市场”（即食品加工小作坊、小餐饮、食品小摊贩、农贸市场）整治等专项行动，打击违法传销，强化特定行业监管，开展火柴销售和代办寄递业务等专项整治，出色完成各项任务，被市委、市政府授予“衢州市G20杭州峰会维稳安保先进集体”称号。以“食品安全隐患大抽检大排查大整治严打击”专项行动为抓手，严厉打击食品生产流通领域“黑窝点”、假冒伪劣、非法添加等违法行为，出动执法人员3500余批次，检查各类主体4200余家，立案查处各类案件62起，查获非法生产的食品工业原料196吨，查获非法生产的饮料5293箱，案值达100余万元；其中，1起大案受到浙江省食药局局长朱志泉的批示肯定，并被评为2016年度“全省食品药品领域十大典型案件”，5名办案人员被衢州市市场监督管理局记集体三等功。全力保障重大活动食品安全，采用提前介入、全程指导、驻点监管等举措，圆满完成首届全国油茶文化节、中国山地自行车公开赛等重大活动的食品安全保障工作。

【城区食品小作坊小餐饮“整改提”模式全市首创】 2016年，常山县市场监管局围绕创建“国家卫生县城”工作，全面开展无证无照小餐饮、小食品专项整治工作。抽调局机关和基层所干部成立9个专项工作组，指导小餐饮新办证照350余份、小食品证照210余份，关停并转和取缔小餐饮20家，城区小餐饮持照率达96.8%；城区小食品持照率达99.3%。探索实施以奖代补的小餐饮、小作坊整治工作模式，小餐饮和食品加工小作坊改造工程分别获得县政府100万元和64万元项目资金支持，对268家小餐饮店，27家食品生产加工小作坊进行整改提升。这一做法，获得衢州市副市长马梅芝的批示肯定，市食安委发文将经验在全市推广。“餐桌安全三年治理”顺利实施，全面推进餐饮量化分级管理，共组织培训10余次，培训餐饮负责人500余人、从业人员1100余人次。推进大型、特大型餐饮企业和学校、养老机构食堂阳光厨房创建工作，新建阳光厨房28家，建成率52.83%，超额完成年度目标任务。

【助推常山胡柚片入《浙江省中药炮制规范》】 2016年，常山县市场监管局发挥职能，助推“胡柚片”入药。投入100多万元专项资金，对接上级部门与科研院所，采集300多批次样品，获得1万多组数据，为推动“胡柚片”列入新版《浙江省中药炮制规范》打下坚实基础。8月2日，《浙江省中药炮制规范》2015年版正式发布，自2016年12月1日起执行。常山胡柚片以“衢枳壳”名义被纳入《浙江省中药炮制规范》，跨入中药行列。

【特种设备专项整治】 2016年，常山县市场监管局根据县安委办统一部署，对涉及特种设备有限空间作业的59家使用单位开展专项安全检查。开展“蓝剑2号”专项执法，严厉打击特种设备安全“三非”（即非法制造、非法安装修理改造、非法使用）“两超”（即超期未检、隐患超期未改）“一无一违”（即无证上岗、违章作业）等违法违规行为。全年出动检查人员262人次，检查使用单位132家，提出整改要求355项，下达安全监察指令8份，全面完成隐患整改和指令封闭。

4月14日，全县食品药品和特种设备安全监管工作会议 （许辰玺 摄）

【商事登记制度改革】 2016年，常山县市场监管局落实“先照后证”改革，累计有2708户市场主体完成“先照后证”登记，其中企业501户、个体户2207户，完成率50.30%。全面推进“五证合一、一照一码”登记制度改革，累计申领“五证合一”新版执照企业2367家，换证率42.66%。启动实施个体工商户营业执照和税务登记证“两证整合”，累计办理“两证整合”营业执照386份，其中新设执照218份，变更换照168份。

【企业信息公示和年报率居全市前列】 2016年，常山县市场监管局通过一对一帮扶等服务举措，推进企业信息公示和年报工作。其中，企业应报年报数3467家，已年报数3183家，年报率91.81%；个体工商户应报年报数11108家，已年报数10553家，年报率95%；专业合作社应报年报数1470家，已年报数1025家，年报率69.73%；信息公示和年报率均位居全市前列，得到省工商局副局长马剑平的批示肯定。

【企业融资渠道拓宽】 2016年，常山县市场监管局帮助企业扩宽商标专用权质押、股权出质登记、动产抵押登记等融资新渠道。全年办理61件动产抵押登记，担保金额4.4亿元；股权出质登记累计办理196份，出质股权2.49亿元，被担保债权6.87亿元。商标专用权质押融资实现“零”的突破，3家企业与常山农信联社签订商标质押合同，商标总估值5000万元，担保最高额贷款1240万元。

【“智慧监管”项目一期建成】 县食品药品“智慧监管”项目是县政府2016年“十大为民办实事”项目，总投资概算500万元。至2016年年底，该项目应用网络、数据交换中心、应急指挥中心“三大”硬件设施，餐饮食品安全监管系统、医疗机构药械安全监管系统、远程视频监控系统、监督执法平台全部建成并投入使用。

【检验检测技术提升】 2016年，常山县市场监管局加强食品、药品检验检测能力建设，县检验检测研究院实现四个“增加”，即实验室面积由460平方米增加到870平方米，增长89%；设备原值由286万元增加到919万元，增长221%；专业技术人员由4人增加到8人，增长100%；检测能力由176项参数增加到378项参数，增长115%，成为全省第10个通过食品检验检测资源整合建设项目的单位。县检验检测研究院全年受理各类食品检测976批次，完成检测项目8653项次，为保障老百姓舌尖上的安全提供有效技术支撑。

【消费维权推动社会共治】 2016年，常山县市场监管局紧扣“放心消费在常山”主题，着力推动社会共治。“3·15”活动丰富多彩，贴近群众，举办了“你点我检”“检验检测院开放日”“走进阳光厨房”等主题活动，并发布《2015年度常山县消费维权指数报告》。整合社会资源，建成消费维权服务站27家，消费维权绿色通道企业1家，培育消费义工39人。受理各类投诉189件，举报41件，接待群众来电、来访咨询500余人次，为消费者挽回损失102725.4元。

3月11日，县市场监管局召开消费维权指数报告发布会，向社会公开发布2015年度全县消费维权指数情况 （姜 毅）

安全生产监督与管理

【概况】 2016年，常山县委、县政府健全完善对乡镇（街道）、部门的安全生产考评体系，县政府与50个部门、乡镇（街道）签订安全生产责任书；部门、乡镇（街道）根据管理权限，与下属企业、村签订了责任书。县安全生产监督管理局（简称“县安监局”），又名县安全生产委员会办公室（简称“县安委办”），加强对部门、乡镇（街道）安全生产工作过程监督，加大对日常基础性工作落实情况的督查力度；对因工作不到位、措施不得力而引发生产安全事故的，严格实行安全生产“一票否决”制。

建立安全生产重大事项通报制度。县安委办对安全生产重大事项及时进行通报并跟踪督办，以半年度安全生产考核、护航G20杭州峰会工作、开展安全生产大检查遏制重特大事故工作督查等为契机，及时对发现的问题进行通报，并发送交办单，督促相关单位及时完成整改。

配合全县石灰钙产业整治工作。根据县钙产业整治小组工作要求，县安监局负责3家石灰钙企业和1家轻钙企业的整治工作。县安监局工作组成员多次上门与企业主进行沟通，分析环境整治形势，解释、宣传党和政府的政策法规，并帮助企业主进行产业转型提升。年内，3家石灰钙企业已停产，其中，两家拆除完毕，1家轻钙企业通过增加环保设备等整治方式已基本达到环保排放标准。

推进智慧安监工作。实行“掌上矿区”监控，在大型矿区安装视频监控，实时监控矿区的作业情况；推行“智慧用电”建设，运动信息化手段，加快推进“智慧安监”应用，在重点企业、敬老院、学校、各大商场、农贸市场、网吧、来料加工“三合一”场所、危化企业推行“智慧用电”。年内协议安装智慧用电单位31家214套。

2016年，全县发生各类事故69起、死亡33人，未发生较大以上事故。其中，工矿商贸行业发生事故9起，死亡8人、受伤1人，与2015年相比，事故起数下降35.78%，死亡人数下降38.4%；道路交通发生事故47起，死亡21人、受伤46人，未发生较大以上事故。消防发生火灾66起，未发生亡人火灾事故。在全市安全生产目标责任制考核中获得良好等次。

【隐患排查治理体系建设】 2016年，县安监局围绕非煤矿山、危险化学品、烟花爆竹、职业病危害重点行业领域开展专项整治。在整治行动中推行任务清单、隐患清单、整改清单、验收清单“四张清单”管理办法，从而能及时有效发现隐患，治理隐患，闭环隐患。一是非煤矿山安全专项治理，结合矿山重点县攻坚克难工作，开展非煤矿山专项整治，严厉打击非煤矿山企业非法盗采、超层越界开采等违法行为。整治期间，共检查非煤矿山25家次，责令整改隐患6条，下达隐患整改指令2份，停产整顿5家。二是危险化学品安全专项治理，对全县危险化学品储存、经营、使用单位进行全面排查。重点严厉打击危险化学品生产、储存、销售企业超许可范围生产经营、未经规划设计新建危险化学品生产、储存项目、未试生产备案就投入试生产运行、存在危险化工工艺未进行自动控制改造仍进行生产的违法违规行为，检查危化企业27家次，发现隐患问题18条，下达隐患整改指令8份，停产整顿2家。三是烟花爆竹安全专项治理，在护航G20工作期间多次召开局干部工作会议和乡镇（街道）专项整治动员会，明确整治步骤、措施和要求，出动检查人员63人次，检查烟花爆竹零售户456家次，回收1052件合法烟花爆竹，23件非法烟花爆竹。此外，本着从严控制数量、安全合理布局的原则，按照“两关闭、三严禁”（即关闭存在“下店上宅”“前店后宅”等形式与居民居住场所设置在同一建筑物内的零售点；关闭与人员密集场所和重点建筑物安全距离不符合条件、集中连片经营、在超市内销售、未按规定专店（或专柜）销售的零售点；严禁销售超标、违禁、专业燃放类产品或从非法渠道购进的产品；严禁在许可证载明的经营场所外存放烟花爆竹；严禁超许可证载明限量存放烟花爆竹等违法行为）的要求，将全县189家烟花爆竹零售户整治减少到83户，从源头上严格把关，从严规范烟花爆竹经营条件。四是职业病危害重点行业领域专项治理，采取日常执法与联合执法相结合，围绕金属冶炼、非煤矿山等职业病危害重点行业开展专项治理，督促企业落实申报、培训、检测、职业健康监护等工作，切实强化职业危害执法工作，严厉打击各类有害职业健康的非法违法行为，督促用人单位严格落实职业病防治的主体责任全年出动检查人员136人次，检查职业病防治评估企业45家。

【安全预防控制体系建设】 2016年，县安监局推进企业安全生产标准化和企业安全生产诚信机制建设。督促企业建立健全安全生产管理制度，夯实安全生产基础设施，强化事故隐患排查治理和应急管理，促使各个生产环节符合安全生产法律法规和标准规范的要求。全年新增和复审换证标准化达标企业35家，全县累计安全生产标准化达标企业共151家。建立健全企业安全生产信息公开制度、公示承诺制度、“黑名单”管理制度和诚信管理激励和约束制度。制定企业安全生产分类等级评估标准，对企业的安全生产条件、管理状况和兑现承诺的信用程度进行综合考评，确定企业安全生产诚信等级（A、B、C、D级），并实施分类管理，守信激励、失信惩戒，促使企业遵守安全生产法律法规和社会公德，有效预防和减少生产安全事故。年内新增安全生产诚信等级评定企业165家。以县消防大队为依托，联合浙江紫金矿业有限公司、常山南方水泥有限公司组建“矿山重点县应急救援队”，7月21日，举办非煤矿山坍塌事故应急救援演练，提高各相关救援单位应急救援组织指挥能力、信息传递能力、快速反应能力和有效的救援能力，强化应急队伍抢险救灾的实战能力。开展“安全生产月”、职业病防治法宣传周和《中华人民共和国安全生产法》实施一周年宣传活动。4月，以“《中华人民共和国职业病防治法》宣传周”活动为契机，宣传《中华人民共和国职业病防治法》、“一规定四办法”等法律法规；活动期间，共发放职业卫生宣传资料300余份，发放专题宣传光盘50张，开展现场咨询2场，宣传受众人数达800余人。6月11日，联合12个部门举行“安全生产咨询日”活动，共展出展板20多块，悬挂标语（横幅）32条，发放新《中华人民共和国安全生产法》、“打非治违”专项行动资料、《浙江省安全生产条例》《生产安全事故报告的调查处理条例》、部门法规宣传资料2140份，张贴宣传画1300张，群发安全生产提示短信1700余条，出动巡回宣传车9辆，接受群众咨询1500多人次。开展全员安全培训，组织培训特种作业人员220人，企业负责人和安全管理人员80人，烟花爆竹经营负责人培训92人，乡镇主管副职、安监站人员50人次，企业全员培训2000人，下发科学发展安全发展试题1000份，使乡镇（街道）、部门和企业了解掌握安全生产知识。

【安全生产治理能力建设】 2016年，《浙江省安全生产条例》修订发布后，县安监局通过安全监管人员培训、企业安全培训和多种新闻媒体等途径对新修订的《浙江省安全生产条例》进行宣传贯彻，向广大安全监管人员及企业员工宣传《浙江省安全生产条例》，开展各类培训活动6场次，发放《浙江省安全生产条例》宣传读本320本。制发县安监局各科室2016年度安全生产执法计划，并制订《安全生产执法年活动方案》，将80家重点企业分解到科室，做到人人有任务，人人有担当，推进干部改变作风，走出办公室，主动上门服务。G20峰会临战阶段前，第一轮执法全部到位，共检查企业137家次，现场检查记录137份，查处问题267项，其中当场整改98项、限期整改169项、责令暂时停产停业2家，约谈企业主2家次，对4家企业采取立案处理。做好第三届互联网大会的维稳安保工作，及时组织第二轮执法。年内非事故执法处罚金额22.28万元。推进安全生产社会化服务，对重点行业领域通过购买第三方技术服务的形式，提高隐患排查治理能力，有效解决企业和各级监管机构安全监管水平、能力不足的问题，全县共有106家企业与衢州鑫龙安全技术服务有限公司、常山县安顺安全技术咨询有限公司、衢州市经安技术服务有限公司等中介机构签订服务协议，其中危化和矿山企业全部强制推行，由企业自行购买服务，其他企业由属地政府买单，循序推进。

【市级重大安全隐患点整改】 2016年，常山县320国道(招贤段)460KM+900M~461KM+180M、205国道(长段)1747KM+336M~1748KM+970M、205国道（何家段）1751KM+300M~1754KM+600M、浙江常山冰驰工贸有限公司、常山正丽机电有限公司、常山县远洋新天地小区6处被列为市级2016年重大安全隐患点。县安委办及县安监局督促各类生产经营主体落实隐患排查、整改、消除的主体责任，确保按时保质完成整改，确保整改期间不发生事故。至年底，这6处市级重大安全隐患点全部整治完毕并通过市级验收。

【“安全生产与信贷安全”合作机制确立】 2016年，县安监局探索建立诚信企业结果运用机制、生产安全与信贷安全合作机制。主动与全县各大商业银行对接，确立“生产安全与信贷安全”合作机制，合作双方约定生产与信贷“双安全”职责，发挥各自的优势，整合资源，助力提升工贸企业安全管理水平，有效防范金融风险。县安监局分两批将安全生产标准化达标企业和安全生产失信“黑名单”企业通过合作平台共享给各大银行信贷风险评估信息系统，生产与信贷“双安全”工作得到有序推进。

【落实各项矿山审批事项】 2016年，县安监局贯彻执行安全生产许可制度，坚持以安全生产许可证办证、换证为抓手，严格前置安全审查，强化源头管理，严把安全准入关。严格对新办安全生产许可证的非煤矿山进行现场复核，组织相关人员对安全生产许可证延期的非煤矿山进行现场审查，发现问题及时下达整改通知，整改通过验收后再上报至市安监局，有效提高了审批许可质量。同时，加强与国土、矿管部门联系，做好矿山联合踏勘、开采利用方案和安全设施设计联合审查工、采矿许可证和安全生产许可证发证衔接工作。

（付　颖）

财政·税务

财　政

【概况】 2016年，全县财政总收入12.72亿元，比上年增长1.2%。一般公共预算收入9.40亿元，增长9.8%，占财政总收入的73.9%；其中，税收收入6.52亿元，下降6%，占一般公共预算收入的69.4%。全县一般公共预算支出35.15亿元，增长23.8%。全年财政收支平衡。

县财政部门执行供给侧结构性改革决策部署，克服“营改增”等政策性减收不利因素，坚持稳中求进工作总基调，秉承“促进发展、保障民生、科学理财、加强监管”的理财观，服务稳增长、促改革、调结构、惠民生、防风险各项工作，做好“生财、聚财、用财”三篇文章。细化企业兼并重组财政补助（奖励）政策实施办法，倒逼县内企业实现转型升级。加强财政政策调研，研究提出《常山县石灰石销售管理办法》，鼓励县内石灰石企业加强科技创新。加强物流业发展政策扶持研究，落实石灰钙加工线整治验收、企业上市挂牌、工业企业经济效益调研等工作。加大财政对企业扶持力度，支持企业创新驱动发展，全年安排企业奖补资金4400万元。落实企业应急专项资金委托运作管理，全年委托11家金融机构运作资金1亿元，办理企业应急专项资金借款业务1100笔，借出资金31.23亿元，帮助企业节约拆借成本3000多万元。落实结构性减税和清费减负政策，全年为企业减轻负担6259万元。支持县重点基础设施建设，聚力打造常山国际慢城，提升一江两岸、柚石金路两条风景线，推进320国道“二改一（即二级公路改一级公路）”、跨江改道、九景衢铁路、杭新景高速等工程项目。向上争取省一事一议财政奖补资金，其中美丽乡村建设补助资金2000万元、农村产权制度改革探索补助资金1500万元。创新中央财政支持农民合作社试点工作，成立县“两山”农林合作社联合社，解决涉农企业融资难、融资成本高等问题。争取新增地方政府债券7亿元，新增债券额度并列全市第一，用于“五水共治”、全域旅游、基础设施等40余个县重大项目建设。

推进队伍建设，打造“高效、廉洁、忠诚、实干”的常山财政铁军。落实全面从严治党主体责任，以习近平总书记系列讲话、中纪委全会精神为指引，严明政治纪律、政治规矩。常态化开展“两学一做”，采取夜学、财税大讲堂等集中讲学和党员干部自学等方式，边学边做提高党员干部政治素质。探索实践监督执纪“四种形态”，支持和保障纪检组履行监督执纪问责。组织全体干部职工观看警示教育片《镜鉴》《永远在路上》，让警钟长鸣，让廉政意识深入人心。以基层党校为载体，开展政治理论、廉政建设、法律法规和业务知识等方面的授课学习班5期，举办“财税大讲坛”活动8期。

是年，常山县财政（地税）局在全县部

门工作目标考核中蝉联一等奖。

【财政改革与财政财务管理创新】 2016 年，县财政部门根据新《中华人民共和国预算法》，完善全口径政府预算编制，推进政府预算体系统筹协调。实现国库集中支付改革全覆盖，192 家预算单位纳入支付管理，核算单位资金支付量 14 亿元。推进政府投资项目 PPP 模式，在城市基础设施建设、特色小镇等方面推出 31 个 PPP 项目，总投资 107 亿元，与省建投集团签署战略合作项目 6 个，县康复护养中心项目列入《浙江省第二批政府和社会资本合作推荐项目清单》。推进产业基金运作，设立常山联合股权投资基金，规模 1 亿元，其中县产业基金出资 3000 万元，撬动社会资本投入 7000 万元。建立山茶油产业基金，推进常山油茶企业整合、品牌整合，培育油茶龙头企业。加强地方政府债务管理，完成 2016 年度地方政府债券置换存量债务 9.74 亿元，累计节约财务成本 4500 万元。实施政府购买服务，确保购买服务项目达到当年指导性目录的 80% 以上。创新财政财务管理，建立 118 家规模以上工业企业季度财务分析制度。深化国企市场化、投融资体制改革，重组国有资本运营主体，扩大融资渠道，建立财政、国资两个“资金池”，实现资金集中统一调剂。

【财政资金保值增值与监管】 2016 年，县财政部门科学合理调度财政资金，提高资金使用效率，确保重点支出序时进度。加强财政资金保值增值，开展财政资金竞争性存放招标 4 期，累计招标金额 8.90 亿元，综合年收益率达 2.7%，新增财政存量资金总收益 1028 万元。开展协定存款竞争性谈判，增加财政资金年利息收入 700 万元。做好 14 个乡镇（街道）财政资金安全自查和重点检查工作。推进 2016 年度绩效评价工作，落实财政资金项目绩效自评项目 17 个。加强建设性项目资金监管，全年累计拨付政府投资项目资金 7.22 亿元。加强政府投资项目审核，全年审核项目 765 个，送审金额 9.22 亿元，审定金额 8.15 亿元，核减资金 1.07 亿元，核减率 11.8%。规范党政机关公务支出行为，确保“三公”经费支出只减不增，比上年下降 28.3%。

【民生类财政支出大幅增长】 2016 年，县财政部门坚持公共财政导向，民生类财政支出 27.19 亿元，增长 25.34%，占一般公共预算支出的 77.4%。推动保障性用房建设，开展老小区综合改造建设、城市绿道网二期建设、城市规划展示馆、中医院项目，加快公共卫生服务中心、公安技术大楼建设进度。支持“五水共治”“四边三化”“三改一拆”，落实“清塘美河洁村”工作，基本完成“蓝天三衢”生态治理，投入环境保护资金 2.98 亿元。支持农村生活污水治理工作，治理 24 个村 15811 户，拨付资金 7115 万元。做好国家山水林田湖生态修复试点，申报渣濑湾溪湿地改造、龙绕溪流域综合治理等 44 个项目。落实 2016 年中国山地自行车公开赛第十站赛事、全国首届油茶文化节等重大活动经费。推进“智汇常山人才强县”工程，支持“质量强县”“平安常山”建设。

（李　希）

2016 年常山县一般公共预算收入执行情况

表 15

项　　目	调整预算数（万元）	执行数（万元）	完成调整预算（%）	与上年比（%）
合　计	**94749**	**94016**	**99.23**	**9.81**
一、税收收入	68432	65191	95.26	-6.01
（一）主体税种收入	38682	36097	93.32	-10.28
1. 增值税（含改征增值税）	19119	18108	94.71	14.39
2. 营业税	10644	10544	99.06	-34.11
3. 企业所得税 40% 部分	5581	5407	96.88	-16.26
4. 个人所得税 40% 部分	3338	2038	61.05	4.84
（二）小税种收入	17200	16576	96.37	-6.73
1. 资源税	2000	1651	82.55	-48.15
2. 城市维护建设税	3000	3053	101.77	0.59
3. 房产税	2650	2620	98.87	15.57
4. 印花税	850	871	102.47	-19.05
5. 城镇土地使用税	4200	3468	82.57	-13.52
6. 土地增值税	3800	4214	110.89	17.81
7. 车船税	700	699	99.86	12.2
（三）农业两税收入	12550	12518	99.75	10.21
1. 耕地占用税	8550	8180	95.67	0.52
2. 契税	4000	4338	108.45	34.72
二、非税收入	26317	28825	109.53	77.33
（一）专项收入	5230	5448	104.17	-14.08
1. 排污费收入	430	558	129.77	-35.57
2. 教育费附加收入	1641	1632	99.45	-0.49
3. 地方教育费附加收入	1092	1086	99.45	-0.64
4. 残疾人就业保障金收入	380	494	130	-4.63
5. 森林植被恢复费	400	334	83.5	-54.25
6. 水利建设专项收入	1123	1344	119.68	-10.04
（二）行政事业性收费收入	2500	2380	95.2	9.93
（三）罚没收入	4800	4970	103.54	32.39
（四）国有资源（资产）有偿使用收入	13087	15542	118.76	387.52
（五）政府住房基金收入	700	485	69.29	-39.9

说明：根据财政部规定，2016 年 5 项政府性基金转列一般公共预算，2015 年执行数相应调整

2016 年常山县一般公共预算支出执行情况

表 16

项　　　　　目	调整预算数（万元）	执行数（万元）	完成预算（%）	与上年比（%）
一般公共预算支出合计	**353375**	**351516**	**99.47**	**23.75**
一、一般公共服务支出	31912	31763	99.53	6.57
二、国防支出	142	142	100.00	-2.74
三、公共安全支出	21292	21031	98.77	57.61
四、教育支出	57648	60296	104.59	23.96
五、科学技术支出	10800	11271	104.36	23.73
六、文化体育与传媒支出	6902	7863	113.92	18.01
七、社会保障和就业支出	35398	36042	101.82	38.85
八、医疗卫生与计划生育支出	39514	37660	95.31	13.51
九、节能环保支出	8442	6954	82.37	13.11
十、城乡社区支出	31791	31004	97.52	93.61
十一、农林水支出	63300	59742	94.38	3.28
十二、交通运输支出	24143	26461	109.60	94.58
十三、资源勘探信息等支出	4054	3291	81.18	-63.08
十四、商业服务业等支出	1856	1906	102.69	-44.54
十五、金融支出	154	45	29.22	-77.04
十六、国土海洋气象等支出	1948	2126	109.14	-27.83
十七、住房保障支出	8175	8311	101.66	53.37
十八、粮油物资储备支出	1280	1070	83.59	-20.45
十九、其他支出（类）	332	214	64.46	262.71
二十、债务付息支出及债务发行费用支出	4292	4324	100.75	234.93

2016 年常山县政府性基金预算收入执行情况

表 17

项　　　　　目	调整预算数（万元）	执行数（万元）	完成调整预算（%）	与上年比（%）
合　　计	**30792**	**21681**	**70.41**	**-41.53**
一、农网还贷资金收入	—	—	—	—
二、铁路建设基金收入	—	—	—	—
三、民航发展基金收入	—	—	—	—
四、海南省高等级公路车辆通行附加费收入	—	—	—	—

续表 17

项　　　　　　　　目	调整预算数（万元）	执 行 数（万元）	完成调整预　算（%）	与上年比（%）
五、港口建设费收入	—	—	—	—
六、散装水泥专项资金收入	32	31	96.88	-90.34
七、新型墙体材料专项基金收入	80	62	77.50	-43.64
八、旅游发展基金收入	—	—	—	—
九、国家电影事业发展专项资金收入	—	—	—	—
十、新菜地开发建设基金收入	—	—	—	—
十一、新增建设用地土地有偿使用费收入	—	—	—	—
十二、南水北调工程基金收入	—	—	—	—
十三、城市公用事业附加收入	520	431	82.88	164.42
十四、国有土地收益基金收入	690	423	61.30	-40.92
十五、农业土地开发资金收入	125	119	95.20	0.00
十六、国有土地使用权出让金收入	22205	11879	53.50	-55.71
十七、大中型水库移民后期扶持基金收入	—	—	—	—
十八、大中型水库库区基金收入	—	—	—	—
十九、三峡水库库区基金收入	—	—	—	—
二十、中央特别国债经营基金收入	—	—	—	—
二十一、中央特别国债经营基金财务收入	—	—	—	—
二十二、彩票公益金收入	400	402	100.50	-0.25
二十三、城市基础设施配套费收入	480	198	41.25	-71.71
二十四、小型水库移民扶助基金收入	—	—	—	—
二十五、国家重大水利工程建设基金收入	—	—	—	—
二十六、车辆通行费	—	—	—	—
二十七、核电站乏燃料处理处置基金收入	—	—	—	—
二十八、可再生能源电价附加收入	—	—	—	—
二十九、船舶油污损害赔偿基金收入	—	—	—	—
三十、废弃电器电子产品处理基金收入	—	—	—	—
三十一、烟草企业上缴专项收入	—	—	—	—
三十二、污水处理费收入	660	688	104.24	—
三十三、彩票发行机构和销售机构的业务费用	—	—	—	—
三十四、其他政府性基金收入	5600	7448	133.00	-3.65

2016 年常山县政府性基金预算支出执行情况

表 18

项　　　　　　　　目	调整预算数（万元）	执 行 数（万元）	完成调整预　算（%）	与上年比（%）
合　　计	**72045**	**57819**	**80. 25**	**46. 19**
一、科学技术支出	—	—	—	—
二、文化体育与传媒支出	—	—	—	—
三、社会保障和就业支出	6324	6324	100. 00	326. 43
大中型水库移民后期扶持基金支出	5341	5341	100. 00	461. 62
小型水库移民扶助基金支出	983	983	100. 00	84. 77
四、节能环保支出	—	—	—	—
五、城乡社区支出	49199	37253	75. 72	15. 04
国有土地使用权出让收入安排的支出	40325	30601	75. 89	8. 31
城市公用事业附加安排的支出	539	290	53. 80	23. 93
国有土地收益基金支出	795	—	0. 00	－100. 00
农业土地开发资金支出	835	201	24. 07	－0. 99
新增建设用地有偿使用费安排的支出	5252	5065	96. 44	182. 33
城市基础设施配套费安排的支出	509	215	42. 24	－68. 80
污水处理费安排的支出	944	881	93. 33	—
六、农林水支出	267	215	80. 52	—
新菜地开发建设基金支出	—	—	—	—
大中型水库库区基金支出	267	215	80. 52	—
七、交通运输支出	—	—	—	—
八、资源勘探信息等支出	236	124	52. 54	－48. 76
散装水泥专项资金支出	129	65	50. 39	－54. 23
新型墙体材料专项基金支出	107	59	55. 14	－41. 00
九、商业服务业等支出	100	100	100. 00	—
旅游发展基金支出	100	100	100. 00	—
十、其他支出	14514	12400	85. 43	141. 90
彩票公益金安排的支出	5860	1842	31. 43	160. 54
其他政府性基金支出	8654	10558	122. 00	138. 92
其中：代征工会经费	—	196	—	－29. 50
十一、债务付息和发行费用支出	1405	1403	99. 86	—
债务付息支出	1323	1322	99. 92	—
债务发行费用支出	82	81	98. 78	—

2016 年常山县国有资本经营预算收入执行情况

表 19

收 入 项 目	调整预算数（万元）	预算执行数（万元）	完成预算（%）	与上年比（%）
合 计	**2506**	**2505**	**99.96**	**—**
产权转让收入	1892	1891	99.95	—
其他国有资本经营预算企业产权转让收入	1892	1891	99.95	—
清算收入	—	—	—	—
国有股权、股份清算收入	—	—	—	—
国有独资企业清算收入	—	—	—	—
其他国有资本经营预算企业清算收入	—	—	—	—
其他国有资本经营预算收入	614	614	100	—

2016 年常山县国有资本经营预算支出执行情况

表 20

收 入 项 目	调整预算数（万元）	预算执行数（万元）	完成预算（%）
国有资本经营预算支出合计	2404	2029	—
解决历史遗留问题及改革成本支出	—	492	—
其他国有资本经营预算支出	2404	1537	63.94

2016 年常山县社会保险基金收入执行情况

表 21

项 目	调整预算数（万元）	预算执行数（万元）	完成调整预 算（%）	与上年比（%）
全县社会保险基金收入合计	**95173**	**100021**	**105.09**	**-3.56**
其中：保险费收入	69125	68894	99.67	-12.97
财政补贴收入	22670	28376	125.17	42.05
其他社会保险基金收入	1268	2751	216.96	53.86
一、企业职工基本养老保险基金收入	34536	35552	102.94	41.31
其中，保险费收入	31884	33328	104.53	41.41
财政补贴收入	—	—	—	—
其他基本养老保险基金收入	1220	2224	182.30	28.70
二、城乡居民基本养老保险基金收入	11060	11094	100.31	22.94
其中，保险费收入	520	689	132.49	9.36
财政补贴收入	10390	10390	100.00	24.34
其他居民社会养老保险基金收入	—	15	—	—

续表 21

项　　　　　　　目	调整预算数（万元）	预算执行数（万元）	完成调整预　算（%）	与上年比（%）
三、机关事业单位基本养老保险基金收入	13850	18700	135.02	—
其中，保险费收入	13850	13200	95.31	—
财政补贴收入	—	5500	—	—
其他基本养老保险基金收入	—	—	—	—
四、城镇职工基本医疗保险基金收入	14761	13934	94.40	-0.24
其中，保险费收入	14452	13529	93.61	0.82
财政补贴收入	—	—	—	—
其他基本医疗保险基金收入	48	405	843.75	575.00
五、城乡居民基本医疗保险基金收入	17469	17138	98.11	3.99
其中，保险费收入	5175	4900	94.69	2.13
财政补贴收入	12280	12228	99.58	5.23
其他基本医疗保险基金收入	—	10	—	—
六、工伤保险基金收入	1470	1673	113.81	3.14
其中，保险费收入	1410	1413	100.21	-12.78
财政补贴收入	—	258	—	—
其他工伤保险基金收入	—	2	—	—
七、失业保险基金收入	1567	1468	93.68	-10.49
其中，保险费收入	1409	1407	99.86	-3.30
财政补贴收入	—	—	—	—
其他失业保险基金收入	—	61	—	—
八、生育保险基金收入	460	462	100.43	15.50
其中，保险费收入	425	428	100.71	19.55
财政补贴收入	—	—	—	—
其他生育保险基金收入	—	34	—	—

2016 年常山县社会保险基金支出执行情况

表 22

项　　　　　　　目	调整预算数（万元）	预算执行数（万元）	完成调整预　算（%）	与上年比（%）
全县社会保险基金支出合计	**121651**	**117849**	**96.87**	**37.37**
其中，社会保险待遇支出	118834	114101	96.02	38.92

续表22

项　　目	调整预算数（万元）	预算执行数（万元）	完成调整预算（%）	与上年比（%）
一、企业职工基本养老保险基金支出	53760	53919	100.30	17.39
其中，基本养老金支出	52860	52072	98.51	19.92
二、城乡居民基本养老保险基金支出	9705	8515	87.74	2.60
其中，基本养老金支出	9705	8514	87.73	2.59
三、机关事业单位基本养老保险基金支出	22000	21536	97.89	—
其中，基本养老金支出	22000	21536	97.89	—
四、城镇职工基本医疗保险基金支出	13620	12925	94.90	2.10
其中，基本医疗保险待遇支出	13600	12911	94.93	3.46
五、城乡居民基本医疗保险基金支出	19180	17769	92.64	11.41
其中，基本医疗保险待遇支出	18300	16783	91.71	5.23
六、工伤保险基金支出	1518	1487	97.96	6.98
其中，工伤保险待遇支出	1570	1485	94.59	10.00
七、失业保险基金支出	1353	1193	88.17	-5.39
其中，失业保险金支出	284	295	103.87	-11.41
八、生育保险基金支出	515	505	98.06	67.77
其中，生育保险待遇支出	515	505	98.06	67.77

2016年常山县社会保险基金支出执行情况

表23

项　　目	调整预算数（万元）	预算执行数（万元）
全县社会保险基金本年收支结余	**-27560**	**-17828**
一、企业职工基本养老保险基金本年收支结余	-20104	-18367
二、城乡居民基本养老保险基金本年收支结余	1355	2579
三、机关事业单位基本养老保险基金本年收支结余	-8150	-2836
四、城镇职工基本医疗保险基金本年收支结余	939	1009
五、城乡居民基本医疗保险基金本年收支结余	-1711	-631
六、工伤保险基金本年收支结余	-48	186
七、失业保险基金本年收支结余	214	275
八、生育保险基金本年收支结余	-55	-43

（李　希）

地方税务

【概况】 2016年，全县地税部门组织税收收入12.8亿元元，比上年减少9.31%。其中，税收收入5.04亿元，减少17.94%，剔除“营改增”营业税因素，与上一年基本持平；非税收入7.76亿元，减少2.67%。分税种看，三大主体税种减收明显，营业税、企业所得税、个人所得税入库20688万元，减收11604万元。其中，营业税受“营改增”影响减收10908万元；企业所得税入库4093万元，减收932万元，下降18.54%；个人所得税入库5096万元，增收236万元，增长4.86%。其他各税“三降七升”，减少的税种有资源税、土地使用税、印花税，其他税种增加。非税收入减少。

2016年，县地税部门以干部在一线服务、问题在一线解决、形象在一线树立为目标，落实全面从严治党主体责任，加强党风廉政建设，改进工作作风，深化政务公开，畅通纳税人沟通渠道，建立和谐征纳关系。开展“两学一做”学习教育，成立基层党校，开设财税大讲坛，创新学习模式，组织政治理论、法律法规、业务知识等方面的授课学习，丰富党风廉政建设专题教育活动内容。深化地税文化建设，健全干部职工量化考核办法，提高干部综合业务水平。组织开展税源调研，深入南方水泥、四通轴承、捷姆轴承、常山纺织、天子股份重点企业调研税收情况，掌握税源变化。搭建税收征管平台，掌握组织收入主动权，挖掘新的税收增长点。按照“重点税源精细管，一般税源规范管，零散税源综合管”的办法，结合企业发展和税收变化情况，按月按户采集重点企业财务数据，提高收入预测的有效性和实际性。对分布在房地产、化工、轴承等行业的欠税企业开展欠税专项清理，做到应收尽收。“营改增”后，加强零散税源分析排查，防止税收“跑冒滴漏”，积极培育潜在地方税源，做大做强“小税”。

2016年常山县主要税（费）种入库情况

表24

项目	累计入库（万元）	比2015年增（+）或减（-）收（万元）	与2015年比（%）
税务部门组织的收入	127984	-13145	-9.31
税收：不含耕契	37884	-12180	-24.33
一、税收收入	50402	-11019	-17.94
1. 营业税	11499	-10908	-48.68
2. 企业所得税	4093	-932	-18.54
3. 个人所得税	5096	236	4.86
4. 资源税	1651	-1533	-48.15
5. 土地使用税	3468	-542	-13.53
6. 城建税	3053	19	0.61
7. 印花税	871	-205	-19.03
8. 土地增值税	4214	637	17.8

续表 24

项 目	累 计 入 库（万元）	比 2015 年增（+）或减（-）收（万元）	与 2015 年比（%）
9. 房产税	2620	353	15.57
10. 车船税	699	77	12.34
11. 契税	4338	1118	34.73
12. 耕地占用税	8180	42	0.52
13. 增值税	620	620	0
二、非税收入合计	77581	-2126	-2.67
1. 教育费附加	1814	-8	-0.44
2. 文化事业建设费	12	-2	-11.28
3. 税务部门罚没收入	10	4	60.62
4. 社保基金收入	72139	-1930	-2.61
其中，（1）养老保险基金	53668	-3215	-5.65
（2）失业保险基金	1408	-48	-3.28
（3）医疗保险基金	15053	1630	12.14
（4）工伤保险基金	1413	-207	-12.8
（5）生育保险基金	428	70	19.6
（6）其他社保费	168	-159	-48.7
5. 地方水利建设基金	1581	-177	-10.05
6. 地方教育附加	1206	-8	-0.7
7. 残疾人就业保障金	548	3	0.6
8. 其他收入	271	-8	-2.86
附：地方税合计	41214	-10324	-20.03

【“营改增”平稳过渡】 2016 年，县地税部门开展“营改增”体制改革对财政税收影响测算，研究相关政策，实现“营改增”平稳过渡。做好“营改增”后销售不动产及个人出租不动产税收代征、发票代开工作，从 5 月 1 日“营改增”开始，全年代征代开笔数 1297 笔。成立“营改增”专门工作小组，开展有序导税、咨询服务，建立领导每日轮班、大厅午间值班制度，增加预约办税、国地税互设窗口服务，节省纳税人办税时间。落实“金税三期”组织保障、数据清理、业务双轨、上线运维等工作，先后开展 4 次数据清理集中办公，清理 5 个批次 201 个清理项目 44 万余条数据。7 月 1 日起实行资源税改革，完成县石灰石资源税统一实行 6% 税率的从价计征改革工作。实施企事业社会团体五证合一、一照一码、个体工商户两证整合登记制度改革。

【税务风险防控】 2016 年，县地税部门开展“积案”清理百日专项行动，对立案一年以上尚未结案的税务稽查案件进行集中清理，消除案件“久拖未决”可能带来的执法风险、廉政风险。开展重点税源企业检查、发票违法整治检查，对54户企业开展税务稽查，其中责成自查问题户数39户，查补入库219万元；重点检查户数15户，查补入库868万元，选案准确率为100%，查补入库率为99.5%，案件查结率为100%。以推进“互联网+税务”为契机，加强信息管税，实现部门信息共享，利用大数据聚合效应，拓展信息化应用领域，发挥涉税信息在堵漏增收、防范风险等方面的重要作用。加强房土两税税源清理，逐户逐项核查摸底，发放税务事项通知书催报催缴。

【服务型税务机关建设】 2016年，县地税部门加快建设服务型税务机关，推进税收现代化建设，开展以“改革·合作”为主题的便民办税春风行动。推进国税、地税深度合作，与县国税局共同新建“国地税联合办税服务厅”，实现“进一家门、取一个号、到一个窗、办两家事”，做好纳税服务“最后一公里”。结合税收宣传月，开展“互联网+税收宣传”活动，举办“营改增”税收网络知识竞赛，利用“12366”纳税服务平台、常山财税微信、QQ群等媒体渠道宣传税收活动。组织税务干部走访重点税源企业，采取座谈、培训、辅导等方式宣传企业所得税政策、小微企业税收优惠政策，辅导企业填报年度申报工作。做好纳税人满意度调查，开展纳税服务需求调查，特别是对规模以上企业实行走访“全覆盖”，主动与企业对接，掌握企业的生产经营情况、存在困难和问题，及时帮助企业解决涉税难题。

（李　希）

国家税务

【概况】 2016年年底，常山县国家税务局（简称“县国税局”）在编干部职工98人（含新录用的10名试用期公务员），其中公务员身份93人、行政职工5人；党员63人；大专以上文化程度98人，其中全日制本科学历22人，干部平均年龄46岁。离休干部4人，退休干部28人。局领导班子5人，其中乡科级正职4人，乡科级副职1人。内设机构有办公室、人事教育科、监察室、机关党委办公室、政策法规科、税源管理一科、税源管理二科、纳税评估科、进出口税收管理科（局）、征收管理科、收入核算科、纳税服务科12个科室，以及一个直属单位（稽查局）和一个事业单位（信息中心）。

2016年，全县注册登记纳税人17494户，比上年增加2698户，增长18.23%。其中，企业3928户，增加665户，增长20.38%；个体经营及其他非企业单位13566户，增加2033户，增长17.63%。县国税局按时完成金税三期上线，并应用于基础管理、案头分析等征管各个环节，为实现税收现代化建设提供有力支撑。坚持组织收入原则，深化收入目标管理，增强全局统筹性、征管精准性、考核严肃性，实现国税收入保持平稳增长。全年累计组织国税收入53915万元，比上年增长2%，完成年度税收任务，其中增值税40268万元、企业所得税8067万元、车辆购置税5450万元、消费税130万元。聚焦“三去一降一补”，与县市场监管、统计、审计等部门，联合推动处置“僵尸企业”，落实降低企业杠杆率税收支持政策，加强政策帮扶，优化税收服务，减轻企业负担。落实税收优惠政策，支持企业发展壮大，促进常山经济发展，全年办理各类退税514笔，退税总额9916万元，其中，出口退税5229万元，福利企业和资源综合利用退税3682万元，汇算清缴等其他退税1005万元。

是年，县国税局获“浙江省青年文明号”复评通过，县国税局团委获评“市级先进团委”，驻县行政服务中心国税分中心获

“先进分中心”荣誉。

【营改增试点全面推开】 2016年，县国税局按照国务院“确保所有行业税负只减不增”的要求，全面推行建筑业、金融业、生活服务业和房地产业四大行业“营改增”。全局干部用“白+黑”“5+2”的工作模式，连续奋战两个月，于5月1日启动“营改增”扩围。“营改增”后，根据各行业特征，县国税局分行业采取针对性管控，利用油耗信息强化交通运输业监管；与县财政、住建、交通等部门共享项目数据为建筑企业戴上“以票控税”“信息管税”双保险；对金融行业同业拆借、涉农贷款等免税申报数据进行查验，加强免税审核。

【国地税征管体制改革深化】 2016年，按照《国地税合作规范》3.0版要求，县国税局与县地税局联合成立工作领导小组，建立税收宣传、纳税服务、税收征管、信息共享、稽查合作工作小组，深入落实国地税合作事项，不断整合服务资源，拓展合作领域，建立联合办税服务厅，并将合作事项向欠税管理、网络与信息安全、风险管理等深层次方面延伸，逐步实现“1+1>2”的叠加效应，打造便捷、规范、高效的纳税环境。推进办税服务综合管理系统建设，规范自助办税终端管理，完成国地税联合办税服务厅建设，规范办税流程，推行“一窗通办”，实现“进一家门、办两家事”，为纳税人提供方便快捷的服务。

【“放管服”改革深入推进】 2016年，县国税局坚持清单管理原则，持续加强事中事后管理，推进税务行政许可规范化，每周在县国税局外网，向纳税人发布本周行政许可事项办理进度，全面实现税务行政许可事项“零超时”。开展“便民办税春风行动”，细化10类45项服务措施，落实税收征管规范和纳税服务规范升级版，优化岗位责任制、服务承诺制、一次告知制、首问责任制、限时办结制，提供预约服务、延时服务、上门服务，让纳税人享受高效、优质的服务。

（余　鑫）

金融 · 保险

银行业综述

2016年，全县金融机构以“创新、协调、绿色、开放、共享”五大理念为引领，以“两学一做”学习教育为契机，落实稳健货币政策，支持地方经济建设，防范化解金融风险，促进县域经济平稳健康发展。全县金融机构本外币各项存款余额186.66亿元，比上年增长13.70%；本外币各项贷款余额146.48亿元，增长2.09%。

推进“普惠金融”。全县金融机构推广“应收账款融资服务平台”，成交15笔、金额6.38亿元。用好PSL——抵押补充贷款，引导中期政策利率，使商业银行取得低成本资金，支持地方棚户区改造、水利工程和农村公路项目建设。主动对接常山县政府重点建设项目，向上争取信贷规模，为常山县通途交通建设投资有限公司授信3亿元。引导融资创新，创新“党建+金融”、丰收驿站等新型信贷模式。发放“党建+金融”信贷模式业务110笔，授信额度960万元。全县金融机构贯彻落实常山县绿色金融助推转型恳谈会精神，成功对接落实重点项目和企业35个，融资授信总额48.72亿元。“普惠金融”服务网络建设不断完善，全县设银行卡助农服务点276个、POS机2290台、ATM185台。“普惠金融”服务示范区惠及农民、商户、产业工人等18个集聚区的4.26万余人。

向上争取扶贫再贷款和贷款风险补偿金。常山联合村镇银行向上争取到1000万元扶贫再贷款，贷款主要对象是建档立卡贫困户和带动贫困户就业发展的企业、农村合作社，发挥金融扶贫扶困作用，促进贫困人口脱贫致富。中国人民银行常山县支行（以下简称“人行常山支行”）为全县金融机构争取小微企业风险补偿资金265.96万元、农业贷款风险补偿金262.98万元，激发金融机构主持现代农业和小微企业转型升级的积极性，增强金融机构支农支小信贷业务的风险覆盖能力。

探索“智慧支付”。全县金融机构以提升助农点服务质量为己任，以促进助农取款服务的可持续发展为目标，探索全县“智慧支付”建设，提升助农点服务质量。对辖内偏远山村65家银行卡助农服务点运行情况进行实地调查，全面了解当前银行卡助农服务点业务发展及风险防范情况，促进助农取款服务的可持续发展。制定常山县争创“智慧支付”方案。加快推动金融IC卡和移动支付在公共交通、超市和菜市场的应用，打造特色“智慧公交”和“智慧菜篮”品牌。“智慧食堂”“智慧校园”“智慧医疗”3个项目完成创建并投入使用。其中“智慧食堂”交易笔数1108笔，金额1.04万元；“智慧医疗”交易笔数280笔，金额1.43万元；“智慧校园”交易笔数1830笔，金额16.59万元。县域助农业务笔数66.09笔，增长62.54%，金额6.99亿元，增长385.42%。

深化金融宣传。全县金融机构借助“金融墟日”开展以“权利·责任·风险”为主题的“3·15”消费者权益保护日宣传，促进金融消费者进一步提升权责意识和风险意识。利用“6·14”信用记录关爱日开展征信宣传咨询活动，编辑征信宣传册、征信宣传标语环保袋，撰写完成普惠金融蓝皮书。与《衢州日报》记者沟通交流，出版常山普惠金融蓝皮书，使常山普惠金融品牌更加深入人心。以普惠金融理念开展“金融夜校”工作，帮助农民群众接受和体验金融新产品和新事物，变“村村通”为“村村懂”。

2016年常山县金融机构本外币存贷款余额

表25

项目类别		存款		贷款	
		年末余额（亿元）	比年初增长（%）	年末余额（亿元）	比年初增长（%）
全县金融机构		186.66	13.70	146.48	2.09
其中	农发行	6.08	124.45	10.03	19.91
	工商银行	25.35	9.32	21.09	-0.97
	农业银行	18.16	7.68	14.18	-1.07
	中国银行	10.85	1.16	16.06	-2.65
	建设银行	18.09	-0.73	17.32	-11.38
	农村信用社	70.87	15.91	43.92	7.17
	邮政储蓄	13.20	15.95	3.48	8.81
	村镇银行	8.12	2.9	9.52	19.91
	泰隆银行	5.81	26.16	5.22	6.7
	温州银行	2.85	-14.13	2.17	-30.97
	金华银行	2.16	-6.03	1.62	-12.09
	民泰银行	1.44	3104.3	0.86	无
	台州银行	0.40	无	1.01	无

说明：台州银行于2016年11月试营业

人行常山支行

【概况】 2016年，人民银行常山支行（简称“人行常山支行”）贯彻落实全国金融工作会议精神，贯彻执行稳健货币政策，支持服务地方实体经济发展。借助常山县人民政府举办的“绿色金融助推转型恳谈会”，对接落实重点项目和企业35个，融资授信总额48.72亿元。向上争取扶贫再贷款，为常山联合村镇银行争取到1000万元扶贫再贷款，贷款主要对象是建档立卡贫困户和带动贫困户就业发展的企业、农村合作社，发挥金融扶贫扶困作用，促进贫困人口脱贫致富。为全县金融机构争取小微企业风险补偿资金265.96万元、农业贷款风险补偿262.98万元，激发金融机构支持现代农业和小微企业转型升级的积极性，增强金融机构支农支小信贷业务的风险覆盖能力。

6 月 2 日，全市绿色金融助推转型恳谈会召开

（黄红霞　摄）

人行常山支行开展以“金钉子”为精神的“文化建设年”专题活动，围绕学习上“钻劲”“主动”、工作上“韧劲”“巧劲”、团队中“协作”“坚守”，召开座谈会 3 次，通过内网征求意见 2 次，提炼出人行常山支行“尚学、善行、惟和、创新”的核心价值观，在支行职工大会上全面阐述核心价值观内涵；同时，提炼出“支行使命”“共同愿景”“管理理念”等 8 个方面理念，初步形成人行常山支行特色文化。人行常山支行为全行员工赠送《带着责任心去工作》《如何训练出高效执行力》等多本书籍，不断丰富支行文化建设，提升员工学习的积极性、有效性。开展“话家风”主题演讲比赛，有 8 名青年员工参赛，展示青年员工爱国爱家爱行的深切情怀和张扬中华民族美德、传承良好家风的坚定信念。

人行常山支行组建登山、摄影等兴趣小组，开展庆“三八”等多项文体娱乐活动，提高团体凝聚力。组织人员参加“世界献血者日”无偿献血活动，有 4 人次献血，其中 1 人累计献血量有 5600 多毫升。热心社会公益事业，开展“一日捐”募捐活动。参与组建“共青团常山县金融工作委员会”，为金融机构青年团员交流搭建崭新平台；以金融工会联合委员会为平台，组织辖内金融机构开展“迎接 G20 人人讲文明——争做常山好人”和争创“国家卫生县城”活动。配合做好 G20 峰会、互联网大会期间的维稳工作。举办常山县金融系统第三届气排球比赛，增强各金融机构之间友谊。

人行常山支行发挥风险监督管理系统作用，及时录入修改后的内部管理制度、依法行政专项审计、普通纪念币专项审计等相关内容。严格按规定频率，及时录入监督检查信息。根据上级行要求，修订支行 2016 年党风廉政建设责任书，制定行级非领导职务、副股长（主任、副股级非领导职务）党风廉政建设责任书，并层层签订。参加衢州市中心支行纪委组织开展的“赏荷咏廉”“寻根问廉”“见清思廉”“观石赛廉”“尊儒评廉”暨“两个责任”述评等活动，承办“两学一做暨廉政知识竞赛”，把廉政建设贯穿于日常管理中，夯实党风廉政建设基础。制作廉政系列手册，营造廉政文化浓厚氛围。

是年，人行常山支行被评为衢州市“银行卡助农服务”工作先进集体、2015 年度衢州市农村地区电子支付业务推广竞赛组织机构二等奖、“市级治安安全先进单位”、衢州市人民银行“青年文明号”、浙江省人民银行系统“五四”红旗团支部等；人行常山支行参加县国税地税组织的营业税改征增值税知识竞赛并获团体二等奖。

【金融机构国库信息化建设】 2016 年，人行常山支行组织国库岗位青年员工参加财政和上级行电子化管理培训，做好与财政、税务部门的沟通协调，推进国库集中支付电子化管理。全面推进“营改增”工作。对辖内“营改增”新政试点推行后银行业税负情况开展调研并施策应对。做好国库信息化系统上线运行系列工作。如地税系统“金税三期”上线和全省地税业务全面应用全国统一的财税库银税收收入电子缴库横向联网、国库监管（事后监督）系统上线运行。

【优化人民币流通环境】 2016年，人行常山支行加强管理，做好人民币日常收缴、鉴定及残损人民币鉴定兑换工作，收缴假币2704张，金额227180元；鉴定假币11笔，面额1020元；兑换残损人民币36笔，金额15700元。做好贺岁纪念币和孙中山诞辰150周年普通纪念币发行兑换及巡查工作，确保平衡安全发行。派出业务骨干协助“清卡一号”专案小组开展工作。加强与县政府金融办、公安等部门的反洗钱协作。派员参与县政府组织召开的非法集资风险专项排查工作，对辖内40多家金融服务企业进行走访排查，对其中5家存在非法集资嫌疑的企业进行整治，共同推动县域反洗钱工作有序进行。提升重点可疑交易报告质量水平，上报4份重点可疑交易报告，并移交公安部门，有效提高重点可疑交易报告的成案价值。

【强化辖内金融稳定管理】 2016年，人行常山支行根据《存款保险费率管理和保费核定办法》，做好核算保费缴纳基数、核定使用费率等存款保险基础性工作。做好金融消费纠纷投诉处理，改进服务质量，提高服务水平，受理并妥善处置金融消费投诉纠纷4起。完成对常山信用联社和常山村镇银行支农再贷款检查，对常山工行开展综合业务检查，对常山中行开展征信管理检查，对常山金华银行开展人民币收付业务和假币收缴鉴定工作检查等多项执法检查。加强对金融机构的管理，有力维护辖内金融稳定。

（樊小雄）

银监常山办事处

【概况】 2016年，中国银行业监督管理委员会衢州监管分局常山办事处（简称“银监常山办事处”）坚持金融服务县域实体经济不动摇，优化辖内金融生态环境，帮扶困难企业，推行主办行和企业联合授信制度，维护好辖内金融秩序，严守监管底线，促进辖内经济金融的平稳健康发展。督促辖内银行业机构落实风险化解机制，创新不良资产处置方式，加快风险化解和清收处置。参加县政府“百名局长帮百企”活动，定期走访挂联企业浙江常山双明轴承有限公司，了解该公司生产经营状况，为企业排忧解难，受到企业好评。强化政银企三方联动，参加困难企业帮扶协调会，帮助企业共渡难关；同时，向政府建言献策，维护银行业的合法权益。截至年底，全县金融机构各项人民币存款余额182.8871亿元，比年初增加21.5513亿元，增长13.36%；各项贷款余额146.4816亿元，比年初增加2.9665亿元，增长2.07%。小微企业贷款余额66.94亿元，占比45.7%；涉农贷款余额93.53亿元，占比50.7%。设乡镇及以下标准化网点33个，各类电子机具910台，电子机具覆盖所有行政村（社区）。

立足法人机构监管，以推进常山农信联社深化“好邻居·丰收驿站”建设、推动常山联合村镇银行深化“村居化”营销发展两项亮点工作为抓手，打造县域普惠金融服务品牌。加强政策引领，指导常山联社制定“好邻居·丰收驿站”建设工作的全年行动方案，明确具体措施，量化工作目标，定期评估成效，督促常山农信联社通过推动“好邻居·丰收驿站”全覆盖、推进“好邻居·金融夜校”开课、推动电子离柜率提升，实现存贷结构优化，信用风险化解，普惠金融升级等目标。截至2016年年末，辖内188个行政村（社区）实现丰收驿站基础建设全覆盖，完成年度建设任务，办理各项现金转账与缴费业务64.59万笔，金额7.04亿元，对离柜率贡献7.64个百分点；开设金融夜校412场，参与员工3150余人次，受益群众8.3万多人次，实现村村通到村村懂。加强辅导式监管，督促常山联合村镇银行加快“普惠金融服务站”和“信用社区（村）”建设，建立信用数据库，延伸服务边界，创新产品业务，打响“村居化”营销品牌，提升服务小微、服务“三农”的能力。至年末，全县新建普惠金融服务站2家，总量达6家；新增信用社区（村）11个，建档户数占比15.28%；信用村贷款户较上年末新增286户，增幅77%；开展各类营销活动900多场。

【推进主办银行联合授信】 2016年，银监常山办事处在2015年的基础上扩大企业授信总额联合管理范围，防范过度授信、过度担保导致的企业“两链”风险，构建科学有效的信贷文化。对存量授信明确为3000万元（含）以上及授信银行3家（含）以上，新增授信明确为500万元（含）以上均要纳入管理。截至年底，成功签约39家企业，授信总额20.99亿元，对外担保总额6.67亿元，其中单一授信11家，授信额1.31亿元，联合授信28家，授信额19.67亿元，对外担保额6.67亿元。这一做法得到政府、银行、企业三方的好评和支持，并获县委书记王良春的批示肯定。推动组建债权人委员会，完成辖内12家债权人委员会的协议签订和系统录入工作，形成银行业“同进共退”格局，有效帮扶困难企业及保障银行债权。

【“清雷防险”专项检查】 2016年，银监常山办事处配合衢州银监分局“清雷防险”现场检查工作，查找机构合规“短板”。在“清雷防险”检查期间，银监常山办事处主动做好现场检查工作和后勤服务保障工作，梳理归纳各行经营特点、合规短板，为检查组提供制导点和突破口。后续跟踪督促整改，提升机构合规水平。召开全县金融机构检查通报会，将现场检查发现问题和监管意见传达给辖内各机构，督促各行高度重视、充分警示、切实整改，推动各行有效贯彻落实现场检查意见，提升机构合规管理水平。

【法人机构日常监管】 2016年，银监常山办事处采取“一行一策”措施，做好常山农信联社、常山联合村镇银行两家法人机构的日常监管工作。引导常山农信联社有序推进资产负债结构优化、大额贷款压降、不良贷款处置等重点工作。要求常山村镇银行持续做好流动性管理、员工合规文化建设、信用风险化解等重点工作。以“1104报表”审核、审慎监管会谈、审计“三方会谈”等为主要手段，通过定期走访，及时了解法人机构的经营情况以及风险状况，有针对性地提出监管意见。

（冯程程）

工行常山支行

【概况】 至2016年年末，中国工商银行股份有限公司常山支行（简称“工行常山支行”）各项本外币存款余额25.35亿元，比年初增加2.23亿元；余额四大国商行占比达34.99%。年末各项本外币贷款余额21.10亿元，余额四大国商行占比达30.75%。全年实现拨备前利润7675万元。

2016年，工行常山支行深入开展“两学一做”学习教育活动，在党员中开展“戴党徽、亮身份、作表率”活动，推出“洪荒之力、争创标兵”全员营销竞赛活动，鼓励员工争创“党员标兵、营销标兵、全员标兵”，在工行衢州分行“两学一做”学习教育活动工作展示中荣获第一名。召开内控案防述职报告会，围绕风险把控、案防排查、案例分析、内控履职等内容，挖亮点、找短板、排隐患、提措施。组织党员到“金钉子”教育基地重温入党誓言；组织党员干部、客户经理赴省三监参观监舍、听忏悔报告；举办“梦想进行时，为我们点赞”身边故事会，重点宣讲员工或团队在信贷文化重塑、资产质量攻坚、全面转型推进、业务营销拓展、旺季业务竞赛、优质客户服务中善于攻坚克难、勇于担当尽责的好故事，集聚和弘扬正能量。成功办理全市首笔网银外汇买卖业务、全市首笔人民币期权业务、全市首笔流贷网络化融资和全市首笔工银聚财业务；财政非税系统在全市率先上线。

【办理全市首笔网银外汇买卖业务】 2016年6月，工行常山支行为浙江开拓休闲家具用品有限公司成功办理全市首笔对公网银外汇买卖业务，金额10万美元。该笔业务为全流程电子化交易，客户通过网银页面查询标准期限的外汇远（掉）期交易报价，实现远期外汇买卖业务的点击成交、挂单成交、客户端发起实时询价等功能。

【办理全市首笔人民币期权业务】 2016年6月，工行常山支行为常山县海诚化工有限责任公司成功办理全市首笔人民币期权业务，金额10万美元。在人民币对美元汇率总体呈现贬值、双向波动加剧、企业对人民币走势看法也趋于多样性的情况下，期权产品能较好地满足客户的金融需求。

【财政非税系统在全市率先上线】 非税收入收款业务是指缴款人在浙江政务服务网上通过银联等代收机构缴入非税资金。2016年6月，工行常山支行作为收款银行，在全市率先上线财政非税系统，成功投产非税收入网上缴款项目手机银行缴费端。该系统的成功上线，为缴款人提供了便捷的线上非税缴费渠道。

【办理全市首笔流贷网络化融资】 2016年10月8日，工行常山支行为浙江省常山县永乐家电有限公司成功发放全市首笔流贷网络化融资，金额500万元。流贷网络化融资全流程在线办理，突破了传统信贷业务办理流程中的时间和空间限制，能有效缓解客户经理案头工作压力，是推进互联网金融发展战略的利器之一。

【办理全市首笔工银聚财业务】 2016年12月8日，工行常山支行为常山江山虎水泥有限公司成功办理全市首笔工银聚财业务，金额1200万元。工银聚财是工商银行与工银瑞信基金管理有限公司合作，转为企业客户提供的一项“现金管理”和“投资理财型”专属金融服务，是企业做好现金管理及资金增值服务的好帮手。企业仅需一个境内工行对公结算账户，并完成在线签约，即可轻松实现资金理财。

（赵丽雅）

农行常山支行

【概况】 2016年，中国农业银行股份有限公司常山县支行（以下简称“农行常山支行”）机关设有综合管理部、风险管理部、公司业务部和个人金融部；营业机构有支行营业室、红旗街支行、芳村支行（2016年6月30日，原芳村分理处升格为芳村支行）；在全县设有6个24小时自助银行，其中新增的驻人式自助银行2个，配有自动取款机（ATM）、存取款一体机、自助转账机等自助设备33台，布设惠农通服务点219个。至年末，农行常山支行各项存款余额18.16亿元，比年初增加1.29亿元；各项贷款余额14.18亿元，比年初减少0.15亿元；实现拨备前利润4039万元；完成中间业务收入958万元。

农行常山支行与县内3个亿元以上重点

项目进行对接支持：（1）总投资约5亿元的常山县百利盛弹簧钢丝、弹簧制品生产制造及纸质包装箱生产项目，发放小企业简速贷400万元，并增加固定资产贷款800万元；（2）总投资3亿元的常山县康盈磁业一次成型钕铁硼项目；（3）总投资20亿元的常山县农机产业园农机整机项目，发放入园前期贷款1500万元，上报授信4000万元待机器设备到位后配套流动资金贷款。此外，与全县11个乡镇的小城镇综合治理贷款、县水利部门实施的常山港治理二期工程等项目正在对接中。

“三农”业务全面推进。至年末，农行常山支行有效惠农卡比年初增加2014张，计划完成率330%，居系统内第一；“惠农通”台均交易笔数395笔，计划完成率141%，居系统内第二。惠农通覆盖率、有效率、在线率均完成上级行计划。安排“惠农通”营销团队开展存量“惠农通”维护及新客户营销工作，完成农户信用档案建档6077户，完成市分行下达建档计划的101.3%；预授权3636户；发放惠农网贷3户，金额90万元。发展农村信息员16人，吸收个人存款4014万元，比年初增加3445万元，日均比年初增加2553万元，农户金融资产比年初增加2976万元。农村信息员队伍的增强对支行稳存增存起到了促进作用。

实行公司客户经理周例会制度，制定公司客户经理的日作息、周作息时间表，强化公司客户经理的专业学习，规范客户经理的工作行为；开展“一人一账户”“一人一车险”专项营销活动，促进中间业务的稳定发展。做好理财产品组合营销，与证券、基金、保险等公司开展合作。拓展租金分期、现金分期、贵金属销售等新业务，增加中间业务的新渠道。在全部网点设置防范电信诈骗的提示牌，提高客户安全意识。做好软转固化工作，提高服务质量。

【发展驻人式自助银行】 2016年，为解决农村网点少，拓展农村业务缺乏平台的问题，农行常山支行在球川镇和辉埠镇分别设立驻人式自助银行，均于1月26日对外营业。球川驻人式自助银行位于球川镇红旗岗青梅路1号，面积80平方米；辉埠驻人式自助银行位于辉埠镇灰山底村光辉路，面积70平方米；每个驻人式自助银行均配有超级柜台机1台、存取款一体机2台、自助转账机1台、监控设备1套、驻点经理1人、保安人员1人。至年末，球川镇和辉埠镇2个驻人式自助银行吸收存款500多万元，推荐贷款300多万元。

（季雨根）

建行常山支行

【概况】 2016年年末，中国建设银行股份有限公司常山支行（简称“建行常山支行”）本外币一般性存款余额181508万元，其中对公存款余额118493万元，储蓄存款余额63015万元，比年初新增1192万元；一般性存款日均余额182636万元，比上年新增10106元，新增位列四行第二。日均余额四行占比25.59%，比上年提升0.06个百分点，为系统内唯一实现占比提升的县支行；各项贷款余额183652万元：其中个人类贷款新增14763万元，四行新增第一，优势明显。个人中间业务净收入768万元，四行占比23.725%，比上年提升1.10%，系统内排名第二。实现拨备前利润5715万元，比上年增幅7.10%；四行占比27.29%，比上年提升5.86个百分点，位列系统第二。

【衢州分行首笔“公转商”贷款由常山支行发放】 2016年6月2日，中国建设银行衢州分行与常山县住房资金管理中心举行“公转商”（指由于公积金中心贷款资金不足，而由商业银行发放商业贷款，再由公积金中心将利差返回贷款客户的一项业务）业务签约仪式，开启了建行常山支行与常山县住房资金管理中心“公转商”业务合作的先河。6月3日发放首笔“公转商”贷款，填补了建行衢州分行该项业务的空白。此项业务极大助推了个人贷款业务的发展。至年末，建行常山支行个贷余额97286万元，新增17762万元，新增四行占比达40.31%，居第一，继续保持四行领先优势。

1月17日，建行衢州分行、常山县住房公积金管理中心“公转商”业务签约仪式在建行常山支行举行 （黄海彤 摄）

【建行常山支行不良贷款处置成效明显】 2016年，建行常山支行通过上门催收、司法起诉、司法强制执行、贷款平移、贷款剥离等多种措施，处置不良贷款近1亿元。完成现金回收不良贷款862万元、平移贷款1100万元；8010万元的不良贷款在年内入池出表。

（姚胜土）

中行常山支行

【概况】 2016年，中国银行股份有限公司常山县支行（简称“中行常山支行”）贯彻中国银行总行“担当社会责任，做最好的银行”的战略目标，帮扶困难企业，保持与担保企业高层的密切沟通，灵活运用多种策略争取担保企业现金代偿，现金清收衢常铁路贷款4600万元；对当年新产生的鼎航钢构和天蚕纺织两户余额达2800万元的不良授信进行全力化解。在“五水共治”和创“国家卫生县城”期间，围绕县委、县政府提出的“清三河、两覆盖、两转型”工作重点，参与单位结对“包村”的清洁活动，为“包村”累计争取20万元补助资金。

至年末，中行常山支行实现本外币存款余额108504万元，余额较年初新增2696万元；人民币贷款余额160601万元，比年初减少4375万元；国际贸易结算量4144.82万美元，市场占比33.22%，比年初上升1.79个百分点，当地排名第二；实现净利息收入4870万元，拨备前利润3764万元，净利润744万元。人民币不良贷款余额2133万元，不良率1.33%，全县平均不良率为3.4%，低于全县平均2.07%，在县域不良率低于同业较多。创建务实严谨的内控案防管理工作氛围，注重员工异常行为排查，内控管理工作坚持疏与导相结合。注重过程管理，及时化解发生的问题，全行业务操作无重大差错，全年未发生安全保卫方面问题，全行员工无重大违规、违纪事件。

2016年，中行常山支行党支部获评2015年度先进基层党组织；在2016年浙江省分行“开门红”活动中，获对公存款市场份额进步奖；获评中国银行浙江省分行2014—2015年度安全保卫工作优秀集体；2015—2016年连续两年获市级治安安全先进单位称号。

【信贷增幅位列衢州市中行系统首位】 2016年，中行常山支行支持常山县地方经济建设，在提升金融服务水平下功夫，年信贷增幅超过1.5亿元，信贷增幅位列衢州市中行系统首位。密切政、银、企三方的信息沟通，区别中小企业不同情况，采用不同的授信政策，解决企业“融资难”。针对中小企业规模小，有效资产抵押不足的情况，推行新业务，加大授信投放力度，解决企业贷款难。在确保信贷总量较快增长的同时，引导和推动重点领域和行业转型升级，支持常山县重点产业、重点企业，加大对石文化产业、新材料、电子信息产业等战略性新产业的资金支持力度，服务地方经济发展。

（叶剑明　杨　灵）

邮储常山支行

【概况】 2016年，中国邮政储蓄银行常山县支行（简称“邮储常山支行”）营业网点全新转型。年末，邮储常山支行从业人员数49人；各类存款余额10.94亿元；新增发卡941张，结存卡户数133218户；代理理财业务8741.01万元；代理保险4810.07万元；代理基金729.28万元；代理销售国债357.7万元；个人贷款累计发放22.90亿元，贷款结余34756.81万元。

是年，邮储常山支行组织员工参加工会、金融系统气排球比赛和女工“三八”节等活动，推进企业文化建设。邮储常山支行营业部被中国邮政储蓄银行浙江省分行授予“信用卡业务发展优秀网点”称号；邮储常山支行综合管理部凌建华被衢州市公安局授予“全市治安保卫重点单位G20峰会安保工作先进个人”称号。

（郑　苑）

常山农信联社

【概况】 2016年，常山县农村信用合作联社（以下简称“常山农信联社”）内设12个职能部室，在职职工302人，营业网点26个，助农服务点227个。纳税总额3448.28万元；存款余额70.87亿元，占全县金融机构的38.27%；贷款余额43.92亿元，占全县金融机构贷款余额的30.02%%；贷款让利总额达2626万元，支持小微企业365户，金额13.98亿元。常山农信联社涉农贷款余额40.27亿元，比年初增长2.74亿元，增幅7.33%，占各项贷款比例为91.68%，涉农贷款增速比各项贷款增速高0.16个百分点；小微企业贷款余额20.89亿元，比年初增长1.65亿元，增幅8.56%，占各项贷款比例为47.56%。实现财务总收入4.28亿元，比上年减少0.08亿元，降幅1.91%。实际利润总额8119万元，减少4831万元，降幅37.31%；实现利润总额4745万元，减少3960万元，降幅45.49%。

对照《中国银行业营业网点文明规范服务评价标准（修订版）》10个模块190方面共1000分的细则，制订实施方案，导入3.0版营销理念，首创飞行模式。开展“十佳服务明星”“十佳创新标兵”“十大重点工作推进团队”等评选活动。

“好邻居·红马甲”荣获2016年度常山县优秀志愿服务组织和衢州市文明创建最美志愿服务队，“好邻居·丰收驿站”成为县政府2017年十大为民办实事之一。常山农信联社作为全省农信系统7家行社之一，在社区银行转型建设推进工作视频会议上作典型经验交流。常山农信联社营业部通过省级农信文明规范服务示范单位复评，招贤信用社成功创建衢州系统文明规范服务示范单位。常山农信联社先后荣获“全国模范职工小家”“全省农信系统优胜单位”“全省农信系统信息工作先进集体”“浙江省工人先锋号”“全省十强支农支小单位”“全省网点转型单位”等荣誉称号，在2016年度县级机关“满意不满意单位”评选中，位列服务行业部门类第一，获县“满意单位”称号，且考评得分连续5年位居全县银行业金融机构首位。年度内审计项目获市级表彰项目1个，获市级论文三等奖1篇、优秀奖1篇，获省级案例优秀奖1篇、市级案例二等奖1篇。

【金融产品创新】 2016年，常山农信联社创新推出邻居卡，该卡以具有常山特色的胡柚元素为卡面背景，集借记卡、贷记卡、贷款卡于一身，具有免年费、免开卡工本费、免短信提醒手续费、免小额账户管理费、免ATM跨行取款手续费、网上支付、代扣水费、电费、数字电视费、保险、购物折扣、公交、菜篮子、旅游便民应用功能。将传统的信贷关系、合同关系，转变为邻居关系，相继推出“好邻居·光伏贷”“好邻居·拍拍贷”“好邻居·百岁无忧”养老金贷、“好邻居·爱心贷”存款产品。围绕“常山三宝”“四条美丽乡村风景线”建设和民宿经济，创新推出“常山三宝产业链贷款”“好邻居 油茶贷”“好邻居·民宿农家乐贷款”等产品，从宽度和深度上满足百姓需求。推出“丰收爱心卡”，扩大扶贫小额贷款支持范围，加大金融精准扶贫力度，为低收入特殊群体提供更优质更便捷的金融服务。“好邻居·红马甲”深入常山各个行政村和社区，开展大、中、小型活动计划92场次，搜集客户信息1800余户。“好邻居·金融夜校”在188个社区和行政村开课400余场，向8.3万人次群众普及防电信诈骗、反假币、如何使用电子机具等基础金融知识，变“村村通”为“村村懂”。

【农村金融综合服务平台拓展】 2016年，常山农信联社通过县委、县政府印发《常山县“推普惠金融 促农民增收”行动实施方案》，新增授信10亿元贷款支持农民增收、农民创业；争取到以第三方机构的形式参与全县村级（社区）便民服务中心升级版打造工程，将代办计生、社保、民政、农业、林业、国土、住建行政服务类事项纳入“好邻居·丰收驿站”业务范围，上线丰收购、丰收家平台，与电商、物流、商家等第三方开展跨界合作，打造出集政务、电商、金融、民生四位一体的农村金融综合服务平台——“好邻居·丰收驿站”100家，直达民生“最后一公里”。其中，25家“好邻居·丰收驿站”进驻村级（社区）便民服务中心

【不良贷款清收】 2016年，常山农信联社完善《授信管理实施细则》，重新测算客户存量授信，对500万元以上贷款实行名单制管理，有效压降1000万元以上贷款。采用协调清收制、司法清收制、外包清收制、活动推进制、以帮化险制和不良追究制等方式，累计清收化解表内不良贷款282户计1.66亿元，收回核销置换贷款583户、本息779.31万元。推行高管领衔清收制度，97户计7.60亿元大额不良贷款全部由高管认领清收，已化解62笔计1.67亿元。加大贷款责任追究，对49笔计472.7万元的新增不良贷款进行追究，对相关责任人处罚77.74万元。

【合规管理与风险排查】 2016年，常山农信联社推进客户经理“4+2”廉洁合规风控模式，开展内部的业务经营现场检查、“两加强两遏制”回头看检查；配合上级开展“清雷防险”“全面检查”。开展“法治规范年”“合规种子”培育、“合规从我做起”大讨论、“照镜子”“回归本源、文化立社”活动，推动制度规范和风险排查，加强依法治理和规范经营。对检查出的有关情况进行通报并及时进行整改、搭建网点利润考核系统、强化安保制度执行力，发挥审计“啄木鸟”作用，做好理财及资金业务专项审计、大额贷款审计、财务费用审计、卡业务审计、微贷中心业务审计、员工失范行为、违规数据、疑点数据核实；配合事务所做好年报审计、

网点负责人经济责任审计、员工行为专项审计等工作项目，累计对481位责任人进行处罚。累计发出整改通知书17份，提出整改意见322条，完成整改307条，处理处罚责任人481人次，警告15人次，通报批评69人，经济处罚56.1万元，扣违规积分519.9分。

（李　翔　李琦婧）

农发行常山信贷组

【概况】 2016年，农业发展银行常山信贷组（简称“农发行常山信贷组”）坚持政策性银行办行方向，执行国家意志和服务“三农”需求，坚持规范经营、防范风险，以发展为主线，以高品质、专业化服务为手段，扩展市场、创新产品、培育客户，实现各项业务的全面增长。年末，贷款余额100348万元，比上年增加16661万元，增长19.9%；贷款日均余额73487万元，比上年减少2282万元，下降3%；存款余额60762万元，比年初增加33691万元，增长124.5%；存款日均余额41893万元，比上年增加21632万元，增长106.8%；中间业务收入99.05万元，比上年增加44.67万元，增长82.14%。

【收储粮油贷款成效明显】 2016年，农发行常山信贷组立本经营，做好收储贷款，业务成效明显。累计完成储备粮增储贷款1030万元，发放省级轮换贷款2128万元，省级储备粮贷款1064万元，县级储备粮贷款2024.3万元，县级储备油贷款66.66万元。收购储备粮11379吨、储备油75吨。

【项目贷款力度加大】 2016年，农发行常山信贷组获授信7.88亿元，完成3笔中长期贷款审批，累计投放6.78亿元，分别是浙江省常山粮食收储有限责任公司实施的“800万元常山县中心粮库改扩建项目”，800万元贷款全部投放；常山县市场开发有限公司实施的“5亿元常山县城东新区一期基础设施建设项目”，已投放4.7亿元；常山县辉埠经济发展投资有限责任公司实施的“2.8亿元常山县辉埠镇石姆岭村下山脱贫异地搬迁项目”，已投放2亿元。

【重点建设基金实现突破】 2016年，农发行常山信贷组获批投放中国农发重点建设基金3笔。至年末，累计投放1.2亿元，分别是常山县城市发展投资有限责任公司实施的“0.3亿元常山县城市棚户区综合改造及配套设施建设工程”和“0.4亿元常山县城市棚户区综合改造工程”，常山县农业发展投资有限责任公司实施的“0.5亿元常山县高标准农田建设项目”。

（刘　坚　郑佳辉）

常山联合村镇银行

【概况】 2016年，常山联合村镇银行股份有限公司（以下简称“常山联合村镇银行”）设有综合管理部、合规风险部、运营管理部3个管理部门和客户一部、客户三部2个业务部门，以及球川镇、芳村镇、青石镇、大桥头乡4个乡（镇）支行；有员工85人。开业6年累计发放贷款11291户，累计金额54.07亿元（含贴现）。截至2016年12月31日，各项存款余额8.12亿元，各项贷款余额9.52亿元，不良贷款率3.73%，拨备覆盖率154.95%，当年新计提拨备2204.2万元；各项资产总额10.18亿元，其中营利性资产9.95亿元，非营利性资产2289.27万元；流动性比例26.44%，资本充足率17.14%，其中核心资本充足率16.07%，符合银监部门的监管要求。各项监管指标均达到或高于银监会的好银行标准，具备较强的抗风险能力。

2016年，常山联合村镇银行根据行业监管部门要求，开展征信业务风险排查，提高征信业务管理水平；开展票据业务风险排查，防范票据风险；开展不良资产检查，加大处置力度。同时，开展总行客户部权限内贷款风险排查、重点领域风险排查、“两加强 两遏制”回头看专项检查活动等，严防各类风险，按要求每季度开展一次流动性压力测试。专门制定年度内部审计工作方针政策，完善《内部审计工作规程》；针对2015年度外部审计发现的问题，执行整改计划，督促各相关管理人员与业务人员落实整改。在运营、信贷、综合管理等各方面，完成对机构柜员、内部账、授权业务的专项审计工作，完成系列性风险贷款的责任追究及认定工作和重要岗位人员的强制休假审计工作等。开展员工行为排查、飞行检查等专项检查。配合做好2016年度核销贷款的责任认定及会计报表审计和内控评价工作。从流程管理、岗责体系方面入手，协调和处理好各经营单位针对业务发展和合规风险管控之间的关系，实现对风险的全面监控。制定“效能建设年”活动方案，启用执行力督查表，开展效能提升讨论、员工行为排查、读书会、村镇大讲坛活动，促进员工工作效率的提升。加强对员工的日常管理，采用“钉钉”考勤APP软件，逐步规范员工考勤管理。对新员工进行职业道德等方面的专职培训。实行会计主管竞聘上岗机制、启动后备干部选拔工作，加强人才储备，为有能力者提供晋升平台。

【存款结构优化】 2016年，常山联合村镇银行发挥下设支行、普惠金融服务站的区位优势，以行政村和社区为主阵地，紧跟利率市场化发展步伐，深挖优质储源，推进存款业务的发展，提升市场份额。截至12月31日，全行各类储蓄存款余额40895.45万元，较年初增加8787.28万元，增长27.37%，占全行各类存款余额的50.36%，比年初增加9.68个百分点；市场占有率4.14%，比年初上升0.46个百分点。

【推进农村信用体系建设】 2016年，常山联合村镇银行组织各类主题丰富的社区共建活动，推进农村信用体系建设。支持农村经营户、种养植户、创业置业户，推进贷款增量扩面，扩大农村市场覆盖面。创建“普惠金融服务站”，完善“普惠金融服务站”的功能和服务载体，“普惠站+”的服务模式初具模型。推出信贷资料收集、快递代收发、“家家送”服务项目，布设小布点机，满足农户小额取现、转账的金融需求。充实联络员队伍，加强联络员队伍的培训和管理，发挥联络员在协助吸收储蓄存款、参与辖内农户信用等级评定中的桥梁纽带作用。

【联合推出“仟禾福”惠农工程】 2016年，常山联合村镇银行与杭州安邦农业生物科技有限公司联合推出“仟禾福”惠农工程，免费发放“仟禾福”叶面肥。通过掌握示范农户“仟禾福”叶面肥的使用情况，对示范田进行挂牌对比，聘请农技专家上门指导，做好、做细金融惠农工程，让“千禾福”惠农工程落地生根。

【小额贷款卡业务发展迅速】 2016年，常山联合村镇银行在贷款扩面过程中，大力宣传小额贷款卡“一次授信、循环使用、随借随还”的优势，增强客户体验，帮助小散客户在柜台、网银、自助设备上的自主申贷和还贷，为有季节性、临时性资金需求的农户和个体工商户提供便利。截至12月31日，常山联合村镇银行走访行政村78个、社区8个，走访农户（居民户）12038户，发放小额贷款卡440张，授信金额3598.5万元，贷款余额1901万元；发放个人贷款6984笔，金额65028.76万元，占各类贷款发放总额的57.80%；发放小微企业贷款3503笔，金额87007.23万元，占各类贷款发放总额的77.33%。

（璜 晶）

泰隆银行常山支行

【概况】 2016年，浙江泰隆商业银行常山支行（简称“泰隆银行常山支行”）致力于开发农村市场，实施“小额、流动、分散”的经营方针，强化对“三农”的支持，改善城乡的金融服务，推出适合农村经济环境的信贷产品“乐农贷”“易农贷”等。将小微贷款批量作业与“信用村”结合起来推进，深耕农村市场，细作农村金融，加快信用评定工作，加大信贷支农力度。以“立等贷”等随借随还的无抵押贷款产品，和可上门开户开卡的“移动金融服务站”，为普通百姓提供快捷方便的普惠金融服务；创新绿色信贷产品，如“接力贷”“智融通”“长青贷”等，让金融产品和服务能惠及全县更多的企业。根据上级行运营管理部创建标杆网点建设的要求，启动创建标杆网点工作，从业务知识、业务技能、实务操作以及加强风险防范意识方面对柜面人员进行培训，提升柜面服务水平，为广大客户提供更加满意、更加贴心的金融服务。截至年末，泰隆银行常山支行各项存款余额58104万元，比年初增加12049万元，贷款余额52169万元，比年初增加3277万元。

是年，泰隆银行常山支行被衢州市公安局、常山县公安局分别授予“治安安全先进单位”称号，被衢州市银行业协会评为“衢州市银行业文明规范服务三星级营业网点”。

（黄志军）

温州银行常山支行

【概况】 2016年，温州银行股份有限公司衢州常山小微企业专营支行（简称“温州银行常山支行”）坚持“助力小微，服务三农”的经营理念及中小微企业主办银行的市场定位，注重金融产品创新和支持地方经济发展，以“小、快、灵、好”为经营特色，打造零售业务精品银行。通过网点转型升级、服务竞赛、主动减费让利等措施，改善服务环境，增加服务项目，提高服务水平，用优质服务吸引客户、留住客户。创新推出“金鹿普惠贷”“理财产品质押贷款”“银行承兑汇票质押置换”“无缝续贷”及“应急专项资金续借”业务，简化贷款业务流程、服务手续，累计为小微企业贷款15.81亿元。办理“无缝续贷”业务22笔，应急专项资金续借业务10笔，累计金额0.92亿元，有效降低了中小企业客户的融资成本。截至年底，温州银行常山支行存贷款总量6.55亿元，其中，存款余额2.86亿元，各项贷款余额3.69亿元。

温州银行常山支行热心公益事业，累计向常山县慈善总会、常山县农村和农业工作办公室捐款85.9万元，用于支持“五水共治”“美丽乡村”建设项目。参与县教育局组织的爱心捐书活动，为偏远山区学生送去学习用品。

是年，温州银行常山支行被市、县公安局分别授予“G20峰会安保工作先进集体”“治安安全先进单位”的荣誉称号；被县文明办评为“文明单位”。

（王建兵）

金华银行常山支行

【概况】 2016年，金华银行常山支行秉承小微企业专营支行特色，坚守市场定位，重点支持小微企业和个人业务发展，对小微企业和个体经营户实施“重点倾斜”的信贷政策，满足客户融资需求。扩大对各类园区、市场、商圈等小微企业和市民的金融支持，专注做小做微，扩大服务广度和深度，累计发放小微企业贷款59户15011万元；优化信贷结构，推进“普惠金融”支农功能，支持城乡个体户、农户经营创业，为个人客户提供7188万元资金支持。年末，金华银行常山支行各项存款余额21614万元，各项贷款余额16193万元，代理理财9025万元，代销基金1346万元，实现小微企业贷款“增速、增量、增户”三个不低于目标。是年，金华银行常山支行被衢州市公安局和衢州市社会管理综合治理委员会办公室评为“衢州市治安安全先进单位”；获“衢州市卫生先进单位”称号；获“常山县文明单位”称号；获常山县“巾帼文明岗”称号；获衢州市分行信息报道二等奖；2名员工被总行评为优秀员工；5名员工获总行“无差错柜员”荣誉。

【金融产品创新】 2016年，金华银行常山支行着力做强“四百”“循环贷”“简易贷”等特色产品，加大各类权利质押、林权抵押产品宣传力度，新增针对八大行业推出个人消费性贷款“百灵卡”、针对农户推出“惠农卡”，优化业务结构，提升服务水平。全年投放“四百”贷款金额1683万元，办理简易贷140万元，办理百灵卡298户授信3947万元，办理惠农卡40户授信109万元，为个转企的企业提供在建工程抵押融资190万元。

【基础管理与风险防控】 2016年，金华银行常山支行接受衢州市银监分局的“清雷防险”专项检查和人行常山支行综合执法检查，逐项梳理支行内部制度执行、业务管理、员工行为、营业场所管理，推动内控管理工作深化、员工风险防控意识提升。推进案件防控管理工作日常化、精细化和规范化，提升案件防范水平，保持“零案件”的良好态势。以各项创建工作为指导，夯实基础管理，提升服务水平，推进风险防控和安保工作，加强声誉风险管理和客户网络安全教育提示。

【金融知识宣传】 2016年，金华银行常山支行按照人行、银监关于举办“金融知识进万家”“反假币反宣币”“防通信网络诈骗犯罪”活动的要求，开展送“金融知识下乡”“金融知识进校园”“金融知识进园区”活动，向广大学生和城乡居民普及反洗钱知识、非法集资、理财投资知识、征信知识方面的基础知识，《衢州日报》《衢州金融》《银协专栏》多次对相关活动进行报道。

（宋　岚）

民泰银行常山支行

【概况】 浙江民泰商业银行（简称“民泰银行”）创立于2006年8月18日，前身系台州市温岭城市信用社，改制后经中国银行业监督管理委员会批准，成为一家具有独立法人资格的股份制商业银行。2016年，民泰银行总部设在浙江杭州，在浙江省所有地级市以及成都、上海设有13家分行，大小网点200余个；同时在全国设立13家民泰村镇银行；共有员工6000多人。民泰银行业自2010年起连续5年跻身英国《银行家》杂志“全球银行1000强”。

民泰银行常山支行于2015年12月成立，是民泰银行衢州分行在衢州市区域内开设的第一家支行，设营业部、综合部和3个业务部门，员工32人。2016年，民泰银行常山支行累计发放信贷资金2.21亿元，贷款户均

23万元。为全县1300余个体工商户、小微企业、城乡居民、创业者提供金融服务，为10个行政村进行信贷授信，共授信406户，授信金额2335万元。

（李楚楚）

台州银行常山支行

【概况】 台州银行股份有限公司衢州常山小微企业专营支行（简称“台州银行常山支行”），是一家地方性股份制商业银行，位于常山县天马街道白马路147号，2016年10月10日开业。台州银行常山支行下设行长室、业务拓展部、小额信贷拓展部、前台业务部，员工19人。秉承“以市场为导向、以客户为中心”的经营理念和“简单、方便、快捷”的服务宗旨，以“薪金贷”“薪易贷”“安居贷”“兴农卡”等先进的金融服务产品，为发展地方经济和方便市民生活提供金融服务。截至2016年12月31日，存贷款总额14109.81万元，其中各项存款余额3971.06万元，各项贷款余额10138.75万元。

（赵　迪）

人保财险常山支公司

【概况】 2016年，中国人民财产保险股份有限公司常山支公司（以下简称“人保财险常山支公司”）支持县域经济发展，参与社会管理，运用保险业的救援和补偿的功能，保障全县人民的生命财产安全，并与一大批常山龙头骨干企业建立长期、稳固的合作关系。同时，作为政策性农业保险的首席承保人，每年为全县种养殖户提供近3亿元的农业生产风险保障。全年开办财产、车辆、责任、信用保证、货运、意外健康、农业七大类140余个险种，服务遍及全县各地和各个行业。承保全县自然灾害公众责任险、食品安全责任险、精神病监护人责任险等民生保险，提供风险保障17亿元，发挥了保险作为社会发展稳定剂、经济发展助推剂的作用。截至年末，人保财险常山支公司实现签单保费6959.6万元，业务整体增长2.1%，增速超市场1.1个百分点，市场份额达到55.9%；全年共支付各类赔款5426万元，实现承保利润968万元，为常山地方经济发展做出了贡献。

（谢泽睿）

人寿保险常山支公司

【概况】 2016年，中国人寿保险股份有限公司常山县支公司（以下简称“人寿寿险常山支公司”）设综合部、客户服务部、个险销售部、团体业务部、银行保险部5个职能部门；在芳村、招贤、青石、球川4个乡镇分设营销服务部。经营范围涵盖寿险、人身意外险、健康险、年金等人身保险的全部领域；在编员工22人，劳务派遣人员2人，代理制人员593人。实现保费收入10759.5万元（含集团公司保费），比上年增长28.09%；市场份额占38.59%，下降18.69个百分点。为7.5万人次提供各种保险保障服务，支付满期金及赔款3618.28万元，其中，在校学生895人次获赔153万元，农村小额保险参保人员22人次获赔44.70万元。发生870笔保单质押借款，为保户提供借款金额2616万元。

是年，人寿寿险常山支公司获评2014—2015年度衢州市“消费者信得过单位”，人寿寿险常山支公司客户服务中心获评“2016年度省级优质服务先进集体”。

（丁　琪）

太保财险常山支公司

【概况】 2016年，中国太平洋财产保险股份有限公司常山支公司（以下简称“太保财险常山支公司”）设有综合管理科、客户服务部、交叉销售部、理赔部4个职能部门，有在编员工8人、劳务派遣人员4人；经营范围涵盖财产保险的全部领域，包括人身意外险、健康团意险、雇主责任险、财产保险、建筑工程一切险。

2016年，太保财险常山支公司紧跟商业车险费率改革及金融保险业增值税改革新形势，加强新实务培训，完善考核办法。通过视频培训、现场辅导、自学演练等形式，推广产险码上保业务，提升电子数据。加强交叉销售队伍建设，提升自主发展和自我经营能力，提高客户服务能力和服务品质。结合商业车险费率改革，引进NCD系数（无赔款优待系数），将客户发生的交通事故的次数与车险产品价格挂钩，有效减少了小额赔付案件，综合赔付率随之下降。通过新技术解决客户痛点，改善服务体验，并以此对保险经营实施流程进行改造，促进业务新发展。太保财险常山支公司全年实现保费收入1150万元，比上年下降9.15%个百分点；支付赔款500万元。

（徐　俊）

人力资源和社会保障

综　述

2016 年，全县城镇新增就业 4231 人，城镇失业人员实现再就业 1607 人，实现就业困难人员再就业 466 人，失业保险新增参保净增 1072 人，农村电商培训 1269 人，扶持农村电商创业 223 人，农村电商创业带动就业 1621 人，城镇登记失业率控制在 2.75%。全县养老、医疗、工伤、生育、失业五大保险参保人数分别为 212279 人、296268 人、34982 人、27908 人、22992 人；社保卡持有人员总共 328850 人。

2016 年，全县协议引进各类人才 300 余人（含教育、卫计等部分事业单位 100 位人才引进对象），其中硕士研究生 32 人。全县晋升高级职称 63 人；引进国外智力 7 项，其中 3 项自聘项目、4 项 EO 项目。全县党政机关招考录用公务员 96 人，事业单位统一招考录用工作人员 63 人。常山县人力资源和社会保障局（以下简称“县人力社保局”）协同教育、卫计两大系统开展 2016 年公开招聘活动，共招聘教育系统 74 人、卫生系统 38 人；协助农业局公开招聘 4 人。开展职业技能培训 3856 人次，其中高技能人才新增取证数 752 人，高技能人才培养数 1126 人，开展技能人才自主评价的企业累计 61 家。县人力社保局受理劳动争议案件 241 件，结案 214 件，其中裁决结案 59 件，调解撤诉等 155 件。受理案件 137 件，为 1097 名劳动者讨回工资 1073.8 万元。其中，10 人以上群体性案件 15 件，涉及 457 人 606.9 万元。行政处罚案件 9 件；向公安移送拒不支付劳动报酬案件 3 件，涉及 118 人 108.5 万元。主动巡查用人单位 480 家，劳动保障书面审查入库数 1930 家；推进“双爱”活动，规模以上企业参与率达 100%。

县人力社保局做好全县被征地农民基本生活保障的参保、衔接工作，规范被征地农民基本生活保障参保工作。全县累计参保村 173 个（当年新增 23 个村，新参保村主要集中在何家和同弓乡），续保村 57 个，累计参保人数 30034 人（当年新增 2349 人）。享受待遇人数 3362 人（全年新增 127 人），支付 2072.98 万元；其中累计在职折转人数 2430 人，退休转职保 265 人。

招工就业

【城乡就业创业工作统筹推进】 2016 年，县人力社保局抓好重点人群岗位补贴、社保补贴等就业再就业优惠政策的落实，做好重点人群就业托底，促进全面就业；因人施策，推进精准帮扶工作。全年发放失业金 281.18 万元，基本医疗保险 37.04 万元。针对残疾人开发村级非全日制残疾人专职委员公益性岗位 180 个；针对农村“4050”等就业困难群体开发农村保洁公益性岗位 360 个，支出资金172万；针对高校未就业毕业生继续推出到村（社区）专职保障协理员招录，专职从事就业和社会保障工作人员累计招考89人，在岗51人。

【企业招工服务多措并举】 2016年，县人力社保局加强与企业联系，建立企业用工网上监测系统，完善企业用工空岗报告制度，掌握企业用工信息，拓宽信息发布渠道，引导民工回乡创业，返乡就业。举办春、夏两季人力资源交流大会，不定期到乡镇、县外组织专场招聘活动，缓解企业招工难题。全年举办交流会14期，累计参会企业302家，提供岗位7142个，初步达成意向人数4294人。做好企业稳岗补贴工作，稳定就业形势，发放2015年度失业保险支持企业稳定岗位补贴，139家企业符合补贴条件，涉及补贴资金195.36万元。组织企业参加衢州市本级、江西上饶劳务招聘大会，到外招基地参加现场招聘，参与武汉、杭州等地校企对接活动及浙江省高校毕业生招聘大会，组织职业学校和企业参加省职业指导中心举办的专场校企对接活动。

社会保障

【机关事业单位养老保险改革】 2016年，县人力社保局按照浙政发〔2015〕25号文件要求和省、市社保部门的工作部署，完成全县机关事业养老信息采集，于6月全面实施机关事业单位养老保险系统上线。自6月起，全县344家单位的9833名机关事业单位在职与退休人员纳入机关事业单位养老保险系统；自7月起，县机关事业单位6540名在职人员全面实行缴费，3293名退休人员全部由社保局发放养老金。

【医保“亮剑”行动】 2016年，县人力社保局邀请卫生行政监管、财政部门成立联合检查组，对全县定点医疗机构进行了大检查，查获冒名顶替骗取城乡居民基本医疗保险基金的案件2起，追回被骗医保基金6.18万元，并按有关规定将案件移送公安机关依法处理。根据省、市社保部门提供的疑点数据，查实重复领取城乡居民养老保险待遇案件4例，涉案金额1.55万元，重复领取额正在追回中。针对14家定点医疗机构存在的不同程度违规行为，组织反馈核实并处理，确保百姓“救命钱”健康运行。

【互联网+社保】 2016年，县人力社保局利用掌上社保平台，通过微信群构建起乡镇（街道）社保经办平台与各科室之间信息流通的桥梁，将2400多名待修正错误信息的制卡人员所需补充材料由社保员告知到户，同时完成5000多张社保卡发放信息的反馈记录，实现信息多跑路、社保员少跑腿，有效减轻乡镇（街道）社保员负担，减少群众办事等待时间。自动查询网点遍布县内所有乡镇街道，参保费用全面实现银行代扣代缴，养老医疗待遇按时足额发放。秉承“服务点滴是情，创新永无止境”的服务理念，在社保办事大厅原3台自助查询机的基础上，率先在全县推广浙江政务服务网，参保人员足不出户，只需通过PC端或移动端上网即可查询自己的个人5类8项社会保险信息。挖掘互联网+社保的“辐射对接”功能，引导享受企业职工基本养老保险待遇的退休人员（含退职）使用互联网平台（电脑或手机APP）的人脸识别系统进行“刷脸”认证，全县符合认证范围的19902名退休（职）人员已全部完成认证。

【高技能人才培养】 2016年，县人力社保局做好省“151”人才工程培养人员和市“115

人才工程”培养人员的培训、考核和跟踪服务工作。搭建人才服务平台，完成专家工作站绩效考核12家，其中市级7家、县级5家，全部通过考核，科研经费资助全部落实到位。推进企业技能人才自主评价工作，技能人才培训重心以企业为主，共组织9家企业688名员工开展初、中、高级工的自主评价。举办第三届全县职工职业技能竞赛，有7个工种的120名选手参加，其中5人获技师资格、44人获高级工资格；举办各类培训班60期3581人次，其中高级工培训班9期，分别为家政服务员、维修电工、焊工、汽车修理工、美容师、月嫂高级专项等，取证488人。

【公车改革】 2016年，县人力社保局收集完成全县涉改单位司驾人员个人材料，制订司勤人员安置方案、应急预案、内部转岗司勤人员安置方案等。全县安置总数210人，其中解除协议17人、平台录用51人、内部转岗107人、保留车辆驾驶员35人。

【工伤认定和劳动能力鉴定】 2016年，县人力社保局受理因工致残劳动能力鉴定申请217人，被鉴定为存在伤残等级的203人，其中未达伤残级别的14人；受理非因工病残劳动能力鉴定申请31人，其中被鉴定为完全丧失劳动能力的30人；无因不服劳动能力鉴定等级结论向上级劳鉴委申请重新鉴定而被改变结论的情况。

【劳动者合法权益维护】 2016年，县人力社保局继续落实与住建、交通等部门欠薪企业定期通报制度。会同县住建局对工资发放及时到位的建筑企业、工地进行表彰，对欠薪频发的建筑企业采取通报批评、列入黑名单、建立退出机制，发挥行业主管部门的源头管控作用。推进农民工工资规范化管理试点建设，针对建筑工地往往存在工资管理不规范、发放不及时的问题，以常山宏图建筑公司为试点，在该公司的滨江信用社工地试行工资规范化管理制度，有效遏止小包头拿到钱后不发工资的行为。用活工业企业欠薪垫付专项周转金，解决工业企业欠薪难题。对欠薪案件已进入法院强制执行程序或工业企业已经进入破产程序，有可以处置的资产，并且无法支付欠薪的，经相关部门审核审批，通过银行进行所欠薪的发放，从而有效缩短了进入欠薪强制执行程序及破产程序企业的员工拿到工资的周期，化解了欠薪执行难的问题。

（徐毅夫）

教　育

教育行政

【概况】 2016年，常山教育工作以教育现代化县创建和基础教育重点县提升为统领，围绕“提质提速”主题，形成“文峰书香、学归常山；知行合一、德业共树”共识，狠抓质量提升、优化办学环境、力推项目建设、注重队伍建设、强化发展保障、抓实党建工作，教育发展综合水平显著提升。

抓质量提升。对内推广育才经验，率先在8所学校组织开展“学育才”活动，分3批次督查重点推广学校，并于4月19日承办全市推广会；对外实施“借梯登高”，借助山海协作平台，推动常山一中与慈溪中学建立战略合作关系，创办常山创新人才培养基地（慈溪班）；推进城南中学与市实验学校合作办学，依托名校资源补齐初中段质量短板。

抓环境优化。强化局校互动，制订《“局校互动”工作实施方案》，破解机关、学校“两张皮”现象。重塑教育形象，开展“学归常山，聚焦教育”主题宣传、教育系统文化标识征集活动和《常山县教育志（2005—2014）》编纂工作。争取到省、市专项补助资金8851万元；乡镇（街道）、部门、社会各界为教育办实事资金累计达154万元，重教、扶教氛围进一步浓厚。

抓条件改善。推进重点项目建设，常山一中迁建项目基本完成，育才小学9月建成使用，芳村小学迁建项目开工建设；投入6316万元收购原三衢中学校舍，用于育才中学办学使用。推进薄弱学校改善工程，完成球川小学、培智学校等8所学校维修改造和田径场改造提升工程。推进教育装备建设，投资570万元更新教育装备，顺利通过省教育装备管理规范县评估验收。

抓队伍建设。组织多层次、广层面培训，提升骨干队伍素质；开展县级名师等新一轮教师荣誉评选活动，培树正面典型。约谈校级领导7人次，问责处理10名教师，净化教育系统风气；组织开展“五一颂歌、唱响常山”职工大合唱等活动，增强集体的向心力和凝聚力。树立“实干+理念”的用人导向，大胆使用公认度高、业绩突出的干部。全年提拔或转任重要岗位40人次，交流28人次，盘活了干部队伍。

抓发展保障。增创市级学前教育示范乡镇2个，总数和占比数均居全市前列。城区小区配套幼儿园建设加快推进，可满足未来3～5年二胎政策后新增1200人左右入读需求。推动安全教育网络化，在借助安全教育网络平台提升教育实效方面闯出新路，9月底赴北京作经验介绍，常山县教育局被评为全国安全教育示范单位。制定《常山县中小学质量提升三年行动计划》和常山县教育发展“十三五”规划，对未来发展思路进行高位谋划。

抓党建工作。组织建设“标准+个性”，配强基层党支部书记，改变基层组织“缺位”“兼职”现象；鼓励创新，打造基层党建一校一品特色。平台建设“求实 + 创新”，开展“两学一做”学习，创新开展“局校同频讲党课”“五问常山教育”等活动，推进党建工作与业务工作双推进、双促进。评价建设“夯基 + 培尖”，开展“六好学校党组织”创建，评选出 10 个“六好”党组织；创新开展学校党建工作述职评议活动，面对面述职，多层面评议，增强基层党建活力。

2016 年，招贤镇、大桥头乡、新昌乡、何家乡成功创建省标准化乡镇成人文化技术学校，全县累计脱盲 5520 人，其中劳动力文盲 966 人。

【省教育技术装备规范管理示范县检查组到常山开展检查评估】 2016 年 1 月 7 日，省教育技术装备规范管理示范县检查组对常山县教育技术装备规范管理工作进行了检查评估。检查组一行实地察看招贤小学、天马二小、常山一小 3 所学校，认真检查学校各类教育装备的使用情况，查阅创建工作方案、管理制度等档案资料，听取常山县创建教育技术装备规范管理示范县的工作汇报。检查组对常山县的创建工作给予充分肯定，尤其是对常山县在创建过程中体现的“实”“细”“精”“效”给予了高度评价。

【徐朝金专题调研常山学习推广育才教学管理经验工作】 2016 年 3 月 3 日上午，衢州市教育局局长徐朝金一行专题调研常山县学习推广育才教学管理经验工作。调研组一行实地走访了东案中心幼儿园、东案小学、城东中学、城关中学、紫港中学。调研过程中，徐朝金局长详细询问学校办学情况，看望辛勤工作的广大教师，并重点就“为什么学育才”“怎么学育才”“怎么抓得实”等问题进行了深入调研。

【慈溪市和常山县教育合作签约】 2016 年 4 月 1 日，慈溪市和常山县教育合作签约仪式正式举行。签约仪式由常山县人民政府副县长揭政东主持，慈溪市人民政府副市长董维波和常山县人民政府县长毛建国出席并讲话。会上，慈溪市教育局党委书记、局长张志锋与常山县教育局党委书记、局长洪永海签订慈溪·常山教育合作协议书；慈溪中学校长张国民与常山一中校长翁胜华签署慈溪中学·常山一中合作协议书。签约仪式结束后，与会人员到常山一中及常山一中迁建项目现场、常山县职业中专、常山县第一小学实地参观了解常山县的教育情况。

【“慢城·教育讲坛”开讲】 2016 年 10 月 28 日，第一期“慢城·教育讲坛”在常山一中开讲，此次的主讲是县委副书记、代县长周向军。县政府办公室主任李德勇、县教育局全体机关干部、教研室所有成员、常山县各中小学校级领导和城区部分学校的中层干部参加此次大讲坛。周向军强调，全社会要关心支持教育事业，正视问题和困难，从最基层地方抓起、最不满意地方改起、最重要的事情做起，从严从实抓教育、凝心聚力促发展；广大教育工作者要吹响常山教育前进的战斗号角。要深化教育改革，改善办学条件，实施均衡教育，坚决遏制生源流失的恶性循环；把好选拔、激励、培训、管理、评价关，抓好师资队伍建设；加强教学管理，树立良好学风，不断提高教学质量。要优化资源组合，激发教育内生力，破釜沉舟，迎难而上，培养一批优质教师队伍，建立一批示范品牌学校。

【省督查组到常山督查验收基础教育重点县工作】 2016 年 11 月 30 日—12 月 1 日，由省教育厅副巡视员、省督学方天禄带队的省督查组到常山督查验收基础教育重点县工作。衢州市教育局局长徐朝金、衢州市政府教育督导室主任吕汶，常山县委副书记、代县长周向军，副县长揭政东等领导陪同。督查组认为：常山县委、县政府坚持教育优先发展战略，以办人民满意教育为目标，以“六大工程”建设为抓手，依法保障教育投入，大力改善基础教育办学条件，全县基础教育水平大幅提升，基础教育重点县工作取得明显成效。同时，针对常山基础教育中存在的问题提出了一些宝贵的意见和建议。周向军代表县委、县政府作表态：坚决打赢常山教育翻身仗！

【县教育局首次召开全县学校党支部书记述职评议会】 2016年12月14日，常山县教育局召开全县学校党支部书记面对面述职评议。此次述职评议会，40个学校的党支部书记均提交了书面述职报告，会议随机抽取城关中学、实验小学等10位支部书记现场述职。他们在述职中共同分享学校党建的经验与做法，在对照中分别寻找自己的不足与差距。县委组织部副部长何菊应邀出席并作点评。

【武义县教育考察团到常山考察】 2016年12月21日，武义县政府办公室副主任练雪卿、武义县教育局局长程晓辉率武义教育考察团来常山考察。考察团一行实地走访育才小学、育才中学，随后在育才中学召开座谈会。常山县教育局局长洪永海介绍常山推进教育综合改革，与杭州育才中学合作办学的成功做法。常山育才中学校长琚哲明向客人们介绍合作办学以来学校所取得的成绩以及育才运作管理模式的具体操作。座谈会上，双方还就其他具体工作进行交流。

学前教育

【概况】 2016年，全县有持证幼儿园105所331个班，在园幼儿9101人；新入园幼儿2691人，离园幼儿2948人。除2所公办幼儿园、9所其他部门和集体办幼儿园之外，民办幼儿园94所，幼儿园数比上年增加4所。学前教育公共服务体系建设取得明显成效，全县11个乡镇（街道）建成乡镇标准化中心幼儿园，创建市级学前教育示范乡镇6个，总数和占比数均居全市前列。城区小区配套幼儿园建设稳步推进，制定出台小区配套幼儿园建设管理办法，实现同步规划、同步建设、同步验收、同步交付使用，建成城区小区配套幼儿园7所，在建1所，可满足未来3～5年二胎政策后新增1200人左右入读需求。常山县在全市率先出台学前教育生均公用经费制度，为学前教育发展提供经费保障；在全市教育工作会议上作典型经验发言；在浙江省农村学前教育公共服务体系建设工作现场会上作经验介绍。

【教工幼儿园开展迎端午主题教育活动】 2016年端午节期间，教工幼儿园根据各班幼儿年龄特点，开展丰富多彩的迎端午主题教育活动。做香包、画粽子、划龙舟、认识艾草和菖蒲、系端午线……幼儿园孩子们在动手操作中感受到了传统节日带来的乐趣。

【育才幼儿园开展“今夜不回家”生活体验活动】 为培养孩子们独立生活能力、自理能力和责任意识，育才幼儿园于2016年6月30日晚开展“今夜不回家”生活体验活动。54名孩子带着生活用品由家人送到幼儿园，与同伴、老师共同观看电影、黑夜探险、最美睡衣秀等。一系列活动过后，离开了爸爸妈妈的孩子们自主完成洗漱、整理、独立入睡等任务，并在园长妈妈动听的睡前故事中，进入甜甜的梦乡。

【育才幼儿园开展家长进课堂活动】 2016年

12月23日、26日，育才幼儿园开展“家长进课堂”活动，共有28位家长参加。活动中，不同职业的家长走进幼儿园、走进课堂、走进孩子们中间。教学活动内容也是形式各样，有英语活动、手工制作、体育游戏、科学游戏……活动前，家长们制作了精美的教具、多媒体课件。活动当天，家长们变成了孩子们的“老师”，全身心投入与小朋友互动、游戏。

义务教育

【概况】 2016年，围绕美丽班级、美丽小组、美丽师生系列主题，培育和践行社会主义核心价值观，义务教育段学校开展了“为创卫助力”“过传统节日”等教育实践活动，学生人均参与创“国家卫生县城”、爱心接力等公益活动2.1次；完善社会实践教育教学体系，编写8本具有常山特色的“德育微课程”教材，开发实践课程、地方课程和活动课程，推动学生创新精神和实践能力的培养；组织开展中小学传统文化教育经验分享、中小学生“我爱诵诗文”中华经典诗文诵读比赛等活动。全年营养餐资助10781人次，计543.55万元；教育券资助630人次，计63.45万元；国家助学金资助人数1374人，助学金额为137.4万元；实施“一补”政策，资助人数431人，资助金额为26.1万元。

是年，育才小学、城东小学成功创建“省义务教育标准化学校”。至此，常山县“省义务教育标准化学校”占比达88.24%。

【常山一小举行“读书节”颁奖仪式】 2016年4—5月，常山一小举行历时一个月的“读书节”活动。活动中，“知识达人”比赛、“小故事，大道理”讲故事比赛、“经典有情诵读”、读书手抄报绘制和书签的设计、图书跳蚤市场受到同学和家长的一致好评。5月12日，该校举行读书节闭幕式暨颁奖仪式。胡金涛、蒋可萌等34位同学获2016年常山县第一小学“读书小明星”称号，吴宇杰家庭、王树晨家庭等57个家庭获2016年常山县第一小学“书香家庭”称号。

【五里小学举行“老师您好 我的好老师”演讲比赛】 2016年4月29日，五里小学举行“老师您好，我的好老师”演讲比赛。该校三至六年级11个班，分成三四年级组和五六年级组，有23名选手参加了此次比赛。参赛选手们一个个精神抖擞、满含深情地讲述着自己身边的好老师，有的用朴实的语言，刻画了关爱同学温馨的一幕；有的激情并茂，还原了身边老师的典型事例，有的用丰富的肢体语言，诠释着老师的爱岗敬业和无私奉献……演讲过程中，现场师生们一次次被身边好老师的故事所感动，观众席上不时响起热烈的掌声。经过激烈的角逐，刘杏语、吴诗仪、樊奕彤、黄琴、徐珍艺5名学生获一等奖。

【辉埠小学开展“我为母亲送祝福”活动】 2016年5月，辉埠小学开展“我为母亲送祝福”活动，倡导同学们以实际行动向母亲表达自己的感恩之情。孩子们通过绘画、照片、剪贴等形式，自己动手制作卡片，把对母亲的祝福融入在小小的卡片里，在8日母亲节那天送给自己的妈妈，并为妈妈做一件力所能及的事。学校还专门制作展板，供孩子们为妈妈送上自己祝福。

【湖东小学举行学生经典诵读擂台赛】 2016年5月9—13日，湖东中心小学分期开展三至六年级学生“经典诵读擂台赛”。擂台赛采用闯关晋级的方式进行，第一关是古诗词背诵竞赛，检测参赛者对古诗词积累的情况；

第二关是正确解读古诗词句的意思，重点检测学生对古诗词的理解；第三关是古诗词应用，检测学生在具体的语言环境中正确运用古诗词句的能力。此次学生经典诵读擂台赛，是该校引领学生阅读经典的重要组成部分，激发了学生诵读经典的兴趣。

【城东小学举行学习践行《弟子规》展示活动】 2016年5月12日，城东小学举行以学弟子、用弟子为主题的学习践行《弟子规》展示活动，为全校师生送上了一份丰盛的精神大餐。孩子们通过吟唱、歌曲、舞蹈、快板方式诠释了对《弟子规》内容的理解。整台节目将《弟子规》的内容贯穿始终，寓教于乐，学以致用。

【育才中学举办“为中考加油”火炬接力活动】 2016年5月31日晚，常山育才中学全体师生齐聚校田径场举办一场别开生面的火炬接力活动。活动在庄严肃穆的国歌中拉开帷幕，首先由3位升旗手为琚哲明校长点燃火炬，琚校长持火炬跑入田径场，将火炬传递给九年级的学生代表；接着家长代表、老师代表等参加了火炬接力活动；琚校长点燃位于主席台的主火炬，活动进入高潮。

【市少先队队长学校牵手金源完小开展主题队课活动】 2016年6月4日，衢州市少工委带领市第二届少先队队长学校全体队员及市实验学校优秀大队委代表牵手东案乡金源完小开展主题队会活动。此次活动以“传承垦荒精神”为主题，让队员们从城市走向山村完小，与留守儿童手拉手相互了解生活，共享希望阳光。主题队会上，所有队员集中观看《习近平给大陈垦荒队员后代的复信》新闻视频，听取了市少工委辅导员老师宣读的《习近平给大陈垦荒队员后代的复信》；2位队员介绍“大陈岛垦荒”背景及事迹；队员们分成6个小队，展开学习讨论。

【五里小学举行关爱留守儿童座谈活动】 2016年9月14日，五里小学举行“关爱留守儿童，情暖中秋佳节”座谈活动，该校校级领导、师生代表以及30名留守儿童代表参加。活动通过“畅谈心声”“舞蹈表演”“家长连线”等多个环节进行，老师与学生们一起吃月饼、聊梦想、欣赏表演；孩子们通过电话连线把中秋祝福送给远方父母，倾诉思念之情。最后，校领导给孩子们带来节日礼物，送上诚挚的节日祝福。

【实验小学举办“好家风、代代传”故事大赛】 2016年12月26日，实验小学举办“好家风、代代传”讲故事大赛，该校24名选手参加。选手们围绕家庭孝、勤、和、美、廉、善、诚内容，突出“践行社会主义核心价值观”主题，通过讲述发生在自己家庭里的家风小故事或身边的感人事迹，阐述对家风的体会和感悟。

普通高中教育

【概况】 2016年，全县有高级中学3所（常山一中、紫港中学、三衢高中），完全中学1所（天马中学，属民办学校）。普高毕业生1361人，招收新生1606人；全县高中计96个班，在校生4410人。全县参加高考1529人，其中，普通高校考生1394人，高职单考单招135人。常山一中文理科第一批上线人数实现“超百”目标，紫港中学体艺类第一批上线人数实现“六连增”。全县第一批上线人数309人，其中文理科第一批上线（即上重点线）114人（文科8人、理科106人），体艺类上线194人；高职单考单招上线132人，上线率99.24%。

是年，借助山海协作平台，常山一中与慈溪中学建立战略合作关系，创办常山创新人才培养基地（慈溪班）。常山一中实行以“大教学、大德育、大后勤”为统领的处室机构改革，探索构建“短、平、快”管理体系。紫港中学确定3个三年艺体发展规划，设立艺体发展中心，为艺体班量身定做课程规划和专业培训计划。

【衢州市名师为常山一中高三年级家长作报告】 2016年4月3日，常山一中高三年级组召开高三学生家长会，会议特邀衢州二中名师郑友民为家长作了题为《心态决定成功》的专题报告，高三年级近700名学生家长参加。郑友民老师用生动的案例和精彩的语言详细地分析了高三学生的心理状态特点，引导家长尊重孩子、关爱孩子；并就家长应如何对孩子在生活上照顾，在心理上沟通，在学习上帮助给予了具体指导。报告会历时一个半小时。报告会后，各位家长走进孩子班级，与孩子的班主任和老师进行深入交流。

【紫港中学学子春假收获多】 2016年春假，紫港中学学生走进各街道社区、乡镇农村开展文明劝导、卫生打扫、敬老院志愿者服务等社会实践活动。美术特长生走进各大社区与农村，开展送“美”活动，为宣传“常山三宝”（常山胡柚、猴头菇与山茶油）贡献力量；志愿者们则走进福利院帮助老人打扫卫生、整理内务、讲解养生知识，搀扶老人做适量的运动。更有多名学生特意用平常省吃俭用积攒的钱购买毛巾、香皂，送到福利院孤寡老人的手中。还有学生走向街头参与“文明出行、治堵保畅”活动，规劝市民自觉遵守交通法规，维护交通秩序。

【紫港中学开展“三好”青少年评选活动】 2016年5月29日，紫港中学举行“三好青少年”评比系列活动，引导广大青少年“在校做个好学生、在家做个好孩子、在社会做个好公民”。12位选手通过演讲、PPT、音频、视频，展示自己是一个好孩子、好学生、好公民。最后，高二（9）班的金瑶获“三好”青少年荣誉称号，高一（9）班朱龙江获“好孩子”荣誉称号，高二（10）班王诚凯获“好学生”荣誉称号，高二（3）班徐欣雨获“好公民”荣誉称号。

职业高中教育

【概况】 2016年，全县有职业高中1所（县职业中专），在校生计38个班2029人。常山职业教育发展取得系列突破：与意大利方成功签订第二轮合作办学协议框架，并将合作办学专业由汽修专业拓展至机电类专业；与美国凯斯纽荷兰工业集团开展合作办学，成功引进汽修实训专业技术培训项目，首期获赠3台整车以及价值80余万元的汽修设备。主动对接常山县新兴主导产业，创办“水平图文”“锦禾农机”“四通轴承”“中国观赏石品鉴”企业冠名班，通过订单模式，推行现代学徒制。12月1日，又一校企合作项目“先导班”组班完成。是年，县职业中专单考单招上线率99.24%，比全省高职单考单招平均上线率高出近17个百分点。

2016 年常山教育概况一览

表 26

类　　别	学校（个）	班级（个）	毕业生（人）	招生数（人）	在校生（人）	毕业班学生（人）	升学率（%）	巩固率（%）	流生 人数（人）	流生 流生率（%）
普通高中	4	96	1314	1606	4410	1269	89. 27	99. 31	29	0. 69
初　　中	7	187	3061	2986	8595	2837	98. 37	100	—	—
职业高中	1	38	483	758	2029	595	—	98. 6	25	1. 4
小　　学	27	469	3174	2586	17139	3159	100	100	—	—
培智学校	1	5	9	6	83	39	—	—	—	—
幼 儿 园	105	331	2753	2643	9101	2948	—	—	—	—

2016 年大中专（技）、普高、职高招生录取情况

表 27　　单位：人

类　　别	普通高校	高等职校	小　计	中　专	中　技	普通高中	职业高中	小　计	合　计
报考人数	1394	135	1529	—				3066	4595
录取人数	1225	126	1351	231	194	1606	758	2789	4140

2016 年常山县民办中学情况

表 28

学　　校		班级（个）	招生数（人）	在校生数（人）	毕业班人数（人）	教职工数（人）	专任教师（人）	学校占地（平方米）	校舍建筑（平方米）	计算机（台）	学校藏书（册）	仪器设备（万元）
天马中学	初中	6	70	230	161	47	14	41930	8460	150	15400	140
	高中	7	206	440	177		15					
育才中学（初中）		32	528	1661	627	130	106	100050	28675	347	57000	440
三衢中学（高中）		7	97	300	105	22	22	18509	12219	46	6102	23. 12

（陈少钢）

浙江广播电视大学常山学院

【概况】 2016 年，浙江广播电视大学常山学院（以下简称“电大常山学院”）各类在校生 1205 人。开放教育招收各类新生 401 人，其中本科 233 人、专科 131 人、“一村一名大学生”37 人；奥鹏学习中心招生 50 人。培养开放教育本、专科毕业生 426 人，其中本科 230 人、专科 196 人。中国医科大学奥鹏网络教育毕业生 34 人。通过面向社会公开招录教师 1 人，从育才中学调入教师 1 人。

是年，电大常山学院获评 2014—2016 年度全省电大系统先进办学单位和全省“教材发行先进单位”，并作为代表在浙江广播电视大学教材发行大会上发言；获评全市“办学规模先进单位”“教学工作先进单位”“社区教育工作先进单位”。在市级电大考核中，被评为“2016 年度全市电大系统先进办学单位”。电大常山学院有两人获评浙江广播电视大学 2016 年度教材征订先进工作者；21 名学生获中央、省电大奖学金，34 人被授予省、市优秀毕业生称号。

【探讨合作办学】 2016 年，电大常山学院与县老年大学、社区探讨合作办学，“浙江老年开放大学常山学院”正式挂牌，举办“健身武术八段锦”培训班；走进屏山、赵家坪、文峰、东明、定阳、金川、渡口、紫港 8 个社区，联合举办“美容”“插花”“面点”“剪纸”等培训班 32 期，培训学员 1000 多人。

（郑肖福　徐　谦）

科学技术·气象

科学技术

【概况】 2016年，常山县科学技术局以科技项目申报为抓手，组织各类创新主体开展科技创新活动，申报实施各级科技项目。争取上级科技经费678.62万元，到位经费500.22万元。全县申报市级以上各类科技项目50项，其中省级项目22项、市级项目38项。新增国家高新技术企业5家，省科技型中小企业25家。申报省、市科技特派员项目22项，其中省级特派员项目12项、团队特派员项目3项、法人特派员项目1项、市级科技特派员项目6项；组织申报市指导性科技计划项目38项，立项18项；受理县级科技计划项目73项，9项科技计划项目已经专家评审、验收等程序，发放科技经费100万元；组织完成由浙江雪峰碳酸钙有限公司承担的2016年度浙江省重点研发计划项目“基于钙产品企业粉尘和废气治理的节能减排关键技术集成示范”项目预算申报工作；组织由县农村能源办公室承担的2016年度省公益性研究项目“农业废弃物研制臭氧催化剂及其深度处理废水的应用研究”完成合同签订工作；组织完成2013年度1个国家农业科技成果转化资金项目、1个省重大科技专项重点农业项目、2014年1个省重大科技专项重点工业项目、1个省重大科技专项国际合作项目验收工作；完成2011—2013年度33个市级科技计划项目结题工作。组织企业参与网上技术交易市场，参加成果竞价拍卖和成果布展，申报实施网上技术市场产业化项目。全县申报专利638件，授权专利395件。推进全县企业专利工作，鼓励和促进企业依靠自主知识产权提高技术创新能力和产品市场竞争力，出台《常山县专利示范企业认定管理办法》，有8家企业被认定为常山县专利示范企业。扶持和培育一批科技创新型企业，在前期调研的基础上，指导符合条件的企业开展国家高新技术企业、科技型中小企业申报工作。组织浙江玉马机械有限公司、浙江爱丽莎环保科技股份有限公司、浙江常山德讯达电子科技有限公司等7家企业申报国家高新技术企业，其中6家企业通过认定；组织25家企业申报浙江省科技型中小企业申报工作，全部通过认定；常山龙腾石博园管理有限公司赏石产业创业中心列入浙江省众创空间；筛选确定20家企业列入科技型企业登高计划，分批开展培育。开展省、市科技进步奖申报：指导落实浙江环宇轴承有限公司和常山县农业科学研究所申报省科技进步奖各1项；组织落实常山县双明轴承有限公司、常山皮尔轴承有限公司、常山县人民医院等4家单位申报市科技进步奖8项，其中工业类4项、医药卫生类4项。

加强科技特派员服务管理，完成2015年度省、市科技特派员考核评优工作。开展6个市级科技特派员、12个省级科技特派员、1个法人特派员和3个团队特派员科技扶贫专项的申报工作。开展科技与科普交流合作，与县科协共同开展科技活动周活动，宣传科普知识；与县科协、县文联联合举办2016年常山县“走近科普常山，体验科学魅力”摄影作品大赛，展现科技与艺术的魅力；编写《科技创新政策要点选编》，宣传科技创新政策。

根据《常山县科技创新券实施管理办法》，鼓励和支持企业和创业者用足用好科技创新券政策。据浙江省科技云服务平台上科技创新券使用情况统计，2016年，全县发放科技创新券138.48万元，使用创新券88.54万元，兑现70万元。根据《浙江省财政厅关于提前下达2016年市县科技产出绩效挂钩补助资金预算的通知》精神，常山县获省财政2016年市县科技产出绩效挂钩补助资金100万元，用于科技型中小企业、高新技术企业研发补助。根据县统计局的研发指标数据，坚持科技经费相对集中、择优支持、兼顾公平的原则，对补助资金进行合理分配使用，联合县财政局完成对浙江华盛钙业有限公司、常山县万谷电子科技有限公司、浙江经纬药业有限公司、浙江常山科润化学有限公司、浙江常发粮油食品有限公司5家企业补助资金的兑现工作。

完成省、市对县科技进步工作考核目标。结合《衢州市科学技术局关于开展“百人千企”科技专项服务活动的通知》要求，先行在局机关干部中建立服务企业“科技店小二”工作制度，在高新技术企业、科技型中小企业以及一些有发展潜力的科技型中小企业中挑选100家进行走访调查服务。深入实施创新驱动战略，加大创新型人才引进、培养和使用力度，激发企业创新活力，推动常山产业转型升级，从2016年起，面向工业企业选聘常山县“企业首席科技官”。

【推动产学研合作】 2016年，县科技局通过借助网上技术市场和组织开展对外交流对接，搭建科企交流平台，推动科企开展技术对接合作。组织浙江科升电力设备有限公司参加第十二届中国重庆高交会暨第八届中国国际军博会对接1次；组织浙江时代计量科技有限公司参加2016浙洽会国际科技合作论坛暨高技术项目展示对接1次。

【知识产权保护工作】 2016年，县科技局收集整理2015年全县个人及企业授权专利410件，其中发明专利18件、实用新型专利144件、外观设计专利248件，按照专利专项资金补助政策，安排资助资金134万元。对2015年省级专利示范企业威诗朗照明有限公司、市级专利示范企业浙江常山科润化学有限公司和浙江迈特电子有限公司，省级补助15万元，市级补助5万元，全部补助到位。抓好专利申报服务工作，全县申请专利638件，其中发明专利40件、实用新型专利257件、外观设计专利341件；授权专利395件，其中发明专利17件、实用新型专利185件、外观设计专利193件。

【知识产权主题宣传活动】 2016年，县科技局以第16个“世界知识产权日”（4月26日）为契机，开展知识产权主题宣传活动。在市级知识产权宣传试点社区金川社区开展知识产权基础知识辅导讲座，组织专利宣传手册入楼道活动，组织知识产权“三句半”演出；在市级知识产权宣传教育试点学校——招贤中心小学举办一期知识产权基础知识座谈会，组织学生参加知识产权竞赛，对表现优秀的学生和优秀指导教师进行表彰并颁发证书。在常山县第一中学展出知识产权展板。开展浙江省知识产权示范县申报工作（已经省知识产权局同意），正完善知识产权示范县工作创建方案，为全面开展各项创建工作做准备。

【防震减灾工作】 2016年，县科技局协调做好常山测震强震台工程项目的结算工作；做好紫港地震台的日常维护工作。做好地震科普知识宣传工作，邀请市地震局领导到东明社区作地震科普讲座，配合市科技局在辉埠路里坑村开展地震科普宣传工作。组织东明社区到平湖地震局学习地震小区建设经验。县地震局连续第六年获评省级防震减灾工作先进单位。

【推进科技金融服务工作】 2016年，县科技局根据浙江省人民政府办公厅《关于进一步促进科技与金融结合若干意见的通知》精神，起草了《常山县科技金融合作贷款试点工作方案》，引导金融资源更多投向科技创新领域，有效缓解常山县中小企业特别是科技型中小企业融资困难，降低企业融资成本，推动创新驱动发展战略的全面实施。10月9—14日，县科技局与县人大常委会、县金融办相关领导前往江苏无锡、常熟、昆山和浙江诸暨、杭州市余杭区考察当地科技金融工作开展情况。11月25日，县十五届人大常委会第39次会议，听取和审议县政府关于常山县发展科技金融、推进创新发展情况的报告。12月底，《常山县人民政府办公室关于印发常山县科技型中小微企业保证保险贷款办法（试行）的通知》出台。

（周思超）

气象工作

【概况】 2016年，常山县气象部门按照“防灾就是维稳、减灾就是增效”的理念，滚动预报、及时预警、广泛服务，切实做好雨雪冰冻、寒潮、暴雨、雷电等灾害性天气监测预警和重要节假日、重大社会活动的气象服务。全年发布重要天气报告7期、专题气象服务信息12期、气象呈阅件5期、气象信息内参89期，先后发布气象预警信号54次，通过短信平台发布气象服务短信60万条，开展人工增雨作业6轮次，减灾增效成效显著。

加强与水利、国土、环保、民政、林业、广电部门的合作，围绕地质灾害防治、森林防火、重污染天气预警等深化部门合作、丰富合作内容、提升合作效益。按照县政府《气象监测和服务设施共建共享管理办法》要求，推进部门间各类气象监测设施和服务设施的共建共享，建立气象—环保、气象—广电直通互连专线，实现县内环境监测站数据、全县800余套应急广播、广电部门28套户外实景监控系统共享、共用。加大部门间的服务联动，联合农业部门开展面向常山胡柚、山茶油、食用菌、水稻种植的气象服务，开展面向基层国土员、种植大户等的气象防灾减灾培训讲座3次。

全县公布防雷重点单位52家，在产危化企业、易燃易爆场所全部纳入防雷安全重点单位监管。加强防雷安全重点单位的监督检查，完成127家单位641栋建筑单体的防雷安全检测，出具检测报告245份。落实G20峰会安保要求，将施放气球行政许可事项纳入中心窗口办理，严格审批程序，并举办气球施放企业的安全知识培训1期，联合县消防大队召开100余家重点单位联席会议1次，通过《今日常山》等媒体刊登“施放庆典气球须先审批”等宣传文章2篇。

通过深化防雷安全和气象灾害防御管理、健全基层气象防灾减灾体系、联合环保部门加强雾霾等重污染天气的监测预警，全面完成上级平安考核、美丽乡村、“五水共治”、生态建设考核气象工作任务，有效地推动了气象工作与防灾减灾、防汛抗旱、农业生产、地质灾害防范、森林防火、大气污染防治等工作的衔接、融合。

【气象现代化建设】 2016年，常山县气象部门完成《常山县气象与防灾减灾“十三五”规划》的编制，获县政府批复；该《规划》总投资5000万元。推进常山国家气象观测站综合改善项目，暴雨精细化监测预警工程、全覆盖县建设、中央“三农”专项等项目已按照预定方案完成项目建设任务。年内新、改建区域自动站5套、大气电场仪1套、农田小气候站1套、乡村休闲旅游重点区域预警显示屏11套、大喇叭7套、雪深自动观测仪10套，气象监测预警设施实现年内投入、年内建设、年内发挥效益。针对气象现代化建设中信息发布“软”环节的短板，推进常山县级气象服务网站、农气服务APP平台、气象官方微博二次开发等建设，提升常山县气象信息发布和服务能力，3个项目已经完成政府采购，委托相关机构加快推进平台开发建设。至年底，常山县累计建成覆盖城乡的中尺度气象监测站30个，站网间距密度达6.5千米。

【基层气象服务社会化管理】 2016年，县气象部门加强基层气象灾害防御工作管理，健全基层气象防灾减灾组织体系。召开全县气象工作会议和气象协理员培训会。联合县应急办公布2016年新增常山县气象灾害防御重点单位5家。开展气象防灾减灾标准化建设，完成5个重点单位的认证和5个省级气象防灾减灾标准化村创建工作；组织紫港街道参与全国气象防灾减灾标准化乡镇评比工作。加强气象灾害防御知识普及，利用各种传播手段宣传气象防灾知识。在“3·23”世界气象日、气象防灾减灾日和安全生产宣传日，开展气象科普宣传工作，提升社会防御气象灾害的能力。

（李　琦）

文化·旅游

文化广电新闻出版

【概况】 2016年，县文化广电新闻出版局（简称“县文广新局”）围绕“实力工业、休闲城市、美丽乡村”战略目标，促进广电、新闻出版和文化市场健康发展。做好各类文化企业年度核验工作，通过“印刷经营许可证”年检的文化企业16家，被暂缓核验的文化企业2家；通过出版物零售企业（书刊经营单位）年检的44家，暂缓核验的3家，不予通过年度核验的9家。做好文化企业审批工作，全县新审批电影放映公司、越剧团、奇石馆、网吧网咖、营业性演出类文化企业15家。

实施公共文化场所建设。县文广新局投入180万元，建立常山县文化艺术培训中心，内含小剧场、多媒体数字教室、小型会议室，以及合唱培训教室3个、声乐器乐辅导教室4个，成为常山配置最完善的培训、教学、排演综合体。投入130万元，推进观赏石图书馆（即县图书馆青石分馆）建设，配齐相关设施设备，配置观赏石类图书5万多册，其中接收中国观赏石协会赠书1000册，将其打造成为国内第一家最具权威的观赏石图书馆。投入85万元建立球川镇国学图书馆（即县图书馆球川分馆）。开展第六批乡镇、街道综合文化站等级评估工作，制定并实施乡镇综合文化站提升建设两年行动计划，完成投资280多万元。配合县委宣传部新建农村文化礼堂、并通过省级验收共23个。

开展“三唱三红”（即“激情广场”月月唱，“常山艺苑”周周唱，“常山之歌”天天唱，“一乡一节”处处红，“春节元宵”开门红，“主题活动”年年红）文化惠民活动。开展“百首歌曲唱常山”活动，评出“最佳常山之歌”6首、“十佳乡村歌曲”10首。开展“美丽乡村·美好常山”乡村歌曲演唱大赛，全县94支演唱代表队参赛，举办比赛8场，评出金奖5个、银奖9个、组织奖3个。联合“常山人”等公众微信号，开展常山县乡村歌曲大赛“最受欢迎歌手”网络投票评选活动，评出5名“最受欢迎歌手”和9名“我最喜欢的歌手”。邀请央视音乐频道开展《常山谣》音乐电视拍摄制作，在县域LED大屏幕等媒体开展传播推广，央视音乐频道集中播放《常山谣》音乐电视5次。组织全县2016年春节元宵和“最美衢州”两个系列文化活动。举办第十一届“社区文化艺术节”“常山最美排舞展演”等文化演出活动。开展“越剧专场周周唱”50场。指导乡镇、街道及行政村（社区）开展“激情广场月月唱”和“一乡一节”活动28场。

推进“流动文化”等惠民活动。全年开展送演出下乡200多场，送书下乡13500多册，送电影下乡（放映有效场次）3000多场，送展览下乡9场，送讲座下乡17场，观众达100多万人次。邀请外县文艺团队到常山“文化走亲”2场，观众达3000多人次。组织常山文化团队到县外“文化走亲”10

场，观众达1.5万多人次；到江西省玉山县参加第31届“三山”艺术节，其中嫁接“常山喝彩歌谣”的民间舞龙“常山赵子龙”轰动全场。投入35万元采购资金，为全县70家重点农家书屋补充5000多册书籍和电脑、空调、书桌、书柜、椅子等相关设备。投入25万元，在县第一小学设立常山县宝葫芦儿童文学图书馆，即金川街道农家书屋示范基地，扩大儿童文学教育基地，巩固提高儿童文学教学效果。

开展各类文化培训活动。县文广新局通过与大学院校对接联系，于5月分二期举办“互联网+文化”专题培训班，县、乡、村三级宣传文化骨干100多人赴杭州参加培训；8月邀请省文化厅专家授课，组织系统干部职工以及全县各文艺团体负责人参加基本公共文化服务标准化数据跟踪平台建设培训班，80多人参加培训。在全县“五一颂歌·唱响常山”大合唱比赛前，深入各相关单位开展为期两个多月的免费指导，共指导音乐作品20多个。全年组织参加省、市举办各类培训200多人次。选调下属单位人员到县文广新局机关顶岗培训4人次。全年开展各类声乐、舞蹈、戏剧、器乐免费培训500多小时，培训人数7000多人次。

加强文艺精品创作与打造。《浅谈艺术转型过程中浙江省摄影理论的发展之路》一文荣获2016年浙江省摄影论文征文金奖；民间工艺作品《蛋雕》《棕编》参加2016年浙江省文化礼堂展演获得金奖；歌曲《花石村的传说》获浙江省第二届村歌大赛表演兰花金奖；民间舞蹈《灯龙》获浙江省农村文化礼堂群众文艺展演金奖；《我骄傲我是中国人》获“森山杯”浙江省首届青少年朗诵大赛总决赛少儿组金奖。

推进非物质文化遗产保护传承工作。开展第五批省、市、县三级“非遗”名录申报工作，申报县级“非遗”保护名录4类16项，申报衢州市级“非遗”保护名录8类16项，申报省级“非遗”项目4类7项，申报工作名列全市第一。完成县武当太乙拳馆2016年度提升工程建设任务。完成“国遗”丛书《常山喝彩歌谣》的文稿编著任务。开展“国遗”项目“常山喝彩歌谣”的系列保护、传承工作，在中国《文化月刊》开展“常山喝彩歌谣”专题宣传活动，编辑出版《为常山喝彩》书籍。推进“戏剧传承非遗”大戏派送活动，全年完成廉政越剧《清简樊莹》等大戏派送下乡演出任务42场，观众达15万多人次。组织参加浙江省“十三五”非物质文化遗产保护工作现场推进会，并作典型发言，介绍常山“非遗”工作经验。以“常山喝彩歌谣”编排的情景剧《金婚》，被衢州市列入文艺精品扶持项目。新增县级“非遗”名录16项、市级9项。开展“记住乡愁·传承文化”常山十大古祠堂评选活动，向广大群众宣传常山各地知名祠堂，进一步唤醒公众保护古祠堂的自觉性。提前完成第一次全国可移动文物普查第三阶段全部工作。

助推文化产业发展。县文广新局帮助中国观赏石博览园（龙腾石博园）和浙江泓影文化传播有限公司两家文化企业申报中央财政文化产业发展重大项目专项资金，浙江泓影文化传播有限公司被列入专项资金补助名单、并获首期补助30万元。帮助中国观赏石博览园成功申报浙江省文化企业示范基地；帮助金逸影城收购金马影城，并升级成为常山县第一家中外合资文化企业；助推青石赏石小镇申报浙江省特色小镇文化建设示范点；助推中国观赏石博览园——半典阁连环画博物馆，申报中国收藏文化示范基地。开展“十佳文化企业”评选工作，全县30家文化企业参与评选活动，通过网络投票和组委会投票相结合的方式，评出首届“十佳文化企业”和“十家成长型文化企业”。组织11家文化企业参加第11届义乌文化产品交易会、

第9届西部文化产业博览会、2016衢州市中国文化产业博览会。力推戴氏棕编工作室的文化创意作品《鹤之舞》参加2016年衢州市十佳文化创意评选活动，并成功入选衢州市十佳文化创意产品。

是年，县文广新局机关设办公室、文化艺术科、广播影视管理科、新闻出版科（行政许可科）、文物监管科5个职能科室，下辖文化市场行政执法（文物监察）大队、非遗保护中心、文化馆、图书馆、文物办、影剧院6个事业单位；至年末，有工作人员52人，其中，局机关14人、直属单位38人；具有高级技术职务资格3人，中级技术职务资格11人。全县获得省级文艺金奖6个、银奖6个、铜奖4个；市级文艺金奖2个、银奖1个；省级优秀指导老师奖1个；省、市优秀组织奖各1个。

【“贤商”文化推广成果丰硕】 2016年，县文广新局出台《2016年度宣传文化系统弘扬贤商文化建设实施方案》；编辑、出版反映“贤良贤商、德业共树”文化核心内涵的当代招贤创业典型故事集《招贤英雄会》；联合“常山人”微信公众号举办“我心目中的招贤英雄”评选活动，36位招贤籍创业人士分别获评“领创英雄”“赶超英雄”“励志英雄”；完成“常山贤商”等10多首常山创业方面歌曲创作和音乐快板《贤商文化记心间》等文艺作品的创作；邀请市、县文化专家，开展“常山贤商”历史文化挖掘工作，在市、县党报党刊上发表“贤商”故事文章10多篇；邀请全国知名作者，开展“贤商”小说创作工作，形成《招贤柳》小说初稿；挖掘整理招贤古渡文化，据以申报招贤古渡为省级文保单位；按期完成招贤村和赛得健康产业园两个贤商文化示范基地创建工作。

【文化融入城市、旅游和新农村建设】 2016年，县文广新局修改《常山县文化融入城市建设“1375”工程实施意见》，并提交县政府常务会议讨论通过。指导帮助“国际慢城”5个核心村，初步提炼形成各村文化主打品牌（主题口号）。邀请省级顶尖词曲作家，完成“国际慢城”主题歌曲《慢城恋曲》创作；邀请央视合作传媒公司，摄制《慢城·常山》宣传片。制定“百村故事挖掘传承”三年行动实施方案，召集常山县知名作者成立6个工作小组，开展第一批70个村故事征集编撰工作，已收集200余篇故事。参与赏石小镇规划设计等4个项目的论证指导工作。完成县政协布置的常山港流域古航道保护与开发课题的调研报告。

【文化市场服务G20百日攻坚专项整治行动】 2016年，县文广新局制定《常山县文广新局平安护航G20文化市场安全生产综合整治大行动实施方案》；召开全县“扫黄打非”暨G20峰会服务动员大会，细化常山县文广新局G20峰会保障方案；制定常山县文化市场“服务G20、展示新形象”百日攻坚专项整治行动方案，强化多部门联合执法措施，严厉打击和惩处各类违法违规经营行为，出动执法人员970人次，检查各类经营单位130家次，受理群众举报2起，办理行政处罚案件3起，联合县工商、公安等部门取缔地摊、游商3家，收缴非法音像制品1000多张。

【文物维修和平安工程建设】 2016年，县文广新局开展省级文保单位“徐氏旧宅”维修二期工程的招投标工作，中标价434.2万元。全面完成底角王氏宗祠修缮工程审计工作。推进省级文保单位“里择祠”创平安工程建设。为加强文物安全，在重要的节假日以及汛期对重点文物保护单位开展集中巡查工作；加强安全管理措施，完成县级以上重点文保单位（古民居、祠堂类）安全消防器材的配送；与全县24处重点古建筑类文保单位签订“文物保护单位安全责任书”，完成全县16处重点文保单位的周边环境整治工作；同时，完成全县19处重点文保单位的虫害防治，防治面积9515平方米。

【常山县第七批省级文保单位申报工作】 2016年，县文广新局组织人员对全县30余个行政村开展文保单位（文保点）调查摸底，确定申报对象。按照第七批省级文保单位申报信息采集标准，精心采集文保单位基本材料，编制申报文本。做好省文物局专家组对申报对象实地考察的相关工作，按文件要求向省文物局提交文峰塔、德川行、泰安村古建筑群、球川村乡土建筑群等10处40个子项申报对象的相关资料。

（徐　洋）

广播电视

【概况】 2016年，县广播电视总台（以下简称“县广电总台”）紧扣县委、县政府中心工作，以主题报道为先导，以融合发展为抓手，以传播常山精彩、点赞美好生活为主线，推进新闻宣传、融合发展、系统改造、队伍建设工作。开展新闻纠错专项行动，对每天新闻的文字和画面中出现的问题进行逐一点评，并提出整改意见，有效提高记者的采编以及画面的拍摄水平。举办“常山广电”微信公众号操作培训；邀请浙江传媒学院教授吴生华等老师到常山，为采编播一线人员主讲“深化新闻立台，提升广电节目品质”“2015年度浙江省广播电视对农节目政府奖、2015年度浙江省广播电视新闻奖的获奖作品评析”“县级广播电视台广播电视新闻创新创优”等专业课；举办全县广电业务培训班，各乡镇（街道）宣传委员、部门骨干通讯员及全体采、编、播人员共120余人参加培训。修订、汇编《安全播出管理制度与应急预案》，共包含29个安全播出管理制度和13个安全播出应急预案，涉及总台及各个科室，进一步理顺各科室的职责分工和工作思路。全年开设专栏43个，播出新闻稿件2902条；在市级主流新闻媒体播发报道800多篇，在浙江卫视播发新闻报道90多篇，在中央电视台新闻频道、中国之声等央视媒体发稿10多条，获2016年度全省广播电视新闻协作二等奖。

【常山一中备战高考新闻采访活动】 2016年4月上旬，县广电总台组织以“冲刺”为主题的常山一中备战高考新闻采访活动。此次活动组织动员36名采编播人员，分为18组，采访常山一中校长、高三教师及高三学生代表100余人。通过此次采访活动，展现常山一中师生的创新教学理念和学生代表的精神风采，为全面夺取2016年高考胜利营造浓厚的氛围。

【区域环境综合整治宣传】 从2016年5月1日开始，县广电总台对辉埠镇开展为期一个月的钙加工行业和区域环境综合整治工作的宣传报道，运用广播、电视、网络、微信平台媒体资源，在重要时段、重要栏目开设专栏专题，每天安排两组记者前往整治一线进行蹲点采访报道；同时，在常山广电微信平台媒体每天推送区域环境综合整治的有关信息，宣传环境整治工作，在全县营造良好强势舆论氛围。

【推出“听音（视）频学党章”栏目】 2016年6月，县广电总台在“常山新闻”与“柚都先锋”微信平台中推出“听音（视）频学党章”全新栏目。该音频结合党章内容，由县广电总台播音员录制，共分9期，每期一个章节，总时长1小时8分钟。

【“乡村行”栏目开播】 2016年10月13日，县广电总台打造的大型电视专题系列节目《乡村行》在文化民生频道《常山三地带》栏目首播。《乡村行》以金源村、棋盘山村、大处村、安坑村等常山传统村落为拍摄对象，选取当地最具特色的素材，采用纪实手法，以记者体验的方式，让观众跟随记者寻找美丽的风景、品读其中的故事，感受每一个身边的人和他诉说的故事；展现村落优美和谐的自然环境、丰富多彩的民风民俗、独具特色的乡土之物、传承千百年的家风祖训，唤起人们的“乡愁”记忆，延续常山悠久的文化底蕴和根源流脉。节目首播时间为每周四的18：30，重播为周四、周五、周六的18：30、21：00、23：00，周五、周六、周日的7：15、12：00。

【常山电台升级改造工程完成】 2016年10月20日，常山电台调频直播系统升级改造工程完成。此项工程分直播间和导播室的声学设计改造、直播设备采购和录音站点的软件更新两个部分。工程竣工后，能满足新闻部、专题部、广告部的节目配音需求和103.4兆赫常山人民广播电台调频数字直播需求，为提升常山电台广播工作效率和节目播出质量和节目制作包装水准提供有效保障。

【与辽宁大学广播影视学院产学研合作签约】 2016年12月16日，县广电总台与辽宁大学广播影视学院产学研合作签约揭牌仪式举行，县委常委、宣传部部长余风和辽宁大学广播影视学院院长庚钟银共同为“辽宁大学广播影视学院浙江省常山县广播电视总台产学研一体化研究基地”和“辽宁大学广播影视学院学生实习实践基地”揭牌。县广电总台成为全县首个传媒领域产学研基地，为深入校台双方理论探索、传播实践研究提供更多创新活力；县广电总台也将借力名校资源，推动新闻舆论宣传工作再上新台阶。

（鲁晓飞）

县新华书店

【概况】 2016年，常山县新华书店有限公司（以下简称“县新华书店”）加强教材征订管理，密切与县教育局及各学校的沟通联系，做好推荐和服务工作，分解落实工作人员责任，实行一条龙推销服务制度，争取到《中华优秀传统文化读本》和《安全读本》的订单；完成教材文教总销售1750万元，比上年增加60万元，增长3.5%。抓好一般图书销售工作，开展寒假春节卖场营销和微信红包促销活动，以及礼品书优惠促销专题活动，实现增加销售5万多元；举办世界读书日、全场限时打折活动和流动供应送书上门活动，向各学校送书上门360人次，流动供应图书5万多册。配合县文明办、县教育局在全县中小学生中开展“阅读好时光”读书征文活动，120多名小作者分获一、二、三等奖；举办“逐梦路上”主题演讲比赛。邀请儿童文学作家冰波到常山4所农村学校举行读书讲座，签名销售图书2.7万元；邀请常山本土作家徐雪清老师带上自己所写的《少年树上的叶子》一书，到各学校并带领师生深入到书中所描绘的农家田园开展活动，销售《少年树上的叶子》1300多本，金额2.2万元。

是年，县新华书店实现销售2445.7万元，比上年增长2.9%；创造利润253.8万元，增长47.0%。

（徐忠孝）

旅　　游

【概况】 2016年，全县有国家A级以上旅游景区（点）8家，其中国家AAAA级景区1家、国家AAA级景区4家；星级宾馆酒店3家，其中四星级酒店1家、三星级酒店2家；旅行社10家，其中四星级旅行社1家、三星级旅行社2家。全年接待旅游总人数705.18万人次，比上年增长22.3%；实现旅游总收入40.63亿元，增长25.29%。

【旅游项目建设】 2016年，全县新增国家AAA级旅游景区2家（黄塘景区、桃花源景区）。县旅游委着力国际慢城申报工作，编制国际慢城规划，慢城路网、环境建设、慢城入口、功能提升、营销推介五大专项工程累计完成投资约3000万元，征用土地710亩，集中连片流转土地760亩，建设自行车慢道路基9千米、通景公路6千米、环湖绿道9千米。打造赏石小镇，推进众卡运力供应链项目、青石镇集镇改造提升、石博园、宇华精品观赏石景观旅游项目建设，全年完成投资9.27亿元。启动白菊花创AAAA工作，编制常山白菊花生态文化休闲旅游区开发项目可行性研究报告，推进游步道、生态停车场、通景道路、厕所等建设。完成智慧旅游体验馆装修及设备安装。

【旅游市场促销】 2016年，县旅游委制定2016年度全县旅游宣传营销计划，在首都机场、衢州高铁站投放旅游形象广告，拍摄常山国际慢城宣传片。与慈溪市旅游局建立旅游战略合作关系。与全县10家旅行社签订2016年度三衢石林景区游客输送协议；与酷秀网、贝竹、同程等网络平台开展合作。开展三衢石林宣传词征集，评选出1名银奖、2名铜奖和10名优秀奖。举办常山旅游职工疗休养推介会，邀请31家省直机关高校、工会退休处负责人到常山实地考察。与浙江老年报社合作，开展最美乡村休闲旅游线路评选。与浙江经视合作，开展全域旅游看衢州拍摄，重点对2016中国山地自行车公开赛（浙江常山站）活动、常山胡柚采摘节和三衢石林景区等进行宣传推广。参加2016龟峰杯大美上饶旅游推介会、金丽温衢旅游联合体赴福建厦门旅游宣传促销活动、赴江苏地区衢州旅游专场推介会、福建太姥山来衢推介会、第12届海峡旅游博览会、义乌国际旅游商品博览会、2016浙江（上海）旅游交易会、“喜迎G20，乐游衢州”新闻发布会、第二届大学生网络旅游节活动。

【乡村旅游】 2016年，常山县开创“黄塘模式”“郭塘模式”，新增小木屋、水上乐园、跑马场项目，黄塘村入围“中国美丽休闲乡村”特色民俗村。打造“智慧渔村”“千里钱塘第一村”“竹漂之乡”“云梯花海”特色村点。举办2016常山·同弓柚花飘香文化旅游节、衢州亲水节开幕式暨常山新昌水上嘉年华活动、2016第九届休闲旅游文化节、常山县“云梯花海”赏花节、2016中国山地自行车公开赛（浙江—常山站）、2016中国常山胡柚采摘节活动。举办县级“五大赏花胜地”评选、“常山国际慢城杯”全国摄影大赛线下采风等活动，制作全县乡村旅游智慧手绘版地图（一日游、二日游）。

【旅游行业管理】 2016年，县旅游委举办常山县第三届职工职业技能（景区讲解员）竞赛活动。与各旅游企业签订安全生产目标管理责任书，明确安全生产责任，督促旅游企业建立健全安全生产管理制度、完善应急预案。以县假日办名义，牵头交通、卫生、市场监管、安监、消防等部门建立联合检查机制，对景区、旅行社、星级酒店、乡村休闲旅游点开展安全大检查，在春节、五一、十一等节假日期间加大联合检查力度。组织旅行社、星级饭店、景区、乡村休闲点参加质监员培训和现场教学，组织旅游企业参加

2016“浙江符号”旅游商品评选，组织导游参加高端导游培训班。

7月24日举办常山讲解员大赛 （樊倩倩 摄）

2016年常山县A级旅游景区（点）一览

表29

名 称	地 址	星 级
三衢石林	辉埠镇路里坑村	AAAA
奇石馆	金川街道竹亭路1号	AAA
黄岗山	何家乡黄冈村	AAA
黄塘景区	新昌乡黄塘村	AAA
桃花源景区	芳村镇新桥村	AAA
砚瓦山景区	青石镇砚瓦山村	AA
东明湖公园	县城东南320国道旁	AA
石崆寺景区	天马街道西峰村	AA

2016年常山县旅游星级酒店一览

表30

名 称	地 址	星 级
东方大酒店	天马街道金石东路1号	★★★★
华府大酒店	天马街道定阳南路169号	★★★
常山国际大酒店	天马街道白马路168号	★★★

2016年常山县旅行社一览

表31

名 称	地 址	星级
天马旅行社有限公司	天马街道人民路34—38号	★★★★
华夏旅行社有限公司	天马街道人民路277号	★★★
青年旅行社有限公司	天马街道健康弄19号	★★★
春秋旅行社有限公司	天马街道上水弄2号2-1楼4楼	
衢州中国旅行社常山分社	天马街道定阳北路42号	
江山绿业旅游有限公司常山分社	天马街道大桥路20号	
衢州都市假日旅行社常山分公司	天马街道人民路62号	
衢州飞扬旅行社常山门市部	天马街道大街9号	
文峰旅行社	常山新华书店三楼	
衢州天天假期旅行社常山门市部	天马街道人民路29号	

（余晓芬）

卫生·体育

卫生计生

【概况】 2016年，常山县卫生计生工作以深化医药卫生体制改革和人口计生体制改革为主线，以提升群众满意度为目标，抓医疗服务质量、抓计生服务基础、抓人才队伍建设，各项工作均获得长足发展，有效保障群众身体健康。深化“招才引智”工程，组织20余批次赴江西、安徽、湖南和东北等地区高校卫生人才交流会开展人才招聘，全年招录各类人才64人，其中紧缺人才31人。开展名医（专家）、学科带头人、基层优秀管理人员、4个“十佳”（十佳医生、十佳护士、十佳公卫工作者和十佳基层实用人才）等评选，评选项目、涉及人数和配套资金创历史新高。开展2次“三基”（即基本理论、基本知识、基本技能）统考，组织各类技能比武24次，参与人员达3700多人次。

县卫计系统配合“国家卫生县城”创建工作，开展全县病媒生物防制指导，实现公共场所病媒生物防制外包，开展全县指导督查3次、2196家次，发放宣传资料11403份，张贴禁烟标志6000多张，发放除“四害”药品1200多公斤。做好健康教育，组建健康教育讲师团，组织名医专家下乡义诊等措施，强化全县健康宣教工作，健康教育讲师团讲课10次，开展健康教育讲座130次，组织义诊12次，提供健康咨询95次，发放各类健康宣教资料2.7万多份。抓实包干区整洁，利用创“国卫”联动日、每天奉献2小时等载体，从外环境清扫、杂物清理、牛皮癣清理、乱搭乱建治理方面入手，开展包干区环境大整治，发挥卫计系统创“国家卫生县城”工作“排头兵”的作用。加强行风作风建设，贯彻落实《中国共产党廉洁自律准则》和《中国共产党纪律处分条例》。开展卫计系统效能、重点项目实施等督查，同时加大医疗器械采购领域的监督力度；组织30余人次的系统工作效能暗访，对发现的问题立即交办，限时整改；纪检组（监察室）监督重大项目、医疗设备采购的招投标。组织100余名局管中层干部和县人民医院重点岗位人员赴浙江省第三监狱开展党风党纪教育、廉政风险教育、警示专题教育，提升党员干部防腐拒变的能力。

常山县卫生和计划生育局（以下简称“县卫计局”），全年开展基本建设工程17项，其中乡镇卫生院维修、改建、扩建、新建项目13个，县级医疗机构改建、扩建、新建项目4个。县卫计局室外环境改造工程等7个项目已竣工验收并投入使用；县公共卫生服务中心项目（即新常山县妇保院和县卫生监督所业务用房）进入现场施工阶段；县中医医院住院大楼项目完成项目可研批复、选址意见书和规划建筑方案初稿，完成原门诊楼和住院楼外立面改造。8月，常山县首家二级民营专科医院——第三医院（精神康复医院）建设完成，并投入正式运行。

县卫计局在全市率先开发使用生育服务平台APP，并在“健康常山”微信公众号上运行，全年有1400余对夫妇通过手机APP以及“健康常山”微信公众号完成生育登记。推进优生优育服务（三优）能力建设，对新婚女性、怀孕对象及儿童家长等重点人群开展母婴健康宣传教育，全年开展优生政策宣传26次，发放各类宣传册、宣传单2万多份。开展生育关怀活动，通过圆梦“微心愿”、名医专家进乡村、关爱计生特殊家庭等活动，征集计生困难家庭“微心愿”1200多个，投入资金28万多元，并全部兑现到位。向享受奖扶政策的1878人，发放奖扶金180万余元；向享受特扶政策的218人，发放特扶金148万余元。2016年全县出生人数4616人，计划内出生4428人，计划生育率95.93%，达到省、市计划生育率95%的考核指标要求；政策外多孩违法生育出生人数108人，多孩违法生育率2.34%，低于3%的市控制指标；政策外怀孕684例，已落实补救措施570例，补救措施落实率83.33%；政策外生育与政策外怀孕的比例为16.67%，比全市平均值低5.83个百分点。全年计划免费婚前、孕前健康检测目标人群8400人，实际检测7475人，检测率88.99%，随访率98.94%。出生性别比104.45，各类指标均达到省、市要求。

1月8日，省计生协与中国人寿浙江省分公司共同倡导推出的全省“生育关怀·圆梦微心愿”活动启动仪式在常山举行　　　　（吴可嘉　摄）

截至年底，全县有各级各类医疗机构276家，其中县级医院3家（县人民医院、县中医院、县妇幼保健计划生育服务中心），乡镇（中心）卫生院14家，民营医院3家（贞元医院、民康医院、第三医院），其他医疗机构1家（省三监医院），村卫生室（社区卫生服务站、卫生院分院）203家，个体诊所36家（其中9家中医诊所），厂矿医务室16家。全系统共有干部职工1872人，其中在编职工1130人，离退休职工411人，编外在岗人员331人。在编职工中，研究生学历13人，本科学历664人，大专及以下学历453人；有正高专业技术职称28人，副高专业技术职称100人，中级专业技术职称323人。

【常山县人口健康信息化建设全面推进】 2016年，县卫计局投入资金201.17万元，完成安全医疗视频监控系统安装、县级影像中心二期、生育服务平台APP、政务云租赁项目，启动实施数据容灾备份项目。有效整合医疗服务、公共卫生、计划生育、综合管理业务应用，初步实现业务应用互联互通、信息共享、有效协同。

【开展责任医生签约服务试点】 2016年，县卫计局争取常山成为责任医生签约服务试点县。将计划生育优抚对象和重点托管残疾人纳入首批责任医生签约范畴，年内有193名优抚对象和190名重点托管残疾人纳入到首批签约对象。同时，整合公共卫生服务项目将签约工作与基本公共卫生服务、基本医疗等工作相结合，实打实做好上门签约、定期随访工作。截至年底，已签约8.69万人，占户籍人口的25.41%。

【卫生资源“双下沉、双提升”工作深化】 2016年，县卫计局进一步深化落实省委、省政府“双下沉两提升”工作，完成省妇保院第三批与第四批常驻专家的交接工作。参照省级资源下沉做法，延伸触角，县级医疗卫生单位以不同形式托管14家乡镇卫生院，稳步提升乡镇卫生院医疗服务能力，下沉覆盖面达100%。通过资源下沉，全年14家乡镇卫生院门诊58.22万人次、住院3389人次，分别上升11.44%、12.63%。

【分级诊疗制度进一步完善】 2016年，县卫计局完善分级诊疗制度，下发《关于印发常山县分级诊疗工作实施方案（试行）的通知》《关于做好分级诊疗双向转诊工作的通知》《关于进一步加强分级诊疗转诊及认定工作的通知》等文件，从资源配置、制度建设、保障措施、考核评价方面对分级诊疗制度进行细化。通过加大政策宣传、基层医疗服务提升和发挥医保报销政策杠杆作用，拉开医保对不同级别医疗机构的报销比例，引导患者有序流动。按参加城乡居民医疗保险人员住院人次统计，县内就诊率较实施前提升13.63个百分点。

·疾病预防控制与监测·

【疫情情况】 2016年，县疾病预防控制中心实行每月定期疫情网络报告情况督导检查。全县报告法定传染病15种1978例，发病率819.50/10万。其中，报告乙类传染病10种796例，发病率329.79/10万；丙类5种1182例，发病率489.71/10万；无甲类传染病报告。全县无传染病暴发病情。

【人感染H7N9禽流感防控】 2016年，全县组织开展外环境人感染H7N9禽流感检测14次，采样210份，甲通阳性40份，其中H7阳性7份，H9阳性12份，N9阳性12份，H7N9阳性7份。通过电视、报纸、网站等新闻媒体向市民提供防控知识的核心内容，正确引导社会舆论。

【霍乱等肠道传染病防控】 2016年，县人民医院严格按照《腹泻病门诊工作规范》要求，全年开设肠道门诊。全县医疗机构共检测到腹泻病人700例，粪便标本采集700人份，采便率100.00%；“三线”培养700例，“三线”培养率100.00%。开展伤寒、副伤寒及细菌性痢疾等感染性腹泻病例监测及环境危险因素监测工作，检测到阳性菌株17例。

【手足口病监测与防控】 2016年，全县报告手足口病791例，报告发病率327.72/10万，无重症和死亡病例报告。对60例临床诊断病例采集标本进行实验室诊断，COXA16型肠道病毒阳性18例、EV71阳性11例、其他肠道病毒阳性18例。报告9起手足口病聚集性疫情。

【麻风病防控】 2016年，全县有麻风病现症病人1人，判愈病人2人。现症病例已完成联合化疗（为MB方案治疗），由于查菌仍为阳性，10月继续服用抗麻风联合用药。全县各医疗机构转诊可疑麻风病症状者24例。

【艾滋病防治】 2016年，全县检测40013人次，其中术前检测7587人次，受血前检测8147人次，性病门诊2008人次，其他就诊者检测3893人次，婚前检查2208人次，孕产期检查8237人次，自愿咨询检测716人次，阳性者配偶检测24人次，娱乐场所高危人群干预检测154人次，职业暴露检测6人次，羁押人员体检1000人次，新兵体检184人次，其他重点人群检测人5849次，新发现HIV感染者8例。在管HIV感染者及病人62人。

【肺结核防治】 2016年，全县结防门诊初诊病人960例，确诊肺结核病人272例。其中，涂阳病人103例，涂阴病人153例，结核性胸膜炎病人8例，其他肺外结核8例，发现的病例全部纳入常规管理。筛查耐多药肺结核可疑者104例，上送药敏104例，检测发现耐多药病人2例、非耐多药病人102例。新发现2名耐多药病人由于现治疗方案有效，未纳入项目治疗。上半年紫港中学发生肺结核聚集性疫情，该校共发现肺结核实验室诊断、临床诊断及疑似肺结核病例47例，当年已治愈41例，其余6例按医嘱服药。经落实防控措施，得到有效控制。

【规划免疫】 2016年，全县卡介苗接种率99.98%，脊灰接种率99.71%，百白破接种率99.85%，MV或麻风二联接种率99.73%，乙肝接种率99.54%，甲肝接种率99.39%，A流脑接种率99.25%，A+C流脑接种率99.36%，乙脑接种率99.54%，1.5岁~2岁儿童加强免疫麻腮风接种率99.12%，2周岁百白破接种率99.07%，4岁加强脊灰接种率99.16%，6岁儿童白破接种率99.26%，6周岁A+C流脑接种率99.12%。天马中心卫生院、东案乡卫生院接种门诊成功创建5星级和3星级预防接种门诊。县疾控中心、各卫生院预防接种门诊、县人民医院和妇保院妇产科安装了疫苗冷链测温系统，实时监控冷链设备温度。7月1日开始使用专门冷链车向所有接种单位配送疫苗。

【消除麻疹工作】 2016年，全县报告疑似麻疹8例，麻疹排除病例报告发病率2.34/10万，8例均排除。病例报告后48小时内完整调查率100%，首份血标本采集率100%，血标本3天内送达率和实验室结果7天内报告率均为100%。

【常山血地防消除状态县通过国家疾控局复核】 2016年3月3日，国家卫计委疾控局血地处处长严俊带队到常山现场复核血地防消除状态县，常山县顺利通过复核。2016年，全县查螺投工10562个，查螺面积458.495万平方米，其中，查出有螺乡镇13个、有螺村34个、螺点73个、有螺面积61150平方米；捕获活螺6660只，解剖6660只，全部阴性。全年灭螺投工2665个，灭螺面积61150平方米，反复扩大灭螺面积60.65万平方米。血吸虫病综合治理环境改造工程2个，投资120万元，环境改造治理灭螺面积1.6万平方米。全县血吸虫病血清学查病1086人，未发现血吸虫病病人。晚血病人内科救助40人。

【食品安全风险监测】 2016年，全县完成省级特定病原体病例监测385例，检出阳性菌株22例，检出率5.71%，其中沙门氏菌17株、副溶血性弧菌5例。成功处置一起由副溶血性弧菌引起的食物中毒事件。采集190份微生物类食品样品，检出3份阳性（其中2份为城区某卤肉店的熟肉制品，均为金黄色葡萄球菌阳性；另1份为早餐店的儿童食品，蜡样芽孢杆菌阳性）。检测的105份理化类样品结果无超标。

【碘缺乏病监测】 2016年，全县随机抽取5个乡镇20个行政村301户居民家中食盐样品，定量检测盐碘含量，检测结果：非碘盐5份，不合格碘盐55份，合格碘盐241份，碘盐合格率为80.07%，碘盐覆盖率98.34%，碘盐中位数22.0毫克每公斤。随机抽取新鲜尿样200份，经测定，尿碘中位数204微克每升；低于50微克每升有13份，占6.5%；50微克至100微克每升的有26份，占13%。开展甲状腺肿大触诊法检查，未发现有肿大情况。随机抽检孕妇尿样101份，定量检测孕妇尿碘中位数为153微克每升。

【疟疾监测】 2016年，全县“三热”病人监测血检698人，其中阳性1人，为8月24日发现的从利比里亚输入的恶性疟病例，用

"青篙素哌喹片"治愈。

【病媒生物监测】 2016 年，县疾控中心通过监测，显示室外鼠密度平均为 0.75 处/100 米，室内鼠密度平均阳性率 0.04 只/张（粘鼠板法）。居民区及单位院内积水蚊幼虫及蛹平均阳性率 13.38%（目测法），河流、水渠及湖泊取水监测蚊幼虫及蛹平均阳性率 2.09%（目测法）。公厕、垃圾中转站等外环境平均每视野成蝇 0.26 只（目测法），农贸市场、单位食堂等室内环境平均每条成蝇数量 0.91 只（目测法）。宾馆、饭店、医院、商场等重点行业平均蟑螂密度 0.39 只/张（粘蟑纸法）。4 个社区登革热监测点监测结果，白纹伊蚊 BI 为 18.67；埃及伊蚊 BI 为 0。

【死因、慢病监测】 2016 年，全县死因监测人口为 342831 人，其中男性 178060 人、女性 164771 人；户籍死亡人数 2044 人，其中男性 1205 人、女性 839 人。按照农村死亡指标，常山县粗死亡率为 596.21/10 万，标化死亡率为 604.67/10 万。全县居民人群期望寿命为 79.18 岁，校正期望寿命 79.00 岁。前五位主要死因顺位依次为呼吸系统疾病、恶性肿瘤、循环系统、损伤和中毒外部原因、消化系统疾病。监测结果表明，常山县居民死亡疾病谱是：慢性非传染性疾病占主要地位，伤害成为重要的公共卫生问题。全县累计网络直报 4 种慢性病 3420 例，其中糖尿病 1763 例、恶性肿瘤 881 例、心脑血管疾病 776 例；常山县户籍当年发病数 3852 例，其中糖尿病 1867 例、肿瘤病例 1009 例、心脑血管疾病 976 例。估算当年报告发病率分别为：糖尿病 546.66/10 万，恶性肿瘤 295.43/10 万，脑卒中与冠心病急性事件 285.77/10 万。

【适龄儿童窝沟封闭】 2016 年，全县完成 25 所小学的窝沟封闭项目，学校覆盖率达 100%；服务学生总数 2747 人，服务率 97.58%；口腔检查学生数 2747 人，学生覆盖率 100%；窝沟封闭应封 2657 人，实际封闭 2654 人，封闭率 99.89%；口腔复查学生人数 2534 人，复查率 95.48%；复查封闭牙齿颗数 9050 颗，封闭完好牙齿颗数 9018 颗，完好率 99.65%。

【职业卫生监测】 2016 年，全县报告农药中毒病例 65 例，其中男性 26 例、女性 39 例，无死亡病例；报告尘肺病新病例 56 例，均为男性，其中Ⅰ期 18 人、Ⅱ期 22 人、Ⅲ期 16 人；全年无职业病急性中毒事故发生。

【慢性病社区综合防治】 2016 年，全县累计发现高血压病人 21863 人，管理病人 19466 人，发现率 9.06%；规范管理 8626 人，规范管理率 44.31%；血压控制满意人数 15358 人，血压控制率 78.90%。糖尿病患者累计发现 5119 人，发现率 2.12%，管理患者数 4495 人；规范管理人数 2467 人，规范管理率 54.88%。血糖控制满意人数 3318 人，控制满意率 73.82%。重症精神病患者 874 人，管理率 41.73%；规范管理患者数 722 人，规范管理率 82.61%。

· 卫生监督 ·

【概况】 2016 年，全县公共场所 477 家，监督覆盖率 100%，处罚 19 家；学校 41 家，年度监督 41 家，监督覆盖率 100%，处罚 3 家；全县医疗机构 274 家，年度监督 274 家，监督覆盖率 100%，处罚 19 家；职业病危害企业 30 家，年度监督 30 家，监督覆盖率 100%，处罚 0 家；县卫生行政监督机构对 3 家生活饮用水供水单位开展监督检查，同时开展饮用水监督采样工作。对两家水厂共采集水样 108 份，其中水源水 6 份、出厂水 6 份、末梢水 96 份；经检测，千家排水厂水源水指标有2份不合格，其他检测指标均合格。全县有两家餐饮具集中消毒单位，全年抽检餐具80份，经检验全部合格。从业人员体检，全县有公共场所从业人员1807人，体检1735人，体检率96%；其中培训1735人，培训率为96%，未查出“五病”患者。集中式供水单位从业人员13人，体检13人，体检率100%；其中培训13人，培训率为100%，未查出“五病”患者。

【卫生行政许可】 2016年，县卫生计生行政部门实施公共场所许可新发证68件、不予许可6件、变更8件、延续4件；护士注册28件、变更39件、延续31件；医师注册44件、变更66件；医疗机构换发证128件、变更17件、机构设置3件。

【卫生行政处罚】 2016年，县卫生计生行政部门作出处罚决定案件45件。其中，一般程序案件21件，简易程序案件24件；医疗卫生（含传染病管理）案件19件，公共场所卫生（含饮用水卫生）案件26件。共处罚没款2.17万元。

【非法行医打击】 2016年，县卫生行政监督机构 检查医疗机构274家次，查处违法医疗机构19家，立案处罚19家。通过排查发现未取得“医疗机构执业许可证”擅自开展诊疗活动的“黑诊所”有3家，均进行了立案查处；查处4家医疗机构聘用非卫生技术人员从事医疗活动。

·妇幼保健·

【概况】 2016年，县妇保院开展门诊72561人次。免费婚前医学检查3487人，婚检率92.10%。全县产妇活产数3200人，其中，进入孕产妇系统管理2988人，管理率93.38%；剖宫产率41.81%；县级高危筛查率99.6%，高危产妇住院分娩率100%；产前筛查率84.6%；抢救重症高危孕产妇30例。农村孕产妇住院分娩补助2624人，金额131.2万元，发放叶酸2374人。完成“两癌”筛查工作，其中，乳腺癌筛查2763例，查出乳腺良性疾病48例；宫颈癌筛查2763例，确诊宫颈浸润癌1例，宫颈癌3例，宫颈肿瘤1例。3岁以下儿童系统管理率95.02%，7岁以下儿童保健覆盖率97.34%，5岁以下儿童死亡率4.06‰，婴儿死亡率2.19‰，新生儿死亡率0.94‰。全年无孕产妇死亡。

·爱国卫生·

【概况】 2016年，常山县爱国卫生运动委员会深入开展城乡医疗卫生单位整洁行动和城乡环境卫生整洁行动、城乡饮用水安全保障、病媒生物防制、城乡卫生创建、国家卫生县城创建工作。在丰水期和枯水期采集水样99份生活饮用水质进行检测，合格率为50.50%。结合G20杭州峰会保障、创建“国家卫生县城”工作，创新实施建成区及部分重点公共场所病媒生物防制市场化运作，投入灭鼠饵1153公斤，增设防鼠设施2000多处，增设捕蝇笼800多只，发放灭蟑烟熏剂13895盒、毒饵48405包、药笔25045盒、杀虫母液121盒，通过消杀，城区鼠密度、蟑密度达到全国爱卫会标准。县卫计系统派遣6名工作人员与县创卫办人员一起办公，制定《常山县创建国家卫生县城工作实施方案》，印发《关于健全完善市容环境网格化包干责任制的通知》；按照上级要求，做好病媒生物防治、健康宣教和包干区整治等工作。8月，常山县顺利通过“国家卫生县城”省级考核验收。印发《常山县爱卫会关于2016年卫生创建工作安排的通知》，动员乡镇（街道）、部门单位主动申报创建工作。结合农村生活污水治理和农村生活垃圾治理（即农村“双治”工程），加快推进农村改厕步伐，至年底，全县农村卫生厕普及率和无害化卫生厕所普及率分别为98.25%、96.11%，比分别比2015年上升0.42%和4.13%。

是年，全县创建衢州市市级卫生乡镇2个、市级卫生村14个；浙江省卫生先进单位1家，衢州市卫生先进单位6家；浙江省健康促进学校（银牌）2家、（铜牌）3家；衢州市无烟单位2家；另有7家省级卫生村和8家省级卫生先进单位通过复评。

8月12日，常山县创建国家卫生县城省级考核汇报反馈会召开　（黄红霞　摄）

【生活饮用水保障】 2016年4月、9月，县卫生行政部门分别开展丰水期和枯水期生活饮用水质监测，采集水样99份，其中合格水样50份，微生物超标是影响水质监测合格率的主要因素。70%～80%监测水样的工程配备消毒设施，但是存在消毒不规范现象，现场均未检测出出厂水和末梢水中余氯或二氧化氯。

【虹桥溪水域治理】 2016年，县爱卫会按照2015年制发的《常山县虹桥溪水环境综合整治工作方案》和上级对“五水共治”工作的相关要求，狠抓各项工作机制、巡查制度的落实，做好虹桥溪流域水环境整治日常相关工作的协调和处置。开展联系河道巡查35次；实施问题交办11件，整改到位11件，整改率100%；更换“河长制”公示牌9块。

（尹　俊）

体　育

【概况】 2016年，县体育局主办的体育赛事活动有：首届“村镇银行杯”羽毛球比赛、庆“五一”象棋精英赛、中美男子职业篮球对抗赛——美国东部王者职业男子篮球队与浙江广厦篮球队、“中商广场杯”男子职工篮球锦标赛、2016中国山地自行车公开赛（浙江·常山站）、首届“羽林杯”羽毛球团体赛、2016年衢州市少儿篮球锦标赛。承办、协办的体育赛事活动有：衢州市第二届体育大会——气排球比赛、健身气功比赛、传统武术比赛、幼儿操舞比赛、健美操比赛、啦啦操比赛、象棋比赛、五子棋比赛、国际象棋比赛、国际跳棋比赛、篮球比赛、乒乓球比赛。全县性全民健身活动有：全省“浪里白条”齐聚常山·畅游“月亮湾”、砂板乒乓球推广赛、2016年全民健身日全国棋牌万人同赛。组队参加2016年浙江省幼儿体育大会暨浙江省第五届幼儿足球表演大赛。

是年，天马街道被省体育局命名为“2016年省级体育强镇”；天马街道天马村、五联村，大桥头乡大桥村被省体育局命名为“省级农村体育俱乐部”。截至2016年年底，全县累计创建省级体育强乡镇（街道）11个、省级小康村157个、省级农村体育俱乐部23个、省级先进社区7个、省级青少年体育俱乐部6个。

【常山县象棋协会成立】 2016年4月23日，常山县象棋协会成立大会在县青少年活动中心召开。会议按照议程表决通过《常山县象棋协会章程》，选举产生常山县象棋协会组织机构及理事会成员名单，宁梦良当选为会长，华坤生等9人当选为副会长；会议通过副秘书长人选，并推选产生名誉会长姜云水。

【2016 中国山地自行车公开赛（浙江·常山站）】 2016 年 11 月 5—6 日，2016 中国山地自行车公开赛（浙江·常山站）在常山城东新区“国际慢城”举行。省政协副主席陈艳华、市政协主席俞流传，副市长陈锦标等出席开幕式。此次大赛，中共常山县委、常山县人民政府按照“办出特色、办出水平、办出形象”三大原则，以“争创最佳赛区”为目标，举全县之力，精心组织，狠抓落实，高标准、高规格地完成了各项目标任务。为期两天的比赛，共吸引来自全国各地 160 余名专业选手、800 余名业余选手参与，2.5 万余名市民赴现场观赛。同时，开展现场摄影大赛、环城骑行等活动，引发全城热烈关注，点燃全民运动激情。（男子专业组山地越野赛第一名：云南队陈明润、女子专业组山地越野赛第一名：浙江队杭敏燕、男子公开组越野赛第一名：森地客鑫元鸿队郭鑫伟、女子公开组越野赛第一名：朱维、男子健身组山地越野赛第一名：谭晓东、男子体验组山地越野赛第一名：李思足、男子越野淘汰赛第一名：普金学。）

【中美男子职业篮球对抗赛首次在常山举行】 2016 年 5 月 20 日晚上 19：30，“中国观赏石博览园杯”中美男子职业篮球对抗赛在常山县体育馆开赛。对阵双方为美国东部王者明星职业男子篮球联队与浙江广厦篮球队。除了激烈的比赛，来自美国纽约热辣辣啦啦队的二十多名 NBA 职业篮球宝贝为观众呈现不一样的现场观赛盛宴。美国东部王者明星职业男子篮球联队的多数球员来自 NBA 发展联盟，此次到访的球员平均年龄 25 岁，平均身高 1.96 米。浙江广厦猛狮俱乐部男子篮球队是中国男子篮球职业联赛（CBA）联盟正式成员。常山县体育局专门安排了一套班子运作此项赛事，确保了赛事的宣传报道、场馆布置、资金运作、后勤保障及安全措施的到位。此次对抗赛，美国东部王者明星职业男子篮球联队以 98 比 93 战胜浙江广厦篮球队。

【2016 年衢州市少儿篮球锦标赛在常山举行】 2016 年 6 月 13—15 日，2016 年衢州市少儿篮球锦标赛（男、女初中组）在常山县体育馆举行。此次比赛由市体育局、教育局主办，常山县体育局、常山县教育局承办。参赛运动员 129 人。经过 3 天的比赛，柯城区代表队、常山县代表队、常山县代表 2 队分获初中男子组第一名、第二名和第三名；柯城区代表队、常山县代表队、江山市代表队分获初中女子组第一名、第二名和第三名。

【常山县首届“羽林杯”羽毛球团体赛】 2016 年 11 月 12—13 日，由常山县体育局主办，常山县羽林体育发展有限公司承办，辉埠镇人民政府、球川镇人民政府、常山县新闻中心、常山县羽毛球协会协办的常山县首届“羽林杯”羽毛球团体赛在县羽林羽毛球馆举行。全县机关和企事业单位的 17 支代表队约 120 人参加了比赛。团体比赛规划采取男单、女单、男双、混双、男单的形式，分 4 个小组分别进行循环赛，采取三场两胜制，决出小组前两名进入第二阶段的淘汰赛。获得团体第一至第六名的依次是：常山育才中学队、常山永乐家电队、常山县城东中学队、常山聚吧队、常山县公安局一队、常山县公安局二队。

【“中商广场杯”男子职工篮球锦标赛】 2016 年 5 月 22—30 日，“中商广场杯”男子职工篮球锦标赛在常山县体育馆举行，常山县有关企事业单位的 17 支队伍 300 多名运动员参赛，分 A、B 两组分别举行。最后，A 组的前 8 名为获胜队伍，B 组的前 6 名为获胜队伍。A 组第一名至第八名依次为：常山县建筑和房地产协会一队、天马街道一队、温州共创篮球俱乐部、小强汽车服务队、开化余有鱼篮球俱乐部、中商广场一队、浙江艺景斗牛队、衢州巨鑫玻璃队；B组第一名至第六名依次为：赏石小镇（青石镇）队、常山县教育局队、常山石鸿贸易队、常山县公安局队、天马街道二队、常山县建筑和房地产协会二队。

【常山县庆“五一”象棋精英赛】 2016年4月23—24日，由县体育局、县总工会主办，县象棋协会承办，县青少年活动中心协办的常山县庆“五一”象棋精英赛在常山县青少年活动中心举行。县机关组、乡镇组、社区组、经济组、教育组、老年组的60多位选手报名参赛。比赛分为男子个人赛和女子个人赛，执行新的《象棋竞赛规程》，采用积分编排制，时限双方30分钟包干。最后，决出男子组第一名至第六名依次为张加卫、周耀虎、华伟、徐先明、徐裕芳、张永贵；女子组第一名至第五名依次为宁歆、王明、于珊珊、程立凤、樊帆。

【砂板乒乓球推广赛】 2016年9月17日，常山县乒乓球协会在天马二小乒乓球俱乐部举办了一场砂板乒乓球推广赛。砂板是近两年国际上流行的新型乒乓球拍，在木板上粘贴蓝色砂纸制成，不需要胶皮和海绵。砂板乒乓球拍既有传统乒乓球拍的速度和技术，又返璞归真，打起来铿锵有声，是适合初学乒乓球者和中老年人的一项健身活动。获得前三名的运动员是吴云海、孙勤、王伟。

【常山幼儿组队参加省第五届幼儿足球比赛获团体奖】 2016年5月14—15日，由浙江省体育局、浙江省关心下一代工作委员会、浙江省卫计委等12家单位联合主办，柯桥区教育体育局、柯桥中心幼儿园承办的2016年浙江省幼儿体育大会暨浙江省第五届幼儿足球表演大赛于绍兴柯桥中国轻纺城体育中心举行。此次大赛竞赛规程设置强化了健身性、可玩性、趣味性，分为个人、集体、总团体三个大项，其中个人赛包括一分钟颠球和射门两个项目，集体项目包括幼儿足球操（规定足球操、自编足球操）、6人绕桩传球、6人绕标接力、6人一分钟颠球、6人射门、PK游戏（五人制）6个小项，团体总分则以6个集体项目相加得分为评比依据。此次表演大赛共吸引来自全省各地的45支队伍、823名5~6岁的小朋友报名参加，比赛分为定点组和普通组，其中定点组12家幼儿园，普通组33家幼儿园。常山县共有3家幼儿园参加普通组的比赛。招贤镇添乐幼儿园凭借足球操和PK游戏（五人制）中的优异表现获团体总分一等奖，球川镇手拉手幼儿园和青石镇溪口幼儿园均获团体总分二等奖。

【全省“浪里白条”畅游常山“月亮湾”】 2016年10月15日，“2016年中国·常山月亮湾公开水域游泳邀请赛”在常山“月亮湾”举行，来自杭州、丽水、衢州等地的9支队伍280多名游泳运动员参赛。此次邀请赛由浙江省游泳协会、衢州市游泳协会、常山县体育总会为指导，何家乡党委、乡政府主办，常山县游泳协会与何家乡长风村联合承办，分畅游组和比赛组，畅游距离为500米，不分年龄段；比赛距离为1000米，设18~34岁、35~44岁、45~54岁、55~60岁四个年龄段组别。获得比赛团体总分第一至第三名的依次是杭州代表队、衢州代表队、常山代表队。

【“全国棋牌万人同赛”常山赛区象棋比赛】 2016年8月7—8日，“2016年全民健身日全国棋牌万人同赛”常山赛区象棋个人赛举行。此次比赛由常山县象棋协会承办，常山县老年活动中心协办。比赛分成人组男子个人赛、青少儿组男子个人赛和女子组个人赛，共有40多位常山象棋爱好者参赛。比赛执行最新《象棋竞赛规程》，采用积分编排制。最后，张永贵获得男子组第一名，汪诗茗获得女子组第一名，吴思辰获得青少儿组第一名。

常山县承办衢州市第二届体育大会各项比赛情况一览

表 32

比赛日期	项目名称	参赛队伍及人数	获奖情况或备注
4月26—27日	气排球	14支 208人	老年女子组：第一名为衢江区，第二名为江山市，第三名为柯城区； 老年男子组：第一名为柯城区，第二名为常山县，第三名为开化县； 行业系统女子组：第一名为衢州市卫生计生系统，第二名为浙江衢盛集团俱乐部，第三名为国网衢州供电公司； 行业系统男子组：第一名为衢州金融系统代表队，第二名为衢州市卫生计生系统，第三名为衢州财政地税代表队； 县（市、区）女子组：第一名为衢江区，第二名为江山市，第三名为柯城区； 县（市、区）男子组：第一名柯城区，第二名常山县，第三名开化县。
5月6—7日	健身气功	22支 200余人	集体五禽戏：第一名为柯城区，第二名为龙游县，第三名为开化县；集体八段锦：第一名为常山县，第二名为开化县，第三名为柯城区，第四名为衢州巨化运输事业部站点。 集体易筋经：第一名为常山县，第二名为江山市，第三名为衢州巨化运输事业部站点。 个人五禽戏：第一名为柯城区代表队王恒葑（男），第二名为开化县代表队汪春仙（女），第三名为开化县代表队周志广（男）。 个人八段锦：第一名为常山县代表队叶建华（女），第二名为柯城区代表队刘世清（男），第三名为开化县代表队叶秀仙（女）。 个人六字诀：第一名为柯城区代表队卫萍（女），第二名为常山县代表队李娟（女），第三名为开化县代表队汪春仙（女）。 个人易筋经：第一名为柯城区代表队陈国仙（女），第二名为常山县代表队沈慧敏（女），第三名为开化县代表队余顺根（男）。
5月16—17日	传统武术	5支 100余人	县（市、区）组（成年部） 集体木兰拳：第一名为柯城区，第二名为常山县，第三名为衢江区； 集体木兰剑（扇）：第一名为柯城区，第二名为常山县，第三名为衢江区； 个人木兰拳：第一名为柯城区聂　晶，第二名为柯城区徐建花，第三名衢江区王　敏； 个人木兰剑（扇）：第一名为柯城区郑小耘，第二名为常山县张　辉，第三名为柯城区谢红英； 男子传统拳：第一名为江山市杨继晟，第二名为开化县卓勤岗，第三名为江山市夏建林； 女子传统拳：第一名为柯城区曹雪英，第二名为柯城区富玲香，第三名为江山市张水萍； 男女“非遗”杂项：第一名为常山县谢樟华（男），第一名（并列）江山市夏水花（女），第三名为常山县邱华锋（男）； 男子传统器械：第一名为开化县卓勤岗，第二名为常山县刘堂智，第三名为江山市杨继晟； 女子传统器械：第一名为柯城区富玲香，第二名为柯城区曹雪英，第三名为开化县付秋香。

续表 32

比赛日期	项目名称	参赛队伍及人数	获奖情况或备注
6 月 18—19 日	幼儿操舞	6 支 430 余人	第一名为柯城区，第二名为衢江区，第三为常山县代表队。
7 月 1—2 日	象棋	11 支 80 余人	县（市、区）青少年组男女混合团体第一名为常山县，第二名为柯城区，第三名为衢江区； 县（市、区）少儿组男女混合团体第一名为江山市，第二名为柯城区，第三名为开化县； 行业系统团体第一名为江山棋社，第二名为衢州电信公司，第三名为开化棋协。
7 月 14—16 日	健美操、啦啦操	14 支 500 多人	重点中学组第一名为：衢州一中，第二名为衢州高级中学，第三名为常山一中； 县（市、区）组第一名为柯城区代表队，第二名为衢江区代表队，第三名为江山市代表队。
9 月 18 日	五子棋	6 支 60 余人	青少年组总团体第一名为柯城区代表队，第二名为江山市代表队，第三名为衢江区代表队； 少儿组总团体第一名为柯城区代表队，第二名为常山县代表队，第三名为龙游县代表队。
9 月 24—25 日	国际象棋、国际跳棋	5 支 120 余人	省队教练蔡忠老师担任主裁判，分设团体奖、个人奖。
10 月 17—31 日	篮球	25 支 230 多人	男子组第一名为衢州农信，第二名为浙江艺景，第三名为江山五福门业；女子组冠军为衢州第二中学。
11 月 11 日	乒乓球	11 支 60 多人	常山秋之奥队囊括团体男、女冠军，常山乒协二队获女子团体亚军。天马二校乒乓球教练胡刘芳子获女子单打冠军、天马二校的潘卫红获亚军。常山的陈宇翔获男子单打冠军。

（刘　春）

社会生活

人民生活

【概况】 2016年，全县城镇居民人均可支配收入30742元，比上年增长9.3%；农村居民人均可支配收入16713元，增长9.0%。据抽样调查显示，城镇居民人均住房面积48.5平方米，农村居民人均住房面积89.3平方米。

全县职工基本养老保险和城乡居民社会养老保险参保人数212279人，新增5264人；职工基本医疗保险和城乡居民基本医疗保险参保人数296268人，减少14906人；工伤保险参保人数34982人，减少1755人；生育保险参保人数27908人，新增1176人；社保卡持有人员328850人。基本养老保险参保率89.1%。

2016年，全县有10129户12745人纳入城乡最低生活保障，低保占比3.75%；年支出低保金4795万元。其中，城镇低保683户941人，农村低保9446户11804人。城镇低保每人每月612元，农村低保每人每月459元。救助困难群众1213户，救助金额188.6万元。城乡困难居民医疗救助2938人，支出救助资金1820.8万元。资助13650名城乡低保、“五保”、重度残疾人参加城乡居民医疗保险，资助金额314万元。已建县级层面的避灾场所3个；乡镇级避灾场所15个，覆盖率达107%；村（社区）级避灾场所183个，覆盖率97.3%。办理结婚登记2167对，离婚登记958对，补办结婚证834件，补办离婚登记证47件，办理收养登记8件，实施婚姻家庭辅导430对。

2016年常山县全部从业人员和工资情况

表33

指标名称	年末总人数（人）	年末在岗职工人数（人）	在岗职工工资总额（万元）	在岗职工年平均工资（含劳务派遣）（元）
总计（含私营企业）	**50580**	**38911**	**214892**	**55485**
按国民经济行业分组	—	—	—	—
1. 农林牧渔业	—	—	—	—
2. 采矿业	17	15	80	53882
3. 制造业	13069	12506	54557	45099
4. 电力、热力、燃气及水生产和供应业	562	543	7486	134092

续表 33

指　标　名　称	年末总人数（人）	年末在岗职工人数（人）	在岗职工工资总额（万元）	在岗职工年平均工资（含劳务派遣）（元）
5. 建筑业	23453	13871	49141	36862
6. 批发和零售业	1330	1030	3746	36596
7. 交通运输、仓储和邮政业	784	762	3282	43495
8. 住宿和餐饮业	689	648	2608	40236
9. 信息传输、软件和信息技术服务业	140	127	845	65892
10. 金融业	385	332	3794	105824
11. 房地产业	317	298	1979	65517
12. 租赁和商务服务业	619	610	2144	35727
13. 科学研究、技术服务业	118	112	1086	96217
14. 水利、环境和公共设施管理业	166	134	1171	88697
15. 居民服务、修理和其他服务业	28	28	282	100857
16. 教育	2633	2409	23662	94318
17. 卫生和社会工作	1633	1530	14824	97914
18. 文化、体育和娱乐业	170	168	1689	99941
19. 公共管理、社会保障和社会组织	4467	3788	42517	111689

2016 年常山县单位从业人员和工资情况（不含私营）

表 34

指　标　名　称	单位从业人员期末人数（人）	在岗职工（人）	女性（人）	在岗职工年平均工资（含劳务派遣）（元）
总计（不含私营企业）	**15812**	**13633**	**5995**	**88243**
二、按企业、事业、机关分组	—	—	—	—
1. 企业	6780	5654	2189	66351
2. 事业	5119	4681	2657	97739
3. 机关	3762	3224	1065	115554
三、按国民经济行业分组	—	—	—	—
（二）采矿业	9	7	2	72444
（三）制造业	3171	2853	1086	58650
（四）电力、热力、燃气及水生产和供应业	506	487	105	141696
（五）建筑业	1521	897	151	49477
（六）批发和零售业	209	161	103	62832

续表 34

指　标　名　称	单位从业人员期末人数（人）	在岗职工（人）	女性（人）	在岗职工年平均工资（含劳务派遣）（元）
（七）交通运输、仓储和邮政业	65	65	15	79815
（八）住宿和餐饮业	689	648	424	40236
（九）信息传输、软件和信息技术服务业	140	127	61	65892
（十）金融业	300	250	135	106895
（十一）房地产业	100	91	47	93247
（十二）租赁和商务服务业	83	74	39	112297
（十三）科学研究、技术服务业	118	112	42	96217
（十四）水利、环境和公共设施管理业	166	134	51	88697
（十五）居民服务、修理和其他服务业	28	28	7	100857
（十六）教育	2552	2328	1365	96182
（十七）卫生和社会工作	1518	1415	932	100921
（十八）文化、体育和娱乐业	170	168	85	99941
（十九）公共管理、社会保障和社会组织	4467	3788	1345	111689

2016 年常山县规模以上私营企业从业人员和工资情况

表 35

指　标　名　称	单位从业人员期末人数（人）	在岗职工（人）	女性（人）	在岗职工年平均工资（含劳务派遣）（元）
规模以上私营企业单位合计	**34768**	**25278**	**6998**	**38040**
按国民经济行业分组	—	—	—	—
（二）采矿业	8	8	0	33000
（三）制造业	9898	9653	4215	40903
（四）电力、热力、燃气及水生产和供应业	56	56	13	60340
（五）建筑业	21932	12974	1639	36023
（六）批发和零售业	1121	869	663	31524
（七）交通运输、仓储和邮政业	719	697	147	40137
（十）金融业	85	82	48	102169
（十一）房地产业	217	207	90	53177
（十二）租赁和商务服务业	536	536	61	24954
（十六）教育	81	81	49	37457
（十七）卫生和社会工作	115	115	73	59091

2016 年常山县职工素质情况

表 36

单位：人

指标名称	单位从业人员中专业技术人员	按职称分			按文化程度分			
		高级	中级	初级	本科及以上	大专	中专技及高中	初中及以下
总计（含私营企业）	**11944**	**756**	**2856**	**4561**	**7405**	**5989**	**14558**	**22628**
一、按国民经济行业分组	—	—	—	—	—	—	—	—
1. 农林牧渔业	—	—	—	—	—	—	—	—
2. 采矿业	1	0	0	1	10	2	5	0
3. 制造业	1991	72	234	539	507	1191	4502	6869
4. 电力、热力、燃气及水生产和供应业	122	4	49	34	299	145	89	29
5. 建筑业	4846	116	774	1989	604	1819	7245	13785
6. 批发和零售业	157	10	32	57	147	303	443	437
7. 交通运输、仓储和邮政业	45	4	8	13	85	94	374	231
8. 住宿和餐饮业	33	1	4	4	7	57	267	358
9. 信息传输、软件和信息技术服务业	19	0	13	6	54	38	42	6
10. 金融业	121	1	12	39	251	111	18	5
11. 房地产业	105	12	34	32	47	110	134	26
12. 租赁和商务服务业	50	10	18	10	51	45	275	248
13. 科学研究、技术服务业	86	14	20	42	62	35	16	5
14. 水利、环境和公共设施管理业	44	8	15	16	40	30	23	73
15. 居民服务、修理和其他服务业	2	0	0	2	4	10	10	4
16. 教育	2278	304	995	808	2021	375	133	104
17. 卫生和社会工作	1295	140	357	670	669	486	324	154
18. 文化、体育和娱乐业	109	6	24	52	96	40	19	15
19. 公共管理、社会保障和社会组织	640	54	267	247	2451	1098	639	279

2016 年常山县城乡劳动力配置情况

表 37

单位：万人

	城乡合计	城镇	乡村		城乡合计	城镇	乡村
一、年末人口数	**24.68**	**11.41**	**13.27**	**按国民经济行业分组**	—	—	—
年末 16 岁以上全部人口数	20.56	9.50	11.05	1. 农、林、牧、渔业	3.13	1.45	1.68
其中：不计入劳动力资源的人数	3.20	1.48	1.72	2. 采矿业	0.22	0.10	0.12
二、年末劳动力资源总数	**16.78**	**7.76**	**9.02**	3. 制造业	3.21	1.49	1.73

续表 37

	城乡合计	城镇	乡村		城乡合计	城镇	乡村
三、经济活动人口	**16.36**	**7.56**	**8.80**	4. 电力、热力、煤气及水的生产和供应业	0.10	0.05	0.05
从业人员	16.01	7.40	8.61	5. 建筑业	4.07	1.88	2.19
按就业身份分组	—	—	—	6. 批发和零售业	1.91	0.88	1.03
城镇单位从业人员	1.57	1.57	0.00	7. 交通运输、仓储及邮政业	0.42	0.19	0.22
私营业主	0.55	0.40	0.19	8. 住宿和餐饮业	0.51	0.23	0.27
个体户主	1.13	0.76	0.45	9. 信息传输、计算机服务和软件业	0.01	0.00	0.01
私营企业和个体从业人员	6.18	2.86	3.32	10. 金融业	0.01	0.00	0.01
其他非私营单位从业人员	—	—	—	11. 房地产业	0.04	0.02	0.02
其他	6.58	1.82	4.65	12. 租赁和商务服务业	0.22	0.10	0.12
按登记注册类型分组	—	—	—	13. 科学研究、技术服务业	0.10	0.05	0.05
	—	—	—	14. 水利、环境和公共设施管理业	0.03	0.01	0.02
国有单位	0.95	0.95	0.01	15. 居民服务、修理和其他服务业	0.27	0.13	0.15
集体单位	4.30	1.99	2.31	16. 教育	0.46	0.21	0.25
股份合作单位	—	—	—	17. 卫生和社会工作	0.21	0.10	0.11
联营单位	—	—	—	18. 文化、体育和娱乐业	0.12	0.06	0.07
有限责任公司	2.80	1.29	1.51	19. 公共管理、社会保障和社会组织	0.96	0.45	0.52
股份有限公司	—	—	—	20. 国际组织	—	—	—
私营企业	5.27	2.44	2.83	城镇失业人员	0.45	0.45	0.00
其他	—	—	—	城镇登记失业人员	0.13	0.13	0.00
港、澳、台商投资单位	0.06	0.05	0.01	**四、非经济活动人口**	**4.20**	**1.94**	**2.25**
外商投资单位	0.05	0.05	0.00	其中：16 岁以上在校学生	1.43	1.43	0.00
个体	2.58	0.64	1.94	家务劳动者	0.89	0.30	0.59

2016 年常山县农村住户、城镇住户调查基本情况

表 38

指标	单位	农村住户	城镇住户
调查样本户数	户	150	101
期内常住人员数	人	412	286
人均现住房建筑面积	平方米	79.14	40.54
可支配收入	元	16713	30742

续表 38

指　　标	单　位	农村住户	城镇住户
一、工资性收入	元	8304	19003
（一）工资	元	—	—
（二）实物福利	元	—	—
（三）其他	元	—	—
二、经营净收入	元	4665	3439
（一）第一产业经营净收入	元	—	—
（二）第二产业经营净收入	元	—	—
（三）第三产业经营净收入	元	—	—
三、财产净收入	元	735	2593
（一）利息净收入	元	—	—
（二）红利收入	元	—	—
（三）储蓄性保险净收益	元	—	—
（四）转让承包土地经营权租金净收入	元	—	—
（五）出租房屋财产性收入	元	—	—
（六）出租机械、专利、版权等资产的收入	元	—	—
（七）其他财产净收入	元	—	—
（八）房屋虚拟租金	元	—	—
四、转移净收入	元	3009	5708
（一）转移性收入	元	—	—
（二）转移性支出	元	—	—
消费支出	元	8062	18213
（一）食品烟酒	元	3085	6281
（二）衣着	元	575	1354
（三）居住	元	1549	3569
（四）生活用品及服务	元	541	1235
（五）交通通信	元	736	2576
（六）教育文化娱乐	元	802	1940
（七）医疗保健	元	698	978
（八）其他用品和服务	元	75	279
耐用消费品拥有情况（每百户）	—	—	—
1. 家用汽车	辆	31.15	63.33
2. 摩托车	辆	54.17	8.51
3. 助力车	台	345.84	255.47

续表 38

指　　　　　　标	单　位	农村住户	城镇住户
4. 洗衣机	台	229.74	261.16
5. 电冰箱（柜）	台	380.82	302.65
6. 微波炉	台	86.29	218.73
7. 彩色电视机	台	568.76	434.87
其中接入有线电视	台	524.47	407.41
8. 空调	台	217.44	430.80
9. 热水器	台	341.56	280.35
其中太阳能热水器	台	316.90	118.21
10. 消毒碗柜	台	0	25.27
11. 洗碗机	台	3.37	0
12. 排油烟机	台	112.06	238.00
13. 固定电话	线	135.18	111.39
14. 移动电话	部	884.62	653.69
其中接入互联网	部	380.85	504.34
15. 计算机	台	83.82	186.74
其中接入互联网	台	55.87	173.51
16. 摄像机	台	0.0	9.89
17. 照相机	台	4.37	61.67
18. 中高档乐器	架	0.0	17.42
19. 健身器材	台	0.0	0
20. 组合音响	套	3.37	24.11

（占慧臻　张莉丽）

民政事业

【概况】 2016 年，县民政局坚持依法行政，加强“贴心民政、阳光民政、法治民政、数字民政”建设，以“民政工作项目化”为抓手，推进常山民政事业城乡一体化建设，社会救助体系进一步完善，惠及广度及救助水平不断提升，双拥优抚安置工作取得新进展，成功实现省级双拥模范县“二连冠”。全年向上争取资金 1.16 亿元。

健全社会救助联席会议制度，加强对全县社会救助工作的组织领导，做好城乡低保、重度残疾人基本生活补助，大病救助以及城镇“三无”和农村“五保”的集中供养等工作。2016 年，常山县城镇低保由原来 540 元/人·月提高到 612 元/人·月，农村低保由原来 389 元/人·月提高到 459 元/人·月，低保占比为 3.75%。在动态管理的基础上做到应保尽保、应补尽补、应退尽退，全县共有 10129 户 12745 人纳入城乡最低生活保障，其中城镇低保 683 户 941 人、农村低保 9446 户 11804 人，年支出低保金 4795 万元；救助困难群众 1213 户，救助金额188.6万元；医疗救助2938人，支出救助资金1820.78元；资助全县城乡低保、“五保”“三无”、重度残疾人计13650人参加城乡居民医疗保险，金额合计314万元。全县集中供养的农村“五保”和城镇“三无”对象共有838人，年支出供养资金716.49万元。全县失能、失智人员享受养老服务补贴政策的共有131人，其中养老服务机构集中供养69人、居家养老62人，全年支出补助78.6万元。全县60岁以上老年人64349人，每人每月按省定标准领取基础养老金。全县离退休60岁以上的17191人，领取养老金5.76亿元。向上争取资金109万元，启动常山县烈士纪念馆项目建设，该纪念馆坐落于常山县东明湖公园县烈士纪念碑入口处，是常山县革命传统教育基地的重要组成部分。

做好退役士兵和转业士官的安置工作，全年接收退役士兵107人。根据现行国家退伍安置法律法规及上级退伍安置改革精神，对107名退伍士兵全部实行发放一次性经济补助的安置对策，同时妥善做好2015年冬季转业的7名士官的安置工作。县民政部门联合常山锦绣职业技术学校以及新兴、华驰等4家驾校，推出中级计算机维修和操作、淘宝网店营运、汽车驾驶等职业技能培训，保障退役士兵人人享有一次免费职业技能培训机会。全县共有105名退役士兵参加培训。经推荐，有80名退役士兵在中国石油天然气股份有限公司等单位实现岗位就业。严格落实各项优抚补助政策，解决重点优抚对象生活难、医疗难、住房难等实际问题，为161名复退军人解决生活补助12.88万元，为113名优抚对象解决医疗补助43.72万元。及时调整现役义务兵家属优待金和伤残军人、复员军人、无工作参战退役人员、“三属”等重点优抚对象抚恤补助标准，足额发放各类抚恤补助经费，为549名重点优抚对象发放抚恤金及生活补助735万元，为1358名符合享受60周岁以上农村籍老年生活补贴的退伍军人发放生活补贴200.92万元，为65名重点优抚对象落实短期疗养。按照复退军人“信访包案”制度和维稳“12345”联动工作机制要求，加强部门协作，抓好优抚对象的思想转化工作，维护社会和谐稳定。

完善社会救助工作机制，出台《常山县民政局关于做好2016年集中供养五保对象春节慰问金发放工作的通知》《关于召开2016年最低生活保障年度考核和社会救助信息系统使用培训工作会议的通知》《关于调整2016年度农村“五保”、城镇“三无”对象供养标准和规范入院供养秩序的通知》《关于印发〈常山县城乡社区居家养老服务机构综合保险试点方案〉的通知》《关于成立常山县城乡社区居家养老服务机构综合保险仲裁工作小组的通知》，全面推进社会救助信息化建设，将最低生活保障、重度残疾人基本生活保障、集中供养、医疗救助对象的申请资料全部录入社会救助信息系统，让社会救助信息更加透明、规范。开展2016年春节“访民情，送温暖”走访慰问活动，共走访农村特困户、低保户、受灾户、低保边缘户和特困优抚对象2133户，发放资金240.1万元，确保困难群体都能度过一个欢乐、祥和的春节。全年临时救助1213户，救助金额188.6万元。全年城乡困难居民医疗救助2938人，支出救助资金1820.78万元；资助13650名全县城乡低保、“五保”、重度残疾人参加城乡居民医疗保险，资助金额314万元。

是年，县民政局被市委、市政府评为“衢州市G20杭州峰会维稳安保先进集体”。

【省级双拥模范县创建】 2016年，县民政局对照新制《浙江省双拥模范城考核目标》，高标准做好新一轮“省级双拥模范县”创建各项工作。春节期间，走访慰问19名部队立功受奖现役军人家属；及时召开全县双拥领导小组成员单位会议，与37个双拥领导小组成员单位签订了《常山县2016年省级双拥模范县工作目标责任书》。常山县被中共衢州市委、衢州市人民政府、衢州军分区评为“衢州市创建全国双拥模范城先进单位”。

【孤残儿童生活保障】 2016年，全县有孤儿和困境儿童327人，其中孤儿59人，困境儿童268人，养育标准为集中机构养育孤儿按1530元/人·月标准，分散供养孤儿按918元/人·月，事实无人抚养的困境儿童按765元/人·月，家庭困境和儿童自身困境的儿童按612元/人·月执行，全年支出儿童福利资金295万元。

【救助管理工作】 常山县救助管理站开展社会救助工作，切实维护好孤儿、流浪未成年人等群体的合法权益，全年救助各类求助人员230人次（含医疗救助17人次，机构寄养10人次），支出救助资金25万元。

【防灾救灾统筹工作】 自2016年4月开始，县民政局每天安排两名值班人员值班，汛期实行24小时值班制度；抓好救灾物资储备工作，确保灾情发生后救灾物资能迅速到位。开展“5·12”防灾减灾和国际减灾日主题宣传活动。修改完善县自然灾害救灾应急预案，组织乡镇（街道）和村（居）进行救灾应急演练。开展城乡避灾安置场所规范化建设，做好赵家坪社区创建国家级综合减灾示范社区、渡口社区创建省级综合减灾示范社区建设工作。至年底，全县已建县级层面的避灾场所3个；乡镇级避灾场所15个，覆盖率达107%；村（社区）级避灾场所183个，覆盖率为97.3%。抓好乡镇（街道）、村（居）灾害信息员队伍建设，全年培训灾害信息员28人。及时查核灾情，做好受灾困难群众基本生活保障工作。

【帮助农村发展建设】 2016年，县民政局做好“部门包村”“五水共治”和“金钉子”工程建设。发挥职能部门优势，参与结对村“五水共治”等工作，在项目谋划、产业扶持、基础设施和村两委班子建设方面予以重点支持。统筹安排1272万元资金助推“金钉子”工程实施村进行办公场所改造提升，全县有28个村被纳入。

【社会福利工作】 2016年年初，常山县社会福利中心一期工程开工建设，该项目总投资3660万元，项目建设用地总面积4889平方米，项目建筑总面积12960平方米，其中主体工程1881万元。至年底，项目完成投资额2800万元，主体工程基本完成。做好城乡社区居家养老中心建设，新建居家养老服务照料中心47个；至年底，全县8个城市社区和180个行政村都建成居家养老服务照料中心，提前一年实现全覆盖。开展城乡社区居家养老服务照料中心综合保险试点工作，全县143个城乡社区居家养老服务照料中心纳入试点，共投入资金12.87万元。完成白石镇敬老院改造提升项目主体工程，开工建设芳村镇敬老院改造提升工程。鼓励社会力量兴办民办养老服务机构，新建1家民办养老机构（常山县竹青老年公寓）。抓好敬老院事业单位法人登记、养老机构设立许可登记。做好“中福在线常山县大街销售厅”的运营，全年销售额2391万元。

【移民工作】 2016年，县移民办开展移民直补人口的信息调查核对工作，全县核减直补对象94人，恢复直补对象2人，补登直补对象2人；全年发放移民直补资金566.43万元，发放率达100%。加强移民实施项目的监管，建立移民项目制度3项，与项目实施主体签订“项目责任书”；全年实施移民项目87个，总投入移民资金3640.23万元。抓好移民扶持重点项目建设，县水库移民创业园工业精品基地项目主体完工并验收；辉埠镇水库移民创业基地项目主体已完成；白石镇宣丰水库移民商贸综合大楼项目启动建设；新安江移民民俗博物馆项目正在实施。

【婚姻登记工作】 2016年，县民政局婚姻登记处完成创国家AAA婚姻登记场所改造，11月28日，县民政局婚姻登记处举行了新址揭牌仪式。婚姻登记处登记大厅增加了叫号机、人脸识别仪等设备，可以让新人候登规范有序，有效规避了婚姻登记瑕疵等难题。离婚室与心理辅导室单设，可以让离婚当事人有效平复心境，融洽处理相关后续工作，对一时冲动因琐事起意离婚的对象则采取“离婚十缓办”举措，让当事人更加慎重对待婚姻关系。在颁证室则融入了中式和西式的元素，由新人自主选择中式颁证或西式颁证，让双方的爱更有责任意识、家庭意识，传承公共美德，自觉维护家庭、社会的和谐。全年办理结婚登记2167对、离婚登记958对、补领结婚证834件、补领离婚登记证47件、收养登记8件，实施婚姻家庭辅导430对。

【殡葬管理工作深化】 2016年，县民政局结合“美丽乡村”建设，强力推进公墓建设，全县应建公益性公墓163个，完成验收90个，规划及在建55个。根据衢市民〔2016〕41号和常“四边三化”办〔2016〕6号等文件要求，县殡葬管理所落实“四边三化”责任，严防“青山白化”（指乱葬现象，植被破坏）返潮，建立专门巡查队伍，每月巡查3次，下发交办单15份，需整改35处，全部整改到位。强化部门协作，全力抓好骨灰跟踪管理制度落实，全年未发生顶风违规建大坟等典型案例。在清明、中元、冬至期间，县殡仪馆会同常山县阳光志愿者协会齐力抓好“禁燃禁放”工作，营造良好祭扫环境。县殡仪馆完成遗体火化1978具，遗体火化率继续保持100%。县域内符合条件的1978名对象实行殡葬基本服务项目免费，共计140万元。

【民间组织管理工作】 2016年，县民政局新培育社会组织16个，全县累计有240个新社会组织，除3个由县民族宗教事务局作为业务主管单位的宗教类社会组织实施党的工作覆盖外，其余237个新社会组织，通过不同组建方式实现了党建工作全覆盖。推进政府购买服务工作，全年支付24.8万元购买社会组织服务。

【地名管理工作】 2016年，县地名办完成“淳常线”和“衢常线”界限联检工作。助力创建国家卫生县城，出资22.2万元，更新城区187块破旧的地名牌。安装门牌8500块，发放门牌证2550本，审批各类地名设置证明45份，出具相关地名标志证明2975份。做好全省第二次地名普查后续工作，分别完成国家地名数库5.0系统升级和第二次地名普查数据库3424属性数据上报工作。做好“常山数字城管”和常山县地名地址管理系统维护工作。按要求对古地名文化保护名录予以完善。完成县域地理数据库采集和常山县地名目录编写上报工作。联合便民公证中心互联互通证件地址通过验证。

【基层组织建设工作】 2016年，县民政局与县纪委等部门联合印发《关于开展村务公开检查的通知》，对全县180个行政村的村务公开情况进行了检查，对存在的问题，各乡镇（街道）、村均已落实整改措施，并建立起长效机制。抓好社区治理，以创建“城市示范型社区”为抓手，在各社区设立便民服务大厅，为群众提供“一站式”服务。建立城乡社区议事协商制度，将公共服务普及、基层民主建设与乡土文化的延续、公序良俗形成有机结合，形成“法治、德治、自治”三治一体的社区治理模式。抓“对口见学”活动，通过城乡社区“对口见学”活动，促进城乡社区服务水平的提升。

【老龄工作】 2016年，县老龄办出台《关于开展2016年老年人意外伤害保险试点工作的通知》，重点做好老年人意外伤害保险工作。出资13.76万元，为6880名年满80周岁及以上（1936年6月30日前出生）的常山县户籍高龄老人进行免费保险。宣传、推广第一届“敬老文明号”集体的创建经验，动员更多的基层窗口单位和为老服务组织参与第二届“敬老文明号”创建工作。开展“敬老月”系列活动，通过开展老龄政策法规主题宣讲、走访慰问百岁老人、敬老为老志愿服务活动，营造“敬老爱老、全民行动”浓厚氛围。

【福利企业管理】 2016年，县福利企业管理办公室加强福利企业信息系统和考勤监管系统的培训、维护、督查工作，实现全县福利企业在线查询、在线办理、在线监管。至年底，全县福利企业有7家，职工总人数585人，其中安置残疾职工197人，残疾职工占福利企业职工总人数的33.67%。

10月9日，县委副书记、代县长周向军慰问百岁老人沈惠琴（中），并合影留念　（方均良　摄）

【慈善活动】 2016年，县慈善总会拓展慈善善款筹集渠道，以“项目救助”等为载体，推进慈善救助常态化。全年募集善款123.36万元，其中，争取到省、市慈善总会项目援助款54.02万元；募得助学、助困、助老、公益等专项捐款62.1万元；部门冠名基金募得善款7.24万元。全年拨付救助金120.61万元。通过“五助”（助医、助困、助老、助残、助学）项目、“村级慈善帮扶基金”救助、“关爱儿童之家”创建等工作，为各类对象实施慈善救助，以及加强《中华人民共和国慈善法》的宣传，扩大慈善社会影响面。

（江宏伟　李勤勤）

乡镇（街道）

天马街道

【概况】 天马街道位于常山县境内中南部，是常山县政府驻地。总面积75.49平方千米，辖区东连青石镇，南接江山市，西、西北交白石镇、金川街道，北界常山港和紫港街道。下辖12个行政村、6个社区。至2016年年末，天马街道总户数21529户，总人口59265人，其中农业人口15359人。党组织93个，其中党委1个、党总支7个、党支部85个，党员2064人。工业总产值6.04亿元；财政总收入1615.03万元，财政税收总收入562万元；全社会固定资产投资10.77亿元；城镇居民人均可支配收入30742元。辖域耕地8826.6亩，其中水田7554亩、旱地1272.6亩。粮食播种面积9431亩，总产量3614吨；蔬菜种植面积4220亩，总产量6126吨；食用菌总产量2吨；生猪饲养量4560头，生猪出栏3591头；柑橘种植面积3315亩，产量3318吨；胡柚种植面积2722亩，产量2898吨。家庭农场30个，专业合作社52个，农村合作社成员2840户。林地面积87613亩，其中公益林52100亩，森林覆盖率73.8%；村级森林防火指挥部3个，扑火队员60人，护林员19人，省级避灾示范点1个（渡口）。

2016年，天马街道招商引资落地项目5个，总投资3亿元；在谈项目3个，总投资2.8亿元。新增5家规模以上企业，扶持发展家庭农场5户，国家级无公害农产品认证1家。天马街道网店数305家，农产品网上销售龙头企业1家，建成淘宝村1个（天马村），正在建设有意向淘宝网点2个（蒲塘村点、周塘村点）。行业性特色互联网+项目2个，分别为“常山县汇乐网络科技有限公司”“常山县斯卡机械科技有限公司”。互联网+特色亮点工作1个，为文峰社区“360智慧服务体系”。培训助理电子商务师8人，电子商务师11人；开展电商培训22次，培训500多人，取得市级以上发证的农村电子商务实用人才19人。有来料加工集中点20个，参加来料加工人员600多人，优秀来料加工经纪人4人。

全街道城乡居民医保参保17672人，新型农村社会养老保险参保2521人；低保户、重残、孤儿及困境儿童有1069户1454人，全年补助金额480万元。为85人办理大病救助，申请有效费用总额45万元。发放各类临时救助13万元。新增就业5307人；社区开展各类就业培训11次566人。天马街道有卫生机构1个，小学2所，幼儿园14所，其中省级幼儿园5所。

搭建群众文体活动平台，建成7个村（居）文化礼堂，按照省标一级标准对天马综合文化站进行改造提升。重视精神文明创建工作，将好人文化溶于社区文化。开展“创卫先进个人”“最美巾帼志愿者”“最美婆媳”“和谐楼道”“小巷雷锋”评优活动，开展“楼组长”“清洁员”评先活动，以典型示范带动面上精神文明建设的全面开展。

天马街道推选的相声/双簧《李半仙的自白》获全国优秀反邪教文艺节目征集评选活动优秀奖、文峰社区原创小品《卧底》获全国优秀反邪教文艺节目征集评选活动优秀奖。

是年，天马街道获“全省社区戒毒社区康复示范单位”“浙江省规范化建设先进财政所”“全市法治宣传教育先进集体”“常山县征兵工作先进单位”“先进基层武装部”“县森林消防先进单位”“全县政府信息公开工作先进集体”，2016年度乡镇（街道）工作目标责任制考核排名第6位。屏山社区获“衢州市先进基层党组织”“县先进基层党组织”“县G20杭州峰会维稳安保先进集体”，渡口社区获“浙江省科普社区”，金川社区获“衢州市基层特色科普馆”，东明社区获“衢州市法制宣传教育先进集体”，文峰社区排球队获2016年衢州市第五届“协会杯”气排球邀请赛女子中年组三等奖。陈岗获“全省护航G20先进个人”，郑俊毅、谭美琴获“市级护航G20先进个人”；厉向军获“县最美创卫人”、王燕荣获“县最美小巷总理”；郑怡获市、县“两优一先”“金钉子”优秀党务工作者，并在法治浙江十周年表彰大会上作为唯一的省级普法先进个人代表赴杭州，代表衢州市接受省委的表彰；程立凤被省公安厅等3部门聘任为浙江省“社区消防宣传大使”。

【全力攻坚“国家卫生县城”创建】 2016年5—7月，天马街道全员上阵投入创建“国家卫生县城”攻坚战中，组建10个攻坚小组，取消一切休假，分组挂联作战，实现人财物集聚。坚持一包到底、组团出击，立足辖区内六大区块90个网格，会同包干单位组建联合作战队，坚持一把尺子量到底，一个标准干到底，瞄准典型，攻坚拔“钉”，以点带面。坚持党员带头，干部先上，把创建“国家卫生县城”作为锤炼党性、考察干部的主战场，让广大党员干部亮出身份，以身作则、带头示范。在50天的集中整治时间中，天马球街道共张贴发放创建“国家卫生县城”倡议书2万多份，发放卫生整治通知2300多份，拆除乱搭建建筑物近4万平方米，清除乱种菜地7万平方米，处理乱养鸡鸭2000多只，搬除乱堆物品及陈年垃圾6万多立方米，整治僵尸车474辆。通过不懈努力，及时完成物业失管小区、3个迁建小区以及农贸城三大重点整治区域的整改任务。其间，顺利通过省暗访。

【护航G20全力以赴】 2016年G20杭州峰会期间，天马街道强化重点场所和敏感物质监管，全面开展安全大检查，督促落实“实名”购买、“实情”登记、“实时”报告制度，严防敏感重点场所发生失管、漏管、晚管、脱管现象。强化五类重点涉稳人员（社区矫正人员65人、吸毒人员128人、精神障碍患者157人、邪教成员52人、重点信访人员32例50人）布控，未发生一起重点稳控人员失控失管或闹事情况。强化群防群治工作，开展“平安护航G20，全民携手大防控”社会治安立体化防控工作，全员参与，科学安排，合理布防，不留死角，筑牢“不出事、不惹事”的安全屏障。未出现重大群体上访事件，面上总体平稳。

【“五四三”中心工作全面推进】 2016年，天马街道推进市场化运作、精细化管理、常态化考核“三化”治水机制，建立网格管理、业务会商、全方位督考制度，开展“五水共治”督查21次，排查问题223个（处），整治217个（处），清理垃圾276吨，整治完成率97.3%。开展化工企业、重污染企业、石材加工小作坊、豆制品加工点、餐饮店、家庭食堂的集中整治，废水废气排放量明显降低。“四边三化”治乱拆违的阶段性任务全面完成，完成65个自查自纠、29个省、市、县交办点位的整治任务，拆除违章工棚25处870平方米，完成截污纳管2处，实施县乡道绿化6千米。完成17个池塘的清淤工作，共清理淤泥8440立方米、沟渠（小溪流）9600米。深化生猪养殖整规，严管生猪养殖、严防复养反弹，通过调查摸底发现的11户复养户全部处理到位；严格按照规定对4家规模养殖场进行整改，退养生猪708头。

【“五大专项”行动齐落实】 2016年，天马街道全面落实“亮身份、佩党徽”专项行动，定制并发放“共产党员户牌”，做到一户一牌，明确党员活动必须佩戴党徽。开展“三规范、三提升”专项整治行动，加强党支部阵地建设，12个行政村全部整改到位，部分“两新”组织党组织建立了党建阵地。全面开展“立家规、正家风”专项行动，组织“郑义门”学习教育，引导党员商家规、立家规，天马球街道共征集各类“家风家规”1297条，天马村、周塘村、蒲塘村和文峰社区党组织将家风家训进行宣传展示，起到较好的典型教育作用。开展“整庭院、美家园”专项行动，依托创“国卫”和美丽乡村建设，在社区、城中村以及蒲塘、周塘、天马等村率先开展“整庭院、美家园”活动，共拆除违章建筑79处3100平方米，实施庭院改造提升53处。集中开展“护平安、夺金鼎”专项行动，推行党员网格联户制度，组织党员参与“平安护航G20，全民携手大防控”社会治安立体化防控工作。

【特色党建品牌创建和农村作风巡查】 2016年，天马街道加大“金钉子”党组织创建力度，对天马、周塘、蒲塘村等创建（复评）村给予人财物支持。天马村顺利通过县级“金钉子”党组织复评，周塘村成功创建县级“金钉子”党组织。周塘村探索推广以“进百姓门、听百姓言、知百姓事、解百姓忧、暖百姓心”为主题的党群对话“零”距离行动，党员干部联系服务群众更直接、更高效。开展农村作风巡查，接待来访21人次，受理信访举报24起，发现各类问题38个，提出整改建议18条，对23名村党员干部进行了批评教育，责令6人作出书面检查。

【社区党建创新竞赛持续推进】 2016年，天马街道重点针对文峰社区智慧党建进行深化，打造“360智慧服务体系”，即倡导全年360°无死角时时处处为居民提供快速、便捷、精细的服务；内容包括“三网”（智慧党建网、智慧民情网、智慧社区网），“六平台”（线上：智慧养老、智慧安防、智慧医疗，线下：96345“小蜜蜂”党员志愿者团队、爱心储蓄银行、创客孵化中心），“零”距离打造15分钟党员志愿服务圈。通过“宜居天马”微信公众号、党员微信群、民情通系统等渠道，搭建与党员群众互动交流平台，使服务体系更趋完善，沟通渠道更趋多样，民生保障更趋完备。“360智慧服务体系”列入全市“双整”现场会观摩点之一，受到与会人员的一致肯定。针对农村党员、入党积极分子教育管理难、发挥作用难等实际问题，在2015年试运行的基础上，继续深化农村党员分类考实积分管理模式，用制度规范党员行为，强化党员考核，增强党支部、党员争先进位发挥作用的意识。

2016 年天马街道各社区基本情况一览

表 39

社区名称	共建单位（个）	楼房（幢）	户数（户）	人数（人）	低保对象（人）	外来人口（人）	外出人口（人）	育龄妇女（人）	环检对象（人）	归正对象（人）
屏山社区	20	112	2405	5195	155	782	382	1275	843	21
金川社区	20	402	2839	8363	104	205	81	1250	816	13
东明社区	20	299	3269	9056	137	1481	1500	2400	1577	14
定阳社区	20	597	2239	8705	92	2032	599	1268	798	25
文峰社区	21	460	3050	7763	78	1628	721	1281	814	11
渡口社区	20	91	2293	5424	140	203	107	1165	811	25
合计	121	1961	16095	44506	706	6331	3390	8639	5659	109

2016 年天马街道各行政村基本情况

表 40

村名	支书	主任	户数（户）	人口（人）	党员（人）	劳力（人）	柑橘面积（亩）	柑橘产量（吨）	胡柚面积（亩）	胡柚产量（吨）
东方红	焦瑞生	江常青	330	964	36	608	23	25	21	25
南前坊	袁小军	郑荣良	472	1003	34	679	95	95	85	95
西峰	吴慈祥	胡军	262	563	26	370	36	48	26	48
北屏山	马土标	马土祥	334	672	23	430	—	—	—	—
常年青	徐晓俊	徐红军	332	756	43	486	10	25	10	15
蒲塘	李培荣	胡建军	268	729	25	493	137	377	120	300
周塘	刘国华	李华明	287	887	34	603	400	355	300	315
五联	徐贤义	李昌敏	469	1506	47	1182	450	400	375	380
东港	谢晓华	李华明	453	1518	49	1007	320	70	315	65
天马	邱有青	鲍金荣	707	2208	62	1771	545	576	410	550
天安	李涌泉	廖燕萍	659	2045	82	1377	655	690	550	598
和平	朱周婚	吴立冬	655	2080	85	1474	644	657	510	507
合计			5502	15086	546	10480	3315	3318	2722	2898

（谢鑫欣）

紫港街道

【概况】 紫港街道位于县城常山港以北，东与青石镇接壤，南邻常山港、天马街道，西接金川街道，北连辉埠镇、大桥头乡。区域面积 41.3 平方千米。2016 年，紫港街道下辖 10 个行政村、1 个社区、1 个渔业大队，总户数 5792 户，人口 17215 人，其中男 8606

人、女8609人。总人口中，18岁以下2963人，18岁～60岁10532人，60岁以上2024人，非农业人口2374人。人口出生率9.16‰，人口自然增长率5.06‰，计划生育率91.70%。耕地面积7045亩，林地面积26245亩，园地面积3409亩。农民合作社组织50个，参社户数3307户。农业总产值6420万元，农民人均纯收入18178元。辖区内企业71家，其中工业企业19家；工业企业从业人数1045人；实现工业总产值53186万元；规模以上工业企业5家。来料加工集中点9个，发放加工费710万元；来料加工专业村（居）6个。辖内有中小学校2所，教师110人；幼儿园11所，其中省级幼儿园1所（大风车幼儿园）。各村（居）全部实现通电、通话、通车、通有线电视。村村实现垃圾集中处理。紫港街道党组织34个，党员777人。其中，党工委1个，党总支1个；农村党支部11个，渔业大队党支部1个，社区党支部8个，街道办事处机关党支部1个，老干部党支部1个，创业党支部1个，整转党支部1个，企业党支部9个。

2016年，紫港街道“五水共治”工作常抓不懈，深入实施农村生活污水治理工程，完成孔家弄、富足山、狮东、姜家堡4个村的污水治理工程建设。开展生猪整治，完成6个生猪养殖场和1家奶牛养殖场退养关停。建立村庄卫生保洁长效机制，开展农村垃圾整治，推广垃圾“二分”法，集中开展“清三河”治理，清理淤泥7.5万立方米。将“五水共治”工作纳入“村规民约”，街村环境持续改善。“四边三化”强势推进，围绕常芳线、朱富线、苦狮线、常辉线四条主干道开展“四边三化”整治行动，完成整治140余处，清理杂物60余车，基本消除道路两侧乱堆乱放、乱搭乱建行为。“三改一拆”持续推进，按照“应拆尽拆、应处尽处”的原则，对违法建筑坚持“三个高”原则，即高频巡查，严格违法建筑日常巡查，强化提高节假日等时间段的巡查频次，发现问题，及时处置；高压防控，采取多种形式加大对违法建筑政策的宣传力度，强化批后监管，杜绝新增违法建筑发生；高调拆除，对新增违法建筑“零”容忍，营造违法建筑防控的高压态势。全年拆除违法建筑155处，计6.4万平方米。

是年，紫港街道通过2016年度省级无邪教街道验收，获评2016年度省级平安街道、2016年度“农村电子商务示范培育单位”“全省优秀网格员”和全县“十佳网格员”荣誉。

【项目“清零”专项行动】 2016年，紫港街道集中时间、人员开展项目“清零”专项行动，明确目标任务、完成时限、牵头领导和责任人员，街道干部、村干部“白＋黑”“晴＋雨”合力拔钉破难，对项目推进过程中的“难缠户”，敢于坚持政策底线，实施集中行动44次，完成大弄口、枧头、后坊3个村独流入海项目集体土地的清表工作。建立项目推进“旬督查”机制，督查情况及时通过电子屏幕、项目推进作战图予以公开，并纳入年终考核范畴，形成项目推进“互看互学互比”的浓厚氛围。实施项目推进“一日一碰头、一周一例会、一月一点评”制度，项目攻坚小组每日召开碰头会，项目牵头领导每周参加工作例会，共同分析项目推进存在问题，研究攻坚举措和办法。街道党政班子每月召开一次项目推进专题会议，对项目推进情况进行点评，加快项目推进步伐。完成高速公路景观提升三期工程、富足山专业自行车赛道、国际慢城次路口、哲丰新材料给水、梦之岛、九景衢铁路、外港大道、公安技术大楼、独流入海（朱家渡大桥—长淤大桥段）重点项目的征迁任务，有序推进048省道、独流入海（赵家坪左堤段）、绿核区块、国际慢城主入口项目的政策处理工作。

【紫港街道“学习型”党组织建设】 2016年，紫港街道坚持党工委理论中心组学习和机关干部“周一集中夜学”制度，提高干部理论水平。依托网络教育学院、农村党员远程教育平台、党员固定活动日等平台，组织党员干部学习党的政治理论知识和涉农惠农政策，提高农村党员的政治理论素养。开展村干部冬训，组织村主职干部培训10次，提高村干部的“双带”能力。

【村党员干部履职考核问责办法推行】 2016年，紫港街道党工委针对村干部“干和不干一个样，干好干坏一个样”的问题，出台《村主职干部“积分制”绩效考核办法》，通过量化积分考核，提升村干部的工作积极性和主动性。严格规范村干部履职，开展两次村级组织履职评议会，通过会议述职、群众点评，督促村干部对照竞职承诺，抓好工作落实。制定《紫港街道党员问责办法》，成立整转党支部，对在项目建设、“五水共治”等重点工作推进中，不配合、不作为的党员进行问责；全年问责党员干部26人，其中调整村支书1人、警示谈话村两委干部9人。

【紫港街道基层组织建设不断深化】 2016年，紫港街道党工委严格落实党建工作责任制，与各村、社区签订党建工作目标责任书，明确党建目标任务，严格落实基层党建“三张单”制度，增强抓党建工作合力。建立村社会管理服务员队伍，社管员每日在村坐班，做好群众来信来访、便民服务代办等工作，方便群众办事，全年为民代办事项1359余件。对照《村级组织活动场所规范化建设八项标准》，完成所有村（居）组织活动场所的标准化建设。推广使用“三民工程”手机版，手机版使用频率排名全县前列。严格落实开门办公、“三会一课”“三务公开”、党员公开承诺制度，深化基层服务型党组织建设。

2016年紫港街道各行政村基本情况

表41

村名	支书	主任	户数（户）	人口（人）	党员（人）	劳力（人）	外出劳力（人）	柑橘面积（亩）	柑橘产量（吨）	胡柚面积（亩）
枧头	裴立新	陈志明	384	1141	39	660	161	—	—	29
后坊	方伟国	郑拥军	278	786	22	426	157	—	—	8
外港	王俊	杨林华	534	1426	59	725	321	53	70	259
富足山	刘卫军	占安民	581	1609	51	756	287	35	45	328
大弄口	裴军民	张顺良	575	1736	59	954	264	8	15	131
狮子口	叶海有	谢亚青	445	1276	59	852	209	78	115	756
狮东	黄盖民	叶光福	541	1559	70	942	203	223	290	687
孔家弄	李明良	徐前胜	363	1197	30	763	127	50	70	410
姜家堡	江国诚	郑栋	430	1221	43	747	185	155	202	629
渣濑湾	吴忠良	郑期	403	1187	30	673	394	65	70	503
合计			4534	13138	462	7498	2308	667	875	3740

（鲍文斌）

金川街道

【概况】 金川街道位于县城西北、常山港南岸，东接天马街道和紫港街道，南连天马街道，西与白石镇、同弓乡何家乡接壤，北邻辉埠镇、何家乡，总面积57.51平方千米，下辖14个行政村、1个社区，常住人口21557人。耕地面积10906亩，林地面积13461亩，园地面积4204亩。2016年，全年粮食播种面积17126亩，粮食总产量6782吨；蔬菜种植面积5489亩，产量10456吨；果园种植面3780亩，产量9728吨，果用瓜种植面积1403亩，产量2666吨。生猪饲养量8266头，羊饲养量758只，牛饲养量83头，家禽饲养量800645万羽。辖区内工业企业281家，其中规模以上企业35家，工业企业从业人数13532人，实现工业企业总产值35.8亿元。

辖内有中小学校4所，教师178人；幼儿园8所，其中，省二级幼儿园2所（钳口中心幼儿园、二都桥幼儿园）。各村（居）全部通电、通话、通车、通有线电视，垃圾集中处理，14个行政村实现污水集中处理。

7月5日，省司法厅副厅长金登尚（右一）到金川街道司法所考察峰会安保工作（柴文涛 摄）

金川街道统筹民生事业发展，基层保障水平不断完善。做好新农合、新农保相关政策宣传和日常管理，参保参合人数逐年提高。弱势困难群众关爱救济力度不断增强，全面消除人均纯收入4600以下贫困现象，严格按照走访、评议、审批等程序，对群众实行救助工作。2016年审核确定低保户428户，人数529人，享受救助资金1895688元，困境儿童15人，发放救助金11.6万元，残疾人两项补贴共补助1003189元。社会事业全面进步。改善农村教育医疗设施，投资700万元的二都桥中心幼儿园基本完成建设。坚定不移抓好计划生育工作，建设文化活动阵地，完成街道文化站改造升级，完成赵家坪、常桥、五里亭、湖东文化礼堂建设。开展文艺演出、模范评选、春泥计划等活动，推动文化大发展大繁荣，提高群众幸福指数。平安金川建设继续深化，畅通信访渠道，搭建信访平台，及时妥善解决上级转办信访件和便民服务平台、县长信箱等在线交办事项，解决一大批事关民计民生的信访难题。开展社会治安综合治理，积极防范和处置不稳定因素，公众的安全感明显提高。“党政同责、一岗双责”安全生产责任制得到有效落实，突发事件处置能力不断增强，社会大局保持和谐稳定。

金川街道强力推进项目建设，开展政策处理“清零行动”，围绕园区平台扩容、县级以上重点建设项目等，坚持街道领导班子成员挂帅，倒排时间，组织专项攻坚组推进项目遗留政策处理，保障“独流入海”、产业集聚区、320国道改造、九景衢铁路项目顺利推进。开展项目服务“提质行动”，针对街道所辖的工业企业项目，分门别类，组织干部分组指导，为企业帮扶解困。围绕民生实事项目，启动4个农民新区建设，推进新都中心幼儿园主体工程、第三人民医院工程、农村“双治”等项目36个。开展基础项目“谋划行动”，组织干部加强对重大项目的研究与谋划，围绕城郊村改造、园村融合、江南风情村庄等谋划一批项目。以项目建设推进“国家卫生县城”创建工作，对街道辖区1个社区和7个城郊村开展村居环境整治，公共空间硬化3000多平方米，拆除旱厕32个，清理沟渠5000多米，拆除违建棚8000多平方米，投入资金220多万元。

金川街道坚持以党建为统领，围绕民生抓党建，抓好党建促民生，突出重点，狠抓难点，打造亮点，阵地建设日趋完善，队伍面貌焕然一新，各项决策部署有效落实，政风行风持续深入。高度重视街道第一次党代会代表的选举工作，精心组织、周密部署，各个参加选举的党支部严格把关，认真做好党代表的考察审查和反复酝酿工作。考察中，把代表候选人初步人选的政治立场、廉洁自律、工作表现、工作实绩和表率作用发挥情况作为主要内容，认真了解考察对象的群众基础和民意情况，对各种意见和看法进行认真的分析、综合和甄别，最终得出对代表候选人初步人选的评价。坚持优中选优，经过自下而上、自上而下的反复酝酿和综合比较，确定代表候选人预备人选和代表候选人，把真正优秀的共产党员选为党代表。开展“整乡推进提升”活动，督导各村党支部每月10日开展党员日活动，规范村干部值班、代办服务等，深化“三民工程”（即知民情、解民忧、办民事）；巩固“金钉子”党组织创建成果，抓好徐村村党支部复评，新申报上埠、十里山两个村，推进“金钉子”党组织创建工作深入开展。做好发展党员和党员管理，挖掘和推荐身边典型；深入党建带妇建活动，全面推行村级妇联选举。加强社区党建工作，探索在赵家坪社区开展“睦邻党建”，推进党的组织覆盖和工作覆盖。开展“两学一做”学习教育，组织手抄党章和党员联创活动，开展“戴党徽、亮身份、树形象”“重温入党誓词、珍惜党员身份”“片长支部书记上党课”“党员立家规”“党员庭院整治”活动，引导全街道广大党员时时铭记党员身份、处处向典型看齐、事事争当先锋模范。

是年，金川街道被命名为G20杭州峰会维稳安保先进集体、创建全国双拥模范城“四连冠”、护航G20森林消防先进单位、第五批县级爱国主义教育基地；徐村村被命名为省级先进基层党组织、浙江省美丽乡村特色精品村、金川街道基层农技推广先进集体。

【“街道村休闲一日游”精品景区框架形成】 2016年，金川街道依托街道区位优势和资源优势，整合招商资源，创新招商方法，先后引进“相约五都”“塞外秋天”“荷塘好摄”等优质项目发展美丽经济，发展乡村休闲旅游业。打造“千里钱塘第一村”；争创徐村村国家AAA级景区村，环村自行车绿道、30亩荷花池、沿江栈道等20余个项目相继建成，加快建设婚礼产业、亲水游乐、美术创作、农家休闲四大基地，凸显“水岸风情”。十五里村四都畈2000多亩水稻统一品种、统一耕种，组构“富美金川”和“胡柚娃”等彩稻图案，再现升级版江南最美田野风光。打造“荷塘好摄”名片，十里山村以原生态河道改造为依托，以民间资本为动力，建成百亩荷塘、千米绿堤、万株苗木。此外，并沿主要通道众多花卉苗木基地、观光农场等资源，串点成线，形成具有金川特色的“街道村休闲一日游”精品景区框架。

【“无违建村”创建】 2016年，金川街道推进“三改一拆”，创建“无违建村”。全面摸清存量违法建筑底数，从2015年6月开展集中处理行动以来，共拆除违章建筑282处，占地面积134050平方米。其中，2015年169处，82783平方米；2016年113处，51267平方米。完成违章建筑处理90%以上。对拆后的空地利用，探索农村宅基地银行政策，破除旧村改造难题。

【“四边三化”出美景】 2016年，金川街道以“两区、两道、两线”（即开发区、产业集聚区、320、205、常红线、朱富线）为整治重点，将“四边三化”任务量化到村、责任分解到人，以“乱搭建、乱堆放、乱占道、乱排污、乱放养”为突破口，整治、拆除各类广告牌260块，拆除违法建筑工棚等40处，完成沿线绿化、美化、洁化工作。

【“五水共治”治出一江清水】 2016年，金川街道制定“五水共治”考核办法，全面落实“河长制”，完成“一港两溪”全域性治理、造景式治理。全面开展生猪养殖整治工作，整治生猪养殖4户，退养7户，消减能繁母猪102头、生猪2228头，拆除猪舍3583平方米。投资10万元，实施龙绕溪2000米河道疏浚工程；投资约60万元，对十五里南门溪牛车上延伸段、十五里下荷叶段、徐村叶家段防洪堤工程立项建设；投资约200万元，对毛坞、白石塘、下弄、西塘4座山塘进行整治。通过标本兼治，堵住污染源头，辖区水环境质量明显提升。

2016年金川街道赵家坪社区基本情况

表42

社区主任	专职工作人员	楼房	住户	非农业人口	农业人口	外来人口	外出人口
郑小云	6人	419幢	3805户	3860人	5670人	131人	110人

2016年金川街道各行政村基本情况

表43

村名	支书	主任	村民小组（个）	农户（户）	人口（人）	劳力（人）	党员（人）	播种面积（亩）	果园面积（亩）	水果产量（吨）	农林用地（亩）			
											小计	耕地	园地	山林
五里亭	徐秀禄	陈松贵	9	490	1310	914	47	1212	220	294.5	2349	614	255	1400
新建	徐新华	徐高翔	12	344	1023	593	40	1243	50	93	1046	496	30	500
常桥	徐小忠	徐康宁	7	294	738	484	35	361	100	87	1102	189	193	720
十里山	陈明富	刘昌其	10	400	1156	710	43	620	70	230	1740	430	250	1000
十五里	刘启忠	余金山	18	613	1975	1289	96	7153	445	915	7561	1918	1393	3470
蒋家	蒋文斌	蒋泽阳	4	227	603	494	28	493	50	96.5	889	84	203	600
新都	缪进水	占水清	13	485	1526	950	87	1804	125	246	4178	488	778	2839
金川弄	林小良	陈忠平	20	604	1970	1379	65	4236	650	1438	2941	1950	636	287
胡家淤	胡伟星	陈军华	32	898	2992	2047	90	6695	560	1438	2548	1987	226	250
朱家坞	杨火明	朱华贵	4	267	855	566	26	1006	110	236	380	360	20	0
湖东	樊水林	陈雪锋	10	540	1403	932	64	3119	254	589.5	2537	894	150	1320
徐村	叶继强	徐有德	8	394	1098	646	41	1162	130	200	440	395	40	0
上埠	郑光华	郑国庆	17	757	1963	1295	66	2658	504	770	1642	887	30	725
上蒋	蒋尔炎	蒋念荣	4	224	570	365	25	507	40	90	564	214	0	350
合计			**168**	**6537**	**19180**	**12664**	**753**	**32269**	**3408**	**6723.5**	**29897**	**10986**	**4204**	**13461**

（林慧萍）

辉 埠 镇

【概况】 辉埠镇地处常山县城北郊，系全国钙产品生产基地，市经济强镇，浙江省千万吨水泥熟料生产基地，拥有全省储量最丰富、品位最优的石灰石资源，先后被授予全国文明镇、省级教育强镇、省级体育强镇。东乡村、鸭坞村分别被评为省、市全面小康示范村；路里坑村、彭川村被评为县“金钉子”党组织村。全镇区域面积127.1平方千米，辖17个行政村，常住人口3.4万人。镇域范围内交通纵横便捷，九景衢铁路、杭金衢高速公路、黄衢南高速公路纵贯境内，常辉公路与320国道、205国道交会贯通；国家AAAA级景区三衢石林位于境内。镇工业功能区——辉埠新区成立于2003年，规划面积22.3平方千米，已建成10平方千米，入区工业企业200余家，其中规模以上企业45家、产值超亿元企业15家、10亿元以上企业1家，形成了建材、轴承、纺织、装备制造和新型材料等主导产业。

2016年，辉埠镇党委、政府贯彻落实县委、县政府的战略部署，坚持“两山”引领，抓住“三镇”建设机遇，锁定新型工业化、新型城镇化两大目标，培育装备制造、新材料和钙产业循环经济三大主导产业体系，加快产城融合步伐，提升绿色辉埠品位。

实施“蓝天三衢”生态治理工程，重拳出击，誓将“灰色印象”变成“绿色辉煌”。持续推进废弃矿山修复工程，累计完成各类矿山复垦复绿15万平方米。开展“零点执法”行动40余次，累计完成170个小矿山、246个石灰钙棚、89孔石灰立窑和201条钙加工生产线关停淘汰工作；高标准整治18家轻钙企业；石灰石矿山从8家整合到3家。通过整治共削减排放二氧化硫1.5万吨、氮氧化物5000吨、烟粉尘1.2万吨，腾出能耗空间37万吨标煤，减少污水排放1.1万吨，腾出土地空间1000亩。同时利用整治腾出的土地指标、能耗空间、采矿要素，重构辉埠镇产业格局。通过对产能、能耗、环境容量进行限控并实行市场化交易，倒逼整个产业迈向中高端。

实施辉埠新区“北拓东延”发展战略，完成征地300余亩，启动建设邱家篷坡地村镇、哲丰职工（人才）公寓。编制完成钙产业循环经济产业园、新材料、“江南钙谷”省级特色小镇等概念性规划。努力实现辉埠新区“七通一平”，新区的绿化、亮化、污水治理以及监控系统不断完善。老常辉公路改造提升全面完成，常辉大厦、小微企业孵化园等商业配套也日趋丰富。辉埠经济发展投资有限公司注册资本增至2亿元，融资功能有效拓宽。开展项目融资，累计向金融机构融资4.5亿元。做好低效闲置土地回购、转让等工作，全年回收闲置土地100余亩，盘活150余亩。

推广金屋顶光伏富民工程，安装屋顶光伏813千瓦，位居全县第一。引导小微企业进驻发展，带动更多村民就业。抓好农民素质提升工程，开展电脑、电子商务、面点等教育培训19期325人次，转移农村剩余劳动力，提高农民就业创业能力。发展民宿经济，依托国家AAAA级景区三衢石林建成民宿50间，床位150张。发展现代农业，淘汰橘园2193.2亩，流转橘园1020.1亩，改造提升1306亩，培育柑橘家庭农场10家，推广新品种柑橘315亩。建成天子胡柚南弄设施栽培标准果园500亩。东乡畈省级标准农田改造顺利推进。人均4600元以下贫困户全面消除，群众获得感持续提升。

民生事业不断改善。新建农村文化礼堂3所，完成彭川村文化礼堂提升和乡贤馆建设；开展激情广场月月唱、排舞大赛、第九届休闲旅游文化节等文化活动。推进“平安辉埠”建设，完善应急管理机制，及时化解各类矛盾纠纷。打造村级便民服务中心升级版，创建8个市级示范型村级便民服务中心，成功争创衢州市阳光政务基层试点。加强劳动保障监察执法，构建和谐稳定的劳动关系。严格落实安全生产责任制，强化生产、交通、消防、学校等重点领域的安全监管，全镇未发生重特大安全事故。

2016年，辉埠镇实现工业总产值75.3亿元，比上年增长6.8%；农民人均收入17917元，增长10%；完成税收3.5亿元。

【试点“绿景寻租”模式】2016年，辉埠镇试点“土地+市场+农民”的“绿景寻租”模式，通过政府引导、市场参与、农民融入，加快沿线绿化建设进度，逐步破解资金难题，实现沿线绿化的扩面提质，实现互利共赢的可喜局面。政府从“经营者”变身“服务生”，彻底摒弃道路绿化“门外汉”身份，将绿化工作重心转移到优化周边环境，创造更多绿化空间上来。狠抓公路沿线违章搭建排查和整治，按照“百村百景”景观提升要求，完成3个行政村的村口景观提升。将“拆后”土地进行整合，按照每年每亩0.25万元绿化费用的标准开展土地流转，实现“降成本、增效益”。全年引进绿化企业2家，种植各类苗木6万株。市场从“建设者”变身“大管家”。通过“绿景寻租”模式，政府把属于市场的还给市场，有效缓解政府在绿化建设期资金上的投资压力。农民从“旁观者”变身“受益者”。垃圾地块转变成景观景点后，群众积极参与到绿化建设中，划分责任区，落实门前三包，建立健全“户一段一路”三级管理模式；按照“共建共享”的原则，实行“家门口绿化”，村民将荒地按照每年每亩750元至800元的价格委托村集体统一租赁，新增土地流转收入30万元。同时，绿化公司“就近取才”，聘请8位村民负责区域绿化后续管护，既增加农民收入，又促进村庄的绿化。

【“江南钙谷”省级特色小镇概念性规划】“江南钙谷”小镇位于辉埠镇中部，总体以钙循环产业发展为引领、钙文化展示为内涵、钙景观展示为外延，围绕“钙”形成产业、文化、景观三位一体、符合区域发展要求的钙综合开发利用新格局。规划面积3.9平方千米，核心区面积1.01平方千米，已完成钙产业循环经济产业园、新材料、“江南钙谷”省级特色小镇等概念性规划的编制。2016年，“江南钙谷”小镇完成投资7.38亿元，其中，年产2.8万吨半透明纸及8万吨特种耐湿涂布广告卡纸项目完成投资2.4亿元；辉埠新区轻钙园区污染整治提升工程项目完成投资4900万元；哲丰污水处理厂项目开工建设，完成投资5860万元；热电联厂建设完成投资1.85亿元。

【钙产业转型升级】 2016年，辉埠镇以“蓝天三衢”为平台，促钙产业转型升级。完善钙产业循环经济，以能耗、环境容量为控制目标，实现水泥、石灰、轻钙总量的控制。完成11家石灰加工企业收购，收储土地面积200多亩；关停两家轻钙企业，完成16家轻钙企业的技改。县金雄有限公司被县政府评为2016年度技术创新奖第一名。完善泰安公司市场化机制，通过统筹管控，有效调配石灰石资源，实现优矿优用。加快推进关停矿山、立窑、石灰加工企业地块的生态治理和土地综合利用，累计完成拆除关停立窑、石灰钙企业厂房、厂棚1.5万平方米。

【建设新材料产业园】 2016年，辉埠镇深化对哲丰新材料项目的协调、服务，推行干部挂联项目和驻点企业制度，推出定期商讨、限期办结等制度，服务项目建设和解决企业生产经营中存在的问题。配备2000亩熟地，用于建设百亿新材料产业园。围绕新材料产业所需的水、电、气、热、污水处理要素，做好基础设施的配套建设；热电联厂、污水处理厂按计划节点如期建设。

【装备制造升级】 2016年，辉埠镇以高端制造为核心，促装备制造升级。鼓励金属制品和冷柜制造业加大科研投入，提高创新能力。完成雪村制冷二期扩建项目的主体工程，浙江雪村制冷设备有限公司被县政府评为2016年度中小企业成长奖第一名。

【“五水共治”成效显著】 2016年，辉埠镇全面落实好基层治水体系建设，辖区内17个村农村生活污水治理工程全部完成验收，并代表常山通过省级双治考核；污水工程有序移交第三方管理。完成生猪整治工作，建成美丽牧场3家，且通过省级美丽牧场验收。累计完成15.9万立方米河道水塘清淤；投资200万元打造棚桥示范溪、彭川、双溪口两村示范性河塘。将“五水共治”纳入村规明约，在镇、村两级设置“五水共治”宣传专栏，将驻村干部的日常性巡查纳入到年终考核。实行“一河一长”制，并按要求及时更新河长牌信息。村村购置扩音器，宣传“五水共治”内容。开展“五水共治”工业企业污染问题排查专项行动，排查工贸企业69家，家庭作坊及来料加工点18家，发现问题133处，全部整改到位。

【“辉埠铁军”打造工程】 2016年，辉埠镇践行“今日事今日毕”理念，着力打造“辉埠铁军”。年初制定《2016年辉埠镇重点项目党政班子分工抓落实方案》，按照“实力工业、休闲城镇、美丽乡村、队伍建设与社会管理”等方面，明确重点项目班子牵头，细化重点项目工作分工，营造比学赶超的氛围。深化“蓝天三衢”生态治理，全面完成为民办实事项目，淘汰关停89孔石灰窑和201条石灰钙生产线，引进雪联制冷、国电投、易顺发动机等大项目。推进“金钉子”基层党组织创建工作，路里坑村被县委授予“金钉子”党组织，彭川荣获“金钉子”党组织演讲比赛第一名。实施“领头雁”工程，全年召开党建工作例会9次；组织镇、村干部参加常山县乡村休闲旅游提升班、乡村休闲旅游特色村村主职干部培训班等培训活动。结合村级便民服务中心标准化建设，完善“村务员”管理，集中开展电子商务、“便民服务中心”标准化建设、文书写作、医疗保险业务等培训10余次，全年村务员人均接待群众2000多人次，为民代办事项300多件，基层服务水平有效提升。

2015—2016年辉埠镇规模以上工业企业部分经济指标一览

表44 单位：千元

企业名称	年份	工业总产值（当年价）	国家、省级新产品产值	工业销售产值	出口交货值	资产合计	利税总额
四通轴承	2015	190128	123582	120990	57626	245230	-1622
	2016	167837	109093	126104	53854	245280	2554
星球滚动体	2015	21898	—	21428	—	54766	-29
	2016	20435	—	17853	—	52484	-159
双明轴承	2015	90820	—	84971	—	46410	6718
	2016	91408	37964	70778	—	46556	10208

续表 44

单位：千元

企业名称	年份	工业总产值（当年价）	国家、省级新产品产值	工业销售产值	出口交货值	资产合计	利税总额
泰安公司	2015	24735	—	22980	—	43259	663
	2016	7522	—	8638	—	40613	-220
永盛工业	2015	24409	—	25197	—	28753	1543
	2016	19933	—	20424	—	24364	510
康乐轴承	2015	63576	—	55624	—	35614	578
	2016	67958	1330	56040	—	38749	1271
捷姆轴承	2015	119757	26471	124056	66103	169891	17417
	2016	129364	30404	139028	69682	181265	19311
精辗钢管	2015	28154	18300	20013	—	30270	-2973
	2016	46461	30198	28167	—	26800	-3357
盛宇铝业	2015	61591	—	61591	—	41171	-97
	2016	53684	—	53684	—	39442	68
南方水泥	2015	828897	—	840163	—	1681600	105539
	2016	819520	—	747681	—	1666583	127884
虎跃水泥	2015	168688	—	167684	—	87903	5256
	2016	139794	—	139033	—	75592	4212
江山虎水泥	2015	447116	—	440397	—	506726	19481
	2016	446893	—	407973	—	552260	59704
雪峰碳酸钙	2015	215789	172650	214930	—	85627	17084
	2016	191671	153325	191732	—	87750	17100
龙山碳酸钙	2015	173438	—	142322	—	30758	3593
	2016	165493	—	142277	—	31481	2967
雪字碳酸钙	2015	76086	—	73729	—	38815	715
	2016	80352	—	78744	—	44178	-200
亚鑫碳酸钙	2015	67103	—	65760	—	22987	4224
	2016	68763	—	67923	—	21484	4393
金雄	2015	124065	124065	123981	—	43920	5279
	2016	125930	125930	125912	—	49012	2104
南方碳酸钙	2015	75173	—	72192	—	33360	3248
	2016	72535	8010	73501	—	41737	2732
常山纺织	2015	242472	121236	152821	33770	188809	-1007
	2016	215264	106633	141865	23789	171170	2873

续表 44

单位：千元

企业名称	年份	工业总产值（当年价）	国家、省级新产品产值	工业销售产值	出口交货值	资产合计	利税总额
神龙水泥	2015	118918	—	118893	—	13933	111
	2016	121745	—	121776	—	13286	1795
永建混凝土	2015	37092	—	37092	—	18089	2445
	2016	37974	—	37974	—	18503	1903
民盛纺织	2015	196597	—	147306	—	90668	997
	2016	121975	—	78969	—	82517	-1460
卡罗莱纳纺织	2015	53415	25355	48398	4294	57970	767
	2016	67410	44680	60928	11743	55724	768
利华钙业	2015	7703	—	20437	—	28517	2477
	2016	5503	—	6636	—	33253	217
百利盛金属	2015	—	—	—	—	—	—
	2016	51529	—	49479	—	33908	589
迈尔泰木业	2015	109585	—	102547	—	91345	4592
	2016	108156	—	106604	—	83402	2715
雪村制冷	2015	36810	21471	29894	—	39949	120
	2016	106480	63663	85861	—	74668	440
华盛钙业	2015	86557	38190	83297	—	91411	2115
	2016	62236	22562	56369	—	85963	2086
瑞金钙业	2015	25133	—	25133	—	28148	-140
	2016	22449	—	22832	—	26731	1410
航翔纺织	2015	36700	—	36000	—	23100	850
	2016	36900	—	36500	—	25600	1048
幸福电器	2015	87537	74977	76609	—	56890	3663
	2016	75653	69403	72226	—	48961	3105
成鑫轴承	2015	32213	—	30495	—	50409	-2720
	2016	34677	—	24860	—	57796	-1134
鑫茂轴承	2015	28109	28109	28109	—	44557	-899
	2016	8942	8942	8942	—	36628	-2306
中润钙业	2015	22188	—	25150	—	25708	952
	2016	26610	—	25422	—	24541	1428
雄狮工贸	2015	66435	—	46814	—	129987	4550
	2016	75799	—	64120	—	159080	3650

续表 44

单位：千元

企业名称	年份	工业总产值（当年价）	国家、省级新产品产值	工业销售产值	出口交货值	资产合计	利税总额
玛莉莎工贸	2015	95259	95259	95259	89351	41021	2860
	2016	72021	72021	72021	69171	54642	2284
亨达铝业	2015	129009	—	123966	—	31242	1576
	2016	161825	10886	148621	—	26575	1853
百邦花式	2015	62605	—	49632	—	38124	4514
	2016	48262	—	38521	—	40866	2605
雪亮厨具	2015	23678	—	23786	—	16325	1467
	2016	66045	—	76634	—	15509	1953
富瑞森工贸	2015	11272	—	12500	—	18914	961
	2016	4110	—	4110	—	43887	-339
创建厨具	2015	45279	45279	42272	17336	30956	175
	2016	76899	60877	76220	27091	30587	722
江山虎电力	2015	4255	—	4255	—	57532	17533
	2016	34460	—	34460	—	88251	15510
中兴矿业	2015	10580	—	10580	—	30097	2659
	2016	42210	—	42210	—	32604	8999
鸿宇生物	2015	42203	—	42203	—	20863	-973
	2016	66823	—	66823	—	25988	-126
凯康金属	2015	124042	—	112412	—	38198	1485
	2016	143500	—	138550	—	66479	2096
合　　计	2015	4493075	893344	4159760	268480	4529822	237780
	2016	4611010	955921	4195025	255330	4722729	305766

2016 年辉埠镇各行政村基本情况

表 45

村　　名	人口（人）	村民小组（个）	农户（户）	劳力（人）	外出劳力（人）	耕地面积（亩）	胡柚面积（亩）	柑橘产量（吨）	胡柚产量（吨）
合　　计	**35037**	**311**	**10713**	**21963**	**10039**	**23414**	**4524**	**209**	**4867. 5**
大 埂 村	3004	20	987	1988	958	1579	270	10	190
山 背 村	1678	11	539	1055	571	2318	460	20	272. 5
鸭 坞 村	1657	8	483	1100	380	1073	120	—	60
石姆岭村	1669	13	554	1091	425	350	50	7	30
辉 埠 村	1782	14	583	1205	220	985	20	—	30

续表 45

村名	人口（人）	村民小组（个）	农户（户）	劳力（人）	外出劳力（人）	耕地面积（亩）	胡柚面积（亩）	柑橘产量（吨）	胡柚产量（吨）
东乡村	3001	16	942	2102	100	3596	405	10	520
童家村	1083	10	368	712	429	380	50	—	60
久泰弄村	2158	23	685	1452	800	2525	800	—	1200
宋畈村	1409	12	430	838	436	790	159	5	150
达坞村	1917	18	601	1265	530	1078	400	4	350
路里坑村	1829	14	522	1066	723	1127	280	20	300
彭川村	3231	21	951	1815	850	1816	400	50	540
双溪口村	2309	20	689	1369	830	1506	220	43	250
桐村村	1052	11	307	630	610	382	110	—	110
黄坞岭村	1845	29	498	1060	580	1075	180	10	250
才里村	2094	27	578	1220	680	1135	350	25	255
东鲁村	3000	44	841	1730	917	1699	250	5	300
辉埠居委会	319	—	155	265	—	—	—	—	—

（方　瀚）

招贤镇

【概况】 招贤镇位于常山县境东部。辖区东交衢州市柯城区航埠镇、沟溪乡，南界江山市大陈镇，西连青石镇，北接大桥头乡和东案乡。地处金衢盆地西缘，属低山区和丘陵平原交错分布区，地势南、北两翼高，中部低，南部为低山丘陵山区，北部为丘陵岗地，中部为沿江冲积平原区。最高点湖山，位于境南；最低点大溪沿村东侧河滩地，位于境东。常山港自西向东流贯境中，境内流程 8 千米；芳村溪西北从大桥头乡入境，向东南流至境中注入常山港。另有官塘溪、大坑溪、大弄溪 3 条季节性河流。矿藏资源有石灰石、石煤、石英砂等。320 国道、杭金衢高速公路、黄衢南高速公路、衢常铁路、九景衢铁路穿境而过，素有常山“东大门”之称。全镇总面积 69.8 平方千米，耕地面积 14332 亩，林地面积 41893 亩，下辖 18 个行政村。有农户 10823 户、34695 人。镇党委下辖 25 个党支部，1279 名党员。自古以来，招贤人杰地灵、商贾云集，更有“千年古镇”之美誉。境内有“樊氏大宗祠”“古县遗址”“箬溪泉水”“招贤古渡”名胜古迹。

2016 年，招贤镇深入贯彻“实力工业、休闲城市、美丽乡村”发展战略，扎实推进“五水共治”“四边三化”“三改一拆”等工作，经济社会实现平稳健康发展。全镇实现固定资产投资 2.94 亿元，比上年增长 93.42%；财政收入 1542 万元；农民人均收入 15404 元，增长 6.8%。社会民生、文化等各项事业有序发展，17 个村实施了农村生活污水治理工程，14 个村完成农民饮用水工程。投资 1700 多万元，建设美丽集镇，提升集镇品位；完成泉目山村 700 亩和古县畈村周家坞 90 亩垦造水田项目立项；完成纱帽山 30 多亩农村土地综合整治项目立项和溪上、樊村、古县畈 100 多亩农村土地综合整治立项准备工作。对符合条件的998户低保人员（含重残对象）名单进行公示并建立电子档案，发放低保金和重度残疾人生活补助金约490万元。严格把关，认真做好失土农民保障的审核、办理工作。全面消除4600元以下低收入农户。新建招贤、官庄、纱帽山3个村文化礼堂，完成古县村文化礼堂提升工程项目建设。同时，以文化礼堂建设为平台，开展首届十大“魅力贤商”和2016年度“最美家庭”评比活动，并在招贤镇文化节上进行表彰，进一步凝聚“贤良贤商”正能量，形成良好的乡风民风，激情“全民创业、万众创新”的热情，全力打造“魅力东门、养生小镇”。在“5·29”计生协会集中活动日期间，举行一系列计划生育宣传活动，开展育龄妇女知识讲座4场，发放计生宣传手册2000余份，引导群众树立科学、文明、进步的婚育观念；全镇环检率、孕检率均达99%。开展公路护路分队和重要目标防卫分队拉动和点验，到点率达100%。严格落实安全生产责任制，由镇工业办公室牵头对全镇重点骨干企业定期开展安全生产隐患排查和整改行动。做好防汛防旱防地质灾害、森林消防、食品药品安全、消防安全工作，确保群众生命财产安全。

开展“大抓基层组织年”活动，高标准开展村级党组织规范化建设，整镇推进“三规范三提升”（规范制度建设，提升执行力；规范阵地打造，提升保障力；规范便民服务，提升凝聚力）工作，全面提升村级党组织党建工作水平。开展“两学一做”学习教育，在全镇党员中开展“学有所悟、查短找差”活动，着力锻造党员过硬作风和能力，提振精气神、展示新作为。开展信访维稳预警、排查、化解及重点人员管控等基础工作，落实相关安保工作机制，制定应急预案，落实稳控责任。全年登记信访事项86件，其中来访71件、来信15件，已办结81件；对有关信访投诉案件，处置及时，答复规范，全年未发生重大群体性事件和安全事故。

加强党风廉政建设，印发《关于调整招贤镇党风廉政建设和构建惩防体系建设工作责任分工的通知》，对具体工作进行细化和分解。加强班子自身建设，强化对权力运行的制约和监督，认真贯彻执行民主集中制、民主生活会、述职述德述廉、廉政谈话、请示报告、“一把手”七不直接分管等制度和领导干部廉洁从政相关规定。镇党委书记牵头制定党风廉政建设和作风建设工作计划、工作要求和具体措施，做到重要工作亲自部署、重大问题亲自过问、重点环节亲自协调、重要案件亲自督办，切实承担和履行党风廉政建设“第一责任人”职责。严格执行公务接待各项规定，2016年公务接待支出4.84万元，明显低于控制数。加强公车管理，严格执行“三统一、两定点”管理办法，在节假日期间按指定地点停放公车，公车费用减幅明显。坚决纠正损害群众利益行为的情况，对违反村级三资管理制度的4名村干部进行问责，查处1起村主职干部涉嫌违法犯罪的案件。

【重点项目建设扎实推进】 2016年，招贤镇开展九景衢铁路南线补征地工作，完成大溪沿、高埂、古县畈村的土地丈量工作，红线范围拆迁户安置房建设基本竣工。加快推进农村生活污水治理工程建设，其中游林村终端厌氧池已完工，溪上、鲁士、象湖3个村进入扫尾阶段。推进农民饮用水实施工程，山底村、大弄村、泉目山村已完工。

【养生小镇规模初显】 2016年，招贤镇加快推进健康养生小镇建设。泉目山赛得产业园一期占地20亩的养老公寓及人才公寓建设已完成，建成疗养型养老公寓4幢、床位256个，接待中心1幢，管理中心1幢；养老公寓的绿化配套工程和山体护坡工程也已完成。二期养老公寓2.5万平方米的主体工程建设已完成，园区主入口广场基本完成，现代农业——视频农场、中草药种植园已完成土地指标及场地平整。

【“两贤文化”全面弘扬】 2016年，招贤镇大力弘扬“两贤文化”，以贤商精神触动贤良涌现，以贤良模范带动乡风文明，使“两贤文化”成为招贤人民共同的价值追求。为进一步弘扬“两贤精神”，招贤镇开展了首届十大“魅力贤商”和2016年度“最美家庭”评比活动，并在文化节上进行了隆重表彰，以期在全社会进一步凝聚“贤良贤商”的正能量，形成良好的乡风民风，激情“全民创业、万众创新”的热情，全力打造“魅力东门、养生小镇”。招贤镇贤商代表渔溪口村邱娣兵、泉目山村涂国红、高埂村张鸿土、溪上村李生强被评为全县首届“乡贤才俊”，其中邱娣兵、涂国红被评为第十二届衢州市“十大杰出青年”。

【“五水共治”常态化】 2016年，招贤镇制订《招贤镇“五水共治”（清洁工程）考核办法》，与各行政村签订年度工作目标责任书；各村相应建立工作领导小组，并成立保洁员队伍或实施市场化保洁机制；每月至少开展一次“五水共治”督查暗访，做到一督查一通报。开展“清塘美河洁村”行动，全镇清淤池塘31个，完成投资245万元，清理近3万立方淤泥和垃圾，农村水环境质量明显改善；溪上、鲁士、象湖、游林村农村生活污水治理工程建设加快推进，已进入扫尾阶段。紧扣生猪整规“六个一律”（即：没有治污设施或者治污设施不到位的一律关停；超规模养殖的一律关停；在禁养区和村庄内的一律关停；复养反弹的一律关停；违建的养殖场和关停的养殖场一律拆除；新增的规模养殖场一律不批），对全镇27个生猪养殖场开展全面巡查，建立“一场一策”“一日一报”等工作机制，快速推进整治行动。复养场、信访污染场均已关停到位，全镇累计关停拆除猪场80余个，完成养殖污染治理任务，所有保留猪场均已完成排泄物治理任务，无偷排、漏排现象。3个猪场已完成美丽牧场建设，另外2个猪场正在建设中。认真推进河长制，做好河长制公示牌的日常管理，及时更换河长制相关内容和破损材料，及时洗刷公示牌上的污泥和其他垃圾，坚持每月对河长日志进行检查，每周对河道卫生保洁工作进行检查。完成38个山塘水库清淤的台账整理工作。集镇污水处理厂完成年度管网建设任务，设施规范化运行。全面实施环境监管网格化管理,发现辖区内与工业治水相关的问题,及时处置。整治污染企业,强制拆除官庄和象湖村2家塑料粒子加工厂违法建筑面积3000多平方米。

【“魅力东门”颜值大提升】 2016年，招贤镇重拳整治320国道沿线反弹现象，巩固“一路一镇”整治成果。联合交通、公安等部门开展集中整治，出动400余人次，清除各类移动广告牌20个，清除废旧轮胎收购点5处，清除废品收购点3处，清除砂场4处，清除其他各类堆放点100余处。邀请有关专家、领导对320国道花坛建设、高埂村和集镇西入口两处节点改造进行设计。投资500多万元，在320国道沿线建设花坛200多个、计7000多平方米；在官庄村、高埂村和集镇入口打造多处景观节点，全面提升“魅力东门”形象。集镇道路改造提升工程基本完成，其中雨污水管道铺设、广告牌制作、农贸市场地面硬化、集镇饮用水工程、污水处理站建设、外墙立面改造、沥青路面白改黑工程、人行道花岗岩铺设均已全面完成。粉刷赤膊墙1000多户计35万平方米。

【“三改一拆”有章可循】 2016年，招贤镇下发《关于进一步加强新增违建管控强化责任追究的通知》，落实村主职干部、业务科室职责，实行三级联动巡查机制，加强新增违建的防控管控，发现一起、制止一起。全年新增违法建筑得到有效控制，共拆除违法建筑120多宗、4.6万多平方米。强化农民建房审批管理，编制农民建房审批流程图，将农民建房业务可视化、流程化，提高建房审批透明度和加快审批进程，化解建房矛盾。拆后利用方面，根据不同的土地性质，统筹安排、科学利用，以“宜耕则耕、宜绿则绿、宜建则建”的使用原则，做好拆后土地利用工作。

2016年招贤镇各行政村基本情况

表46

村名	支书	主任	村民小组（个）	农户（户）	人口（人）	党员（人）	劳力（人）	外出劳力（人）	耕地面积（亩）	林地面积（亩）	柑橘面积（亩）	柑橘产量（吨）
官庄村	张志新	徐毛良	5	305	831	39	460	131	368	682	670	959
高埂村	兰冬生	曾云祥	10	624	1964	60	1160	415	896	2836	1350	2900
大溪沿	张明生	季云仙	10	451	1436	42	948	446	592	0	703	700
游林村	张小光	曾嘉明	10	369	1153	29	670	267	385	4178	740	945
古县畈	韩志平	张利平	10	418	1269	78	790	260	797	1127	1201	1683
古县村	李小林	邓土新	15	587	2120	78	1274	502	851	2477	1450	1960
招贤村	周建平	徐金海	14	481	1824	56	960	298	496	814	930	1000
汪家淤	陈冬香	邹根生	7	367	1085	42	729	254	530	465	500	1030
渔溪口	邓江华	兰如荣	14	489	1609	50	937	588	678	2044	1115	1080
纱帽山	魏雨生	徐朝斌	16	509	1565	59	845	420	661	2473	1305	1740
溪上村	—	徐博文	24	748	2284	78	1460	1099	849	5542	1900	2330
泉目山	曾金生	黄鸿良	9	730	2588	75	1330	813	805	1225	1505	1580
大弄村	黄国新	刘樟木	8	568	1753	40	1073	389	554	481	952	1300
五里村	刘美龙	刘月富	15	899	2662	69	1820	567	1060	6700	700	1360
樊村村	樊智敏	樊利红	8	565	1825	49	973	360	922	4385	800	1300
鲁士村	徐忠产	—	8	667	2176	61	1185	497	1059	1500	835	900
山底村	徐建忠	郑仕民	14	684	2220	53	1355	472	767	2361	1350	1460
象湖村	郑水清	郑云英	24	1362	4662	113	2420	705	2062	2333	1635	2820
合计			**221**	**10823**	**34695**	**1279**	**20389**	**8483**	**14332**	**41623**	**19641**	**26847**

（祝雅斌　王　炜）

青　石　镇

【概况】 青石镇位于县城东郊、县境南部。镇政府驻地溪口距县城直线距离7.8千米。辖区东连招贤镇，西接天马、紫港街道，南与江山市大陈乡交界，北邻大桥头乡。320国道、221省道分别贯穿5个行政村，杭金衢高速公路和九景衢铁路穿镇而过，在虹桥村设有高速公路出入口。全镇总面积78.7平方千米，耕地面积16155亩，林地面积54099亩。辖18个行政村及溪口渔业大队。全镇有114个自然村，农村住户10724户，35066人。2016年，青石镇实现地区生产总值15.56亿元，地方财政收入964万元。农民人均可支配收入16343元，增长8%。

2016年，青石镇引进砚瓦山水游园招商项目，实际到位资金7500万元；“赏石小镇”成功申报国家政府专项资金2亿元，全年累计到位资金2.75亿元。通过创新“一牌一表一中心一队伍”（即监督举报公示牌、摸底排查整改表、指挥中心、常态化巡查队）机制，发动全民参与治水，巩固“清三河“成果，开展“清塘美河洁村”行动，“五水共治”基层基础不断夯实，成效不断显现。面对全县整治总量1/4的任务数，按照“六个一律”相关要求，开展生猪整治“雷霆”行动，共退养关停禁养区及村中场259户，拆除养殖场面积4.24万平方米，退养生猪数量17841头；全镇仅保留村外场生猪养殖户2户，养殖生猪636头，其中杨氏生猪养殖专业合作社在全县率先完成“美丽牧场”建设，实现了生态养殖。18个行政村全面覆盖生活污水处理系统，至年底有12个村污水工程完成验收，3个村污水工程完工，3个村污水工程将在次年初完工。

3月21日，省旅游局局长王文娟调研赏石小镇工作　（余晓芬　摄）

围绕全域旅游发展思路，坚持特色产业发展与休闲旅游相融合，全面推进“赏石小镇”创建工作。以221省道江溪线沿线景观建设为重点，因地制宜开发以“柚香谷”为龙头的高端休闲旅游项目，布点开发石博园大道、十里柚香街、赏石长廊、中国观赏石博览园、宇华景观园旅游项目，有效提升赏石小镇美观度。完成7家石材加工企业停产搬迁，马车村砖厂整体拆除。培育发展民宿14家、三星级以上农家乐2家，形成乡村休闲旅游新亮点，促进农民增收。

开展“两学一做”学习教育，强化基层组织建设提升。重点推进砚瓦山村“金钉子”党组织创建工作，建设砚瓦山村办公楼，完成党建长廊建设。紧扣“支部引领和产业富民”，率先完成砚瓦山村花石市场改造提升，以点带面，连片带动基层组织“整乡推进”。依托“赏石小镇”管委会成立契机，完善“1个支部+3个党小组”设置，探索深化党员“双重管理”，实现党组织工作全覆盖。通过开展“金钉子论坛”“找短板、补短板”“立家规、传家训、树家风”等活动，提升基层党员党性修养。建立流动党员微信群，编发党的先进理论及相关知识至微信群，保障流动党员教育不缺位、全覆盖。2016年，全镇各党支部累计开展各类党员活动210余次，发送党员教育警示短信15120人次。

年初，镇党委、政府与18个行政村两委签订《青石镇村级信访工作责任书》，建立健全镇村两级防控体系，完成G20杭州峰会和世界互联网大会安保各项任务，并获常山县G20杭州峰会先进单位，多名镇村干部被评为市、县级先进个人。开展“两网融合”工作，精细“网格化管理”，推进“平安青石”建设。在全市乡镇首创“一中心四系统”合一的社会综合治理指挥服务中心平台（“指挥调度中心、浙江省平安建设信息系统、应急广播系统、治安监控系统、天眼系统”），开展社会服务管理中心规范化建设，受到上级有关领导的肯定；成功承办了全市基层社会治理“三网二平台一体系”现场会。全镇计划生育环孕检率99.2%，有2772名妇女接受免费健康检查；计划生育出生人口502人，计生率94.82%，计划生育工作成功跻身各乡镇（街道）的前列。开展镇村两级公共卫生培训25次，发放宣传资料6000余份。通过市级卫生乡镇考核验收，被市爱卫办命名为“市级卫生乡镇”。

是年，青石镇获县级集体三等功、新农村建设优秀单位、2015年度全县建设“平安常山”及综治维稳工作先进集体、常山县G20杭州峰会维稳安保先进集体、县级文明乡镇荣誉称号。

【中国观赏石博览园建设加快推进】 2016年，中国观赏石博览园项目交易区一期近6万平方米主体竣工，95%的交易区完成商家入驻签约；中国观赏石博物馆七层主体建筑结顶。一期第二功能区349亩土地征用政策兑现已完成。以石文化旅游为核心的第二功能区和以休闲养生度假为核心的第三功能区建设同步推进。

【赏石集镇提升工程】 2016年，以“浙派”风格统领集镇改造，完善集镇设施、提升集镇功能，以最快的速度、最好的质量打造赏石小镇“最美客厅”，青石镇政府累计投资3000余万元，先后完成集镇1200余米道路“白改黑”、主街外立面改造、广告牌整治、杆线“上改下”、道路标线及安保设施、污水处理工程、集镇休闲公园建设、主街道（柚香路）改造、朱家渡至集镇320盏“浙派”风格路灯亮化，集镇形象焕然一新。集镇道路两侧摄像头已启用，占道经营、乱停乱放秩序得到有效改善，“镇不如村”现象彻底改变。集镇环境整治方面，7家石材加工厂搬迁，2家就地整改。

【221省道（江溪线）省级示范性道路建设】 2016年，根据“赏石小镇”创建和“四边三化”工作的要求，青石镇集中开展221省道（江溪线）专项整治行动，打造省级示范性道路。重点实施赤膊墙粉刷、庭院改造、景观石规范摆放、节点建设、石材加工企业搬迁工作，投入资金2550万元，开展节点绿化美化158处，粉刷房屋180多幢，建造景墙1.7万平方米，安装仿古路灯220多盏。221省道（江溪线）获评衢州市“最美公路”。

【十里柚香街工程】 十里柚香街全长5.22千米，包括道路路面“白改黑”整治、杆线改造及亮化、道路排水管网建设以及350余户院墙景观整治。其中，道路路面白改黑项目分为常河线路基拼宽路面病害处理工程和常河线路面沥青砼施工工程两标段。至2016年年底，常河线路基拼宽路面病害处理工程经竣工质量评定，项目综合得分89.6分，常河线路面沥青砼施工工程综合得分87.64分，均被评为合格工程。

【砚瓦山村文化礼堂建成】 2016年，青石镇结合常山县特色小镇创建试点工作，紧扣“发展乡村休闲旅游、打造特色风情小镇”发展定位，突出特色优势，强化项目支持，投资2550万元，实施砚瓦山村文化礼堂建设项目，新建成1200平方米的办公大楼及占地2500平方米的文化广场，融入石文化元素，并完成相关景观配套建设。

2016年青石镇各行政村基本情况

表47

村名	支书	主任	村民小组（个）	农户（户）	人口（人）	党员（人）	总面积（平方公里）	耕地面积（亩）	山林面积（亩）	固定资产总额（元）	农民人均收入（元）
塘边	陈先平	汪小良	8	305	1062	30	2.2	435	42	674609	14752
山头	胡建平	王庆祝	8	479	1612	45	1.2	468	14	1139099	15529
虹桥	王老四	胡卫群	12	532	1832	61	2.4	727	1149	295855	16582
湖头	王祥春	毛卫生	21	1030	3450	88	5.2	1503	1396	1380127	14532
山溪边	郑英春	郑英文	12	639	2016	49	4.5	1329	354	676917	16822
阁底	郑松泉	汪优青	15	764	2394	74	3.3	1190	1551	747321	14036
江家	江巨光	胡建明	21	997	3123	105	3.8	2156	735	1032311	15941
新站	江政宏	江军良	6	351	1139	32	2.9	794	852	307198	15725
砚瓦山	徐卫国	徐卫国	17	600	2085	82	12.7	598	12788	1209498	18559
马车	张财有	邓行华	8	376	1232	49	9.8	668	6479	532410	18589
和尚弄	林德良	邓有勋	7	275	968	39	5.6	429	1500	319463	18995
溪口	鲁正峰	吴土金	8	334	1068	48	2.5	442	2957	426625	15776
水南	章淑荣	黄建军	22	1010	3190	98	6.4	1544	6369	1649287	17549
大塘后	—	秦定福	12	568	1860	57	3.1	883	485	455513	17452
澄潭	徐立伟	曹金全	17	810	2675	63	3.8	1042	55	934944	15680
九龙山	官小华	杨金国	7	348	1114	36	2.3	535	2800	116752	16549
飞碓	廖家和	刘达生	8	452	1456	41	4.8	520	5163	523352	15360
桥亭	朱金生	祝亚平	28	854	2790	93	2.2	892	9410	804284	15746
合计			**237**	**10724**	**35066**	**1090**	**78.7**	**16155**	**54099**	**13225565**	**平均163434**

（兰敏吉）

白石镇

【概况】 白石镇位于县境西南，地处浙赣两省三县市交界处，素有“两浙首站”“八省通衢”之称，镇政府驻地白石街距县城公路里程13.5千米。辖区东交常山天马、金川街道，南界江山市大桥镇，西邻江西省玉山县岩瑞镇，西北接壤球川镇。区域总面积46.2平方千米，辖7个行政村、99个村民小组，有90个自然村。常住户3228户，总人口10426人。杭金衢高速公路与320国道在白石镇境内交会，320国道自东向西贯穿5个村。境内有中坊至球川、白石至江山市大桥两条县级公路。7个行政村均通水泥路，总里程18千米。全镇有学校1所，专职教师27人，义务教育普及率100%。有文化站、图书室8个（其中村文化站、图书室7个），藏书6350册。镇中心卫生院1所，卫生技术人员16人，其中医生7人，病床7张。计生服务站1个，服务人员2人，负责妇幼保健、防疫及地方病防治等。邮政储蓄所、信用社各1个。集贸市场1个。7个行政村通电、通邮、通电话、通有线电视。2016年，全镇实现工农业生产总值45494万元，比上年增长15.7%，地方财政收入166.9万元，比上年减少24.6%，农民人均收入14364元，比上年增加10.5%。

工业转型发展稳中求进。白石镇党委、政府抓布局重规划，完成《白石镇镇域总体规划和土地利用总体规划》修编工作，引导企业向国道沿线集聚，至年底，全镇有10多家企业沿国道落地。其中，温氏公司年产10万吨、产值近2亿元的饲料生产线建成投产，全市首个中关村项目博文合众畜禽排泄物高效资源化利用工程研究中心已建成，“向阳轴承”“合利金属”等一批企业新建厂房相继完成。来料加工业的个体培养和转型升级得到加强，“阿哈伞业”完成建筑面积1.1万平方米来料加工厂房建设并投入使用，成为常山县首家转型规模化发展企业；全镇有5家来料加工户完成“个转企”，其中4家转型升级企业年加工费发放已超百万元。

民生工作全面推进。白石镇党委、政府着力社会救助体系建设，保障困难群众的基本生活。全镇共有低保户272户，低保人口384人，实现应保尽保。抓好城乡居民基本医疗保险征缴工作，至2016年年底，全镇参保人数7616人，参保率95%。落实低保、残疾人两项补贴、五保户集中供养、60周岁以上失能失智老人生活补助、大病救助、临时救助、冬令春夏荒救助、春节慰问政策；投资150万元对进行敬老院改造提升，主体工程已完成。实行白石村低收入农户异地搬迁项目，共有15户、47人受益。打赢扶贫攻坚战，完成全镇168户4600元以下低收入农户的排查、帮扶、脱贫工作。利用农民闲置屋顶，推进屋顶光伏富民工程，实现资源利用为民增收，全镇完成签约109户。开展计划生育百日攻坚和“大宣传、大整治”行动，各项重点指标大幅提升，至2016年年底，全镇计划生育率98%，环检率100%，加大文化基础设施投入，完成十八里村等6个村的“文化礼堂”建设，按照三级站的标准对镇文化站进行改造提升，成功创建“省级文明镇”。加快基础设施建设，改善村民出行条件，完成白石苏家科到草坪白马弄通村公路提升工程和周家源到西塘坳通村公路建设；启动白大线改造工程。注重农民素质培训，举办乡村休闲旅游、农村大厨等各类培训班，提升农民就业素质。重视老干部、老龄、民宗、慈善、关心下一代等工作。国防后备力量建设和征兵工作得到进一步加强。严格落实安全生产责任制，开展企业消防安全整治，委托中介机构，对7家重点隐患企业开展安全生产社会化服务。全面实施“两网融合”工程，提高村级组织社会治理水平。建立信息预警、快速应急处置机制和定期回访制度，健全镇、村、组三级联调联处工作机制，突出抓好初信初访，保证社会稳定。实行昼夜值班巡逻制，平安护航G20，被评为衢州市G20杭州峰会维稳安保先进集体。重视社区矫正和反邪教工作，累计接受社区矫正对象54人，解除矫正46人，至年底，全镇在册社区矫正对象8人思想状况正常，未发生一例再违法情况。做好邪教人员的帮扶转化工作，转化率达100%。农村土地综合整治完成95亩，完成率90%。柚园流转任务500亩，实际流转701亩，超额完成。粮食功能区水稻产业提升项目正在设计中。

在深化“三民工程”（即知民情、解民忧、办民事）和维护社会稳定工作方面，白石镇党委、政府创造性地设计“民情茶馆”，探索干群零距离无约束沟通模式，实现“有事没事常交流，大事小事不出村”的良性自我管理目的，被《浙江日报》誉为“信访工作的浙江范儿”。

是年，白石镇先后荣获“省级文明镇”“衢州市G20杭州峰会维稳安保先进集体

“2011—2015年度衢州市森林消防工作先进单位”“关于2015年度衢州市‘五水共治’工作先进集体和先进个人的通报”“浙赣两省四县2016年血防联防工作先进集体”称号。《人民日报》头版报道白石镇的扶贫工作，《浙江日报》先后报道白石镇“民情茶馆”工作、白石镇“党建”“治水”工作，《衢州日报》报道白石镇村村联合物业经济宣丰农建投工作。

【白石镇全域旅游布点完成】 2016年，白石镇党委、政府明确“两浙首镇、养生白石”发展定位，完成《白石镇“两美”乡镇整体规划》和《白石镇养生养老特色小镇规划》编制，《规划》突出养生养老、花卉苗木、文化旅游、户外休闲四大重点，以“一村一景”为载体，对全镇7个村进行布点，打造镇域景区化。在2015年实施38个村景项目的基础上，2016年新增项目24个，预计投入资金1000多万元。成立白石镇花卉苗木协会，十八里村建设集交易、科普、旅游一体的浙西花卉苗木城，已完成土地流转、测量及区块布局。曹会关、白石、草坪3个村着力打造常玉古道文化旅游项目，曹会关的古城墙、天师井项目已完成主景观建设。白石村古粮仓正在修复，宣丰大厦项目前期工作已完成，并进入土地招拍挂环节。草坪村古军营项目建设已完成。小白石、新塘岭村主打“长生不老”旅游品牌，实施长生湖风情园、不老泉养生养老基地两大亿元项目，种植百亩虞美人花海，打造常山赏花胜地。白大线全线种植格桑花。聚宝村完成百亩荷塘栈道和休闲长廊建设，与不老泉养生基地连接线（宝新路）正在设计中。不老泉AAA景区创建工作正在紧锣密鼓地进行中。7月16日，白石镇第一届不老养生文化节成功举办，集聚了人气，提升了形象和知名度。白石镇全年接待游客12万人次，比上年增长61.7%，实现旅游收入1400多万元，增长57.3%。

【成功探索农村改革“白石模式”】 2016年，白石镇在农村改革上探索农村集体经济发展新模式，全镇7个行政村分别出资10万元入股，抱团成立宣丰农村建设投资公司（简称“宣丰农建投”），被列入常山县农村改革六大模式案例，受到市、县党政领导的肯定。宣丰农建投与县民政部门合作，总投资3000万元，在白石镇集镇中心地段开建宣丰大厦，拟通过物业出租出售方式实现盈利最大化，从而带动村集体经济大幅提升。争取省财政扶持村级物业经济专项资金224万元，在新塘岭村筹建投资500万元的农产品展销中心，建成后出租给不老泉公司。与佳熙电子商务公司达成协议，入股40万元，实施浙西绿色农产品中央仓项目，建设白石无公害农产品线上线下销售平台。注册控股子公司，完成金融机构授信，开启金融合作。

【“五水共治”持续推进】 2016年，白石镇启动南门溪上游15千米河道生态修复和清塘美河洁村工程，排涝清淤防洪一起抓。清塘9个，清淤3.5万立方米；清理水沟6条计10千米。整治污水排放，关停拆除生猪养殖场7家，保留的3家全部开展花园式养殖场创建；关停养鸭场7家，保留的28家均实行发酵床技术改造。农村生活污水管网铺设覆盖全镇。

【“四边三化”深入开展】 2016年，白石镇实行以“路长制”为核心的责任落实体系，镇村干部共同巡查，实现整治范围、职责、监管全覆盖。完成国道沿线路边加水点、非法广告、违建棚、山体裸露、石材及废弃物整治22处，年初自查的39个点和“双月”行动自查的8个点全部整治到位。完成上级交办的整治任务，在全年月度督查中，多次排名全县前列。320 国道曹会关至草坪段景观打造成效明显。

【成功创建“无违建”乡镇】 2016 年，白石镇坚持实事求是和公平原则，全力推进“无违建”乡镇创建。建立“一网多格、一格多员、全员参与、责任捆绑”的网格管理新模式，实现全方位监督管理，巩固拆违成果，确保无新增违建情况发生。全年拆除违章建筑 16532 平方米；疏堵结合，严格执行“四到场”审批制度，审批新建农房 483 户。7 个行政村全部通过“无违建”示范村验收，成功创建“无违建”乡镇。

【集镇建设建管并重】 2016 年，白石镇开展集镇整治，拆除乱搭乱建 17 处，整治面积 500 余平方米。完成白大线集镇段主干道改造和集镇人行道、绿化隔离带设置。沿街商铺广告牌、外立面提升改造基本完成，实施集镇亮化工程。集镇启动主街二期广告牌整治，宝石中路文化墙已开工建设，休闲公园正在设计中。全市第一、第二季度集镇交叉考评，白石镇均列全县第一。

【基层党建村村达标】 2016 年，白石镇狠抓镇村干部队伍建设，镇干部实行“1 + N”组团式驻村，发挥工作合力；村干部实行“村务成绩单”考评制度和工作督考、质询制度，强化岗位意识和责任意识；推行一岗一单的“1 + 1”村级后备干部培养模式，涌现一批优秀后备干部；严肃整饬党员队伍，推行入党鉴定卡制度，严把“入口关”；严肃开展不合格党员处置工作，警醒全镇党员讲规矩、守纪律。扎实开展“两学一做”学习教育活动，把“两学一做”学习教育课堂搬到项目建设、美丽乡村建设、“五四三”防汛救灾等工作的第一线，着重提升党员服务、推动发展建设，让“两学一做”学习教育在实际工作中显出实效。以“整乡推进整县提升”试点为契机，在全镇开展支部有引领、干部有血性、党员有规矩活动，多层次、整乡镇推进党建工作。每个村制定个案，精准施策。强力推进规范化建设，各项党建短板逐一补齐。依托“一村一景”，探索“党建 + ”模式，打造党建“一村一品”，使全镇 7 个行政村达到村村达标，全面推进，整体提升，全面过硬。

【平安建设层层落实】 2016 年，白石镇深化信息预警机制、快速应急处置机制和定期回访制度，突出抓好初信初访，将不稳定因素化解在萌芽状态。妥善处理社会矛盾纠纷和紧急性突发事件，确保社会大局稳定。实行信访联席会议制度，重视社区矫正和反邪教工作，完善反邪教工作机制，确保层层落实，把矫正和反邪教工作落实到末端。重视安全生产工作，全面落实安全生产责任制，建立镇村分级管理制度，加强对企业、来料加工厂点等安全检查和督查。对于存在较大安全隐患的企业督促整改落实到位，坚决遏制生产安全事故发生。实行昼夜值班巡逻制，镇机关保证全天 24 小时有人值守；以行政村为单位，以村两委干部和民兵为骨干的义务治安红袖套巡逻队开展巡逻值守，营造平安有序的村民居住环境，为 G20 峰会的顺利召开保驾护航。

2016 年白石镇各行政村基本情况

表 48

村名	支书	主任	村民小组（个）	农户（户）	人口（人）	党员（人）	劳力（人）	外出劳力（人）	耕地面积（亩）		山林面积（亩）	柑橘面积（亩）
									水田	旱地		
十八里	吴国明	许金水	12	452	1274	76	801	474	986	215	6023	620
白石	胡红旗	胡长水	24	809	2439	103	1462	670	1451	312	6273	991
小白石	吴先水	胡长军	8	387	1170	40	730	371	1058	57	3690	350
曹会关	廖海富	陈用浙	8	296	840	37	528	285	631	228	3562	301
草坪	林芳良	廖礼红	19	656	2064	100	1228	611	1659	217	11085	745
新塘岭	郑小军	董献忠	16	497	1484	68	898	555	1273	184	5467	410
聚宝	黄杰伟	黄财富	12	396	1155	61	614	318	989	138	9405	120
合计			**99**	**3493**	**10462**	**485**	**6261**	**3284**	**8047**	**1351**	**45505**	**3537**

（刘抒妍）

球川镇

【概况】 球川镇位于常山县西部，是浙江省的“西大门”、浙赣两省三县（常山、玉山、开化）交界处的千年边陲古镇，是市级经济强镇、省级中心镇、全国首批重点镇、全国中心镇建设示范试点镇。辖区东连同弓乡、何家乡，东南交白石镇，西、西南部与江西省玉山县毗邻，北与开化县接壤。镇政府驻地红旗岗距县城 22 千米。区位交通优势明显，杭金衢高速公路（G60）斜贯境东南，在后弄村窑上设互通立交进出口、停车区及管理服务中心，西接江西梨温高速公路；320 国道临境而过；3 条县级公路在境内交会；20 个行政村通公路，公路总里程 48 千米；球川至三清山的通景公路正在规划中。镇域面积 129.5 平方千米，下辖 20 个行政村 334 个村民小组、1 个居委会，总人口近 4 万人。

球川历史悠久，唐肃宗乾元年间，玉常分界，球川即归常山管辖；黄巢起义，亦曾屯兵球川。北宋太平兴国六年（981 年）设君子乡，距今已有 1000 多年历史。1929 年设七都乡，1935 年置球川镇，1947 年改为球川乡，至 1984 年 9 月改为建制镇。“球川”二字源于朱熹“山环成球、水汇成川”之句。境内有建于北宋淳化二年（991 年）的九都桐门福田寺、明万历末年（1620 年）的兴贤塔、清末同治九年（1870 年）的三十六天井、东坑千年古道等历史古迹；有球川豆腐、贡面、雪片糕制作技艺等非物质文化遗产。

自 2015 年球川镇被列入全国中心镇建设示范试点起，镇党委、镇政府抢抓试点机遇，努力打造“产业有实力、形象有魅力、特色有张力、体制有活力”的“浙西第一镇”。球川镇设有专门的工业功能区，规划面积 1.23 平方千米，轴承、木制品和金属制品为三大主导产业。至 2016 年年底，全镇有类企业有 50 余家，规模以上企业 11 家；现代农业蓬勃发展，拥有耕地 1600 余公顷，是全县重要的产粮区，建成森力灵芝文化产业园、“谷舞仁生”电商农业园、普罗旺斯生态园等精品农业园；商贸繁荣，九月廿二庙会和农历逢一、六墟日等传统一直延续至今，年商贸交易额超十亿元。

球川镇生态优越，森林覆盖率 72.3%。

拥有塘岭国家级生态保护区，原始次森林总面积达20平方千米；拥有浙西最大的红豆杉群基地，被评为“省级森林城镇”，是全省生态屏障的重要组成部分。

球川镇以厕所革命、垃圾分类、赤膊墙整治等“关键小事”为抓手，打造美丽乡村，被市委、市政府评为“市级美丽乡村示范乡镇”。球川镇旅游资源丰富，有千年的桐门福田寺、千年古道、独具特色的兴贤塔、融徽派和浙派建筑风格的三十六天井等历史古迹；有千家排水库、红旗岗水库、王家南绿休闲山庄、棋盘山古树群等风景宜人生态资源；民风淳朴，享有“保姆之乡”之美誉，是宜居宜游的好去处，是名副其实的“省际商旅名镇”。

2016年，球川镇地区生产总值5.2亿元，比上年增长9%；财政总收入7703万元，增长26%；全社会固定资产投资7.25亿元，增长31.5%。“三次”产业结构进一步优化，比重为30 ：43.44 ：26.56。人民生活水平逐步提高，农民人均可支配收入14372元，增长16.8 %。实现全社会消费品总额5.6亿元，增长11%。新农合参合2.8万人，参合率96%。全镇有低保756户1333人。重度残疾对象及三级、四级智力残疾、精神残疾对象以及困境儿童33人，都纳入了低保对象。大病救助1035人次，全年发放救济款8万多元。全镇有移民项目25个，到年底已实施完成17个。3家养老机构运行平稳，无重大事故发生。20个行政村基本建成居家养老照料中心。深化农民素质提升，开展农村电子商务、乡村休闲旅游、低收入农户素质、农业生产实用技术、生产技能培训共计5次，培训人数400多人次。截至2016年年底，计划生育率95.46%，完成育龄妇女生殖健康检查工作，检查率达99.77%；做好G20峰会维稳安保和第三届世界互联网大会维稳安保工作，全镇上下严格按照安保各时段的工作要求，开展重点对象排查稳控、矛盾纠纷及时化解和维稳安保信息零报告等工作，严格做到球川不出事、球川人在外不惹事，获评G20峰会维稳安保市级先进集体。落实安全生产工作，消除安全隐患不容缓；落实安全生产“一岗双责，党政同责”责任制，多次开展全镇安全生产大排查，重点督查工业企业、来料加工厂房、养老院等人口密集场所重点部位的安全生产工作，全镇安全生产处于良性运行态势，全年未发生较大安全生产事故，获评全市安全生产先进集体。

【球川镇基层党建工作扎实推进】 2016年，球川镇完成黄泥畈村“金钉子”创建、后弄村“金钉子”复评工作。推进赛赛轴承有限公司“两新”组织规范化建设。创建11个市级示范型村级便民服务中心，成功探索出便民服务1+1“芙蓉模式”（即一个村干部加一个代办员）。推动后进党组织转化升级，完成红旗岗村软弱涣散党组织整顿工作。完成党代表和人大代表的换届选举工作。全面落实党风廉政建设责任制，严格履行“一岗双责”，全年党纪处分25人，问责20人。

【球川镇中心镇建设续新篇】 2016年，球川镇基本完成黄泥畈村产权改革试点之土地集中流转工作。创新“PPP”投融资模式，完成县第二人民医院合作方案；启动城乡生活垃圾处理中心、东坑古道景区开发项目与省建工集团PPP合作。完成工业功能区企业生活污水处理集中纳管、农民集聚工程中的公寓式安置区1号楼。完成商贸综合体建设，并投入使用。完成商贸A区块、集镇主街利川南路综合整治提升。完成G60高速出口景观提升二期和市民广场建设。完成跨境结算中心项目主体工程建设。

【“五四三”工作持续推进】 2016年，球川镇“五水共治”工作持续推进，完成龙绕溪治理工作，交界断面水质达标率逐步提高；完成“两溪”沿线32个山塘水库清淤工作；高效完成生猪、麻鸭整规工作，关停生猪养殖场31家，退养生猪1.8万头，关停麻鸭场30户，退养麻鸭10万多羽；完成15个村农村生活污水处理建设，并通过初步验收，5个村基本完工。完成“四边三化”各类问题整治115个，其中“赤膊墙”26幢，乱搭建6处，乱堆放65处，广告牌残留4处，对黄泥畈、龙绕、东坑3个村的庭院开展整治，美化庭院98户；完成上红线、中球线沿线5个景观节点提升。全镇“三改一拆”拆除违建面积9.84万平方米，完成年度任务的120.05%。

【球川乡村休闲旅游项目建设】 2016年，球川镇编制《球川镇全域旅游总体规划》，根据千年古镇定位，出台详细控制性规划指导全域旅游景区建设。投入500余万元修缮省级文物保护单位三十六天井；投资300余万元修复叶溪岭古道和蔑岭古道，启动第一期工程；东坑村投资200余万元对通景公路、村口节点景观、古道展馆、停车场、公共厕所等景区基础设施进行建设；黄泥畈村投资160万元开发水塘，设置垂钓区，面积达60余亩；陈家湾康养中心项目计划投资1亿余元，正在抓紧筹备中；后弄村投资60余万元建成红色纪念馆和血泪坑纪念碑改造工程。年内新增农家乐7家，其中三星级农家乐2家。

【球川镇文明创建和文化建设】 2016年，球川镇做好省、市、县级文明村、文明乡镇复评和创建工作，东坑村成功创建县级文明村，球川三十六天井、血泪坑通过县级爱国主义教育基地复评，球川红色纪念馆通过县级爱国主义教育基地评审。开展“找最美、学最美”活动，走访慰问部分历年身边榜样，评选出黄在机等6位镇级身边榜样。新建黄泥畈村文化礼堂，完成东坑文化礼堂提升项目（古道展馆）。推荐代表队参加“全县乡村歌曲大赛”，获组织奖，参赛节目获银奖。为棋盘山、东坑两个村配送电脑。为11支农村排舞队配送音箱，为棋盘山越剧团等3个剧团配送相关乐器，扶持农村剧团发展。启动省级文保单位三十六天井二期修缮工作。

2016年球川镇2000万元以上非国有工业企业情况一览

表49

企业名称	法人代表	职工（人）	年产值（万元）	销售额（万元）	税收（万元）	利润（万元）	工资总额（万元）	人均工资（万元）
常山县同景新能源公司	徐水升	6	2961.2	2961.2	6	1198.4	39.1	6.5
瑞宝亚克力	徐卫红	60	4478	3542	27	74.8	146	2.4
特美舒鞋业	王家国	310	6268.4	6052.2	6.9	142.5	1222.5	3.9
鸿腾铝业	舒国多	33	2868.1	3077.9	10.9	-272.3	111	3.3
恒嘉轴承	张汉民	75	3859.5	2827.5	66.7	-155.2	372.6	4.9
赛赛轴承	毛赛赛	301	11826.5	8289.9	406.4	48.1	1193.2	4
三禾工艺品	李延龄	37	4247	2376.1	94.8	-17.1	135	3.6
宏毅轴承	华木水	130	6801	4617.9	185.4	-7.5	501.6	3.8

2016 年球川镇各行政村基本情况

表 50

村名	村支书	村主任	村民小组（个）	农户（户）	人口（人）	党员（人）	劳力（人）	外出劳力（人）	耕地面积（公顷）	山林面积（公顷）	胡柚面积（公顷）	胡柚产量（吨）
后弄	钟金良	林学忠	15	469	1500	48	969	480	26	303	7	200
芙蓉	王金发	王忠	41	1175	4057	152	2621	1212	72	3315	—	—
红旗岗	刘堂林	鲁周国	40	807	2353	122	1520	1010	51	2569	16	245
杨家	杨著兴	黄龙泉	8	290	1140	22	736	275	56	190	15	430
西村	方高生	廖伟成	20	635	1910	56	1234	810	90	112	8	195
东山	华盛平	林国堂	26	735	2605	116	1683	863	128	298	15	405
球川	徐永禄	徐文新	43	1488	4690	215	3030	1430	136	1019	31	940
东坑	廖端泉	吴剑锋	18	356	1166	43	753	430	43	1317	2	45
王家	王瑞泉	王瑞科	10	316	1094	31	707	456	61	419	1	23
三溪	刘文荣	罗平平	17	609	2011	66	1299	938	99	418	1	22
吴家	廖学政	林国华	7	236	788	42	509	320	53	422	1	40
上安	占志建	章益民	7	325	1083	36	700	336	78	78	15	360
馒头山	许水平	李大春	14	526	1625	59	1050	665	116	211	13	295
沙安	史华平	严可发	9	372	1121	34	724	460	58	186	13	300
黄泥畈	周水刚	周燕清	7	326	1086	49	702	280	59	152	2	25
九都	邵文木	李建锋	9	320	1040	39	672	382	56	194	8	120
棋盘山	徐富来	汪伟国	8	347	1210	45	782	586	108	37	10	225
常周	程其虎	廖跃明	4	267	895	32	578	292	59	475	13	300
龙绕	舒国民	陈根红	14	672	2286	99	1477	800	130	295	7	140
新店	黄在机	姜壮荣	17	596	1587	55	1025	586	132	413	9	260
合计			**334**	**10866**	**35247**	**1385**	**22770**	**12611**	**1610**	**12423**	**187**	**4570**

（龚志昌　宁小娟）

芳 村 镇

【概况】 芳村镇地处常山县东北部，始建于北宋重和元年（1118 年），镇政府驻于芳村村，距县城 21 千米。芳村镇是常山县北部交通要塞和枢纽，黄衢南高速公路穿境而过，杭新景高速公路在新桥设有互通式立交，芳村镇新桥至杭州市淳安县界牌、至衢州市柯城区七里乡的公路贯穿全境。辖区东邻柯城区七里乡，南连东案乡、大桥头乡，西交辉埠镇、新昌乡，北接淳安县枫树林镇。镇域面积 148.7 平方千米，下辖 20 个行政村和 1 个居委会。全镇总户数 8557 户，总人口约 2.89 万人。全镇生产总值由 2011 年的 36078 万元上升到 2016 年的 53256 万元，年均增长 8.1%；财政总收入由 2011 年的 2080 万元上升到 2016 年的 2925 万元，年均增长 6.8%；全社会固定资产投资由 2011 年的 2.923 亿元上升到 2016 年的 6.6495 亿元，年均增长 22.8%；全镇农民人均可支配收入由 2011 年的 12838 元上升到

2016 年的 22627 元。

千里岗山脉从东北延伸入境，矗立着 14 座 1000 米以上山峰。地势北、东高，由东北向西南倾斜。东北靠县内最高峰白菊花尖（海拔 1395 米）。全镇国家重点生态公益林面积 3.58 万亩，森林覆盖率达 80%。提供县城 10 万人饮用水水源的芙蓉水库坐落在镇内，芙蓉大峡谷是浙西一大奇观，长约 10 千米，宽 20 米至 40 米，深达近百米。境内有牛脚洞群、芙蓉湖、乐丰桥、原始次森林等特色景观和国家 AAA 级景区——桃花源农家乐。芳村溪、新昌溪两大河流在集镇交会。境内生态优美，山水如画，风景宜人，有着极佳的人居环境，空气中负氧离子普遍超过 2000 个/立方厘米，是休闲养生、旅游度假的理想胜地。

境内文物古迹众多，矿产资源丰富，名优特产众多。有保存较为完好的芳村明清古街、大处村清代古建筑群和炉山寺佛教圣地。800 多年历史的芳村古街有明清时建筑 60 多栋。大处古建筑群是县级重点文物保护单位，属清代早期古建筑。叶蜡石、萤石、石煤储量居全县之首，极具开采价值，尤其是石煤含有丰富的稀有金属钒，具有重要战略价值；磁铁矿、黄铁矿、锡、坂铍、大理石等，铅锌矿、石英砂、石灰岩等矿产资源储量大、品位高。芳村镇是纯天然绿色食用油山茶油的重要产地，种植面积 4 万多亩，已建成省级绿色山茶油基地 1 万多亩，并建有常山山茶油示范园区。芳村也是常山银毫茶叶的原产地，盛产笋干、薯干、乌桃、无核柿、板栗、高山茶叶、野生猕猴桃等名优土特产，甘蔗种植面积居全县首位；金银花、藏红花、黄花菜、养鸽、石蛙养殖等新兴农业产业发展较快，并形成一定规模。

交通设施日趋完善。境内黄衢南高速公路、杭新景高速公路先后建成通车。2016 年，常新公路芙蓉水库尾到新桥段改造完成。全镇完成农村公路建设 14.5 千米，建成林区道路 40 千米。扶贫工作精准有效，加强低收入农户结对帮扶，完善相关政策措施，大力发展屋顶光伏、来料加工等特色增收项目，全镇人均年收入 4600 元以下贫困人口全面消除。

【集镇面貌焕然一新】 2016 年，芳村镇坚持规划引领，先后完成《镇域发展总体规划》《集镇控制性详规》《镇工业功能区控制性详规》《镇域旅游总体规划》等编制或修编工作，确定集镇“一心、一轴、四区、五点”的总体布局。集镇自来水供水主管网实现全覆盖，饮用水安全得到有效保障。加快集镇污水处理设施提升，日处理污水能力由 250 立方米提升到 500 立方米。芳村镇烟草配送中心项目建成并投入使用。完成集镇农贸市场改造提升，强化集镇管理，配备 3 名专职协管员；以打造最美客厅为目标，深入推进集镇环境综合整治，重点加强集镇违章搭建、占道经营、车辆违停等日常监管，基本完成“六个一”项目，集镇新增停车位 193 个，有效解决了车乱停的“顽疾”。启动芳村古街改造和大处古村落改造，按照“洁美”集镇要求，探索推行市场化卫生保洁管护机制，将集镇保洁、垃圾清运委托第三方运营。

【“五四三”成效明显】 2016 年，芳村镇加强农村“五水共治”工作，全面完成农村生活污水治理项目建设，加快推进农村垃圾分类收集的“2 分 +”模式；新建新桥片区垃圾中转站，完成芳村垃圾中转站改造。全面推行“河长制”，实施严格的河道管理及保洁制度；加强芙蓉水库库区保护；完成 18 个水塘沟渠清理美化，芳村溪入选全市“最美河流”。完成约 2 千米生态化防洪堤建设。强力推进“四边三化”“两路两侧”整治，打造景观节点 11 处，粉刷公路沿线赤膊墙 2.2 万平方米，“四边三化”工作全县领先。加强植树造林，芙蓉湖村和猷阁口村入选市级森林村庄。强化农民建房管控，推进“三改一拆”和分类处置。

近五年累计拆除违章建筑 704 处，共计 8.79 万平方米；拆后处置 544 处，共计 7.76 万平方米；全面完成 20 个“无违建示范村”创建工作，17 个村通过“无违建达标村”验收，成功打造无违建“芳村样板”。

【社会保障体系日趋完善】 2016 年，芳村镇妥善处理被征地农民基本生活保障问题，养老保险实现应保尽保，城乡居民基本医疗保险实现全覆盖。加快推进农民素质培训工程，积极帮扶转移就业创业。启动芳村中心敬老院改扩建工程。推进困难群体救助体系建设，累计完成 393 户农村住房救助。推进农民下山异地迁建工程，近五年共建成安置区 11 个，801 户农民实现异地搬迁，住上新房。启动与省建投集团合作的 PPP 模式 B 区块安置房及配套设施建设。

【社会事业协调发展】 芳村镇重视教育工作，中小学教学质量稳步提升，一直名列全县前茅。芳村中心小学异地迁建工程开工建设。创新学前教育办学模式，“公建民营”的镇中心幼儿园开园办班，成功创建“市级学前教育示范乡镇”。加强计划生育工作，近五年共征收社会抚养费 700 余万元，计划生育率均达到市县考核要求。不断优化计生服务，增设两个村级再生育审批代办点，累计办理再生育证 700 多本。挖掘特色文化，丰富群众文化生活，2015 年芳村镇被命名为省级历史文化名镇。2016 年，镇综合文化站标准化建成，新建 10 个村级文化礼堂，组织开展各类文艺演出 30 多场次，培育业余文艺队伍 20 多支。完成“农村应急广播体系”建设。完成大处郑氏宗祠修复工程，芳村村和大处村被命名为省级历史文化保护利用重点村落。

【芳村镇第五届千年宋镇文化节】 2016 年 12 月 30 日，芳村镇第五届千年宋镇文化节暨桃花源旅游推介演出在芳村村文化大礼堂举行，此场演出由该镇民间文艺爱好者自编自导自演。文化节演出活动在炫舞队热情奔放的舞姿中拉开序幕，随后镇中心幼儿园、常山三中、芳村功夫队、芙蓉湖村排舞队等团队纷纷上台表演他们自创的小品、武术、舞蹈、歌曲等，向现场观众展示芳村人民良好的精神风貌，舞出了乡村最美丽的风景。尤其是和谐之音文艺队的小品《特别来访 · 桃花源》，更是将演出推向高潮，用幽默诙谐的语言表达了桃花源景区发展乡村休闲旅游后，农户通过发展民宿、经营农家乐发家致富，真正变绿水青山为金山银山，展示农民生活在美丽乡村的幸福场景。

2016 年芳村镇各行政村及居委会基本情况

表 51

村名	支书	主任	自然村（个）	村民小组（个）	农户（户）	人口（人）	劳力（人）	外出劳力（人）	党员（人）	低保（户）	土地面积（亩）		粮食产量（吨）
											耕地	公益林	
上猷阁	江月军	徐安平	5	27	308	1138	795	408	29	27	350	2725	317.6
下猷阁	徐志坚	汪全勤	4	14	253	853	580	260	23	15	257	1248	275.6
猷阁口	李峰	吴胜国	5	14	245	796	498	352	34	23	268	1490	255.9
芳村	黄志旺	邵峰	10	53	1295	4286	2485	1212	173	76	1367	1969	914.8
园区新村	童土有	段云木	7	17	585	2038	1395	536	74	58	793	—	509.0
洋坑	黄有祥	张庆庆	8	16	601	2109	1145	482	63	39	816	1090	609.6

续表51

村名	支书	主任	自然村（个）	村民小组（个）	农户（户）	人口（人）	劳力（人）	外出劳力（人）	党员（人）	低保（户）	土地面积（亩）		粮食产量（吨）
											耕地	公益林	
洁湖	徐文平	徐继良	5	36	673	2246	1388	558	51	56	870	1060	674.4
河边山	甘礼荣	刘勇军	4	9	255	870	562	237	25	15	319	835	275.6
大处	郑献雄	郑人德	7	12	260	860	572	226	25	27	277	1610	181.3
前进	王芳平	郑忠成	8	10	313	1048	682	445	24	21	308	1620	302.9
石塘	姜南明	余国成	10	12	298	1032	681	220	23	14	363	1575	239.5
修书	饶雨祥	魏根福	5	22	376	1185	707	399	34	23	293	8260	227.7
芙蓉湖	张海红	朱家红	11	25	618	1968	1318	697	76	43	624	7413	461.7
井河	徐月亮	徐建民	4	6	283	869	507	242	24	21	256	4928	174.0
前姜	卢银有	严利峰	5	23	502	1587	981	531	80	23	433	7378.5	249.7
前塘	金西海	丁柏华	6	17	326	932	605	312	45	26	374	4839	312.1
东岗	段柳发	段永录	5	11	162	508	347	196	27	21	201	3621	119.0
东源	严辉根	黄小军	3	11	212	597	377	206	45	16	210	11621	106.8
横山路	王贤祥	魏贤标	1	6	301	907	622	307	40	15	355	10166	85.9
新桥	王致勇	王永秀	13	28	691	2240	1422	978	100	40	776	17799	592.5
居委会	—	—	—	—	—	824	—	—	32	7	—	—	—
新桥林场	—	—	—	—	—	—	—	—	—	—	—	767	—
合计			**126**	**369**	**8557**	**28893**	**17669**	**8804**	**1047**	**606**	**9510**	**92014.5**	**6885.6**

（吴欣颖）

东案乡

【概况】 东案乡位于常山县城东北面，东邻柯城区石梁镇、沟溪乡，南连招贤镇，西接大桥头乡，北与芳村镇相连。乡政府机关坐落在东案村，距常山县城、衢州市区各20千米。境内交通便利，主要交通干线有狮东线（5.3千米）、芳大线（1.3千米）、东龙线（15.6千米），黄衢南高速公路穿境并在东案设出口，常东衢公路穿境而过。

东案乡地处金衢盆地西缘，属中山、低山丘陵区，地势东北高，西南低。境内有海拔1000米以上山峰8座，最高点为梅树底村白菊花尖，海拔1395米，是常山县最高峰，位于境东北；最低点在墅口村樟树底河滩处，海拔93米，位于境西南。最大河流为上源溪，发源于白菊花尖，自北而南蜿蜒穿流境中，至西南经墅口村入大桥头乡，境内流程23.1千米。东案乡地域面积68.81平方千米，辖10个行政村，84个自然村，共有农户4371户，人口13980人。林地面积6.6万亩，森林覆盖率78.5%。耕地面积6821亩，其中水田6210亩，园地面积12210亩。境内物产丰富，矿产资源有叶蜡石、铀、辉钼、石英等，叶蜡石等非金属矿存储量达200万吨以上；盛产冬笋、白毛尖茶叶、高山蔬菜、小西瓜、油茶、常山胡柚、柑橘等。系“省级生态示范乡”。

东案乡是一个生态乡，生态环境优美。2016 年，全乡农作物播种面积 10634 亩，粮食总产量 864 吨；水果总产量 20825 吨，其中柑橘 20299 吨、常山胡柚 12844 吨；油料作物种植面积 1664 亩，总产量 87.6 吨；蔬菜种植面积 4050 亩，总产量 1842.5 吨。毛竹种植面积 1.5 万多亩，年产量 15 万多株。生猪年末存栏 818 头，年饲养量 3873 头；家禽年末存栏 2.54 万羽，其中肉禽 0.52 万羽、蛋禽 2.02 万羽。

2016 年，东案乡党委注重加强基层组织建设，完善基层组织工作制度，完成全乡 10 个村党员活动室建设。全面落实党风廉政建设主体责任，从严执行各项规章制度，乡党委班子成员带头落实“一岗双责”，加强廉政警示教育，开展干部作风纪律整顿，加强干部监督管理，推进党风廉政建设。创建“‘五星’领航、‘金钉’共创”党建品牌，围绕“村级组织当担有为、重点工作推进有效、美丽乡村洁净有佳、美丽经济扎实有招、金钉品牌创建有力”五大标准推进基层党组织争创“五星”、共创“金钉”。乡党委在“党员包户一包到底、短板直击责任到底、特色彰显全面开花”三大闪光点上做到位、做出彩，打造“自然山水、风景东案”，推进“全域旅游”。

2016 年，东案乡严格控制政策外两孩生育，夯实计划生育基层基础。加强村级财务规范化建设，村级财务实现公开化透明化。严格执行信访工作责任制和责任追究制，基本做到小事不出村、大事不出乡、矛盾不上交。全乡排查矛盾纠纷 264 起，调处 264 起，成功 240 起，成功率 90%；受理 24 件信访件，结案 24 件。全年未发生重特大安全事故，社会总体和谐稳定。

是年，东案乡先后被评为首批省级美丽乡村示范乡镇、2016 年省级农家乐特色乡镇、衢州市卫生乡镇、常山县 G20 杭州峰会维稳安保先进集体、衢州市美丽乡村示范乡。高峰村被评为省级森林村庄，田蓬村被评为省级美丽乡村示范村。

【美丽乡村建设力度大】 2016 年，东案乡政府以景区化的理念，围绕道路改善、节点打造、景点提升，加大墙院整治推进力度，统一规划、统一设计，加强沿线节点景观和配套设施建设。完成对苦狮线、东龙线沿线村口景点提升工程，推进全乡全村的“绿化、彩化、美化”；完成田蓬、弄坞、白马、高峰等村庄基础设施提升和墙院内外整治，初步显现“水清、岸绿、景美”的风景东案。按照 AAA 景区标准对田蓬村、弄坞村进行规划建设，打造一村一韵味，凸显生态特色的“乡味”。弄坞、田蓬等村通过美丽乡村培育村验收，被授予常山县首批美丽乡村称号；高峰村荣获市级“最美乡村”提名奖；田蓬村荣获 2016 年度省美丽乡村特色精品村。

【发展全域旅游有特色】 2016 年，东案乡政府围绕“全域景区化”的发展思路，以“一路一个风景，一村一个特色，一乡一个品牌”为目标，培育特色景点，建设“一溪一村、两道双 A”全域景区。推进梅树底林家乐建设工作，启动白菊花风景旅游区建设，并通过 AAAA 级旅游景区景观质量专家评审。谋划水上乐园、漂流、民宿等乡村旅游项目，打造弄坞、田蓬、梅树底乡村旅游精品区块，完成田蓬、弄坞 AAA 景区标准的规划设计，引导常山胡柚大道沿线发展农家乐（民宿）达 31 家；其中，田蓬村实现从无到有，已有 9 户农家乐（民宿），累计实现创收 100 余万元。重点提升梅树底林家乐，已开放林家乐 19 家；鼓励指导农户拓展服务内容，“住林家屋，吃林家菜，干林家活，玩林涧水”为主要特色的独特魅力得到彰显。至年底，东案乡有农家乐（民宿）31 家、170 个标间、275 张床位，一次性可接待2000多名游客。全年实现旅游收入480万余元。

【人居环境优化提升明显】 2016年，东案乡政府重点抓好“五水共治、四边三化、三改一拆”及集镇建设管理工作，优化全乡人居环境。落实“河长制”，县乡村三级河长联动治水，金源溪被评为衢州市10条最美生态治理河道之一；深化“河道保姆”工作机制，推进“清塘美河洁村”行动，打造美丽乡村建设升级版；完成16个水塘、16条沟渠整治，清淤23000立方；推行垃圾可烂、不可烂的二分模式，实现全乡垃圾分类户户全覆盖；抓实生猪养殖污染专项整治，除保留可限养的6个美丽牧场，全乡基本消除3头以上散养生猪户。狠抓治旧控新，力推“无违建乡”的创建，近五年累计拆除违法建筑2万多平方米。以黄衢南高速公路和常山胡柚大道为主线，主打“美化、绿化、洁化”提升，公路沿线共拆除乱搭乱建368处，清理整治废品垃圾乱堆放点414处，粉刷赤膊房912幢，打造景点150余处，沿线环境焕然一新。投资100余万元，对东案农贸市场和集镇环境进行整治，拆除各类乱搭建37处，统一制作广告牌，改变“镇不如村”现状，集镇环境得到有效提升。

2016年东案乡各行政村基本情况

表52

村名	支书	主任	农户（户）	人口（人）	村民小组（个）	劳动力数（人）	柑橘产量（吨）	胡柚产量（吨）	粮食产量（吨）	人均收入（元）
万安	聂日伍	聂水福	398	1216	11	850	2080	1340	79.3	14313
白马	李林财	徐金祥	380	1160	13	755	1745	1160	92.9	14185
东案	戴小平	胡志妹	370	1190	9	830	1922	1202	66.1	14210
前库	徐先明	徐光俊	416	1280	13	883	1623	1043	78	14326
田蓬	郑富红	詹伟军	361	1140	11	742	1553	943	57.5	14310
朝阳	邹京军	彭国方	510	1670	16	1115	2861	1811	84.8	14302
弄坞	江土有	程建华	326	1122	9	740	1619	1019	54.5	14563
呈东	王牛古	谢志飞	580	1910	22	1240	2955	1945	106	14365
金源	王人法	—	680	2132	42	1391	2606	1626	189.2	14336
高峰	王才田	张胜建	350	1160	20	790	1335	755	55.4	14450
合计			**4371**	**13980**	**166**	**9336**	**20299**	**12844**	**863.7**	**14336**

（郑凯敏）

大桥头乡

【概况】 大桥头乡位于常山县境中部，地处黄土丘陵区，地势西北高，东南低，向东倾斜。东、西、北三面以丘陵为主，南部属河谷平原。最高点皇子山，海拔517.4米，位于境西北；最低点大桥村田基南侧河滩地，海拔84米，位于境东南。芳村溪自东北向东南流贯，境内流程14.9千米。乡政府驻地距县城公路里程约16千米，距离沪昆（杭金衢）高速公路常山出口和320国道均约10千米，黄衢南高速公路在境内设有出口，交通十分便利。东邻东案乡，南接招贤镇、青石镇，西交紫港街道、辉埠镇，北界芳村镇。

大桥头乡是一个生态乡，山清水秀，环境优美，物产丰富。境内矿产资源丰富，有叶蜡石、次生石英石、石煤、铀、辉钼、石英等，叶蜡石探明储量约 7000 万吨。全乡区域面积 50.35 平方千米，耕地面积 7694 亩，其中水田 5956 亩。辖客弄、莲塘、樟山、大桥、浮河、新村、濛桥、友好 8 个行政村，116 个村民小组。2016 年，常住农户 4903 户，户籍人口 15231 人。全年出生 217 人，死亡 103 人，人口出生率 14.25‰；计划生育率 96.31%；义务教育普及率 100%。

大桥头乡政府内设机构有乡党政综合办、农业办公室、经济发展办、社会事业办、人口与计划生育办、便民服务中心、社会治安综合治理工作中心及财政所；在职干部 40 人，其中公务员 19 人、事业单位人员 21 人；编外工作人员 4 人，其中驾驶员 2 人、炊事员各 2 人。乡政府驻地有派出所 1 个，卫生院 1 所（配有 6 名执业医师、5 张床位），乡中心小学 1 所（教师 36 人、在校学生 516 人），幼儿园 3 所；乡文化站、广播站、信用社各 1 个。

2016 年，大桥头乡有 162 家经营主体，其中工业企业 36 家，实现工业总产值 1.8 亿元，营业总收入 2 亿元，从业人数 1290 人。坚持“生态立乡”，大力发展现代农业，累计完成固定资产投资 8.6 亿元，年增长 25%。乡公共财政预算收入 831.86 万元，增长 11.2%。农民人均可支配收入 12927 元，年增长 11%。以加强党的执政能力建设和先进性建设为主线，开展“创先争优”“三严三实”、群众路线教育实践、“两学一做”专题教育活动。严格落实“三张清单”，完善配套村级组织活动场所及便民服务设施，出台干部工作手册、党员问责办法，实行乡村干部“脸谱”考勤打卡、村级“1+1”坐班，深化“金钉子”党组织创建，基层组织建设得到进一步夯实。加强反腐倡廉建设，加大监督执纪问责力度，受理纪检监察信访举报 67 件、立案 34 件，党纪政纪处分 34 人。抓好危房改造、赤膊墙整治、村庄道路硬化、卫生院迁建、美丽乡村建设、农民饮用水、低丘缓坡开发、村级办公场所整改工作。城乡居民医疗保险实现应保尽保。全面消除年人均 4600 元以下的低收入农户。突发公共事件应急联动机制进一步完善，普法、依法治理、社区矫正、法律援助等工作扎实推进，全乡社会大局和谐稳定。

【基础设施建设】 2016 年，大桥头乡有序推进农田水利项目，乡域内 8 个行政村的山塘水库加固工程稳步进行。把集镇建设和管理作为重中之重，建成浮河段防洪堤、中心幼儿园、浮河惨案纪念广场；完成集镇道路“白改黑”；全面启动建设集镇农贸市场、安置小区等项目。全面实施农村生活污水治理，受益农户达 4000 多户。结合“一户多宅”等整治，累计拆除违法建筑 15.8 万平方米。

【招商引资工作】 2016 年，大桥头乡主要领导亲自挂帅，赴杭州、上海等地主动招商的战略，新引进项目 2 个，分别是浙江濛桥农业旅游开发有限公司和浙江禾泽农业开发有限公司，总投资 2.2 亿元。

【美丽乡村建设】 2016 年，大桥头乡大力推进“生猪整规”“五水共治”“四边三化”“三改一拆”“无违建”创建、“清三河”行动。投资 60 余万元，建成农村垃圾处理中转站并投入运行；创新推广农村垃圾处理“二分+”模式，承办全县农村垃圾分类处理现场会。全年引进农业项目 8 个，实际到位资金 1.2 亿元。新增农业企业 6 家、合作社 24 家，发展家庭农场 28 家。完成乡域内 16 个水库除险加固。一期、二期胡柚景观大道工程投资300多万元，流转胡柚基地500余亩，完成高速公路出口段景观建设。依托区域特点、山水资源，发展乡村休闲旅游，“寨回首”“园田居”等一批集休闲、娱乐、旅游为一体的综合性生态农业园相继建成。濛桥竹筏漂流项目在县内拥有一定的知名度，带动了农家乐和民宿的发展。

2016年大桥头乡各行政村基本情况

表53

村名	支书	主任	村民小组（个）	户数（户）	人口（人）	党员（人）	劳力（人）	胡柚面积（亩）	柑橘产量（吨）	胡柚产量（吨）
客弄	陈国良	宁金全	7	242	665	26	432	661	925	876
莲塘	汪夏根	吴建明	6	390	1267	36	801	975	1142	858
樟山	曾海河	曾有红	12	632	1926	83	1236	1774	2277	1484
大桥	符镇湧	韩国强	14	608	1996	44	1363	1513	1531	1146
浮河	郑建华	郑开福	22	1060	3232	124	2081	2709	4318	2937
新村	曾明良	熊淑全	6	276	904	23	519	500	926	841
友好	谢名红	程正基	22	633	2019	76	1319	1551	2130	1475
濛桥	姜小平	张小利	27	1062	3165	83	2039	2399	2521	1582
合计			**116**	**4903**	**15174**	**495**	**9790**	**495**	**9790**	**12082**

（吴丽娟）

何家乡

【概况】 何家乡位于常山县城西北部,与开化县接壤,是常山北大门。全乡总面积54平方千米,下辖8个行政村,145个村民小组;有63个自然村,4175户,13277人,农村劳动力7632人,其中外出务工4748人。山林总面积83274亩,林地59775亩,耕地总面积9157亩。

2016年，全乡粮食总产量5362.6吨，油菜籽总产量541.8吨，青大豆年复种面积1万多亩，食用菌总产量2102吨，蚕茧总产量9吨，茶叶总产量4吨，柑橘、胡柚总产量2895吨，生猪年出栏2817头，家禽年出栏19万多羽，建成食用竹基地2500亩、铁皮石斛基地1000亩、香大蒜基地1000亩、甘蔗基地500亩和1个娃娃鱼基地，其中食用竹和青大豆产业在县内享有较高的知名度；全乡实现工农业生产总值3.4亿元，全社会固定资产投资2.4亿元；地方财政收入838万元，全乡农民人均可支配收入12798元。全乡新型农村合作医疗参保率达96%以上；同时，做好县外就医报销全程代办服务工作，全年代办700余件。认真落实农村低保政策，全乡享受低保农户474户715人，年发放低保金280万元，实现应保尽保。严格落实计划生育政策，环孕检率99.56%，计生率95.40%，综合节育率90.15%。乡村两级排查纠纷352件，化解纠纷352件。全年接待、排查信访事项88件，县领导包案化解2件，县信访局转办19件，市、县便民热线19件，乡接待信访件48件。坚持开展“两学一做”和“双整”（即干部纪律作风整顿、社会治安综合整治）工作，党建基础逐步夯实。乡党委书记到何家、钱塘等村开展“书记上党课”活动，指导各村党支部开展“党性体检、民主评议”活动，把不支持、不配合中心工作作为不合格党员评定的一项重要指标，通过抓党建推动中心工作。

“十里长风”。常山港流经何家乡总长12.16千米，“十里长风”是钱塘江上游最绚丽的明珠。沿江自然景观独特秀美，环境幽雅。何家乡森林覆盖率达85%，拥有国家级森林公园。好山好水出好鱼，长风库区“渔家乐一条街”生态鱼享誉浙闽赣皖，是不容错过的最美味和舌尖上的享受。

“古县旧邑”。东汉建安二十三年（218年），常山始建县治，县城在定阳乡三冈（今何家钱塘村）。何家乡政府驻地樊家，距县城7千米，离杭金衢高速公路出口6千米；205国道穿境而过，常山港航道通畅，区位优势明显，发展潜力十足。

“南禅祖地”。何家乡境内黄岗山上1200多年的万寿寺（唐朝末期江南名刹），自古高僧辈出。地藏桂琛（即罗汉桂琛，867—928）禅师（第四十一世、禅宗第十四代），常山人，俗姓李，五代禅僧六祖慧能八世法嗣。乃青原行思系统下之第七世。夙有出尘之志，20岁依万寿寺住持无相禅师（约800—890？当时江南佛教界的领袖人物）剃发受戒，专学毗尼。然以持戒束身非解脱之道，乃转志游方，参访南宗诸师；参谒雪峰禅师未曾领悟，后参玄沙师备，大受启迪，廓然无惑。漳州牧王公请住城西石山（今福建省福州）地藏院（罗汉院）十余年，开法宏禅，人称“地藏桂琛”或“罗汉桂琛”。归寂前突然返回闽垣旧居，遍游城内外寺庙，突然隐秘。归寂后，赐号为：“真应禅师”。

“宰相故里”。南宋中兴贤相赵鼎寓居归葬何家；爱国丞相江万里祖籍何家，先祖江景房官至殿中侍御史；明朝刑部尚书樊莹系何家英杰。至今依然留有赵鼎墓、尚书坊、湖澄祖庙等人文古迹，足以借此读懂“半部常山人文史”。

“五彩何家”。依托生态优势，打造五彩农业。何家乡有2万多亩森林公园和水稻、大豆、香大蒜、食用竹、竹荪、甘蔗、铁皮石斛、娃娃鱼种养殖基地，是现代农业“大观园”，可游可赏、亦耕亦采、有趣有乐。

【“五水共治”“四边三化”工作齐推进】 2016年，何家乡坚持以“五水共治”“四边三化”工作为抓手，推进乡村环境整治，提升美丽乡村建设水平。全面落实“河长制”，投资65万元用于河道整治清理和日常保洁，“一港三溪”河道水环境明显改善。对205国道沿线涉及的6个村48个点分段整治，强力清理各类垃圾、占道灯箱广告、乱搭建钢棚，统一规划广告牌。完成长风村文图段、江源村沿江道路、湖澄桥头节点美化和环村公路建设。落实专人对现有绿化带规范修剪，并做好日常的养护。全面禁止违法建设行为，推进“无违建”创建工作，全乡拆除违法建筑4万多平方米。通过整治建设，十里长风沿线各村成为一道靓丽的风景线。

【十里长风休闲旅游品牌全面打响】 2016年，何家乡围绕县委对“十里长风休闲圈”的定位，打好“山、水、寺、渔”四张牌。长风村段打造智慧渔村，江源村段打造食用竹休闲旅游观光园，樊家村段打造历史文化古村落，黄冈村段打造金钉子文化培育村。何家乡获评第二批“浙江省农家乐特色乡镇”，“十里长风”获批衢州市第一批农家乐综合体，“长惠鱼庄”获批省级第七批四星级农家乐经营户（点）。10月15日，长风村成功举办“2016年中国·常山月亮湾公开水域游泳邀请赛”，该项活动消息上了当晚的浙江卫视新闻，宣传时间长达一分零五秒，打响了何家乡十里长风休闲旅游品牌。

（张　虹）

2016 年何家乡各行政村基本情况

表 54

村名	支书	主任	村民小组（个）	党员（人）	农户（户）	人口（人）	劳力（人）	面积（亩）		村集体总收入（万元）
								耕地	柑橘胡柚	
何家	何其红	何中于	24	74	569	1870	978	1684	605	9.58
樊家	方永德	樊嘉云	16	43	401	1319	726	920	283	6.8
江源	洪春良	江峰	23	71	688	1983	1288	1179	280	9.62
江湾	江建新（代）	江泉	16	47	452	1341	877	872	157	6.65
钱塘	琚正堂	琚建兵	22	66	701	2296	1458	2007	362	5.63
长风	裴军荣	何水平	16	72	533	1688	768	425	268	9.87
黄冈	王水清	—	21	72	547	1828	1001	1245	618	30.76
双安	鲍承文	蒋荣华	7	43	284	952	536	825	66	4.33
合计			**145**	**488**	**4175**	**13277**	**7632**	**9157**	**2639**	**83.24**

（占一成）

同弓乡

【概况】 同弓乡位于常山县城西郊，乡政府驻地距县城 8 千米。辖区东连金川街道和浙江常山工业园区，南接白石镇，西交球川镇，北界何家乡。G60（沪昆高速公路）贯穿境内；320 国道和 205 国道在同弓乡集镇相交构成“十”字形交通枢纽，常红公路和钳何公路从乡政府驻地交叉而过。境内有省级自然保护区——太公山鹭鸟自然保护区和国家 AAA 级景区——彤弓山文化古村落，有鸡公桥和关帝庙等建造于清康熙年间的人文景观。每月农历逢“四”“九”为同弓乡的传统墟日。生态环境宜人，文化底蕴浓厚，是“全国环境优美乡”“浙江省生态示范乡”“浙江省旅游强乡”“浙江省体育强乡”。

2016 年，同弓乡区划总面积 38.50 平方千米，下辖 8 个行政村，92 个村民小组；有 61 个自然村，农户 3260 户，总人口 10866 人（其中农业人口 6505 人）。全乡有 11 个党支部，436 名党员。实现财政总收入 1090 万元，比上年增长 12.8%；全社会固定资产投资完成 3.84 亿元，增长 20%；农民人均可支配收入 15160 元，增长 6%。参加城乡居民基本医疗保险 8329 人。计划生育率 80%，社会抚养费征收率达 80%，环孕检率 98.32%。实现农业总产值 5458 万元，林业总产值 1186 万元，牧渔业总产值 3001 万元。粮食作物种植面积 10087 亩，亩产量 384 公斤；油料作物种植面积 4735 亩，亩产量 176 公斤。花卉种植面积 1410 亩；水果种植面积 7608 亩，年总产量 9394 吨。造林面积 118 亩。全乡来料加工点 19 个，全年累计加工费 2360 万元。开展农村妇女面点制作培训 120 人，农村电脑技术人才培训 80 人，来料加工培训 100 人。排查民事纠纷 162 起，信访报结率 100%。

2016 年，同弓乡柑橘园面积 6406 亩，蔬菜、瓜果种植面积 3821 亩，粮食总产量突破 6800 万吨，特色小水果总产量 7671 吨。现代农业园区面积拓展到 4000 多亩，完成现代农业园区主入口景观化靓化，改造通区危桥 1 座，完成园区路景绿化 5000 多米，提升园区设施大棚120余亩。创建市级“一村一品”优秀村1个，新注册现代家庭农场7家，乡各类家庭农场总数达到27家，其中省级示范性家庭农场2家。新增国家级绿色农产品1家，取得2个有机品牌认证（有机石榴和有机油茶），“太公山”“野星葡萄”“天垂葡萄”等市级、省级著名农产品商标10余个。建成柑橘生产全程化跟踪服务基地2500多亩，新建高效大棚橘园1000亩引入“爱媛”“01－7”“春香”等10余种优质柑橘，培育常山胡柚新品种340余亩。同心村马尼拉草坪种植面积达1000多亩。

开展“学术引商”“品牌聚商”，无缝衔接“浙商回归”工程。浙江象山香果园、柳林特色果林基地、青林家庭农场等一批龙头企业和地瓜果蔬菜工厂化育苗中心项目建成投产，浙西情缘农业产业园、浙西现代农业观光园等项目正在加快实施。

同弓乡全面实施农村清洁工程，改造村庄垃圾分类池20多个，新配垃圾分类大桶184只、小桶2400只、景观桶20只。实施庭院靓化工程，整合上红、钳何两线庭院4800余平方米，建成以毛娟、红叶石楠、石榴为主的防腐景观花栏48处，打造绵延3千米的庭院风情彩带。推进设施提升，建成村内公园6个，新增绿化面积8000多平方，整治农户庭院100多户，面积2300余平方米，集镇铺设彩砖人行道、停车场2500多平方米，改造集镇危旧围墙300多米。推进小型农田水利改造提升，完成病险水库除险加固4座、山塘水库综合整治6座。加强空气污染治理，完成各类造林3691亩，常年空气质量保持在二级以上。完成节能减排任务，完成废旧锅炉整治2台，淘汰黄标车3辆。

全乡固定投资累计3.79亿元。同弓乡农民饮用水工程、骑行慢道、滨水绿道、彤弓山古村落保护利用工程、中和村坡地村庄、集镇综合整治项目扎实推进，农村生活污水处理工程、乡农贸市场塑型再造、同心村廉政公园等项目陆续建成，乡“新建垃圾中转站、资源化处理、有机生活垃圾产沼气、农作物秸秆处理”综合利用工程建成运营。

【彤弓山历史文化古村落修缮见效】 2016年，同弓乡按照省委、省政府提出的“一年成形、两年成品、三年成景”的要求，科学编制《常山县同弓乡彤弓山保护利用规划（2013—2020）》，完成指挥部装修、掬水古街修复工作，统一修缮徐氏宗祠等古建筑9幢，建成兄弟进士牌坊、旌义坊、古树群公园等项目10余个，仿古改造古街民居外立面26幢，整治农户庭院100余户。

【同弓乡“五水共治”成效明显】 2016年，同弓乡整治龙绕溪7.3千米，完成8个村的农村生活污水治理设施建设，建成污水终端处理设施11个，分散式污水处理池2412个，受益农户2571户。铁腕推进生猪整治，关停并拆除生猪养殖场15家，完成存栏生猪退养5073头。完成工业污染治理6家。清理改造域内僵尸塘8个，整治域内沟渠30余条，加快发展域内洁水养鱼业。完成乡域河道采砂整治，出境水质基本保持在Ⅱ类以上标准。

【同弓乡“三改一拆”强势推进】 2016年，同弓乡结合农村土地综合整治、美丽乡村建设、“四边三化”等工作，开展违法建设专项整治，创建“无违建”达标村6个，累计依法拆除“一户多宅”、未批先建、乱搭乱建农房等违法建筑172宗，面积达4.5万平方米，处罚超面积建设57宗，拆后重建面积约6000平方米，复垦复绿面积3.1万平方米。

【中共同弓乡第十四届代表大会召开】 2016年10月26日召开。县委常委、县人武部政委吴福贵，乡镇换届工作指导组周幸富、尚小萍、姜苏、许建锋到会指导。同弓乡党委书记王建坤和乡党委委员、乡纪委书记陈颖姬分别代表中共同弓乡第十三届委员会和纪律委员会作工作报告，大会选举产生了新一届乡党委班子和乡纪委班子。大会提出：今后五年，同弓乡要以“花果小镇、诗韵田园”为理念追求，以“环境优美、人民满意”为主目标，以全景同弓打造为载体，全力补齐短板、扩大优势，着力完成集镇塑形再造、龙绕溪综合整治、美丽乡村铸魂重生、全域旅游示范领跑等8件大事，让“花果小镇、诗韵田园”的秀美画卷变成美好现实。

【同弓乡第十四届人民代表大会的代表产生】 2016年12月27日，同弓乡全面完成第十四届乡人民代表大会代表的换届选举工作，全乡选举产生新一届县人大代表8人、乡人大代表45人。据统计，全乡有选民9308人，实际参加投票选举的8037人，参选率达86.35%。年龄结构方面，县人大代表中35岁以下的有2人，36～55岁的有5人，56岁以上的有1人；乡人大代表代表中35岁以下的有8人，36～55岁的有32人，56岁以上的有5人。政治素质方面，县人大代表中中共党员共7人，占88%；乡人大代表中中共党员共18人，占40%。

【同弓乡“柚花飘香”文化旅游节举行】 2016年4月30日，常山·同弓“柚花飘香”文化旅游节在太公山胡柚基地举行，开幕式表演节目有唱山歌、柚园真人CS以及烧烤、柚场作乐、柚乡写生、文艺演出、摄影沙龙。据不完全统计，此次活动接待游客1000多人。

（周　颖）

2016年同弓乡各行政村基本情况

表55

村名	支部书记	村民主任	常住户数（户）	常住人口（人）	党员（人）	劳力（人）	外出劳力（人）	耕地面积（亩）		山林面积（亩）	胡柚面积（亩）	柑橘产量（吨）	胡柚产量（吨）	人均收入（元）
								水田	旱地					
彤弓山	徐成火	徐立闪	161	525	32	362	180	508	20	1060	10	6	13	16551
同　心	邹清华	余泽荣	405	1348	56	942	480	1460	120	4400	100	15	100	14180
关庄桥	章玉君	占新华	762	2321	74	1306	610	1843	468	1653	210	3	630	14592
金川源	刘小兵	袁小花	511	1409	48	1045	360	1725	60	2500	500	20	1610	15060
中　和	潘广丰	占廿九	456	1423	48	998	748	1525	180	15200	650	30	1625	16506
湖石头	洪治国	洪金民	298	946	29	483	403	928	120	2676	400	18	530	14588
山　边	洪永录	张　忠	448	1301	37	930	360	1400	800	300	200	5	50	15276
胡　村	胡羽飞	—	370	1228	30	822	485	1346	46	6880	148	10	620	14529
合　计			**3435**	**10501**	**354**	**6688**	**3526**	**10735**	**1814**	**34669**	**2218**	**107**	**5178**	**15160**

（蒋淳振）

新　昌　乡

【概况】 新昌乡位于浙江省西部，县境北部，是全国油茶之乡，省级民间文化艺术之乡，浙江省生态文化基地。辖区东连芳村镇，南接辉埠镇，西界开化县，北邻淳安县。乡政府驻地距县城22.5千米。属山地丘陵地区，山地总面积8270公顷。最高点八面山，海拔1012米，为常山县第二高峰。植被以油茶为主，兼有松杉林，落叶、阔叶和常绿叶树混交林。新昌乡气候温和湿润，四季分明，雨量充沛，年平均气温 16.5℃ ~17.1℃。主要矿产资源：煤、钨、锰、锡、铜、萤石、白石英、花岗岩、白岗岩、铅、锌、石灰石等。萤石矿储量达 1700 万吨，氟化钙达 745 万吨。

新昌乡总面积 111.6 平方千米，耕地面积 6240 亩，其中水田 5718 亩，旱地 522 亩，主种水稻、小麦、玉米、大豆、番薯等。山林面积 60908 亩，其中，油茶林 53761 亩，年产山茶油 500 吨左右；培育发展毛竹 7147 亩，拓展发展毛竹深加工业。2016 年，新昌乡下辖 10 个行政村，总户数 5729 户，17395 人；出生 211 人，死亡 25 人，人口自然增长率 10.7‰。基层党支部 12 个，党员 643 人；其中，10 个行政村党支部党员数 586 人，1 个创业党支部党员数 24 人，1 个机关党支部党员数 33 人。全乡实现全社会固定资产投资 1.3 亿元，财政收入 1174 万元，农民人均纯收入 11975 元，属于全省欠发达乡镇。

新昌乡文化底蕴深厚，木油榨传统技艺、洗马舞、钢叉舞、猷辂拳四项内容已被列入省级“非遗”保护名录。其中，《洗马舞》获全省民间舞蹈表演银奖，还参加了“CCTV 走进常山”节目的录制；《猷辂拳》于 2011 年被中央电视台军事农业频道（CCTV－7）《相约》栏目录播。

2016 年，新昌乡被常山县人民政府授予集体三等功；黄塘村成功入选“2016 年中国美丽休闲乡村”，同年 10 月由农业部颁发了荣誉奖牌。

【衢州市“亲水节”开幕式在黄塘景区举行】 2016 年 7 月 17 日，由衢州市旅委、衢州市体育局、衢州日报报业传媒集团协同主办的 2016 年衢州市“亲水节”开幕式暨常山新昌“水上家年华”活动在黄塘国家 AAA 级景区举行，县委书记王良春等县几套班子领导参加，县委副书记王郁松致辞。开幕式后，县领导与 200 多名游客一起体验漂流等水上休闲项目。此次活动为期一天，主要开展“水上漂”“草上飞”“捏泥巴”、捉泥鳅、竞技垂钓系列活动。

【首届全国油茶文花节在新昌乡举行】 2016 年，新昌乡除打好“生态牌”做好山水文章外，还重点围绕“油茶产业”“非遗”和养生文化方面走特色新路，在打造特色旅游中融入“浙江省油茶之乡”的油茶文化，发展乡村旅游产业。12 月 8 日，新昌乡黄塘村作为“首届全国油茶文化节”的分会场，圆满完成莅临领导、专家、媒体记者等 60 位嘉宾的接待任务，让参观油茶主题公园、油茶产业农合联的来宾高兴而至、满意而归，亲身体验油茶古法压榨工艺过程。

【农家乐民宿经济发展较快】 2016 年，新昌乡坚持“全域旅游”的发展理念，实施完善发展乡村休闲旅游的配套设施项目建设，鼓励、发动村民参与发展农家乐民宿经济。至年底，全乡建有 5 户农家乐、21 户民宿（76 间客房，228 个床位），全年接待游客 13020 人次，实现经济收入约 50 万元。

【新昌乡成功创建首个国家 AAA 级景区】 2016 年，新昌乡配合常山县全域旅游“一核两带三圈”格局建设，因地制宜，按照“全景、全业、全民”的发展理念，推动休闲旅游提档升级。黄塘村以“远离城市喧嚣，打造天然氧吧”的理念致力于乡村休闲旅游发展，打造八面山生态漂流、滑草、稻草文化村、油茶主题公园、油茶博览园景点，并融入当地文化内涵，让游客在享受曼妙自然风光的同时，还可欣赏到钢叉舞、花灯舞、洗马舞等特色“非遗”文化。是年，经衢州市旅游区（点）质量等级评定委员会评定，黄塘景区成功创建新昌乡首个国家 AAA 级景区。

【重点项目建设加快】 2016 年，新昌乡采取主动对接、集中攻坚等措施，有效破解项目资金难、进度慢等问题。全面实行重点项目任务下放、责任到村、管理到人的机制，推动在建项目提速，对坞整村搬迁、通景道路、农民饮用水工程、农村生活污水处理项目快速推进；省级美丽宜居示范村、投资 2.5 亿元资金的紫晶矿业项目，580 亩土地开发项目，黄塘、郭塘景区，以及 4 个村的文化礼堂项目全部建成。

2016 年新昌乡各行政村基本情况

表 56

类　　别		新昌	对坑	黄塘	岩前	輶辂	郭塘	达塘	茶源	泰安	西源	合计
村支书		徐向东	张炳禄	廖红俊	程献光	严樟良	张　荣	汪先波	林志木	余土生	程礼锋	-
村主任		—	甘志光	陈荣祥	程日明	严良明	余春华	陈重良	余国军	王维水	丁皮皮	-
村民小组（个）		27	8	8	21	29	21	14	20	10	30	188
农户（户）		908	372	332	466	943	724	532	612	330	510	5729
人口（人）		2750	1131	951	1418	2652	2359	1535	1866	1004	1729	17395
党员（人）		121	43	31	54	71	67	64	51	22	62	586
劳力（人）		1549	673	567	840	1562	1397	917	1091	592	1015	10205
外出劳力（人）		620	268	235	321	622	529	362	417	233	376	3983
劳务收入（万元）		1478	642	541	801	1490	1332	875	1040	564	968	9731
耕地面积（亩）	水田	1068	410	278	454	899	790	655	495	264	3547	5685
	旱地	86	45	21	61	61	74	44	76	32	22	522
	合计	1172	455	299	515	960	864	699	571	296	376	6207
山林面积（亩）	竹林	—	—	—	—	—	—	—	—	908	6239	7147
	油茶林	5630	1880	4587	4290	8859	4469	4936	7629	7467	4013	53761
	合计	5630	1880	4587	4290	8859	4469	4936	7629	8375	10252	60908
油茶籽产量（吨）		280	90	30	80	170	190	70	60	30	70	1070
中药材面积（亩）		200	—	50	—	200	200	50	—	—	—	700
柑橘面积（亩）		607	286	357	1370	625	637	402	241	416	0	4940
柑橘产量（吨）		624	295	471	1433	689	664	422	453	428	0	5479
其中胡柚	面积（亩）	365	95	80	390	300	370	170	5	210	0	1982
	产量（吨）	370	95	85	400	320	380	180	6	220	0	2056
村级经济（万元）		20	5	38	14	5	3	6	6	10	5	112
人均收入（元）		13227	11352	10848	13393	11913	12007	12201	10646	11063	11739	11975
区域面积（平方千米）		11	3	5	9	8	9	13	11	13	30	111

（李秀秀）

组织机构及负责人名录

新增副处以上领导干部简介

叶美峰　男,汉族,1969年9月生,浙江衢州人,1990年7月入党,1987年7月参加工作,研究生学历。现任中共常山县委书记。

周向军　男，汉族，1969年8月生，浙江龙游人，1990年7月入党，1990年8月参加工作，大学学历。现任中共常山县委副书记，县人民政府副县长、代县长、党组书记，兼常山—慈溪山海协作产业园党工委书记。

姜良米　男，汉族，1971年7月生，浙江江山人，1994年12月入党，1990年8月参加工作，大学学历。现任中共常山县委常委，县人民政府常务副县长、党组副书记，兼县委政法委副书记。

秦财华　男，汉族，1975年9月生，浙江衢州人，1995年6月入党，1995年8月参加工作，研究生学历。现任中共常山县委常委 、组织部部长。

邹柏涌　男，汉族，1964年3月生，浙江慈溪人，1993年6月入党，1981年8月参加工作，大学学历。现任中共常山县委常委，兼常山—慈溪山海协作产业园管委会主任。

张　亮　男，汉族，1970年11月生，浙江绍兴人，1995年12月入党，1992年8月参加工作，研究生学历。现任中共常山县委常委，县人民政府副县长（下派挂职）。

黄　霏　女,汉族,1975年6月生,浙江江山人,1996年5月入党,1996年8月参加工作,大学学历。现任中共常山县委常委、纪委书记。

胡姣良　男，汉族，1969年12月生，浙江常山人，1994年3月入党，1988年8月参加工作，大学学历。现任常山县人民政府党组成员（副县级）。

柯耀根　男，汉族，1962年11月生,浙江衢州人,1985年4月入党,1980年11月参加工作,大学学历。现任常山县检察院副检察长、代检察长、党组书记、检察委员会委员。

县级领导机构及负责人名录

（2016. 01—2016. 12）

中共常山县委员会：

书　记：王良春（2016. 01—2016. 11）
叶美峰（2016. 11—）
副书记：毛建国（2016. 01—2016. 09）
周向军（2016. 09—）
王郁松
常　委：苏新祥（2016. 01—2016. 11）
夏建军（2016. 01—2016. 03）
姜良米（2016. 03—）
甘土木（2016. 01—2016. 11）
吴利平（2016. 01—2016. 11）
秦财华（2016. 11—）
马焕勇（2016. 01—2016. 03）
余　风
吴福贵
周群丽(女)(2016. 01—2016. 07)

毛献明
郑建华
邹柏涌（2016.03—）
张　亮（2016.07—）
黄　霏（2016.07—）

常山县人民代表大会常务委员会：

主　　任：徐建华
副 主 任：苏新祥（2016.12—）
王文达
王小平（2016.01）
熊雨土
俞宝根
徐　柯
党组书记：徐建华

常山县人民政府：

县　　长：毛建国（2016.01—2016.09）
代理县长：周向军（2016.09—）
副 县 长：夏建军（2016.01—2016.05）
姜良米（2016.05—）
张 亮（2016.07—）
顾建华（2016.01—2016.12）
揭政东
郑金仙（女）
何　健(女)(2016.01—2016.11)
何喜萍（2016.01—2016.07）
姜苏州
方　荣
党组书记：毛建国（2016.01—2016.09）
周向军（2016.09—）

中国人民政治协商会议常山县委员会：

主　　席：林红汉
副 主 席：谢雨生（兼）
陈国珠（女）
胡震云（2016.01—2016.05）
黄法云
罗诚剑（兼）
党组书记：林红汉

中共常山县纪律检查委员会：

书　记：周群丽(女)(2016.01—2016.07)
黄　霏（女）(2016.07—)
副书记：范东英（女）
郑顺满

常山县人民武装部：

党委第一书记：王良春(2016.01—2016.10)
叶美峰(2016.10—)
党委书记：吴福贵
政　　委：吴福贵
部　　长：宋明亮

常山县人民法院：

院　　长：王小红
党组书记：王小红

常山县人民检察院：

检　察　长：郑慧胜（2016.01—2016.12）
代理检察长：柯耀根（2016.12—）
党 组 书 记：郑慧胜（2016.01—2016.12）
柯耀根（2016.12—）

县级机关部门及负责人名录

（2016.01—2016.12）

一、县委工作机构

县委办公室：

主　　任：王生智

县委县政府信访局：

局　长：陈　芳（女）

县委政策研究室：

主　任：朱　璋

县委保密委员会办公室（县人民政府保密局）：

主　任：廖小兵

县委机要局（县密码局）：

局　长：许　赟

县委报道组：

组　长：汪　峻（2016.01—2016.09）
胡江平（2016.09—）

县委县政府督查（考核）办公室：

主　任：汪启红（2016.01—2016.08）

黄廉科（2016.08—）

县委台湾工作办公室（县政府台湾事务办公室）：

主　任：徐志标

县档案局（馆）：

局（馆）长：黄仙寿

党 组 书 记：黄仙寿

县委党史研究室：

主　任：黄仙寿（兼）

县农业和农村工作办公室：

主　任：胡姣良（2016.01—2016.08）

汪启红（2016.08—）

党组书记：胡姣良（2016.01—2016.08）

汪启红（2016.08—）

县委组织部：

部　长：吴利平（2016.01—2016.12）

秦财华（2016.12—）

县委人才工作领导小组办公室：

主　任：刘裕良

县委新经济与新社会组织工作委员会：

书　记：黄国华（2016.01—2016.05）

何　菊（女）（2016.05—）

县委老干部局：

局　长：姚国清（2016.01—2016.05）

刘石青（2016.05—）

县关心下一代工作委员会：

主　任：吴利平（2016.01—2016.12）

秦财华（2016.12—）

县委宣传部：

部　长：苏新祥（2016.01—2016.12）

余　风（2016.12—）

县精神文明建设委员会办公室：

主　任：奉　琼

县委对外宣传办公室（县政府新闻办公室）：

主　任：付小丽（女）

县社会科学界联合会：

主　席：王有军（2016.01—2016.09）

县互联网信息办公室：

（2016年9月常编复〔2016〕22号文件《关于县互联网信息管理办公室机构调整的批复》，将县互联网信息管理办公室机构调整为单设，副科级机构级别不变）

主　任：付小丽（女）

常山县新闻中心：

主　　任：徐良其

党组书记：徐良其

县委统战部：

部　长：郑建华

县政府侨务办公室：

主　任：余金荣

县委政法委员会：

书　记：甘土木（2016.01—2016.12）

王郁松（2016.12—）

县社会管理综合治理委员会：

主　任：甘土木（2016.01—2016.12）

王郁松（2016.12—）

县社会管理综合治理委员会办公室：

主　任：徐平平

县委610办公室：

主　任：徐平平

县维护稳定工作领导小组办公室：

主　任：缪小明（2016.01—2016.02）

曾智盛（2016.02—）

县机构编制委员会办公室：

主　任：江万荣

县直属机关工作委员会：

书　记：徐士平（2016.01—2016.09）

郑　兵（2016.09—）

县委党校：

校　　长：吴利平(兼)(2016.01—2016.12)

秦财华(兼)(2016.12—)

常务副校长：赵豪清(2016.01)

傅昌华（2016.01—）

县社会主义学院：
院　长：郑建华（兼）
二、县人大常委会工作机构
县人大常委会办公室：
主　任：孙　勤
县人大常委会教育科技文化卫生民族华侨工作委员会：
主　任：赵新华（2016.01—2016.05）
李启发（2016.05—）
县人大常委会政策研究室：
主　任：章大勇
县人大常委会财政金融工作委员会：
主　任：李堤庆
县人大常委会农业与农村工作委员会：
主　任：陈淑娟(女)(2016.01—2016.09)
卢志土（2016.09—）
县人大常委会代表与选举任免工作委员会：
主　任：王玉姣(女)(2016.01—2016.09)
吴建良（2016.09—）
县人大常委会经济工作委员会：
主　任：余国义
县人大常委会法制工作委员会：
主　任：何小平
县人大常委会建设与资源环境保护工作委员会：
主　任：张震海（2016.01）
叶剑明（2016.01—）
三、县人民政府工作机构
(一)县政府工作部门
县政府办公室：
主　任：李德勇
党组书记：李德勇
县政府法制办公室：
主　任：周建军
县政府外事办公室：
主　任：黄廉科（2016.01—2016.08）
樊敏剑（2016.08—）
县政府应急管理办公室：
主　任：王　俊
县金融工作办公室：
主　任：方建平
县人民政府咨询委员会：
主　任：余鹤樑
县人民政府咨询委员会办公室：
主　任：洪文达（兼）
县发展和改革局：
局　长：鲁周清（2016.01—2016.05）
王　军（2016.05—）
党委书记：鲁周清
县能源办公室：
主　任：(空缺）
县统计局：
局　长：陈齐礼
党组书记：陈齐礼
县物价局：
（2015 年 7 月常委〔2015〕21 号文件《关于印发〈常山县人民政府职能转变和机构改革方案〉的通知》，发展和改革局挂物价局牌子，2016 年 4 月撤销物价局党组设置，人财物划归发展和改革局统一管理）
局　长：邓永平(2016.01—2016.04)
党组书记：邓永平(2016.01—2016.04)
县服务业办公室：
（2016 年 11 月常编复〔2016〕27 号文件《关于县服务业办公室机构整合有关事项的批复》，县服务业办公室与县发展和改革局整合运行，正科级机构级别、人员编制、领导职数保持不变，服务业办下属事业单位市场开发服务中心机构及人员划归县市场监管局）
主　任：姜利成(2016.01—2016.09)
党组书记：姜利成(2061.01—2016.09)
县经济和信息化局：
局　长：段为斌(2016.01—2016.09)
党委书记：段为斌(2016.01—2016.09)
郑忠东（2016.09—）

县中小企业局：

局　长：樊根祥

县粮食局：

局　　长：（空缺）(2016.01—2016.04)

党委书记：（空缺）(2016.01—2016.04)

县商务局：

局　　长：蒋绍青(2016.01—2016.04)

党组书记：蒋绍青(2016.01—2016.04)

（2015 年 7 月常委〔2015〕21 号文件《关于印发〈常山县人民政府职能转变和机构改革方案〉的通知》，将县商务局更名为县商务和粮食局，同时划入县粮食局的职责，不再保留县粮食局。2016 年 4 月机构整合到位）

县商务和粮食局：

局　　长：蒋绍青（2016.04—）

党组书记：蒋绍青（2016.04—）

县教育局：

局　　长：洪永海

党委书记：洪永海

常山县第一中学：

校　　　长：翁胜华(2016.01—2016.07)
　　　　　　洪　涛（2016.07—）

党总支书记：翁胜华(2016.01—2016.07)
　　　　　　洪　涛（2016.07—）

县科学技术局：

局　　长：李启发(2016.01—2016.05)
　　　　　祝慧虹（女）（2016.05—）

党组书记：李启发(2016.01—2016.05)
　　　　　祝慧虹（女）（2016.05—）

县民族宗教事务局：

局　长：卢志土(2016.01—2016.09)
　　　　蓝小珍（女）（2016.09—）

县公安局：

局　　长：毛献明

党委书记：毛献明

政　　委：钱青平

交通警察大队：

大 队 长：吴水良

教 导 员：姜作水

刑事侦查大队：

大 队 长：王国芳

教 导 员：廖惜金

治安大队：

大 队 长：余国标

教 导 员：徐　瑾（女）

经济犯罪侦查大队：

大 队 长：陈　勇

教 导 员：龚志光

110 指挥中心：

主　　任：叶青青

法制大队：

大 队 长：陈　誉

国内安全保卫大队：

大 队 长：黄发林

特巡警大队：

大 队 长：徐启亮

反恐怖大队

（2006 年 7 月常编复〔2016〕10 号文件《关于同意县公安局反恐怖大队单设的批复》，特巡警大队挂牌的“反恐怖大队”机构调整为单设，其中大队长高配副科级）

大 队 长：（空缺）

看守所：

所　　长：鲁祖宾

城关派出所：

所　　长：方志忠

县监察局：

局　　长：范东英（女）

县民政局：

局　　长：魏国强

党组书记：魏国强

县老龄工作委员会办公室：

主　　任：严忠华（2016.07—）

县水库移民管理办公室：

主　　任：徐红权

县司法局：

局　　长：胡水林(2016.01—2016.05)
汪卫东（2016.05—）

党组书记：胡水林(2016.01—2016.05)
汪益华（2016.07—）

县财政（地税）局：

局　　长：戴根林

党委书记：戴根林

县财政国库支付中心：

主　　任：计华丁（兼）

县财政预算局：

局　长：叶晓春(兼)(2016.01— 2016.05)
徐鸣华（2016.05—）

县财政预算执行局：

局　　长：计华丁

县财政监督局：

局　　长：陈一芳（女）

县政府投资项目评审中心（县财政项目预算审核中心）：

主　　任：陈冬海（2016.09—）

县人力资源和社会保障局：

局　　长：缪春祥

党组书记：缪春祥

县社会保险事业管理局：

局　　长：江水生

县住房和城乡规划建设局：

局　　长：叶剑明(2016.01—2016.03)
姜雪峰（2016.03—）

党委书记：叶剑明（2016.01）
姜雪峰（2016.01—）

县城乡规划中心：

主　　任：黄晓东

县综合行政执法局：

局　　长：徐　敏

党组书记：徐　敏

县人民防空办公室：

主　　任：程良寿

党组书记：程良寿

县民防局：

局　长：程良寿（兼）

县交通运输局：

局　　长：吴直丰

党委书记：吴直丰

县道路运输管理所：

所　　长：陈　俊（2016.02—）

县公路管理局：

局　　长：王曙祥

县路政管理大队：

大 队 长：王曙祥

县铁路工作办公室：

主　　任：沈文兵

党组书记：沈文兵

县水利局：

局　　长：郑　汉

党委书记：郑　汉

县中型水库管理局：

局　　长：汪金祥

县农业局：

局　　长：洪顺根(2016.01—2016.09)
徐士平（2016.09—）

党委书记：洪顺根(2016.01—2016.09)
徐士平（2016.09—）

县畜牧兽医局：

局　　长：林少卫

县林业局：

局　　长：吴秀方(2016.01—2016.09)
胡乾平（2016.09—）

党委书记：吴秀方(2016.01—2016.09)
胡乾平（2016.09—）

县文化广电新闻出版局：

局　　长：毕建国

党组书记：毕建国

县卫生和计划生育局

局　　长：朱建红(2016.01—2016.05)
　　　　　黄国华（2016.05—）
党委书记：朱建红(2016.01—2016.05)
　　　　　黄国华（2016.05—）

县人民医院：

院　　长：饶祖华
党总支书记：饶祖华

县审计局：

局　　长：李克难
党组书记：李克难

县环境保护局：

局　　长：廖伟明
党组书记：廖伟明

县安全生产监督管理局：

局　　长：姜雪峰(2016.01—2016.03)
　　　　　郑龙龙（2016.03—）
党组书记：姜雪峰（2016.01）
　　　　　郑龙龙（2016.01—）

县市场监督管理局：

局　　长：吴建良(2016.01—2016.09)
　　　　　姜利成（2016.09—）
党委书记：汪益华(2016.01—2016.07)
　　　　　姜利成（2016.09—）

县食品安全委员会办公室：

主任：吴建良(2016.01—2016.09)
　　　姜利成（2016.09—）

㈡县政府直属单位

县机关事务管理局：

局　　长：朱万洪
党组书记：朱万洪

县体育局：

局　　长：樊金国(2016.01—2016.09)
　　　　　李岳飞(2016.09—)
党组书记：樊金国(2016.01—2016.09)
　　　　　李岳飞（2016.09—）

县广播电视总台：

台　　长：胡乾平(2016.01—2016.09)
　　　　　郑建炳（2016.09—）
党组书记：胡乾平(2016.01—2016.09)
　　　　　郑建炳（2016.09—）

常山县旅游委员会

主　　任：郑忠东(2016.01—2016.09)
　　　　　陈雪良（2016.09—）
党组书记：郑忠东(2016.01—2016.09)
　　　　　陈雪良（2016.09—）

县招商局：

局　　长：祝慧虹(女)(2016.01—2016.05)
　　　　　谢志宏（2016.05—）
党委书记：祝慧虹(女)(2016.01—2016.05)
　　　　　谢志宏（2016.05—）

县政府经济技术协作办公室：

主　　任：祝慧虹(女)(2016.01—2016.05)
　　　　　谢志宏（2016.05—）

县现代农业园区管理委员会：

主　　任：洪顺根(2016.01—2016.09)
　　　　　徐士平（2016.09—）

县公共资源市场化配置监督管理办公室：

主　　任：唐锡军(2016.01—2016.09)
　　　　　王湖南（2016.09—）
党组书记：唐锡军(2016.01—2016.09)
　　　　　王湖南（2016.09—）

县公共资源交易中心：

主　　任：陈冬海(2016.01—2016.09)
　　　　　何红良（2016.09—）

浙江广播电视大学常山学院：

院　　长：叶树良
党总支书记：叶树良

县农业综合开发办公室：

主　　任：李炳根

县供销合作社联合社：

主　　任：江樟生(2016.01—2016.09)
　　　　　吴秀方（2016.09—）
党委书记：江樟生(2016.01—2016.09)
　　　　　吴秀方（2016.09—）

县住房制度改革委员会办公室：

主　　任：阮水红

县行政服务中心管理办公室：

（2016年7月常编〔2016〕8号文件《关于调整部分单位机构编制事项的通知》“常山县行政服务中心”更名为“常山县行政服务中心管理办公室”，机构规格与政府工作部门相同。）

主　　任：郑龙龙（2016.01）
　　　　　曾修明（2016.01—）
党组书记：郑龙龙（2016.01）
　　　　　曾修明（2016.01—）

县城东新区管理委员会：

主　　任：林红汉（兼，2016.01—2016.09）
　　　　　邹伟良（2016.09—）
党工委书记：林红汉（兼）

县政府投资项目建设中心：

主　　任：（空缺）

县经济技术开发区管理委员会：

主　　任：姜苏州（2016.01—2016.09）
　　　　　段为斌（2016.09—）
党工委书记：姜苏州

（三）垂直管理单位

县国土资源局

局　　长：杨春柳
党委书记：杨春柳

县国税局：

局　　长：张　帆
党组书记：张　帆

县烟草专卖局：

局　　长：陈日明
党组书记：陈日明

中国电信股份有限公司常山分公司：

总 经 理：潘　锋（2016.01—2016.02）
　　　　　陈利华（2016.02—）
党委书记：潘　锋（2016.01—2016.02）
　　　　　陈利华（2016.02—）

中国邮政集团公司常山县分公司：

总 经 理：郑伟民（2016.01—2016.04）
　　　　　姚　正（2016.04—）
党委书记：郑伟民（2016.01—2016.04）
　　　　　姚　正（2016.04—）

国网浙江常山县供电公司：

总 经 理：郑怀华
党委书记：季孝共

县气象局：

局　　长：方革新
党组书记：方革新

县农村信用合作联社：

理 事 长：余荣华
主　　任：洪辉发
党委书记：余荣华

中国人民银行常山县支行：

行　　长：何日贵
党组书记：何日贵

衢州银监分局常山办事处：

主　　任：李　骏

中国工商银行常山县支行：

行　　长：钱伟民

中国建设银行常山县支行：

行　　长：余　彬
党总支书记：余　彬

中国银行常山县支行：

行　　长：朱峻峰（2016.01—2016.12）
　　　　　卫志安（2016.12—）

中国农业银行常山县支行：

行　　长：周国宾（2016.01—2016.12）
　　　　　陆士海（2016.12—）
党委书记：周国宾（2016.01—2016.12）
　　　　　陆士海（2016.12—）

中国农业发展银行常山县信贷组：

主　　任：吴　进（2016.01—2016.04）
　　　　　刘　坚（2016.04—）

中国人民财产保险股份有限公司常山支公司：

经　　理：王荣良

党组书记：王荣良

中国人寿保险股份有限公司常山支公司：

经　　理：（空缺）(2016. 01—2016. 03)

陈　青（2016. 03—）

党支部书记：周鸿鑫

四、政协常山县委员会工作机构

县政协委员会：

秘 书 长：徐光裕

县政协办公室：

主　　任：王春国

县政协委员工作委员会：

主　　任：杨春玫（女）

县政协社会法制和民族宗教委员会：

主　　任：邵卫国(2016. 01—2016. 05)

邓永平（2016. 05—）

县政协农业农村和人口资源环境委员会：

主　　任：吴润荣(2016. 01—2016. 07)

胡水林（2016. 07—）

县政协提案委员会：

主　　任：饶力勤(女)(2016. 01—2016. 11)

江樟生（2016. 11—）

县政协经济科技委员会：

主　　任：胡明祥

县政协文史资料委员会：

主　　任：王晓华

县政协港澳台侨委员会：

主　　任：张国富

县政协教育文化卫生体育委员会：

主　　任：徐爱荣

县级群众团体及负责人名录

(2016. 01—2016. 12)

常山县总工会：

主　　席：王文达（兼）

常务副主席：程鸿星

党组书记：程鸿星

共青团常山县委员会：

书　　记：邹　赛(女)(2016. 01—2016. 08)

饶　群（2016. 08—）

党组书记：邹　赛(女)(2016. 01—2016. 08)

饶　群（2016. 08—）

常山县妇女联合会：

主　　席：李　珍（女）

党组书记：李　珍（女）

常山县科学技术协会：

主　　席：徐高禄(2016. 01—2016. 08)

章金平（2016. 08—）

党组书记：徐高禄

常山县文学艺术界联合会：

主　　席：姚肖忆(女)(2016. 01—2016. 09)

王有军（2016. 09—）

常山县残疾人联合会：

理 事 长：李　军

党组书记：李　军

常山县工商业联合会：

主　　席：姜光明

党组书记：姜光明

常山县红十字会：

会　　长：揭政东（兼）

常务副会长：郑定裕（2016. 01）

陈金龙（2016. 01—）

乡镇领导机构及负责人名录

(2016. 01—2016. 12)

天马街道：

党工委书记：陈　岗

人大工委主任：周幸富(2016. 01—2016. 09)

宁玮亮（2016. 09—）

办事处主任：何小建(2016. 01—2016. 09)

姚肖忆（2016. 09—）

紫港街道：

党工委书记：周丽兵

人大工委主任：毛国芳(2016.01—2016.09)
徐　亮（2016.09—）
办事处主任：黄小兵

金川街道：

党工委书记：洪永海(2016.01—2016.02)
李德生（2016.02—）
人大工委主任：杨光龙(2016.01—2016.09)
张禄杰（2016.09—）
办事处主任：杨力军(2016.01—2016.05)
郑　俊(女)(2016.05—)

辉埠镇：

党委书记:陈　东
人大主席:江小平
镇　　长:汪卫东(2016.01—2016.05)
潘广贵(提名人选)(2016.05—)

何家乡：

党委书记：刘石青(2016.01—2016.05)
叶琴仙(女,双百行动下派挂职锻炼)(2016.05—2016.07)
樊金国（2016.07—）
人大主席：徐安平（提名人选）(2016.01—2016.07)
刘小莉（女，提名人选）(2016.07—)
乡　　长：叶琴仙（女，双百行动下派挂职锻炼）(2016.01—2016.05)
王贤龙（提名人选）(2016.05—2016.09)
汪　峻（提名人选）(2016.09—)

招贤镇：

党委书记：李德生（2016.01—2016.02）
陈雪良（2016.02—2016.09）
何小建（2016.09—）
人大主席：张禄杰（2016.01—2016.07）
饶明耀(提名人选)(2016.07—)
镇　　长：刘　忻(女)(2016.01—2016.05)
程敏芳(提名人选)(2016.05—)

青石镇：

党委书记：刘　升(2016.01—2016.09)
唐锡军(2016.09—)
人大主席：严忠华(2016.01—2016.07)
谢剑利(提名人选)(2016.07—)
镇　　长：陈雪良(2016.01—2016.05)
郑　丽（女）（2016.05—）

东案乡：

党委书记：曾修明（2016.01）
金雪白（2016.05—）
人大主席：徐德法(2016.01—2016.07)
李永忠(提名人选)(2016.07—)
乡　　长：何　菊(女)(2016.01—2016.05)
刘　忻（女，提名人选）(2016.05—)

大桥头乡：

党委书记：樊有卫(2016.01—2016.05)
杨力军（2016.05—）
人大主席：傅良寿
乡　　长：王建坤(2016.01—2016.05)
徐军建(提名人选)(2016.05—)

芳村镇：

党委书记：陈贤民
人大主席：方金海(2016.01—2016.07)
黄志祥（提名人选）(2016.07—2016.12)
黄　建(提名人选)(2016.12—)
镇　　长：金雪白(2016.01—2016.05)
陈卫明(提名人选)(2016.05—)

新昌乡：

党委书记：朱开明(2016.01—2016.05)
魏　斌（2016.05—）
人大主席：符厚荣(2016.01—2016.07)
杨光龙(提名人选)(2016.07—)
乡　　长：曲洪娟(女,双百行动下派挂职锻炼)(2016.01—2016.09)

林永周（提名人选）
（2016.09—）

白石镇：

党委书记：王　军（2016.01—2016.05）
刘新龙（2016.05—）

人大主席：汪春发(2016.01—2016.07)
邹　赛(女,提名人选)(2016.07—)

镇　　长：刘新龙(2016.01—2016.05)
汪慧建(提名人选)(2016.05—)

球川镇：

党委书记：李　莉(女)(2016.01—2016.09)
胡志彬（2016.09—）

人大主席：徐　亮(2016.01—2016.07)
李　青(提名人选)(2016.07—)

镇　　长：谢志宏(2016.01—2016.05)
胡志彬（提名人选）
（2016.05—2016.09）
王贤龙(提名人选)(2016.09—)

同弓乡：

党委书记：饶祖根(2016.01—2016.02)
王建坤（2016.05—）

人大主席：周卫军(女)(2016.01—2016.07)
方金海(提名人选)(2016.07—)

乡　　长：胡志彬(2016.01—2016.05)
楼　华(提名人选)(2016.05—)

荣　誉　录

〔各级别均按颁奖表彰时间顺序排列；先进个人姓名后“（）”加注所属单位简称〕

省部级以上先进集体、个人

表57

荣誉称号	获奖单位或个人	颁发单位/文号	颁发时间
浙赣两省四县2015年血防联防工作先进个人	余泽前（何家乡中心卫生院）	省地防办〔2015〕2号	2016－01
浙赣两省四县2015年血防联防优秀征文二等奖	徐妃（何家乡中心卫生院）	省地防办〔2015〕2号	2016－01
2015年度浙江省水利工程优秀质量监督员	张益利（县水利工程质量安全监督站）	浙水监〔2016〕3号	2016－01
“森山杯”浙江省首届青少年朗诵大赛少儿组金奖“优秀指导老师”	张正浩（县文化馆）	省文化馆、浙江图书馆、浙江电视台	2016－01
“森山杯”浙江省首届青少年朗诵大赛少儿组金奖	叶清宜《我骄傲，我是中国人》	省文化馆、浙江图书馆、浙江电视台	2016－01
全省档案系统先进集体	县档案馆	省人社厅、省档案馆/奖牌	2016－01
创作兰花铜奖	《沿着溪水到我家》王馥芸（县音协）	省第二届村歌大赛组委会	2016－01
演唱兰花铜奖	《沿着溪水到我家》张娅萍（县音协）	省第二届村歌大赛组委会	2016－01
全省机关干部“家风家训”正楷书法作品展一等奖	王庆芳（县书协）	浙江省机关工委	2016－01
“柚石之恋——绝美常山”摄影大赛三等奖	杨靖（县摄影协会）	浙江省摄影家协会	2016－01
2015年浙江省卫生先进单位	球川镇中心小学、东明社区、屏山社区、金川社区、县人民医院、县水务公司、移动常山分公司	浙爱卫〔2016〕1号	2016－01－04
2015年度五星级班组	县供电公司新都供电所	省电力公司/浙电企协〔2016〕4号	2016－01－04
2015年度优秀班组长	邓骏里（新都供电所）	省电力公司/浙电企协〔2016〕4号	2016－01－04
2015年省卫生先进单位	县新闻中心	省爱委会/浙爱卫〔2016〕1号	2016－01－04
2015年浙江农民大学农函大校区招生工作先进集体	浙江农函大常山县分校	浙农函大发〔2016〕2号	2016－01－05

续表 57

荣 誉 称 号	获奖单位或个人	颁发单位/文号	颁发时间
2015 年浙江农民大学农函大校区招生工作先进个人	官金发（常山县科协）	浙农函大发〔2016〕2 号	2016－01－05
2015 年浙江首届“优秀基层医师”	徐 萍（球川中心卫生院）	省医师协会、护理协会、基层卫生协会	2016－01－11
全省违规办理和持有因私出国（境）证件专项治理工作成绩突出集体	县公安局出入境管理大队	浙公网传〔2016〕25 号	2016－01－11
2015 年省级文明单位（继续保留）	常山一中、烟草专卖局、交投浙赣收费所、人行常山支行、移动常山分公司、检察院、建行常山支行、工行常山支行、公路局、消防大队、国税局、电信常山分公司、交投常山服务区、国网常山供电公司、水利局、中行常山支行	浙文明〔2015〕4 号/常文明办〔2016〕2 号	2016－01－12
2015 年省级文明镇（继续保留）	白石镇、辉埠镇	常文明办〔2016〕2 号	2016－01－12
2015 年度浙江省市县党校工作创新单位	县委党校	浙党校发〔2016〕2 号	2016－01－12
2015 年度农办工作优秀单位	县农办	省农办	2016－01－12
省社会保障卡管理和服务机构标准化建设单位	县社会保险事业管理局	浙人社办发〔2015〕3 号	2016－01－14
全省公安机关立案突出问题专项治理工作成绩突出个人	冯健（县公安局）	浙公网传〔2016〕34 号	2016－01－14
全省检察机关优秀案件剖析	县人民检察院	浙检发预字〔2016〕1 号	2016－01－18
全省机关干部“家风家训”正楷书法作品一等奖	王庆芳（县公路局）	中共浙江省直属机关工作委员会/通报〔2016〕1 号	2016－01－18
全省机关干部“家风家训”正楷书法作品三等奖	王阳君（县文联）	中共浙江省直属机关工作委员会/通报〔2016〕1 号	2016－01－18
2015 年效能监察优秀项目三等奖	县供电公司	浙电监〔2016〕47 号	2016－01－19
2015 年全省公路执法标兵	李水明（县公路局）	浙江省公路管理局/浙公路〔2016〕7 号	2016－01－19
2015 年度水利工程优秀质量监督员	张益利（县水利工程质监站）	浙水质监〔2016〕3 号	2016－01－19
2015 年度全省发改系统政务信息工作先进单位	县发改局	省发改委办公室/通报〔2016〕第四期	2016－01－21
2015 年度全省发改系统政务信息工作先进个人	廖颖（县发改局）	省发改委办公室/通报〔2016〕第四期	2016－01－21
支站优秀专题评选最佳创新奖	常山新闻网	浙江在线新闻网站	2016－01－21
省教育技术装备规范管理示范县	县教育局	省教育技术中心/浙教技中心〔2016〕9 号	2016－01－22
2015 年度“金雁奖”优秀柜员	谢卫芳（邮储常山支行）	浙邮银发〔2016〕1 号	2016－01－22

续表 57

荣 誉 称 号	获奖单位或个人	颁发单位/文号	颁发时间
2015 年度创新支站	浙江在线常山支站	浙江在线发〔2016〕4 号	2016－01－24
全省“百日维稳攻坚大会战”先进集体	县委政法委	省两办通报	2016－01－27
2014—2015 年度全省优秀公安基层单位	芳村派出所	浙公令〔2016〕6 号	2016－01－28
2014—2015 年度全省优秀人民警察	李道仲（县公安局）	浙公令〔2016〕6 号	2016－01－28
2015 年度县级林业工作先进集体	县林业局	省林业厅/浙林办〔2016〕8 号	2016－01－29
全省农行百优客户经理	王丽芳（农行常山支行）	农银浙发〔2016〕26 号	2016－01－29
2015 年度浙江政法宣传优秀通讯员	连中福（县委政法委）	浙江法制报社、平安浙江杂志社、平安浙江网站	2016－02
全国最美家庭	曾祥泰家庭	全国妇女联合会	2016－02
2015 年度全省公安机关命案侦破工作成绩突出集体	县公安局	浙公办〔2016〕32 号	2016－02－01
农户金融先进个人	吴慧琪（农行常山支行）	农银浙办发〔2016〕112 号	2016－02－03
浙江省 2015 年度劳动保障监察工作目标管理成绩突出单位	县劳动保障监察大队	浙人社函〔2016〕13 号	2016－02－03
2015 年度“现金业务先进个人”	罗志红（建行常山支行）	省行营运管理部/建浙运〔2016〕7 号	2016－02－04
2015 年“示范数字档案室”单位	县人民医院、县供电公司	省档案局/浙档发〔2016〕6 号	2016－02－04
先进基层党组织	中行常山支行党支部	中共中国银行浙江省分行党委/浙中银党〔2016〕5 号	2016－02－05
优秀党员	朱峻峰（中行常山支行）	中共中国银行浙江省分行党委/浙中银党〔2016〕5 号	2016－02－05
2015 年度浙江省分行清收化解先进集体	中行常山支行	浙中银发〔2016〕185 号	2016－02－15
优秀行长	朱峻峰（中行常山支行）	浙中银发〔2016〕189 号	2016－02－16
优秀中层干部	邱建春（中行常山支行）	浙中银发〔2016〕189 号	2016－02－16
优秀员工	将 婧 郑羊芳（中行常山支行）	浙中银发〔2016〕189 号	2016－02－16
全省农行安全保卫“三化三达标”先进单位	农行常山支行	农银浙办发〔2016〕143 号	2016－02－17
纳税服务窗口工作成绩突出个人	樊帆（县财税局）	浙地税函〔2016〕53 号	2016－02－24
2015 年度浙江省巾帼文明岗	县人民医院西药房、重症医学科	浙巾双协〔2016〕1 号	2016－02－26
全国模范职工之家	常山农信联社	中华全国总工会	2016－02－27
2015 年度全省“五水共治”工作先进集体	县农业局	省委、省政府办公厅荣誉证书	2016－02－29

续表 57

荣誉称号	获奖单位或个人	颁发单位/文号	颁发时间
2015 年度系统“巾帼建功标兵”	陈青（人寿常山支公司）	中国人寿浙江省分公司	2016－03
“南孔圣地 休闲衢州”乡村好风光全国摄影大展入展	杨靖（县摄影协会）	中国摄影家协会	2016－03
《金川洗衣歌》南孔圣地休闲衢州 2015 衢州乡村好风光全国摄影赛（省赛）优秀	李志强（县摄影协会）	浙江省摄影协会	2016－03
2015 年度浙江省安康杯先进单位	国网常山供电公司	省总工会、省安监局证书	2016－03－01
2015 年度全省麻风病防治工作先进个人	张丛（县疾控中心）	浙皮〔2016〕10 号	2016－03－02
2015 年度科技宣传与信息工作先进单位	县科技局	省科技厅科技宣传与普及工作领导小组/浙科发办〔2016〕45 号	2016－03－09
优质服务“四星级”员工	黄莹（工行常山支行）	工银浙办发〔2016〕47 号	2016－03－09
2015 年度浙江省县市区域报好新闻一等奖	徐功富、李闽、童旭 2、吴可嘉 2、黄马强（县新闻中心）	省记协县市区域报工作委员会	2016－03－10
2015 年度浙江省县市区域报好新闻二等奖	徐功富、吴可嘉、金灵丽、周洁梅、汪芳、揭雨兴、廖志良（县新闻中心）	省记协县市区域报工作委员会	2016－03－10
2015 年度浙江省县市区域报好新闻三等奖	徐功富、廖志良、黄马强 2、方均良（县新闻中心）	省记协县市区域报工作委员会	2016－03－10
2014—2015 年度经济法律工作先进个人	宁建设（县供电公司）	省电力公司/浙电人资〔2016〕190 号	2016－03－15
“六五”普法工作先进单位	县供电公司	省电力公司/浙电人资〔2016〕190 号	2016－03－15
2015 年度全省公路系统宣传报道工作先进个人	徐莹（县公路局）	浙江省公路管理局/浙公路〔2016〕31 号	2016－03－15
全省公路系统 2015 年度“美丽公路执法标兵”	李水明（县公路局）	市公路管理局/衢市公路〔2016〕28 号	2016－03－16
浙江省“115”档案人才工程优秀中青年档案业务骨干	黄鑫、程振（县档案局）金巧芳（县供电公司）徐莹（县公路局）管梅俊（县人民医院）	浙江省档案局/浙档发〔2016〕30 号	2016－03－18
浙江省 2015 年度平安县	常山县	浙委发〔2016〕7 号	2016－03－20
2014—2015 年度全省社会治安综合治理先进集体	县委政法委	浙委办发〔2016〕20 号	2016－03－25
2014—2015 年度全省社会治安综合治理先进个人	郑慧胜（县检察院）	浙委办发〔2016〕20 号	2016－03－25
第一批森林特色小镇	常山县芳村油茶小镇	浙林产〔2016〕29 号	2016－03－29
先进基层党组织	农发行常山县信贷组党支部	农发行浙江省分行/浙农发银党〔2016〕53 号	2016－03－30

续表 57

荣誉称号	获奖单位或个人	颁发单位/文号	颁发时间
2015 年度浙江省农业行政执法绩效考核优胜单位	县农业局	省农业厅/浙农专发〔2016〕27 号	2016－03－31
2015 年度中国交通报优秀通讯员	徐莹（县公路局）	中国交通报驻浙江记者站	2016－04
中国交通新闻网《浙江交通》杂志 2015 年度报优秀通讯员	徐慧杰（县公路局）	中国交通新闻网浙江编辑部浙江交通杂志社	2016－04
书香之家	曾令兵家庭	国家新闻出版广电总局	2016－04
中国摄影报走近玉山影友擂台赛三等奖	杨 靖（县摄影协会）	中国摄影报	2016－04
第八届赣浙闽皖百名摄影家春摄玉山三等奖	王一群（县摄影协会）	中国摄影报	2016－04
《龙行桑里富溪东》国家公园魅力华埠全省摄影大赛（省赛）优秀	李志强（县摄影协会）	浙江省摄影协会	2016－04
2016 全国青少年宫夏令营论文（案例）征集活动二等奖	叶朝晖（县青少年活动中心）	中青宫协发〔2016〕15 号	2016－04－20
省分行“信用卡业务发展优秀网点”	邮储常山支行营业部	浙邮银通〔2016〕23 号	2016－04－05
2015 年全省民政统计工作综合评价优秀等次	县民政局计财科	浙民计〔2016〕68 号	2016－04－11
全省农行 BoEing 四期工程推广先进个人协作奖	严大辉（农行常山支行）	农银浙办发〔2016〕286 号	2016－04－13
全国（第二届）书香之家	曾令兵	文化部	2016－04－18
2016 年浙江省分行“开门红”对公市场份额进步奖	中行常山县支行	浙中银发〔2016〕436 号	2016－04－18
2016 年浙江省分行“开门红”优秀个人	江涛（中行常山县支行）	浙中银发〔2016〕436 号	2016－04－18
三类文明窗口	县公安局出入境接待大厅	浙公网传〔2016〕427 号	2016－04－26
最美情报人	陈钟圣（县公安局）	浙公网传〔2016〕478 号	2016－04－29
全国“五好”县级工商联	县工商联	中华全国工商业联合会	2016－05
全省重大农业职务疫情防控工作优秀单位	县农业局	省防控农林植物重大疫情指挥部/浙植指农〔2016〕1 号	2016－05－03
2015 年度浙江省分行“模范劳动者”	王旭（中行常山支行）	浙中银发〔2016〕564 号	2016－05－03
2015 年度浙江省分行优秀县域支行	中行常山支行	浙中银发〔2016〕566 号	2016－05－03
2015 年全省普通国省道路况检测评定（路面使用性能指数 PQR）排名第一	常山县	省公路管理局/浙公路〔2016〕62 号	2016－05－04
全国人民防空先进个人	钱龙泉（县人防办）	国人防〔2016〕88 号	2016－05－07
全国最美家庭	曾令兵	国家妇联	2016－05－15

续表 57

荣誉称号	获奖单位或个人	颁发单位/文号	颁发时间
浙江省分行优秀支行行长	孙晖波（建行常山支行）	建行浙江省分行/建浙党函〔2016〕6号	2016－05－19
先进单位	县质量技术监督检测所	省质监局/浙质科发〔2016〕82号	2016－05－31
先进个人	郑志有（县质量技术监督检测所）	省质监局/浙质科发〔2016〕82号	2016－05－31
优秀共产党员	王柯文（邮储常山支行）	中共邮储浙江省分行委员会	2016－06
中国摄影年鉴2015－2016入展	杨 靖（县摄影协会）	中国摄影年鉴编纂委员会	2016－06
先进工作者	杨忠群（县民政局）	浙老教〔2016〕5号	2016－06－
2011—2015年省法治宣传教育先进集体	县教育局	省普法教育领导小组/浙普〔2016〕2号	2016－06－16
2014—2015年度浙江省分行安全保卫工作优秀集体	中行常山支行	浙中银发〔2016〕779号	2016－06－16
先进基层党组织	农发行常山信贷组党支部	农发行浙江省分行/浙农发银党〔2016〕53号	2016－06－27
浙江省烟草系统优秀共产党员	徐春生（县烟草专卖局）	中共浙江省烟草专卖局党组/浙烟党〔2016〕34号	2016－06－29
“沙孟海奖”第九届全浙书法大展入展	王阳君（县书协）	省文联、省书法家协会	2016－07
“沙孟海奖”第九届全浙书法大展入展	王庆芳（县书协）	省文联、省书法家协会	2016－07
2015年度浙江省分行优秀共产党员	傅梦友（中行常山支行）	浙中银发〔2016〕45号	2016－07－01
法治浙江建设十周年工作先进集体	紫港街道办事处	省委/浙委办发〔2016〕43号	2016－07－01
全省测绘与地理信息系统“六五”普法工作先进单位	县测绘与地理信息局	浙测〔2016〕58号	2016－07－05
第五批浙江省历史文化名镇	芳村镇、芳村镇	省人民政府/浙政发〔2016〕21号	2016－07－12
第五批浙江省历史文化街区	常山县里择祠街区	省人民政府/浙政发〔2016〕21号	2016－07－12
全省检察机关2014至2015年度“十佳惩治和预防职务犯罪年度报告”	县人民检察院	浙检发预字〔2016〕7号	2016－07－12
2011—2015年全省法治宣传教育先进单位	县卫计局	浙委办发〔2016〕45号	2016－07－13
2011－2015年全省法治宣传教育先进个人	郑怡（天马街道文峰社区）	浙委办发〔2016〕45号	2016－07－13
2016年住房金融业务旺季营销活动先进个人	徐敏（建行常山支行）	省建行住房金融与个人信贷部	2016－07－15
全省公安影视宣传工作先进个人	叶晓舟（县公安局）	省公安厅政治部	2016－07－27
全民阅读示范家庭	曾令兵家庭	省新闻出版广电局	2016－07－28

续表 57

荣 誉 称 号	获奖单位或个人	颁发单位/文号	颁发时间
中国摄影报走近义乌影友擂台赛三等奖	杨 靖（县摄影协会）	中国摄影报	2016－08
“国家公园 魅力华埠”优秀奖	王一群、肖 斌（县摄影协会）	浙江省摄影家协会	2016－08
浙江省第五批县级医学龙头学科建设计划名单	县人民医院心血管病学（学科带头人程旭峰）	浙卫办科教〔2016〕11 号	2016－08－24
全国残疾人工作先进单位	县人民政府残疾人工作委员会	国务院残工委/残工委发〔2016〕5号	2016－09
庆祝《书法导报》创刊 30 周年书法大赛三等奖	王阳君（县书协）	书法导报社	2016－09
“文化中国森茂杯”2016 全国优秀书法作品展优秀奖	王庆芳（县书协）	中国文化管理协会书画工作委员会	2016－09
中国平遥国际摄影大展入展	杨 靖（县摄影协会）	平遥国际摄影大展组委会	2016－09
中国平遥国际摄影大展入展	肖 斌（县摄影协会）	平遥国际摄影大展组委会	2016－09
集体一等功	县公安局“4·06”网络贩枪案件专案组	省公安厅	2016－09－01
个人二等功	王国芳（县公安局）	浙公令〔2016〕144 号	2016－09－01
“税制改革新形势下浙江地税工作探索”专题征文活动优秀文章	张拥军（县财税局）	浙地税科便函〔2016〕11 号	2016－09－11
2015 年度全省重点建设立功竞赛先进集体	县铁办	省政府办公厅/浙政办发〔2016〕115 号	2016－09－14
2015 年度全省重点建设立功竞赛先进个人	郑耿明（青石镇）	省政府办公厅/浙政办发〔2016〕115 号	2016－09－14
规范化建设先进财政所	紫港街道财政所、天马街道财政所、何家乡财政所	省财政厅 /浙财基〔2016〕20号	2016－09－18
第二届“浙江省首席水利员”	封国平（球川镇）、曾志泉	省水利厅/浙水农〔2016〕35号	2016－09－19
浙江省服务保障 G20 杭州峰会先进集体	县公安局	省委、省政府/浙委发〔2016〕29 号	2016－09－19
浙江省服务保障 G20 杭州峰会先进个人	甘土木、徐平平（县委政法委）王志红（检察院）、王郁松、姜良米（县委）、毛献明、曾智盛（公安局）、吴直丰（交通局）、陈芳（县信访局）姜雪峰（住建局）张国平（法院）江玉林（球川镇）吴水良（公安局交警大队）汪卫东（司法局）陈东（辉埠镇）陈岗（天马街道）程敏芳（招贤镇）蒋飞英（大桥头乡）	省委、省政府/浙委发〔2016〕29 号（备注：表彰文件未注明先进个人所在单位）	2016－09－19
全省营业网点对公无贷户劳动竞赛活动优秀个人	樊国军（建行常山支行）	建行浙江省分行个金部/建浙结〔2016〕76 号	2016－09－19

续表 57

荣誉称号	获奖单位或个人	颁发单位/文号	颁发时间
浙江省第十八届公共文化论坛征文活动三等奖	《列入优秀传统文化，让文化礼堂之舟杨帆远航》周洁（县文化馆）	省文化馆、群众文化协会	2016－09－22
2015—2016 年度“平安建行”创建先进个人	揭国良（建行常山支行）	中国建设银行/建总发〔2016〕210 号	2016－09－22
G20 峰会食品药品安全保障工作作出贡献个人	郑丽（县食药监）	浙江省食品药品监督管理局/浙食药监办〔2016〕33 号	2016－09－23
2015—2016 学年度安全教育实验区“全国示范单位”	县教育局	中国教育学会学会发〔2016〕103 号	2016－09－30
G20 杭州峰会信访工作先进单位	常山县信访局	省信访工作联席会议办公室省信访局/浙信联办〔2016〕8 号	2016－09－30
G20 杭州峰会信访工作先进个人	姜立新、曾晓燕（县信访局）	省信访工作联席会议办公室省信访局/浙信联办〔2016〕8 号	2016－09－30
2016 年浙江省表彰审计项目	县审计局（常山县 2014 年度公务支出公款消费专项审计项目）	浙江省审计厅（荣誉证书）	2016－10
浙江省第十届排舞大赛入围奖指导老师	李婷婷（县文化馆）	省文化厅（内部通知）	2016－10
浙江省第十届排舞大赛入围奖	《格力的旋转》《破晓》《喇叭裤》（国网常山供电公司）	省文化厅（内部通知）	2016－10
2016 浙江省摄影论文征文活动一等奖	《浅谈艺术转型过程中浙江摄影理论的发展之路》罗文富（县文化馆）	浙江省摄影艺术学会、衢州市文化馆	2016－10
浙江省第四届“温泉杯”书法大赛	徐春福（县书协）	浙江省书法家协会	2016－10
《女工梦想》第二届中国纺织摄影艺术展（国赛）优秀奖	李志强（县摄影协会）	中国纺织摄影协会	2016－10
《雪花纯生匠心营造》国展入围	王一群（县摄影协会）	中国摄影家协会	2016－10
《中国梦光影舞台》首届舞台艺术摄影大展	王一群（县摄影协会）	大众摄影	2016－10
全国公安机关执法示范单位	城关派出所	公发〔2016〕9 号	2016－10－01
集体二等功	县公安局 G20 杭州峰会安保省际卡点查缉分流处置点	浙公令〔2016〕163 号	2016－10－08
第十三届浙闽赣皖四省四市民间艺术节金奖	《百姓灯笼》县文化馆三农艺术团	浙闽赣皖四省四市民间艺术节组委会	2016－10－10
最美环卫人	徐宝婷（县环卫处）	浙建城〔2016〕102 号	2016－10－20
首届浙江 119 消防奖先进个人	徐小祥（县森防指）	浙公发〔2016〕7 号	2016－10－24
全省检察机关平安护航 G20 峰会先进个人	王志红、郑勤（县检察院）	浙检发政字〔2016〕94 号	2016－10－26
文明家庭	曾祥泰家庭	省精神文明建设委员会	2016－10－26
G20 峰会交通运输服务保障工作先进集体	县交通运输局	省交通运输厅/浙交〔2016〕187 号	2016－10－27

续表 57

荣 誉 称 号	获奖单位或个人	颁发单位/文号	颁发时间
2016 年度浙江省土地利用规划优秀成果奖	县国土资源局、浙大万维科技有限公司	省土地协会/浙土学〔2016〕24 号	2016－10－28
软硬兼施“双优百家”	王阳君（县书协）	“双优百家”全国书法展组委会	2016－11
第三届浙江交通文学艺术“梅花奖”书法作品三等奖	王庆芳（县书协）	省交通运输局	2016－11
《富德村的粉皮》《画廊福德村》寻找石林最美印象全省摄影大赛（省赛）优秀	李志强（县摄影协会）	省摄影协会	2016－11
全国乡镇卫生院优秀院长	罗时军（芳村中心卫生院）	农卫会字〔2016〕23 号	2016－11－05
全省公安“138 工程”建设成绩突出集体	县公安局警务保障室	浙公办〔2016〕252 号	2016－11－06
G20 杭州峰会森林消防安保工作先进单位	县林业局	省人民政府森林消防指挥部/浙森防〔2016〕指〔2016〕10 号	2016－11－15
G20 杭州峰会森林消防安保工作先进个人	郑忠于（政府办）、潘广贵（辉埠镇）、严樟良（新昌乡）、樊国松（县森林消防队）、徐齐生（芳村镇前塘村）、刘瑞金（县森然公司）	省人民政府森林消防指挥部/浙森防指〔2016〕10 号	2016－11－15
常山县土地利用总体规划一等奖	县国土资源局	浙江省土地学会	2016. 11. 18
常山县土地利用总体规划一等奖	吴素贞	浙江省土地学会	2016. 11. 18
五星级规范化预防接种门诊	天马中心卫生院	浙卫办疾控〔2016〕8 号	2016－11－29
三星级规范化预防接种门诊	东案乡卫生院	浙卫办疾控〔2016〕8 号	2016－11－29
第一届中国水土保持学会突出贡献奖	李再飞（县水利局）	中国水土保持学会	2016－12
论文优秀奖	江宏伟（县民政局）	省老年大学学会、省民政研究中心	2016－12
第 32 个教师节《浙江省未成年人校外活动场所建设与发展“十三五”规划知识竞赛》二等奖	曹香玉	省青少年校外教育中心、省青少年宫协会秘书处	2016－12
2016 年浙江省网络安全宣传周“青少年日”活动优秀组织奖	县青少年活动中心	省青少年校外教育中心、省青少年宫协会	2016－12
2015 年度浙江省慢性非传染性疾病综合防控示范区	常山县	浙卫发〔2015〕84 号	2016－12
浙江省先进盟员	曾晓燕（县信访局）	民盟浙江省委员会/盟浙〔2016〕52 号	2016－12
省信访督查“百千万”专项行动先进个人	郑琳琳（辉埠镇）	省信访工作联席会议办公室	2016－12
示范工作室	曾令兵半典阁	浙江省民间档案文献收藏研究会	2016－12
2016 年浙江省文化礼堂展演金奖	民间工艺《常山蛋雕》（田蓬村文化礼堂）《棕编工艺》（徐村村文化礼堂）县文化馆辅导	省文化厅	2016－12

续表 57

荣 誉 称 号	获奖单位或个人	颁发单位/文号	颁发时间
2016首届浙江省群众舞蹈论坛论文比赛二等奖	《新时期环境下浙江群众舞蹈创作思路探索》谢寿寿（县文化馆）	省文化馆、群众文化协会	2016-12
省三等奖	县职业中专合唱 樊丽雅	省教育厅	2016-12
省二等奖	县实验小学器乐合奏 李丹	省教育厅	2016-12
省三等奖	天马一小器乐合奏 徐捷	省教育厅	2016-12
《寻找石林最美印象》优秀奖1张	王一群（县摄影协会）	浙江省摄影家协会	2016-12
《寻找石林最美印象》入围奖2张	王一群（县摄影协会）	浙江省摄影家协会	2016-12
《七彩长虹》省赛一等奖	王一群（县摄影协会）	浙江省摄影家协会	2016-12
《参加科普日活动》获2016全国科普日摄影大赛三等奖	李志强（县摄影协会）	中国科协	2016-12
《七彩长虹》一日摄入围	肖 斌（县摄影协会）	中国摄影报	2016-12
全国价格认定工作法治建设年活动优秀个人	张启林（县发改局）	国家发改委价格认证中心（证书）	2016-12
个人一等功	毛献明（县公安局）	浙公令〔2016〕196号	2016-12-01
个人二等功	陈勇（县公安局）	浙公令〔2016〕196号	2016-12-01
G20杭州峰会林区安保工作成绩突出的个人记功三等功	樊存土（县森林公安局）	省森林公安局/浙森公〔2016〕61号	2016-12-01
省公司2016年度同规模县供电企业综合管理标杆单位	国网常山供电公司	浙江省电力公司通报	2016-12-01
全省市县防震减灾工作先进单位	县科学技术局	省地震局/ 浙震发〔2016〕99号	2016-12-01
浙江省关心下一代工作先进个人	王红平、江凯成（县关工委）	浙关工委〔2016〕9号	2016-12-06
浙江省第四届烟草制品购销职业技能竞赛二等奖	汪圆君（县烟草专卖局）	中国烟草总公司浙江省公司 浙烟综〔2016〕94号?	2016-12-06
2016年度省级麻醉质控表扬科室	县人民医院麻醉科	浙江省临床麻醉质控中心	2016-12-09
再生稻百亩方浙江农业之最	常山游胜家庭农场	浙江农业之最委员会	2016-12-12
2015年度大中型水库水文资料质量优秀	衢州市狮子口水库	浙江省水文局/浙水文〔2016〕104号	2016-12-13
浙江省卫生先进单位	球川镇中心卫生院、县卫计局、县公园广场管理处、招贤中心卫生院、紫港社区、行政服务中心、芳村镇中心卫生院、工行常山支行	浙爱卫〔2016〕5号	2016-12-14
2016年快贷营销先进网点	建行常山城区支行	建浙房〔2016〕52号	2016-12-19
快贷二三季度营销先进个人	郑驰（建行常山城区支行）	建浙房〔2016〕52号	2016-12-19
中国公路养护工程奖	县公路局	中国公路学会/公学字〔2016〕107号	2016-12-20
2016年浙江农业博览会优秀组织奖	县农业局	浙江农业博览会组委会/浙农博〔2016〕4号	2016-12-21

续表57

荣誉称号	获奖单位或个人	颁发单位/文号	颁发时间
2016年度浙江农民信箱工作考核优秀单位	县农业局	浙江省农业厅/浙农专发〔2016〕117号	2016-12-22
2016年度浙江省优秀测绘与地理信息工程金奖	浙江省测绘大队、县国土资源局（常山县1：500村庄数字地籍调查）	浙测行协〔2016〕36号	2016-12-22
2016年全省森防信息宣传优秀通讯员	刘晓明（县森防站）	省林业有害生物防治检疫局/浙林防检便〔2016〕15号	2016-12-23
2016浙江省群文戏剧创作论坛二等奖	《浅谈导演与小品的表现形式》徐新德（县文化馆）	省文化馆、群众文化协会/浙群文〔2016〕160号	2016-12-27
全省老干部工作先进集体	县委老干部局	省人社厅/浙人社发〔2016〕132号	2016-12-28
全省先进老干部工作者	姚国清（县委老干部局）	省人社厅/浙人社发〔2016〕132号	2016-12-28
2014—2016年度全省电大办学先进单位	电大常山学院	浙电大办〔2016〕75号	2016-12-29
“弘扬党的优良传统，争当‘双优’工作者”主题征文三等奖	宁竞（县委老干部局）	中共浙江省委老干部局/浙老干〔2016〕28号	2016-12-30
常山县体育局	2016中国山地自行车公开赛优秀赛事组织单位	中国山地自行车公开赛组委会	2016-12
常山县山地自行车公园	2016中国山地自行车公开赛最佳赛道	中国山地自行车公开赛组委会	2016-12

地市级先进集体、个人

表58

荣誉称号	获奖单位或个人	颁发单位/文号	颁发时间
服务型标兵	毛利权（县民政局）	衢移领〔2016〕1号	2016-01
“十二五”衢州市《全民科学素质行动计划纲要》实施工作先进单位	县农办	衢全科组发〔2016〕1号	2016-01
2015年度市党校系统创新单位	县委党校	市委党校/衢党校〔2016〕2号	2016-01-04
2015年度市侨联系统先进集体	县侨联	衢州市侨联/衢侨联〔2016〕3号	2016-01-05
2015年度市侨联系统先进个人	余金荣（县侨办）	衢州市侨联/衢侨联〔2016〕3号	2016-01-05
“司法体制改革与检察工作发展”研讨会优秀论文一等奖	陈芳、谢维光（县检察院）	衢市检发研字〔2016〕1号	2016-01-05
品牌培育、市场保卫攻坚战工作竞赛活动先进基层部门	县烟草专卖局城西所、芳村所	市烟草专卖局、省烟草公司衢州市公司 衢烟办联〔2016〕1号	2016-01-06
品牌培育、市场保卫攻坚战工作竞赛活动先进个人	郑强、张明、李志华、潘丽辉、汪圆君（县烟草专卖局）	市烟草专卖局、省烟草公司衢州市公司/衢烟办联〔2016〕1号	2016-01-06
“十二五”衢州市《科学素质纲要》实施工作先进单位	县人力社保局、教育局、县科协、县农办、县委组织部	衢州市全民科学素质工作领导小组/衢全科组发〔2016〕1号	2016-01-06

续表 58

荣誉称号	获奖单位或个人	颁发单位/文号	颁发时间
“十二五”衢州市《全民科学素质行动计划纲要》实施工作先进个人	夏美枝（县人力社保局）、张志夏（县教育局）、官金发（县科协）、汪米良（县委组织部）、李季兵（县农办）、李晓夏（金川街道办事处）、谭美琴（天马街道金川社区、）陈建平（县科技局、）陈小红（县委党校）、邱雪芳（县妇联）	衢州市全民科学素质工作领导小组/衢全科组发〔2016〕1号	2016-01-06
第二届衢州市名医	陈江、陈兆俊、陈青寿（县人民医院）	市政府/衢政发〔2015〕2号	2016-01-09
第二届衢州市名中医	孙剑红、严宇仙（县人民医院）	市政府/衢政发〔2015〕2号	2016-01-09
第二届衢州市专家	高玲娟（县人民医院）	市政府/衢政发〔2015〕2号	2016-01-09
全市农行先进单位	农行常山支行营业室	农银衢办发〔2016〕25号	2016-01-18
全市农行先进先进个人	郑忠福、严大辉、吴慧琪（农行常山支行）	农银衢办发〔2016〕25号	2016-01-18
衢州市“最美司法人”	宁跃法（县司法局）	衢依法治市办（2016）2号	2016-01-19
市移民系统“创业型移民”	陈金明（辉埠镇）	市水库移民工作领导小组	2016-01-20
衢州市乡村休闲旅游特色村	何家乡长风村	衢乡旅办（2016）1号	2016-01-21
全市农行 BoEing 四期工程推广先进个人	许东升、胡倩雯（农行常山支行）	农银衢办发〔2016〕9号	2016-01-22
2015年度打击整治传销工作先进个人	甘全明（县委政法委）	衢综治办〔2016〕5号文件	2016-01-22
个人三等功	连宪法（县公安局）	衢公令〔2016〕2号	2016-01-22
市院集体三等功	县检察院控告申诉科	衢市检发政字〔2016〕3号	2016-01-25
先进营销团队	泰隆银行常山支行创业一部	泰隆银行衢州分行/泰银衢发〔2016〕20号	2016-01-25
先进员工	黄志军、包鹏飞、周建（泰隆银行常山支行）	泰隆银行衢州分行/泰银衢发〔2016〕20号	2016-01-25
2015年度市级治安安全先进单位	县文广新局、县职业中专、天马一小、天马二小、江滨幼儿园、心连心幼儿园、县人民医院、人行常山支行、工行常山支行、农行常山支行、中行常山支行、建行常山支行、县农信联社、泰隆银行常山支行、常山联合村镇银行、金华银行常山支行、温州银行常山支行、邮储常山支行、邮政常山分公司、常山石油支公司、县民爆器材专营有限公司、移动常山分公司、电信常山分公司、县水务有限公司、浙能常山天然气发电有限公司	市公安局/衢公通字〔2016〕9号	2016-01-25

续表 58

荣誉称号	获奖单位或个人	颁发单位/文号	颁发时间
2015 年度市人民调解“优秀通讯员”	胡国芳（县司法局）、李济洲（县人调委）	市司法局/衢市司〔2016〕4 号	2016－01－26
衢州市“巾帼建功标兵”	舒慧华（县财税局）	市政府妇女儿童工作委员会办公室/衢妇儿工委办〔2016〕2 号	2016－01－27
2015 年药品不良反应监测工作先进单位	常山县药品不良反应监测中心	衢州市药品不良反应监测中心/衢市监测〔2016〕2 号	2016－01－28
2015 年医疗器械不良事件监测工作先进个人	郑德明（县药品不良反应监测中心）	衢州市药品不良反应监测中心/衢市监测〔2016〕3 号	2016－01－28
巾帼文明岗	县民政局婚姻登记处	市政府妇女儿童工作委员会	2016－02
2015 年度卫生计生工作先进集体特等奖	县卫计局	衢卫发〔2016〕11 号	2016－02
2015 年度社会服务先进个人	付美华	农工衢〔2016〕2 号	2016－02
2015 年度参政议政先进个人	陈江	农工衢〔2016〕2 号	2016－02
全市“十佳”执法先进单位	外港派出所	衢公通字〔2016〕16 号	2016－02－01
全市“十佳”执法标兵	汪明（县公安局）	衢公通字〔2016〕16 号	2016－02－01
2015 年度治安状况“十佳”派出所	城关派出所	衢公通字〔2016〕13 号	2016－02－01
市外侨系统信息宣传先进单位	常山县侨办	市外侨办/衢外侨字〔2016〕1 号	2016－02－01
2015 年度一级支行行长评价（个金专业）第一名	工行常山支行	工银衢办发〔2016〕4 号	2016－02－02
2015 年度一级支行分管行长评价（个金专业）第一名	工行常山支行	工银衢办发〔2016〕4 号	2016－02－02
2015 年度个人金融业务综合评价一级支行第一名	工行常山支行	工银衢办发〔2016〕5 号	2016－02－02
国家 AAA 级旅游景区	常山黄塘景区	衢旅质评〔2016〕1 号	2016－02－02
全市“惠农通”提质增效先进集体	农行常山支行	农银衢办发〔2016〕15 号	2016－02－03
全市“惠农通”提质增效先进集体和先进个人	吴慧琪、姜明华、吴鸣（常山支行农行）	农银衢办发〔2016〕15 号	2016－02－03
全市零售业务“比学赶超”先进单位	农行常山支行	农银衢办发〔2016〕17 号	2016－02－03
全市零售业务“比学赶超”先进个人	戴志萍、叶少东（农行常山支行）	农银衢办发〔2016〕17 号	2016－02－03
抗击寒潮先进集体	县供电公司配电运检二班、三班	衢州供电公司/衢电办〔2016〕20 号	2016－02－03
抗击寒潮先进个人	徐小平、金柳清、胡良墩、方文军、洪和强、徐家剑、徐黎明（县供电公司）	衢州供电公司/衢电办〔2016〕20 号	2016－02－03
2015 年度市级先进集体	农工常山县支部	农工衢〔2016〕2 号	2016－02－03
2015 年度市级优秀党员	谢雨生（农工常山县支部）	农工衢〔2016〕2 号	2016－02－03

续表 58

荣誉称号	获奖单位或个人	颁发单位/文号	颁发时间
2015 年度社会服务先进个人	付美华、蒋国平（农工常山县支部）	农工衢〔2016〕2 号	2016－02－03
2015 年度参政议政先进个人	陈江（县人民医院）	农工衢〔2016〕2 号	2016－02－03
最美衢州人·第三届衢州十大环保先锋人物	袁佳（县环境监测站）、徐金妹（紫港街道紫港社区）	市环保局/衢环发〔2016〕12 号	2016－02－03
2015 年度全市科技行政管理系统政务信息工作先进集体	县科技局	市科技局/衢市科发办〔2016〕8 号	2016－02－04
2015 年度全市检察机关“精品案例”	县人民检察院	衢市检发研字〔2016〕3 号	2016－02－04
2015 年全市交管工作绩效考核优胜单位	县交警大队	衢公办〔2016〕2 号	2016－02－05
2015 年度卫生计生工作先进集体特等奖	县卫计局	衢卫发〔2016〕11 号	2016－02－06
内控管理和案防工作先进个人	江也方（工行常山支行）	工银衢办发〔2016〕11 号	2016－02－16
最放心网点	工行常山万家富支行	工银衢办发〔2016〕11 号	2016－02－16
最放心员工	占丽、陈建枫、王群（工行常山支行）	工银衢办发〔2016〕11 号	2016－02－16
2015 年度目标责任制考核优秀单位	县市场监管局	衢州市市场监督管理局/衢市监综〔2016〕12 号	2016－02－16
2015 年度运行管理综合评价优胜单位	工行常山支行	工银衢办发〔2016〕19 号	2016－02－22
2015 年度市级“优秀现场经理”	程慧君（工行常山支行）	工银衢办发〔2016〕19 号	2016－02－22
服务型标兵	胡水和（县民政局）	衢市民〔2016〕13 号	2016－02－22
创新型项目	县社会福利中心一期工程项目	衢市民〔2016〕13 号	2016－02－22
高效型团队	县民政局	衢市民〔2016〕13 号	2016－02－22
2015 年度全市平安建设暨综治维稳工作先进个人	徐平平（县委政法委）	衢委办发〔2016〕9 号文件	2016－02－22
2015 年度全市平安建设暨综治维稳工作先进集体	常山县综治办、县公安局、县交通运输局、天马街道、新昌乡	衢委办发〔2016〕9 号文件	2016－02－22
2015 年度工作目标综合考评优秀单位	县交通运输局	市交通运输局/衢市交〔2016〕21 号	2016－02－24
2015 年度“平安交通”建设优秀单位	县交通运输局	市交通运输局/衢市交〔2016〕23 号	2016－02－24
衢州市烟草系统安全保卫工作先进集体	县烟草专卖局（分公司）办公室	市烟草专卖局、省烟草公司衢州市公司 /衢烟办联〔2016〕11 号	2016－02－25
衢州市银行业文明规范服务营业网点	四星级：建行常山支行营业部、中行常山支行。三星级：金华银行常山支行、泰隆银行常山支行	衢州银行业协会/衢银协〔2016〕3 号	2016－02－25

续表 58

荣誉称号	获奖单位或个人	颁发单位/文号	颁发时间
2015 年“规范化数字档案室”	县财政局、县交通运输局、县编委办、芳村镇	市档案局/衢市档〔2016〕8 号	2016-02-26
2015 年度全市安全生产工作先进集体	县安监局	市政府/衢政发〔2016〕9 号	2016-02-27
2015 年度全市安全生产工作先进个人	姜雪峰（县安监局）、林永周（教育局）、汪建新（白石镇）、黄土福（芳村镇）	市政府/衢政发〔2016〕9 号	2016-02-27
衢州财税学会 2015 年度论文评审个人一等奖	张拥军（县财税局）	衢财税学〔2016〕2 号	2016-03-01
衢州财税学会 2015 年度论文评审个人一等奖	戴根林（县财税局）	衢财税学〔2016〕2 号	2016-03-01
衢州财税学会 2015 年度论文评审个人二等奖	戴根林、陈新会（县财税局）	衢财税学〔2016〕2 号	2016-03-01
衢州财税学会 2015 年度论文评审个人二等奖	戴根林、邱全正（县财税局）	衢财税学〔2016〕2 号	2016-03-01
衢州财税学会 2015 年度论文评审个人三等奖	江一舟、叶力安（县财税局）	衢财税学〔2016〕2 号	2016-03-01
衢州财税学会 2015 年度论文评审个人三等奖	谢诚、段盛伟（县财税局）	衢财税学〔2016〕2 号	2016-03-01
衢州财税学会 2015 年度论文评审个人佳作奖	江一舟、詹红良（县财税局）	衢财税学〔2016〕2 号	2016-03-01
2015 年度司法行政工作综合考评良好单位	县司法局	市司法局/衢市司〔2016〕7 号	2016-03-07
2015 年度司法行政工作推进项目奖	县司法局(项目:推进基地建设,落实“两个八小时”制度)	市司法局/衢市司〔2016〕7 号	2013-03-07
2015 年度市级优秀团干	刘蕊琪（团县委）	共青团衢州市委	2016-03-09
2015 年度市级优秀团员	严青剑（常山一中）、蓝朱妍（环保局）林雯璇（财税局）、刘俊（外港派出所）	共青团衢州市委/团衢发〔2016〕11 号	2016-03-09
全市公路系统 2015 年度“美丽公路养护能手”	陈少华（县公路局）、徐生根（县农村公路管理中心）	市公路管理局/衢市公路〔2016〕28 号	2016-03-16
优秀管理服务单位	县机关事务管理局房产科	衢机事〔2016〕5 号	2016-03-16
优秀管理服务工作者	谢志明、刘刚（县机关事务管理局）	衢机事〔2016〕5 号	2016-03-16
个人三等功	汪明（县公安局）	衢公令〔2016〕3 号	2016-03-18
集体三等功	法制大队、交警大队事故中队	衢公令〔2016〕6 号	2016-03-18
个人三等功	吴忠新、方志忠、郑宇福、鄢晓刚（县公安局）	衢公令〔2016〕6 号	2016-03-18
个人三等功	江昕、江小华、张刚、鄢晓刚、应华斌、雷云超（县公安局）	衢公令〔2016〕10 号	2016-03-18
2015 年度全市交通运输行政执法评议考核优秀单位	县交通运输局	衢市交办〔2016〕17 号	2016-03-18

续表 58

荣誉称号	获奖单位或个人	颁发单位/文号	颁发时间
2015 年度全市交通运输行政执法评议考核优秀执法人员	姚小娟（县道路运输管理所）	衢市交办〔2016〕17 号	2016－03－18
2015 年度全市交通运输行政执法评议考核优秀案卷（处罚）	33082251201400179 卷（县道路运输管理所）	衢市交办〔2016〕17 号	2016－03－18
2015 年度全市流动人口管理服务工作先进单位	县公安局治安大队	衢流口〔2016〕1 号	2016－03－21
2015 年度全市流动人口管理服务工作先进个人	黄志东、杨裕梅（县公安局）	衢流口〔2016〕1 号	2016－03－21
“严把五关、习惯养成”专项治理活动先进个人	李玲玲（工行常山支行）	工银衢办发〔2016〕30 号	2016－03－25
2015 年度支持浙商创业创新工作先进单位一等奖	县地方税务分局	衢地税发〔2016〕23 号	2016－03－28
全市档案系统先进个人	饶贤福、徐青（县档案局）	衢市人社函〔2016〕2 号	2016－04
2015 年度衢州新闻奖二等奖	徐功富、吴可嘉、金灵丽、周洁梅、黄马强、揭雨兴（新闻中心）；杨腾飞、刘建华、肖薇、马俊、吴佳彬、王丽君、余爱忠、朱灿（县广播电视台）	市新闻工作者协会/衢记〔2016〕4 号	2016－04－01
2015 年度衢州新闻奖三等奖	徐功富、廖志良、黄红霞、周洁梅、黄马强、方均良、余国荣、鲁致远、汪杰（新闻中心）；肖薇、吴佳彬、于悦、占振宇、郭炜、李勇、杨腾飞、余晓亮、余爱忠、朱灿、胡晓东、太东生、郑晓丽、程斌、钱志勤（县广播电视台）	市新闻工作者协会/衢记〔2016〕4 号	2016－04－01
2015 年度衢州银行业平安金融十大“基层标杆网点”	中行常山支行营业部	衢银监发〔2016〕14 号	2016－04－05
2015 年度衢州市“五水共治”先进县	常山县	衢委办发〔2016〕14 号	2016－04－08
2015 年度衢州市“五水共治”先进集体	县水利局、白石镇、金川街道徐村村	衢委办发〔2016〕14 号	2016－04－08
2015 年度衢州市“五水共治”先进个人	叶剑明（住建局）、胡姣良（县农办）、徐安平（治水办）、陈东（辉埠镇）、宋斌（何家乡）	衢委办发〔2016〕14 号	2016－04－08
2011—2015 年度森林消防工作先进单位	县人武部、县森林公安局、新昌乡、白石镇	市政府森林消防指挥部/衢森消指〔2016〕2 号	2016－04－12
2011—2015 年度森林消防工作先进个人	胡红旗（县森林公安局）、金雪白（芳村镇）、徐家有（大桥头乡）、樊成（东案乡）、郑英建（青石镇）、李志良（招贤镇）、丁开有（天马街道）、徐海林（紫港街道）	市政府森林消防指挥部/衢森消指〔2016〕2 号	2016－04－12

续表 58

荣 誉 称 号	获奖单位或个人	颁发单位/文号	颁发时间
2014 年度衢州市青年文明号	县气象局、电信常山分公司文峰西路营业厅、县邮政局溪口支局	衢青文〔2016〕1 号	2016－04－22
2015 年度市重点建设立功竞赛先进个人	郑俊红（县公路局）	市政府/衢政办发〔2016〕21 号	2016－04－22
2015 年度全市政法宣传工作先进单位	县委政法委	衢政法〔2016〕15 号	2016－04－25
2015 年度全市政法系统政法宣传工作“优秀通讯员”	叶晓舟（县公安局）、丁远进（县委政法委）	衢政法〔2016〕15 号	2016－04－25
2015 年度全市政法系统综治优秀新闻作品（报刊）三等奖	李济州、徐盼、邓亮、丁远进（政法委）	衢政法〔2016〕16 号	2016－04－25
2015 年度全市政法系统综治优秀新闻作品（电视）二等奖	杨腾飞、刘建华（广电总台）	衢政法〔2016〕16 号	2016－04－25
2015 年度全市政法系统综治优秀新闻作品（广播）三等奖	杨腾飞、孔泉、刘建华（广电总台）	衢政法〔2016〕16 号	2016－04－25
2015 年度全市政法系统综治优秀新闻作品（网络）三等奖	揭雨兴（县新闻中心）	衢政法〔2016〕16 号	2016－04－25
2015 年度创建美丽公路第一名	县公路局	市公路局/衢市公路〔2016〕62 号	2016－04－27
2015 年度衢州市少先队先进工作者	金童（团县委）	市少工委〔2016〕5 号	2016－05
2015 年度浙江省分行“优秀青年”	刘敏（中行常山支行）	衢中银综〔2016〕111 号	2016－05－04
全市公路系统 2015 年度宣传报道先进单位	县公路局	市公路管理局/衢市公路〔2016〕76 号	2016－05－23
全市公路系统 2015 年度宣传报道先进个人	张沪君、徐莹（县公路局）	市公路管理局/衢市公路〔2016〕76 号	2016－05－23
优秀共产党员	毛小英（县妇保院）、严忠华（青石镇）、郑光华（金川街道上埠村）、邱和平（辉埠镇鸭坞村）、江志耀（辉埠镇彭川村）、裴军荣（何家乡长风村）、张志新（招贤镇官庄村）、江土有（东案乡弄坞村）、廖红俊（新昌乡黄塘村）、徐志坚（芳村镇下猷阁村）、廖端泉（球川镇东坑村）、张发根（同弓乡山边村）、王志根（威诗朗照明有限公司）	中共衢州市委/衢委发〔2016〕10 号	2016－06－25
优秀党务工作者	徐士平（县委组织部）、鲁周清（县发改局）、陈芳（县检察院）、黄国华（县卫计局）、郑怡（天马街道）、周丽兵（紫港街道）、郑俊毅（芳村镇）、王志渊（新昌乡）、刘小莉（白石镇）、李莉（球川镇）、叶继强（金川街道徐村村）、潘广丰（同弓乡中和村）、李吉海（浙江金俐达家俬有限公司）	中共衢州市委/衢委发〔2016〕10 号	2016－06－25

续表 58

荣 誉 称 号	获奖单位或个人	颁发单位/文号	颁发时间
先进基层党组织	县委政法委机关党支部、县交通运输局党委、天马街道屏山社区党总支、紫港街道狮子口村党支部、金川街道徐村村党支部、辉埠镇路里坑村党支部、何家乡黄冈村党支部、东案乡田蓬村党支部 新昌乡黄塘村党支部、白石镇十八里村党支部、县餐饮行业协会党支部、浙江富山纺织有限公司党支部	中共衢州市委/衢委发〔2016〕10 号	2016－06－25
衢州分行优秀共产党员	徐秋明（工行常山支行）	工银衢党〔2016〕18 号	2016－06－29
2015—2016 年衢州市先进基层党校	中共常山县芳村镇委员会党校、中共常山县紫港街道工作委员会党校	中共衢州市宣传部	2016－07
优秀共产党员	徐春生（县烟草专卖局）	中共衢州市烟草专卖局党组/衢烟党〔2016〕12 号	2016－07－14
优秀党务工作者	江梅（县烟草专卖局）	中共衢州市烟草专卖局党组/衢烟党〔2016〕12 号	2016－07－14
先进基层党支部	中共常山县烟草专卖局机关支部	中共衢州市烟草专卖局党组/衢烟党〔2016〕12 号	2016－07－14
2015 年度全市禁毒工作先进集体	县公安局禁毒大队	衢政办发〔2016〕57 号	2016－08－08
2015 年度全市禁毒工作先进个人	马月佳（县公安局）	衢政办发〔2016〕57 号	2016－08－08
全市十佳禁毒专职社工	郑琳琳、江南杰（县公安局）郑琳琳（辉埠镇）	衢禁毒字〔2016〕5 号	2016－08－08
2015 年征兵工作先进单位	常山县芳村镇	市政府、衢州军分区/衢政发〔2016〕34 号	2016－08－16
2016 年“我们正年轻”衢州市中老年人才艺大赛优秀组织奖	常山县老年大学	中共衢州市委老干部局、市老龄委办公室、衢州广电传媒集团	2016－09
衢州市 G20 杭州峰会维稳安保先进集体	县市场监管局	衢州市委、衢州市人民政府/荣誉证书	2016－09
市交通运输系统服务保障 G20 峰会先进集体	县长途汽车运输有限公司	市交通运输局	2016－09
“最美衢州”衢州市第四届排舞大赛金奖	《打岔调》《萨克斯》	中共衢州市委宣传部、市文广新局	2016－09
“最美衢州”衢州市第四届排舞大赛金奖指导老师	徐丹、李婷婷（县文化馆）	中共衢州市委宣传部、市文广新局	2016－09
“最美衢州”衢州市第四届排舞大赛银奖指导老师	李婷婷（县文化馆）	中共衢州市委宣传部、市文广新局	2016－09
“最美衢州”衢州市第四届排舞大赛银奖	《格力的旋转》《破晓》《喇叭裤》（国网常山供电公司选送）	中共衢州市委宣传部、市文广新局	2016－09
“最美衢州”衢州市第四届“排舞”大赛银奖	国网常山供电公司	中共衢州市委宣传部/证书	2016－09－01
2016 年全市地税系统“业务比武”考试前五名	毛舒、余恒劲、江俊庭、曾宪阳（县财税局）	衢地税发〔2016〕75 号	2016－09－04

续表 58

荣 誉 称 号	获奖单位或个人	颁发单位/文号	颁发时间
首届衢州市“最美水利人”	吴海燕（辉埠镇）	衢州水利〔2016〕130 号	2016－09－06
首届衢州市“最美水利人”提名奖	张晓波（县水利局）	衢州水利〔2016〕130 号	2016－09－06
全市 G20 杭州峰会维稳安保先进集体	县委政法委、消防大队、人社局、民政局、白石镇、球川镇、芳村镇、县卫计局、市场监管局、金川街道、文峰社区、上埠村、达坞村、招贤村、溪口村	衢委发〔2016〕20 号	2016－09－26
全市 G20 杭州峰会维稳安保先进个人	朱开明（县委政法委）、黄建（维稳办）郭永平（宣传部）、李和平（商务局）、方志忠（城关派出所）、江昕（公安局）、郑志华（公安局）、符文生（纪委）、占雨（组织部）、刘国平（统战部）、姜素亮（人武部）、徐焕（督考办）、洪永海（教育局）、郑龙龙（安监局）、徐光明（财政局）、郑俊毅（天马街道）、黄小兵（紫港街道）、潘广贵（辉埠镇）、樊金国（何家乡）、王小刚（招贤镇）、黄贤安（青石镇）、金雪白（东案乡）、杨力军（大桥头乡）、魏斌（新昌乡）、詹丽青（同弓乡）、徐金妹（紫港社区）、谭美琴（金川社区）、王水清（黄冈村）、王才田（高峰村）、韩国强（大桥村）、王致勇（新桥村）、张荣（郭塘村）、林芳良（草坪村）、徐富来（棋盘山村）、洪治国（湖石头村）	衢委发〔2016〕20 号	2016－09－26
G20 杭州峰会维稳安保工作先进集体	直属分局、县市场监管局食品生产流通监管科	衢州市市场监督管理局/衢市监综〔2016〕66 号	2016－09－30
G20 杭州峰会维稳安保工作先进集体	县市场监管局食品生产流通监管科	衢州市市场监督管理局/衢市监综〔2016〕66 号	2016－09－30
G20 杭州峰会维稳安保工作先进个人	王笏俊、江骏、陈雅军、潘荣浪、郑丽（县市场监管局）	衢州市市场监督管理局/衢市监综〔2016〕66 号	2016－9－30
“童心·童梦”市第五届少儿现场书画大赛优秀组织单位	常山县青少年活动中心	团市委、市教育局、少先队衢州市工作委员会	2016－10
2015 年度征兵工作先进个人	董峰、周斌辉埠镇）	市政府、衢州军分区	2016－10
2016 年浙江省摄影论文征文活动优秀组织奖	县文化馆	市文化馆、群众文化协会证书	2016－10
市“水协杯”水质检验工职业技能竞赛二等奖	胡剑锋（县水务发展投资有限公司）	市住建局/衢住建办 2016〕229 号	2016－10－09

续表 58

荣 誉 称 号	获奖单位或个人	颁发单位/文号	颁发时间
全市机动车维修从业人员技能比武汽车美容与装潢（窗膜安装）优胜奖	饶刘宝（常山车八度汽车装潢服务中心）	市交通运输局、市人社局、市总工会/衢市交〔2016〕200 号	2016-10-11
全市机动车维修从业人员技能比武汽车美容与装潢（车身水性漆涂装）优胜奖	汪继权（常山县奔达轿车修理厂）	市交通运输局、市人社局、市总工会/衢市交〔2016〕200 号	2016-10-11
衢州市市容环境先进集体	常山县环境卫生管理处	衢住建办〔2016〕217 号	2016-10-12
衢州市优秀城市美容师	徐宝婷、徐水平、王国英（县环卫处）	衢住建办〔2016〕217 号	2016-10-12
衢州市治安保卫重点单位 G20 峰会安保工作先进集体	县长途汽车运输有限公司、国网常山供电公司、移动常山分公司、中石化常山石油支公司、常山天然气发电有限公司、县水务发展投资公司、县农信联社、温银常山支行、县职业中专、育才中学	市公安局、市经济文化保卫协会、市线路管道保护协会	2016-10-21
衢州市治安保卫重点单位 G20 峰会安保工作先进个人	徐青（县档案局）、徐德有（县长运公司）、方文军（国网常山供电公司）、许世华（移动常山分公司）、余志华（中石化常山石油支公司）、朱跃华（常山天然气发电有限公司）、刘冬良（县水务发展投资公司）、胡威民（县农信联社）刘光峰（县职业中专）、琚哲明（育才中学）、符小峰（紫港中学）、朱敏（天然气有限公司）、王海松（中型水库管理局）、刘远（工行常山支行）、傅小年（联合村镇银行）、凌建华（邮储常山支行）、朱勇（电信常山分公司）	市公安局、市经济文化保卫协会、市线路管道保护协会	2016-10-21
2015 年度预算执行先进单位	财政预算收支月报先进单位（二等奖）：常山县财政局；财政总决算先进单位（一等奖）：常山县财政局；财政预算执行分析先进单位（一等奖）：常山县财政局	衢财预执〔2016〕11 号	2016-10-26
2011—2015 年全市法治宣传教育先进集体	县司法局、天马街道东明社区居委会、县交通运输局	市委办/衢委办发〔2016〕50 号	2016-10-31
2011—2015 年全市法治宣传教育先进个人	李青（球川镇）、宁跃法（县司法局）、叶小俊（卫计局）	市委办/衢委办发〔2016〕50 号	2016-10-31
衢州分行"两学一做"学习教育活动工作展示第一名	中国工商银行常山支行党支部	中共中国工商银行衢州分行委员会	2016-11
衢州分行营销场景展示比赛优胜奖	中国工商银行常山支行	中国工商银行衢州分行	2016-11

续表 58

荣誉称号	获奖单位或个人	颁发单位/文号	颁发时间
“衢州市第十三届少儿钢琴大赛暨首届首届少儿器乐大赛”优秀组织单位奖	常山县青少年活动中心	团市委、市教育局、少先队衢州市工作委员会、市音乐家协会、市音乐演奏家协会	2016－11
最美审计人	谢火生（县审计局）	中共衢州市委宣传部、市审计局	2016－11
“最美审计人”提名奖	陈宏良（县审计局）	中共衢州市委宣传部、市审计局	2016－11
市优秀工会积极分子	揭雨兴（县新闻中心）	市总工会/奖状	2016－11
2015 年度部门决算先进个人	汪丽萍（县财税局）	衢财预执〔2016〕12 号	2016－11－01
2016 年全市中医护理综合技能竞赛团体三等奖	常山中医院	衢卫通〔2016〕57 号	2016－11－07
2016 年全市中医护理综合技能个人竞赛三等奖	占丽芳、丰雪梅（常山中医院）	衢卫通〔2016〕57 号	2016－11－07
市公路系统服务保障 G20 峰会先进集体	县公路局	市公路管理局/衢市公路〔2016〕180 号	2016－11－07
市公路系统服务保障 G20 峰会先进个人	张沪君、金明、刘雅东、李松根、姜叶芳（县公路局）	市公路管理局/衢市公路〔2016〕180 号	2016－11－07
G20 杭州峰会安全保障工作先进集体	县市场监管局	衢州市质量技术监督局/衢质技监〔2016〕98 号	2016－11－16
G20 杭州峰会安全保障工作先进个人	樊存龙、范卫兵、吴翔宇（县市场监管局）	衢州市质量技术监督局/衢质技监〔2016〕98 号	2016－11－16
市第五届十佳医生/十佳护士十佳公卫工作者	余颖（县人民医院）、翟巧虹（妇保院）、宋昀（芳村卫生院）	衢卫党发〔2016〕33 号	2016－11－17
市第五届十佳村医/十佳计生专干	樊金福（何家乡江源村卫生室）、徐文树（招贤镇山底村卫生室）、王俊（辉埠镇）、姚彩琴（紫港街道）	衢卫党发〔2016〕33 号	2016－11－17
市司法行政系统 G20 杭州峰会维稳安保先进集体	县司法局	市司法局/衢市司〔2016〕55 号	2016－11－18
市司法行政系统 G20 杭州峰会维稳安保先进个人	刘晓敏（县司法局）、刘晓梦（青石司法所）、郑涛（白石司法所）	市司法局/衢市司〔2016〕55 号	2016－11－18
2016 年金秋菊展先进单位	常山县林业局	市林业局/衢市林〔2016〕77 号	2016－11－22
2016 年金秋菊展先进个人	陈国利（县林业局）	市林业局/衢市林〔2016〕77 号	2016－11－22
2016 年度衢州市科技进步奖三等奖	孙剑虹、徐串联、严宇仙、徐复娟、胡建军（县人民医院）	衢政发〔2016〕59 号	2016－11－23
第二批“衢州市乡镇卫生院特色科室”	芳村中心卫生院骨科、天马中心卫生院口腔科、同弓乡卫生院中医科	衢卫发〔2016〕92 号	2016－12－
最美档案人	王宏军（县公安局）	市委宣传部、市档案局	2016－12－01
市首届“最美档案人”提名奖	傅贵生（县档案局）	市委宣传部、市档案局/衢市档〔2016〕44 号	2016－12－01

续表 58

荣 誉 称 号	获奖单位或个人	颁发单位/文号	颁发时间
衢州市先进机关妇委会	常山县财政局妇委会	衢州市妇女联合会/衢妇〔2016〕51 号	2016 - 12 - 05
衢州市优秀妇联干部	舒慧华（县财税局）	衢州市妇女联合会/衢妇〔2016〕51 号	2016 - 12 - 05
2016 年度全市电大系统办学先进单位	电大常山学院	衢电大〔2016〕46 号	2016 - 12 - 05
2016 年度全市电大系统教学工作先进单位	电大常山学院	衢电大〔2016〕50 号	2016 - 12 - 05
2016 年度全市电大系统办学规模先进单位	电大常山学院	衢电大〔2016〕54 号	2016 - 12 - 05
2016 年度全市电大系统社区教育工作先进单位	电大常山学院	衢电大〔2016〕55 号	2016 - 12 - 05
第 9 届中国义乌国际森林产品博览会先进单位	常山县林业局	市林业局/衢市林〔2016〕80 号	2016 - 12 - 06
第 9 届中国义乌国际森林产品博览会先进个人	胡乾平（县林业局）	市林业局/衢市林〔2016〕80 号	2016 - 12 - 06
衢州市第四届“最美交通人”	陈云山（县公路局）	市交通运输局/衢市交〔2016〕236 号	2016 - 12 - 06
衢州市地方志工作先进工作者	徐金堂（常山县档案局）	衢政办发〔2016〕92 号	2016 - 12 - 09
衢州市首届森林消防技能运动会二等奖	常山县代表队	市政府森林消防指挥部/衢森消指办〔2016〕15 号	2016 - 12 - 09
集体三等功	上海某食品有限公司无证加工饮料案专案组（常山县局：程金木、陈雅军、官成明、袁前锋、周谊）	衢州市市场监督管理局/衢市监综〔2016〕76 号	2016 - 12 - 09
“促转型，提能力，助营销”厅堂微沙龙风采大赛第三名	建行常山支行城区支行	建行衢州分行/建衢函〔2016〕73 号	2016 - 12 - 09
第二批“衢州市乡镇卫生院特色科室”	芳村中心卫生院骨科、天马中心卫生院口腔科、同弓乡卫生院中医科	衢卫发〔2016〕92 号	2016 - 12 - 14
2016 年度衢州市卫生村（复查确认）	辉埠镇东乡村、芳村镇新桥村	衢市爱卫发〔2016〕11 号	2016 - 12 - 14
2016 年度衢州市卫生先进单位（复查确认）	县第一小学、何家乡中心卫生院、新桥卫生院	衢市爱卫发〔2016〕11 号	2016 - 12 - 14
2016 年度衢州市卫生乡镇（命名）	青石镇、东案乡	衢市爱卫发〔2016〕11 号	2016 - 12 - 14
2016 年度衢州市卫生村（命名）	白石镇聚宝村，招贤镇官庄村，新昌乡达塘村，辉埠镇路里坑村、鸭坞村、彭川村，同弓乡彤弓山村，东案乡弄坞村、田蓬村、高峰村，青石镇马车村、溪口村、塘边村	衢市爱卫发〔2016〕11 号	2016 - 12 - 14

续表 58

荣誉称号	获奖单位或个人	颁发单位/文号	颁发时间
2016年度衢州市卫生先进单位（命名）	东案卫生院、大桥头乡卫生院、同弓乡卫生院、金华银行常山支行、县城投公司、县公路管理局	衢市爱卫发〔2016〕11号	2016－12－14
2015年度衢州分行优秀共青团员	毛雪燕（工行常山支行）	工银衢团委〔2016〕4号	2016－12－15
2015年度衢州分行优秀共青团干部	兰云（工行常山支行）	工银衢团委〔2016〕4号	2016－12－15
最美集体	县民政局婚姻登记处	衢市民〔2016〕120号	2016－12－19
最美个人	何时敏（辉埠镇）	衢市民〔2016〕120号	2016－12－19
食品生产小作坊“整治、改造、提升”专项行动先进单位	县市场监管局	衢州市市场监督管理局/衢市监综〔2016〕77号	2016－12－20
衢州市创建全国双拥模范城“四连冠”（先进单位）	县民政局	市委、市政府、衢州军分区	2016－12－22
衢州市创建全国双拥模范城“四连冠”（先进个人）	徐勇军（县民政局）	市委、市政府、衢州军分区	2016－12－22
2015—2016年度衢州市青年文明号集体	县地税局经济开发区分局、县地税局直属税务分局会计征收股	衢青文〔2016〕3号	2016－12－28
2015—2016年度衢州市青年岗位能手	胡佳炜（县财税局）	衢青文〔2016〕3号	2016－12－28
2016年度信息报送和新闻报道工作先进集体一等奖	住房公积金常山分中心	衢公积金〔2016〕44号	2016－12－29
2016年度信息报送和新闻报道工作先进个人一等奖	黄海彤（常山住房公积金分中心）	衢公积金〔2016〕44号	2016－12－29
全市民族宗教系统信息工作先进单位	民宗局	衢州市民族宗教事务局	2016－12－30
国家AAA级旅游景区	桃花源景区	衢旅质评〔2016〕11号	2016－12－30
2016年度全市机构编制工作目标考核一等奖	县编办	市机构编制委员会/证书	2016－12－30

县级先进集体、个人

表 59

荣誉称号	获奖单位或个人	颁发单位/文号	颁发时间
2015年度“金钉子”党组织	天马街道天马村党支部、金川街道徐村村党支部、辉埠镇路里坑村党支部、何家乡长风村党支部、东案乡田蓬村党支部、东案乡弄坞村党支部、芳村镇下猷阁村党支部、新昌乡黄塘村党支部、球川镇后弄村党支部、同弓乡中和村党支部	县委 县政府/常委〔2016〕4号	2016－01－29

续表59

荣誉称号	获奖单位或个人	颁发单位/文号	颁发时间
常山县首届“乡贤才俊”	王建军（天马街道文峰社区）、王毓洪（东案乡金源村）、甘泉（天马街道和平村）、甘礼华（芳村镇河边山村）、甘晓华（东案乡弄坞村）、刘美鸿（青石镇阁底村）、江明其（辉埠镇彭川村）、何健飞（何家乡何家村）、吴小锋（紫港街道渣濑湾村）、吴立群（天马街道文峰社区）、张鸿土（招贤镇箬溪村）、李生强（招贤镇溪上村）、邱娣兵（招贤镇渔溪口村）、段月珍（球川镇芙蓉村）、祝建辉（天马街道天马村）、胡永平（金川街道胡家淤村）、涂国红（招贤镇泉目山村）、徐小芳（女 金川街道上埠村）、徐东良（芳村镇井河村）、徐芝明（青石镇大塘后村）、樊克生（何家乡樊家村	县委 县政府/常委〔2016〕5号	2016－01－29
常山县第三届“项目功臣”	王伟（县交通运输局）、王伟荣（芳村镇）、杨春柳（县国土资源局）、吴进（农发行常山信贷组）、吴可嘉（县新闻中心）、张晓波（县水利局）、陈亮明（县农业局）、林永祥（县服务业办）、郑怀华（县供电公司）、廖红俊（新昌乡黄塘村）	县委 县政府/常委〔2016〕6号	2016－02－05
常山县第三届“攻坚干将”	王木星（县城东新区管委会）、王文卿（县教育局）、朱忠诚（辉埠镇）、江玉林（球川镇）、汪水华（县住建局）、陈雪良（青石镇）、黄志祥（芳村镇）、黄晓东（县城乡规划中心）、曹宏（县法院）、曾智盛（县公安局）	县委 县政府/常委〔2016〕6号	2016－02－05
常山县第三届“招商能手”	王东风（县东风轴承有限公司）、刘新龙（白石镇）、杨云华（县环境保护局）、汪康道（浙江康盈磁业有限公司）、郑俊（县经济技术开发区管委会）、胡志彬（同弓乡）、徐峰（县住建局）、符和根（浙江富丽新材料有限公司）、谢诚[县财政（地税）局]、柯俊（县经信局）	县委 县政府/常委〔2016〕6号	2016－02－05

续表 59

荣誉称号	获奖单位或个人	颁发单位/文号	颁发时间
集体三等功	辉埠镇、青石镇、招贤镇、球川镇、新昌乡、公安局、财政局、监察局、农办、交通运输局、综合执法局、广电总台、旅委、市场监督管理局	县政府/常政发〔2016〕10号	2016－02－06
新农村建设优秀单位	东案乡、招贤镇、芳村镇、金川街道、青石镇、同弓乡	县委/常委〔2016〕8号	2016－02－16
新农村建设先进个人	郑荣华（天马街道）、姚长征（紫港街道）、杨力军（金川街道）、邹斌（辉埠镇）、刘石青（何家乡）、刘忻（招贤镇）、严建华（青石镇）、何菊（东案乡）、詹丽青（大桥头乡）、金雪白（芳村镇）、蒋汉雷（新昌乡）、王军（白石镇）、吴林锋（球川镇）、余良军（同弓乡）	县委/常委〔2016〕8号	2016－02－16
第二批美丽乡村	黄塘村、长风村、黄泥畈村、中和村、高峰村	县委/常委〔2016〕8号	2016－02－16
“五美”乡村	棋盘山村、聚宝村、马车村、黄冈村、狮子口村、同心村、朝阳村、天马村、五里亭村、鸭坞村、官庄村、郭塘村	县委/常委〔2016〕8号	2016－02－16
“四美”乡村	芙蓉村、白石村、九龙山村、钱塘村、蒲塘村、蒋家村、彭川村、古县村、达塘村、友好村、濛桥村、猷阁口村、河边山村	县委/常委〔2016〕8号	2016－02－16
“三美”乡村	红旗岗村、十八里村、溪口村、狮东村、关庄桥村、白马村、周塘村、上埠村、樊村村、岩前村、浮河村、上猷阁村	县委/常委〔2016〕8号	2016－02－16
美丽乡村建设带头人	邱有青（天马村）、黄盖民（狮东村）、叶继强（徐村村）、朱月高（路里坑村）、邱和平（鸭坞村）、裴军荣（长风村）、张志新（官庄村）、徐卫国（砚瓦山村）、官小华（九龙山村）、江土有（弄坞村）、郑富红（田蓬村）、张小利（濛桥村）、徐志坚（下猷阁村）、廖红俊（黄塘村）、廖海富（曹会关村）、周水刚（黄泥畈村）、汪伟国（棋盘山村）、潘广丰（中和村）、邹清华（同心村）	县委/常委〔2016〕8号	2016－02－16

续表 59

荣 誉 称 号	获奖单位或个人	颁发单位/文号	颁发时间
振兴“常山三宝”发展现代农业优秀转型升级主体	浙江天子股份有限公司、浙江溢丰农业开发有限公司、浙江常发粮油有限公司、常山县森力家庭农场、常山华凯木业有限公司	县委/常委〔2016〕8 号	2016 - 02 - 16
振兴“常山三宝”发展现代农业优秀新兴创业主体	常山县众柚胡柚专业合作社、常山县欢乐家庭农场、常山县思扬家庭农场、常山县斯帝油茶开发有限公司、常山县旺旺家庭农场 常山县谷舞仁生农业发展有限公司、常山寨回首农业开发有限公司、浙江毓秀旅游开发有限公司、常山新地农业科技有限公司、常山县牛角农业开发有限公司、常山县绿宝家庭农场	县委/常委〔2016〕8 号	2016 - 02 - 16
国家 AAA 景区	黄塘景区、黄岗山景区	县委/常委〔2016〕8 号	2016 - 02 - 16
2015 年度县政府质量奖（企业）	浙江省常山纺织有限责任公司、浙江常山金雄有限公司、捷姆轴承集团有限公司（复评）、常山皮尔轴承有限公司（复评）	县政府/常政发〔2016〕12 号	2016 - 02 - 18
2015 年度县政府质量奖（个人）	徐小忠、傅丽红	县政府/常政发〔2016〕12 号	2016 - 02 - 18
2015 年度全县安全生产工作先进集体	芳村镇、球川镇、县公安局、县经信局、县市场监管局、县教育局、县卫计局、县安监局、县消防大队	县政府/常政发〔2016〕21 号	2016 - 04 - 06
2015 年度全县安全生产工作先进个人	姜涛（县府办）、薛旭春（县经济技术开发区管委会、朱忠诚（辉埠镇）、熊淑宝（球川镇）、翁绍志（县交通运输局）、王俊（县应急办）、邵柏铭（县消防大队）、吴水良（县交警大队）、李剑（县安监局）、李和平（县商务局）	县政府/常政发〔2016〕21 号	2016 - 04 - 06
2015 年度全县建设“平安常山”（综治、维稳）工作先进集体	天马街道、紫港街道、青石镇、大桥头乡、新昌乡、白石镇、县信访局、县商务局、县住建局、县公安局、县市场监管局、县卫计局	县委/常委〔2016〕12 号	2016 - 05 - 05
2015 年度全县建设“平安常山”（综治、维稳）工作先进个人	宁玮亮（天马街道）、程立凤（天马街道文峰社区）、任小军（紫港街道）、杨力军（金川街道）、郑小云（金川街道赵家坪社区）、邹 斌（辉埠镇）、汪建芳（辉埠镇才里村）、樊	县委/常委〔2016〕12 号	2016 - 05 - 05

续表59

荣誉称号	获奖单位或个人	颁发单位/文号	颁发时间
(续上页)	育旗（何家乡）、程敏芳（招贤镇）、张志新（招贤镇官庄村）、朱剑锋（青石镇）、谢剑利（东案乡）、陈慧平（大桥头乡）、黄志娟（芳村镇）、徐志芳（芳村镇下畎阁村）、官国平（新昌乡）、姜斌（白石镇）、李莉（球川镇）、廖端泉（球川镇东坑村）、楼华（同弓乡）、戴华标（浙江富山纺织有限公司）、孔万荣（常山南方水泥有限公司）、吴永兴（县委办）、姜涛（政府办）、张翼忠（人大机关）、顾哲洁（政协机关）、李安荣（纪委）、胡斌（组织部）、徐士平（机关工委）、朱灵（宣传部）、徐良其（新闻中心）、金童（团县委）、王贤龙（发改局）、郑燕（统计局）、陈建明（服务业办）、周宏伟（安监局）、薛旭春（经济技术开发区管委会）、缪春祥（人力资源与社会保障局）、朱琳（交通运输局）、甘全明（综治办）、郑志东（法院）、谢维光（检察院）、马月佳（公安局）、李明道（司法局）、邵柏铭（消防大队）、胡姣良（农办）、徐美仙（民政局）、戴根林（财政〈地税〉局）、官成明（市场监管局）、林永周（教育局）、胡长锋（卫计局）、陈晟（广电总台）	县委/常委〔2016〕12号	2016－05－05
先进基层党组织（10个）	县委政法委党支部、县交通运输局党委、金川街道徐村村党支部、辉埠镇路里坑村党支部、何家乡黄冈村党支部、东案乡田蓬村党支部、新昌乡黄塘村党支部、白石镇十八里村党支部、天马街道屏山社区党总支、县餐饮行业协会党支部	县委/常委〔2016〕15号	2016－06－30
“金钉子书记”（10名）	郑光华（金川街道上埠村）、江志耀（辉埠镇彭川村）、裴军荣（何家乡长风村）、张志新（招贤镇官庄村）、郑富红（东案乡田蓬村）、徐志坚（芳村镇下畎阁村）、廖红俊（新昌乡黄塘村）、廖端泉（球川镇东坑村）、张发根（同弓乡山边村）、王志根（威诗朗照明有限公司）	县委/常委〔2016〕15号	2016－06－30

续表 59

荣誉称号	获奖单位或个人	颁发单位/文号	颁发时间
“金钉子党员”（100名）	天马街道：陈土根（金川社区）、徐有仙（渡口社区）、琚美娟（定阳社区）、邓建国（文峰社区）、吴松元（北屏山村）、王枝英（和平村）、黄峰（蒲塘村）、刘方财（天马村）；紫港街道：黄盖明（狮东村）、樊忠明（大弄口村）、夏开明（狮子口村）、徐起善（紫港社区）；金川街道：陈明富（十里山村）、徐有德（徐村村）、王彩凤（上埠村）、刘祖英（十五里村）、江利群（五里亭村）、徐水琴（十里山村）；辉埠镇：潘广贵（辉埠镇）、周斌（辉埠镇）、黄志明（达坞村）、杨土喜（双溪口村）、徐国祥（东乡村）、符红锋（石姆岭村）；何家乡：洪春良（江源村）、周正香（何家村）、周智忠（钱塘村）；招贤镇：陈冬香（汪家淤村）、李小林（古县村）、魏雨生（纱帽山村）、江燕飞（招贤村）；青石镇：严忠华（青石镇）、江巨光（江家村）、鲁正峰（溪口村）、陈先平（塘边村）、徐卫国（砚瓦山村）、聂毛纳（虹桥村）；东案乡：谢剑利（东案乡）、王人法（金源村）、邹京军（朝阳村）；大桥头乡：符镇湧（大桥村）、姜小平（濛桥村）；芳村镇：黄志斌（芳村镇）、黄志旺（芳村村）、姜南明（石塘村）、李锋（猷阁口村）、李红（芙蓉湖村）；新昌乡：汪先波（达塘村）、徐文花（茶源村）、王雨林（泰安村）、廖云连（新昌村）；白石镇：姚寅（白石镇）、林芳良（草坪村）；球川镇：季金全（球川镇）、黄在机（新店村）、周燕清（黄泥畈村）、刘堂林（红旗岗村）、杨著兴（杨家村）、林学忠（后弄村）、林国堂（东山村）、张良君（芙蓉村）；同弓乡：丁乐喜（同弓乡）、洪治国（湖石头村）；胡江平（县委）；李慧卿（县政府）；徐国庆（县纪委）；傅欣（县电化教育中心）；朱灵（县委宣传部）；陈小红（县委党校）；徐良其（县新闻中心）；邹赛	县委/常委〔2016〕15号	2016-06-30

续表 59

荣 誉 称 号	获奖单位或个人	颁发单位/文号	颁发时间
	(团县委);徐金堂(县档案局);王 伟(县发改局);陈金莲(县环卫处);徐东红(县房改办);吴英华(县综合行政执法局);吴 兵(县新都派出所);文 斌(县交警大队);李季兵(县农办);胡水和(县民政局);何月伟(县畜牧兽医局);陈新建(县林技推广中心);金旭华(县水利局);刘剑文(县国土资源局);王人华(县地税局);余志纲(县市场监管局);栾文贵(县第一中学);刘小署(县第三中学);符忠成(县职业中专);郑春少(城南中学);雷兴荣(新昌小学);琚巨良(县纪委);熊玉英(县卫计局);毛小英(县妇保院);鄢松君(新昌卫生院);余 颖(县人民医院);钟卫平(浙江富丽新材料有限公司);李水祥(浙江迈特电子有限公司);毛赛赛(浙江赛赛轴承有限公司);姜通华(常山液压机有限公司)		
“金钉子党务工作者”(10 名)	徐士平(县直机关工委)、鲁周清(县发改局)、黄国华(县卫计局)、郑 怡(天马街道)、周丽兵(紫港街道党工委)、郑俊毅(芳村镇党委)、刘小莉(白石镇党委)、王志渊(新昌乡党委)、李 莉(球川镇党委)、潘广丰(同弓乡中和村党支部)	县委/常委〔2016〕15 号	2016－06－30
2015 年度夏秋季征兵工作先进单位	常山县卫计局	常政发〔2016〕44 号	2016－07
2015 年度夏秋季征兵工作先进个人	林文成、傅玉仙(县卫计局),徐勇军(县民政局)	常政发〔2016〕44 号	2016－07
全县春运工作先进集体	县公安局特巡警大队、县交通运输局	县政府/常政发〔2016〕51 号	2016－08－02
全县春运工作先进个人(13 名)	周宏伟(县安监局);金 明(县公路管理局);严军锋(县道路运输管理所);余连荣(县水务发展投资有限公司);叶晓明、汪立华、祝欣慰、徐一飞、严见恩、赵 晖(县交警大队);刘文晔(县经信局);仇 治(高速交警衢州支队窑上卡点大队);毛 轶(高速交警衢州支队一大队)	县政府/常政发〔2016〕51 号	2016－08－02

续表 59

荣誉称号	获奖单位或个人	颁发单位/文号	颁发时间
常山县 第二届名师 （16 名）	傅辉根、吴宝山、王芳（常山一中）；徐春红（职业中专）；章三根、王丽宏（城关中学）；江毅（育才中学）；郑红贤（城东中学）；徐国仙、夏丽芳（常山一小）；周晓敏（实验小学）；王玲丽（天马一小）；张国华（天马二小）；陈正、项珍（育才小学）；林国芳（二都桥小学）	县政府/常政发〔2016〕58 号	2016－09－09
常山县 第二届红烛奖 （20 名）	姚礼权（常山一中）、刘辉（紫港中学）、陈茂鼎（城关中学）、郑云彬（育才中学）、樊建春（常山二中）、吴俊敏（常山三中）、林春汝（龙绕初中）、张锡英（常山一小）、刘碧英（育才小学）、胡岳娟（二都桥小学）、余文敏（城东小学）、黄金高（辉埠小学）、蒋尔云（何家小学）、李萍萍（招贤小学）、朱爱萍（五里小学）、徐利国（东案小学）、黄小平（芳村小学）、周瑾（钳口小学）、徐水英（培智学校）、徐志雅（教工幼儿园）	县政府/常政发〔2016〕58 号	2016－09－09
常山县 第二届优秀班主任（99 名）	熊爱珍、黄雪刚、吴玉梅、吴俊峰、吴天亮、徐拥军、孟礼召（常山一中）；高永周、王俊、黄国平、龚瑞莹（紫港中学）、鄢少敏、邱志军、王国英、余丽花（职业中专）；郑水兰、刘有福、占美仙、詹长庚、王丽宏、凌江宏、单剑锋（城关中学）；张雪琴、徐木清（城南中学）；全俊祥、毛金锋、罗文昌、余志珍（育才中学）；宁斌、潘云（天马中学）；姚刚平、江文忠、汪水林（城东中学）；郑苏妹、姜宏锋（常山二中）；樊红霞（常山三中）；林秉装、陈永富、方奕（龙绕初中）；金秀平（何家初中）；郑爱英（阁底初中）；郑小武、严仁姣（同弓初中）；吴雅君、占洪良、刘夏俊、周懿（常山一小）；任莹、蓝君红、王丽娟（实验小学）；郑小玲、鲁丽华	县政府/常政发〔2016〕58 号	2016－09－09

续表 59

荣誉称号	获奖单位或个人	颁发单位/文号	颁发时间
	（天马一小）；徐桔芝、江何杰、胡小燕（天马二小）；黄晓霞（天马二小蒲塘完小）；徐丽萍（育才小学）；江 钧、姜雯雯（二都桥小学）；刘冬云、陈红良（湖东小学）；杨芳、刘兰兰（城东小学）；江礼、张群英（何家小学）；江小芳、徐燕芝（辉埠小学）；严芝花（宋畈小学）；徐建英、凌 佳、吴军基（招贤小学）；兰红霞、蒋林泉、揭剑青（五里小学）；李慧燕、徐萍丽、吴晓亚（阁底小学）；高红霞、王志诚、江冬菊（青石小学）；戴有仙（东案小学）；曾晨琴（大桥头小学）；姜美福、周晓英、谢飘飘、余福军（芳村小学）；詹 英（新桥小学）；姜剑梅（白石小学）；徐雪萍、洪燕华（钳口小学）；洪丽春、刘夏娟（同弓小学）；樊 燕（龙绕小学）；洪 弘、唐丽芳（球川小学）；顾琳琳（育才幼儿园）；张 洁（教工幼儿园）；郑丽纹（江滨幼儿园）；樊菊香（大风车幼儿园）		
2016 年常山县教学质量标兵（118 名）	刘 英、胡仁飞、李 智、栾文贵、苏 武、汪土根、吴继军、吴玉梅、徐朝明、徐金明、徐旭华、严青剑、姚智君、詹飞鸣、张路红、张耀红、郑红全、郑利忠（常山一中）；符小峰、黎 君、汪教清、高树新、胡昌平、罗有良、鄢金水、徐辉辉（紫港中学）；徐国生（三衢高中）；王国英、樊丽雅（职业中专）；王丽宏、陈伟芳、熊文选、章仕望、苏 珏、张伟利（城关中学）；余 磊、程金杰、戴金仙、林菊芳、许小妹、张雪琴、江万兴、姜 峰、郑春少（城南中学）；罗文昌、陈 静、吴银娟、余倩雯、李爱丽、陈明花、赖阳清、杨 焕、郑云彬、汪玉华、琚 微、曾丽红、江露霞、余土英、毛金锋（育才中学）；余 当（天马中学）；徐指挥、戴云芝（城东中学）；黄燕娟（常山三中）；金秀平、裴雪芳、王 玮（何家初中）；	县政府/常政发〔2016〕58 号	2016－09－09

续表 59

荣 誉 称 号	获奖单位或个人	颁发单位/文号	颁发时间
	郑爱英、吴倩倩（阁底初中）；张丽君、程 咪（常山一小）；宁丽丽、章志福、李 丽、徐燕玲（实验小学）；胡苏军、鲁丽华、韦玲萍、张建君、徐玲灵、琚淑娟（天马一小）；徐俊敏、鲁贞君、姜利剑（天马二小）；胡岳娟、蒋秋仙、汪俊奇（二都桥小学）；徐冬仙、汪水娇、刘冬云、王菲菲（湖东小学）；陈芳英（城东小学）；徐旭芳、张群英（何家小学）；谢维娟（辉埠小学）；范军政、凌 佳（招贤小学）；刘小军、宁珊珊（五里小学）；翁建明（阁底小学）；徐利国、曾旭辉（东案小学）；江国英（大桥头小学）；郑玲玲、周晓英、王 琴、谢飘飘（芳村小学）；詹 英（新桥小学）；赵小青、郑庆芳、朱桂贞、洪燕华（钳口小学）；樊小平、郑丽娟（同弓小学）；余通通（龙绕小学）；洪 弘（球川小学）；叶丹丹（培智学校）；顾琳琳（育才幼儿园）；张 洁（教工幼儿园）		
常山县 G20 杭州峰会维稳安保先进集体	县委办、政府办、县人大常委会机关、县政协机关、县信访局、县机关事务局、维稳办、团县委、县妇联、县商粮局、县安监局、县开发区管委会、县住建局、县环保局、县交通运输局、县供电公司、县检察院、县农办、县教育局、县文广新局、紫港街道、青石镇、东案乡、新昌乡、同弓乡、天马街道屏山社区、辉埠镇才里村、何家乡长风村、招贤镇大弄村、大桥头乡客弄村	县委/常委〔2016〕25 号	2016－10－21
常山县 G20 杭州峰会维稳安保先进个人	刘华（机要局），姜涛（政府办），樊向富（人大），熊爱华（政协），程其光（纪委），徐玉龙（组织部），付小丽（外宣办），徐德成（信访办），杨登（咨询委），林国前（机关事务局），曾修明（行政中心），王芳（监管办），徐红清（编委），周谊（机关工委），刘石青（老干部局），		

续表 59

荣誉称号	获奖单位或个人	颁发单位/文号	颁发时间
	鲁致远（新闻中心），付小明（统战部），张晓蕾（民宗局），刘学峰（党校），徐青（档案局），李金木（总工会），饶群（团县委），邱雪芳（妇联），官金发（科协），胡志君（工商联），王诚（残联），何水龙（发改局），吴正元（统计局），官建国（经信局），季建英（商粮局），林芳庆（服务业办），王宏（安监局），谢成（招商局），郑新建（经济技术开发区），周木金（人社局），吴益民（住建局），徐建宏（执法局），巫水源（规划中心），周蕾（人防办），王木星（城东新区），王东方（环保局），侯国平（交通局），俞朝荣（铁办），史伟明（供电公司），刘林松（邮政分公司），甘全明（综治办），王郑（610办），丁远进（政法委），郑玉龙（法院），王伟（检察院），郑德龙、施文杰、李红新、徐昕、黄发林、唐亮、刘骏、姜锦彬、吴辰、俞寒冰（公安局），章武生（司法局），吴超（人武部），许昕（消防大队），徐子勃（农办），江宏伟（民政局），江美芳（农业局），徐小祥（林业局），严良京（水利局），周燚（国土局），刘国军（矿产办），李炳根（农综办），林雯璇（财政局），陈敏（市监局），方剑芸（审计局），童国庆（供销联社），琚旦炜（教育局），方龙兵（电大），毕建军（科技局），胡长锋（卫计局），陈金龙（红十字会），廖伟军（文广新局），汪晓峰（广电总台），何磊（旅委），谢国根、任小平、徐立臣、卢怡婷（峰会安保指挥部），谢鑫欣（天马街道），任小军（紫港街道），王毓飞（金川街道），周斌（辉埠镇），王全寿（何家乡），李向阳（招贤镇），郑丽（青石镇），汪建新（东案乡），余亚仙（大桥头乡），张斌（芳村镇，）王志渊（新昌乡），姜斌（白石镇），季金全（球川镇），楼	县委/常委〔2016〕25号	2016－10－21

续表 59

荣誉称号	获奖单位或个人	颁发单位/文号	颁发时间
	华（同弓乡），李栋（东明社区），裴军建（大弄口村），胡伟星（胡家淤村），吴清芳（大梗村），何其红（何家村），徐建忠（山底村），王老四（虹桥村），聂日伍（万安村），张小利（濛桥村），黄志旺（芳川村），程礼锋（西源村），吴国明（十八里村），林秉昌（东山村），胡平（胡村村）		
常山县第五批县级爱国主义教育基地	县烈士纪念碑、球川镇球川红色纪念馆、青石镇虹桥抗日历史纪念碑、东案乡高峰村爱国主义教育基地、大桥头乡浮河惨案纪念广场、新昌乡红色新昌（黄塘）陈列馆、球川镇东坑古道、金川街道徐村村绣溪人文馆	县委/常委〔2016〕28 号	2016－11－04
县级文明单位	金华银行常山支行、温州银行常山支行、县机关后勤服务中心、常山县中正人力资源有限公司	县委/常委〔2016〕29 号	2016－11－04
县级文明乡镇（街道）	紫港街道、何家乡、青石镇、大桥头乡	县委/常委〔2016〕29 号	2016－11－04
县级文明社区	赵家坪社区	县委/常委〔2016〕29 号	2016－11－04
县级文明村	紫港街道狮子口村、紫港街道狮东村、金川街道徐村村、球川镇东坑村、青石镇飞碓村、东案乡高峰村、新昌乡泰安村、同弓乡同心村、同弓乡山边村	县委/常委〔2016〕29 号	2016－11－04

重要文件目录

中共常山县委、县人民政府联发文件

表 60

序	文　　号	文　件　标　题
1	常委〔2016〕4 号	关于表彰 2015 年度“金钉子”党组织的决定
2	常委〔2016〕5 号	关于表彰常山县首届“乡贤才俊”的决定
3	常委〔2016〕6 号	关于表彰常山县第三届“项目功臣、攻坚干将、招商能手”的通知
4	常委〔2016〕7 号	关于印发 2016 年重点工作分工抓落实安排的通知
5	常委〔2016〕8 号	关于表彰 2015 年度美丽乡村建设各项先进的通报
6	常委〔2016〕9 号	关于印发《常山县 2016 年度乡镇（街道）部门工作目标考核办法》的通知
7	常委〔2016〕12 号	关于表彰 2015 年度全县建设“平安常山”（综治、维稳）工作先进集体和个人的通知
8	常委〔2016〕21 号	关于印发《关于积极落实全面两孩政策提高计划生育服务管理水平的实施方案》的通知
9	常委〔2016〕22 号	关于转发《关于在全县公民中开展法治宣传教育的第七个五年规划（2016—2020)》的通知
10	常委〔2016〕24 号	关于要求批复《常山县关于深化供销合作社和农业生产经营管理体制改革构建“三位一体”农民合作经济组织体系的实施方案》的请示
11	常委〔2016〕25 号	关于表彰全县 G20 杭州峰会维稳安保工作先进集体和个人的通知
12	常委〔2016〕26 号	关于印发《常山县关于深化供销合作社和农业生产经营管理体制改革构建“三位一体”农民合作经济组织体系的实施方案》的通知
13	常委〔2016〕28 号	关于命名表彰第五批县级爱国主义教育基地的通知
14	常委〔2016〕29 号	关于命名表彰县级文明单位、乡镇（街道）、村（居）的通知
15	常委〔2016〕36 号	常山县 2015 年度落实党风廉政建设责任制和惩防体系建设情况检查考核反馈意见整改报告
16	常委〔2016〕41 号	关于支持人民法院提前基本解决执行难问题的意见

（县委办公室）

中共常山县委文件

表 61

序	文号	文件标题
1	常委〔2016〕1 号	关于开展县委常委民主生活会的报告
2	常委〔2016〕2 号	中共常山县委常委会召开“三严三实”专题民主生活会工作方案
3	常委〔2016〕3 号	关于印发《常山县发展壮大村级集体经济三年行动计划（2016—2018）》的通知
4	常委〔2016〕10 号	关印发《巡视反馈意见整改方案》的通知
5	常委〔2016〕11 号	关于调整部分单位党组织设置的通知
6	常委〔2016〕14 号	关于实施全域旅游发展战略的意见
7	常委〔2016〕15 号	关于公布县“金钉子书记”“金钉子党员”“金钉子党务工作者”以及先进基层党组织的通知
8	常委〔2016〕16 号	关于在全县“两学一做”学习教育中开展“落实八个干要求、推进五大专项行动”的通知
9	常委〔2016〕17 号	关于做好 2016 年乡镇换届工作的通知
10	常委〔2016〕19 号	关于开展常山县 2016 年公开选拔领导干部工作的通知
11	常委〔2016〕23 号	关于巡视整改情况的通报
12	常委〔2016〕27 号	关于转发《中共常山县人大常委会党组关于做好县乡两级人民代表大会换届选举工作的意见》的通知
13	常委〔2016〕30 号	关于召开中国共产党常山县第十三次代表大会的决议
14	常委〔2016〕32 号	关于印发《常山县第十三次党代会代表提案征集与办理工作实施方案》的通知
15	常委〔2016〕33 号	关于印发《中共常山县委巡视工作实施细则（试行）》的通知
16	常委〔2016〕35 号	关于做好常山县出席中国共产党衢州市第七次代表大会和出席中国共产党常山县第十三次代表大会代表选举工作的通知
17	常委〔2016〕39 号	关于批转《县委组织部县委统战部县政协党组关于政协常山县第九届委员会人事安排意见》的通知

（县委办公室）

常山县人民政府文件

表 62

序	文　号	文　件　标　题
1	常政发〔2016〕3 号	关于 2016 年土地储备计划的批复
2	常政发〔2016〕4 号	关于对《048 省道延伸线青石大桥工程“12·21”一般车辆伤害事故调查报告》的批复
3	常政发〔2016〕5 号	关于同意录用专业士官张志敢等六位同志为相关单位工作人员的批复
4	常政发〔2016〕6 号	关于同意设立联合常山创业投资基金有关事项的批复
5	常政发〔2016〕8 号	关于常山县省级园区改造项目融资有关事项的批复
6	常政发〔2016〕10 号	关于授予辉埠镇等 14 个单位集体三等功的决定
7	常政发〔2016〕11 号	关于开展第三次农业普查的通知
8	常政发〔2016〕12 号	关于 2015 年度县政府质量奖获奖企业和个人的通报
9	常政发〔2016〕13 号	关于印发《常山县国民经济和社会发展第十三个五年规划纲要》的通知
10	常政发〔2016〕14 号	关于下达 2016 年常山县重点建设项目和重大前期项目计划的通知
11	常政发〔2016〕15 号	关于 2016 年民兵组织整顿工作实施意见
12	常政发〔2016〕16 号	关于对常山县东方广场城市综合体 1 号楼工程“1·13”一般坍塌事故调查报告的批复
13	常政发〔2016〕19 号	关于同意《常山县城镇住房保障“十三五”规划（2006—2020）》的批复
14	常政发〔2016〕21 号	关于表彰 2015 年度全县安全生产工作先进集体和先进个人的通报
15	常政发〔2016〕23 号	关于印发《常山县国民经济和社会发展第十三个五年规划纲要主要目标任务分解落实方案》的通知
16	常政发〔2016〕24 号	关于印发《常山县人民政府工作规则》的通知
17	常政发〔2016〕27 号	关于落实常山县城市棚户区综合改造工程申请中国农发重点建设基金有关事项的通知
18	常政发〔2016〕28 号	关于落实常山县高标准农田建设项目申请中国农发重点建设基金有关事项的通知
19	常政发〔2016〕29 号	关于对常山县诺辉金属制品有限公司“3·12”物体打击一般事故调查报告的批复
20	常政发〔2016〕32 号	关于调整县政府领导班子成员工作分工的通知
21	常政发〔2016〕33 号	关于进一步改进和加强乡镇财政财务监管的工作意见
22	常政发〔2016〕34 号	关于同意公开出让常山县金川街道十五里村夹江水库 1#地块国有建设用地使用权的批复
23	常政发〔2016〕37 号	关于对浙江常山科润化学有限公司“5·7”火灾事故调查报告的批复
24	常政发〔2016〕38 号	关于同意将常山县辉埠镇石姆岭村下山脱贫异地搬迁项目有关事项的通知
25	常政发〔2016〕40 号	关于开展陆域碎石加工场专项整治的通告
26	常政发〔2016〕41 号	关于印发《常山县全面建立困难残疾人生活补贴和重度残疾人护理补贴制度实施办法》的通知

续表 62

序	文　　号	文　件　标　题
27	常政发〔2016〕42 号	关于加快推进残疾人全面小康进程的实施意见
28	常政发〔2016〕43 号	关于同意《常山县社会事业发展“十三五”规划》的批复
29	常政发〔2016〕44 号	关于表彰 2015 年优秀征兵工作先进单位和个人的通报
30	常政发〔2016〕45 号	关于同意设立常山县昊润产业股权投资基金有关事项的通知
31	常政发〔2016〕46 号	关于同意《常山县综合交通运输发展“十三五”规划》的批复
32	常政发〔2016〕47 号	关于同意《浙江省常山县芳村镇大处历史文化村落保护与利用规划》的批复
33	常政发〔2016〕50 号	关于同意常山健康养生特色小镇控制性详细规划的批复
34	常政发〔2016〕51 号	关于表彰 2016 年全县春运工作先进集体和先进个人的通报
35	常政发〔2016〕52 号	关于对浙江永合化工有限公司“5・29”一般化学灼伤事故调查报告的批复
36	常政发〔2016〕54 号	关于在全县范围内严禁野外用火的通告
37	常政发〔2016〕55 号	关于《常山县“十三五”工业发展规划》的批复
38	常政发〔2016〕56 号	常山县 2016 年度征兵命令
39	常政发〔2016〕58 号	关于命名表彰常山县第二届名师等教师荣誉的通报
40	常政发〔2016〕59 号	关于公开出让常山县城区新区文创园一期 A 地块等三幅地块国有建设用地使用权的批复
41	常政发〔2016〕63 号	关于同意《常山县“十三五”外向型经济发展规划》的批复
42	常政发〔2016〕64 号	关于对浙江雄狮工贸有限公司“8・3”一般跌伤事故调查报告的批复
43	常政发〔2016〕65 号	关于对常山县白石镇草坪村草坪三号变工程“8・24”一般物体打击事故调查报告的批复
44	常政发〔2016〕68 号	关于对常山县城东新区滨江一期基础设施配套工程“8・27”一般触电事故调查报告的批复
45	常政发〔2016〕69 号	关于依法严厉打击涉矿违法行为的通告
46	常政发〔2016〕70 号	关于公开出让常山县白石镇镇区 C－39 地块国有建设用地使用权的批复
47	常政发〔2016〕71 号	关于同意公开出让常山县招贤镇 2016－1 地块国有建设用地使用权的批复
48	常政发〔2016〕72 号	关于对常山正丽机电有限公司“10・19”一般机械伤害事故调查报告的批复
49	常政发〔2016〕73 号	关于同意公开出让常山县东淤片区一期地块国有建设用地使用权的批复
50	常政发〔2016〕74 号	关于《常山县县域“十三五”电力设施布局规划（2015 年—2020 年）》的批复
51	常政发〔2016〕75 号	关于同意《常山县服务业发展第十三个五年规划》的批复
52	常政发〔2016〕77 号	关于同意公开出让常山县城东新区总部经济综合体地块国有建设用地使用权的批复
53	常政发〔2016〕78 号	关于对常山县不动产登记中心装修工程“7・10”一般坍塌事故调查的批复
54	常政发〔2016〕79 号	关于常山县城镇污水配套管网建设及设施提升工程项目农发重点建设基金投资业务有关事项的批复

续表 62

序	文　　号	文　　件　　标　　题
55	常政发〔2016〕80 号	关于对江山虎水泥有限公司“11·20”一般高处坠落事故调查报告的批复
56	常政发〔2016〕82 号	关于九景衢铁路（常山段）线路安全保护区的公告
57	常政发〔2016〕83 号	关于同意公开出让常山县城南单元 02－01－25－01 号地块、白石镇不老泉等四幅地块国有建设用地使用权的批复
58	常政发〔2016〕84 号	关于常山县人民法院第一批划转综合行政执法行政处罚事项的公告
59	常政发〔2016〕85 号	关于印发《常山县困难群众临时救助实施办法》的通知
60	常政发〔2016〕86 号	关于同意《水利工程标准化管理实施方案（2016—2020）》的批复
61	常政发〔2016〕87 号	关于同意设立水文监测环境保护区的批复
62	常政发〔2016〕88 号	关于同意《常山县 2016 年度水利工程标准化管理水库和山塘管理与保护范围划定方案》的批复
63	常政发〔2016〕89 号	关于表彰常山县首届名医（专家）、卫计类学科带头人等卫生荣誉的通报
64	常政发〔2016〕91 号	关于同《意常山县残疾人事业发展“十三五”》的批复
65	常政发〔2016〕92 号	关于同意《常山县消防事业发展十三五规划（2016—2020）》的批复
66	常政发〔2016〕93 号	关于《常山县“十三五”科技创新规划》的批复
67	常政发〔2016〕94 号	关于同意《常山县医疗卫生服务体系规划（2016—2020）》的批复

（县政府办公室）

县委办公室、县政府办公室联发文件

表 63

序	文　　号	文　　件　　标　　题
1	常委办〔2016〕1 号	关于开展《常山年鉴（2016）》编纂工作的通知
2	常委办〔2016〕2 号	关于开展第三届“项目功臣”“攻坚干将”“招商能手”评选活动的通知
3	常委办〔2016〕4 号	关于进一步规范干部休假外出报告和值班工作的通知
4	常委办〔2016〕5 号	关于 2016 年春节期间访民情送温暖活动安排的通知
5	常委办〔2016〕6 号	关于做好低温和雨雪天气预防应对工作的紧急通知
6	常委办〔2016〕7 号	关于调整常山县“四边三化”工作领导小组办公室组成人员及相关职责的通知
7	常委办〔2016〕8 号	关于开展企业大走访促进经济开门红活动的通知
8	常委办〔2016〕9 号	关于 2015 年度乡镇街道和部门工作目标考核情况的通知
9	常委办〔2016〕10 号	关于 2015 年底满意不满意单位评选活动情况的通报
10	常委办〔2016〕11 号	关于印发《中共常山县委常山县人民政府政协常山委员会 2016 年度协商视察监督工作计划》的通知
11	常委办〔2016〕13 号	关于印发《关于加快钙产业综合整治转型提升实施意见》的通知
12	常委办〔2016〕14 号	关进一步加强集镇建设管理工作的意见

续表 63

序	文　　号	文　件　标　题
13	常委办〔2016〕15 号	关于表彰 2015 年度全县党委信息系统工作先进集体和先进个人的通知
14	常委办〔2016〕16 号	关于印发《常山县计划生育“大宣传大整治”专项行动工作方案》的通知
15	常委办〔2016〕17 号	关于成立常山县赏石小镇管委会的通知
16	常委办〔2016〕18 号	关于 2015 年度全县信访工作目标管理考核结果的通报
17	常委办〔2016〕19 号	关于建立县联系重点工业项目机制的通知
18	常委办〔2016〕24 号	关于严控会议、减压检查、简化考核活动的通知
19	常委办〔2016〕25 号	关于成立常山县“国际慢城”建设工作领导小组的通知
20	常委办〔2016〕26 号	关于印发《常山县 2016 年县四套班子重点调研课题》的通知
21	常委办〔2016〕27 号	关于印发《常山县 2016 年度乡镇（街道）工作目标考核细则》的通知
22	常委办〔2016〕28 号	关于印发《常山县 2016 年度部门工作目标考核细则》的通知
23	常委办〔2016〕29 号	关于建立涉村（社区）工作事项清单制度的通知
24	常委办〔2016〕30 号	关于印发《常山县创建国家卫生县城工作实施方案》的通知
25	常委办〔2016〕31 号	关于印发《关于在全县党员中开展“学党章党规 学系列讲话 做合格党员”学习教育的实施意见》的通知
26	常委办〔2016〕33 号	关于八项重点工作责任分工和督查事项的通知
27	常委办〔2016〕38 号	关于印发《常山县承办衢州市第二届体育大会筹备工作方案》的通知
28	常委办〔2016〕39 号	关于印发《常山县 2016 年支持浙商创业创新工作暨招商引资考核办法》的通知
29	常委办〔2016〕40 号	关于印发《关于开展“为官不为”专项整治行动方案》的通知
30	常委办〔2016〕41 号	关于印发《常山县 2016 年“百名局长帮百企”活动实施方案》的通知
31	常委办〔2016〕43 号	关于印发《关于建立创业创新容错免责机制实施办法（试行）》的通知
32	常委办〔2016〕44 号	关于做好应对强降雨工作的紧急通知
33	常委办〔2016〕48 号	关于印发《白菊花生态旅游片区创建国家 4A 级旅游景区实施方案》的通知
34	常委办〔2016〕49 号	关于推进矛盾纠纷多元化化解机制的实施意见的通知
35	常委办〔2016〕50 号	关于县社会管理综合治理委员会更名为县社会治安综合治理委员会的通知
36	常委办〔2016〕51 号	关于印发 2016 年常山县工业经济提质增效工程十大专项重点工作的通知
37	常委办〔2016〕52 号	关于印发《常山县深化农村产权制度改革试点工作实施方案》的通知
38	常委办〔2016〕53 号	关于印发《常山县“一事一议”财政奖补助推美丽乡村建设试点工作实施方案》的通知
39	常委办〔2016〕54 号	关于重点开展重点人员“大走访”活动的通知
40	常委办〔2016〕55 号	关于对 2015 年度落实党风廉政建设责任制和惩防体系建设检查考核情况的通报
41	常委办〔2016〕56 号	关于印发《常山县“多规合一 推进工作实施方案》的通知
42	常委办〔2016〕57 号	关于加快构建现代化公共文化服务体系的实施办法
43	常委办〔2016〕61 号	关于增设创建国家卫生县城考核指标的通知

续表 63

序	文　　号	文　　件　　标　　题
44	常委办〔2016〕64 号	关于印发《常山县 2016 年促进农民增收行动计划实施方案》的通知
45	常委办〔2016〕65 号	关于印发《常山县“平安护航 G20 全民携手打防控”社会治安立体化防控工作实施方案》的通知
46	常委办〔2016〕66 号	关于印发《常山县农村土地承包经营权确权登记颁证工作实施方案》的通知
47	常委办〔2016〕68 号	关于印发《常山县“柚石金色带”创建工作三年实施方案（（2016—2018)》的通知
48	常委办〔2016〕69 号	关于进一步明确消防安全岗位职责的意见
49	常委办〔2016〕70 号	关于印发《常山县消防安全两类责任追究暂行办法》的通知
50	常委办〔2016〕71 号	关于切实做好当前森林消防工作的紧急通知
51	常委办〔2016〕72 号	关于印发《常山县创建国家全域旅游示范区工作方案(2016—2018)》的通知
52	常委办〔2016〕73 号	关于在全县开展第六个尊师重教月活动的通知
53	常委办〔2016〕74 号	关于印发《2016 年党风廉政建设和反腐败工作组织领导与责任分工》的通知
54	常委办〔2016〕77 号	关于开展“大干项目、冲刺攻坚”行动的通知
55	常委办〔2016〕79 号	关于印发《2016 年度市对县综合考核目标任务和责任分工方案》的通知
56	常委办〔2016〕80 号	关于印发《乡镇（街道）“四个平台”建设工作实施方案》的通知
57	常委办〔2016〕81 号	关于印发《2016 中国山地自行车公开赛（浙江·常山站）筹备工作实施方案》的通知
58	常委办〔2016〕82 号	关于切实做好房屋安全隐患排查和风险防范工作的紧急通知
59	常委办〔2016〕83 号	关于印发《常山县农村生活污水治理设施运维管理移交工作方案》的通知
60	常委办〔2016〕86 号	关于成立县小城镇环境综合整治行动领导小组的通知
61	常委办〔2016〕88 号	关于增设部分考核指标的通知
62	常委办〔2016〕89 号	关于开展落实中央八项规定精神“回头看”工作的通知
63	常委办〔2016〕90 号	关于开展“百村万户美丽庭院”创建活动的通知
64	常委办〔2016〕92 号	关于开展县第十三次党代会重点课题调研活动的通知
65	常委办〔2016〕93 号	关于印发《常山县小城镇环境综合整治行动实施方案》的通知
66	常委办〔2016〕94 号	关于成立常山县见义勇为工作领导小组的通知
67	常委办〔2016〕97 号	关于开展 2016 年度乡镇（街道）部门工作目标考核的通知
68	常委办〔2016〕98 号	关于表扬 2011—2015 年全县法治宣传教育先进集体和先进个人的通报
69	常委办〔2016〕99 号	关于开展 2016 年县级机关满意不满意评选活动的通知
70	常委办〔2016〕101 号	关于开展建设性舆论监督电视栏目《每周聚焦》的实施意见
71	常委办〔2016〕102 号	关于印发《关于进一步推进预算公开工作的实施意见》的通知
72	常委办〔2016〕103 号	关于做好 2017 年元旦春节期间有关工作的通知

（县委办公室）

县委办公室文件

表 64

序	文　　号	文　件　标　题
1	常委办〔2016〕3 号	关于开展查找“短板”专项工作的紧急通知
2	常委办〔2016〕12 号	关于开展“百村蹲点找短板”活动的通知
3	常委办〔2016〕22 号	关于印发《2016 年度乡镇（街道）部门党委信息考核奖励办法》的通知
4	常委办〔2016〕32 号	认真贯彻落实《关于在查办党员和国家工作人员涉嫌违纪违法犯罪案件中加强协作配合的实施意见》的通知
5	常委办〔2016〕42 号	关于印发《县委全面深化改革领导小组 2016 年工作要点》的通知
6	常委办〔2016〕46 号	关于印发《“两学一做”学习教育暨纪念建党 95 周年六大主题活动方案》的通知
7	常委办〔2016〕47 号	关于 2015 年度常山县乡镇、部门领导干部绩效考核优秀名单的通报
8	常委办〔2016〕58 号	关于印发《党风廉政建设党委（党组）主体责任和纪委（纪检组）监督责任清单》的通知
9	常委办〔2016〕59 号	关于印发《常山县基层纪检组织考核办法（试行）》的通知
10	常委办〔2016〕62 号	关于成立县委乡镇换届工作领导小组的通知
11	常委办〔2016〕63 号	转发省委组织部《关于印发〈换届风气监督工作主体责任清单〉的通知》的通知
12	常委办〔2016〕67 号	关于认真学习贯彻《中国共产党问责条例》的通知
13	常委办〔2016〕75 号	关于成立县委乡镇党委换届工作督导组的通知
14	常委办〔2016〕76 号	关于印发《常山县计划生育协会机关主要职责内设机构和人员编制规定》的通知
15	常委办〔2016〕78 号	关于调整县委办公室领导成员分工的通知
16	常委办〔2016〕84 号	关于认真学习宣传贯彻党的十八届六中全会精神的通知
17	常委办〔2016〕85 号	关于成立县乡人大代表选举及乡镇人大换届选举工作督导组的通知
18	常委办〔2016〕87 号	关于切实做好 2017 年度党报党刊发行工作严格规范报刊发行秩序的通知
19	常委办〔2016〕91 号	关于成立中国共产党常山县第十三次代表大会筹备工作领导小组的通知
20	常委办〔2016〕95 号	关于印发《常山县党员干部谈话函询实施办法（试行）》的通知
21	常委办〔2016〕96 号	关于组织开展 2016 年全民读书周活动的通知
22	常委办〔2016〕100 号	关于调整县委统战工作领导小组成人员的通知

（县委办公室）

县政府办公室文件

表 65

序	文　　号	文　件　标　题
1	常政办发〔2016〕2 号	关于同意《常山县中心城区排水（雨水）防涝综合规划》的批复
2	常政办发〔2016〕3 号	关于印发《常山县全面开展县域经济体制综合改革实施方案》的通知
3	常政办发〔2016〕4 号	关于成立常山县森林资源规划设计调查工作领导小组的通知
4	常政办发〔2016〕5 号	关于同意《常山县农村供水“十三五”规划》的批复
5	常政办发〔2016〕6 号	关于同意《常山县芳村溪流域综合治理规划》的批复
6	常政办发〔2016〕7 号	关于印发《常山县气象灾害应急预案》的通知
7	常政办发〔2016〕8 号	关于印发《常山县重大山林纠纷事件应急预案》的通知
8	常政办发〔2016〕9 号	关于印发《常山县高致病性禽流感防治应急预案》的通知
9	常政办发〔2016〕10 号	关于印发《常山县突发公共事件人员基本生活保障应急预案》的通知
10	常政办发〔2016〕11 号	关于认真开展岁末年初安全生产大检查活动的通知
11	常政办发〔2016〕12 号	关于同意将常山米罗酒店有限公司县级重大火灾隐患单位予以摘牌销案的批复
12	常政办发〔2016〕13 号	关于印发《常山县城区烟花爆竹禁限燃工作实施方案》的通知
13	常政办发〔2016〕14 号	关于印发《常山县 2016 年春运工作方案》的通知
14	常政办发〔2016〕15 号	关于印发《常山县社区专职工作者管理办法（试行）》的通知
15	常政办发〔2016〕16 号	关于印发《常山县水泥行业自备矿山石灰石税费核定办法》的通知
16	常政办发〔2016〕17 号	关于同意《农业综合开发项目与垦造耕地项目整合实施方案》的批复
17	常政办发〔2016〕18 号	关于建立常山县长风灌区节水配套改造项目领导小组的通知
18	常政办发〔2016〕19 号	关于成立常山县产业投资引导基金管理委员会的通知
19	常政办发〔2016〕20 号	关于印发《常山县工业投资项目决策咨询及履约验收办法》的通知
20	常政办发〔2016〕21 号	关于对浙江常山丰茂调味品、永盛工业有限公司土地房屋实施整体收储的批复
21	常政办发〔2016〕22 号	关于印发《常山县春运道路交通拥堵治理工作方案》的通知
22	常政办发〔2016〕23 号	关于印发《常山县“清塘美河洁村”春季治水大会战行动方案》的通知
23	常政办发〔2016〕24 号	关于加强常山胡柚黑点病防治工作的通知
24	常政办发〔2016〕25 号	关于同意《常山县中医医院异地搬迁改造及新建住院楼项目房屋征收补偿实施方案》的批复
25	常政办发〔2016〕28 号	关于开展联项目抓开工促投资活动的通知
26	常政办发〔2016〕29 号	关于进一步做好国家专项建设基金项目申报和争取工作的通知
27	常政办发〔2016〕30 号	关于同意常山县赵家坪单元 04－02－52－01 号地块控制性详细规划调整的批复
28	常政办发〔2016〕31 号	关于印发《常山县轻钙产业发展提升工作实施方案》的通知
29	常政办发〔2016〕32 号	关于成立常山县土地整治连片开发工作领导小组的通知
30	常政办发〔2016〕33 号	关于转发《衢州市 2016 年度政府集中采购目录及标准》的通知
31	常政办发〔2016〕34 号	关于同意 2016 年县级储备粮油轮换计划的批复

续表 65

序	文　号	文件标题
32	常政办发〔2016〕35 号	关于同意《常山县油茶产业示范县建设项目实施方案》的批复
33	常政办发〔2016〕36 号	关于印发《常山胡柚园地经营权流转工作实施方案》的通知
34	常政办发〔2016〕37 号	关于同意调整我县工伤保险基准费率的批复
35	常政办发〔2016〕38 号	关于同意常山县动物卫生监督所动物检疫协检员签证的批复
36	常政办发〔2016〕39 号	关于表彰 2015 年度全县政府信息工作先进单位和先进个人的通报
37	常政办发〔2016〕40 号	关于印发《常山县推进安全生产社会化服务工作的实施方案》的通知
38	常政办发〔2016〕41 号	关于印发《常山县泰安矿产经营有限责任公司负责人经营业绩考核及薪酬管理暂行办法》的通知
39	常政办发〔2016〕43 号	关于印发《常山县非法集资风险专项排查活动实施方案》的通知
40	常政办发〔2016〕44 号	关于印发 2016 年县政府为民办实事项目的通知
41	常政办发〔2016〕45 号	关于批转常山县 2016 年审计项目计划的通知
42	常政办发〔2016〕46 号	关于对要求批准《常山铜岭度假村项目实施方案》的批复
43	常政办发〔2016〕47 号	关于完善服务业投资项目决策咨询制度的通知
44	常政办发〔2016〕48 号	关于完善农业投资项目决策咨询服务协调制度的通知
45	常政办发〔2016〕49 号	关于印发《常山县农村人居环境提升“四百行动”三年行动方案》的通知
46	常政办发〔2016〕50 号	关于印发《常山县 2016 年度美丽乡村建设方案》的通知
47	常政办发〔2016〕51 号	关于印发《常山县市政设施与房屋建筑及燃气安全生产重特大事故救援应急预案的通知
48	常政办发〔2016〕52 号	关于印发常山县水上突发事件应急处理预案的通知
49	常政办发〔2016〕53 号	关于》印发常山县突发公共事件交通运输应急保障预案的通知
50	常政办发〔2016〕54 号	关于印发《四边三化整治年行动方案》的通知
51	常政办发〔2016〕55 号	关于同意 2016 年常山县定向培养基层卫生人才计划的批复
52	常政办发〔2016〕56 号	关于同意 2016 年部分事业单位招聘紧缺专业人才计划的批复
53	常政办发〔2016〕57 号	关于同意移交常山县常辉道路整治高清视频监控系统项目资产的批复
54	常政办发〔2016〕59 号	关于印发常山工业园区循环改造示范点园区建设项目及专项资金管理办法的通知
55	常政办发〔2016〕60 号	关于对常山县远洋新天地商住楼列为重大火灾隐患挂牌督办的批复
56	常政办发〔2016〕61 号	关于成立全面推行水利工程标准化管理工作领导小组的通知
57	常政办发〔2016〕63 号	关于同意《常山县城东新区人行景观桥设计方案》的批复
58	常政办发〔2016〕64 号	关于转发《常山县石灰石销售管理办法（试行）》的通知
59	常政办发〔2016〕65 号	关于同意《常山青石镇赏石小镇建设规划》的批复
60	常政办发〔2016〕66 号	关于印发《G20 峰会常山县环境质量保障方案》的通知
61	常政办发〔2016〕67 号	关于同意《2016 年县财政预算执行和其他财政收支审计总体方案》的批复

续表 65

序	文　　号	文　件　标　题
62	常政办发〔2016〕68 号	关于印发《常山县开展食品安全责任保险试点工作指导意见》的通知
63	常政办发〔2016〕69 号	关于表彰 2015 年度全县政府信息公开工作先进集体和先进个人的通报
64	常政办发〔2016〕70 号	关于印发《常山县人民政府办公室党风廉政建设三项制度》的通知
65	常政办发〔2016〕71 号	关于印发《常山县人民政府办公室 2016 年党风廉政于作风建设工作思路》的通知
66	常政办发〔2016〕73 号	关于同意《常山县公共卫生服务中心规划及建筑设计方案》的批复
67	常政办发〔2016〕74 号	关于抓好 2016 年粮食产销工作的意见
68	常政办发〔2016〕75 号	关于印发《常山县乡镇部门创办国有企业管理办法》的通知
69	常政办发〔2016〕76 号	关于同意《2015 年度公租房摇号及 2016 年度公租房申请受理工作方案》的批复
70	常政办发〔2016〕77 号	关于印发 2016 年政府投资项目（非重点项目）支出计划的通知
71	常政办发〔2016〕78 号	关于印发《常山县“蓝色屋面”专项整治行动方案》的通知
72	常政办发〔2016〕79 号	关于下达 2016 年度县属国有公司经营预算收支计划的通知
73	常政办发〔2016〕80 号	关于印发《常山县创建国家卫生县城工作规划》的通知
74	常政办发〔2016〕81 号	关于同意无偿划拨残疾人集中托养服务中心项目用地的批复
75	常政办发〔2016〕82 号	关于成立常山县营业税改增值税工作领导小组的通知
76	常政办发〔2016〕83 号	关于批转《常山县 2016 年地质灾害防治方案》的通知
77	常政办发〔2016〕84 号	关于同意调整我县土地整治项目招标方式的批复
78	常政办发〔2016〕85 号	关于印发《常山县政务信息工作考核办法》的通知
79	常政办发〔2016〕86 号	关于对浙江常林纸业有限公司土地房屋实施整体收购的批复
80	常政办发〔2016〕87 号	关于同意《常山县白石镇镇区控制性详细规划》修编的批复
81	常政办发〔2016〕88 号	关于同意 2016 年定向培养基层农人员招生计划的批复
82	常政办发〔2016〕89 号	关于同意卫生计生系统 2016 年公开招考事业编制工作人员计划的批复
83	常政办发〔2016〕90 号	关于同意大桥乡濛桥村部分村民参加失地保险的批复
84	常政办发〔2016〕91 号	关于印发《常山县 2016 年度部分垂直部门工作目标考核办法》的通知
85	常政办发〔2016〕92 号	关于同意教育系统等单位 2016 年公开招考教师计划的批复
86	常政办发〔2016〕93 号	关于严管生猪养殖严防复养反弹进一步深化生猪养殖整规工作的通知
87	常政办发〔2016〕94 号	关于推进生猪整规工作的若干政策
88	常政办发〔2016〕95 号	关于印发《常山县护航 G20 百日环保执法专项行动工作方案》的通知
89	常政办发〔2016〕96 号	关于下达常山县 2016 年度河湖库塘清污（淤）计划任务的通知
90	常政办发〔2016〕97 号	关于印发《常山县农药废弃包装物回收处置实施方案》的通知
91	常政办发〔2016〕98 号	关于印发《常山县平安护航 G20 安全生产综合整治大行动方案》的通知
92	常政办发〔2016〕99 号	关于印发《常山县 2016 年度国有建设用地供应计划》的通知

续表 65

序	文　　号	文　件　标　题
93	常政办发〔2016〕100 号	关于同意核销浙江省常山水利水电工程公司不良资产及公司净资产实行公开转让的批复
94	常政办发〔2016〕101 号	关于做好生猪养殖整规后续有关工作的通知
95	常政办发〔2016〕102 号	关于同意《常山县城南单元 02－02－09－01 号地块控制性详细规划》调整的批复
96	常政办发〔2016〕103 号	关于印发《2016 年浙江政务服务网常山平台建设工作要点》的通知
97	常政办发〔2016〕104 号	关于同意原芳村镇初中住宅（宿舍楼）（土地使用权转让给芳村镇人民政府用于芳村（新昌）中心敬老院建设的批复
98	常政办发〔2016〕105 号	关于印发《常山县陆域碎石加工场专项整治工作方案》的通知
99	常政办发〔2016〕106 号	关于印发《常山胡柚（柑桔）产业转型发展实施意见》的通知
100	常政办发〔2016〕107 号	关于印发《钱塘江治理常山县常山港治理一期工程（赵家坪）建设项目征收补偿安置补充方案》的通知
101	常政办发〔2016〕108 号	关于公布 2016 年县级重大安全隐患及整治计划的通知
102	常政办发〔2016〕109 号	关于调整充实常山县爱国卫生运动委员会组成人员的通知
103	常政办发〔2016〕110 号	县长特别奖
104	常政办发〔2016〕111 号	关于印发《常山县整顿规范生猪定点屠宰管理秩序工作方案》的通知
105	常政办发〔2016〕112 号	关于成立常山县农民建房领导小组的通知
106	常政办发〔2016〕113 号	关于印发《常山县政府投资项目工程变更管理办法》的通知
107	常政办发〔2016〕115 号	关于同意增加县公共卫生服务中心项目概算的批复
108	常政办发〔2016〕116 号	关于同意 2016 年部分事业单位面向社会公开招考录用工作人员计划的批复
109	常政办发〔2016〕117 号	关于同意《常山县规范生猪定点屠宰相关补助方案》的批复
110	常政办发〔2016〕118 号	关于常山县第四期社会治安视频监控用电问题的批复
111	常政办发〔2016〕119 号	关于同意《常山县水利发展“十三五”规划》的批复
112	常政办发〔2016〕120 号	关于转发《县住建局关于常山县瓶装燃气整治与管控工作实施方案》的通知
113	常政办发〔2016〕121 号	关于成立 320 国道常山段改建工作领导小组的通知
114	常政办发〔2016〕122 号	关于同意《常山县天马街道东港村 1#地块控制性详细规划》的批复
115	常政办发〔2016〕123 号	关于印发《常山县城区餐饮业环境污染综合整治实施方案》的通知
116	常政办发〔2016〕124 号	关于同意将“胡柚娃”商标无偿转让给上海吉盛文化传播有限公司使用的批复
117	常政办发〔2016〕125 号	关于同意关停常山县青石镇行华砖厂的批复
118	常政办发〔2016〕126 号	关于实施创“国卫”项目的批复
119	常政办发〔2016〕127 号	关于对何家乡林场等企业实行临时性下浮职工基本医疗保险费缴费比例的批复
120	常政办发〔2016〕128 号	关于整顿规范生猪定点屠宰管理秩序严厉打击私屠滥宰违法行为的通告
121	常政办发〔2016〕131 号	关于同意县供销联社社有集体资产处置的批复

续表 65

序	文　　号	文　件　标　题
122	常政办发〔2016〕132 号	关于印发《常山县创建国家卫生县城“五水共治”四边三化“三改一拆”和乡镇集镇建设“六个一”工程招标办法》的通知
123	常政办发〔2016〕133 号	关于同意完善企业应急专项资金委托运作办法的批复
124	常政办发〔2016〕134 号	关于印发《常山县城区洗车行业专项整治实施方案》的通知
125	常政办发〔2016〕135 号	关于印发《常山县统一政务咨询投诉举报平台建设实施方案》的通知
126	常政办发〔2016〕136 号	关于同意常山县人民医院贷款到期周转的批复
127	常政办发〔2016〕137 号	关于印发《常山县城区废品收购行业专项整治方案》的通知
128	常政办发〔2016〕138 号	关于印发《常山县创建浙江省食品安全工作方案》的通知
129	常政办发〔2016〕139 号	关于印发《常山县规划国土工作联席会议制度》的通知
130	常政办发〔2016〕140 号	关于开展 2016 年全县重大项目谋划活动的通知
131	常政办发〔2016〕141 号	关于同意辉埠镇久太弄（南弄）中心村 A 组团修编成果的批复
132	常政办发〔2016〕142 号	关于同意《常山县辉埠镇镇区控制性详细规划》的批复
133	常政办发〔2016〕143 号	关于对辉埠新区 9 家石灰生产企业土地房屋实施整体收购的批复
134	常政办发〔2016〕144 号	关于印发《常山县限制养犬暂行规定》的通知
135	常政办发〔2016〕145 号	关于印发《常山县成品油行业专项整治行动方案的通知
136	常政办发〔2016〕146 号	关于同意化解县中小企业贷款担保有限公司贷款担保业务经营风险的批复
137	常政办发〔2016〕147 号	关于同意《常山白菊花旅游景区总体规划》的批复
138	常政办发〔2016〕148 号	关于印发《常山县 2016 年政务公开工作要点实施方案》的通知
139	常政办发〔2016〕149 号	关于对浙江隽美纺织服饰有限公司列为重大火灾隐患挂牌督办的批复
140	常政办发〔2016〕150 号	关于建立耕地保护补偿机制的通知
141	常政办发〔2016〕153 号	关于建立和调整有关工作领导小组的通知
142	常政办发〔2016〕154 号	关于同意辉埠镇宋畈村火烧岭等 7 个垦造耕地及旱改水项目立项的批复
143	常政办发〔2016〕155 号	关于资产清查工作的报告
144	常政办发〔2016〕156 号	关于何家源口砂岩矿和辉埠镇西坞页岩矿补缴溢价款相关事项的批复
145	常政办发〔2016〕158 号	关于印发《常山县企业应急专项资金委托运作管理办法》的通知
146	常政办发〔2016〕159 号	关于转发《浙江省人民政府办公厅关于切实做好学生防溺水工作的紧急通知》的紧急通知
147	常政办发〔2016〕160 号	关于印发《关于进一步建立健全县城洁化、绿化、序化和城市治乱工作长效机制的意见》的通知
148	常政办发〔2016〕161 号	关于印发常山县常山县 2016 年大气污染防治实施计划的通知
149	常政办发〔2016〕163 号	关于印发《常山县中央财政支持农民合作社创新试点工作实施方案》的通知
150	常政办发〔2016〕164 号	关于大胡山果蔬有限公司补交土地出让金的批复
151	常政办发〔2016〕165 号	关于同意常山县远洋新天地商住楼、浙江隽美纺织服饰有限公司等 2 家单位予以重大火灾隐患摘牌销案的批复

续表 65

序	文　　号	文　件　标　题
152	常政办发〔2016〕166 号	关于印发消防安全检查要点和检查表的通知
153	常政办发〔2016〕167 号	关于印发《常山县“衢江水道”示范线（常山段）创建工作方案》的通知
154	常政办发〔2016〕168 号	关于成立球川镇、白石镇农民饮用水工程改造提升工作领导小组的通知
155	常政办发〔2016〕169 号	关于下达常山县 2016 年度节水型单位创建活动实施计划的通知
156	常政办发〔2016〕170 号	关于下达 2016 年度森林采伐限额的通知
157	常政办发〔2016〕171 号	关于同意《常山县球川镇馒头山村 1#地块控制性详细规划》的批复
158	常政办发〔2016〕172 号	关于无偿划拨县委党校建设用地的批复
159	常政办发〔2016〕173 号	关于同意《常山县白石镇镇区控制性详细规划》修编的批复
160	常政办发〔2016〕174 号	关于同意《何家乡红旗村砖瓦用页岩矿采矿权挂牌出让实施方案》的批复
161	常政办发〔2016〕175 号	关于县审改办设置在县行政服务中心的批复
162	常政办发〔2016〕176 号	关于印发《浙江省中药炮制规范》2015 版宣会暨衢枳壳推介会工作方案的通知
163	常政办发〔2016〕177 号	关于同意调整村主职干部基本报酬的批复
164	常政办发〔2016〕178 号	关于同意录用徐宝磊等四十七名紧缺专业人才为事业编制工作人员的批复
165	常政办发〔2016〕179 号	关于同意录用徐琦等四名定向培养毕业生为基层农技人员的批复
166	常政办发〔2016〕180 号	关于同意录用徐燕萍等 105 位同志为教育、卫生计生系统事业编制工作人员的批复
167	常政办发〔2016〕181 号	关于印发《常山县乡镇（街道）综合文化站提升建设两年行动计划（2016—2017 年)》的通知
168	常政办发〔2016〕183 号	关于开展廉政风险排查防控工作的通知
169	常政办发〔2016〕184 号	关于印发《常山县商务和粮食局主要职责内设机构和人员编制规定》的通知
170	常政办发〔2016〕185 号	关于印发《常山县发展和改革局主要职责内设机构和人员编制规定》的通知
171	常政办发〔2016〕186 号	关于印发《常山县大数据中心政务地理信息资源采集共享工作方案》的通知
172	常政办发〔2016〕187 号	关于同意调整乡镇代会计工资待遇的批复
173	常政办发〔2016〕188 号	关于印发《常山县粮食安全应急预案》的通知
174	常政办发〔2016〕190 号	关于成立 G351 国道等项目建设领导小组的通知
175	常政办发〔2016〕192 号	关于进一步加强项目工作队伍建设的通知
176	常政办发〔2016〕193 号	关于同意《常山县气象事业与气象防灾减灾“十三五”规划》的批复
177	常政办发〔2016〕194 号	关于做好 2016 年度城乡居民基本养老保险扩面工作的通知
178	常政办发〔2016〕195 号	关于同意《常山县芳村镇总体规划修编（2016—2030)》的批复
179	常政办发〔2016〕196 号	关于印发《常山县淘汰石灰钢窑工作实施方案》的通知
180	常政办发〔2016〕197 号	关于调整淘汰改造分散高污染燃料锅（窑）炉财政补助资金政策的通知
181	常政办发〔2016〕198 号	关于鼓励企业兼并重组的补充意见
182	常政办发〔2016〕199 号	关于同意收购常山县三衢教育有限公司土地房产设施的批复

续表 65

序	文　　号	文　　件　　标　　题
183	常政办发〔2016〕200 号	关于印发《常山县城区道路交通秩序综合整治实施方案》的通知
184	常政办发〔2016〕201 号	关于印发《常山县城镇住宅小区配套幼儿园建设与管理办法》的通知
185	常政办发〔2016〕202 号	关于同意移交星月湾小区配套幼儿园的批复
186	常政办发〔2016〕203 号	关于同意常山县城区零星地块控制性详细规划调整的批复
187	常政办发〔2016〕204 号	关于同意《常山县通信基站布点规划》的批复
188	常政办发〔2016〕205 号	关于成立打击涉矿违法行为工作领导小组的通知
189	常政办发〔2016〕206 号	关于印发《常山县打击非法采矿专项整治工作方案》的通知
190	常政办发〔2016〕207 号	关于印发《2016 年农村危房改造工作实施意见》的通知
191	常政办发〔2016〕208 号	关于印发《常山县应对极端天气停课和误工处理实施意见（试行）》的通知
192	常政办发〔2016〕209 号	关于印发《常山县气象监测和服务设施共建共享管理办法》的通知
193	常政办发〔2016〕210 号	关于成立常山县城镇危旧住宅房屋治理改造工作领导小组的通知
194	常政办发〔2016〕211 号	关于印发《常山县特邀行政执法监督员工作规则》的通知
195	常政办发〔2016〕213 号	关于印发《常山县镇级生活污水处理设施运行监督管理办法》的通知
196	常政办发〔2016〕215 号	关于印发《常山县综合行政执法改革实施方案》的通知
197	常政办发〔2016〕216 号	关于同意实施城区道路保洁第三轮市场化运作的批复
198	常政办发〔2016〕217 号	关于认真做好林地流转摸底调查有关工作的通知
199	常政办发〔2016〕218 号	关于印发《常山县户籍管理制度改革实施方案》的通知
200	常政办发〔2016〕219 号	关于印发《常山县 2015 年冬季退役士兵安置方案》的通知
201	常政办发〔2016〕220 号	关于转发《浙江省人民政府办公厅关于全面推行“双随机”抽查监管的意见》的通知
202	常政办发〔2016〕221 号	关于公布 2015 年工业企业单位要素综合经济效益排序结果的通知
203	常政办发〔2016〕222 号	关于印发《常山县政府部门权力清单管理办法》的通知
204	常政办发〔2016〕223 号	关于印发《常山县人民政府部门职责管理办法》的通知
205	常政办发〔2016〕224 号	关于同意白石镇十八里村五里窠旱改水项目立项的批复
206	常政办发〔2016〕225 号	关于印发《常山县石材加工企业搬迁入园管理规定》的通知
207	常政办发〔2016〕227 号	关于同意《常山县现代农业“十三五”发展规划》的批复
208	常政办发〔2016〕228 号	关于同意 2017 年县级储备粮油轮换计划的批复
209	常政办发〔2016〕229 号	关于聘请县政府特邀行政执法监督员的通知
210	常政办发〔2016〕230 号	关于同意对衢常、九景衢铁路股权转让及委托持股的批复
211	常政办发〔2016〕231 号	关于转发《常山农信普惠金融提升工程五年行动实施方案（2016—2020）》的通知
212	常政办发〔2016〕232 号	关于切实做好新版县政府门户网站内容维护更新工作的通知
213	常政办发〔2016〕233 号	关于同意《常山县“国际慢城”整体规划》的批复

续表 65

序	文　　号	文　件　标　题
214	常政办发〔2016〕234 号	关于成立常山县企业破产重组盘活工作协调小组的通知
215	常政办发〔2016〕235 号	关于同意城市禁建区农民安置房综合成本价格的批复
216	常政办发〔2016〕236 号	关于转发《常山县“推金融普惠、促农民增收行动实施方案》的通知
217	常政办发〔2016〕237 号	关于印发《常山县松材线虫病防控预案》的通知
218	常政办发〔2016〕238 号	关于印发《加快推进普惠型儿童福利体系建设的实施意见》的通知
219	常政办发〔2016〕240 号	关于印发《关于推进“三社联动”创新基层社会治理的意见》的通知
220	常政办发〔2016〕241 号	关于印发《常山县幼儿园扩容工程和薄弱幼儿园改造工程实施方案》的通知
221	常政办发〔2016〕242 号	关于在全县推广钉钉移动智慧办公系统的通知
222	常政办发〔2016〕243 号	关于转发《浙江省办公厅关于浙江政务服务网投资项目在线审批监管平台正式运行》的通知
223	常政办发〔2016〕244 号	关于印发《常山县县属国有投资公司资金集中管理统一调剂办法》的通知
224	常政办发〔2016〕245 号	关于印发《常山县政府性资金结算平台业务管理暂行办法》的通知
225	常政办发〔2016〕246 号	关于印发《常山县科技型中小微企业保证保险贷款办法（试行）》的通知

（县政府办公室）

国民经济若干统计资料

2016 年常山县经济与社会发展主要指标

表 66

指　　标	单　位	2016 年	指　　标	单　位	2016 年
一、基本情况	—	—	林业	万元	18410
年末总人口	人	343624	牧业	万元	23696
其中：乡村人口	人	252841	渔业	万元	6045
年平均人口（计生数）	人	342831	农林牧渔服务业	万元	3339
年出生人口（计生数）	人	4616	主要农产品播种面积	—	—
年死亡人口（计生数）	人	1987	农作物总播种面积	公顷	20777
人口出生率（计生数）	‰	13.46	粮食播种面积	公顷	10897
人口死亡率（计生数）	‰	5.8	棉花播种面积	公顷	51
人口自然增长率（计生数）	‰	7.66	油料作物播种面积	公顷	4030
年末总户数	户	112584	柑橘面积	公顷	7149
年末国有、集体单位从业人员数	人	29300	常山胡柚面积	公顷	—
城镇私营和个体从业人员数	人	40171	茶园面积	公顷	404
年末城镇登记失业人员	人	988	桑园面积	公顷	28
城镇登记失业率	%	2.8	主要农产品产量	—	—
土地面积	平方千米	1097.3	粮食	吨	68735
其中建成区面积	平方千米	17.7	油料	吨	7277
街道	个	3	其中：油菜籽	吨	6772
建制镇	个	6	花生	吨	282
乡	个	5	水果	吨	163855
城市社区	个	9	其中：柑橘	吨	32177
行政村	个	180	胡柚	吨	102590
居委会	个	4	猪肉	吨	7339
二、农业	—	—	牛羊肉	吨	321
农林牧渔总产值（现价）	万元	128931	禽　肉	吨	4466
其中：农业	万元	77441	油茶籽	吨	3000

续表 66

指　　标	单　位	2016 年	指　　标	单　位	2016 年
水产品	吨	5912	邮政业务收入	万元	1867
蔬　菜	吨	96761	电信业务收入	万元	15338
茶　叶	吨	215	年末固定电话用户数	户	30330
蚕　茧	吨	36	年末移动电话用户数	户	308400
食用菌	吨	14486	互联网宽带接入用户数	户	50322
其中：金针菇	吨	8028	全年用电量	万千瓦时	123442
造林面积	公顷	203	其中：工业用电	万千瓦时	93415
果园面积	公顷	7537	城乡居民生活用电	万千瓦时	16814
三、工业	—	—	**五、批发零售贸易与外经**	—	—
国有及 2000 万元以上销售收入企业数	个	106	社会消费品零售总额	万元	609241
其中：内资企业	个	103	限额以上批发零售贸易业销售总额	万元	187710
港、澳、台商投资企业	个	1	外商直接投资合同项目	个	3
外商投资企业	个	2	当年实际利用外资金额	万美元	600
企业总产值（当年价）	万元	1025958	外贸进出口额	万美元	19373
其中：内资企业	万元	998893	其中：出口额	万美元	19276
港、澳、台商投资企业	万元	13524	个体工商户	户	13267
外商投资企业	万元	13542	个体工商户从业人员	人	30997
从业人员年平均人数	人	13500	个体工商户资金数额	万元	167046
流动资产合计	万元	456837	私营企业户数	户	3615
固定资产合计	万元	532889	私营企业从业人员	人	53473
主营业务收入	万元	874967	私营企业注册资金	万元	1308861
其中：主营业务年税金及附加	万元	3433	**六、固定资产投资**	—	—
本年应交增值税	万元	32627	固定资产投资	万元	1271253
利润总额	万元	26166	基础设施投资	万元	432180
年销售收入 2000 万元以下工业企业数	个	749	第一产业投资	万元	108295
工业个体户数	个	1578	第二产业投资		466667
规模以下产值（当年价）	万元	403400	其中：工业技改投资		277574
四、交通、邮电	—	—	第三产业投资		696291
境内公路里程	千米	1046	其中：房地产开发投资	万元	168514
民有汽车拥有量	辆	33099	全年新增固定资产	万元	615869
公路客运量	万人	505	房屋施工面积	万平方米	939609
公路货运量	万吨	1055	房屋竣工面积	万平方米	65505
年末邮电局（所）数	所	15	商品房销售面积	平方米	251477

续表 66

指　　　　标	单　位	2016 年	指　　　　标	单　位	2016 年
商品房销售额	万元	168686	普通中学	所	11
七、财政、金融	—	—	普通小学	所	27
财政总收入	万元	127189	成人高等教育学校	所	1
公共财政预算收入	万元	94016	专任教师数	—	—
其中：税收收入	万元	65191	其中：中等职业教育学校	人	113
公共财政预算支出	万元	351516	普通中学	人	926
其中：农林水事务支出	万元	59742	普通小学	人	1043
科学技术支出	万元	11271	成人高等教育学校	人	10
教育支出	万元	60296	在校学生数：	—	—
年末金融机构人民币存款余额	万元	1863006	其中：中等职业教育学校	人	2029
其中：住户存款余额	万元	988081	普通中学	人	13005
年末金融机构人民币贷款余额	万元	1463149	普通小学	人	17139
其中：住户贷款	万元	756388	成人高等教育学校	人	1068
保险费收入	万元	17439	初中毕业升学率	%	98.37
其中：财产险	万元	6960	专业技术人员数（劳动工资口径）	人	11944
人身险	万元	10479	其中：农业技术人员	人	101
赔款、给付	万元	4543	医院、卫生院数	所	20
其中：财产险	万元	3427	医院、卫生院床位数	张	1035
人身险	万元	1116	医生数（执业医师+执业助理医师）	人	731
八、人民生活	—	—	注册护士	人	647
在岗职工平均人数(不含私营企业)	万人	1.35	**十、平衡统计**	—	—
在岗职工工资总额(不含私营企业)	万元	—	国内生产总值（当年价）	万元	1192309
在岗职工平均工资(不含私营企业)	元	88243	第一产业	万元	82686
社会福利院数	个	22	第二产业	万元	497742
社会福利院床位数	张	3391	工业	万元	388242
农村居民人均可支配收入	元	16713	建筑业	万元	109500
农村居民人均生活消费支出	元	8062	第三产业	万元	611880
城镇居民人均可支配收入	元	30742	人均地区生产总值（户籍）	元/人	34778
城镇居民人均消费支出	元	18213	人均地区生产总值(户籍)增长率	%	6.3
城镇居民人均住宅面积	平方米	40.5	地区生产总值(按 2010 年不变价)	万元	1165598
农村人均住宅建筑面积	平方米	79.1	第一产业	万元	80839
九、教育、科技、文化、卫生	—	—	第二产业	万元	548435
学校数	—	—	其中：工业	万元	438070
其中：中等职业教育学校	所	1	第三产业	万元	536325

2015 年常山县社会消费品零售总额

表 67

统 计 指 标	计量单位	2015 年	2016 年
社会消费品零售总额	万元	547736	609241.2
一、按销售地区分组	—	—	—
县	万元	406053	451219.3
县以下	万元	141683	158021.9
二、按行业分组	—	—	—
1. 批发零售贸易业	万元	439974	477516.5
限额以上	万元		66871.6
限额以下	万元		410644.9
2. 住宿餐饮业	万元	107762	131724.7
星级（限额以上）企业	万元		6517.9
星级以外（限额以下）企业和个体户	万元		125206.8

2016 年常山县固定资产投资完成情况

表 68

统 计 指 标	计量单位	2015 年完成投 资 额	2016 年完成投 资 额
一、固定资产投资合计	万元	1175637	1271253
1. 投资项目	万元	1083506	1102739
2. 房地产开发项目	万元	92131	168514
二、工业固定资产投资合计	万元	508015	466667
三、固定资产投资项目按构成分	—	—	
1. 建筑工程	万元	653315	625318
2. 安装工程	万元	71411	119533
3. 设备工器具购置	万元	351986	329917
4. 其他费用	万元	98925	196485
四、固定资产投资项目按国民经济行业分	—	—	
1. 农林牧渔业	万元	112565	108295
2. 工业	万元	508015	466667
3. 交通运输、仓储和邮政业	万元	35277	87357
4. 水利、环境和公共设施管理业	万元	266416	281317
5. 教育、文化、体育和娱乐业	万元	35141	22506
6. 其他	万元	218223	30511
五、固定资产投资项目本年新增固定资产	万元	867351	615869
六、固定资产投资项目全年施工房屋面积	平方米	2718668	1705258
其中：住宅	平方米	474108	554870
七、固定资产投资项目全年房屋竣工面积	平方米	559914	254208
八、固定资产投资项目全年房屋竣工价值	万元	33091	928540
九、基础设施投资	万元	395064	432180

（据《常山统计年鉴（2016）》摘要汇总）

2016 年常山县私营企业户数、从业人数一览

表 69

指标名称	私营企业户数（户）			私营企业从业人数（人）		
	2016 年	2015 年	±%	2016 年	2015 年	±%
合　计	**3615**	**3152**	**14.69%**	**53473**	**46789**	**14.29%**
1.农、林、牧、渔业	522	500	4.40%	5627	5439	3.46%
2.采矿业	25	26	-3.85%	607	637	-4.71%
3.制造业	877	859	2.10%	28598	28182	1.48%
4.电力、燃气及水的生产和供应业	26	23	13.04%	315	324	-2.78%
5.建筑业	148	126	17.46%	1394	1172	18.94%
6.交通运输、仓储业和邮政业	182	142	28.17%	1456	1088	33.82%
7.信息传输、计算机服务和软件业	42	21	100.00%	336	85	295.29%
8.批发和零售业	1092	929	17.55%	8736	5526	58.09%
9.住宿和餐饮业	24	21	14.29%	303	237	27.85%
10.房地产业	62	54	14.81%	496	430	15.35%
11.租赁和商务服务业	258	201	28.36%	2064	1251	64.99%
12.居民服务和其他服务业	59	44	34.09%	717	635	12.91%
13.卫生、社会保障和社会福利业	1	1	0.00%	42	42	0.00%
14.文化、体育和娱乐业	82	61	34.43%	658	305	115.74%
15.其他行业	215	144	49.31%	2124	1436	47.91%

2016 年常山县个体工商业户数、从业人数一览

表 70

指标名称	个体工商业户数（户）			个体工商业从业人数（人）		
	2016 年	2015 年	±%	2016 年	2015 年	±%
合　计	**13267**	**11192**	**18.54%**	**30997**	**25411**	**21.98%**
1.农、林、牧、渔业	528	354	49.15%	2929	2077	41.02%
2.采矿业	10	10	0.00%	45	45	0.00%
3.制造业	443	388	14.18%	3127	2872	8.88%
4.电力、燃气及水的生产和供应业	4	2	100.00%	8	4	100.00%
5.建筑业	20	18	11.11%	71	66	7.58%
6.交通运输、仓储业和邮政业	181	27	570.37%	331	77	329.87%
7.信息传输、计算机服务和软件业	34	20	70.00%	74	40	85.00%
8.批发和零售业	9086	8152	11.46%	16831	14624	15.09%
9.住宿和餐饮业	1440	944	52.54%	3957	2636	50.11%
10.房地产业	38	31	22.58%	70	55	27.27%
11.租赁和商务服务业	385	317	21.45%	800	611	30.93%
12.居民服务和其他服务业	988	843	17.20%	2236	1926	16.10%
13.卫生、社会保障和社会福利业	18	14	28.57%	48	40	20.00%
14.文化、体育和娱乐业	42	35	20.00%	323	245	31.84%
15.其他行业	50	37	35.14%	147	93	58.06%

（姜　毅）

艺　　文

桥亭传奇：一个有故事的村庄

桥亭,一个诗意的名字,一个秀美的村庄。

桥亭,一段动人的神话,一段不朽的传奇。

说起“桥亭”之名的来历，那可不简单，这里面有个小白龙自我救赎的传说。

一、小白龙下凡

传说西海龙王有个三太子,名叫敖烈,长得风流倜傥,一表人才,人送外号“小白龙”。

这小白龙在西海龙宫中，过得是锦衣玉食、快乐安逸的日子，却不曾想，一场本应喜庆的婚事，彻底改变了他的命运。

在西海龙王的安排下，小白龙和碧波潭的万圣公主喜结连理。谁知遇人不淑，新婚之夜，这万圣公主依然与旧情人九头虫幽会私通。小白龙察觉后，羞愤交加，一把火把华丽的洞房烧了个尽光，玉帝赏赐的贺礼夜明珠，也在熊熊大火中化为灰烬。

烧了玉帝的夜明珠，那可是忤逆之罪。西海龙王担心门族遭难，以退为进，废了小白龙的法力，亲自押解着他上天庭请罪。凌霄宝殿上，小白龙依然耿耿于怀，忿然于形，玉帝见他一副桀骜不训的样子，心中恼怒，令人推出南天门斩首。

那日，南海观音菩萨正好路过天庭，听说小白龙委屈受难一事，大慈大悲的怜悯之心顿生。她告知玉帝，人间正面临一场浩劫，苍生有难，请允许小白龙前往化解劫数，将功赎罪。

玉帝见观音出面求情，知道因缘有定，便网开一面，免去了小白龙的死罪，由他戴罪立功。

观音菩萨告诉小白龙，人间某处地方，山水秀丽，风水上佳，可谓是钟灵毓秀之地。有条小青龙在那里潜伏静修，即将得道升天。可惜此龙生性带有一股戾气，凡事喜欢意气用事，兴奋之时，如癫如狂，不能自已。得道之日，肯定又会兴风作浪，引发山崩地裂，给无辜百姓带来灭顶之灾。你此番前去，要隐秘行事，制服小青龙，护佑一方安宁。

小白龙绝处逢生，心中感恩戴德，对观音菩萨交待之事，一一记下，诺诺受命。

临别之际，观音菩萨说道：“因你法力全失，我特赠你三件宝物，以助你一臂之力，到时让人送来。眼下，你就顺着天梯攀爬到凡间去吧。”

说完，净水瓶中柳枝一摇，一条长长的天梯直通人间。小白龙拜别观音菩萨，便登上天梯，开始向下攀爬。这天梯爬一级，缩一截，小白龙整整爬了七天七夜，才抵达人间。脚刚落地，那剩下的最后一截天梯头，也倏然缩入地下，不见了。后人因称此地为“楼梯头”。

二、紫云洞问津

入得凡间来，小白龙四处游山逛水，明察暗访，不动声色地寻找异常之象。

一日，小白龙发现一个山洞颇为奇特，那洞在一条河畔之上，离河面约五丈之高。洞顶镌刻有“紫云洞”三个镏金大字，非常引人注目，洞门两侧石壁上有一副对联：

紫气薰五岳，云霞焕九天。

小白龙进得洞来，见一道士模样正在盘脚打坐。道士自号紫云道人，自从与兄弟分家后，云游到此，隐居山洞，已经多年足不出洞。

小白龙细观紫云洞内，门厅宽阔舒适，石桌、石凳、石灶、石床、石塔、石钟，一应俱全。更奇的是，洞内还有水井、梯田，洞壁之上，花轿、灯笼以及各种造型的奇人怪兽，栩栩如生，让人恍入仙界一般。

交谈之下，两人极为投缘，大有相识恨晚之意。小白龙问及当地风俗人情，紫云道人侃侃而谈，一切皆如家内之事，了如指掌。

小白龙对沿途景致赞叹不已，紫云道人点头微笑，随手一指洞外的一条山岭，笑言道：“此处地静景幽，田良土沃，曾有相士盛夸：‘颜如玉，黄金屋，唯赖此山坞’。后人于是将这一带命名为赖家、黄金坞呢！”

小白龙遥望洞外，山岭纵横，古木苍翠，不由地赞赏：“好，好一个黄金坞，真是名副其实啊！”

见人夸赞，紫云道人不禁喜形于色，他告诉小白龙，这个地方可不只就黄金坞一个好地方，大大小小总共有九个山坞哩！除了黄金坞，另外还有西坑坞、周家坞、鸣坞、荫坞、大坞、白坞、青山坞、李树坞，这些山坞聚天地之灵气，集日月之精华，都是上佳的风水宝地。

除了山，还有水。村庄中甘甜的山泉遍处皆是。有一眼山泉最为著名，每逢夏日，泉水冷若寒冰，荫凉透骨，故名“泉目荫”。据紫云道人讲，这“泉目荫”的山泉与紫云洞水井相通相连，泉水充满寒玉之气，具有补气静心、明目醒脑之功效。

这股山泉上方,有一株桃树,相传是孙大圣大闹天宫时,撒落人间的蟠桃种子,其树绿荫如盖,其果鲜美可口,人间难得一尝呢。

紫云道人还讲，这个村庄很大很特别。老百姓分布零散，这里一个沟，那里一个坑，都有人家住。虽说村头村尾相距近百里，但讲的都是同一种方言，腔调略显硬朗，一如这里的乡风民风，刚正厚直，纯朴实诚。

三、泉目荫收宝

离开紫云洞后，小白龙继续一路游逛。

猛然间，看见前面有一棵茂盛的蟠桃树，枝繁叶茂，果实累累，只是季节未到，桃子还没有成熟。蟠桃树下方，一汪泉眼自山脚汩汩冒出，叮咚有声，犹如天籁之音，想必这就是紫云道人所说的“泉目荫”了。

泉眼四周，堆砌着整齐宽厚的青石条，围成一个精致的水井。烈日之下，口干舌燥，小白龙急忙俯身跪在石条上，开怀畅饮，果然，泉水冷冽而甘甜，沁人心脾。

待得直起身来，小白龙突然发现身旁多了一位眉清目秀的女子，一双黑眼眸子灵动闪闪，望着小白龙粲然而笑。

“我是观音菩萨座下侍女小龙女，特地送上三件宝物，这件是蓝色法袍，具有护身和罩敌之效；这是霹雳唤辰剑，练就‘霹雳三剑’，所向披靡；还有一架灵音琴，琴声能够引导万物心智，不过这琴现在只有我会弹奏。”

难得见到龙中同类，小白龙十分欣喜，一下子不知所措，双手不知如何摆放，竟然忘记拜受宝物了，惹得小龙女娇笑连连。

在小龙女的引导下，小白龙当场试起宝物来。他穿上蓝色法袍，立时感觉有股真气在体内涌动，源源不断地贯入各大要穴。不久，便自觉精力充盈，功力比原先还强十倍。

接着，小白龙又取出霹雳唤辰剑，那剑鞘是黄金材质，精雕细镂，银色鳞片镶嵌其上，呈现龙纹图案；那剑身更是由陨石铸造，乌黑发亮。黑白映衬，相得益彰。小白龙二话不说，抽出剑来，劈向道旁一块大青石，瞬间只见碎石四溅，小白龙也震得手臂发麻，不对呀，照情理，石头该被劈成两半才是。

小白龙疑惑不解，正待问个明白。小龙女接过宝剑仔细一瞧，原来，剑刃还尚未开封呢！

小白龙见状，喃喃自语道：“难不成，这剑锋需要我们自己来磨砺了？可哪儿才有合适的磨剑之石呢？”

小白龙一连试了好几块石头，皆不顶用。要么一碰粉碎成碴，要么毫无磨砺之功，真是让人愁眉不展。

小龙女突然若有所悟，说道：“来之前，菩萨曾念有一偈语，想必这其中有奥妙！”

“什么偈语？”小白龙急问。

“菩萨念说：天地混沌开，云隐久徘徊。冷泉浇砺石，飞剑扬尘埃。琴召三仙木，袍罩九龙哀。一朝杂念去，自在真如来。”

回味了半晌，小白龙仍然不得其解。

“菩萨说‘冷泉浇砺石’，想来这冷泉经行之处，必有砺石可寻。”亏得小龙女冰雪聪明，解得心中迷惑。

四、冷泉潭磨剑

果然，顺着冷泉细流，小白龙找到了一块巨大的磨砺之石，长宽各有三丈。冷泉从石壁上浇下，形成一口小水潭。

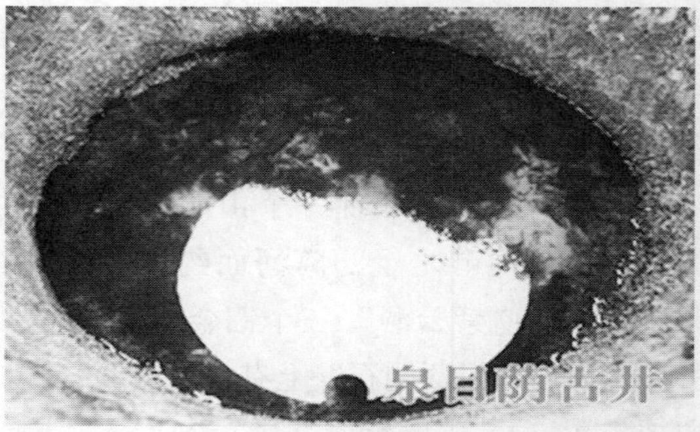

泉目荫古井

觅得磨砺石，小白龙当即埋头磨起剑来。可惜涓涓冷泉，远不够霹雳唤辰剑磨炼之用。于是，小龙女解开灵音琴，弹起仙乐之音，“泉目荫”仿佛得到感应，泉水流量逐渐加大，不断从泉眼中喷涌而出。

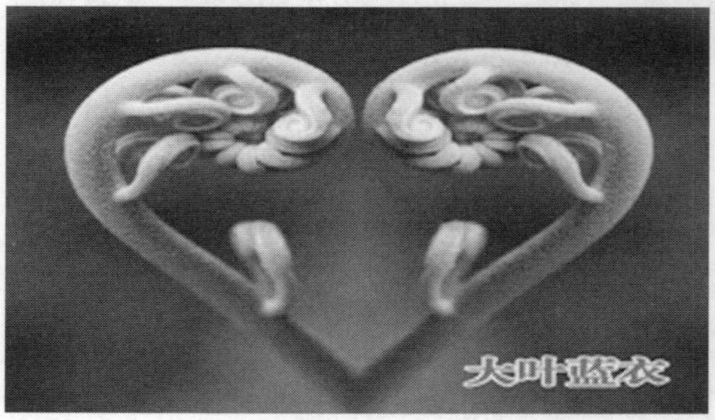

大叶蓝衣

天时地利人和，在小白龙专心致致地磨砺之下，霹雳唤辰剑很快有了变化，剑尖上明晃晃的锋芒直闪人眼。小白龙看得心花怒放，磨得越发带劲了，不一会儿便汗流浃背，他脱掉蓝色法袍，顺手晾在一旁的小山坡上。

谁知，受这法袍仙气浸染，山上长出许许多多的厥类植物，当地人称为“蓝衣袍”和“大叶蓝衣”，嫩芽可采摘食用，有补脾益气，解毒抗病的功效；而这座小山坡，后来被唤作“蓝衣山”，它成为当地最具知名度的聚宝山，盛产胡柚、衢桔、蜜桔、油茶等各种经济作物。

历时九天九夜，砺石被磨掉了一大半，只剩下了一丈有余，小白龙终于磨炼出了吹毫断发、奇快无比的“霹雳唤辰剑”，而砺石前的小水潭，也被剑锋戳成了一个大水潭，这就是如今的“磨石壁底”。

寒光四射，剑气逼人。小白龙对这把亲手磨炼的霹雳唤辰剑爱不释手，反复观摩。忽然，他透过剑身，隐约看到有人舞剑的身影。刺、削、劈，看似一招一式朴实无华，实则刚柔相济幻化无穷。原来，这正是“霹雳三剑”剑谱。

考虑到“霹雳三剑”威力巨大，小白龙在村庄的西南角，寻得一座偏僻高山，摒弃一切干扰，静心练剑。借助仙琴对心智的启迪激发，经过三天三夜的勤学苦练，小白龙终于悟透了“霹雳三剑”要诀。

剑法练成之时，练剑之山飞沙走石，尘土飞扬，四周的山顶皆被削平，纷纷扬扬的山石细粒，堆积出一座尖尖如锥的山峰，恰似那农家“米筛”筛出的米尖一般，兀然矗立于天地之间，“米筛尖”山巅即来源于此。

一日，小龙女游至村庄的风水口，放眼望去，山高道宽，但总觉得少了点什么。猛然想到，这村口可是重要关口，小青龙得道之时，若无防守和阻挡，窜出山去，为患人间，岂不是轻而易举之事？必须想方设法打造一道屏障才行。

想到这里，小龙女打开琴盒，抚弦鸣琴。天籁之下，村口的三棵小樟树，受到仙乐感召，瞬间拔高长壮，开枝散叶，成为三位威风凛凛的“樟树神”，默默地守护着村口

五、群龙大激战

深夜，电闪雷鸣，暴雨滂沱。

小白龙知道，小青龙即将得道出山。

群山在摇晃，大地在颤抖。一道黑影从紫云洞中急速飞出。巨石翻滚，浊浪滔天。

小青龙所过之处，皆携一股灵气，河沟之中的虾、蟹、螺蛳吸收灵气，变幻成虾兵蟹将骡马。一时间，千军万马奔腾而下，成片良田毁于一旦。

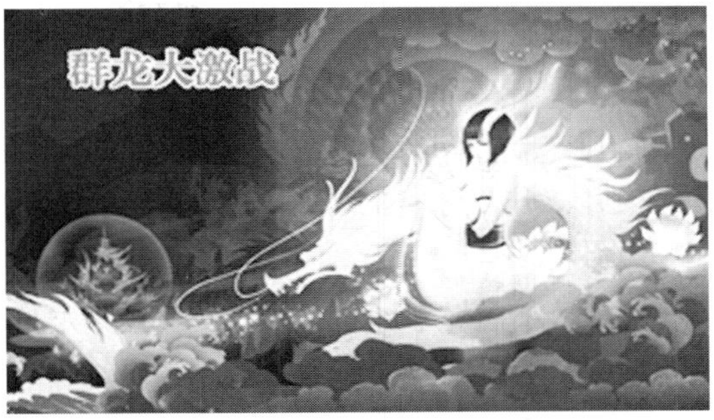

半道上，小白龙和小龙女早已摆好架势迎敌。

一出手，就是“霹雳三剑”。绝招毕竟是绝招，这三剑果然不同凡响：一剑削断骡马腿，从此螺蛳走路光靠嘴；二剑劈裂蟹将甲，从此螃蟹胆小石下趴；三剑刺落虾兵帽，从此虾米闻声弯腰逃。

电光火石般的三剑过后，情势大变。小青龙一招不成，依然气势汹汹，怒不可遏地向小白龙冲撞过来。

小白龙猝不及防，一个踉跄，霹雳唤辰剑几乎脱手。小青龙再来一招“神龙摆尾”，直要把小白龙甩出九霄云外。

说时迟，那时快。小龙女奏响灵音琴弦，一声声高昂的音符，像利剑一般地刺向小青龙，小青龙只觉一阵眼花耳鸣，心神根本无法集中，抵挡不过，只好回身逃窜。

折返途中，小青龙不愿回到紫云洞。抬头眺望，天际之上，似有明灯一盏，引导自己前行。于是，一咬牙，从左边直冲山顶。不料，小白龙随后赶到，再度使出“霹雳三剑”，倾刻间，山迸地裂，无数的山岩石块压住了小青龙。

小青龙挣扎再三，好不容易从“石山底”挣脱出来，径直向高山上的那盏明灯游去。但终因遍体鳞伤，游了一半路程，筋疲力尽，重重地砸在山顶之上，化为一道“石龙岗”。由于山岗是青龙所化，所以此地山中石脉多为青石。

小青龙倒地之时，龙头、龙身和龙尾等

身体部位在山顶砸出了三个大坑：头塘、中塘和尾塘。泉水涌入，形成三个大湖，常山的母亲山——“湖山”之名由此而来。而远方点燃明灯引导青龙的那座山峰，就是“灯盏碟”啦。

这边，小白龙、小龙女只管与小青龙打得热闹；那边，村庄中的九个山坞也不宁静，不约而同地窜出了九条小龙。这些小龙径直冲向村口，意欲席卷而过。没想到，被三棵“樟树神”拦住去路，左冲右突，愣是没占半点便宜。

无奈之下，九龙只得绕开村口，沿着另外一条山谷，冲开一条通道，蜿蜒而下，眼见即将冲入常山港，汇到大河之中，卷起更大的浪潮。

情急之下，小白龙抛出蓝色法袍，遮罩住了九条小龙。九龙被定住动弹不得，幻化成九座山峰，当地人称“九龙山”。

九龙变成山峰后，奔腾的巨浪遇阻，倒灌逆流，从另外一侧的支流冲入另一村庄，村庄的水碓飞速旋转，甚至一些水碓被激流抛上了天空，人称飞碓之地。

六、剑琴化桥亭

次日清晨，一切恢复平静。村庄却是满目疮痍。

小青龙与九条小龙窜出山坞时，横冲直撞，毁田坏地，在村庄中间形成一条笔直深长的沟壑，一直通往山外，百姓形象地叫做“开膛剖肚溪”。

在这沟壑之中，山谷里滚落的巨石重叠交错，横亘河道，场面壮观剧烈，遗迹至今犹存，黄金坞一带尤为明显。

观音菩萨驾着祥云，出现在小白龙、小龙女面前，面容慈祥地说道：“昨夜一战，你俩同心协力，制服了小青龙，完成了使命，可喜可贺。”

未等小白龙答复，观音菩萨话锋一转：“但是，由于你们功力尚浅，预料不足，仍然给村庄带来了破坏与灾难。所以你们必须想方设法，尽可能地修复它。”

小白龙面有愧色，叩首领命。

观音菩萨继续接着说：“凡事皆有因缘。小白龙，其实小青龙正是你身上的戾气所化。你们同根同源，故而惺惺相惜。善恶之念都是世俗本性，虽不能彻底消除，但必须时时自省，一心向善，如此方能获得福报，真正地得道成佛。”

小龙女问道：“菩萨，除了小青龙，那冒出的另外九条小龙又是怎么一回事?”

观音菩萨解释道：“佛法有云：怨、恨、恼、怒、烦为五罪心，贪、嗔、痴、慢、疑为五毒心。九个山坞十条龙，小青龙代表着怨心，而另外九条小龙，是小青龙的其它九个分身。”

小白龙：“多谢菩萨教诲！多谢菩萨救赎!”

观音菩萨：“不用谢我。你收服了小青龙，就等于实现了自我救赎，找回了你的本心。”

为了恢复村庄的风水和景观，小白龙与小龙女动足了脑筋，对“开膛剖肚溪”进行修复改造。

其一，在村口三棵“樟树神”附近，九龙突围受阻，反复踩踏辗轧，形成了一个又宽又深的大泥塘，圈建改成一个大池塘，涵养风水之气，民间俗称“古塘”。

其二，在九龙窜逃的新出口，借来观音菩萨莲花宝座上的莲子，遍撒其间，借以藏风聚气防外泄，每逢夏季，莲花怒放，荷香充盈，俨然一个秀美的“荷庄”。

其三，在小青龙折返回山的“丫字形”河道上，建造了两座圆拱石桥，两桥紧密相连，极大地方便了百姓出行往返，人们称之为“双个篷桥”。

其四，在“开膛剖肚溪”河道中途，多设几个拐点，引导河水迂回流动，并在村头的西坑坞、村尾的荷庄，各架设一座桥梁，涵养村庄的人气与财气。

其五，也是最重要的一点，在村庄正中央，小白龙抛出“霹雳唤辰剑”，化为一座拱桥，镇住“开膛剖肚溪”的冲煞之气；小龙女抛出“灵音琴”，化为一座凉亭，蕴藏村庄吸纳的自然灵气。

从此，一桥一亭，如同忠诚的卫士一般，静静地驻守在村庄，任凭时光流逝，岁月更迁。

后来，“桥亭”，便成为这个村庄的标志，成为这个村庄的名号，留传至今。在桥亭风水的庇护下，桥亭历史上出现过许许多多的能人奇闻，当然，这是后话了。

桥亭的古桥

村庄改造完毕，小白龙、小龙女依依惜别，各自回位，小龙女回到观音菩萨的身边，而小白龙，则奔赴鹰愁涧等待唐三藏，继续开启自己西天取经的新征程。

这正是：

一朝浮华入曲径，万般磨难洗顽灵。

抑恶扬善自救赎，琴心剑胆化桥亭。

（王有军）

徐幸隆：铁肩担大义 忠魂铸春秋

在常山县城，“徐半边，詹一角”这句俗语可以说是老幼皆知。它不仅反映出徐、詹两姓家族兴盛，人口数量庞大；还印证着这两大家族人才辈出，声名远播，是数一数二的名门望族。而这其中的“徐半边”，指的就是以徐幸隆为始迁祖的南壁徐氏。

一、迁居常山邑

徐幸隆（1072—1127），字德盛，祖籍河南洛阳，自小定居开封柳家庄，后迁居浙江常山。

据《常山县志》（嘉庆版）卷之七记载，徐幸隆为元祐三年戊辰（1088）李常宁榜进士。从年龄上分析，16岁荣登进士，有违常规，可能性不大。倒是《上嘉源徐氏宗谱》记载的传记可信度更高：“（宋）元祐末应制科，以御史常安民荐，补右正言。”

所谓的“制科”，是皇帝专门下诏选拔各种特殊人才的一种考试方式，与三年一次的常规科考不同，“制科”根据形势需要或皇帝喜好，不定期举行。

据查找《宋史》等史料，发现元祐后期的制举考试仅此两次，时间皆在元祐六年。《宋史》（卷十七）记载：“夏四月乙未，复置通礼科……（九月）丙午，御集英殿，策贤良方正能直言极谏科。”徐幸隆参加的应该是其中一次，但究竟是哪次，尚不可考。后来，在御史常安民的推荐下，徐幸隆被安排到中书省担任一名谏官——“右正言”，负责向皇帝进言直谏。

在“右正言”的岗位上，徐幸隆屡有谏言被采纳，可以说是得心应手。然而，舞文弄墨的谏官之位，并非徐幸隆的本意，奔赴疆场护国御敌才是他的内心所向。

徐幸隆生来相貌魁梧，加之“博学负直气”，颇有武将之风，相传，徐母詹氏在临盆前夜，曾梦见一颗状如斗大的流星坠入怀中，继而间山河闪耀，大地震颤，醒来后不久，徐幸隆便呱呱落地了。按解梦之说，这可是应了武将之兆啊！

元祐末年（1092—1094），西夏人屡屡入侵北宋，边境战事频繁，朝廷派遣徐幸隆出任外官，担任陕西葭州知州。自此，徐幸隆开始踏上了武官之路。在战场上，徐幸隆御敌有术，捷报频传，龙颜大悦，授予淮东节度副使之位，后来，又担任河阳节度使，镇守汴京（今河南开封）等重镇要地，保卫一方安宁。

宣和二年（1120），方腊在淳安青溪起义，安徽、浙江一带陷入一片动乱，朝廷派遣徐幸隆前往镇压。当时，徐幸隆正好罹患一场大病，但仍拖着病躯奔赴疆场。进入常山边境后，病情愈加严重，已经到了卧床不起的地步。

无奈之下，思虑再三，徐幸隆只得上表乞求解职，请朝廷另派将领征讨方腊，以免耽误军情。从此，徐幸隆仅带着家人，留在常山城郊的唐代名刹北禅寺，一边调养治病，一边安家定居下来。

二、血战相州城

或许是天眷忠臣，大病之后，徐幸隆居然幸存了下来。

然而，当时的西夏、金国为了争夺地盘，频频入侵北宋，在这血雨腥风的危亡时刻，哪里容得下人们片刻的喘息？至于心系大宋安危的徐幸隆和众多将士们，更是忧心忡忡，坐卧不安，时刻等待着驰骋前线的号角声！

靖康元年（1126），金人经过精心筹备，疯狂南侵。在抗金名将、兵马副元帅宗泽的召唤下，徐幸隆受命驻守相州（今河南安阳一带），招兵买马，囤积粮草，加固城墙，严阵以待，一刻不敢松懈。

不料，金人素闻徐幸隆骁勇善战，不愿与他正面冲突，便寻得那薄弱缺口，绕过相州，兵马直逼汴京城下，掳走了宋徽宗、宋钦宗两位皇帝，史称“靖康之变”。

徐幸隆得知消息后，立即前往拜见宗泽，直言“大事危矣，当以死战！”力求请战护主。宗泽大为感动，于是两人共同精心制定了营救方案，准备拦截金兵归路，来个两面夹击，救出两位皇帝。只可惜，因负责增援的兵马迟迟不到，既定方案未能实施而功败垂成。

不久，金国大军在完颜宗翰（粘罕）的带领下，兵分三路，再度南侵，风卷残云般地扑向宋军，抢夺杀戮，肆意地践踏着北宋最后的尊严。

淮河沿岸守将，眼见皇帝被俘，城已破，国将亡，早已无心恋战，大都闻风逃窜。

惟独倔强的徐幸隆，“明知不可为而为之”，率部英勇迎敌，力战而亡，时年56岁。

天苍苍，野茫茫，在血色苍茫的疆场上，徐幸隆毅然奏响了一曲悲壮的英雄之歌。

有心杀敌，无力回天，战死在沙场，马甲裹尸还。这既是英雄的宿命，更是英雄的荣耀。

三、归葬护国寺

靖康二年（1127），宋徽宗第九子赵构称帝，成立了南宋政权。为安抚民心，稳固政权，待时局稍定，朝廷按照惯例，下诏寻访“死节之臣”。

宗泽特地上疏，为徐幸隆请封：“金人之来，孙昭远留守西京，缩首南窜，徐幸隆备御一方，尽忠死敌，宜加褒录，以劝臣民。”

宋高宗诏封徐幸隆“银青光禄大夫、开府仪同三司”封号，并赐予谥号“襄愍”。为了彰显皇恩浩荡，宋高宗又接连下旨：徐幸隆长子徐大兴“子承父功”，由甘肃安化转运判官一职，升任衢州太守。《衢州市志》（1993）记载，徐大兴于南宋建炎年间（1127—1130）任衢州知州一职。

遵照父亲遗愿，徐大兴千里迢迢地扶柩回到常山，葬于县城北五里的北禅寺后山。官府向寺庙捐献田地数十亩，作为供养之资，令寺僧世代守护忠臣之墓，借以嘉奖徐幸隆在危难之际忠义护国，北禅寺也因此改名为护国寺。

青山有幸埋忠骨，大义无言铸春秋。一代忠臣义士，终于回归故地，安然长眠于群山之中。

据《上嘉源徐氏宗谱》（民国八年版）记载，徐幸隆生有三子。长子徐大兴，登大观四年（1110）张纲榜进士，居常山县城南壁；次子徐得兴，居原籍河南开封扶沟县柳家庄；三子徐忠兴，登政和六年（1116）程瑀榜进士，任执戟郎，后居绍兴府余姚县越山顶里等派。后来，徐大兴一脉又分为天地人三派，天派以上嘉源为主支，分布于石硿寺一带；地派以里择为主支，现存有徐氏宗祠——里择祠，系省级文保单位，还有徐大兴的太守公墓；人派以招贤渔溪口为主支。

徐氏宗祠-里择祠

目前，介绍徐幸隆生平事迹最详细的史料，当数《宋节度使襄愍公墓碑》一文，落款为宝文阁直学士王涣之，这在《衢州府志》（康熙版）《常山县志》（光绪版）《上嘉源徐氏宗谱》（民国八年版）皆有记载，内容大同小异，文采斐然。据程俱撰《宝文阁直学士王公墓志铭》，王涣之去世于宣和六年（1124），而徐幸隆战死于靖康二年（1127），以此推断，王涣之作《宋节度使襄愍公墓碑》，乃是误传。当时，信安侯王汉之已经致仕回到常山，碑文是否是他所作，不得而知。

不管作者何人，徐幸隆忠心报国之义举，气贯山河，光芒四射，值得后人永世铭记。正如其碑文所云：“天地之气，发泄为风霆雨露，流峙为江河峤岳，储孕为刚大忠义。……其魄虽丧，其神与日月同争光，与天地相悠久！”

（王有军文/陈水和图）

赵鼎：南宋重鼎的家国情怀

一

建炎三年，1129年三月初五。一艘小船悄然停靠在衢州浮石渡的码头上，一位身穿便服的中年人久久凝视着这片陌生的土地。

就在这一天，苗傅、刘正彦杀了签书枢密院王渊，掀起明受之祸，使混乱的国家更加混乱；也在这一天，苏北的抗金前线仍在反复争夺血腥拼杀——这一天，这个男人有些疲惫但依然坚毅的脸上不动声色，对身后站着的几个少年说：“这里将是我们新的家。”

“就在这里吗？”

“不，是常山黄冈山永年寺。魏大人和范大人都安排好了。”

这一天，他只想做个父亲，给孩子们寻找一块没有被烽火强吻过的土地，一个可以称之为家的地方，安放他们四处飘荡的青春。

其实此时，他已被皇帝剥夺了工作的权利。他有的只是写诗的权利。

但此刻无诗，只有向往。

二

黄冈山，海拔不高，惟见花香满径鸟媚人；永年寺，规模不大，只凭晨钟暮鼓吟风月。这是魏大人魏矼和范大人范冲给他们精心寻找的新家。这年，魏矼在常山知县的任上。范冲，他女儿的公公，他的亲家，早在1127年就在常山叫“叠石”的地方安置了家少。

经年奔波，金戈铁马。孩子们终于可以放心大胆地睡觉了。

三

二十三天后，他又听到了朝廷的召唤。

毫不迟疑，出发，前后五天，从衢州赶到杭州，赶到那个惊心动魄又波澜壮阔的世界。

他叫赵鼎。四岁丧父，在继母无私的教养下长大，二十一岁考取进士，以忠直无畏的身姿，在靖康之难的烽火中出没；在硝烟弥漫的危境，始终追随在皇帝的左右，尽着一个臣子的本分；今后，他也将出没在箭矢连天的前线和更加凶险莫测的朝廷中枢，承受剑剑刎心的战与和、守与降的路线斗争；他两次站到宰相的高位，和张浚岳飞们一道取得一次次胜利，又一次次仰面倒在赵构秦桧们的乱棒之下，遍地鳞伤。

他是赵鼎，中兴名相，金邦死敌，宋之重鼎。

四

然而，再光彩夺目的功绩，再重愈千斤的鼎，都抵不过皇上轻轻一脚。当国家大义与皇帝私心抵牾之时，皇帝口吐了莲花：

赵鼎，你回家息一息吧。

回家？那埋藏了祖先的谱籍，也埋藏了自己青春的山西闻喜县礼元镇阜底村还能回得去吗？

现在，对他来说，有孩子的地方那就是家，就是幸福。

五

这是1130年的十一月，他四十六岁，回到他心目中的家——常山县黄冈山永年寺。“朝市丘园谁孰优？要将闲适换深忧。”在这里，他必将收获满满的亲情，浓浓的友情，醇醇的乡情和饱饱的诗情；在这里，他必将收获除阴谋、奸秽、虚伪和屠凌之外所有的美好。

下雪了，他就和儿辈们围炉饮酒，看那纷纷扬扬的雪花，开玩笑说：“看，那是爹从北方带来的。”雪停了，他在东轩独坐，只自蒲团袖手，看云山回合。过小寿了，就整个小酒，和儿子们说说人生，道道诗赋。

“空笼疏幔晓寒清，小醉醒然不作酲。攲枕谁能寻断梦，卧闻童子诵经声。”（正月十八日枕上）

“心远身闲眼界清，萧然回首万缘轻。更将满耳是非语，换作松风溪水声。”（山中书事）

多好啊，这样月朗风清的生活，从二十一岁出道以来从未想像过的惬意人生。

范冲来了，魏矼来了，开化的程俱来了，源口江氏家族的江纬江袠来了，玉山的喻樗来了

范冲吟诗道：

几回飞锡入红尘，一任随缘自在身。琢句不妨踏明月，援琴谁与听阳春。

扬眉抚目如相委，捧腹狂歌即是真。汤饼藜羹奉朝供，自怜擔缘小乘人。（《赠龙华院了空》）

赵鼎即和：

虚怀无地着纤尘，独鹤孤云寄此身。琴发清弹庐阜月，诗控妙意武林春。

少陵深契赞公语，惠远能知陶令真。扰扰今谁同此趣，容车山下两闲人。（《用元长韵赠空老》）

魏矼也依韵而和曰：

山河大地等微尘，岂向尘中认色身。沤没沤生俱是妄，花开花落几经春。

鸣琴对客意何古，破袖蒙头乐最真。平日远公能贳酒，不妨去作社中人。（《次韵赠了空》）

这哪里还能听得见永年寺的经声，仿佛就是常山建县以来最高级别的文化沙龙，诗歌盛宴。

他还在黄冈营建了独往亭，诗云：

亭前旧种碧琅玕，别后何人著眼看。山下溪流接潮水，时凭双鲤报平安。

一时惹得黄彦平、林季仲、张嵲、吕本中、张浚、沈与求等重量级文人名士皆有诗至。

这就是赵鼎的力量，使得小小的常山经历了一次盛大的诗意的恩宠。

六

快意闲适的生活总是短暂的，总共不到两年的时间。

该来的还是来了。

1132 年，绍兴二年十月下旬，赵鼎再一次听从了内心的召唤，回到了战火纷飞的世界，去实现他“速宜净扫妖氛了”的心愿。

此一去，竟成永诀。

七

绍兴十七年，1147 年八月十二，在天涯之涯的海南三亚，陋屋、破席、饥鼠、残灯，一位瘦骨嶙峋的老者拼尽最后的力量替自己写下生命的挽幛：

身骑箕尾归天上，气作山河壮本朝！

然后静静地死去。

生命，永远停格在六十三岁的这一天。

这些年来，他一路不肯妥协，便注定一路受贬，一路不肯同污，便注定一路凄惨。小儿子赵渭死在泉州，大儿子赵洙死在去潮州的路上，二儿子赵汾哭着要陪侍他来海南，他怒骂道：你难道要同我一起死在这瘴疠之地吗，我要你要好好活着，背着我的骸骨回家去安葬。

这些年，据说金国皇帝每见到南宋使者，便会问：赵鼎死了吗？这些年，谁对他表达了同情，谁就会莫名其妙地丢官或入狱。当他听说他在海南的情况每个月都要上报给秦桧的时候，他知道这个恶魔要对自己下手了。

唯有有尊严的死，才能换来壮丽的生。他选择了绝食，以这样的一种方式，敲打着历史的良知，走完自己波澜壮阔宕荡起伏的一生。

身为臣子，壮怀激烈；身为人父，凄怆呜咽。

八

然而事情还远远没有结束。

1148 年二月廿二，皇帝终于发了善心允许他“归葬”常山。

也许是天意,在建炎三年,也是二月廿二这个日子,他第一次踏上了前往常山的小船。

从此，魂牵梦萦。

1150 年的六月，赵汾身负父亲的骸殖踏上了回家的漫漫长途。途经的每个地方，赵鼎曾经的朋友，门生，下属，象躲避瘟神一样躲闪着他的到来。只有在袁州，通判汪应辰不顾一切出来祭奠。

只为那年，赵鼎前往南昌，途经玉山时他见到了这位传说中的偶像。赵鼎拉着他的手，微笑着说“你愿意随我到南昌吗?”他只回答了一个字："好!"

赵汾千辛万苦终于回到了常山，岂知当时的衢州知府章杰却是个秦桧的爪牙，他命常山县尉翁蒙之以搜查私酒的名义突击检查赵汾带回的遗物，特别是赵鼎与人往来的书信文稿，以便向秦桧邀功请赏。翁蒙之不顾个人安危派人报信，使赵汾有时间烧掉了赵鼎所有的书简，挽救了一批忠贤之士免遭迫害，也很遗憾地烧掉了一批文化的瑰宝。

这年，赵鼎被安葬在石门山上，后人称之"忠简孤冢"。他终于如愿回到了至死都没有忘记的第二故乡——常山。

山河壮丽，常山幸甚。

从此，石门山上经常云雾缭绕，人们坚定地认为，那是赵鼎的正气所化，忠魂所聚，取名"石门佳气"，成为一名景。

1155年八月，赵汾被诬下狱，体无完肤。

1155年十月廿二，秦桧病死。

1156年正月赵鼎被平反。

1168年五月追谥忠简。

1175年九月，赠太傅，追封丰昌公。

1188年，赵鼎配享高宗庙庭，为昭勋阁二十四功臣之一。

（黄菁华文/袁冬华 黄祖祥图）

南宋爱国诗人陆游的常山情结

陆游（1125—1210），南宋爱国诗人，字务观，号放翁，越州山阴（今浙江绍兴）人。陆游是中国文学史上存诗最多的诗人，共有九千三百多首，多为抒发政治抱负、反映人民疾苦、风格雄浑豪放之诗，有《剑南诗稿》《渭南文集》《南唐书》《老学庵笔记》《放翁词》等数十个文集传世。

陆游一生走进常山虽然次数不多，但却有着深深的情结。

初识常山：俱因师长伟人

陆游最初知晓常山，主要是因为受到当时两位重要前辈的影响。

一是伟人赵鼎。赵鼎何许人也？就是那位追随宋高宗南渡，举家迁居常山，死后归葬常山的南宋中兴贤相。靖康之乱后，赵鼎拒绝与张邦昌政权合作，南下追随宋高宗，举家迁居常山，后二度拜相近四年，被称为南宋"中兴贤相"。赵鼎是主战派，十分推崇力主抗金的将领张浚、岳飞等，曾推举岳飞收复襄阳。后因受到秦桧一伙主降派诬陷和排斥，一贬再贬，流放到吉阳军（今海南岛崖县），后忧愤绝食而亡。

陆游在襁褓中即随父母开始逃难，一生最初的记忆就是颠沛流离的逃荒生活。正因历经苦难，陆游从小心里便埋下了爱国的种子，非常崇仰赵鼎等忠臣名将的英勇事迹。父亲陆宰（1088－1148），也是主战派，通诗文、有节操，北宋末年任吏部尚书、淮南节度转运副使等职。一次，陆游听父亲说：建炎年间，宋高宗被金兵追得逃到海上，拥戴宋高宗的各路将领各怀异心，朝廷无力控制局面；时任端明殿学士、签枢密院事的赵鼎，以其卓越的才能，协调将领之间矛盾，树立了朝廷的权威，被宋高宗比为助唐肃宗中兴的名臣李勉，得到破格提拔，从右司谏升为殿中侍御史，继而升为御史中丞。在倾听过程中，陆游先是"仰首伸眉"，随即"肃然起敬"。二十岁时，听李光（南宋名臣，越州上虞人）对他的父亲说："闻赵相过岭（岭南），悲忧出涕。"（详见陆游《跋李庄简公家书》），心情非常沉重。二十三岁那年，听说赵鼎临终前自书铭旌"身骑箕尾归天上，气壮山河壮本朝"，并遗嘱奏请死后归葬常山时，涕流满面，大发感慨道："呜呼！不可谓伟人乎?"就在这时，他了解到两浙之地有个常山县，并将此载入自己的《老学庵笔记》中。

二是师长曾几。曾几何许人也？就是那位途经常山写下名诗佳作《三衢道中》的宋代诗人。曾几（1085—1166），字吉甫，号茶山居士，其先赣州（今江西赣县）人，后徙居河南府（今河南洛阳）。曾几之所以闻名当时，主要是因为他是江西诗派的典型代表，其经学、诗文、人品亦足有堪称一时者。

陆游从小读诗，涉猎多家诗集，很早就仰慕曾几，绍兴十二年（1142），他十八岁时开始研读曾几诗文，绍兴二十一年（1151），他二十七岁于越州正式师从曾几学诗。他在《别曾学士》诗中说："儿时闻公名，谓在千载前。稍后诵公文，杂之韩杜编。夜辄梦见公，皎若月在天，起坐三叹息，欲见无由缘。忽闻高轩过，欢喜忘食眠，袖书拜辕下，此意私自怜。"曾几去世后，陆游为其作《曾文清公墓志铭》，称之"道学既为儒者宗，而诗益高，遂擅天下"。又在《追怀曾文清公呈赵教授近尝示诗》中，称曾几"律令合时方帖妥，工夫深处却平夷"。八十二岁作《跋曾文清公奏议稿》时，署款仍用"门生"字样，尊敬之心溢于言表。

陆游正式师从曾几之后，曾多次听老师提起《三衢道中》以及创作这首诗的时代背景和途径常山的具体情景（学者认为《三衢道中》为曾几在任浙西提刑期间途径常山所作），陆游由此逐步加深了对浙西常山的印象。

再识常山：是因好友苏玭

苏玭（约1128—1192），字训直，泉州同安（今福建同安）人。宋室南渡后，寓居越之山阴城西南，与陆游交好，时常扁舟一叶，互相往来。后卒于南宋绍熙三年（1192），陆游为其作"墓志"。

据明万历《常山县志》记载，南宋乾道四年（1168），泉州同安人、右儒林郎苏玭来常山任县令。当时，正值常山文运低落之时，连续多年没有县人考中进士，当地绅士名流联名向苏玭提议，请求在城中建塔以振兴一邑文运。苏玭立即付诸实施，经过一番风水堪舆，把建塔的地点选择在县城之东南方，即象应文明巽位——武当别峰之上，从此武当别峰也称文笔峰，一邑学子奋然兴起。后一年，常山考中进士的学子即达三人。

苏玭在常山期间，时常与陆游书信往来，把理政思想和所见所闻等告诉陆游，不断加深了陆游对常山的印象。据常山民间传说，苏玭认同绅士名流建塔提议之后，曾以书信向陆游介绍此事，陆游回信予以点赞，并寄来书法一幅，上题"文峰毓秀"四个大字。由于年久失传，目前难以找到相关证据，无法确定该传说是否真实。但以下的分析思考，坚定了我们的一些信念。其一，陆游历来重教崇文，曾在多个场合提及"人杰缘于地灵""欲启人文，宜培地脉"；其二，陆游的书法造诣事实上是很高的，擅长正、行、草三体书法，尤精于草书，只是因为他的诗名太高而掩盖了书法名气；其三，陆游是苏玭的"总角之交"，之前对常山的印象又一直很好，当苏玭来常任职，哪怕有再大的请求，相信陆游也会鼎力相助。因此，苏玭初任常山县令，建塔以"关一邑文风"，陆游为其书"文峰毓秀"是极其可能的。

从陆游之后为苏玭所作的《吏部郎中苏君墓志铭》所载的事实中，不但能充分感受到上述可能性，而且也可以感受到陆游因为苏玭增进了对常山的了解。如《苏君墓志铭》曰："公讳玭，字训直……又以辟书从舅侍郎方公某使金国……归而知衢州常山县，其治抑豪右，伸贫弱，下令简而信，用刑明而宽。前日输公上不以时者，皆期而至。又因定阳一乡民病于役，与义役厝置，井井有理，至今为利，它乡人不病者亦置之，其虚心裕民如此。岁饥，出仓粟振粜，不待上命，民赖以不死徙，徐遣吏市米于吴，视常平旧藏，悉如其故。政既成，顾县学久弗不治，乃力葺之。进秀民于学，以礼延乡老先生为之表倡，士亦自知勉励，儒风益盛。至于桥梁道路，厩置委职，产医药，莫不为之经理，而于掩骼殣死，长养孩幼，尤笃。后数十年，士民追论之，尤感涕也……”据统计，这篇一千五百多字的《苏君墓志铭》，既写了苏玭高祖父、曾祖父、祖父、父亲、母亲的情况，又写了苏玭本人的出生、享年、妻子及子孙情况，还写了苏玭的学习、著作、交游、任职、受表彰和名人评价等情况，却以二百三十多字的篇幅来写苏玭在常山不到三年的业绩，可见陆游对“苏玭在常山”有多么的了解。

走进常山：留下“愤青”之诗

陆游是坚定的主战派，积极主张收复山河，所以一直受到主和主降派的压制排挤，以致壮志难酬。淳熙五年（1178），本来在纵横疆场的陆游，突然被召回京面圣，但孝宗皇帝并没有重用他，反而让他去福建主管茶盐公事。这让一心志在抗金的陆游备受打击。赴任途经衢州时写下了《衢州道中作》，“耿耿孤忠不自胜，南来清梦遶觚稜”两句，表达了他梦中不忘国事的忧国情怀。

淳熙六年（1179），朝廷召陆游回京述职，行至半路，朝廷又让他留在衢州待命。是年深秋，陆游被任为提举江南西路常平茶盐公事。他匆匆收拾行装赴任，在途径常山招贤时，不免被熙熙攘攘、热闹非凡的情景所震撼，看着来往于古渡那形形色色的人们，他思绪缥缈。两年前在病中写下千古名句“位卑未敢忘忧国，事定犹须待阖棺”的陆游，此时不由想到了自己的坎坷人生，内心涌上了淡淡的忧伤，从而生出种种感叹，写下了《晚过招贤渡》这首“愤青”之诗。诗曰：“老马骨巉然，虺尵不受鞭。行人争晚渡，归鸟破秋烟。湖海凄凉地，风霜摇落天。吾生半行路，搔首送流年。”意思是说，我已是“奔六”的老头（当时55岁），却骑着既瘦又病的老马赶路，有什么办法呢？只有慢慢地走吧。已是行人争渡、归鸟投林、炊烟四起的深秋晚间时候，该投驿站歇脚了。眼前的江湖拥挤而凄凉，滚滚江水好似风霜自天摇落，让人感到水天一色、茫无边际。这一生奔波在仕途上，有半生在颠沛流离之中，什么时候才能实现年轻时树立的理想呢？难道只有搔搔头皮、过一天算一天了吗？

陆游“晚过招贤渡”的当晚住宿在常山境内。这一晚，他还想了些什么，有无再留其他诗词？第二天，他是否还住在常山境内，有无留下笔墨？这一切，由于找不到相关记载，目前不得而知。所以，我们只能依靠分析想象，揣摩他这次走进常山的整个心情。陆游的家乡在绍兴镜湖之三山，他对三山的感情非常深厚，每当失落时，只要回到三山，内心就异常平静；常山人自古“善良、朴实、热情、好客”，淳熙六年（1179）早些时候，陆游的好友、同为“南宋诗坛四大家”之一的杨万里走进常山后，曾留下“一生憎杀招贤柳，一生爱杀招贤酒”等名句；陆游对常山从小开始一直有着浓浓的情结和良好的印象。也许，套用苏东坡之诗，陆游此番心情该是“欲把常山唤三山，浓爱淡愁总相伴”吧。

（毕建国）

常山喝彩

1=D $\frac{4}{4}$

♩=120 激情 奔放地

余风 词
费斐 曲

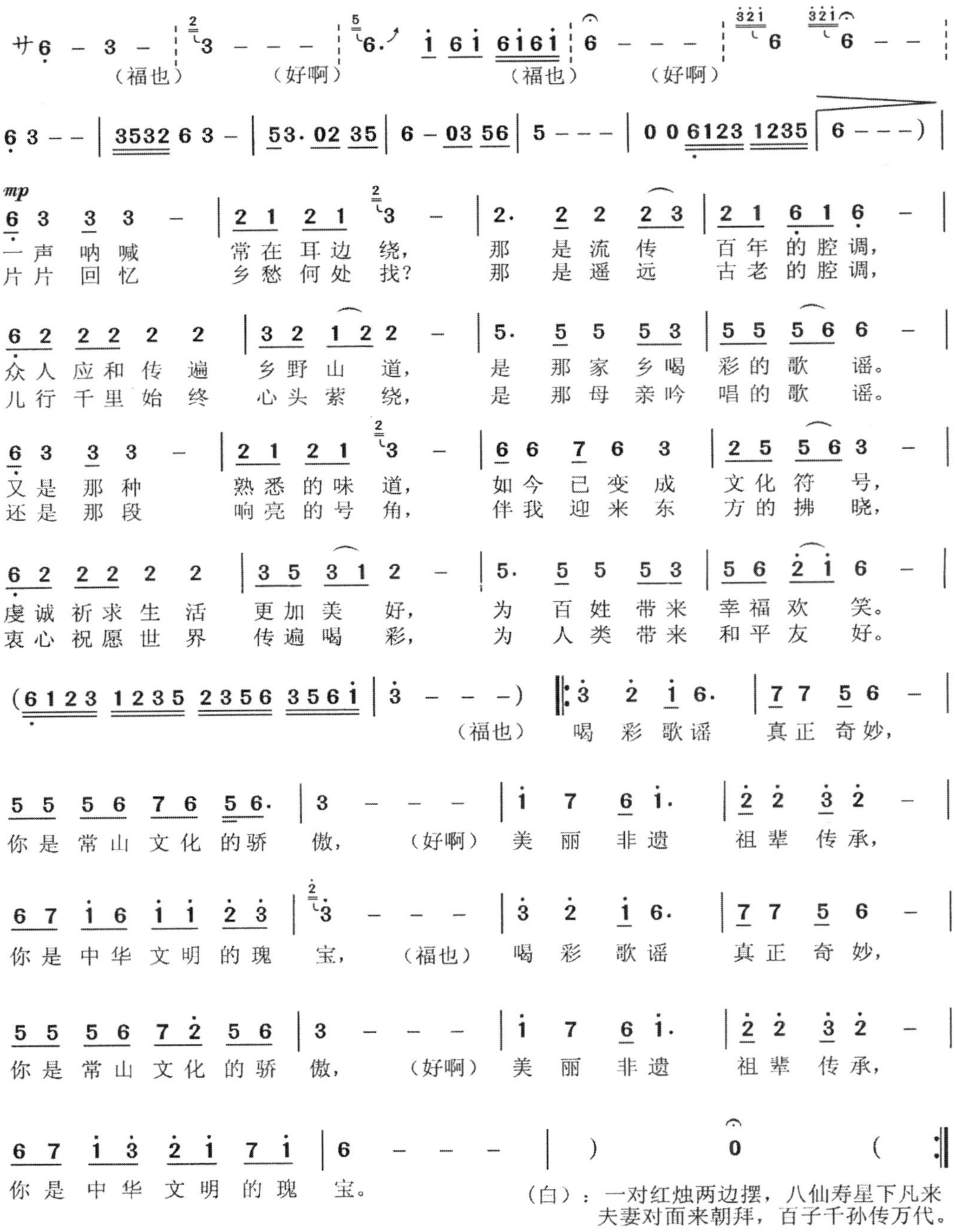

（费 斐 演唱）

守 望 兰 台

--常山县档案工作者之歌

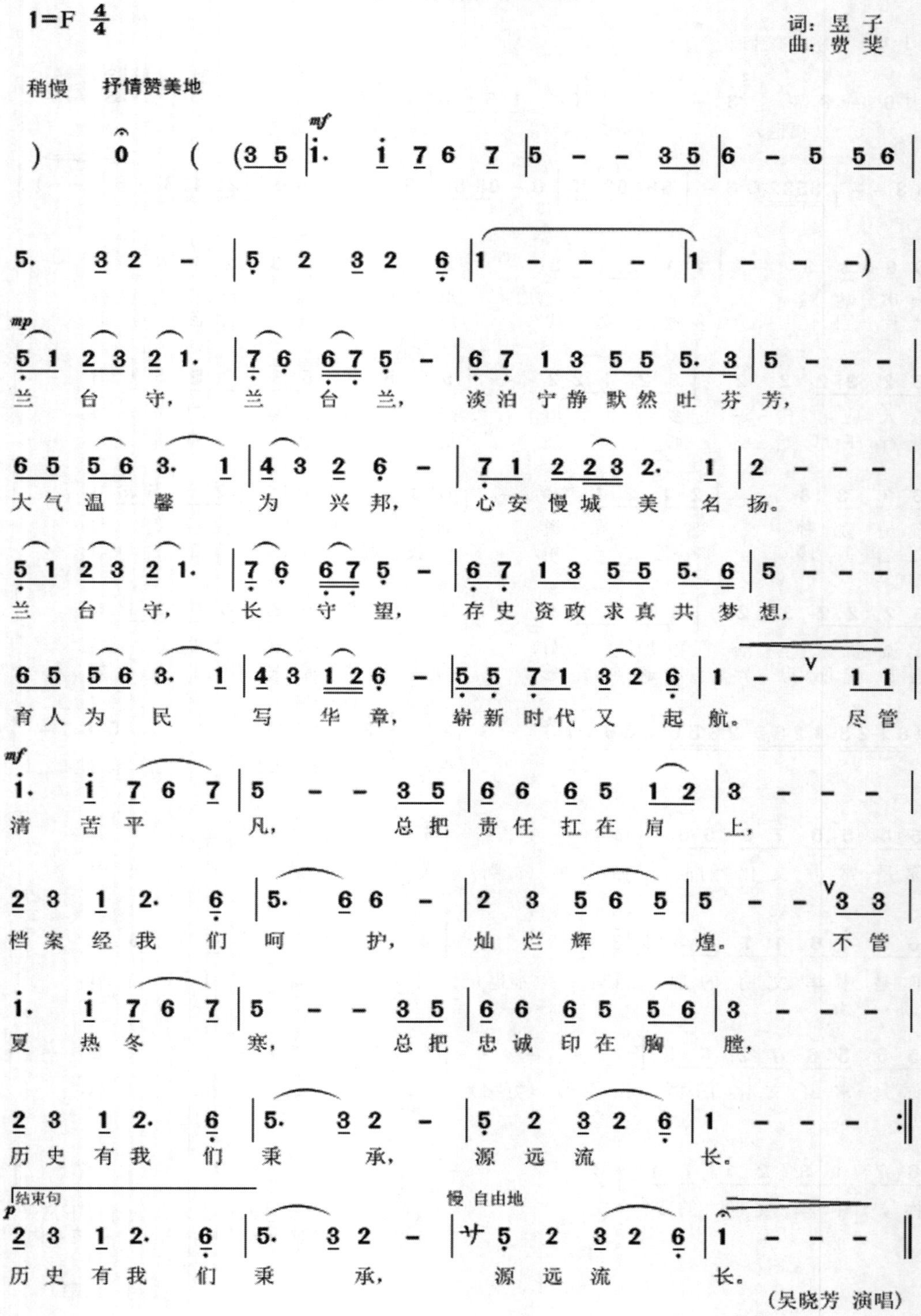

索　　引

主题索引

A

B

C

D

E

F

G

K

L

M

N

P

Q

T

W

X

Y

Z